4차 산업시대의

신노사관계론

EMPLOYEE RELATIONS

EMPLOYEE RELATIONS

강영순 김동조

도서출판 청람

머리말 | Preface

최근 들어 4차 산업혁명이라는 말을 자주 듣게 된다. 정치, 경제, 사회, 문화 전 분야에 걸쳐 4차 산업이라는 환경을 빼놓으면 큰일이라도 날 것 같은 분위기이다. 물론 이러한 환경변화가 진행되고 있는 것은 맞지만 얼마나 큰 변화 폭과 속도를 갖고 있는 것인지 실감하기가 어려운 것도 사실이며 더욱이 노사관계에는 어떤 영향을 미칠 것인지 예측하기란 쉽지 않은 일이다.

1차 산업혁명이 증기기관을 에너지의 근간으로 한 제조업의 혁명이었다면, 2차 산업혁명은 전기를 기반으로 한 대량생산방식을 가리키는 것이고, 3차 산업혁명은 컴퓨터로 대표되는 디지털시대의 신속하고 정확하고 대량의 업무처리가 가능한 시대를 말한다. 요즘 등장한 4차 산업혁명이란 3차 산업혁명의 디지털기술이 진일보한 상태라는 점에서 적정한 개념인지는 아직 모르겠으나 이른바 4차 산업혁명의 핵심기술, 즉 사물인터넷(IoT), 빅데이터, 인공지능, 사이버-물리시스템 등이 기술 간의 초연결, 초지능, 초예측, 초경쟁의 특징을 데이터를 기반으로 하여 새로운 일자리를 창출하는 것이 특징이다.

비약적인 데이터기술로 인공지능이 인간의 업무를 대체하는 분야가 늘겠지만 업무와 일의 양상과 연결관계에 변화가 있을 뿐 결국 인간과 인공지능이 상호 공존하며 인간의 노동은 지속될 것이다. 결국 일의 변화, 일하는 방식의 변화가 수반되더라도 최초 산업혁명 근로자들의 집단적 의사표현과 권리 확보라는 틀은 변함이 없을 것이다. 따라서 4차 산업혁명시기에 노사관계 역시 노사상호 간 신뢰구축이 키워드가 된다.

사실 우리의 노사관계에 있어 4차 산업혁명보다 더 중요한 환경요소는 역사적으로 반복되는 노사 간 갈등과 정부 역할의 부족이라 할 수 있다. 과거 개발독재 정권하에서 노동자가 탄압받던 시절부터 1987년 경제사회 민주화, 민선정부의 개혁 노력, IMF 외환위기, 친기업 우선정책 등을 거치면서 노사정 3자 간 갈등의 골이 깊어진 것이 사실이다. 세계가 부러워할 만큼 단시간 내에 비약적인 경제성장을 하고 한류로 대표되는 문화 콘텐츠를 보유한 우리나라가 어찌해서 유독 노사관계에서만큼은 유독 후진적인 양태에서 벗어나지 못하는 것인지 안타까운 노릇이다. 과거 극렬한 노사, 노정 갈등양상의 기저에도 역시 상호 신뢰부족이 원인임을 지적하지 않을 수 없다.

그렇다면 노사정 양자 및 3자 간 신뢰란 어떻게 형성되어야 하는 것일까? 최근 현 정권의 경제노동사회위원회 가동이 과거 사례처럼 위원회 구성부터 난항을 겪는 모습을 보면 유럽의 민주화 역사에서 보듯 물리적인 시간과 역사를 통해 상호 경험이 필수적으로 수반되어야 하는 것이란 생각을 해본다. 사랑하는 부부가 결혼 후에 이런저런 부침을 겪으며 단단해지듯 노사관계에서 실패의 경험이 훗날 단단한 노사관계의 자산이 되기를 바라면서 본서를 집필하였다. 다만 이러한 실패 경험을 어떻게 빠른 시일 내 단단한 자산으로 삼을 것인지에 초점을 두었음을 말하고 싶다.

따라서 본서의 내용은 기존 노사관계이론의 근간을 크게 바꿀 이유가 없었다. 다만 제4차 산업혁명환경이 언급되어야 할 부분은 그 내용을 반영하였고 노사관계이론 전반에 걸쳐 적절한 최신 사례와 통계내용을 추려 관련내용과 직접 연결함으로써 이론내용의 이해에 도움이 되도록 하였다.

아울러 노사관계의 일반적 이론과 개념정리에 그치지 않고 노사갈등의 원인이 되는 주요 이슈들을 중심으로 하여 현실적 노사쟁점과 사안들에 대해 감각을 키울 수 있도록 의도하였다. 이 책은 총 4부, 모두 13개의 장으로 구성되어 있다.

먼저 제1부에서는 노사관계의 기초개념과 환경을 다루고 있는데, 특히 제2장에서 4차 산업혁명으로 대표되는 비약적인 디지털환경하의 노사관계하에서 지식경영, 노동시장 유연화, 성과주의 확대 등을 통해 작금의 노사관계환경을 설명하였다.

둘째로 제2부에서는 노동조합이론을 모두 5개 장으로 다루고 있다. 여기에서는 일반적인 노동이론은 물론 우리나라 현 노동법 및 쟁점사안들을 연계하여 다루고 있다. 주로 기초적이지만 핵심적인 이론들을 선별하여 쉽게 설명함으로써 노사관계에 대한 이해의 폭을 넓히도록 하였다.

셋째로 제3부에서는 위에서 언급한 노사갈등의 주요 이슈, 임금 및 복리후생, 근로생활의 질, 비정규직과 여성인력, 외국인기업 노사관계 등을 골라 총 5개의 장에서 다루고 있다. 이들 내용이 주로 현재 시점에서 주요 쟁점사안으로 언급되는 만큼 시의성 있는 사례들을 연결하여 생동감 있게 이해할 수 있도록 하였다.

마지막으로 제4부에서는 21세기 비약적인 디지털 경영환경 변화 속에서 노사가 공히 지향해야 할 가치는 무엇이고 그 해결방안과 전략은 어떠한 것인지를 다루고 있다.

본서가 경영학을 공부하는 학생들에게 기본교재로서의 역할을 충실히 이행하면서도 더불어 현실을 바라보는 객관적 시각을 갖출 수 있는 도구가 되기를 희망한다. 여전히 다소 부족한 내용이 존재하지만 시간을 두고 보완해 나갈 것을 약속드린다. 이 책으로 공부하는 학생들과 교수님들께 머리 숙여 감사의 말씀을 전한다.

2019년 여름

저자 일동

| 차 례 | Contents

1부 노사관계의 기초

2부 노동조합의 이론과 실무

Chapter 3 노동조합

Chapter 4 단체교섭

Chapter 5 단체협약 및 부당노동행위

Chapter 6 쟁의행위 및 조정제도

Chapter 7 경영참가제도

3부 노사쟁점과 해결방안

Chapter 8 임금

Chapter 9 복리후생

Chapter 10 근로생활의 질(QOWL)

4부 발전적 노사관계

Chapter 13 21세기 발전적 노사관계

부록

1부

노사관계의 기초

제1부 노사관계의 기초

CHAPTER

1 노사관계의 개념

01 ㅣ 노사관계의 의의와 속성

02 ㅣ 노사관계의 발전과정과 제 유형

03 ㅣ 노사관계관리

공생, 포지티브섬 게임

appetizer
애피타이저

사회생활에서 공생(共生)의 필요성은 절대적이다. 그러나 현실적으로 들여다보면 수많은 기생(寄生)이 존재한다. 나중에는 어찌되었든 일단 상대의 마음만 사로잡으려 한다거나, 둘의 만남으로 만들어 나갈 미래에 대한 진지한 고민 없이 상대를 통해 자신의 행복만을 꿈꾸고 있다. 마땅한 비전 없는 자신의 인생을 상대에 올 인(all in)하는 경우도 있다. 그러다 보니 결국 사소한 변수의 등장에도 둘의 관계는 쉽게 흔들린다. 심지어 여태까지의 좋았던 관계는 전혀 안중에도 없다는 듯 상대를 내팽개치는 기생충도 허다하다. 처음부터 상대에 대한 배려가 부족한 채 자신의 이익을 우선하는 이기심 때문이다. 매번 자신의 이익을 먼저 고려한 다음에서야 상대가 눈에 들어오는 것은 아닌지 냉정하게 생각해 볼 일이다.

상대의 희생을 담보로 한 나의 행복이 되어서는 안 된다. 서로 서로를 보듬고 채워줌으로써 결합 이전보다 모두 행복한 결과를 낳아야 하는 것이 궁극적인 목적이어야 한다. 전자가 제로섬(zero sum)이요, 후자는 포지티브섬(positive sum)이다. 제로섬은 상대의 희생만큼이 나의 행복으로 채워진다. 포지티브섬은 상대에 대한 서로 간의 노력으로 나도 좋고 너도 좋은 윈-윈(win-win)관계이다. 이는 공생관계를 통해서만 이루어질 수 있다. 생태학적으로도 공생은 환경이 복잡해질수록 경쟁에 승리하는 핵심 패러다임이다.

노사관계 역시 눈앞의 이해관계에 급급하기보다는 공동운명체라는 인식하에 장기적 목표의식을 공유하는 일이 우선되어야 한다. 악어와 악어새의 관계처럼…. 노사관계의 출발과 끝이 공생이어야 하는 이유이다.

1 노사관계의 의의와 속성

(1) 노사관계의 의의

노동문제는 본래 자본주의 경제제도의 소산으로서 산업혁명기를 거치며 대두되기 시작하였다. 본래 초기의 노사관계는 자본주의하에서 자본가가 일반노동자를 종속하는 노자(勞資)관계였으므로 노동은 자본에 종속된 소유에 불과하였다. 따라서 지배자와 피지배자의 주종관계 혹은 수직관계로 나타나 투쟁적·대립적 속성을 지니게 되었다.

그러나 자본주의가 성숙할수록 이에 대항하는 노동자들이 조직적 계급으로 형성되면서 노사문제는 점차 노사관계로 발전하였다. 즉 산업혁명으로 산업화가 급속도로 진행되면서 경제발전과 취업구조에 큰 변화가 있었기 때문이다. 산업혁명 이후 제조업은 가내수공업단계에서 대규모 공장제 공업으로 발달하면서 임금노동자의 비율이 증가하였다. 임금노동자의 증가는 노사 간 분배의 해결 양상에 변화를 가져왔는데 노사갈등을 제도권 내에서 관리하는 데 초점이 맞추어지기 시작하였다. 특히 주식회사제도가 일반화되고 소유와 경영이 분리되어 전문경영인의 경영자지배가 확립되면서 노동과 자본의 관계는 자연스럽게 노동과 경영의 문제로 바뀌게 되었다.

이에 따라 오늘날 근로자는 노동조합을 조직하고 자본가는 전문적인 경영자를 자기의 대리인으로 하여 경영에 종사시키고 있으므로 노동조합의 대표자와 자본가의 대리인으로서 경영자가 상호 대등한 입장에서 단체교섭을 매개체로 하여 근로조건을 결정하는 것이 일반적이다.

노사관계는 사회·경제적으로 자본가계급과 노동자계급의 대립문제, 노동조합의 법적 지위, 노사관계의 법률적 문제, 경영자와 종업원 사이의 관계, 상사와 부하의 관계 등 그 표현과 영역이 다양하다. 그러나 크게 구분하자면, 노사관계는 피고용자와 고용자(employee-employer relations), 그리고 경영자와 근로자[1)] 및 노동조합(union-management relations)과의 관계로 말할 수 있다. 기업경영을 생산과 분배의 두 핵심기능으로 파악할 때, 전자는 생산증진이라는 생산적 측면에서 노무관리를 중심으로 하는 개별적 노사관계이다. 따라서 이때의 노사관계는 경영자가 고용의 주체로서 노동문제를 효율적 측면에서 접근하게 된다. 반면 후자는 산업평화를 목표로 분배적 측면에서 노사관계관리를 파악하는 집단적 노사관계이다. 이때의 노사관계는 노사가 대등함을 전제로 한다. 이 책에서 다루는 영역은 주로 집단적 노사관계이다.

표 1-1 노사관계의 영역

노자관계	노사관계		
자본가	사용자	경영자	최고경영자
	단체교섭		상급관리자
계급대립			중급관리자
	단체협약		하급감독자
임금노동자	조합원	종업원	작업자
계급관계	조합관계	고용관계	관리관계
		기업 내 관계	

또 서구에서는 노사관계를 산업관계(industrial relations)라는 용어로 표현하기도 한다. 그 이유는 노사관계를 "근로조직과 산업경영자 간의 처리뿐만 아니라 임금, 생산성, 고용보장, 경영자의 고용 관행, 노동조합의 정책 및 노동의 모든 영역을 포함"하는 것으로 보았기 때문이다. 이는 산업 전반에 걸친 총체적 노사관계를 강조한 표현이라고 할 수 있다.

던롭(J. T. Dunlop)의 정의를[2] 통해 노사관계에 대한 이해를 넓혀보자.

그는 노사관계란 "경영자, 근로자 및 정부 사이의 상호관계의 복합체"라고 표현

1) '노동자'와 '근로자'라는 용어의 개념상 차이는 없다. 과거 개발독재시절 반공 이데올로기를 앞세운 정권이 북한에서 사용하는 단어를 대체한다는 이유로 노동(work)이라는 단어사용을 기피하고 "열심히 일한다."는 의미의 근로(diligent work)라는 단어사용을 통해 노동계를 견제하려 한 것으로 보는 견해가 있다.

2) J. T. Dunlop, *Industrial Relations System*, N.Y. : Holt, Rinehart and Winston, 1958, p.5.

함으로써 해당 노・사의 관계로서뿐만 아니라 정부를 포함한 포괄적 개념으로 인식한다. [그림 1-1]은 노사관계를 하나의 시스템으로 인식하고 있다. 즉 당사자(actor)인 근로자 및 노조, 사용자, 정부 3자가 형성변수가 되고, 노동현장의 기술적 특징, 시장 및 예산상의 제약, 전체사회에서의 권력분포 등이 환경변수가 되며, 공유된 관념(shared understanding)으로서 이데올로기를 지니고 있다는 것이다.

그림 1-1 노사관계의 구조

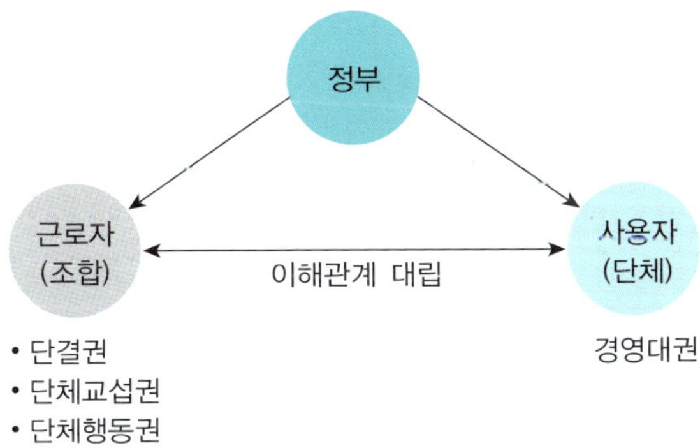

노사관계에 관한 던롭(J. T. Dunlop)의 시스템적 접근방법은 노사관계의 구조를 이해하는 데 매우 유용한 모델이다. 즉 노사관계의 기본구조는 근로자(조합)・사용자・정부가 상호 영향을 주고받는 노・사・정 3자의 관계로 형성된다. 이들 구성요소를 설명하면 다음과 같다.

- 3주체 내지 당사자(actors)로서 근로자와 그 조직인 노동조합, 사용자와 그 조직인 사용자단체, 노동문제와 관련된 정부가 있다.
- 당사자들에게 직・간접적인 영향을 주는 환경 내지 상황(contexts)으로서 기술적 특성, 시장 또는 예산제약, 3주체들의 세력관계가 있다.
- 위의 환경 내지 상황이 주어졌을 때 각 주체를 규율할 규칙(rules)의 제정과 노사관계체계를 하나의 실체로 통합하도록 돕는 것으로서 각 주체들의 공통적으로 가지고 있는 사상과 신념인 이데올로기가 있다.

그런데 오늘날 노사가 대등할 수 있는 합리적 근거는 어디에 있을까?

우선 조직에 근무하는 종업원은 근로자로서 사용자와 대등한 입장이라는 것은 법적으로 사회적으로 인정되고 있다. 앞서 말한 바와 같이 근로자에게는 단결권·단체교섭권·단체행동권 등 노동3권이 보장되어 있기 때문이다. 이를 통해 개별 근로자는 조합조직을 통해 사용자와 대등한 위치에서 상호 협의하고 합의하여 결정하는 합리적 시스템을 활용한다.

다음으로 사용자의 힘의 근거는 고용자의 입장에서 지니는 이른바 경영대권(經營大權, management prerogative)으로서, 이는 광의의 경영권 중 단체협약에 포함되지 않는 나머지 사항에 대하여 경영자가 일방적으로 전결(專決)할 수 있는 권리를 의미한다. 이러한 권한은 노동조합의 경우와 달리, 명확한 성문화로 규정되어 있는 것은 아니지만 일반적으로 소유주의 경영관리 책임과 경영직능 행사에 근거하여 받아들여지고 있다. 현대산업사회에서는 경영자의 역할과 능력이 상대적으로 중요하고 경영상 특별한 범위의 권한이 필요한 만큼 경영자로 하여금 이러한 임무에 충실토록 하기 위해 부여한 것을 경영권으로 보는 것이 좋다. 따라서 경영권을 부여한다고 했을 때, 이는 경영자로 하여금 기업의 자원을 합리적으로 운영하여 사회 공유물인 기업을 건전하게 유지·발전시켜야 할 책무를 원활히 수행토록 하자는 데 목적이 있는 것이다.

우리나라 「노동조합 및 노동관계조정법」 제2조(정의)에서 '근로자'와 '사용자'에 대한 정의를 살펴보면 다음과 같다.

- '근로자'라 함은 직업의 종류를 불문하고 임금·급료 기타 이에 준하는 수입에 의하여 생활하는 자를 말한다.
- '사용자'라 함은 사업주, 사업의 경영담당자 또는 그 사업의 근로자에 관한 사항에 대하여 사업주를 위하여 행동하는 자를 말한다.

(2) 노사관계의 수준과 이슈

오늘날의 노사관계는 노동조합·사용자·정부 등 3자 간의 역할과 기능의 중요성과 더불어 사업현장의 노사관계 역시 중요하게 다루어지고 있다. 노・사・정의 3자 간 노사관계를 살펴볼 때, 기존의 임금협상, 단체협상 위주에서 벗어나 제도 및 법률의 개선이나 개정문제를 다루는 비중이 늘고 있으며, 동시에 사업현장의 일상적 근무활동을 중시함으로써 근로자의 욕구실현과 조직의 전략적 목표달성을 기하는 현장중시의 노사관계가 더욱 중시되고 있다.

코칸(T. A. Kochan) 등은 노사관계의 활동영역을 다음의 세 가지 수준으로 구분하여 설명하고 있다.[3)]

1) 노사관계의 수준

① 거시(macro)수준

노・사・정 3자 간의 의사결정 및 정책입안과 관련한 노사관계활동이다. 물론 시대적 흐름이나 상황에 따라 의사결정의 수준은 변화하지만 사용자 측이 지닌 경영관, 방침, 노동조합에 대한 태도 등이 직접적 영향을 미치며 노동조합과 정부가 정책 차원에서 이에 적절히 대응하는 방식을 띤다.

② 중위(meso)수준

단체교섭과 관련한 교섭수준의 노사관계활동으로서 전통적으로 교섭을 통한 노사문제 해결이라는 인식하에 중요하게 다루어지고 있다. 교섭수준에서 사용자는 인사정책 및 교섭전략이, 노동조합은 단체교섭전략이, 정부는 노동법과 노동행정이 각각 주요한 과제로 대두된다.

③ 미시(micro)수준

작업현장에서 개별 근로자와 근로자집단 그리고 노동환경과 관련한 노사관계활동이다. 작업현장은 여러 노사관계가 실제 적용되는 현장으로서 노사관계의 발전 및 질적 수준을 확인하는 시금석이 된다. 조직 차원의 효율성 제고와 개인 차원의 욕구증진이라는 양 과제를 실현하는 과정에서 발생하므로 일상적 노사관계의 성격

3) T. A. Kochan, H. C. Katz & R. B. McKersie, *The Transformation of American Industrial Relations*, N.Y. : Basic Books, Inc., 1986.

을 띠고 있다.

그렇다면 노사관계에서 다루어지는 이슈에는 어떠한 내용이 있을까?

노사관계의 이슈는 경제·물질적 이슈, 권력·파워적 이슈, 사회·정신적 이슈로 구분하며 사회성숙에 따라 순서대로 중심이슈가 된다.[4)]

2) 노사관계의 이슈

① 경제 · 물질적 이슈

직접적 금전적·비금전적 보상과 관련된 것으로서, 임금, 복리후생, 승진, 교육 및 경력개발, 작업환경 그리고 고용의 안정성 등을 둘러싼 문제이다. 임금은 노동자에게는 정당한 노동의 대가요, 소득의 원천이라는 의미로 받아들여지는 데 비해 사용자에게는 원가의 구성요소라는 의미에서 상호 마찰이 발생한다.

② 권력 · 파워적 이슈

노조는 조합의 안정과 부당노동행위 방지를 위하여 노동권의 확립을 기하고, 사용자는 경영의 안정과 노동조합의 의무와 책임을 제시하여 경영권의 확립을 기하는 과정에서 발생하는 문제이다. 노조 측은 노조안정을 위해 노조권한의 신장을, 사용자 측은 노조의 의무와 경영권을 신장시키려는 과정에서 발생한다.

③ 사회 · 정신적 이슈

노사가 상대방을 바라보는 시각의 차이 그리고 이들을 포함한 거시조직의 목표 이행을 둘러싼 견해 차이와 관련된 문제들로서 노동소외, 자아실현, 삶의 질 등과 관련된 이슈들이다. 능률의 극대화를 추구하는 산업사회의 진전과 더불어 사람이 만든 조직에 역으로 인간은 조직의 요구에 따라 자신을 변형시켜야 하고, 조직의 틀을 벗어난 개인의 삶은 철저하게 무시된다. 이렇듯 조직의 기계화, 자동화, 관료제화에 따른 인간소외와 관련된 이슈들이라 할 수 있다.

---

4) 최종태, 현대노사관계론, 경문사, 2003, pp.55-56.

(3) 노사관계의 이중성

노사관계는 사용자와 노동조합 또는 근로자집단과의 협력과 대립이라는 점 이외에도 상호 이율배반적, 이중적 속성의 관계이다. 경영자는 조직목표 이행과 제반 경영활동 조정의 책임이 있는 반면, 종업원은 회사의 방침 및 경영자의 업무지시를 이행하며 개인적 이해관계를 우선하게 된다. 사용자와 근로자 및 노동조합 간의 관계에 서로 상충되고 이율배반적인 노사관계의 이중성을 살펴보면 다음과 같다.

1) 생산 및 성과 분배 시 협조 및 대립관계

기업경영의 성패는 경제학의 기본목표인 생산과 분배의 핵심적 기능을 어떻게 실현하였는가에 달려 있다고 할 수 있다.

생산기능은 해당 조직의 경영성과, 즉 파이를 키우는 일에 해당한다. 생산기능에서는 효율성(efficiency)의 실현이 필요하다. 즉 최소의 투입으로 최대의 산출효과를 요구한다. 파이가 크면 클수록 조직은 물론 개인에게 돌아갈 몫도 커진다고 할 수 있다. 따라서 생산 측면에서 노사는 서로 최대한 협력할 필요가 있다. 그러나 통상 기업경영의 책임을 지고 있는 사용자(경영자)가 근로자(종업원)에 비해 상대적으로 생산기능에 훨씬 민감하게 된다.

분배기능은 조직이 실현한 결과물, 즉 성과를 구성원이 나누어 갖는 일이다. 여기에서는 공평성(fairness)의 실현이 중요하다. 공평성이란 성과실현의 기여도에 따른 합리적인 보상을 의미하는 것이지 무조건적인 균등보상을 의미하는 것은 아니다. 그런데 바로 이 '기여도에 따른 합리적 보상'이 과연 적정한지 여부와 관련해 노사 간 주장이 상이할 수 있다. 따라서 기능 측면에서는 성과의 배분을 놓고 갈등이 생길 가능성이 크다. 분배기능에서는 앞서 생산기능에서와 달리 종업원이 경영자에 비해 상대적으로 훨씬 민감하다.

이렇듯 노사관계는 생산과 분배기능에서 경영자와 종업원의 이해관심에 차이가 나게 됨으로써 협조적 관계와 대립적 관계를 동시에 가진다.

2) 종업원은 근로자로서 종속관계, 노동조합을 통한 대등관계

근로자는 통상적 경영활동과정에서 경영자의 지휘·명령에 따라야 하므로 기본적으로 경영자와 종속관계에 있다. 지위와 권한 그리고 역할의 차이가 분명하게 공식화되어 있다. 이러한 종속관계의 원천은 개별적 노사관계로서 개별적인 고용계약(고용계약서)에 근거한다. 반면 근로자집단의 이익을 대변하는 노동조합을 통할 때 근로자집단은 사용자 측과 대등한 입장에서 교섭하므로 대등관계에 있다. 노사가 대등하다고 할 때 양측의 주장은 힘과 논리의 대결을 통한 협약체결에 근거한다. 한마디로 대등관계의 원천은 집단적 노사관계로서 단체협약(단체협약서)에 기초한다. 근로자는 사용자에 대해 개별 근로자로서 종속관계에 놓임과 동시에 노동조합을 통해 대등한 관계에 놓임으로써 이중관계로 인한 역할갈등을 겪을 수 있다.

3) 경제적 관계이자 동시에 사회적 관계

사용자와 근로자, 노동조합이 경제적 목적을 달성하려는 점에서는 경제관계이지만, 구성원들의 집단생활을 토대로 이루어지는 인간관계가 사회적으로 미치는 영향이 크므로 사회관계의 성격도 갖는다.

경제적 관계라고 할 때 근로자는 다른 구성원들과 경쟁을 통해 이해관계를 다투게 되며 냉혹한 시장원리의 지배를 받는다. 경제적 관계가 조직을 지배할 때 커뮤니케이션 단절, 비인간화, 인간소외현상 등이 가속화되어 조직은 기계적인 운용에 의존하게 된다. 이는 공식조직에서 볼 수 있다. 그러나 사회적 관계는 구성원들 간 친목과 협조를 통해 개인의 만족은 물론 구성원 간 공동유대감을 높인다. 사회적 관계가 형성되면 커뮤니케이션 원활화, 소속감 증대, 삶의 질 개선 등으로 유기적인 운용이 가능하다. 노동조합을 포함하여 사우회, 향우회 등 비공식조직이 이에 해당한다.

이와 같은 노사관계의 이중성으로 종종 노사관계의 갈등문제가 야기되므로 양자 간의 조화적 진행이 매우 중요한 과제이다. 따라서 노동자는 조직목표를 달성하기 위해 사용자와 협동적·생산적인 관계를 형성·유지하여야 하고, 사용자는 노사관계관리를 합리적으로 운영하여 노동자들로 하여금 조직에 대해 신뢰감을 갖도록 하면서 협력적 교섭을 진행해야 한다.

맛소금 한국, 시장질서-노사관계-규제 등 개선 시급

주요 평가항목별 한국의 경쟁력 순위

단위 : 순위(140개국 중 순위)

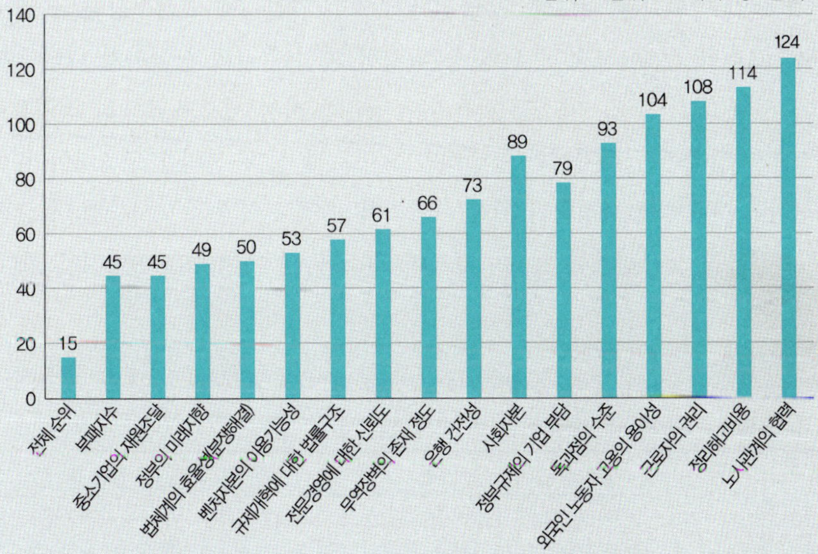

자료 : 세계경제포럼(WEF)

세계경제포럼(WEF)이 17일 발표한 '2018년 국가경쟁력 평가결과'는 한국 사회 · 경제의 장단점은 물론, 경쟁력을 한 단계 끌어올려 진정한 선진국이 되기 위해 시급히 해결해야 할 과제들을 고스란히 담고 있다. 한국은 거시경제나 정보통신기술(ICT) · 전력보급 · 인프라 등 '하드파워'부문에서는 세계적인 경쟁력을 갖추고 있지만, 시장기능의 작동이나 노사관계를 비롯한 사회적 갈등의 해결, 투명성 등 '소프트파워'부문은 매우 취약한 것으로 드러났다.

지난해까지의 평가에 이어 올해도 가장 취약한 것으로 드러난 부분은 노동시장이었다. 노사관계의 협력 정도는 140개국 중 124위로 사실상 꼴찌였고, 정리해고비용(114위), 근로자의 권리(108위) 등도 후진국수준이었다. 고용 및 해고 관행(87위), 전문경영에 대한 신뢰도(61위), 여성의 경제활동 참가율(53위)도 개선이 시급한 것으로 지적됐다. 지지부진한 모습을 보이고 있는 사회적 대타협으로 노사관계를 근본적으로 개선하지 못할 경우 한국의 경쟁력을 한 단계 끌어올리기 어려울 것이란 사실을 보여주고 있다.

자료 : 헤럴드경제, 2018. 10. 17.

(4) 발전적 노사관계

노사관계의 이중성에서 보듯 노사관계란 상호 양보와 타협이 없이 존속이 불가능한 관계이다. 노사관계는 산업화발전단계 또는 자본경제의 성숙상태, 국가 전통과 문화 그리고 정치·경제적 요인 등 다양한 환경에 따라 상이하게 나타나기 마련이다([사례 1-1] 참조). 따라서 사용자는 명확한 비전 제시와 투명한 경영으로써, 노동조합은 성실한 근무자세와 합리적인 요구로써 상호 신뢰를 구축하여야 한다.

발전적 노사관계를 형성하기 위한 바람직한 모델로 협력적 노사관계, 생산적 노사관계, 전략적 노사관계를 들 수 있으며 최소한 세 가지가 갖추어져야 한다.

사례 1-1 협력적 노사관계가 구조조정 성패 가르는 요소

미국, 프랑스 자동차기업 구조조정 및 노사협력 사례

구분	기업	구조조정 중 노사관계	구조조정 후 성과
미국	델파이 (실패)	• (노) 미공장 고인건비로 영업손실 16억 달러(2004) 발생, 노조는 임금복지 축소 반대 • (사) 노사협상 결렬 후 법원 파산보호신청	• 미국 내 생산기반 대폭 정리(2005→2012) 공장 38→5개, 인력 4만7천→5천 명 * 세계 공장 164→126개, 인력 185,000→118,000명
	GM (성공)	• (노) 이중임금제 도입, 복지 축소, 무파업 • (사) 매출 회복 시 미국에 생산물량 우선배정, 해고자 우선고용 등 약속	• 파산 졸업 후 다음 해 흑자 전환 • 노사협력관계가 4년 후 단협에 이어짐 (노) 고임금근로자의 임금동결 합의 (사) 미공장 투자, 해고자 11,000명 재고용
프랑스	PSA (실패)	• (사) 본사건물·자회사를 매각하고 오네이공장을 폐쇄하지만 공장근로자 중 한 명도 강제로 해고하지 않겠다고 약속 • (노) 오네이공장 노조는 위기를 과장한다고 비난, 강성노조가 4개월간 파업하며 생산 방해	• 오네이공장은 계획보다 1년 빨리 폐쇄 • PSA는 유휴설비·인력을 충분히 구조조정하지 못함 * 프랑스 렌공장 가동률은 2016년 기준 25%
	르노 (성공)	• (노) 임금동결, 근로시간·근무지 유연성 • (사) 국내공장 생산용으로 타사 물량 확보	• 노사가 경쟁력 강화 협약을 체결한 후 생산량이 2년 연속 급상승(31%, 24%) • 정규직 3,000명 신규 채용(원래 약속의 4배)

한국경제연구원은 GM·델파이·르노·PSA 등 글로벌 자동차업계 구조조정 사례를 통해 협력적 노사관계의 중요성을 강조했다. 11일 한경연에 따르면 미국 GM·델파이, 프랑스 르노·PSA 4개사는 공통적으로 '고인건비, 저생산성'구조를 갖고 있어 경영환경이 나빠지자 단기에 혹독한 구조조정이 필요했다. 한경연은 구조조정과정에서 노사가 서로 양보하고 생산성 향상에 힘을 모은 GM, 르노는 조기 정상화돼 고용이 다시 늘었지만, 발전적 노사관계가 정립되지 않은 델파이, PSA는 국내 생산기반이 줄어 노사 모두가 패자로 끝났다고 평가했다.

자료 : 뉴스웨이, 2018. 10. 11.

1) 협력적 노사관계

노사공동의 목표, 즉 기업조직의 성과를 극대화하기 위해서는 무엇보다도 노사가 하나 되는 상호 협력적 공감대 형성이 전제되어야 한다. 협력적 분위기가 조성되지 않은 상태에서 공동목표를 수행한다는 것은 한계가 있기 마련이다. 노사 간 협력적 분위기 형성을 통해 다음과 같은 효과를 얻을 수 있다.[5)]

첫째, 경영자와 관리자는 다 같이 책임감이 증대하게 된다. 기업의 경영자나 관리자에 대한 노동자의 신뢰감도 증대되고, 기업 내에 있어서 노사 간의 불신감이 해소됨으로써 기업풍토가 쇄신된다.

둘째, 기업과 경영에 관한 노동자의 이해를 높일 수 있다. 모든 노동자는 기업경영에 관한 경영실태를 보다 깊게 이해하길 원하고 있다. 노사협조체제가 이루어지면 기업의 경영방침과 생산계획 및 실적 등이 보고·설명될 뿐만 아니라 생산성 향상은 물론 노동자의 복지·교육훈련·작업환경 등 노동자의 광범위한 관심사가 협의되기 때문에 이를 통해 기업의 형편을 더욱 잘 이해하게 되고 참여의식이 높아짐으로써 긍지를 갖고 자발적으로 협력하는 자세를 갖게 된다.

셋째, 노동조합이나 노동자에 대한 사용자의 이해를 높일 수 있다. 사용자는 노사협조체제를 통해서 노동자의 일상생활과 기업에 대한 태도, 사고방식, 고충사항 등을 보다 정확하게 파악할 수 있기 때문에 종래의 인사노무관리라는 좁은 테두리

5) 장수용, 뉴 밀레니엄을 위한 전략적 노사관계, SBC전략기업컨설팅, 2001, pp.48-49.

에서 이루어졌던 인사상담제도의 폭을 높일 수 있다.

넷째, 경영개선을 위한 창의력과 아이디어 발굴을 촉진시켜준다. 즉 노사협조체제하에서는 기업경영과 관련된 문제가 폭넓게 다루어지기 때문에 노동자들의 업무개선에 대한 연구심이 높아지고, 창조적 능력이 개발되어 경영개선은 물론 생산성 향상과 관련된 작업개선, 업무개선에 관한 훌륭한 아이디어들을 발굴할 수 있으므로 제안제도의 기능을 효과적으로 수행할 수 있다.

다섯째, 노사관계의 개선에 도움을 준다.

노사관계의 일상적인 대화통로가 마련됨으로써 대결이 아닌 협의를 통해서 모든 노사문제를 해결하는 풍토가 조성되고 특히 노사 간의 신뢰회복과 공동체의식이 형성될 수 있다. 그리하여 전사적(全社的) 생산성 향상 기운이 싹트고 그 결과 품질 향상과 고객만족, 원가절감이라는 생산성 향상효과를 가져오게 된다.

2) 생산적 노사관계

기업의 존립목적은 생산성 향상을 통하여 기업 자체의 존속과 발전은 물론 노동자와 기업, 그리고 이와 관련 있는 모든 사람들의 생활 향상과 복지증진, 나아가 국민경제의 발전에 공헌하는 데 있다. 사용자와 노동자는 이와 같은 기업목적을 달성하기 위한 운명공동체로서 사용자는 노동자에게 경영방침이나 기업이 추구하는 목적을 이해시키고 그 협력을 구할 필요가 있다.

생산적 노사관계란 노동자의 복지증진과 기업의 영속적인 발전이라는 노사의 공동목표와 이해공동사항을 중심으로 노사가 협의하여 상호 이해와 협조를 증진해 나가는 관계를 말한다.

생산적 노사관계 구축이 필요한 이유는 다음과 같다.

첫째, 급속하게 변화하는 현대사회의 사회적·경제적·기술적 환경이 노사가 공동으로 대처하지 않으면 안 될 여러 문제들을 야기하고 있어 이를 해결하기 위한 노사 간 대화통로가 필요하게 되었다는 점이다.

둘째, 노동환경이 변화됨에 따라 전통적인 노사관계의 주역인 단체교섭제도가 지니고 있는 고유의 한계 내지 문제점이 드러나게 되었다는 점이다. 일반적으로 단체교섭제도는 사후적인 성격을 지니고 있기 때문이다.

셋째, 노동자들의 교육수준과 의식수준이 높아짐에 따라 노동자들은 노동을 단순한 생존의 수단이 아니라 보람 있는 생활의 일부로 직장생활을 간주하게 되었고, 작업방식이나 생산체제 등 많은 문제에 대해 적극적으로 자기의사를 표명하고 관철시키고자 한다는 점이다. 더불어 경영의 대규모화, 사무자동화(OA), 작업공정의 시스템화 등으로 생겨나는 노동소외문제, 재해문제, 참여욕구문제 등의 해결을 위한 대화통로가 필요하게 되었다.

3) 전략적 노사관계

최근 들어 일방적 관리의 영역이었던 노사관계를 경쟁의 원천 혹은 핵심역량의 하나로 간주하여 전략적인 시각으로 접근하는 시도가 행해지고 있다. WTO체제가 본격적으로 가동하고 기업의 무한경쟁이 한층 가열되면서 노사관계의 원활화는 경쟁력을 결정짓는 주요 요소가 된 것이다.

전략이란 조직이 주어진 내부・외부환경을 정확히 분석한 후 목표를 설정하고 내부 차원에서는 계획활동과 자원의 효율적 배분을 기함과 동시에 외부 차원에서는 환경과의 상호작용을 통해 궁극적으로 경쟁에서 승리하는 개념이다. 따라서 전략적 노사관계란 주어진 그대로의 노사관계에 순응하는 소극적 의미가 아니라 창조적인 발상으로 차별적 자산 혹은 역량으로서 노사관계를 만들어 가는 적극적 자세이다.

전략적 사고는 주어진 상황을 어떻게 효율적으로 활용하느냐 하는 인식에서 출발하는 만큼, 현실로 주어진 노사관계란 한계(limit)이자 동시에 장소적 상황조성을 위한 자산(asset)임을 알아야 한다. 과거의 전통적 노사관계는 임금 등 보상체계를 둘러싸고 대립적 관계를 형성하였지만 앞으로의 노사관계는 극심한 환경변화에 공동운명체로서 협조하는 자세가 선행되어야 한다. 조직이 없는 상태에서 당사자 간 이해관계는 당연히 존재하지 않기 때문이다.

기업조직의 전략적 노사관계는 다음과 같은 세 가지에 초점을 두고 전개하고 있다.[6]

- **직무를 통한 구성원의 능력 및 교육훈련의 구현** : 한정된 범위의 테일러의 직무할당방식을 피해 직무와 경력구조를 설계함으로써 과업 및 기능적 경계를 넘어 이동이 가능한 유연한 작업조직을 형성한다.
- **의사결정참가 기회를 확대하는 작업조직의 형성** : 참여적 · 민주적 의사결정이 가능하도록 작업조직을 설계한다. 이를 위해 직무몰입(job involvement)과 권한위양(empowerment)이 이루어지도록 한다.
- **동료, 감독관리자 등 리더와의 관계 질적 향상** : 동료, 관리자 등 리더와 원활한 의사소통을 실현할 수 있도록 시스템을 갖추고 상호 신뢰관계를 구축할 수 있도록 노력해야 한다. 이를 통해 위로는 노동자의 욕구를 반영하고 아래로는 조직의 목표를 명확히 공유함으로써 전략적 틀을 형성시킬 수 있다.

사례 1-2 '노사정 대타협' 기회 살려야

유럽에서는 노 · 사 · 정 연대를 통해 쟁점을 타결하는 '코포라티즘(corporatism)'을 발전시켰다. 노동자는 투쟁을 자제하는 대신 정책 영향력을 확대시키고 사용자는 공장의 해외이전, 단체협상보다 개별 협상, 고용 유연화 등으로 노동시장 탄력성을 확보했다. 정부는 임금인상 억제와 노동시장 규율을 통해 정치안정과 지속 성장기반을 다질 수 있었다. 노사 간 대립은 항상 있기 마련이지만, 그 대립으로 인해 경제가 정체되고 노동자들의 권익실현도 어려워진다면 우리 모두에게 손실이 된다. 노동운동을 백안시하는 사측과 강경투쟁 일변도의 노측이 타협점 없이 방황하면 사회안정, 미래비전, 지속성을 기할 수 없기 때문이다.

노조 반대로 사회적 타협이 좌절된 기억이 많아서인지 우리는 노조만 양보하면 될 것으로 보는 경향이 짙다. 하지만 지금은 사용자 측도 녹록지 않아 보인다. 대기업은 적폐세력으로 낙인찍혔고, 중소기업은 임금인상과 노동시간 단축 탓에 기업하기 어렵다는 인식이 팽배해 있다. 앞에서 얘기했듯이 불평등 해소와 사회적 신뢰자본 축적 없이는 미래를 기약할 수 없기 때문에 친(親)노동정책은 불가피하다. 하지만 친노동이 반(反)기업으로 둔갑해서는 안 된다. 노사정 대타협을 통해 친노동, 친기업으로 구도 전환을 해야 한다.

자료 : 한국경제, 2018. 1. 23. '다산칼럼'에서 부분 발췌

6) T. A. Kochan & P. Osterman, *The Mutual Gains Enterprise*, Boston : Harvard Business School Press, 1994.

2 노사관계의 발전과정과 제 유형

(1) 노사관계의 발전과정

노사관계는 18세기 중엽 산업혁명 이후 각국에서 공업화가 추진되는 과정에서 경제적 · 사회적 · 정치적 여건에 따라 각각 다르게 진전되었다.

1) 전제적 노사관계

자본주의의 초기, 대체로 19세기 중반까지의 노사관계를 지칭한다. 이 시기는 근대적 노동시장이 성립되지 못하였고, 기업도 대부분 오너에 의한 소유경영형태를 띠었으며 전제적 성격이 강하게 나타났다. '자본과 노동'의 결합형태였기에 필연적으로 절대적인 명령과 절대적인 복종이 있을 뿐, 근로자의 권리는 전적으로 사용자의 권한이었다.

이를테면 근로조건이 사용자의 일방적 의사에 의해 결정되었는데 근로시간의 경우 14시간 내지 18시간이었다. 따라서 이러한 전제적 노사관계는 근로자들로부터 저항을 불러일으켰다.

2) 온정적 노사관계

19세기 초에서 20세기 초 사이에 존재하던 노사관계형태로서, 전제적 노사관계가 근로자들의 저항으로 근로자 비협조, 생산성 저하 등 부정적 요인이 발생함에 따라 사용자가 가부장적 온정주의에 입각하여 노동자에게 시혜적으로 복리후생을 제공하던 양상을 말한다.

사용자들은 봉건주의 영주가 영내 주민을 다스리던 온정주의에 입각하여 복리후생제도와 시설을 제공하고 노동자는 이와 같이 사용자가 베푸는 은혜에 보답하는 형식으로 노사관계가 유지되었는데 19세기 초 영국의 사회주의자이자 산업자본가였던 로버트 오웬(R. Owen)에서 비롯되었다.

3) 완화적 노사관계

주식회사제도가 보급되고, 기업규모가 확대되고 관리의 합리화를 추구하던 1870년대에 이르러서는 자본의 집중에 의한 경영과 자본의 분리현상도 나타난다.

노동 측면에 있어서는 직업별 노동조합이 나타나고 고용의 정착, 전문화, 숙련의 객관화 내지 사회화가 실현되고 근대적인 노동시장이 형성되면서 과거의 자본가의 일방적 지배가 어느 정도 제약당하게 되었다. 그러나 아직까지는 노동의 조직력이 자본과 대등한 지위에 이르지는 못하였다.

약간의 합리주의에 종래의 온정적 관리가 함께 공존하는 형태로서 횡단적인 직업별 노동조합(craft union) 혹은 초기공장위원회 등 노동의 조직력이 자본의 전제를 완화시키는 정도에 그쳤다.

4) 민주적 노사관계

1930년대의 대공황 이후, 노동과 자본 그리고 기술에 있어 많은 변화가 일어났다. 자본집중과 독점화현상의 가속화로 기업규모가 확대되면서 소유와 경영이 분리되고 전문경영자가 대두되었으며 노동자는 기계화와 자동화 추진으로 미숙련근로자, 여성근로자가 대량으로 노동시장에 진출함으로써 노동조합은 직업별 조직에서 산업별 조직으로 발전하였다. 이러한 경제적·사회적 여건에 따라 새로운 노동관계법이 제정되고 비로소 노사가 대등한 사회적 지위를 인정받게 되었고 산업민주주의의 이념이 담긴 민주적 노사관계가 형성된다.

위 발전과정을 토대로 노사관계 발전과정을 다음과 같이 세대별 발전단계로 구분할 수도 있다. 대립과 투쟁의 관계에서 상호 대등한 관계로, 나아가 조직의 성과달성과 사회의 공동번영을 지향하는 단계로 발전하는 것을 나타내고 있다([그림 1-2] 참조).

그림 1-2 노사관계의 발전단계

1세대	2세대	3세대	4세대
사용자 우위 (과거)	대립과 갈등 (현재)	대등협력관계 (단기 미래)	사회와의 공존공영 (중장기 미래)
• 시혜적, 가부장적 배려에 의존	• 협상력과 법규에 의존 • 노사안정 중시 정책	• 분배 위한 파이 창출에 협력 • 참여와 내부적 협력 중시	• 상호 간 신뢰와 역할책임 중시 • 사회와의 공존 가치 증대 추구

맛소금 기업 손익계산서

메리 케이 애시(M. K. Ash)는 회사를 한 가족으로, 즉 영원히 함께 해야 할 유기적 공동체로 보았다. 그녀는 P&L이 '손익계산서(P&L : Profit & Loss 혹은 PL)'가 아닌 '사람과 사랑(People & Love)'을 의미한다고 주장했다.

회사 메리케이의 창업자 메리 케이 애시의 마더 리더십(mother leadership)의 요점은 기업이 아니라 가족을 위해 일한다는 점이다.

"보통의 기업들은 회사의 성장을 비전으로 삼지요. 하지만 우리는 함께 회사를 키우기 위해 일한다고 배우지 않아요. 일을 하는 건 가족을 위해서입니다. 소중한 가족을 지키기 위함이지요. 그러다 보면 자연스럽게 최선을 다하게 되고 나아가 더 큰 목표도 갖게 됩니다."

자료 : 매일경제, 2010. 9. 17.

(2) 노사관계의 유형

산업민주주의의 이념에 기초하여 노사가 상호 대등하게 됨으로써 민주적 노사관계가 형성되었다. 민주적 노사관계의 유형은 다음과 같다.[7]

7) Daniel Quinn Mills, *Labor-Management Relations*, 2nd ed., McGraw-Hill Book Company,

1) 정면대결형(open-conflict)

제2차 세계대전 전에 나타났던 노사관계로서 경영자들이 노동조합과 정면으로 대결하고 그들에게 전연 양보하려 하지 않는 태도를 보이는 형태이다. 오늘날에는 극히 발견하기 어렵지만 당시에는 경영자들이 노동조합에 대한 경험과 지식이 부족하고 노동조합은 경영자들의 경영권을 근본적으로 무시하여 극단적인 대결양상을 취하였었다. 오늘날에는 후진국이나 개도국에서 나타나는 형태의 대립적 노사관계이며 우리나라의 경우 1987년 6·29 이전의 노사분규상황이 이러했다.

2) 무장휴전형(armed truce)

경영자 측은 노동조합을 마지못해 인정하고 있으나 노사 양측은 여전히 상대방을 힘과 힘의 적대적 관계로 인식하고 있다. 그러나 무조건 힘에 의한 투쟁을 선택하기보다는 단체교섭을 투쟁의 억제수단으로 인식하고 있다. 미국의 대기업에서 흔히 볼 수 있는 패턴이다.

이 유형의 특징은 다음과 같다.

- 노동조합의 주요 임무는 경영자의 경영활동에 대항하여 투쟁하는 데 있음
- 경영자들은 단체교섭이 자본주의사회의 필요악으로 간주
- 단체교섭의 범위와 공동결정에 노사의견은 기본적으로 불일치

3) 노사조화형(working harmony)

무장휴전형과 다음의 노사협력형의 중간형태로서, 파업을 부정하지 않지만 노사가 서로 상대방의 입장을 이해하고 타협한다는 현실적인 입장을 취하는 것이다. 경영자는 조합의 존재를 당연한 것으로 받아들이고 단체교섭을 진지하게 받아들이며, 조합 측도 조합의 목적달성이 상대적으로 기업의 번영과 복지에 의존한다고 확신하고 있다. 따라서 노사가 중요한 문제를 놓고 대립하여도 서로의 입장을 이해하고 또 상호의 이익증진을 위해서는 양보가 가능하다는 것을 깨닫고 있으며,

1982, pp.177-179.

공동토의와 절충의 범위를 놓고 노사 쌍방이 협조한다.

4) 노사협력형(union-management cooperation)

경영자와 노동조합이 각각 자기 측의 입장을 고려함이 없이 능률증진이라는 목표하에 상호 갈등을 엄격히 배격하는 방식이다. 따라서 정면대결은 극도로 억제하여 전반적인 협력관계가 손상받지 않도록 매우 신중하다. 구체적으로 경영자는 조합대표에게 기꺼이 경영기능의 일부를 맡길 용의가 있으며, 조합 역시 기꺼이 생산성 향상의 주체가 되고자 노력함으로써 노사 공히 기업경영의 성장에 있어 서로를 불가분의 협력관계로 인식한다. 오늘날 중소기업에서 흔히 볼 수 있다.

이상과 같은 유형의 분류에도 불구하고 이상적인 노사관계란 다음과 같은 내용을 지녀야 바람직한 유형이라고 할 수 있다. 무엇보다 산업평화를 유지할 수 있어야 하며, 노사가 정해진 체제를 신뢰성 있게 인정하고, 노사는 상호관계를 공정하고 정직하게 해야 하며, 노사의 상호관계의 순효과가 소비자나 공중에게 해독을 주지 않아야 한다. 그리고 노사의 조화는 기업의 생산성을 향상시키며, 기업과 경제발전에 도움이 되어야 한다.

(3) 세계 노동조합운동의 유형과 흐름

세계 어느 나라이든 노동조합은 조직적인 힘을 근거로 노동자들의 권익을 보호·신장시키는 것을 기본목적으로 한다는 점에서는 유사하다. 그러나 노동조합의 전략적인 목적과 기능을 기준으로 하여 다음과 같은 세 가지 유형으로 나눌 수 있다.[8)]

- 단체교섭을 주목적으로 하는 노동조합
- 정치적·종교적 목적을 갖는 분열주의적 노동조합
- 사회주의체제하의 노동조합

8) 김황조, 세계 각국의 노사관계 : 그 변신과 몰락, 세경사, 1996, pp.429-431.

1) 단체교섭을 주목적으로 하는 노동조합

정부나 경영자로부터 높은 수준의 독립성을 유지하고 있으며, 단체교섭을 하나의 수단으로 하여 경영자의 독단을 견제하려는 조직이다. 이 유형의 경우 산업화의 정도가 높아 정치적 투쟁의 여지가 적거나 시장경제체제가 발달하고 민간부문이 주도적 위치에 있는 나라들이 여기에 해당한다. 또 2개 정당 혹은 다수 정당이 존재하는 민주주의 정치체제를 지닌 국가로서 근로자가 정치적·비정치적 방법을 분리할 수 있거나, 노·사·정 파트너 간의 사회적 합의를 핵심으로 하는 합의주의(corporatism)보다는 다양한 이해집단의 존재를 전제로 하는 다원주의(pluralism)가 단체교섭을 위해 가장 적합한 여건으로 형성되어 있는 경우이다.

실리적 조합주의 혹은 빵·버터 조합주의로 표현되는 미국의 노조가 이에 해당한다.

2) 정치적·종교적 목적을 갖는 분열주의적 노동조합

이는 무엇보다도 정치적으로 급진적인 성향이 강하고 노동조합의 목적달성을 위하여 단체교섭보다는 정치적 및 입법적 수단을 선호한다. 그러나 이때에도 정부와 경영자로부터의 독립성 정도가 나라마다 다른데 개발도상국의 경우는 그 정도가 대체로 낮지만 프랑스나 이탈리아와 같은 서구에서는 대체로 높은 편이다.

과거 독일의 경우 급진주의적 노동운동이 주류를 이루던 때가 있었고 현재의 프랑스나 이탈리아는 지금도 노동조합들이 정당에 의하여 크게 영향을 받고 있으며 여러 종교단체와 제휴하고 있다. 개발도상국가들의 노동조합들도, 많은 경우 임금과 근로조건의 개선을 위하여 단체교섭보다는 정치투쟁 혹은 입법투쟁을 벌이고 있다.

3) 사회주의체제하의 노동조합

이는 정부와 경영자가 유기적으로 연결되어 있으면서 생산수단이 국가에 의해 소유되고 있어서 적어도 이론상으로는 노사갈등이 없다. 따라서 그 기능도 분열적인 것이 아니라 압도적으로 통합적인 성격을 띠게 된다. 경제발전, 경제계획 등 거시적인 경제정책은 당과 국가에서 수립하고 이것이 노조를 통하여 노동자들에게 전달되지만, 단기적인 목표의 달성을 위하여 노동자들의 안전과 건강을 해치는 관료적이고 비양심적인 관리자들로부터는 노조가 노동자들을 보호해야 한다고 되어 있다.

이상의 세 가지 노조 유형은 복합적 요인에 의해 결정되는 것이지만 우선은 노조의 전략적 선택이며, 이러한 전략적 선택이 이루어질 때에 존재했던 사회의 문화·이념적 분위기 혹은 경제·정치적 분위기에 영향을 받는다.

그러나 노동조합의 유형에 상관없이 오늘날 노동조합운동은 노사공존공영의 노사관계를 추구하고 있다. 생산과 배분의 이분법적 사고가 아니라 공동의 파이를 키우고 또 이를 공정히 배분하는 방식의 사고방식을 지닌다. 이해를 같이하는 공통적 측면은 노사가 상호 협의로 해결하고, 이해가 대립하는 사안에 관해서는 노사가 상호 양보하고 타협하는 방식으로 결정한다. 이것이 산업민주화의 노사관계이다.

산업민주화를 위한 오늘날 노사관계의 주류는 영·미식 단체교섭(collective bargaining)중심의 경쟁적 방향과 독일식 공동의사결정(codetermination)중심의 친권적 방향 두 가지이다. 전자는 위에 언급한 단체교섭이 주된 목적인 노동조합의 유형에 해당하는 것인데, 시장경쟁원리를 기반으로 하여 노동조합이 경영층에 대해 제반 조건을 교환하고 거래하는 방식이며 서로 존중하면서 대등한 입장에서 교섭과 조정을 통해 노사문제를 해결한다. 후자는 노동자가 기업 내에서 그의 지위를 확보하고 의사결정을 할 수 있는 특권과 책임을 동시에 가지고 공동으로 경영에 참여하는 것이다.[9] 기본적으로 경영자가 강력한 권능을 지니고 있으나 경영자는 공정하고 성실한 자세로 노동자의 지위를 개선해주고 또 노동자는 책임과 충성심으로 작업에 임하고 경영자에 협력하는 노사관계이다.

나라별로 이데올로기, 문화, 산업구조 등 다양한 요소에 의해 노사관계가 영향

9) A. F. Sturmthal, "Unions and Industrial Democracy", *Institute of Labor and Industrial Relations*, Reprint Series No. 257, University of Illinois at Urbana–Champaign, 1987 p.12.

을 받기 때문에 위 두 종류 중 어느 것이 더 바람직한 것인가를 논할 수는 없다. 다만 이 두 가지가 서로 수렴하면서 발전하고 있다고 본다. 이러한 노사관계의 양 주류를 토대로 하여 사회경제모델은 크게 미국식 모델과 유럽식 모델로 나뉜다.

미국 모델의 지향점은 시장이 지배하는 사회이다. 여기에서는 경쟁, 개인주의, 작은 정부 따위의 가치가 나타나며 기업은 단기적 이윤창출과 주주이익의 극대화에 골몰한다. 소위 주주자본주의의 전형이다. 노사관계는 사회적 협약이 아닌 사적 계약의 성격을 강하게 띠게 됨으로써 노동자의 해고가 자유롭게 이루어진다. 대기업이 감원을 할 때는 한꺼번에 수천, 수만 명씩 해고하는 경우도 흔하다. 그렇지만 자유로운 해고를 뒷받침하는 것은 관대한 복지국가가 아니라 비교적 풍부한 일자리 때문이다. 대다수 미국인들은 일자리야말로 최고의 복지라는 철학에 이의를 제기하지 않는다.

미국 모델과 대조적으로 유럽 모델은 사회적 연대와 평등을 중시한다. 시장논리를 인정하되 그것이 사회의 지배논리가 되어서는 안 된다고 믿는 것이 유럽이다. 또한 시장경쟁이 야기하는 문제점을 보완하기 위해 복지국가의 기능이 발달되어 있다. 유럽 사람들은 '복지국가'를 자신들의 정체성을 구성하는 필수요소로 본다.

또한 정부와 기업 그리고 노조는 사회협약의 틀 안에서 서로를 동반자로 여긴다.

이러한 체제를 흔히 이해당사자 자본주의(stakeholder capitalism)라고 부른다 ([사례 1-3] 참조).

미국 모델의 최대 장점은 역시 경제의 역동성이다. 하지만 이 역동적인 경제의 뒤안길에는 숱한 문제가 도사리고 있다. 대표적인 것이 근로빈민(working poor)의 문제이다. 미국의 저임금근로자는 전체 노동자의 1/4 정도로 유럽의 서너 배에 이른다. 그러나 이들에 대한 사회경제적 보호는 거의 없다고 해도 지나친 말이 아니다. 유럽은 시장경쟁에서 뒤처진 사람을 보호하는 일을 사회적 책임으로 생각한다. 정부의 존재 이유를 바로 여기에서 찾는다. 관대한 복지국가는 이러한 철학의 산물이다. 최근에는 이 관대한 복지국가가 경제 활력을 떨어뜨리는 주범으로 지적을 받고 있다.

사례 1-3 유럽식 강소국(네덜란드, 덴마크, 스웨덴) 노사관계의 특징

- 전반적으로 사회적 성격이 강조되고 시장조정적 성격
- 노사는 사회적 파트너십에 기반하며 최대한 고용안정 추구
- 노·사·정 3자의 사회적 협의제도 작동
- 대부분 산업별 또는 전국적 차원의 단체협상
- 유럽식 노사관계는 이해관계자 자본주의(stakeholder capitalism) 또는 복지자본주의의 특징을 보임
- 이해관계자 자본주의는 독일, 스웨덴 등 유럽자본주의체제 유형으로, 라인형 자본주의, 사회적 시장경제모델, 조정된 시장경제, 합의적 자본주의 등으로 통칭
- 이해관계자 자본주의는 시장이 권리와 도덕적 의무를 동시에 가지고 있는 사회적 제도라는 인식에 기반, 시장의 사회적 책임성을 강조하고 자본의 구조적 권력에 대한 견제장치를 제도화

자료 : 김인춘, "유럽강소국의 노사관계모델"에서 부분 발췌

3 노사관계관리

(1) 노사관계관리의 중요성

생산증진의 생산적 측면에서 노무관리를 중심으로 하는 개별적 노사관계와 산업평화를 목표로 분배적 측면에서 노사관계관리를 파악하는 집단적 노사관계로 노사관계를 구분할 수 있다.

개별적 노사관계관리는 흔히 노무관리(labor management)로 부르는 경우가 많은데 일반적으로 볼 때, 노무관리라는 표현은 기업의 일방적·하향적 관리활동의 속성이 강하게 나타난 것이라고 할 수 있다. 기업이 경영을 해나가기 위해서는 어떤 식으로든 사람과 일의 관리가 필요하게 되는데, 노무관리란 기업 경영주체의 시각에서 노동력과 노동의 관리를 다루는 것이다. 기업이 목표달성을 위한 수단으로서 효율성 극대화 차원에서 노동력으로부터 최대의 효과를 얻기 위해 이를 통제

·운용하는 계획적·조직적인 종합관리절차라고 할 수 있다. 이는 과학적 관리법의 테일러(F. Taylor)에서 그 시작을 찾을 수 있는데, 인간을 단지 기술이나 지식을 지니고 있는 노동력으로 보고 노동능률증진 측면에서 접근하다 보니 여러 문제점을 지니고 있었다.

반면에 집단적 노사관계는 노사관계관리(labor and management relations)로 표현한다. 이는 기업이 근로자 및 노동조합의 실체를 분명히 인식하고 이를 토대로 노사 간의 쌍방적·교류적 성격이 반영된 관리활동으로 보아야 할 것이다. 특히 오늘날은 경영규모가 확대되고 조직원의 인원수가 질적·양적으로 커짐에 따라 경영자가 임의로 모든 근로자를 획일적으로 판단하거나 평가하여서는 곤란하다. 이는 메이요(G. E. Mayo)의 인간중심적 사고에서 기인하는 것으로서 관리의 중점을 경영자와 조직원과의 사이에 바람직한 협력관계를 형성하는 데 두고 있다.

물론 크게 볼 때, 개별적 노사관계까지 노사관계관리의 대상에 포함시킬 수도 있지만, 기본적으로 노사관계란 노동조합과 사용자 간 집단적 노사관계를 의미하기 때문에 일반적으로 노사관계관리는 집단적 노사관계를 의미한다. 그러므로 노사관계관리(labor and management relation)란 기업 입장에서 노동자 및 노동조합의 실체를 분명히 인식하고 이를 토대로 노사 간의 쌍방적·교류적 성격이 반영된 관리활동으로 보아야 할 것이다.

집단적 노사관계관리의 개념에 근거할 때, 노사 간 합리적 운용을 위한 노사관계 방침의 확립이 매우 중요하며 적절한 계획하에 수립된 노사관계의 제도와 절차가 필요하다. 노사관계관리가 추구하는 목표는 노무관리의 효율성 추구와 기본적으로 같다고 할 수 있겠으나, 다만 기업이 근로자의 인간성을 존중하고 최대한 합리적으로 해결을 모색한다는 점에서 차이가 있다. 사용자 측은 노동조합에 대하여 민주적이고 협동적인 태도와 행동을 견지하여 이해를 구함으로써 노동조합으로 하여금 상응하는 협조를 끌어내야 한다. 이를 위해 올바른 노사이념, 노사질서를 확립하기 위한 쌍방의 노력이 요구된다.

이러한 점에 비추어 볼 때, 다소 시간이 걸리고 절차가 번거롭다 할지라도 올바른 노사관계관리는 장기적으로 안정적인 노사 신뢰를 형성시킨다는 점에서 그 중요성이 있다.

최근에는 노사관계의 선택이 과거의 산업평화유지를 위한 노사갈등 해소라는 소극적 대응전략 차원을 넘어서, 인력자원개발이라는 적극적인 개발전략 차원으로 중심과제가 변화하여 노사관계관리의 중요성이 더욱 강조되고 있다([표 1-2] 참조).

표 1-2 전통적 노사관계전략과 현대적 노사관계전략의 차이

구분 \ 차이	목적	구심점	태도
전통적 노사관계전략	산업평화유지전략	노사갈등 및 분쟁해소전략	소극적 대응전략
현대적 노사관계전략	국가경쟁전략	노동 내지 인적자원개발전략	적극적 대응전략

자료 : 최종태, 전략적 노사관계론, 경문사, 1996, p.37.

(2) 인적자원관리와 노사관계관리

인적자원관리 개념이 등장한 지난 20여 년 이전에도 노사관계관리는 존재하고 발전해온 만큼 이 둘 간의 인과관계를 밝히기란 쉽지 않은 일이다. 그러나 전통적으로 기존의 인사관리와 노사관계는 상호 보완적인 연구 분야라고 할 수 있다. 예를 들면 인사관리영역을 체계론적 차원에서 구분할 때, 고용관계론 · 인간관계론 · 노사관계론으로 나눌 수 있는데 인사관리에서 노사관계를 부분영역으로서 연구하기도 하고 반대로 노사관계론의 정립에 있어 인사관리를 하위 차원에서 연구하기도 한다. 특히 임금 및 근로조건 분야에 대한 노사관계론적 접근법의 연구성과는 인적자원관리에 현저한 공헌을 하였으나 다른 분야에서는 다소 미약한 수준이다.

노사관계론적 접근법에서는 전통적으로 경제적 거래대상으로서의 노동력의 개념을 이용하여 왔다. 이에 따라 노동시장과 임금, 사용자와 노조(노동자)와의 갈등을 전제로 한다. 최근 들어 노동력을 상품으로 인식하였던 한계를 탈피하여 인적자본(human capital), 지식자산(knowledge asset)의 개념으로 새롭게 인식하고 있지만 기본적으로 노동시장을 매개로 한 경제적 거래의 기본전제는 큰 변화가 없을 것으로 보인다.

노사관계관리의 주된 내용으로는 ① 노사 간 단체교섭, ② 단체교섭결과로 생긴 노동협약의 체결, ③ 협약의 해석적용에 대한 고충의 처리, ④ 조합 또는 종업원집단의 제 경영참가제도 등이 있다. 이때 노동협약의 내용은 근로조건 기타 고유의 노무관리의 기준을 설정하는 것이며 또 경영참가는 노동자 및 노동조합이 노무관리 측면에 침투하는 것이므로 노사관계와 노무관리는 매우 밀접한 관계에 있다고 할 수 있다.[10]

한편 노사관계를 지칭할 때 산업관계(industrial relations)보다는 종업원관계(employee relations)라는 용어를 익숙하게 사용하는 이유는 고용관계관리의 속성을 지닌 인적자원관리(HRM)의 영향 때문이기도 하다.[11]

인적자원관리 내용들 중에 노사관계관리에 느슨하게 영향을 미치는 사례를 살펴보면 다음과 같다.

- 종업원으로 하여금 보다 큰 발전을 이룰 수 있도록 직접적으로 종업원을 지향하는 의사소통 메커니즘. 가령, 종업원을 추종하게 하는 것이 아니라 높은 몰입을 유도하여 성과를 끌어내는 방식
- 직무설계 및 직무조직에 있어서 고려해야 할 '삶의 질(quality of life)'의 변화. 가령, 인적자원관리의 직무확대방법은 종업원을 동기유발할 수 있음.
- 일본기업의 품질관리(QC), 전사적 품질관리(TQM), 적시관리(JIT) 등이 역량 있는 종업원, 성과 향상을 끌어내고 있다는 내용
- 집단주의(collectivism)의 퇴조. 즉 노동조합 가입 및 노조에 대한 인식 그리고 의사결정 참여에 소극적인 분위기 등
- 갈등이 아니라 동반자적 관점에서 협조를 통한 고용관계(employment relationship)를 강조
- 어떤 경우에는 보다 가부장적 관리(paternalist management) 스타일도 존재
- 탄력적 기업모델을 제시함으로써 개별적 계약과 노동유연성을 강조
- 지속적으로 경영대권(經營大權)을 강조

10) 정수영, 신노무관리론, 박영사, 1999, pp.256-257.
11) Mike Leat, *Exploring Employee Relations*, Butterworth-Heinemann, 2001, pp.282-283.

아래는 인적자원관리 내용 중에 노사관계관리와 심각한 충돌을 불러일으키는 사례들이다([사례 1-4] 참조).

- 노동조합으로 하여금 단체교섭을 위해 폭넓게 용인되었던 인식에서 벗어날 것을 강조
- 전제적 관리 스타일
- 백지계약, 장시간 근로 혹은 종업원의 법적 권리 소홀 등 유연성 강조
- 비용최소화, 저임금, 열악한 작업환경 등
- 지속적인 숙련저하 및 직급하락
- 종업원을 차별대우하거나 이용하는 시각의 경영정책

사례 1-4 인적자원관리와 노사관계관리의 상충

*** 아래 자료를 읽고 인적자원관리와 노사관계 측면에서 각각 접근방향이 어떻게 다른지 또 서로 상충되는 영역은 무엇인지 생각해보시오.**

의료업계에 따르면 ○○병원은 구조조정 방향을 두고 노조와 사측이 첨예하게 대립하고 있다. 노조 측은 빠른 법정관리(회생절차)의 신청을 요구하는 반면, 병원 측은 법정관리신청에 앞서 법정관리인을 정하자고 주장, 서로가 팽팽히 맞서고 있다.

법정관리인은 회생절차를 밟는 법인을 법원의 통제 아래 운영하는 관리인을 말한다. 보통 전임 대표이사가 관리인이 되고 관리인이 재정파탄에 책임이 있으면 제3자가 관리인이 되기도 한다.

노조 측은 병원 측의 주장을 이해할 수 없다고 주장하고 있다. ○○병원 노조 관계자는 "병원 측이 주장하는 법정관리인은 회생신청 후 법원이 결정할 문제"라며 "노조 측과 병원 측이 미리 관리인을 정한다고 해서 그가 반드시 법정관리인이 되는 것이 아니다"라고 말했다. 이 관계자는 이어 "병원 측의 이런 주장은 회생신청을 방해하는 것"이라고 비판했다.

자료 : 한국스포츠경제, 2019. 1. 12.

디저트 dessert

- 기업경영을 생산과 분배의 두 핵심기능으로 파악할 때, 전자는 생산증진이라는 생산적 측면에서 노무관리를 중심으로 하는 개별적 노사관계이며 이때의 노사관계는 경영자가 고용의 주체로서 노동문제를 효율적 측면에서 접근하게 된다. 반면 후자는 산업평화를 목표로 분배적 측면에서 노사관계관리를 파악하는 집단적 노사관계로서 노사가 대등함을 전제로 한다.
- 노사관계란 "경영자, 근로자 및 정부 사이의 상호관계 복합체"로서 해당 노 · 사의 관계로서뿐만 아니라 정부를 포함한 포괄적 개념으로 인식한다.
- 근로자와 사용자가 기본적으로 대등할 수 있는 것은 근로자에게는 단결권 · 단체교섭권 · 단체행동권 등 노동3권이 보장되어 있기 때문이다. 이에 반해 사용자는 고용자의 입장에서 지니는 이른바 경영대권(經營大權, management prerogative)이 있는데 이는 경영자가 일방적으로 전결(專決)할 수 있는 권리를 의미하지만 명확한 성문화로 규정되어 있는 것은 아니다.
- 노사관계는 생산과 배분 측면에서 협력과 대립의 이중적 속성을 갖는다. 아울러 종업원은 근로자로서 종속관계이자 노동조합을 통해 대등관계를, 공식조직에서 경제적 관계로 노동조합 등 비공식조직을 통해 사회적 관계의 이율배반적 속성이 있다.
- 산업민주화를 위한 오늘날 노사관계의 주류는 영 · 미식 단체교섭(collective bargaining)중심의 경쟁적 방향과 독일식 공동의사결정(co-determination)중심의 친권적 방향 두 가지이다. 전자는 단체교섭이 주된 목적인 노동조합 유형으로서 시장경쟁원리를 기반으로 하여 노동조합이 경영층에 대해 제반 조건을 교환하고 거래하는 방식으로서 대등한 입장에서 교섭과 조정을 통해 노사문제를 해결한다. 후자는 노동자가 기업 내에서 그의 지위를 확보하고 의사결정을 할 수 있는 특권과 책임을 동시에 가지고 공동으로 경영에 참여하는 것이다.
- 개별적 노사관계관리는 흔히 노무관리(labor management)로 부르는 것으로서 이는 기업 경영주체의 시각에서 노동력과 노동의 관리를 다루는 것이다. 기업이 목표달성을 위한 수단으로서 효율성 극대화 차원에서 노동력으로부터 최대의 효과를 얻기 위해 이를 통제 · 운용하는 계획적 · 조직적인 종합관리절차라고 할 수 있다. 집단적 노사관계관리는 보통 노사관계관리(labor and management relations)로 표현하는데 이는 기업이 근로자 및 노동조합의 실체를 분명히 인식하고 이를 토대로 노사 간의 쌍방적 · 교류적 성격이 반영된 관리활동으로 보아야 할 것이다.

CHAPTER 2 디지털시대의 새 노사관계환경

01 ㅣ 지식경영의 확대

02 ㅣ 노동시장의 변화

03 ㅣ 성과주의 확대

4차 산업과 노사관계

appetizer
애피타이저

4차 산업혁명 또는 4차 산업이라는 단어에는 산업 전반에 큰 영향을 주는 혁신이 있음이 내포되어 있다. 이러한 혁신의 정체는 무엇일까? 결국 이윤창출방식의 변화를 의미한다. 과거 자본, 노동, 토지라는 3대 생산요소의 투입량 또는 형태의 변화를 의미하는데, 그 중 가장 큰 변화를 일으키는 요소는 노동이다.

과거 100이라는 노동을 투입하여 1,000이라는 부가가치를 생산하던 생산방식이 4차 산업기술과 사업모델을 적용하면, 2라는 노동을 투입하여 1,000 또는 그 이상의 부가가치를 창출할 수 있게 된 것이다. 결국 최근의 혁신은 노동의 투입을 얼마나 줄이는 기술과 사업모델을 만드느냐에 집중되고 있다. 거기에서 부가가치와 경쟁력이 나오는 것이다.

반면, 4차 산업과 동일 산업군에서 과거의 생산방식으로 사업을 영위하는 전통 비즈니스는 노동이 주요 생산요소이기에 경영적·법적·사회제도적으로 복잡하게 얽혀있다.

대표적인 예가 노사관계이다. 자본주의하에서 노동자의 권리를 보호하기 위한 장치로 노동법을 제정, 운영하고 있다. 노동조합이 권리보호 장치의 대표적인 예라 할 수 있다. 개별 근로자가 회사와 동등한 관계에서 노동력을 거래하기 어렵다는 점을 감안하여 노동의 집단적 거래를 가능하게 법적 장치(노동조합설립, 운영의 보장)를 마련함으로써 노사 간에 대등한 관계에서 노동력을 사고팔게 하기 위함이 노동조합의 본질이다.

노동조합의 영향이 큰 전통 산업군, 즉 자동차, 조선, 운송, 금융 등에서 4차 산업이 요구하는 혁신을 추구하기가 쉽지 않다. 이는 4차 산업시대 새로운 경쟁우위를 갖추어야 하는 기존 사업의 경영자 입장에서 노무관리를 잘 모른다는 이유로 또는 괜히 구설수에 오르내릴까봐 또는 지저분하다는 등의 이유로 피할 것이 아닌 반드시 넘어서야만 하는 핵심전략과제 1순위이다.

자료 : 4차 산업혁명과 노사관계, 네이버블로그, 소피의 세계여행

21세기 들어 급진전된 디지털(digital)의 발달은 그 방대한 처리능력과 신속성 그리고 분해, 결합, 전환기술능력의 우수성으로 말미암아 시간과 공간, 속도의 개념을 바꾸면서 기존 산업사회에서의 생활, 생산방식, 상품 및 노동시장 등을 근본적으로 바꾸어 놓고 있다. 이에 따라 기업경영에서도 시장의 판이 바뀌고, 사업이 재정의되며, 기업의 핵심능력이 바뀌는 등 근본적인 틀이 바뀌었다. 특히 최근 인공지능을 기반으로 한 디지털 융합기술의 발전은 이른바 4차 산업혁명으로 일컬어지며 정치 · 경제 · 사회 · 문화 전 분야에 걸쳐 획기적 변화를 초래하고 있는바, 기업의 경영에서도 예외는 아니다.

4차 산업혁명은 아직 명쾌한 정의가 내려진 상태는 아니지만 핵심을 요약해보면 대체로 초연결(hyper-connectivity)과 초지능(super-intelligence)이 그 핵심이라고 할 수 있다. 초연결은 사람과 사람, 사람과 사물, 사물과 사물이 서로 긴밀하게 연결된 상황을 가리키며, 초지능은 인간의 지능을 훨씬 초월한 지능을 말한다. 따라서 4차 산업혁명에서는 기계학습(machine learning)으로 가능케 된 인공지능(artificial intelligence : AI), 사물인터넷(internet of things : IoT), 가상세계와 물리세계를 통합하는 사이버 물리시스템(cyber-physical system : CPS), 많은 컴퓨터들을 연결시키는 클라우드 컴퓨팅 등의 지능정보기술이 기존 산업과 서비스에 연결되고 융합된다.

이처럼 디지털환경이 급진전함에 따라 4차 산업혁명의 파괴적 혁신에 따른 노동패러다임의 변화에 노출된 국가와 기업들은 일자리 감축과 노동내용의 변화에 따른 대책 마련에 골몰하고 있다. 현존하는 직업 가운데 2020년 이전에 절반 이상 없어질 것이라는 암울한 미래 예측에 기업은 4차 산업혁명이 몰고 올 부정적 결과에 대처하고 있다. 2016년 독일의 노동사회부는 디지털 혁신이 진행될 경우 독일에서 2030년까지 27개 산업에서 75만 개의 일자리가 소멸되는 반면 13개 산업에서 100만 개의 일자리가 새로 창출되어 25만 개의 순수 증가가 있을 것이라고 전망했다. 다만 일자리의 양이 크게 줄지 않는다고 하여도 일자리의 구성요소의 변화, 취약한 고용형태의 확산, 이와 관련된 임금 및 소득의 불평등 및 노사관계의 불안정성은 피하기 어려울 것으로 전망된다. 독일은 이에 대한 해결방향을 노동의 인간화

와 양질의 일자리창출에 두고 있다.[1)]

환경변화가 심하다는 말은 동시에 전략적 경영이 그만큼 중요하다는 말이 된다. 그러니 노사관계를 바라보는 관점 역시 디지털시대에 걸맞게 바뀌어야 함은 당연하다. 물론 이 시점에서도 장점과 단점, 기회와 위협은 상존한다. 하지만 상당수의 기업 경영진들이 아직껏 과거의 획일적 사고, 비용중심경영에서 벗어나지 못하고 있으며 상당수 노동자들이 수동적 사고, 이기주의적 태도에서 벗어나지 못하고 있음은 안타깝다. 4차 산업혁명이라는 디지털시대의 경영활동의 초점은 디지털과 지식경영의 적절한 만남에서 찾을 수 있다. 이 시대 노사관계의 성공을 위한 첫걸음은 창의적 능력을 지닌 인력의 중요성, 유연한 노동시장, 성과주의에 대한 인식확대 등의 변화를 정확히 분석하는 일부터 시작되어야 한다. 따라서 이번 장에서는 급변하는 디지털환경에서 인적자원 및 노사관계에 영향을 미치는 주요 환경, 즉 지식경영의 확대, 노동시장의 변화, 성과주의 확대 등에 대해 알아본다.

1 지식경영의 확대

산업사회에서는 토지・노동・자본이 주요한 생산요소였지만 디지털시대에는 부가가치창출의 원천인 '지식(knowledge)'이 가장 중요한 생산요소가 되었다. 디지털기술의 발전은 지식경영을 한층 가속화하고 있다. 여기서 '지식'이란 개인 혹은 조직이 개별적으로 경험한 직・간접의 경험을 일정한 관점과 시각에 따라서 체계화시킨 정보를 말하는데, 궁극적으로 의사결정이나 업무활용에 효용가치를 발휘하여 부가가치를 생성해낼 수 있는가가 관건이다. 기업의 존립이 이익창출 여부에 달려 있으므로 이익창출에 공헌하지 못하는 지식이란 지식이 아니란 뜻이다.

부가가치를 창출하는 지식은 곧 경쟁의 원천, 핵심역량으로서 무형자산이 된다. 당연히 이러한 지식을 기업의 가장 중요한 경영자원으로 활용해 나아가는 경영활

1) 김성국, "제4차 산업혁명과 독일의 'Arbeit 4.0'의 과제와 전망", 유라시아연구, 15권 1호, 2018.

동이 요구되었다. 이렇듯 지식을 획득·저장·공유·활용하는 프로세스를 지식경영이라 한다([그림 2-1] 참조).

그런데 여기서 주목할 것은 이러한 지식이 사람(노동자)으로부터 나온다는 사실이다. 지식자원이 중요한 만큼 유능한 지식노동자의 중요성이 우선적으로 고려되어야 한다.

그림 2-1 지식경영 프로세스

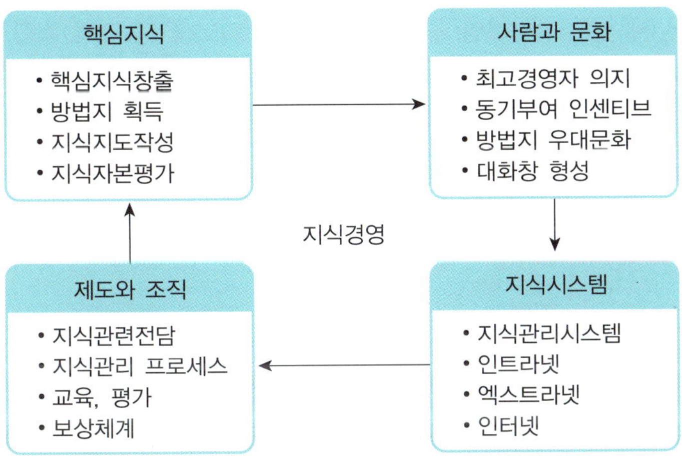

(1) 지식노동자

산업화시대, 아날로그시대에는 강한 애사심과 성실성 등이 선호하는 '인재상'이었지만 정보화시대, 디지털시대에는 상식과 틀을 깨는 창조성과 자기 분야에 대한 전문성 등을 바람직한 인재상으로 꼽는다. 그 이유는 이런 인재가 부가가치를 창출해낼 수 있기 때문이다. 구체적으로 지적 창의력, 소프트웨어 경쟁력, 아이디어 등을 바탕으로 "별난 것이 아름답다"를 고민하는 창의형 인재를 필요로 한다[2]([표 2-1] 참조).

2) 한국노동연구원, 21세기형 인적자원관리, 명경사, 2000, p.144.

표 2-1 시대별 인재 유형

시대 구분	경쟁력 포인트	인재 유형
1970~80년대	큰 것이 강하다	노무형(산업전사형) (physical power)
1990년대	작은 것이 아름답다	두뇌형(지능형) (brain power)
21세기	별난 것이 아름답다	창의형 (concept power)

1970~80년대에는 전형적인 중후장대(重厚長大)형 산업구조에 적합한 힘 있는 육체적 노동 중시의 노무형 인재가 각광을 받던 시기이며, 1990년대는 공업화사회가 정보화사회로 접어들면서 경박단소(輕薄短小)형 산업이 주류를 이루면서 두뇌를 활용하는 인재가 부각되었다. 지금의 21세기 디지털시대에는 두뇌를 발전적으로 승화시켜 지식을 기반으로 하는 산업이 주종을 이루고 있는 만큼, 창의력·아이디어창출의 인재가 필요하다.

그런데 개별 지식노동자들이 역량을 발휘하기 위해서는 당연히 능숙한 컴퓨터 업무 수행능력과 인터넷, 네트워크업무 수행능력을 지녀야 한다. 이런 이유로 드러커(P. Drucker, 1994)는 디지털시대의 인적자원을 가리켜 "학습능력을 갖추고 환경변화에 따라 끊임없이 학습을 하여 직업과 사회적 지위를 획득하고 유지하는 지식노동자"라고 표현하였다.

지식노동자는 다음과 같은 사람이다.

1) 그 사람 자체가 지식자원이다

현장의 노동자는 그가 생산직이든 사무직이든 자신의 업무와 관련하여 많은 지식과 숙련을 갖춘 사람이다. 업무수행을 통해 얻어진 경험적 요인들은 부가가치창출의 노하우를 촉진하며 이는 일종의 암묵지로 존재한다.[3] 개별 노동자들이 보유

3) 일본의 지식경영학자 노나카는 지식을 형식지와 암묵지로 구분한다. 형식지란 언어나 숫자로 표현할 수 있고 상호 간에 공유가 용이한 구체적 지식을 말하며, 암묵지란 학습과 경험을 통해 습득되긴 하지만 겉으로 표현되어 나타나지 못한 추상적 지식을 말한다.

하고 있는 지식은 기업경쟁의 원천으로서 중요한 지식자원이다. 따라서 지식노동자는 자신의 노하우를 바탕으로 스스로 판단하고, 과감하게 행동하며 융통성 있게 환경에 적응해 나감으로써 일의 중심에 서있는 사람이다([사례 2-1] 참조).

사례 2-1 글로벌기업들이 요구하는 4차 산업혁명시대의 인재상

어떤 역량을 갖추어야 4차 산업혁명시대 일자리에 부합하는 것일까?

2016년 세계경제포럼이 미래의 일자리에서 핵심적인 직무기술로 중요시될 것으로 예상되는 9개의 역량을 조사했는데 이것들은 크게 세 가지 범주로 분류되며 그 내용은 다음과 같다.

미래 일자리의 9가지 핵심직무능력

기본능력	기본적 직무능력	직능을 넘나드는 직무능력	
인지능력 • 인지유연성 • 창의성 • 논리력 • 문제인식 감수성 • 수리력 • 시각화능력	업무내용 관련역량 • 능동적 학습 • 구술 표현력 • 독해력 • 작문 표현력 • ICT 이해도	사회관계 역량 • 협동능력 • 감성지능 • 협상력 • 설득력 • 서비스지향성 • 타인 교육훈련능력	자원관리 역량 • 재무자원관리 • 물질자원관리 • 인적관리 • 시간관리
신체능력 • 육체적 힘 • 신체동작의 정교함과 정확성	업무처리 관련역량 • 능동적 경청 • 비판적 사고 • 자기 모니터링과 타인 모니터링	시스템적 역량 • 판단력과 의사결정력 • 체계분석력 복합적 문제해결 역량	테크놀로지 역량 • 장비 유지 및 보수 • 장비 작동 및 제어 • 프로그래밍 • 품질관리 • 기술 및 UX 디자인 • 기술적 문제해결

자료 : 임승빈, "사회구조변화와 고용서비스 인력의 전문성 확보를 위한 고용정부의 역할" 2016. 5.

2) 혁신하는 사람이다

업무를 수행하되 일상적인 틀에서 벗어나지 못하고 수동적인 사람으로부터 성과를 기대하기 어렵다. 자신의 업무 전반에 걸쳐 부단히 개선·개발·혁신하는 사람은 이를 구체적인 아이디어로 연결시켜 조직성과에 공헌한다. 따라서 지식노동자는 지적 창의력을 통해 경쟁우위를 확보함으로써 변화하는 환경에 기민하게 대처하여 높은 수익성을 창출하는 사람이다.

이를 위해 지식노동자란 문제해결능력, 지식가치창출능력을 지녀야 하며 그렇게 하기 위해서는 아래의 요건을 지녀야 한다.

- **정신** : 목표의식, 혁신의지, 도전정신 등
- **습관** : 시간관리, 메모습관, 끊임없는 자기개발 등
- **능력** : 창의력, 정보기술 활용능력, 의사전달능력 등

3) 지식을 체계화하는 사람이다

지식노동자는 업무수행과정에서 만들어낸 체험의 결과를 상황적 맥락과 연결시켜 기록하고 보존함으로써 지식을 체계화하는 사람이다. 아무리 많이 알고 있어도 꾸준히 관찰하고 기록하여 지식을 구체적인 형태로 축적시키는 일이 중요하다. 그

맛소금 **드러커(P. Drucker)의 지식근로자 역할모델**

- 지식근로자는 지식을 가치로 기여하는 사람이다. 스스로 목표를 분별하고, 자신이 기여할 바를 결정하며, 자율적 동기와 책임감으로 조직에 기여한다.
- 지식은 단독으로는 큰 가치가 없으며, 다른 지식과 결합할 때 비로소 가치를 창출한다. 따라서 지식근로자는 동료와 조직을 필요로 한다.
- 지식은 늘 진부해지며, 새로운 지식으로 갱신되지 않으면 가치를 상실한다. 따라서 지식근로자는 새롭게 자기자신을 갱신해야 하며, 호기심을 잃지 않고 스스로의 지식을 새롭게 만들어야 한다.
- 드러커는 법학과 정치로 시작해서 역사와 문학, 예술, 경제학, 경영으로 자신의 지식을 새롭게 만들었다. 이 과정은 서생의 호기심이 아니라 인간에게 정상적인 사회를 만드는 경영의 의미를 새롭게 하기 위한 과정이었고, 저술과 강의, 컨설팅과 멘토링이라는 다방면의 활동을 통해 그의 삶과 결부된 것이었다.
- 골프를 치지 않고, TV를 거의 보지 않았으며 대부분의 시간을 지적 탐구와 교제에 몰입했던 드러커는 따분한 삶이 아니라 충만한 삶을 살았다. 자신에게 주어진 것, 본래의 자신이 가장 잘할 수 있으면서 큰 공헌을 하는 삶으로서 드러커가 보여준 삶은 지식근로자의 삶이다.

자료 : https://brunch.co.kr/@jakiva/22

렇지 않다면 생성된 노하우가 더 발전하기 어려울 뿐더러 구성원 상호 간 원활한 커뮤니케이션에도 장애가 있다. 한계가 있기는 하지만 개인 차원의 암묵지를 가능한 한 명시적 지식의 형태로 정리하는 일은 지식공유의 전제조건이다.

4) 지식을 공유하는 사람이다

자신이 체계화한 노하우를 다른 사람과 공유하는 노력을 하는 사람이어야 진정한 지식노동자이다. 지식을 공유하려 노력하지 않는다면 지식은 조직적 차원으로 변하지 못하고 개인 차원에서 머물다 소멸한다. 다시 말하면 개인지식이 조직지식으로 승화하지 못한 채 개인의 이동, 전출, 퇴직 시 동반하여 빠져나가게 된다는 것이다. 지식공유를 통해 시너지효과를 극대화하고 지식발전에 탄력을 기할 수 있음으로 지식공유는 지식경영의 꽃이다.

그럼에도 불구하고 개별 노동자가 지식공유를 꺼리는 이유는 희소가치가 공유됨으로써 입게 되는 피해의식과 손실에 대한 물질적 보상 및 피드백이 미비하거나 공유시스템 자체가 미비하기 때문이므로 경영자는 이에 대한 배려가 있어야 한다.

(2) 지식경영과 노사관계

지식경영의 확대로 말미암아 지식근로능력의 차이가 드러나고 또 지식창출의 요체인 디지털의 접근가능성 및 활용능력에 따라 디지털 양분화(digital divide)현상이 발생하게 된다. 디지털 양분화란 전체집단이 인터넷과 웹 등 다양한 디지털 기기를 능숙하게 조작하고 활용함으로써 정보기반경제의 시류를 타는 집단과 반대로 이들에 접근하지 못함으로써 다양한 기회로부터 유리되는 집단의 두 부류로 나뉘는 현상을 말한다.

이는 노동시장의 유연화, 성과 위주 보상제도 등을 가속화시킴으로써 노사관계에 있어서도 새로운 접근법을 필요로 하고 있다. 그러나 아직도 노동정책이나 기구 관행은 후진성을 벗어나지 못하고 있는 것이 사실이다. 그렇다면 지식경영체제하에서 노사 신뢰 구축과 공존을 위한 전제조건은 무엇인가?

1) 지식노동자 대 지식경영자의 노사관계로 바뀌어야 한다

노동자와 사용자가 각각의 존재에 대한 인식 전환이 중요하다. [그림 2-2]에서 보는 바와 같이 산업사회에서 노사관계는 노동력 제공을 착취로 인식하는 노동자와 반대로 이것을 단순히 비용요소로 인식하는 사용자 간의 대립적 노사관계였다. 그러나 디지털시대의 지식경영체제에서는 기존의 '노동자 대 사용자'의 관계에서 탈피하여 '지식노동자 대 지식경영자'의 관계로 전환하여야 한다. 이것은 '대립과 투쟁의 관계'에서 '상생(相生)의 관계'로의 변화를 의미하는 것이며, 또한 상생의 관계는 상생의 세상인 '지식공동체(knowledge community)'의 밑바탕이기도 한 것이다. 기업 경쟁력의 바탕은 지식노동자일 수밖에 없으며 지식경영자는 지식노동자를 가치창출의 원천으로 인정하고 지원해줄 수 있어야 한다. 노동제공자인 노동자의 발전이 기업의 발전이며 기업의 발전이 노동자의 성장으로 이어지는 것이다.

그림 2-2 지식경영하의 노사관계

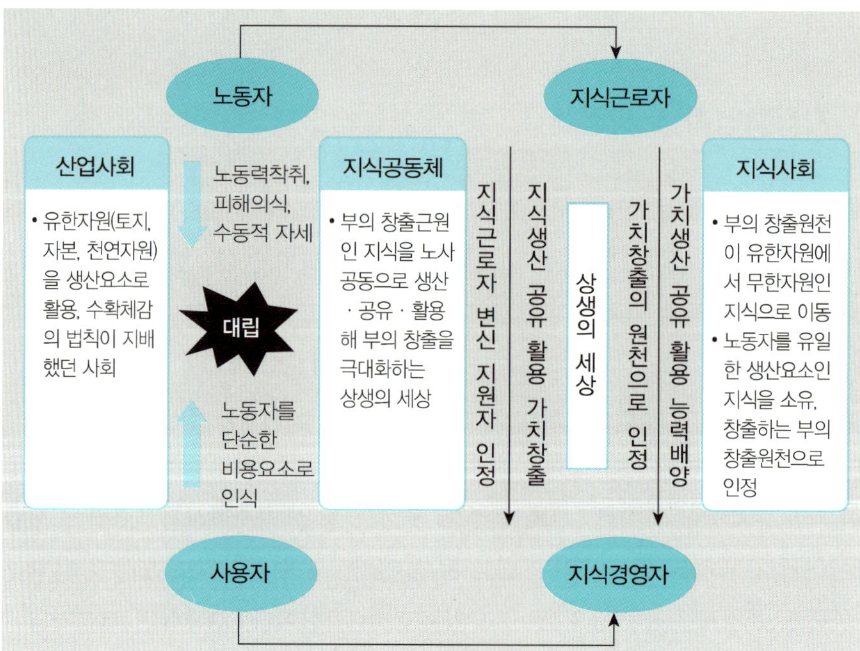

즉 환경변화에 대응하고 치열한 경쟁에서 승리하기 위해서 가장 중요한 경쟁력이 사람에게 있다는 것을 노사는 공동으로 인식하고 기업과 노동자 모두 지식경영의 성공을 위해 협력하여야 한다.

2) 지식공유시스템과 공유문화 구축을 통해 신뢰를 형성한다

앞서 지식경영 프로세스를 획득·저장·공유·활용의 네 단계로 설명한 바 있지만, 지식공유는 기업이 필요로 하는 지식을 제시하고 특정 지식에 대한 접근과 개별 지식의 활용수준을 제고시키는 과정이다.

지식공유에 관한 핸더슨(R. Henderson) 등의 정의를 살펴보면 "지식공유란 관계를 가지는 조직구성원들이 공유하고 있는 지식으로 상호 간 이해하는 것"[4]이라고 하였는데, 이는 지식공유를 통해 상대방의 역할을 잘 이해하게 될 뿐만 아니라 공유의 정도가 조직이나 개인들 간의 관계형성에 중요한 역할을 한다는 사실을 말하고 있다. 지식공유를 촉진하는 시스템 구축을 통해 개별 지식의 공유는 물론 원활한 커뮤니케이션을 통해 상호 간 관심과 신뢰가 형성되고 보다 개방적 분위기를 조성한다.

피올(C. M. Fiol)은 지식공유에 영향을 미치는 조직문화의 중요성을 언급하면서, 지식경영이 성공하기 위해서는 창조적 문화, 참여와 공유의 문화, 협력의 문화 등 지식중심의 조직문화가 형성되어야 한다고 주장했다.[5]

이렇듯 지식공유와 공유시스템을 둘러싸고 개별 노동자, 관리자, 최고경영자 간 상호 신뢰가 형성되고 나아가 전략적으로 기업문화를 조성할 수 있다면 이는 안정적·발전적 노사관계의 기초가 된다는 점에 주목할 필요가 있다. 이를 위해 기업은 그룹웨어, 인트라넷 등 시스템에 대한 지속적인 투자와 관리활동에 힘을 기울이고 이것이 실제 성과로 이어질 수 있도록 집중해야 한다.

4) R. Henderson & K. Clark, "Architectural Innovation : The reconstruction of existing product technologies and the failure of established firms", *Administrative Science Quarterly*, 35, 1990, pp.9-30.

5) C. M. Fiol, "Managing culture as a Competitive Resource : An identity-based view of sustainable competitive advantage", *Journal of Management*, 17, 1991, pp.191-192.

3) 지식자산에 대한 합리적 평가와 보상이 있어야 한다

지식이 가장 중요한 생산요소라 할 때 지식도 다른 자산과 마찬가지로 평가되어야 마땅하다. 그러나 '지식자산'을 계량화한다는 것이 그리 쉬운 일이 아니다. 지식은 다양한 경로를 통해 전달되기 때문에 파악하기도 어려울 뿐더러 다른 자원과 달리 구체적인 형태로 존재하지 않아 계량화에 어려움이 있다.

그러나 기업수준에서는 기존의 회계처리방식을 보완한 다양한 시도가 행해지고 있다. 예를 들면 지식경영관련 지출액을 전액 당기비용으로 처리할 것이 아니라 일부는 자산으로 축적되어 지식자산 형성에 기여하고 매년 그 크기가 누적적으로 커진다고 가정하여 정리한 지식자산화회계(intellectual asset capitalization accounting) 방식이 그렇다. 스튜어트(T. Stewart)는 지식자산을 아래와 같이 인적자산, 구조적 자산, 고객자산 세 가지로 구분하고 있다.6)

- **인적자산** : 임직원의 업무관련능력, 심리적 만족도 등으로 구성되며, 인적자산에 투자된 자원으로는 인건비, 복리후생비, 퇴직급여충당금 등으로 구분하여 장부에 반영한다.
- **구조적 자산** : 지식재산권, 조직문화, 업무 프로세스의 효율성, 지식관련활동 등으로부터 축적되는 자산이다. 연구개발비, 전산처리비, 도서구입비, 교육훈련비 등을 지식경영관련 지출액에 포함한다.
- **고객자산** : 고객만족도, 브랜드 이미지, 우호적인 고객과의 관계 등이 있고, 광고선전비, 견본비, 포장비, A/S비용 등을 당기 비용으로 인식한다.

그런데 진정한 지식경영의 목표를 달성하기 위해서는 지식자산의 회계처리와 더불어 개별 노동자의 지식창출 노력과 지식공헌도를 구체적으로 측정하고 보상하는 시스템을 정착시켜야 한다. 즉 기존의 방식처럼 무엇을 얼마나 했는가를 확인하는 실적 위주의 평가가 아니라 자신이 추진한 특정 업무의 결과가 구체적으로 부가가치창출에 얼마나 기여하였는가에 평가의 초점을 맞춘다. 이를 위해 완벽하

6) LG경제연구원, "지식경영, 대차대조표와 손익계산서－우리 기업에게 희망이 보인다", 주간경제, 631호, 2001. 7.

지 않더라도 가능한 가장 적합한 성과지표를 설정하고, 수시평가·직무별 평가방법 차별화·쌍방향 평가 등 기존 고과에서의 오류 여지를 제거하도록 하며 이를 기존의 고과에 통합 반영한다. 또 평가기준은 가능한 한 단순하고 투명하게 함으로써 업적고과를 둘러싼 노사갈등의 소지를 미연에 방지할 필요가 있다.

4) 지식경영에 기초한 새 노사문화를 정립한다

지식기반 경제체제하에서는 기업과 노조뿐만 아니라 노동시장 중개자와 정부도 새로운 역할을 정립하여야 한다. 기존 대립과 갈등의 노사관계, 취업자중심의 근로보호제도, 지식정보사회에 걸맞지 않는 노동 관행 등에서 나타나는 경직성을 타파하고 '협력과 존중'을 통한 지식공동체로 디지털환경에 적응하는 것이 노동자와 기업 모두를 위한 최선책이다.

21세기를 디지털환경과 지식경영의 만남으로 이해할 때 전통적 노사관계의 틀이 붕괴함에 따라 다음과 같이 새로운 노사관계 정립이 필요하다.

첫째, 노사 신뢰 구축과 상호 존중의 문화이다. 진부하게 들릴지 모르지만 언제나 신뢰는 발전적 노사관계의 출발이다. 특히 디지털이 발달하고 지식교류가 원활해질수록 투명경영의 필요성이 커진다. 신뢰가 구축되고 상호 존중하는 분위기가 형성되면 상하 간, 부서 간, 개인 간 의사소통이 원활해지면서 회사의 현안과제나 미래의 노사관계 등에 대해서도 건설적 교류가 가능하다.

둘째, 참여와 협력의 문화이다. 지식경영은 지식노동자의 적극적인 참여를 통해 이루어진다. 과거와 같이 명령과 복종의 관계가 아니라 지식을 교류하는 기능 간의 관계이다. 디지털로 인한 즉시성과 근접성 그리고 쌍방향성의 확대는 보다 수평적 관계를 요구하고 있다. 이런 상태에서 개별 노동자들의 참여와 상호 협력 분위기가 조성되지 못한다고 과거와 같은 물리적인 압력을 행사할 수는 없는 노릇이다. 또 회사는 이러한 흐름에 소외되는 노동력이 있는지 살펴보고 적절한 프로그램, 교육훈련 및 경력개발 프로그램 등을 제공하는 데 소홀함이 없어야 한다.

셋째, 자율과 책임의 문화이다. 노사는 동반자이지만 입장의 차이도 분명 존재한다. 디지털과 지식의 중요성이 커질수록 환경변화에 대한 획일적 대응이 더욱 어렵다. 따라서 노사 공히 자율적으로 행동하고 책임질 줄 아는 자세가 필요하다. 이를 위해 한편으로는 각각의 존재가치를 분명히 인정하고 각자의 범주에서 스스로 행동할 수 있도록 배려하면서 동시에 조직목표에 견주어 상대에 대해서는 성실한 책임의식을 가져야 한다([사례 2-2] 참조).

사례 2-2 4차 산업혁명시대 경력계발서

4차 산업혁명시대에는 평생직장의 개념이 사라진다. 내가 평생 다니고 싶어도 나의 역량을 대신할 인공지능이나 로봇이 출현한다면 우린 더 이상 일을 할 수 없을 것이며, 여기에 새롭게 치고 올라오는 글로벌 역량을 가진 인재들의 질주는 기성 직장인들에게 나이 먹는 걸 두렵게 만들 정도로 위기감을 느끼게 한다. 이에 따라 4차 산업혁명시대에 일자리는 어떻게 변화하고 또 나는 어떤 인재로 경력계발을 해야 하는지에 대한 고민이 앞선다.

실제로 4차 산업혁명시대의 이직 추세는 업종 간의 경계를 가리지 않으며, 최근 3~4년 전까지만 해도 기계, 전자, 반도체, 자동차, 건설, 조선, 유통 등 전통적인 산업 분야에서는 관련지식과 경험을 가진 경력자를 기업들이 최우선으로 선발해왔다. 동종업종 업무 경력이 전무하거나 빈약한 지원자들은 1차 관문인 이력서 검토단계조차 통과하기 힘들었는데, 이젠 이 장벽에 균열이 생기기 시작했고 실제로 이직의 현장에서는 IT 분야 경력자가 제조회사나 금융회사 또는 물류회사로 이직하는 일이 일상화되고 있다.

물류 분야에서 O2O로, 경계를 초월한 이직현상도 나타나고 있는데, 그만큼 4차 산업혁명시대에는 업무의 전문성뿐 아니라 관련기술, 즉 디지털과 인공지능, 빅데이터 등에 대한 이해력과 실무능력을 갖춘 직장인들의 수요가 높다. 예를 들면 마케팅, 회계, 법률, 인사, 영업 분야에서도 빅데이터를 통해 의미 있는 정보를 얻어내고 이를 활용해 고객, 경영진, 직원들과 보다 효과적인 의사소통을 할 수 있는 직장인들이 인재로 평가받는다.

자료 : 내외뉴스통신(http://www.nbnnews.co.kr), 2018. 6.

2 노동시장의 변화

(1) 노동시장의 유연화

디지털환경과 지식경영의 확대는 산업사회에서의 생활 및 생산방식에 변화를 초래하고 있으며, 이는 상품시장은 물론 노동시장에도 구조적인 변화를 가져오고 있다. 노동시장 역시 수요·공급의 법칙의 적용을 받는데, 일자리를 필요로 하는 기업이 수요자가 되고 노동력을 제공하는 노동자가 공급자가 된다.

노동시장은 제품시장과는 달리 눈에 보이지 않으며, 상품인 노동력과 이를 공급하는 노동자를 구분할 수 없는 특성을 가지고 있다. 이러한 노동시장을 외부노동시장(external labor market)이라고 하며 채용의 형태로 나타난다. 반면에 기업 내부의 경우, 직무(job)가 수요가 되고 내부구성원들이 공급자가 되는 시장을 내부노동시장(internal labor market)이라고 하며 주로 배치전환과 승진의 형태로 나타난다.

그런데 최근 우리의 경우에도 과거의 내부노동시장에서 외부노동시장으로의 변화가 급격히 이루어지고 있다([사례 2-3] 참조). 외부노동시장이 활성화되면 기업은 필요한 노동자를 쉽게 확보하고 또 노동자는 용이하게 이직, 전직을 하면서 자신의 경력을 발전시킬 수 있다. 이것이 '노동시장의 유연화'이며, 노동시장의 유연화는 사회 전반에 걸쳐 인적자원의 효율적 배분을 촉진시키려는 의도로 확대되고 있는 추세이다.

유연한 노동시장에서는, 첫째 직무가 표준화되어 있을 뿐만 아니라 노동시장도 직무에 따라 세분화되어 있기 때문에 인력의 수급이 사람중심에서 직무를 중심으로 옮겨지는 등 채용방식에도 큰 변화를 가져온다. 획일적인 방식의 정기 채용보다는 융통성 있는 수시 채용방식으로, 인사부서중심의 채용에서 현장중심 채용으로 바뀌며, 적합한 인재를 찾기 위해 모집방법은 더욱 다양화한다. 아울러 선발기법의 타당성을 높이기 위해 기법상의 효율성을 제고시키기 위한 노력이 계속되고,

비정규직 채용을 비롯한 탄력적 인력관리가 늘어난다.

둘째, 사용자는 직무의 변화에 따라 노동자를 비교적 자유롭게 해고할 수도 있고 노동자들 역시 자신에게 보다 나은 근로조건을 제시하는 직장으로 쉽게 옮길 수 있어 직장이동이 수월해진다. 미국 등 북미국가나 유럽의 경우 외부노동시장중심으로 보편화되어 있는데, 물론 노동자의 조직에 대한 몰입이나 애착 정도는 떨어지는 것으로 나타난다. 이상하게 들릴지 모르지만 외부노동시장중심하에서 과거처럼 개별 노동자와 기업을 연결해주는 조직몰입과 고용보장이 이제는 더 이상 중요한 의미를 지니지 못하게 되었다.

셋째, 학력과 근속에 따른 연공주의에서 능력과 성과중심의 성과주의로 변화한다. 상품시장에서 제품의 질이 가격결정의 기준인 것처럼 노동시장에서는 노동력

사례 2-3 **일자리 혁명 이끄는 4차 산업혁명시대**

한국고용정보원은 '4차 산업혁명 미래 일자리 전망' 보고서를 통해 4차 산업혁명시대 유망직업과 위기직업을 선정했다. 이 보고서에 따르면 사물인터넷 전문가, 인공지능 전문가, 빅데이터 전문가, 생명공학자, 응용소프트웨어 전문가, 로봇공학자 등 4차 산업혁명 관련기술을 바탕으로 새로운 일자리가 창출된다. 그러나 이를 적극 확대하기 위해서는 정부와 기업, 교육기관이 앞장서서 적극적인 지원과 체계적이고 지속적인 계획 마련이 필요하다.

4차 산업혁명위원회에 따르면 4차 산업혁명이 빠른 속도로 진행되면서 경제성장과 관련산업의 수요 확대로 고용증가산업은 취업자 수가 46만 명이 증가할 것으로 전망되는 반면, 자동화 등 기술혁신에 따른 생산성 증가로 일자리 대체가 크게 일어나는 고용감소산업에서는 34만 명의 취업자 수가 감소할 것으로 내다봤다. 이러한 고용감소에 대비하기 위해서는 현재 인력들의 재배치가 필요하며 전문기술을 습득하고 활용할 수 있도록 정부와 기업이 나서야 한다.

우선 신기술·고숙련 인력수요 확대에 대비해 중장기적 관점에서 인적자본에 대한 과감한 투자가 필요하다. 급격한 기술변화에 대응하기 위해 지식습득에서 창의, 문제해결 역량 등을 중심으로 한 교육체계 강화와 산학연 협력 활성화가 이뤄져야 한다. 아울러 노동시장 보호에 대한 강화가 동시에 진행되며, 국내외 기술변화가 일자리 변화에 미치는 영향을 파악하고 이를 지속적으로 정책에 반영하는 체계를 강화해야 한다.

자료 : 인더스트리뉴스(http://www.industrynews.co.kr), 2018. 12. 28.

의 질이 가격결정이 된다. 노동력의 질이란 노동자의 능력의 크기와 수준으로서 이는 철저하게 성과에 기초할 수밖에 없다.

성과주의로의 변화를 통해 기업은 개별 노동자들의 욕구를 충족하고 동기부여를 자극하면서 결과적으로 유연한 인적자원관리 및 생산성 제고를 달성한다. 우리나라와 같이 유교적 문화권하에서는 집단주의, 서열주의적 요소가 기업경영시스템 전반에 영향을 미치고 있는데 이는 안정된 환경에서는 단결력 발휘로 큰 영향을 발휘하기도 하였지만 지금과 같이 변화하는 환경에서는 신속성, 효율성, 융통성에 있어 장애가 되고 있기 때문에 성과주의는 우리의 경우에도 확산될 전망이다. 또 내부노동시장중심의 인적자원관리체제를 유지하는 것은 외부환경에 대한 적응을

맛소금 **국가별 노동시장 유연성과 노동생산성**

강성노조가 노동시장 유연성 확보에 민감하게 반응하는 현상은 한국과 프랑스가 별반 다르지 않다. 한국노총과 민주노총 등 양대 노총은 물론 산업별 · 개별 사업장 노조도 노동시장 유연성 제고에 대해서는 강력 반발한다. 다만 현재 우리나라와 프랑스의 다른 점은 정부 입장이다. 프랑스 정부는 노동시장 경직성을 높이는 정책의 실패를 자인하고 글로벌 추세를 따르려 하고 있지만 우리나라는 노동시장 유연성 제고라는 얘기를 꺼내는 것조차 금기시하고 있는 분위기다. 상황이 이렇다 보니 현재 우리나라에는 노동유연성 및 생산성 제고 담론은 실종됐고 정부의 묵인을 등에 업은 임금인상 · 고용유지 등 강성노조들의 구호만 난무하는 상황이다.

주요 국가 노동시장 유연성 순위

1위	스위스
3위	홍콩
4위	미국
21위	일본
28위	독일
37위	중국
83위	한국

※ 2016년 발표
자료 : 스위스연방은행 UBS

OECD 주요 국가 노동생산성 순위 (단위 : 달러)

순위	국가	1시간당 노동생산성
1위	룩셈부르크	81.5
6위	미국	62.9
9위	독일	59.0
17위	이탈리아	47.7
20위	일본	39.5
28위	한국	31.8

※ 2015년 기준, 평균 노동생산성은 46.6달러
자료 : OECD

자료 : 서울경제, 2017. 6. 23.

어렵게 할 뿐만 아니라 고정적 인건비의 비율을 높여 결국 경영의 효율성을 저하시키기 때문이다.

넷째, 노동시장의 유연화는 인적자원관리시스템 전반을 기존의 '사람'중심의 관리에서 '직무'중심관리로 전환시킨다. 전자는 먼저 우수한 인적자원을 확보하고 나중에 그 사람에게 적절한 직무를 부여하는 '선(先)사람 후(後)직무'의 순서였지만, 후자는 철저한 직무분석을 통해 필요한 직무와 요구되는 사람의 전형을 정해 놓은 후 해당되는 사람을 찾는 '선(先)직무 후(後)사람'의 순서이다. 이런 이유로 노동시장의 유연화가 진행될수록 직무분석에 충실을 기하려는 노력이 지속될 것이다.

(2) 노동력 수요 및 공급의 변화

1) 노동력 수요의 변화

노동시장의 변화가 있다면 수요자, 즉 기업은 어떤 노동력을 필요로 하는가? 첫째, 정보통신 분야의 발전은 관련인력을 중심으로 고기술, 전문인력을 필요로 한다. 디지털 경제화에 따른 지식집약화와 기술변화는 저기능 인력과는 대체적인 관계에 있고, 고급 인적자원과는 보완적 관계에 있기 때문에 고학력·고숙련의 전문인력 고용이 크게 증가할 것이다.[7] 경험적 숙련수준에서도 숙련직업>반숙련직업>미숙련직업 순으로 고용이 증가하게 되며, 이에 따라 노동시장도 제품시장이 '수요자가 주도하는 시장(buyer's market)'으로 바뀌는 것처럼 직무에 따라 세분화(segmentation)되어 가고 있다.

둘째, 여성인력의 수요가 확대된다. 최근 여성인력의 경제활동 참가율이 높아지고 있지만 선진국들에 비교할 때 현저하게 뒤처지는 수준이다. 전문인력 수요를 충족시키기 위한 방법 중 우선적으로 고려되어야 할 부분은 기존의 고학력, 전문 여성인력에 대한 활용을 높이는 방법이다.

셋째, 비정규직 인력의 수요가 커진다. 기업은 대내외적 경쟁의 심화로 인건비

7) 전병유 외, 디지털경제와 인적자원, 한국노동연구원, 2001, pp.118-119.

절감의 필요성을 절감하게 되고 적정인력을 유지하는 데 있어서 고용의 유연성을 확보할 필요성을 느끼기 때문이다. 이상의 노동력 수요변화에 따라 노사관계 역시 새로운 대안을 제시하여야 하지만 이에 대한 대응은 부족한 것이 현실이다.

한편 지식정보화의 고용효과와 관련하여 정보통신기술은 고용을 창출하는 동시에 고용을 절감시키는 측면이 있기 때문에 고용효과에 대하여는 엇갈리는 주장이 공존한다. 새로운 기술이나 지식으로 새로운 상품이 탄생하여(제품혁신) 새로운

사례 2-4 **인공지능 · 로봇, 2025년 근로자 1,800만 명 일자리 위협**

2016년 기준 우리나라 전체 직업종사자의 업무수행능력 중 12.5%는 인공지능 · 로봇으로 대체가능하며, 이 비율은 2020년 41.3%로 상승한 후 2025년 70.6%까지 올라갈 것이라고 전문가들은 전망했다.

70.6%를 전체 취업자 2,659만 명에 단순 적용하면 1,877만 명에 해당한다. 직종별로 단순노무직(90.1%)이나 농림어업(86.1%), 정치 · 기계조작 및 조립종사자(79.1%), 서비스종사자(75.9%) 등은 인공지능 · 로봇으로 대체될 위험이 더 컸다.

고용정보원은 "대체가능성이 높은 직업은 청소원, 주방보조원, 매표원, 주차관리원 등 단순직들이 높은 반면, 회계사, 항공기 조종사, 변호사 등 전문직 대체가능성은 상대적으로 낮았다"고 설명했다.

이어 "지금부터라도 일자리 위험 직종을 분석한 종합적인 고용정책을 마련해야 한다"며 "변화를 거부하기보다 평생 직업능력개발을 통해 4차 산업혁명시대에 주도적으로 적응해야 한다"고 덧붙였다.

자료 : 뉴스1, 2017. 1. 3.

일자리가 만들어질 수도 있겠지만, 새로운 상품이 기존 상품을 대체할 경우 기존 상품을 생산하는 산업에서는 고용이 감소할 수 있다(대체효과)([사례 2-4] 참조). 또한 새로운 기술이나 지식을 통하여 공정혁신이 이루어질 경우, 노동의 생산성이 높아져서 고용이 줄어드는 효과가 나타나지만, 이로 인하여 비용이 절감됨으로써 오히려 생산성을 늘리고 이로 인해 다시 고용이 증가하는 효과(규모효과)가 상반되게 작용을 하기도 한다.

이와 같이 이론적으로는 기술이나 지식의 증가가 고용에 미치는 효과에 대하여 상반된 주장들이 존재하나, 역사적인 경험을 통해 보면 고용을 증가시키는 효과가 더 크게 나타나는 것으로 입증되고 있다. 한편 지식정보화에 따른 숙련구조의 변화를 살펴보면, 인적자본에 따른 적응력의 차이로 인해 지식정보화나 기술진보는 저기능 인력과는 대체적인 관계에 있는 반면, 고급 인적자원과는 보완적 관계에 있기 때문에 지식집약화의 진전에 따라 고학력 고용은 상대적으로 증가하는 추세를 보인다.

2) 노동력 공급구조의 변화

노동력 공급구조의 변화는 양적인 측면에서는 공급증가세 둔화로, 질적인 측면에서는 노동력수준의 제고로 정리할 수 있다. 우리의 경우 공급증가세 둔화의 이유로 인구증가율의 저하, 인구의 고령화, 청년층 인구의 감소 등을 들 수 있으며 아울러 질적 수준이 올라간 이유는 고학력화 경향으로 요약할 수 있다.

개인생활을 중시하는 라이프스타일에 의해 출산율은 세계 최저수준인 데 반해, 의학수준의 발달로 단순 수명연장이 아니라 근로가 가능한 인구는 오히려 늘어나게 되었다([표 2-2] 참조).

또 중등교육의 보편화 및 고등교육의 대중화, 남녀 간 학력격차의 감소로 나타난 고학력화는 고급인력에 대한 수요와 맞물리면서 이들의 경제활동참가율을 증가시키고 있다. 수요의 필요성과 마찬가지로 여성인력의 공급이 두드러지게 되는데, 그 이유는 육아 및 가사노동의 분담, 이에 대한 지원시스템의 강화, 여성의 사회참여 의식 확대 등을 꼽을 수 있다.

표 2-2 **2018년 연령별 경제활동인구(2018. 4/4)**

연령계층별	15세 이상 인구 (천 명)	경제활동인구 (천 명)	비경제활동인구 (천 명)	경제활동참가율 (%)	고용률 (%)
계	44,287	27,912	16,375	63.0	60.9
15~19세	2,705	196	2,509	7.2	6.8
20~29세	6,403	4,067	2,336	63.5	58.2
30~39세	7,337	5,728	1,609	78.1	75.7
40~49세	8,383	6,793	1,590	81.0	79.2
50~59세	8,481	6,550	1,931	77.2	75.4
60세 이상	1,979	4,579	6,400	41.7	40.7
15~64세	36,785	25,471	11,314	69.2	66.8
15~24세	5,644	1,606	4,037	28.5	25.9
15~29세	9,108	4,263	4,845	46.8	42.9

자료 : KOSIS(국가통계포털)

맛소금 신산업 일자리창출로 결혼 · 출산 여건 조성해야

LG경제연구원은 2017년 3월 발표한 '생산가능인구 감소시대의 경제성장과 노동시장' 보고서에서 생산가능인구의 감소 영향을 이렇게 설명한다. "핵심생산계층이자 소비계층인 15~64세 인구 둔화는 생산능력을 떨어뜨릴 뿐 아니라 수요를 위축시키는 요인이 된다. 재정적자 및 국가부채 확대 역시 고령화가 가져오는 중요한 부작용으로 알려지고 있다. 스페인과 포르투갈은 생산가능인구 감소 이후 5년간 마이너스 성장을 겪은 것으로 집계된다. 일본은 생산가능인구 감소 전후로 점차 성장세가 낮아지다가 3년 후 마이너스 성장에 들어선 바 있다."

2015년 통계청 추계에 따르면 우리나라 생산가능인구는 2025년 3,570만 명에서 2036년 3,168만 명, 2045년 2,772만 명으로 지속 감소한다. 2065년에는 2,062만 명으로 줄어 그 비중이 OECD(경제협력개발기구) 국가 중 가장 낮아진다. LG경제연구원에 따르면 우리나라 생산가능인구 감소 속도는 선진국들보다 빠르다. 생산가능인구가 10% 줄어드는 데 걸리는 시간이 일본은 17년, 독일은 26년인 데 비해 한국은 12년에 불과하다. 한국고용정보원은 생산가능인구가 줄어드는 30년 내 78개 시 · 군과 1,383개 읍 · 면 · 동이 사라질 것으로 보고 있다.

고령화도 따라온다. 한국보건사회연구원에 따르면 노인 인구 구성비는 2015년 12.8%에서 2026년 20%, 2037년 30%, 2058년 40%를 넘어선다. 85세 이상 초고령 인구도 2015년 51만 명에서 2024년 100만 명을 넘어선다.

자료 : 월간조선 뉴스룸, 2018. 9.

(3) 노동에 대한 가치관 및 기업문화의 변화

앞에서 디지털기술의 발달과 그에 따른 노동시장의 수요·공급의 변화에 대해 살펴보았다. 이러한 변화 속에서 노동자와 노동조합은 매우 민감하게 반응하며 노사 간 긴장도 커질 수밖에 없다. 그럼에도 불구하고 급변하는 디지털환경에서도 탄력적이고 신속한 적응을 통해 살아남기 위해서는 이에 상응하는 바람직한 기업문화를 조성함으로써 노조와 노동자들이 기업의 목표를 적극 이해하고 전략에 능동적으로 참여할 수 있도록 하여야 한다. 디지털이 발달하더라도 성과의 크기를 좌우하는 것은 결국 이를 다루는 노동자들의 태도와 참여에 달려 있기 때문이다.

일반적으로 조직구성원의 가치관 및 태도는 문화의 영향을 받고 또 기업문화는 개인의 가치관에 영향을 미친다. 따라서 다양한 개성들로 구성된 노동자들의 에너지를 조직목표로 집중시키기 위해서는 적합한 기업문화의 정립이 필수적이다.

새로운 시대의 노사화합의 기업문화창출을 위해서는 무엇보다도 노사 모두 대립적 불신풍조에서 벗어나 새 패러다임으로 전환하여야 한다. 대립적 패러다임하에서는 그 어떤 화해나 협력의 몸짓도 기만의 전술로 받아들여지기 때문이다. 일반적으로 노사문화 전환에 성공을 거둔 기업의 경우, 기업은 탄탄한 노동조합조직을 경영자산으로 간주하여 기업발전의 파트너로 받아들이고 또 노동조합은 조합원의 복지가 기업의 성공에 달려 있다고 믿고 기업발전을 위해 적극적으로 협력한다.

이러한 신노사문화가 성공적으로 정착하기 위해서는 노사 공히 스스로 지닌 문제점들을 제거하는 것이 선행되어야 한다. 이를테면 사용자는 권위주의적 태도, 경영정보 미공개, 불합리한 인사노무관리, 노조활동 탄압 및 반노조 정서 등을 버려야 하며 노조는 회사경영에 대한 이해부족, 외부의 영향력에 노출, 임금 위주 단체교섭 관행, 이기적 조합주의, 과도한 투쟁성 등으로부터 벗어나야 한다.

이 시대 젊은 노동자들은 '삶의 질'을 중시하고 개성과 가정생활을 소중히 여기며 솔직하고 자유분방하다. 또 기성세대에 비하여 이기주의 경향이 강하고 집단적 규범에 소극적이므로 조직의 목표수행을 위한 효율적 관리에 걸림돌이 된다. 그러나 역으로 이는 창조적 역량을 발휘하거나 동기부여를 위한 자극요소로 활용할 수도 있다. 디지털시대의 노동자들이 이전에 비해 달라진 가치관을 갖게 되면서 특별히 이러한 요소들을 반영한 새로운 기업문화가 바람직하다. '근로생활의 질 향상 프로그램', '노동자 참가 프로그램' 및 '노동의 인간화 프로그램' 등은 이러한 기업문화의 산물이다.

커피 브레이크 | 인텔(INTEL)의 조직문화

인텔의 경우 시간 개념을 유연하게 갖는 문화가 형성돼 있다. 출퇴근시간을 정해놓고는 있으나 그것이 반드시 중요하지는 않다. 일할 분량과 목표를 갖고 일을 끝내면 된다. 변화가 빠른 시대일수록 유연성을 갖춰야 한다.

인텔의 기업문화를 대변해주는 '여섯 가지 가치(Six Values)'라는 것이 있다. 첫째는 'Customer Orientation'으로 고객의 소리에 귀를 기울이고, 상호 간의 의견을 분명히 교환하며, 혁신적인 제품과 서비스를 제공해 최고의 파트너가 된다는 점을 강조하는 것이다. 두 번째는 'Discipline'이다. 불의와 타협하지 않으며 엄격한 전문가주의에 입각해 비즈니스활동을 전개하고 책임을 다하며, 세부적인 사항에 주의를 기울일 줄 알아야 한다. 세 번째는 'Quality'. 최상의 수준에 도달하도록 노력하며 올바른 방법으로 일하고, 끊임없는 학습을 통해 자신을 개발하며 자신의 일에 자부심을 가진다는 것이다. 네 번째는 'Risk Taking'으로 혁신적이고 창의적인 활동에 주력하고, 도전을 과감히 수용할 수 있어야 한다. 또 다양한 의견에 귀 기울이고, 성공하든 실수이든 항상 배울 점을 찾는 태도가 중요하다. 다섯 번째는 'Great Place To Work'. 개방적이고 직접적이며 상대방을 존중해 팀워크를 이루어야 한다. 또한 결과물을 인정하고 칭찬하며, 업무성과를 공정하게 관리하고 사회에 공헌한다는 점도 포함된 개념이다. 마지막으로 'Results Orientation'이 있다. 도전적이고 경쟁적인 목표를 설정하고 과정보다 결과에 중점을 둔다. 서로 다른 의견을 건설적으로 통합해 문제를 해결하는 것을 지향하고 있다. 이러한 여섯 가지 가치를 기반으로 한 인텔의 기업문화는 자체적인 시스템과 노하우 계승을 통해 직원 수 84,000명이 지금까지 유지돼오고 있다.

3 성과주의 확대

(1) 성과주의 확대와 그 이유

성과주의란 보상관리의 기준을 개인과 팀이 달성한 실적과 연계하는 인사관리 시스템을 의미한다. 이는 단순히 성과급형태만 의미하는 것이 아니라 구성원의 총 보상과 연결시키는 개념으로서 실적이 '임금'뿐만 아니라 '복리후생' 그리고 '개발과 환경'상의 혜택을 제공하는 근거로 작용한다([그림 2-3] 참조).

그림 2-3 총보상의 구성

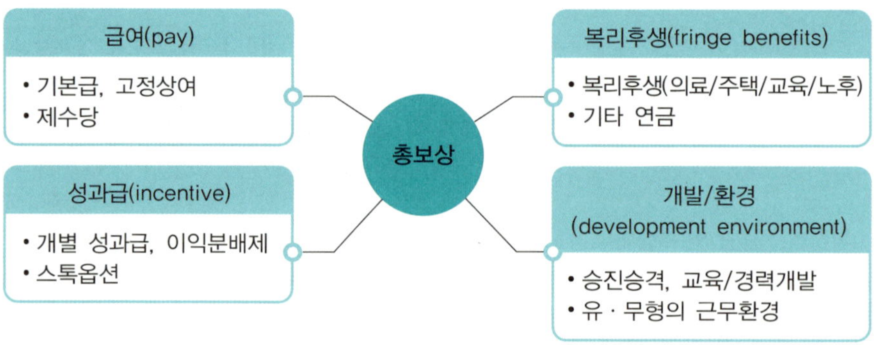

맛소금 정규직 철밥통은 영원할까?

우리나라 임금격차는 세계 최고수준이다. 1997년 외환위기 이전만 해도 이리 심하진 않았다. 신자유주의가 이식한 미국식 성과주의 영향이다. 미국 최고경영자(CEO) 연봉은 1965년 일반직원의 20배수준에서 2013년 296배로 치솟았다. 한국 CEO 연봉도 일반직원의 수십~수백 배에 달한다. 국제노동기구(ILO) 표현을 빌리면, 한국은 "미국과 가장 가깝게 닮아가는 나라"다. 전체 임금노동자의 10% 남짓인 고임금 정규직과 나머지 90% 노동자의 임금격차도 상당하다. 상 · 하위 10% 격차가 OECD 회원국 중 2위다. 1년 새 임금이 11.3% 증가한 소득 5분위(상위 20%)는 대기업 · 공공부문 정규직이 주력이다.

> 이런 의문이 든다. 대기업 정규직의 고임금은 정당한 노동의 대가인가. 직원 급여 100년 치를 연봉으로 챙기는 사장님은 100배 이상 성과를 내는 걸까. 국민 혈세로 운영되는 공공부문이 생산성과 무관한 직업 안정성과 고임금을 유지하는 게 정의로운 건가. 급여가 노동의 가치를 제대로 반영한다면, 그들의 철밥통이 유지되는 까닭도 설명될 수 있어야 한다.
>
> 자료 : 고재학 칼럼, 한국일보, 2018. 11. 26.

그렇다면 성과주의 인사시스템이 확대되는 이유는 무엇인가?

연공주의(seniority system)가 나이, 경력, 학력 등 연공적 요소를 중시하는 데 비해, 성과주의(merit system)는 조직목표에 대한 기여도 및 역량의 발휘수준을 훨씬 중시하게 된다. 기업은 성과와 연계한 차별적 보상을 통해 기업 전반에 효율성을 제고할 수 있으며, 조직구성원의 동기부여 및 성과 향상 그리고 우수인재 유치를 위해 효과적인 수단이라고 인식하기 때문이다([표 2-3] 참조). 또 노동자는 종업원 자신이 어느 정도의 보상을 받느냐에 따라서 우선 자기가 지금 능력에 맞는 합당한 대우를 받고 있는가에 대해 평가해볼 수 있으며, 그에 따른 보상으로 인해 효율성과 동기부여를 자극받기 때문이다.

표 2-3 연공주의에서 성과주의로의 변화

구분	연공주의 인사 ⟶	성과주의 인사
평가	• 태도와 보유능력을 평가 • 애매하고 불투명한 평가	• 성과와 발휘능력을 평가 • 객관적이고 투명한 평가
보상	직급중심, 호봉승급제, 연공형 월급제, 고정상여	직급파괴, 호봉제 폐지, 연봉제, 성과급제 등
승진/승격	직급과 연차를 중심으로 한 연공승진	성과와 역량에 따른 발탁승진 강화

디지털시대를 맞이하여 기업경쟁양상이 치열해지면서 성과주의는 기업생존을 위한 최소한의 요건으로 받아들여지며 확대되는 추세이다([표 2-4] 참조). 직무수행에 관련한 책임의 명확화와 대폭적인 권한위임을 통해 평가와 보상에 있어서 성과주의를 지향하고 있다. 구체적으로 연공서열에 의한 기준에 구애받지 않고 탁월

한 성과를 내거나 성장잠재력이 큰 인재를 조기에 승진시키는 방식 등이 늘고 있으며 실제로 평가기준도 구성원 개개인의 보유능력이나 태도보다는 실제 기업의 가치 향상에 직접 공헌한 성과로 전환하고 있다. 급여와 상여의 결정기준도 연공서열 위주에서 벗어나 직무성과와 기타 업적 등 기업의 부가가치 생성에 공헌한 정도를 핵심척도로 삼고 있다.

세계적인 추세도 미국과 일본의 기업들이 초기에 각각 직무주의, 연공주의 인사시스템으로부터 출발하여 이제는 서로의 강점을 살리는 방향으로 수렴·발전하면서 성과·역량주의로 진화하고 있다.8)

▌표 2-4 ▌우리나라 성과보상관리제도 기업체 수(2016년)

산업별	기업체 수
전 산업(금융보험업 제외)	12,184
농업, 임업 및 어업	26
광업	13
제조업	6,017
전기가스업, 증기업	57
하수 · 폐기물처리 원료재생 및 환경복원업	137
건설업	532
도매 및 소매업	1,380
운수업	696
숙박 및 음식점업	324
출판, 영상방송통신 및 정보서비스업	1,040
금융 및 보험업	287
부동산업 및 임대업	290
전문과학 및 기술서비스업	616
사업시설관리 및 사업지원서비스업	557
교육서비스업	88
보건업 및 사회복지서비스업	25
예술스포츠 및 여가관련 서비스업	284
수리 및 기타 개인서비스업	102

자료 : KOSIS(국가통계포털), 2018.

8) 吉田 壽, 未來型 人事 システム−21世紀への人事革新の構圖, 同友館, 1997, p.196.

(2) 성과주의의 문제점과 노사관계 고려사항

그러나 성과주의가 소기의 의도대로 효과를 발휘하지 못하고 시행착오를 겪기도 하는데, 이런 오류는 단순히 성과주의 정착의 실패라는 점뿐만 아니라 예기치 못한 노사 간 갈등요인으로 작용할 가능성이 있으므로 주의가 필요하다. 이를테면 개인별 보상의 격차가 지나치게 벌어져 구성원 간에 과열된 경쟁양상을 보인다거나, 결과만 좋으면 과정을 무시해도 된다는 결과지상주의가 팽배하면서 각종 경영비리 및 도덕적 해이가 만연하게 되고, 체질에 맞지 않는 획일적 성과주의 인사제도를 도입하여 애초에 기대했던 성과창출에 실패하게 된다. 이는 대부분 충분한 준비 없이 유행에 편승하거나 운영상에 잘못을 범하기 때문이다. 따라서 성과주의 인사를 조기에 정착시키고 구성원 간 혹은 노사 간 불필요한 갈등을 미연에 방지하기 위해서는 이들 문제점을 정확히 파악하여 시행착오를 최소화해야 한다.

성과주의를 시행하는 과정상에 나타나는 착오를 [그림 2-4]를 통해 구체적으로 살펴보면 다음과 같다.

그림 2-4 성과주의 확대에 따른 시행착오의 모습

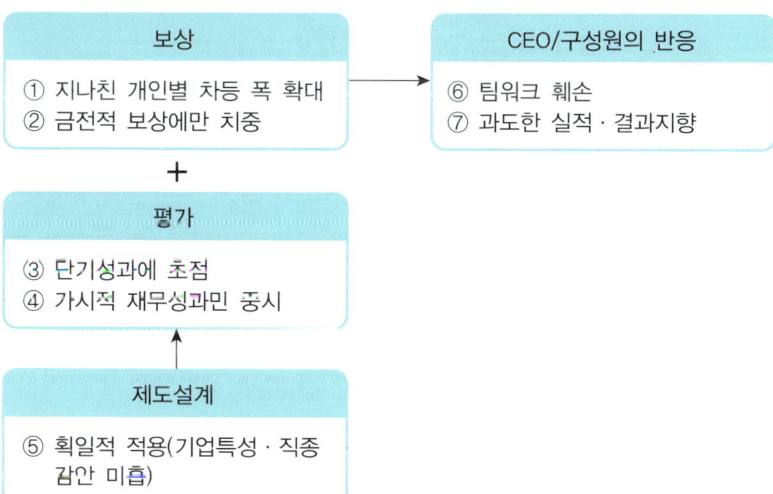

자료 : 삼성경제연구소, "성과주의 인사의 명암과 제언", CEO Information(357호), 2002. 7.

1) 실적과 보상과 연계를 하더라도 지나치게 개인격차가 벌어질 수 있다

경우에 따라서는 능력과 성과에 따라 개인 간 보상 차이가 얼마나 커졌느냐가 성과주의 인사의 성패를 결정짓는 것으로 잘못 이해하는 사례도 있다. 승자가 모든 것을 독차지하는 방식의 과도한 개인별 차등은 구성원 간 위화감을 조성하여 조직성과에 부정적 영향을 미친다. 이는 집단 및 가족주의문화가 강하게 남아있는 우리들의 경우보다 크게 나타난다.

급변하는 경영여건하에서 기업성과는 개인의 노력보다는 팀이나 전사적 노력에 의해서 좌우되는 경우가 많다. 이런 점을 고려하여 우리 기업의 경우, 개인보상은 연봉제로 집단보상은 집단성과 배분제[9]로 절충하여 다루는 경향이 늘고 있다. 즉 개인별 성과를 보상하는 연봉제와 다양한 집단성과 보상 프로그램을 조화롭게 운영하는 것이 바람직한데, 이때 기업의 특성, 경영전략, 기업문화, 인사방침을 적절히 고려하여 반영한다. 이를 통해 노동자는 경영활동의 성과와 리스크를 공유하도록 하고 노사 간 파트너십을 강조하는 것이다.

2) 금전적 보상에만 치우치기 쉽다

성과주의가 성과급은 물론이고 총보상과 연계된 개념임을 언급한 이유가 여기에 있다. 연봉이나 성과급 등 금전적으로 성과를 보상하여야만 동기부여가 되는 것은 아니다. 사람들은 금전적 이유만으로 일하는 것은 아니며 오히려 우수한 인재의 경우 비금전적 동기를 보다 중요시한다고 알려지고 있다.[10] 따라서 임금 외에 승진·승격, 교육 및 경력개발, 자기만족과 보람 등의 비금전적 보상을 포함한 총보상(total compensation) 관점에서 운영하는 것이 바람직하다. 그러나 우리의 경우 경영위기 해소를 위한 손쉬운 방법으로 성과주의를 무분별하게 도입하는 경향이 있는 것도 사실이다. 실제로 1997년 외환위기 직후부터 연봉제와 성과주의 도입이 급격하게 증가한 것이 이를 말해준다.

---

9) 집단성과배분제도로는 수익배분제(gain sharing), 이익배분제(profitsharing), 종업원지주제(employee stock ownership plan) 등이 있으며 '제7장 경영참가제도'에서 자세히 다루고 있다.

10) E. Michaels et al., *The War for Talent*, Harvard Business Press, 2001.

3) 장기적 성과를 도외시한 채 단기성과에만 초점을 맞추는 오류를 범할 우려가 있다

단기성과만을 중시해서는 성과주의 인사 본래의 목표인 '지속적인 경쟁우위 확보'를 달성할 수 없다. 단기적 성공에 치중할 경우 신속한 변신과 과감한 투자 그리고 위험을 무릅쓴 도전을 회피하게 되며, 당장 성과를 낼 수 있는 인력만을 중시하고 장기적 안목으로 인재를 양성하는 데 소홀하게 된다.

또 최고경영자, 구성원 모두 단기적 시야가 형성되어 눈앞의 업적과 성과만을 추구하기 쉽다. 자신의 성과와 관계없는 일에 대해 무관심해지고 단기실적을 둘러싼 생색내기와 한탕주의가 발생할 우려가 있으며 조직분위기가 건조해지고 일 자체에 대한 보람을 등한시하여 우수인재 이탈 등의 부작용을 초래한다([사례 2-5] 참조).

따라서 단기성과와 더불어 장기성과를 함께 추구하는 제도를 설계할 필요가 있

사례 2-5 성과주의가 진짜 성과를 내는 다섯 가지 방법

P&G는 최고경영층에 대한 보상기준지표로 시장 TSR(Market Total Shareholder Return)을 활용하였다. 3년간의 주가 상승분에 배당금을 더한 금액을 주식가격으로 나눈 값((3년간의 주가 상승분+배당금)÷기준 주식가격)으로 계산되는 시장 TSR 지표는 주식가격이 회사의 통제범위를 벗어나 있다는 문제점을 가지고 있었다. 그렇기 때문에 시장 TSR에 의해 큰 성과를 기록한 다음 해에는 기업의 실질적인 성과가 상승해도 시장 TSR이 떨어지는 현상이 이어지곤 했다.

이에 P&G는 보상기준을 시장 TSR에서 운영 TSR(Operating Total Shareholder Return)로 전환하였다. 운영 TSR은 매출 성장(revenue growth), 이익률 개선(margin growth), 자본생산성(cash productivity)을 결합한 지표이다. 이 측정지표는 P&G의 다양한 사업들에 공정하고 유용하게 적용될 수 있고, 주가 실적과도 어느 정도 연계되어 있다. 또한 영업 TSR을 사용함으로써 공개된 데이터를 사용하여 타 경쟁업체들과 의미 있는 비교를 통해 개선 포인트를 파악하여 실행이 가능하게 되었다. 또한 회사 사업단위에서 단일한 가치창출지표를 활용하게 됨에 따라 좀 더 균형적이고, 일관되고, 신뢰할 수 있는 성과를 만들어낼 수 있게 되었다.

자료 : https://jolggu.tistory.com/225

다. 우수한 인재가 기업의 장기성장을 좌우하므로 인적자원에 대한 지속적 관심과 투자가 요구되며 아울러 단기적 보상플랜과 함께 스톡옵션, 우리사주 지급 등 장기적 성과에 대한 보상플랜을 전략적으로 활용하여야 한다.

4) 가시적 재무성과만을 중시하는 경향이 있다

매출액, 이익, 자본이익률(ROE) 등의 재무성과는 객관적으로 측정이 가능하고 경영진과 구성원들이 쉽게 이해할 수 있기 때문에 이러한 지표에 의존하는 경향이 있다. 그러나 재무적 지표는 기업의 역량이나 무형자산 개선으로부터 오는 성과향상을 반영하는 데 한계가 있다. 앞서 지식경영시대에 지식자산의 중요성이 커지고 있음을 설명한 바 있지만 향후 조직의 미래성과를 좌우하는 품질, 서비스, 혁신 등과 같은 전략적이고 질적인 변수들을 중시하여야 한다. 전사적 성과평가제도(Balanced Score Card : BSC)의 시행이 이러한 실제 사례인데 이는 재무적 성과에 고객, 내부 프로세스, 혁신과 학습 등의 질적 지표를 보완하여 미래의 이익획득 역량과 관련한 정보를 평가하는 것이다.

5) 획일적인 형태로 적용하는 경향이 있다

많은 기업들이 성과주의 인사제도를 도입하기만 하면 조직성과가 향상될 것이라고 기대한다. 그러나 성과주의 인사시스템이 정착되기 위해서는 각 기업이 처한 환경 및 경영전략과 적합한 제도를 설계 운영하여 자사에 적합하게 설계하여야 성공할 수 있다. 즉 성과주의 도입 자체를 목적으로 삼는다면, 이는 수단과 목적이 전도된 것으로 조직의 성과 향상에 도움이 되지 못한다. 이를테면 직종별 업무, 구성원의 특성 등을 감안하여 성과주의 인사를 설계하고 운영형태를 결정하는 것이 바람직하다.

6) 팀워크를 훼손할 수 있다

성과주의를 도입하는 과정에서 팀워크가 훼손되어 제도가 정착되지 못하는 경우가 많은데 이는 개인별 성과급이 자신의 성과만을 챙기는 이기적 행동을 유발하여 구성원 간 유대를 해치기 때문이다. 따라서 성과측정단위를 명확히 하고 공정하게 평가하는 것이 구성원들의 동기를 유발할 수 있는 방안이 된다. 사업이나 직무특성뿐만 아니라 경영전략, 인사방침, 조직문화 등에 따라 기본급과 변동급, 개별 성과급과 집단성과급, 장·단기 보상을 적절히 조합하여 운영하여야 한다. 또 일선 관리자들이 관심을 갖고 구성원들과 원활히 의사소통하는 것이 중요하다.

7) 과도한 실적 및 결과를 지향한다

단기적인 결과만으로 승부하려는 경향이 강해지면서 장부조작 등 부정이 발생할 가능성이 있다. 따라서 평가대상을 고려함에 있어 결과만이 아니라 그 결과를 초래한 투입요소(예 : 핵심역량, 변화·혁신)와 프로세스(예 : 학습, 고객만족, 행동양식-부하지도/타 부문 지원 등)를 통합적으로 고려하여 평가하는 것이 좋다. 즉 주어진 목표달성에만 열중하는 과거의 '목표관리제도'를 수정하여, 개인이 지닌 역량(competency)과 목표달성과정상의 프로세스를 반영하도록 한다.

노동조합은 기본적으로 고용안정을 최우선으로 하기 때문에 성과주의의 가변적 속성과 상치하는 경향이 있다. 그러나 시대적 여건은 조직 차원의 효율적 운영을 통한 지속적인 경쟁우위를 요구하고 있으며 이러한 관점에서 성과주의의 적용 자체는 피할 수 없게 되었다.

그러나 위에서 살펴본 바와 같이 성과주의 실패양상은 효율성을 지나치게 강조한 나머지 결과 위주의 경영방식 구사, 구성원 간 위화감 및 갈등 조장, 팀워크 저해, 사기저하로 이어지게 되는데 이는 회사뿐만 아니라 노조 측에게도 매우 심각한 이슈가 될 수 있다. 따라서 성과주의의 성공적 운영과 정착을 위해서는 무엇보다도 노사 공감대 형성이 절대적으로 필요하다.

회사는 노동조합에 올바른 비전과 전략을 제시하면서 협조를 구하고 노동조합은 협력하되 이행과정상의 문제에 대해서는 조언자, 감시자로서의 역할을 다하면서 신뢰를 구축하는 것이 성과주의 도입 성공의 관건이다. 회사는 도입 시기나 폭, 성과주의 혜택에서 소외되는 사람들에 대한 사기저하문제, 이·전직 등에 대해서도 노조의 건의에 귀 기울일 필요가 있다.

디저트 dessert

- 디지털시대에 인적자원 및 노사관계에 영향을 미치는 주요 환경으로 지식경영의 확대, 노동시장의 변화, 성과주의 확대 등이 있다.
- 지식경영의 확대 : 부가가치를 창출하는 지식은 곧 경쟁의 원천, 핵심역량으로서 무형자산이 된다. 이러한 지식을 기업의 가장 중요한 경영자원으로 활용해나가는 경영활동이 지식경영이다. 그런데 이러한 지식은 사람(노동자)으로부터 나온다는 사실이 중요하다. 지식자원이 중요한 만큼 유능한 지식노동자의 중요성이 우선적으로 고려되어야 하며, 이 점이 디지털시대의 노사관계환경에서 주요 고려요소가 되어야 한다.
  21세기 디지털시대에는 두뇌를 발전적으로 승화시켜 지식을 기반으로 하는 산업이 주종을 이루고 있는 만큼, 창의력 · 아이디어창출의 인재가 필요하다.
  지식경영체제하에서 노사 신뢰 구축과 공존을 위한 전제조건은 무엇인가? ① 지식노동자 대 지식경영자의 노사관계로 바뀌어야 한다. ② 지식공유시스템과 공유문화 구축을 통해 신뢰를 형성한다. ③ 지식자산에 대한 합리적 평가와 보상이 있어야 한다. ④ 지식경영에 기초한 새 노사문화를 정립한다.
- 노동시장의 변화 : 첫째, 노동시장의 유연화 가속화현상이다. 최근 우리의 경우에도 과거의 내부노동시장에서 외부노동시장으로의 변화가 급격히 이루어지고 있다. 외부노동시장이 활성화되면 기업은 필요한 노동자를 쉽게 확보하고 또 노동자는 용이하게 이직, 전직을 하면서 자신의 경력을 발전시킬 수 있다. 이것이 '노동시장의 유연화'이며, 노동시장의 유연화는 사회 전반에 걸쳐 인적자원의 효율적 배분을 촉진시킨다.
  둘째, 노동력 수요 및 공급의 변화이다. 수요 측면에서는 기업들로부터 정보통신 분야의 고기술 및 전문인력, 여성 인력, 비정규직 인력에 대한 필요성이 증대하고 있다. 공급 측면에서는 양적인 측면에서는 공급증가세 둔화로, 질적인 측면에서는 노동력수준의 제고로 나타나며 전반적으로 볼 때 경제활동참가율이 커지고 있다.
  탄력적이고 신속한 적응을 통해 디지털환경에서 살아남기 위해서는 이에 상응하는 바람직한 기업문화가 조성되어야 한다. 이를 통해 노조와 노동자들이 기업의 목표를 적극 이해하고 전략에 능동적으로 참여할 수 있도록 하여야 한다. 디지털이 발달하더라도 성과의 크기를 좌우하는 것은 결국 이를 다루는 노동자들의 태도와 참여에 달려있기 때문이다.
- 성과주의 확대 : 과거와 같이 연공서열에 의한 기준에 구애받지 않고 탁월한 성과를 내거나 성장 잠재력이 큰 인재를 조기에 승진시키는 방식 등이 늘고 있으며 실제로 평가기준도 구성원 개개인의 보유능력이나 태도보다는 실제 기업의 가치 향상에 직접 공헌한 성과로 전환하고 있다.

2부

노동조합의 이론과 실무

CHAPTER 3

노동조합

노동조합과 일자리의 미래

appetizer
애피타이저

1960~1970년대 대부분의 노조가 제 역할을 못할 때 일어난 전태일 열사 사건이 생각난다. 전태일 열사가 노동부, 노총 등 여러 곳을 찾아 다녔지만 아무런 도움도 받지 못하고 결국은 분신을 했다. 그때 노조가 제 역할을 못해서 도시산업선교회, 가톨릭노동청년회 같은 종교단체나 고려대 노동문제연구소나 서강대 '산업문제연구소' 같은 대학연구소가 노동자를 보호하는 노조 역할을 대신했다. 지금 노조가 아르바이트를 하는 청소년이나, 청년실업자, 고령자, 사무관리직, 외국인, 여성 등을 대변하지 못해서 준노동조합이 발생한다는 것은 지금이 노동조합운동의 위기임을 의미한다. 노동조합이 나날이 증가하는 비정형근로자에 대하여 제대로 역할을 하지 못하고 정규직의 대변단체로만 남는다면 그 세력이 현저히 줄거나 결국 쇠퇴할 것으로 보인다. 현재의 상황은 마치 서구의 19세기에 직업별 노조가 융성하다가 자동차, 철강산업 등에서 생겨난 미숙련공을 흡수하지 못하여 쇠퇴하고 그 자리에 미숙련공을 위한 산별노조가 들어선 역사를 떠올리게 한다. 지금은 고용시스템의 전환기이며 노동운동의 전환기이기도 하다. 떠오르는 준노동조합운동은 현실에 안주한 기존 노동조합들에게는 변화와 개혁을 주문하는 메시지이다.

자료 : [목멱칼럼] 노동조합의 미래, 일자리의 미래, 이데일리, 2017. 5. 26.

1 노동조합의 의의와 발달과정

(1) 노동조합의 의의

사용자와 노동자 간의 노동력 매매관계에 있어 사용자는 경제적으로 노동자보다 강력하다. 따라서 개별 노동자는 사용자에 대해 상대적으로 열세한 위치에 놓여있게 된다. 자본주의 생산관계가 성립하면서 노동자들은 서로 단결함으로써 스스로의 이익을 보호·유지·개선하려는 시도를 하는데 이것이 오늘날 노동조합 탄생의 배경이다. 노동자는 노동조합을 통해 거래력, 교섭력을 강화하며 개별 노동자들은 노동조합을 통해 스스로의 권익신장을 도모한다. 즉 산업화의 과정에서 임금노동자들이 그들에게 당면한 문제들을 조직적인 활동에 의해 해결하기 위해 결성한 것이 노동조합이다.

우리나라 「노동조합 및 노동관계조정법」 제2조 4호(정의)에는 "노동조합이라 함은 근로자가 주체가 되어 자주적으로 단결하여 근로조건의 유지·개선과 기타 근로자의 경제적·사회적 지위의 향상을 도모함을 목적으로 조직하는 단체 또는 그 연합 단체를 말한다"고 규정하고 있다. 이는 웹 부처(S. Webb & B. Webb)의 정의에서보다 폭넓은 개념으로서 다음과 같은 의미를 지닌다.

- 노동조합은 노동자들의 자주적인 단체이다. 이는 노동조합의 설립·운영·활동에 있어 노동자들 스스로 결정할 것을 의미하는 것으로서 노동3권, 즉 단결권·단체교섭권·단체행동권에 기초한다. 노동자가 사용자와 개별적 관계에 국한되는 한 노동자에게 유리한 교섭을 진행시킬 수 없기 때문에 노동3권을 통해 노동자들의 자주적 단체의 설립과 운영을 보장하는 것이다([사례 3-1] 참조).
- 노동조합은 근로조건의 유지·개선을 목적으로 한다. 이는 노동조합활동이 근로조건에 한정할 것을 요구한다. 따라서 노동자가 주체가 되어 자주적으로 조직한 단체라 할지라도 기타의 목적으로 행해질 경우 법률상 노조의 순수성에

이의를 제기할 수 있다는 의미이다. 이는 노조가 조합원의 이익을 보호하는 기업조합주의(business unionism)에 국한하여야 한다는 것으로 사회개혁을 주장하는 복지조합주의(welfare unionism)로의 확장을 금지하는 것이다.

- 노동조합은 지속적인 단체이며 노조의 연합체도 포함한다. 노동자의 경제적 · 사회적 지위 향상은 일과성으로 해결할 수 없는 사안이므로 단체설립을 통해 지속적으로 운영하여야 한다는 것이며, 노조의 연합체 역시 노동조합이라는 의미도 포함한다.

사례 3-1 복수노조설립 후 '노노갈등' 첨예… 재계 '1년 내내 협상만' 우려

지난 2011년 사업장 내 복수노조가 허용된 이후 노조들 사이 '노노갈등'으로 전개된 사건이 5,000건을 넘어선 것으로 나타났다. 정부는 2019년 노조의 교섭권을 대폭 강화하는 내용의 국제노동기구(ILO) 핵심협약 체결을 추진하고 있어 재계에서는 "1년 내내 노조들과 협상만 하게 생겼다"는 우려를 하고 있다.

중앙노동위원회 자료에 따르면, 2011년 복수노조 도입 이후 중앙노동위에 접수된 복수노조 사건은 2018년 8월 기준으로 4,908건인 것으로 나타났다. 매년 500~600건씩 접수되다가 지난해에는 863건으로 훌쩍 뛰었다. 주로 교섭대표를 결정하는 과정에서 교섭 요구 공고 및 교섭대표 결정 등의 사안에 대한 문제제기를 한 것으로 나타났다.

복수노조는 모든 근로자의 단결권을 보장하기 위한 취지로 2011년 허용됐다. 하나의 사업장에 단일노조만 허용될 경우 단일노조에 가입하길 원치 않은 노동자의 권리가 무시될 수 있다는 지적 때문이다. 하지만 무분별하게 노조가 난립될 수 있다는 우려에 교섭창구 단일화제도도 함께 도입됐다. 사용자에게 교섭을 요구한 노조들이 자율적으로 대표노조를 결성하지 못할 경우, 과반수 노조가 교섭대표노조 지위를 갖도록 한 것이다. 이에 한 명이라도 더 많은 노조원을 확보하기 위해 노조끼리 가입자 경쟁이 치열하게 벌어지고 있다.

자료 : 아시아경제, 2018. 12. 30.

노동조합의 근거는 노동3권에 있다. 따라서 사용자와 정부는 노동자들의 자유로운 노조설립(단결권), 자유롭고 대등한 단체교섭(단체교섭권), 자유로운 쟁의행위(단체행동권) 등 노동조합 관행을 용인하고 있다. 이런 이유로 사용자는 노사관계의 주요 파트너로서 노동조합을 인정하여야 하며, 협력과 대결의 당사자로서 노동조합에 대한 이해가 있어야 한다([사례 3-2] 참조).

한편 노동조합의 힘이 커지면서 사용자들은 자신들도 연대하여 공동의 조직을 결성하게 되었다. 산업별 사용자 연합회가 대표적이다. 독일의 경우 교섭 당사자로서 산업별 노조와 교섭에 임하고 있으며, 미국의 경우 교섭 당사자는 아니지만 여론 플레이, 각종 정보와 전문기술을 제공하는 역할을 한다. 우리나라의 경우도 산별교섭이 늘어나는 추세 속에서 산업별 사용자단체가 교섭에 임하는 사례도 늘고 있으나 아직까지는 미미한 수준이다. 우리나라에서 사용자를 대표하는 조직으로는 전경련, 경총(경영자총연합회), 중소기업협동중앙회 등이 있다.

사례 3-2 해고자 · 실업자도 노동자

우리 노동법이 선언한 노동조합의 활동목적을 고려해 보더라도 취업해 있는 노동자뿐 아니라 해고된 노동자, 구직 중인 실업상태 노동자까지도 가입해 자신의 지위 향상을 도모할 수 있도록 해야 마땅하다. 근대자본주의 초기부터 노동조합은 본래부터 특정 사업장 재직근로자만을 대상으로 조직해서 활동해 오지 않았다. 직종별 · 업종별 · 산업별로 조직돼 초기업단위로 활동하는 것이 본래 모습이라고 할 수 있다. 우리나라와 일본 등에서만 예외적으로 기업별 노조가 설립돼 활동해 왔던 것이고, 유럽 · 미국 등에서는 기업별 노조는 오히려 어용노조로 취급해 배척당해 왔으며, 노동조합은 특정 사업장에 취업해 있는 노동자가 아닌 직업적인 노조활동가들이 조직해서 취업해 있는 노동자들을 가입시켜 교섭 · 활동하는 단체였다. 만약 이런 나라들에서 해고자 · 실업자가 가입한 노동조합은 노조가 아니라고 본다면 거의 대부분 노동조합은 노조가 아닌 것으로 취급될 것이다. 이런 나라들에서 해고자 · 실업자를 노조 조합원이 될 수 없도록 하는 우리나라 노조법을 본다면, 오히려 그것도 노조냐고 물을 것이다. 해고되고 실업상태인 노동자도 분명히 노조 할 자유가 있는 노동자라는 데 조금도 의문을 갖지 않는 그들은 이 나라 노동자가 노조 할 자유가 인정되지 않고 있다며 경악할 것이다.

자료 : 매일노동뉴스, 2018. 12. 11.

(2) 주요 국가의 노동조합 발달과정

1) 영국

18세기 중엽 산업혁명의 역사와 더불어 영국에서 최초로 노동조합의 역사가 시작되었다. 1720년 런던에서 약 7,000명에 달하는 양복 직공들이 모여 조직한 단체가 시초로 알려진다. 당시 기계가 발명되고, 공장이 대규모화되고, 분업이 추진되어 노동자의 작업이 단순화하게 되었다. 따라서 종래의 숙련공을 대신하여 부녀자, 소년, 아동까지도 공장에서 일하게 되었고, 고참 숙련공들의 노동범위를 축소시키게 되었다. 그리하여 숙련공들은 자위적인 태세를 갖추기 위하여 단결하지 않을 수 없게 되었고 마침내 노동조합을 결성하기에 이르렀다.

노동자들 사이에는 이러한 운동이 계속되었으나 법률상 노동자의 단결은 금지되었다. 1799년과 1800년에는 단결금지법이 공포되어, 노동운동은 비밀결사로서 계속되고 분쟁으로 말미암아 많은 희생자를 내기도 하였으나, 1875년 노사관계법이 나온 후 단결권이 법률로 보장받게 되었다.

영국에서 근대적인 단체교섭이 등장하게 된 것은 19세기 이후인데 당시는 자유방임사상이 지배하고 있던 터라 노사관계에서도 정부의 개입 없이 노사 간 자율적인 단체교섭이 이루어졌으며 이는 오늘날 노사자치주의(勞使自治主義)의 전통이 되었다. 영국 정부는 노사관계에 있어 국가개입을 최소화하는데 이런 노사자치주의의 특징을 정리하면 다음과 같다.

- 1906년 제정된 거래분규법 이래 영국 노동법의 전통은 형법이나 민법의 여러 분야에서 노조에 대해 면책특권을 주는 것이다.
- 단체협약은 법적으로 양 당사자에게 강제적이지 않은 신사협정에 불과하다.
- 사용자가 노조를 인정하는 자발적인 의사에 의하며 노조가 법적으로 인정받을 수 있는 절차가 없다.
- 국가에 의해 제공되는 보조적인 분쟁조정절차가 있지만 그 강도가 약하고 본질적으로 분쟁조정은 자발적 성격이며, 정부는 파업중지나 냉각기간의 설정권한을 가지고 있지 않는다.

그러나 1970년 보수정권이 「노사관계법(Labor Relation Act)」 제정을 통해 노동자들의 면책권에 대한 희생을 요구하면서 노조와 정부가 격렬한 갈등을 빚었다가, 이후 1974년 다시 「노동조합 및 노사관계법(Trade Unions and Labour Relations Act)」이 제정되면서 노동자의 면책권이 부활되어 오늘에 이른다. 영국의 노동조합은 '복수노동조합'형태의 다소 복잡한 구조를 지니고 있다는 점, 그리고 대부분 클로즈드숍제도를 인정하고 있지만 1990년에 클로즈드숍에 대한 법적 보호가 철폐됨으로써 적용대상이 급격히 감소한 점 등을 특징으로 설명할 수 있다. 한편 대부분의 유럽국가와 달리 영국은 하나의 전국중앙조직인 영국노동조합회의(Trade Union Congress : TUC)를 가지고 있으며 1996년에 전국 노동조합원 총수의 80%를 대표하는 74개 노동조합이 가입하였는데 이 조직은 단체교섭에 직접 참여하지 않으며 파업도 행할 수 없었다.

2) 미국

미국에서 근대적인 최초의 노동조합은 1794년 필라델피아 제화공들의 노조, 즉 직업별 조합(craft union)으로부터 출발한 것으로 알려진다. 당시 기업 간 경쟁의 심화로 생산비 절감을 위해 임금이 삭감되고 근로조건이 악화되자 이에 반발하여 노동자들 스스로 근로조건을 개선하려는 시도가 노조설립 태동으로 이어졌다. 그러나 노조설립은 개인의 계약의 자유를 침해하는 불법적 음모라는 이유로 줄곧 불법으로 간주되었다. 이후, 1842년 매사추세츠(Massachusetts)주의 최고재판소가 노조 자체는 불법이 아니며 문제는 노조가 사용하는 수단이 불법인가 아닌가 하는 것이 중요한 것이라면서 노동자에 대한 단결의 합법성을 인정하게 되었다. 1866년에 실리적 조합주의를 표방하면서 전국 차원의 노조조직 AFL(American Federation of Labor)이 설립되었는데 이는 지금도 미국 노동운동의 이념적 지주가 되고 있다. 실리적 조합주의란 노조는 정치적인 혹은 사회적인 활동보다는 경제적인 실리를 달성하기 위하여 활동해야 한다는 것이다.

한편 테일러(F. Taylor)의 과학적 관리법과 메이요(C. Mayo)의 인간관계론의 영향을 받아 20세기 초반 미국의 경영자들은 노조에 대해 매우 부정적 입장을 지니고 있었다. 즉 전자의 경우 적절한 직무에 적절한 임금을 연결시키는 과학적 경영기법은 노사갈등의 소지를 없애주며, 후자의 경우 인간관계의 회복을 통해 근로자들이 직무만족을 느끼게 되면 노동생산성도 높아지고 노조 필요성도 느끼지 못한다는 것이 이유였다. 이런 영향으로 노조억압정책이 이어지다가 1933년 「산업부흥법(National Industrial Recovery Act : NIRA)」이 발효되면서부터 노동자들의 권리가 법률에 의해 보호받게 되었다. 이 법에 의하여 노동자의 단결권과 단체교섭권이 보장되고, 단체교섭제도를 조성하기 위한 특별법도 제정되었다.

1935년에는 노동자의 단체교섭권, 클로즈드숍, 사용자의 부당노동행위 등 노동자의 이익을 옹호하고 노동조합을 적극적으로 보호·육성하는 「와그너법(Wagner Act)」이 제정되면서 노동자의 권익이 크게 신장되었다. 그러나 1947년 종전의 노동정책을 크게 전환하여 노동조합활동에 여러 가지 제약을 가하는 「태프트-하틀리법(Taft-Hartley Act)」이 만들어지면서 노조활동에 여러 가지 규제가 생겨났다. 이 법은 클로즈드숍제도의 금지 및 유니언숍제도의 제한적 운용, 노조에도 부당노동행위 적용, 국가비상파업 규제 그리고 정치활동금지와 노조로부터 공산당 추방 등의 내용을 담고 있다.

전국적 노조조직은 1955년 기존의 AFL과 산별노조회의 CIO(Congress of Industrial Organization)가 합병하여 AFL-CIO체제로 오늘에 이르고 있다. 미국 노동조합의 특징을 정리하면 다음과 같다.

- 주로 실리주의적인 노동운동에 목적을 두고 있고 단체교섭이 잘 발달되어 있다.
- 다른 국가에 비해 상대적으로 낮은 조직률을 보이지만 작업장에서는 사용자에 비해 직무통제를 통한 노동조합의 영향력이 강하다.
- 전국조합이 노동조합 내부의 권력을 장악하는 조직구조를 가지고 있고 노동조합의 재정이 건실하다.
- 노동조합 집행부는 주로 일반조합원 출신이다.

맛소금 **미국의 노동조합과 정치활동**

미국의 노동조합은 유럽 대륙국가의 노동조합과는 달리 정치운동이나 사회개혁운동에 치중하지 않고 자본주의의 현실체제 안에서 조합원의 제반 근로조건 향상에 역점을 두는 실리적 조합주의(Business Unionism)를 추구하고 있다.

오늘날의 미국노동조합총연맹(AFL-CIO)은 미국노련(AFL)과 산업별 조직회의(CIO)가 1995년 통합하여 탄생하였다.

미국노련(AFL)은 1886년 12월 당시 연초제조노조의 지도자였던 곰퍼스(Samuel Gompers)에 의해 결성되었는데, 그는 조합원들의 경제적 실리증진에 역점을 두고 노동조합의 정치적 역할을 증대하기 위해 "노동의 친구에게는 보상을, 노동의 적에게는 처벌"을 선거에서 내세워 노조원들에게 따르도록 하였다. 즉 노동의 적은 타도하고 노동의 동지는 보답한다는 정책을 내세웠다. 미국노련은 노동자의 편에 서서 노동자의 이익을 옹호하면 어떤 정당, 어떤 후보라도 지지한다는 정책을 펴나갔다.

미국의 노동조합은 1900년대 초부터 정치활동을 하였는데 1936년까지는 정치캠페인에 많은 기부금을 내지 않았으나, 산업별 조직회의(CIO)가 1936년 최초로 정당(민주당 전국위원회)에 재정적 기여를 하였다. 루스벨트 대통령이 미국의 전통을 깨고 4선 대통령이 된 것은 노동조합, 특히 산업별 조직회의의 지원에 힘입은 바가 크다. 루스벨트 대통령 재임 중에 친노조정책의 근간이 된 와그너법 등이 제정되었다.

자료 : 서울국제노동연구소(http://blog.naver.com/PostView.nhn?blogId)

3) 한국

① 해방 전의 노사관계

한국에서의 초창기 노사관계는 봉건적 경제체제를 해체시키고 자본주의적 생산양식을 도입하려는 일본자본 침투에 대한 반작용형태로 발생하였다. 기록에 의하면 1876년 개항 이후 외국상품이 들어오는 부두의 하역장이나 외래 자본에 의해 개발되는 광산에서 산발적인 노동운동이 일어났으며, 1900년대에 상거래가 빈번한 개항장을 중심으로 많은 노동쟁의가 있었다. 1921년 부산 노동자 파업 등 무수한 노동쟁의가 발생하고 노동운동이 조직적인 양상을 띠면서 반제국주의적 민족해방운동으로 확대발전되자 일제는 1925년 치안유지법을 만들어 노동운동을 가혹하게 탄압하였다. 따라서 1930년 이후 노동운동은 지하운동화할 수밖에 없었으며 조국

광복을 통해 노동자들의 권익을 신장시키겠다는 정치적 조합주의가 운동의 기조를 이루었다.

② 해방 후 1950년대의 노사관계

전후 경제혼란과 국토분단으로 생산이 위축되어 노동자들의 생활이 매우 어려웠던 시기이다. 또 좌우익의 심각한 대립으로 말미암아 노동자 지위 향상과 생활보장이라는 노동운동의 과제는 공산주의적 노동운동의 저지라는 명목에 의해 밀리게 된다.

1941년 11월에 서울에서 좌익노조인 '조선노동조합전국평의회(전평)'가 결성되어 주로 정치적 투쟁을 위한 전위대로서 활동한 데 반발하여 1946년 3월 10일 우익 진영에서 미군정의 지원을 받으면서 '대한독립촉성노동총연맹(대한노총)'이 결성되었다. 이후 대한노총은 좌익노조 타도에는 성공하였지만 새로운 운동노선 모색에 실패하였다.

한편 정부 수립을 계기로 제정·공포된 법에 의하여 노동3권이 보장되고 1953년에는 노동조합법, 노동쟁의조정법, 노동위원회법, 근로기준법이 제정됨으로써 명목상 노사자치주의를 표방하였으나 노사관계는 노동자들에게 극히 불리한 시기였다. 1958년 10월에는 노동운동의 정상화를 표방하는 전국노동조합협의회(전국노협)가 대한노총과 별개로 결성되었지만 그 역할은 미미하였다.

③ 1960~1970년대의 노사관계

1960년 11월 25일 대한노총과 전국노협이 한국노동조합총연맹(한국노총)으로 통합하면서 근로대중을 중심으로 한 '밑으로부터의 노동운동'을 지향하였으나, 5·16 혁명 후 경제개발논리 등 정부주도의 경제정책에 밀려 일시 해산되었다가 1961년 11월 11개의 산업별 노동조합이 결성되면서 현재의 한국노동조합총연맹(한국노총)이 재결성되었다.

그러나 정부는 노사관계의 대립이 경제개발의 저해요인으로 작용할 것을 우려하여 노동관계법을 수차례 개정하였다. 특히 1963년 4월과 12월에 두 차례에 걸쳐 노동조합법, 노동쟁의조정법 및 노동위원회법의 개정이 이루어졌는데, 그 주요 내용은 기업별 노조에서 산별노조로의 전환, 노조의 설립 및 노동위원회의 결정에 대한 국가개입의 여지 마련, 노조의 단체행동 제한, 노사협의제의 권장 등이었다. 그 중에서도 노사협의제와 관련해서는 노사협의회의 대표가 단체교섭의 대표권을 행사할 수 있다는 규정을 둠으로써 단체교섭에 대한 제도적인 혼란을 야기시켰기 때문에, 이는 결과적으로 단체교섭의 기능을 제한하고자 하는 데 의도가 있었다는 비판을 불러왔다.

1970년대는 그나마 노동운동의 합법성도 유지되지 못한 채 노동3권의 제약, 열악한 노동조건 및 공권력의 직접적 개입으로 인해 정상적인 노사관계를 유지하기 어려웠던 시기였다.

④ 1980년대의 노사관계

1979년 10・26사태 이후 정치적 공백이 있었고 노사분규가 급증하는 상황에서 1980년 12월 국가보안법 회의에서 노동관계법의 개정이 있었다. 내용은 산업별 노조체제에서 기업별 노조체제로의 전환, 노동조합의 설립과 운영에의 제3자 개입금지, 단체교섭권의 위임금지, 노동조합결성요건의 강화, 노조임원의 자격제한, 단체협약 유효기간의 연장, 유니언숍(union shop)의 불인정, 노동조합 재무상황 공개의무 등으로 노동운동을 약화시키고 쟁의활동을 최소화시키는 등 규제적인 측면이 강조되었다.

이후, 고도 성장기에도 불구하고 지속적으로 열악한 근로조건, 저임금, 분배의 불평등에 대한 노동자들의 불만이 겹쳐 집단적인 노사분규의 양상을 띠다가, 1987년 6・29선언 이후 정치민주화에 빌미추어 노동운동의 성격, 노동쟁의의 양과 질적 측면에서 획기적인 변화를 가져오게 되었다. 즉 기존의 정부가 중심이 된 기업위주의 노동정책과 권위적인 공권력에 의존한 노사관계로는 한계가 있음을 인식하는 계기가 되었다. 이 시점으로부터 노동조합이 양적 성장과 조직률의 급격한 증가가 있었다.

1987년 11월 28일, 노동운동의 압력과 여론의 민주화 요구를 수용하는 차원에서 노동쟁의조정법, 노사협의회법 및 근로기준법을 대폭 교체하여 노사 간 자율적 교섭을 유도하였으나, 1989년 문익환 목사의 방북을 계기로 '이데올로기 공세'와 '공안정국'의 분위기가 형성되면서 정부의 분규현장에 대한 정부의 직접개입이 늘어났고 다시금 노사 간의 세력균형이 역전되었다.

⑤ 1990년대 이후 노사관계

지금까지의 경험을 바탕으로 이전에 비해 다소 안정된 노사관계를 보이면서 노·사·정 간 노동관계법 개정, 임금인상률 등에 대해 다각적인 논의가 행해졌다. 중요한 점은 당시 비제도권 노동조합이었던 전노협, 업종회의, 현총련, 대노협 등이 전국노조대표자회의(전노대)를 결성하여 제2노총 건설을 시도하다가 결국 1998년 11월 23일에 기존의 한국노총의 한계에 반발하면서 '민주노총'의 이름하에 합법성을 인정받기에 이르렀다.

한편 1996년 12월 31일에는 참여와 협력적 노사관계 기반조성 등에 기초하여 노동관계법의 대폭적인 개정이 있었다([표 3-1] 참조). 그 주요 골자를 설명하자면, 종래 노동조합법과 노동쟁의조정법을 통합하여 개별적 근로관계에서의 일반법인 근로기준법에 상응하는 집단적 노사관계의 일반법으로서 노동조합 및 노동관계 조정법을 제정하였고, 기존의 노사협의회법을 근로자참여 및 협력증진에 관한 법률로 변경하면서 기존의 협의사항과 보고사항 외에 합의사항을 추가하는 등 근로자

표 3-1 현행 노동관계법

구분	법률
개별적 노사관계법	• 고용보험법 • 근로기준법 • 남녀고용평등법 • 산업안전보건법 • 산업재해보상보험법 • 직업안정법 • 최저임금법 • 선원법 • 건설근로자의 고용개선 등에 관한 법률
집단적 노사관계법	• 근로자참여 및 협력증진에 관한 법률 • 노동조합 및 노동관계조정법 • 노동위원회법

의 참여의 범위와 정도를 확대하였으며, 노동위원회의 독립성·공정성·전문성을 제고하는 방향으로 노동위원회법을 개정하였다. 이후 노조전임자 임금지급금지는 2010년 7월, 복수노조 허용은 2011년 7월부터 시행되었고 복수노조 허용으로 노조 조직률은 다소 높아졌으나 여전히 10%대에 머물러 있다([표 3-2] 참조).

표 3-2 노동조합 수 및 조합원 수 추이 (단위 : %, 개소, 천 명)

구분	2009년	2010년	2011년	2012년	2013년	2014년	2015년	2016년	2017년
노동조합 조직률	10.1	9.8	10.1	10.3	10.3	10.3	10.2	10.3	10.7
노동조합 수	4,689	4,420	5,120	5,177	5,305	5,445	5,794	6,164	6,239
조합원	1,640	1,643	1,720	1,781	1,848	1,905	1,939	1,966	2,088
조직대상 근로자	16,196	16,804	17,090	17,338	17,981	18,429	19,027	19,172	19,565

자료 : 고용노동부, 2017. 12. 31.

사례 3-3 노조 왜 늘었나 봤더니 '복수노조 허용'

2016년 말과 비교하면 한국노총 조합원은 3만 명(3.6%) 증가했고, 민주노총 조합원은 6만 2,000명(9.6%) 늘어 민주노총의 증가세가 두드러졌다. 양대 노총이 올해 들어 경쟁적으로 조직을 확대한 점 등을 고려하면 현재 규모는 이보다 상당히 클 수 있다. 민주노총의 경우 조합원이 80만 명을 훌쩍 넘은 것으로 추산된다. 다만 전체적으로 노조 조직률이 여전히 10%대에 머무르고 있다는 것은 노조 조직이 그만큼 어려운 현실을 반영한다는 지적도 있다.

정부는 노조 가입·활동의 자유를 대폭 확대하는 내용의 국제노동기구(ILO) 핵심협약 비준을 위한 노동관계법 개정을 추진 중이다. 노조 조직이 대기업에 편중된 점도 문제다. 300인 이상 사업장의 노조 조직률은 57.3%에 달했으나 100~299인 사업장은 14.9%로 뚝 떨어졌고 30~99인 사업장은 3.5%에 불과했다. 중·소규모 사업장 노동자는 아직도 대부분 노조의 보호를 받지 못한다는 의미다.

지난해 말 기준으로 부문별 노조 조직률은 공무원이 68.5%로 가장 높았고, 교원은 1.5%에 그쳤다. 민간부문은 9.5%였다. 공무원의 경우 노조 가입이 가능한 인원의 규모가 작아 노조 조직률이 높다는 게 고용부 설명이다. 국내 전체 노조원 가운데 초기업 노조(산업·업종·지역별 노조) 소속은 118만 2,000명으로 56.6%를 차지했다.

자료 : 아주경제, 2018. 12. 30.

(3) 노동조합의 권력 확보수단

노동조합이 조직을 강화하기 위하여 어떻게 권력을 확보하느냐 하는 것은 노동조합발전의 주요 과제이기 때문에 노동조합은 권력 확보와 강화를 위하여 다음과 같이 노력하고 있다.

첫째, 양적인 면에서 조합원의 수를 어떻게 용이하게 많이 확보하느냐 하는 것이다.

둘째, 질적인 면에서 조합운영을 위한 자금을 두고 여러 가지 제도를 모색하고 있다. 그 중 일반적으로 알려져 있는 것은 조합가입수단인 숍제도(shop system)와 자금 확보수단인 체크오프제도(check off system)이다. 숍제도는 양적인 권력의 확보 측면에서 조합원 확보를 뒷받침해주는 제도이고, 체크오프제도는 질적인 권력의 확보 측면에서 자금 확보를 뒷받침해주는 제도이다. 전자는 인적자원의 확보대책이고, 후자는 물적 요소인 자금의 확보대책이다.

1) 조합가입제도

조합가입제도는 근로자들의 노동조합에의 가입문제를 중심으로 오픈숍, 유니언숍 및 클로즈드숍의 기본적인 세 가지 제도가 있다. 또 세 가지 기본적인 숍제도에서 변형된 에이전시숍, 프레퍼렌셜숍, 메인터넌스숍 등의 제도가 있다.

① 기본적인 숍제도

- **오픈숍**(open shop) : 고용주가 종업원을 고용할 때 노조 조합원인지 비조합원인지 구분하지 않고 고용하는 제도로서 노조조합 가입 여부가 고용조건이 되지 않는 제도이다. 외견상 무리가 없는 제도로 보일 수도 있으나 자칫 고용주로부터 노동조합을 약화시키는 수단이 될 수 있다. 조직에 새로 들어온 종업원이 사용자를 의식하지 않은 채 조합에 가입하기는 사실상 어렵다는 사실을 인정하기 때문이다. 우리나라의 경우 「노동조합법」 및 「노동관계조정법」 제81조 제2항에 의거 기본적으로 오픈숍제도를 적용하고 있으나 노사합의가 있을 경

우 유니언숍이 가능하다. 미국은 「와그너법(Wagner Act, 1935년)」에 의해 오픈숍제도를 불법화하고 있다.

- 클로즈드숍(closed shop) : 클로즈드숍은 결원보충이나 신규채용에 있어서 사용자는 조합원 중에서만 고용할 수 있는 제도를 말한다. 즉 조합가입이 고용의 전제조건이 되는 가장 강력한 조합가입제도이다. 이 방법은 조합이 노동력의 공급을 통제할 수 있어 그 가격을 올릴 수 있고, 조합의 조직을 강화하는 가장 강력한 보장수단이 된다. 미국의 경우 1947년 「태프트-하틀리법(Taft-Hartley Act)」에 의해 불법으로 간주되었으나, 건축업 · 해운업 · 인쇄업에 한해서 1959년에 다시 합법화되었다.
- 유니언숍(union shop) : 클로즈드숍과 오픈숍의 중간형태이다. 사용자의 자유로운 채용이 허락되나 일단 채용된 후에 일정한 수습기간이 지나서 정식 종업원이 되면 조합에 가입해야만 하는 제도이다. 만약 조합이 제명하거나 본인들이 가입을 거부하면 해고해야 한다. 미국의 경우, 대부분의 단체협약에서 노조안정의 일환으로 이 제도를 선택하고 있다. 태프트-하틀리법상에는 일단 고용된 자는 30일간의 수습기간(probationary period)이 지나면 조합에 가입하는 것으로 정하고 있다.

② 변형적 숍제도

- 에이전시숍(agency shop) : 이 제도는 종업원들의 노동조합 가입 여부가 강제적으로 규정되지는 않지만 비조합원도 조합원들의 조합비에 해당하는 재정적 지원을 정기적으로 내도록 하는 제도이다. 이를 통해 노동자들이 회비부담은 피하고 동일한 혜택을 향유하려는 이른바 무임승차(free ride)현상을 제거할 수 있고 아울러 조합은 재정적 확충에 도움을 받는다.
- 프레퍼렌셜숍(preferential shop) : 조합원 우선 숍제도라고도 하는데, 이 제도는 비조합원의 고용은 가능하지만 노동조합원일 경우 그들에게 고용의 우선권을 주는 제도이다. 조합원에 대한 특혜인 만큼 현실적 적용에는 많은 논란의 여지가 있다. 따라서 차별적 특혜를 어떻게 적용할 것인가에 대한 노사 간 합의가

중요하다.

• 메인터넌스숍(maintenance shop) : 조합원 유지 숍제도라고도 하며, 이는 조합원이 되면 일정기간 동안 조합원으로서 머물러 있어야 한다는 내용이다. 이 제도는 제2차 세계대전 시 미국전시노동부가 노동조합의 클로즈드숍제도의 요구에 따라 절충안으로 제시한 제도이다. 이 제도의 규정에는 노조 가입 후 10~15일간의 면책기간(escaped period)을 두어, 이 기간 동안에는 조합에 가입하였다 하더라도 그들이 원하면 그만둘 수 있도록 하고 있다.

2) 조합비 공제제도(check off system)

조합원 2/3 이상의 동의가 있으면 조합은 그의 세력 확보의 수단으로 체크오프의 조항을 둘 수 있다. 조합이 조합비를 징수하는 방법에는 조합원 개개인을 찾아다니며 조합비를 걷는 방법과 회사가 급여계산 시에 급여에서 일괄 공제하여 조합에 인도하는 방법이 있는데, 후자를 체크오프제도라고 한다.

체크오프제도는 노조가 시간과 경비를 절약하면서 경제적으로 힘을 갖추는 데 유리한 방법이긴 하지만 사용자로서는 부정적인 인식을 지닐 수 있다. 보통 클로즈드숍이나 유니언숍이 체결된 경우에는 무리가 없지만 불안한 노사관계하에서는 제도 시행을 둘러싸고 마찰을 빚기도 한다. 우리나라는 대부분의 기업에서 이 제도를 시행하고 있다.

조합비 공제제도는 조합이나 조합원에게 편리한 제도임에는 틀림없지만, 이로 인해 조합에 대한 조합원의 관심을 떨어뜨릴 여지도 있다.

커피 브레이크 | 국제노동기구(ILO)

국제노동기구 ILO(International Labor Organization)는 정부, 사용자, 노동조합의 노사관계에 대한 국제적 활동을 위한 기구이다. ILO는 제1차 세계대전 이후 1919년 베르사이유 평화조약에 의하여 설립된 국제기구로서 1997년 현재 174개국의 회원이 참여하고 있다. 국제노동법과 국제비교 노사관계자료의 주요한 원천으로서 협약과 권고, 비준을 통해 각국에 압력을 행사한다. 전 세계에 걸쳐 인사정책 및 관행에 대한 중요한 정보의 원천으로서 역할을 다하고 있으나 특정 기준을 준수하도록 회원국에 강요할 수는 없고 기준의 비준 여부는 개별 정부에 위임되어 있다. 우리나라는 1991년에 152번째 회원국으로 ILO에 가입하였다.

2 노동조합의 기능과 조직형태

일반적으로 노동조합의 기능을 흔히 경제적 기능, 공제적(共濟的) 기능, 정치적 기능으로 분류한다.[1] 물론 오늘날 복잡한 사회변화 속에서 이와 같은 분류만으로 조합의 기능을 설명하는 데는 한계가 있다. 그러나 본질적인 핵심기능임에는 틀림없으므로 이들에 대해서만 간략히 알아보기로 한다.

(1) 노동조합의 기본기능

1) 경제적 기능

가장 기본적인 기능으로서 근로생활의 세반 조건을 개선하는 기능이다. 경제적 기능 가운데 대표적인 것은 단체교섭과 경영참가와 같은 조합활동이다. 근로자 개개인은 자기의 노동력을 유리한 조건으로 사용사에세 세공하기가 어렵다. 따라서 같은 기능, 같은 직종, 같은 기업, 같은 산업 또는 같은 지역에 종사하는 근로자들

1) 박상필, 한국노동법, 대왕사, 1981, pp.120-130 ; 이준범, 현대노사관계론, 박영사, 1991, p.245.

이 노동조합을 조직하여 노동력의 제공을 통제한다면 보다 유리하게 근로조건을 유지하고 개선할 수 있다는 사실에 기초한다.

노동조합의 경제적 기능은 사용자에 대해 직접적으로 발휘되는 노동력의 판매자로서의 판매조건을 통제하는 기능이다. 노동조합이 경제적 기능을 발휘하는 방법은 단체교섭 및 경영참가와 쟁의행위로 구별할 수 있다. 영·미식의 단체교섭중심의 노사관계에서는 단체교섭이, 독일식의 공동의사결정중심의 노사관계에서는 경영참가가 노동조합의 경제적 기능의 중심과제이다.

2) 공제적 기능

공제적 기능은 노동조합의 조합원 상호 간에 수행되는 대내적(對內的) 기능이다. 조합원이 질병, 재해, 노령, 사망, 실업 등으로 노동능력을 일시적 또는 영구적으로 상실하는 경우가 있는데, 이에 대비하여 조합이 기금을 설치하고 상호 공제하는 활동을 말한다. 이 공제적 기능은 노동조합의 역사와 함께 시작된 가장 오래된 기능이지만, 다른 기능에 비해 그 상대적 비중은 크게 저하되어 왔다. 최근 사회보장제도의 발달로 그 중요성이 점점 상실되고 있다.

공제적 기능은 최초에는 조합원의 경조행사 때 부조를 하는 것이었다. 오늘날은 조합원을 위하여 병원이나 진료소를 건립·운영하는 것을 비롯하여 주택공급사업, 휴양소, 오락시설, 소비조합, 숙박 또는 급식시설, 장학제도, 퇴직위로금이나 연금의 지급, 노동금고, 조합원의 실업·사망·기타 사고에 대한 위로금과 생활보조 등의 여러 가지 공제적·복리후생적 활동을 광범위하게 전개하고 있다.

3) 정치적 기능

국가나 사회단체를 대상으로 주로 법률과 관계된 활동을 하는 것이 노조의 정치적 기능이다. 경제적 기능이 사용자와의 교섭을 통해 발휘되는 데 비해, 정치적 기능의 상대방은 사용자가 아니라 국가나 사회단체이다.

정치적 기능은 정부가 노사관계에 대해 개입하고 임금이나 근로조건의 결정에 영향을 미치고 있으므로 점점 중요한 기능이 되고 있으며, 노동조합은 정치적 기능을 강화하지 않을 수 없게 되었다. 이를테면 최저임금제의 입법화운동, 근로시간의 단축추진 또는 사회보험이나 사회보장의 요구 등은 노동조합의 국가정치활동 기능을 통한 국가에 대한 법률제정 요구 등의 활동에 해당된다. 또 넓은 의미에서 노동조합이 생활조건의 개선, 사회·교육·문화시설의 확충 등을 정부나 지방자치단체에 요청하는 것, 선거에 있어 근로자정당의 지지, 입후보자의 선거지원활동, 임금의 공여, 조합대표의 의회파견 등의 활동도 정치적 기능에 해당된다.

또 임금·근로조건관련 법령의 제정 및 개정, 세제, 물가정책, 사회보험제도, 기타 사회복지정책 등 정부의 경제·사회정책에 관한 노동조합의 정치적 발언과 주장은 근로자의 생활 향상을 위한 필수적인 활동 분야이다. 이에 대한 전술로서는 정당과의 제휴 및 연합 또는 독자적인 정당활동, 로비활동, 청원활동, 선전활동 등이 있다.

맛소금 **왜 다시 산별노조인가?**

산별노조운동은 정치적 운동이라는 점이다. 우리는 노동운동을 불온시하는 정치적 이데올로기로 인해 산별노조운동이 갖는 정치적 성격을 외면해 왔다. 정규직과 비정규직, 원청노동자와 하청노동자, 취업자와 실업자 사이 연대의 확보는 단순한 구호의 문제가 아니라 임금 및 복지격차를 실제 수행한 노동에 대한 차이로 조정하는 동일노동 동일임금 원칙 실현의 문제다. 이러한 문제는 제도 실현을 위한 정치적 활동을 전제하지 않고는 달성할 수 없다.

독일 산별노조는 독일노총과 산하노조의 일상적 활동을 통해 전체 노동자계급을 대변하는 정치적 주체로 활동하고 있다. 독일노총의 중요한 기본원칙은 통일노조다. 통일노조의 원칙이 등장한 이유는 노동자계급의 이해관계를 실현시키는 것이 바로 독일사회 및 경제민주화에 기여할 수 있다는 일종의 노조의 사회적 책임에 대한 자각이라고 봐야 한다. 독일 산별노동운동은 노동자들의 조직적 연대를 통해 사회민주화 및 경제민주화를 달성하기 위한 정치활동을 지속적으로 수행해 왔다.

자료 : 이승협, 매일노동뉴스, 2012. 7. 2.

(2) 노동조합의 조직형태

노동조합의 조직형태는 노동시장에 대한 효율적 대응을 위해 상황에 따라 다음과 같이 다양한 형태로 발전하여 왔다. 노동조합의 의사결정의 초점(decision making center)에 따라, 즉 단체교섭 결정권이 어디에 있느냐에 따라 직업별 또는 직능별(craft), 산업별(industrial), 기업별(enterprise) 및 일반(general)조합으로 나뉜다[2]([표 3-3] 참조).

일반적으로 현대산업사회에서는 산업별 노조와 기업별 노조형태가 주종을 이룬다.

표 3-3 | 형태별 노동조합의 특성

특성 \ 조합	직업별 노동조합	산업별 노동조합	일반노동조합	기업별 노동조합
환경	• 초기공업시대 • 산업자본시대 • 숙련공의 직업 독점시대 • 도제제도의 전성시대	• 기계생산시대 • 직종의 분해시대 • 작업분업시대 • 반숙련공의 다수 등장 시대	• 미숙련공 다수 등장시대 • 직업별 조합에서 제외되었던 산업의 조직 • 직업별과 산업별의 중간산물	• 국가관리 등의 독점 • 공익사업체 정부 및 국가자치제
조직원리	• 1직업 1조합 • 횡단적	• 1산업 1조합 • 횡단적	• 전 산업 1조합 • 횡단적	• 1기업 1조합 • 종단적
조직기반	• 숙련공	• 반숙련공 • 미숙련공	• 미숙련공 • 잡급직 노동자	• 기업
조직성격	• 완전폐쇄적 (closed shop)	• 개방적 (union shop)	• 완전개방적	• 폐쇄적
조직관리	• 공제활동 • 중앙집권화	• 조합민주주의	• 중앙집권적 • 관료주의	• 복지활동 • 조합민주주의
노동시장 통제방법	• 직업독점 • 도제제도	• 단체교섭 • 파업	• 입법규제 • 단체교섭 • 파업	• 노사협의 • 단체교섭

2) 이준범, 현대노사관계론, 박영사, 1997, p.251.

1) 직업별 노동조합(craft union)

직업별 노동조합은 직종별 조합 또는 직능별 조합이라고도 하는데, 같은 직종 또는 직업에 종사하는 노동자가 결성한 횡적 조직체 성격의 조합이다. 노동조합 역사에 있어 초기에 등장한 형태로서, 인쇄공조합, 목공조합, 선반공조합 등의 숙련공들이 미숙련공들의 무분별한 노동시장 진입을 우려하여 '직업독점'과 '노동력의 공급제한'을 목적으로 결성한 데서 유래하였다.

직업별 조합은 도제제도(apprentice system)가 근간을 이루고 있었다. 즉 조합은 엄격한 도제제도를 통해 도제의 수와 기능습득기간을 정하고 그들의 임금수준을 일정한 수준 이하로 정해 둠으로써 조합원들의 임금수준을 높은 상태에서 유지하였다. 직업별 조합의 장점과 단점은 다음과 같다.

① 장점

- 동일한 직종을 가지는 근로자로서 조직되기 때문에 단체교섭 사항과 그 내용이 명확하다.
- 동일직종 종사자로서의 유대의식이 강하기 때문에 조직의 단결력이 공고하여 어용화(御用化)될 염려가 없다.
- 직장단위가 조직의 중심이 아니므로 실업자라 하더라도 조합가입이 가능하고, 조합원의 실업을 예방할 수 있다.

② 단점

- 지나치게 배타적이고 독점적이어서 산업사회의 전체 노동자들 간에 분열을 초래할 염려가 있어 노동자 전체의 경제적 및 사회적 지위의 향상을 위해서는 적당하지 않다.
- 기업을 초월한 조직이기 때문에 조합의 자주성은 지킬 수 있으나 사용자와의 관계가 긴밀하지 못하다.

맛소금 **산별노조의 성립과 노동자 정치운동**

유럽에서 산별노조의 성립은 대부분 이미 19세기 중후반에 금속, 건설과 재단 및 제빵 등의 부분에서 시작된 직업별 조직에서 발전하였다. 산별조직의 발전은 당시 산업발전의 유형을 토대로 하여 사용자들의 노동자 착취와 정부의 탄압에 맞서 가장 효과적인 투쟁방식을 찾은 데서 비롯된 것이었다.

예를 들어 독일의 경우를 보면, 1860년대 국가통일과 산업발전을 위해 자본은 비호된 반면, 노동자들은 사회보험을 통해 회유되기도 했으나 극심한 탄압에 노출된 상태였다. 이러한 상황에서 독일 노동자들은 직업별 조직이 대부분인 상태를 극복하고 1892년 할버슈타트 대회를 통해 산별조직을 더욱 확대하고 중앙집중적인 전국연합체(ADGB)를 건설하는 획기적 결정을 하였다. 더욱 효율적이고 강력한 노동자 이해 대변을 위한 조직 건설의 필요성에 대부분이 공감한 것이다. 특히 한 사업장 내에 여러 노조가 존재하여 이해관계 대변의 혼란을 겪고 있던 금속과 목재부문에서 그 필요성을 절감하였다. 그에 따라 산업발전 추세와도 맞물려 곧 광산업과 화학, 전기부문 등에도 분산된 직업별 조직을 지양하고 중앙집중적인 산별조직 건설이 확대되어 갔다.

자료 : 산별노조와 노동자 정치 세력화, 외뿔소 블로그

2) 일반노동조합(general union)

일반노동조합은 직종이나 산업의 종류에 상관없이 동일지역에 근무하는 일반노동자를 대상으로 하여 결성하는 조합형태이다. 본래 직업별 노동조합에서 소외되었던 미숙련 노동자들이 주축이 되었었다. 그러나 근대산업이 발전하면서 점차 기계가 인간의 숙련노동을 앞지르는 현상이 있자 인간으로서의 주체의식과 권리를 확보하기 위해 인간으로서의 최소한의 권리, 즉 생활임금의 원리에 기초하여 안정된 고용의 확보, 노동시간의 최고한도제도, 임금의 최저한계제도 등을 요구하였다. 이 조직형태는 단지 양적 규모는 지니고 있었지만 내적으로는 통일과 단결이 약하여 입법규제에 의한 노동조건의 균일화를 도모하지 않을 수 없었다. 이로 인해 강력한 지도체제가 필요하게 되고 중앙집권적 관료체제가 등장함으로써 조합민주주의가 희박해질 가능성이 있다. 현재 미국의 AFL-CIO 산하 일부 조합과 일본의 일부 조합에서 볼 수 있다.

3) 산업별 노동조합(industrial union)

직종에 관계없이 동일산업에 종사하는 노동자를 대상으로 하는 노동조합을 산업별 노동조합이라고 한다. 역사적으로 볼 때 산업별 조합은 직업별 조합이나 일반조합보다 늦게 발달한 형태이다. 그 이유는 직업별 조합이 표준적 노동조건 제시로 노동조건을 확보하려 하고, 일반조합이 입법에 관여함으로써 노동조건의 최저한도를 규제하려 하였으나, 사용자는 이에 대항하여 노동시장 단일화에 의한 노동조건의 하향평준화정책을 강행하면서 기업별·공장별 격차정책을 채택하였다.

따라서 노동조합은 산업별로 연합하여 동일한 산업의 전반적인 노동조건을 개선하려는 시도를 하면서 자연스럽게 산업별 노동조합이 등장하였고 그 핵심적 기능은 단체교섭의 활용이었다.

① 장점

- 기업과 직종을 초월한 거대한 규모의 조직이기 때문에 단결력 강화를 통해 커다란 압력단체로서의 지위를 확보할 수 있다.
- 산업의 발전에 따른 자본집중화의 진행에 대응하여 교섭력의 산업적 통일화를 유지할 수 있어 단체교섭형태를 단순화할 수 있다.
- 해당 산업의 경제계획 수립이 용이하다.

② 단점

- 각 산업별 조직의 내부에서 직종 간에 이해관계의 대립으로 반목을 초래할 염려가 있다.
- 조직이 형식적 단결에 그칠 경우 큰 힘을 발휘하기 어렵다.

4) 기업별 노동조합(company union)

기업별 노동조합은 동일기업에 종사하는 노동자에 의하여 조직되는 노동조합으로, 앞의 세 가지 형태의 노동조합과는 달리 기업 간의 연대조직이 아닌 개별 기업을 존립기반으로 한다. 이러한 형태는 일반적으로 사회 거시적 차원에서 노동자

연대의식이 미약하거나 혹은 동종 산업이라 하더라도 기업 간 지불능력의 격차가 큰 경우 많이 나타난다. 그러나 기업조직에서 종업원은 사용자를 의식하지 않을 수 없으므로 미국의 경우에 있어서는 이를 기업지배조합(company dominated union)이라고 하여 어용노조의 한계를 벗어날 수 없다고 말하기도 한다.[3)]

우리나라는 해방 이후 기업별 노조로 출발하였으나, 5·16 직후 명목상으로는 산업별 조직이면서 내용상으로는 기업별 조직의 연합체형태로 유지되었다. 그 후 1980년 노동조합법의 개정으로 실질적인 기업별 조직형태를 유지하다가 1987년 재차 노동조합법 개정을 통해 이른바 기업별 조직 강제에 관한 규정을 삭제함으로써 노동자의 자유로운 선택을 보장하게 됨에 따라 상당수 노동조합이 산업별 노동조합으로 전환하였다.

① 장점

- 조합원이 모두 해당 기업의 종업원이기 때문에 근로조건을 통일적·종합적으로 용이하게 결정할 수 있다.
- 노동조합이 평소 회사 사정에 익숙해 있으므로 무리한 요구를 할 개연성이 적다.
- 노동자 모두 사용자와 밀접한 관계이기 때문에 공동체의식을 통한 노사협조 분위기 조성에 유리하다.

② 단점

- 직종을 망라한 기업(사업장)단위 조직이기 때문에 각 직종 간 구체적 요구를 공평하게 처리하기 어렵다.
- 이로 인해 직종 간 갈등과 대립을 초래할 염려가 있다.
- 종업원만이 노조에 가입할 수 있으므로 유니언숍이 체결된 경우 특정 노조가 조직을 독점할 가능성이 있다.
- 조합원 모두 사용자와 수직적 상하관계에 있으므로 어용화(御用化)할 가능성이 있다.

3) E. F. Beal & J. P. Begin, *The Practice of Collective Bargaining*, 6th ed., Homewood, Illinois : Richard D. Irwin, Inc., 1982, pp.64–65.

5) 단일조직과 연합조직

위 네 가지 조직 유형은 기본적으로 단위조직을 중심으로 그 조직에 참여하는 구성원의 자격 유형에 따라 분류한 것이었다. 그러나 이와는 별개로 노동조합은 단위조직의 결합방식 유형에 따라 분류하기도 하는데, 이때 단일조직·연합체조직으로 분류할 수 있다.

단일조직은 노동자가 개인자격으로 중앙조직의 구성원이 되는 것으로서 각 지역별로 지부나 분회(分會)를 두는 조직형태이다. 지부나 분회는 그 단일조직의 구성원이 아니기 때문에 의결권이나 집행권과 같은 자주적 의사결정에 참여하지 못하는 것이 보통이지만 독자성 정도는 해당 지부의 규약에 의해 결정된다.

연합조직은 노동조합이 하나의 단체의 자격으로 지역적 혹은 전국적 연합체를 구성하는 것이다. 연합조직의 구성원은 '단위조합'이며 단위조합들로 구성된 지역적 혹은 전국적 조직이 '연합조직'이다. 현재 우리나라의 경우, 단위노동조합은 기업별 조합으로 하고 있고, 동시에 상당수 조합이 산업별로 연대해 전국연합조직을 구성하고 있다. 한국노총과 민주노총은 연합조직의 대표적 사례이다.

3 우리나라 노동조합의 운영요건

(1) 노동조합의 설립

단결권의 보장이라는 측면에서 현행 「노동조합 및 노동관계조정법(노동조합법)」에서는 노동자들이 기업별, 산업별, 직업별 노동조합설립 여부에 제한을 두지 않고 있다. 다만 형식적 요건을 두고 있는데, 구비서류를 첨부하여 설립신고서를 행정관청에 제출하고 교부받게 되면 신고접수일을 노조설립일로 인정한다. 노조설립에 있어 자유 설립을 보장하는 취지에서 신고주의를 채택하고 있는 것이다.

노동조합에 대해서는 민법상 사단법인에 관한 규정이 적용되므로 노동자 2명 이상이면 노동조합을 설립할 수 있다.

제10조【설립의 신고】

① 노동조합을 설립하고자 하는 자는 다음 각호의 사항을 기재한 신고서에 제11조의 규정에 의한 규약을 첨부하여 연합단체인 노동조합과 2 이상의 특별시·광역시·특별자치시·도·특별자치도에 걸치는 단위노동조합은 노동부장관에게, 그 이상의 시·군·구(자치구를 말한다)에 걸치는 단위노동조합은 특별시장·광역시장·도지사에게, 그 외의 노동조합은 특별자치시장·특별자치도지사·시장·군수·구청장(자치구의 구청장을 말한다. 이하 제12조 제1항에서 같다)에게 제출하여야 한다. 〈개정 1998. 2. 20., 2006. 12. 30., 2010. 6. 4., 2014. 5. 20.〉

1. 명칭
2. 주된 사무소의 소재지
3. 조합원 수
4. 임원의 성명과 주소
5. 소속된 연합단체가 있는 경우에는 그 명칭
6. 연합단체인 노동조합에 있어서는 그 구성 노동단체의 명칭, 조합원 수, 주된 사무소의 소재지 및 임원의 성명·주소

② 제1항의 규정에 의한 연합단체인 노동조합은 동종산업의 단위노동조합을 구성원으로 하는 산업별 연합단체와 산업별 연합단체 또는 전국규모의 산업별 단위노동조합을 구성원으로 하는 총연합단체를 말한다.

제12조【신고증의 교부】

① 고용노동부장관, 특별시장·광역시장·특별자치시장·도지사·특별자치도지사 또는 시장·군수·구청장(이하 '행정관청'이라 한다)은 제10조 제1항의 규정에 의한 설립신고서를 접수한 때에는 제2항 전단 및 제3항의 경우를 제외하고는 3일 이내에 신고증을 교부하여야 한다. 〈개정 1998. 2. 20., 2006. 12. 30., 2010. 6. 4., 2014. 5. 20.〉

② 행정관청은 설립신고서 또는 규약이 기재사항의 누락 등으로 보완이 필요한 경우에는 대통령령이 정하는 바에 따라 20일 이내의 기간을 정하여 보완을 요구하여야 한다. 이 경우 보완된 설립신고서 또는 규약을 접수한 때에는 3일 이내에 신고증을 교부하여야 한다. 〈개정 1998. 2. 20.〉

③ 행정관청은 설립하고자 하는 노동조합이 다음 각호의 1에 해당하는 경우에는 설립신고서를 반려하여야 한다. 〈개정 1998. 2. 20.〉

1. 제2조 제4호 각목의 1에 해당하는 경우
2. 제2항의 규정에 의하여 보완을 요구하였음에도 불구하고 그 기간 내에 보완을 하지 아니하는 경우

④ 노동조합이 신고증을 교부받은 경우에는 설립신고서가 접수된 때에 설립된 것으로 본다.

(2) 노동조합의 운영

노동조합의 운영은 자주적이고 민주적인 방식으로 행해져야 한다. 그렇지 않다면 대외적 자주성을 상실하는 것이기 때문에 본연의 순수성을 훼손당하기 때문이다. 노사관계에서 정부의 역할이 중요하지만 '노사 당사자 자치주의'에 근거하여 어디까지나 최소한의 개입과 조정 역할에 그치는 것이 바람직하다. 따라서 정부가 지나치게 노조의 운영에 간섭해서는 안 된다. 「노동조합 및 노동관계조정법」을 통해 주요 내용만 다루면 다음과 같다.

먼저 총회는 조합원 모두가 참여하는 최고의 의결기구로서 연간 1회 이상 개최되도록 규정함으로써 구성원의 여론수렴을 통한 민주적 의사결정의 기초요건을 부여하고 있다. 특히 조합의 운영과 진로와 관련된 주요 사항을 대상으로 정하여 혹시라도 소수에 의한 임의 결정을 방지하고 있다.

제15조【총회의 개최】
① 노동조합은 매년 1회 이상 총회를 개최하여야 한다.
② 노동조합의 대표자는 총회의 의장이 된다.

제16조【총회의 의결사항】
① 다음 각호의 사항은 총회의 의결을 거쳐야 한다. 1. 규약의 제정과 변경에 관한 사항
2. 임원의 선거와 해임에 관한 사항
3. 단체협약에 관한 사항
4. 예산 · 결산에 관한 사항
5. 기금의 설치 · 관리 또는 처분에 관한 사항
6. 연합단체의 설립 · 가입 또는 탈퇴에 관한 사항
7. 합병 · 분할 또는 해산에 관한 사항
8. 조직형태의 변경에 관한 사항
9. 기타 중요한 사항
② 총회는 재적조합원 과반수의 출석과 출석조합원 과반수의 찬성으로 의결한다. 다만, 규약의 제정 · 변경, 임원의 해임, 합병 · 분할 · 해산 및 조직형태의 변경에 관한 사항은 재적 조합원 과반수의 출석과 출석조합원 3분의 2 이상의 찬성이 있어야 한다.
③ 임원의 선거에 있어서 출석조합원 과반수의 찬성을 얻은 자가 없는 경우에는 제2항 본문

의 규정에 불구하고 규약이 정하는 바에 따라 결선투표를 실시하여 다수의 찬성을 얻은 자를 임원으로 선출할 수 있다.
④ 규약의 제정 · 변경과 임원의 선거 · 해임에 관한 사항은 조합원의 직접 · 비밀 · 무기명 투표에 의하여야 한다.

한편 동법 제22조에는 조합비를 내지 않는 조합원에 대해 조합으로 하여금 해당 조합원의 권리를 제한할 수 있도록 함으로써 조합의 경제적 자립을 뒷받침함과 동시에 권리와 의무를 다하는 민주주의의 기본원리를 담고 있다. 반면에 제24조에는 개정 전과 달리, 이른바 '무노동, 무임금(no work, no pay)원칙'을 적용하여 노동조합의 전임자에 대한 사용자의 임금지급을 원천 봉쇄하고 있다. 이와 관련하여 사용자의 경제적 지원을 통한 조합 어용화를 방지하자는 취지의 정부 측 주장과 전임자의 노동조합활동은 또 다른 형태의 노동력 제공으로 보아야 한다는 노조 측 주장이 논란 중이다. 어찌 되었든 전임자에 대한 임금지급의 금지항목으로 말미암아 현 기업별 노조의 산별체제로의 전환이 가속화할 것으로 보인다.

제22조【조합원의 권리와 의무】
노동조합의 조합원은 균등하게 그 노동조합의 모든 문제에 참여할 권리와 의무를 가진다. 다만, 노동조합은 그 규약으로 조합비를 납부하지 아니하는 조합원의 권리를 제한할 수 있다.

제24조【노동조합의 전임자】
① 근로자는 단체협약으로 정하거나 사용자의 동의가 있는 경우에는 근로계약 소정의 근로를 제공하지 아니하고 노동조합의 업무에만 종사할 수 있다.
② 제1항의 규정에 의하여 노동조합의 업무에만 종사하는 자(이하 '전임자'라 한다)는 그 전임기간 동안 사용자로부터 어떠한 급여도 지급받아서는 아니 된다.
③ 사용자는 전임자의 정당한 노동조합활동을 제한하여서는 아니 된다. 〈신설 2010. 1. 1.〉
④ 제2항에도 불구하고 단체협약으로 정하거나 사용자가 동의하는 경우에는 사업 또는 사업장별로 조합원 수 등을 고려하여 제24조의2에 따라 결정된 근로시간 면제 한도(이하 '근로시간 면제 한도'라 한다)를 초과하지 아니하는 범위에서 근로자는 임금의 손실 없이 사용자와의 협의・교섭, 고충처리, 산업안전활동 등 이 법 또는 다른 법률에서 정하는 업무와 건전한 노사관계 발전을 위한 노동조합의 유지・관리업무를 할 수 있다. 〈신설 2010. 1. 1.〉
⑤ 노동조합은 제2항과 제4항을 위반하는 급여 지급을 요구하고 이를 관철할 목적으로 쟁의행위를 하여서는 아니 된다. 〈신설 2010. 1. 1.〉

4 노동조합에 대한 견해

(1) 부정적 견해

합법적으로 노동조합이 존재함에도 불구하고 경영자의 시각에서 노동조합은 그리 환영받지 못하는 것이 사실이다. 어떤 사람들은 경영활동 전반에서의 의사결정권은 경영자의 특권인데 노동조합이 이를 방해한다고 하고 경영자들이 인적자원을 최적 활용하려는 시도에 대해 노동조합은 공평성이나 민주화만을 요구한다고 불평한다.

이하에서는 경영자들이 노동조합을 부정적으로 바라보는 견해에 대해 몇 가지 정리하였다.

1) 문제아

상당수 경영자들은 노동조합이란 경영권에 도전하고 경영의 신축성을 제약함으로써 경영의 효율성을 떨어뜨리는 문제아라는 인식을 갖고 있다. 노조는 단체교섭을 통해 무리한 요구조건을 제시하고, 파업 등 쟁의행위를 통해 작업을 방해하며, 사사건건 시비를 거는 존재라는 것이다. 이런 시각을 지닌 경영자들은 노조가 종업원의 돈에만 관심이 있다고 몰아세우거나 현재 회사가 겪고 있는 경제적 불안정이 부분적으로는 노조에 의해서 발생될 것이라고 주장함으로써 노조의 부정직성을 지적하는 등의 감정적인 전술을 활용하기도 한다.

따라서 이와 같이 노조에 대해 부정적 시각을 지닌 경영자들은 노조설립단계에서부터 적극적으로 조직설립을 반대하게 된다. 반대의 근거로서 비용증가요인이 발생한다고 주장하고 있는데, 예를 들면 법률적 소송증가, 종업원들의 근로시간 손실발생, 경영시간의 손실 및 잠재적 생산성 저하를 들고 있다.[4] 이러한 시각의 회

4) W. E. Fulmer, "Step by step through a union campaign", *Harvard Business Review*(July–Aug.), 1981.

사 입장에서 볼 때, 노조가 설립되지 않았을 때 다음과 같은 이익이 있다고 간주한다. 즉 파업의 회피, 신규종업원 채용 시의 융통성 및 경쟁 유발, 저노동비용, 이직률 감소, 종업원의 고충처리시간 및 노동계약 협상시간 단축 그리고 종업원에 대한 통제강화가능성 등이다.[5)]

그러나 노조는 반대로 경영진의 업무처리능력에 대한 회의와 근로자들의 문제를 공정히 다루도록 회사에 강요할 수 있는 수단으로서 노동조합 조직체를 결성하기 때문에 조합을 문제아로 인식하는 경영자와 대립적 노사관계가 형성될 가능성이 크다.

2) 아웃사이더

기업별 노동조합형태가 아닌 유형에서 노동자들은 해당 기업에 대한 관심보다는 산업, 직종, 정치 등 거시적인 문제에 관심을 갖게 됨으로써 해당 기업에 소홀할 수밖에 없다는 견해이다. 연합조직의 간부로 일할 경우도 마찬가지이다. 이런 이유로 기업경영자는 노동조합 및 노조간부에 대해 기업경영에 관심도 없고 별 관련성도 없는 무관심한 아웃사이더로 간주한다.

이러한 견해와 관련하여 무엇보다도 노조의 역할에 대한 노조 스스로의 정체성 확립이 필요하다. 이를테면 급변하는 환경과 치열해지는 경쟁양상 속에서 노조는 독립된 조직체이면서 동시에 전체사회를 구성하는 일부 시스템으로서 기능을 갖는다. 따라서 노동조합은 조합원들의 근로조건의 유지 및 개선, 경제적 및 인간관계 지향적 목표를 이행함과 동시에 외부조직과의 연대활동, 사회변혁의 주체적 활동, 노동자에 유리한 법률 및 제도적 장치 마련활동 등의 타당성을 지닐 수 있다.

그러나 노조활동의 타당성 이전에 노사 당사자 간 관계를 우호적으로 증진시키기 위해서 노사 간 의사소통의 원활화, 융통성 있는 조직운영, 상호 이해증진활동 등이 선행되어야 한다.

5) F. K. Foulkes, *Personnel Policies in Large Nonunion Companies*, Englewood Cliffs, N.J. : Prentice-Hall, 1980, pp.58-61.

3) 회사에 대한 충성심을 가로채는 존재

경영자들은 흔히 최대의 생산성이란 종업원들이 직무에 대한 최대한의 만족과 회사에 대한 충성심이 가득할 때 이루어지는 것으로 본다. 그러나 노동조합은 이러한 종업원들의 충성심을 노동조합으로 유도하여 회사경영의 에너지를 가로채는 존재로 보기도 한다. 그렇다면 현실적으로 전통적 의미의 노조를 대체할 제도는 존재하는가? 존재한다면 그것이 반드시 기업이나 국가경제에 바람직하다고 장담할 수 있을까?

하버드 대학의 법률학 교수 웨일러(Paul C. Weiler)는 노조의 대안으로서, 첫째 정부의 사용자에 대한 법적 규제, 둘째 기업 측의 전문적인 인적자원 프로그램 개발, 운영을 들었다. 그러나 법적 규제만으로 실제 기업현장에서의 세세한 현실을 그대로 반영하는 데에는 한계가 있으며 또 인적자원 프로그램 역시 심각한 노사갈등 시에는 사용자는 근로자에 앞서 주주의 이익을 앞세울 수밖에 없으므로 노사관계를 와해시킬 가능성이 크다.

일본의 노사관계를 말할 때, 그들은 일반적으로 평화적 노사관계를 유지하면서 사용자는 생산성과 품질 향상에 노조를 참여시켜 경쟁력을 높이는 데 활용하고 있으며, 독일과 스칸디나비아에서는 근로자의 경영참여 폭이 법적으로 크게 보장되어 있다. 이러한 사례는 모두 노조의 기반이 확고하기 때문에 경제변화의 바람에도 흔들리지 않으며 회사를 재정비하는 데도 노조가 좋은 역할을 담당할 수 있다는 실증이 된다.[6] 결국 종업원의 에너지를 어떻게 발전적으로 활용할 것인가의 문제이다.

4) 노동운동에 대한 가치관의 차이

이미 다루었다시피 노사는 생산과 분배, 효율성과 공평성의 차원에서 견해차이를 지니고 있다. 이런 연장선상에서 경영자들은 기업의 조직목표를 우선시하면서 충성심과 성실성을 요구하는 데 비해, 근로자들은 개인발전을 도모하면서 안정성

6) John Hoerr, "What Should Unions Do?", *Harvard Business Review*(May–June), 1991.

과 민주화를 주장한다. 따라서 경영자는 노동운동을 노동자들의 집단이기주의 정도로 간주하기도 한다.

더 나아가 어떤 경영자들은 노동조합에 대해 무조건적 알레르기 반응을 보이기도 한다. 노동조합에 대해 그 어떤 긍정적 측면도 인정하지 않는 것으로서 이런 경우 경영자들은 자신의 견해를 합리화하기 위해 특정 노동조합의 불법사례, 노조간부의 비행 등을 들어 노조설립 자체를 경계한다. 반면, 대부분의 근로자나 노동조합은 조합원의 이익증진과 권익보호라는 명제에 지나치게 집착하여 조합의 기능과 역할 개발에 문제점을 드러내고 있다.

그러나 이러한 가치관의 차이는 역지사지(易地思之)로써 극복이 가능하다. 새로운 기업환경에 맞는 새로운 가치관의 정립이 필요하다. 경영자는 종업원에 대해 기업생존과 번영의 절대적 파트너로 인식하여야 한다. 기업 경쟁력의 첫 번째 원천은 종업원 만족에서 시작하여야 한다. 이를 위해 공정한 분배를 실현하기 위한 합리적 제도가 필요하며 더 나아가 종업원들이 보람, 성취감, 자아실현을 의식할 수 있는 다양한 노력이 요구된다.

또 노동조합은 과거와 같이 공정한 분배를 우선적으로 강조하는 전통적 조합주의에 얽매여서는 안 된다. 이제 조합은 공정한 분배만이 아니라 조합원의 교육훈련, 직무개편, 직무설계 등 능동적 참여와 전략적 아이디어 제시, 적극적인 책임분담 등을 행하여 기업생존과 발전의 원동력이 되어야 한다.

(2) 긍정적 견해

1) 공동운명체로서 동반자

경영자와 종업원은 노사관계를 떠나 회사발전을 통한 공존이라는 공통의 목표를 지니고 있다. 일방적 관계가 형성되어 종업원들이 수동적 태도로 일관한다면 좋은 경영성과를 기대하기 어렵다. 노사의 대등한 관계하에서 서로를 동반자로 인식하면서 공동의 목표를 추구하는 데 있어 노동조합은 최상의 동반자라는 견해이다. 그러나 현실적으로 이러한 인식은 부족한 것이 사실이다. 노사 공히 서로를 동반자로 인식하기 위해서는 투명한 경영과 합리적 의사결정, 상호 신뢰가 형성된 분위기를 유지하는 것이 필요하다.

사례 3-4 **창립 90주년 '신뢰를 지켜온 유한의 뚝심'**

국내 제약산업의 역사와 궤를 함께한 고(故) 유일한 박사

유한양행이 걸어 온 90년의 기업역사는 우리나라 제약산업의 역사와 그 궤를 함께한다. 지난 1926년 고(故) 유일한 박사가 "건강한 국민만이 잃어버린 주권을 되찾을 수 있다"는 신념으로 설립한 유한양행은 일제 강점기 결핵치료제, 항균제 등 필수 의약품을 출시하며 진정한 의미의 '제약기업'으로 발돋움했고, 1960~70년대 고속 성장기를 거쳐 장수(長壽)의 기틀을 마련했다.

특히 지난 1971년 유일한 박사 타계 시 유언을 통해 갖고 있던 유한양행 주식을 공익법인인 '한국사회 및 교육원조 신탁기금'에 기증하면서 대내외적으로 높은 신뢰를 받는 기업으로 거듭났다. 이 신탁기금은 1976년 재단법인 유한재단과 학교법인 유한학원으로 분리됐다.

창업자 유일한 박사 사후 유한양행은 전문경영인체제를 본격적으로 도입해 합리적 경영기반을 마련했다. 여기에 독특한 기업문화와 안정적인 재무구조, 긴밀한 노사협력이 결합되면서 장수기업의 전통을 이어오고 있다.

자료 : 보건뉴스, 2016. 6. 17.

2) 경영활동의 자극제

어떤 노동조합의 경우, 회사를 대신해서 혁신을 주도하거나 다양한 아이디어로 활력을 불어넣고, 필요한 경우 특정 경영활동에 대한 모니터의 역할을 한다. 경영자는 이를 통해 새로운 돌파구를 찾기도 하며 좀 더 긴장하는 자세로 경영에 임하는 계기가 된다. 노조가 솔선수범하여 에너지절약 등 비용절감운동을 전개하거나 희생적 자세로 양보하는 것 등이 그 예이다. 기업경영의 한 축으로서 노조는 그 존재만으로 자극요인이 될 수 있다.

3) 사회발전의 원동력

노동조합이 합리적 의사결정원칙, 민주적 절차 중시, 형평 배분 등을 준수하면서 사회 전반의 민주화와 공평성을 실현시킨다면 이는 사회적 갈등을 극복하고 보편적 사회가치에 보다 빠르게 접근하는 원동력이 될 수 있다. 노조는 구성원 공동의 이익증진을 위해 자율적으로 행해지는 민주적 절차가 필요하다. 따라서 노동조합의 건전한 운영시스템 확대는 사회조직의 발전적 변화를 촉진시키는 촉매 역할을 담당한다.

디저트 dessert

- 노동조합이라 함은 근로자가 주체가 되어 자주적으로 단결하여 근로조건의 유지 · 개선과 기타 근로자의 경제적 · 사회적 지위의 향상을 도모함을 목적으로 조직하는 단체 또는 그 연합단체를 말한다(노동조합 및 노동관계조정법 제2조 제4호).
- 노동조합의 근거는 노동3권에 기초한다. 따라서 사용자와 정부는 노동자들의 자유로운 노조설립(단결권), 자유롭고 대등한 단체교섭(단체교섭권), 자유로운 쟁의행위(단체행동권) 등 노동조합 관행을 용인하고 있다.
- 미국의 노동법을 살펴볼 때 두 개의 법률을 주목하여야 한다. 첫째는 1935년에 노동자의 단체교섭권, 클로즈드숍, 사용자의 부당노동행위 등 노동자의 이익을 옹호하고 노동조합을 적극적으로 보호 · 육성하여 노동자의 권익을 크게 신장한 와그너법(Wagner Act)이다. 둘째는 빈대로 종전의 노동정책을 크게 전환하여 노동조합활동에 여러 가지 제약을 가한 1947년 제정된 태프트-하틀리법(Taft-Hartley Act)이다.
- 노동조합의 권력 확보수단으로 숍제도와 체크오프제도가 있다. 숍제도는 양적인 권력의 확보 측면에서 조합원 확보를 뒷받침해주는 제도이고, 체크오프제도는 질적인 권력의 확보 측면에서 자금 확보를 뒷받침해주는 제도이다. 전자는 인적자원의 확보대책이고, 후자는 물적 요소인 자금의 확보대책이다.
- 노동조합의 조직형태는 노동시장에 대한 효율적 대응을 위해 상황에 따라 다양한 형태로 발전하여 왔다. 즉 직업별 또는 직능별(craft), 산업별(industrial), 기업별(enterprise) 및 일반(general) 조합으로 나누어진다.
- 기업별 노동조합은 동일기업에 종사하는 노동자에 의하여 조직되는 노동조합으로서 기업 간의 연대조직이 아닌 개별 기업을 존립기반으로 한다. 이 형태는 일반적으로 사회 거시적 차원에서 노동자 연대의식이 미약하거나 혹은 동종 산업이라 하더라도 기업 간 지불능력의 격차가 큰 경우 많이 나타난다.
- 산업별 노동조합은 직종에 관계없이 동일산업에 종사하는 노동자를 대상으로 하는 노동조합형태이다. 직업별 조합이 표준적 노동조건 제시로 노동조건을 확보하려 하고 일반조합이 입법에 관여함으로써 노동조건의 최저한도를 규제하려 하였으나 사용자가 이에 대항하여 노동시장 단일화에 의한 노동조건의 하향평준화정책을 강행하였기 때문에 산업별 노동조합이 등장하였다. 이를 통해 동일한 산업의 전반적인 노동조건을 개선하려는 시도가 가능하였으며 핵심적 기능은 단체교섭의 활용이다.

제2부 노동조합의 이론과 실무

CHAPTER 4

단체교섭

네덜란드의 대표적인 노사모델–폴더모델(Polder Model)

appetizer
애피타이저

네덜란드의 대표적 노사모델인 '폴더모델(Polder Model)'을 소개해보고자 한다. 네덜란드가 1990년대 고성장, 저실업을 달성하는 데 토대가 되었던 사회적 협의모델로서 튤립모델이라고도 한다. '폴더(Polder)'는 간척지라는 뜻으로 국토 대부분이 해수면보다 낮은 네덜란드 국민들이 수많은 자연재해와 집단 간 갈등 속에서도 단결해 간척지로 국토를 늘린 것처럼 노, 사, 정(勞, 使, 政)이 대화와 타협으로 경제위기를 극복했음을 의미한다. 폴더모델은 노동유연성 확대와 일자리 나누기에 중점을 두고 있다.

네덜란드의 폴더모델을 이해하기 위해서는 네덜란드의 자연환경에 대한 배경지식이 있어야 한다. 네덜란드는 영토의 1/3이 해수면보다 낮은 나라이다. 어려운 자연조건 속에서 사회적 협력을 이루지 못하고 소멸한 문명도 적지 않은 것이 사실이지만 네덜란드는 이러한 조건을 받아들이고 연구하여 개척하는 데에 성공한 대표적인 나라인 만큼, 그 정신은 폴더모델을 아주 잘 보여주는 단면이라 할 수 있다.

1982년에 집권한 루드 루버스 총리는 그해 11월 24일 노사정 대타협을 통해 임금인상 자제, 노동시간 단축, 일자리 분배를 통한 고용창출, 사회보장제도 개혁 등 78개 사항의 바세나르협약을 맺는 데 성공했다. 최저임금과 공공부문 임금을 동결하고, 시간제 고용 확대를 통한 일자리 나누기방식을 도입했다. 그리고 정부가 재정 및 세제로 이 협약을 지원한 결과, 네덜란드는 재정안정・고성장을 이룰 수 있었다.

이 협약에 있어서 정부는 사측과 노조 측에 관여하지 않고 조정자 역할에 머물렀으며, 당시 정부, 기업, 노동 3자 간의 협약을 주도한 중심축은 사회경제평의회와 노동재단 두 자문기구였다. 사회경제평의회(Social Economic Council : SER)는 노사정 3자 협의체로 1950년 출범하였으며, 대부분의 구성원은 교수 혹은 전직 정치인이었다. 또한 노동재단(Foundation of Labor, Stichting van de Arbeid : STAR)은 사용자단체와 노동조합으로 조직된 민간기구로 1945년에 설립되었으며, 사용자와 노동조합은 이 기구를 통하여 단체교섭을 끌어냈다.

복지국가의 대명사로 불리는 네덜란드, 그 과정은 결코 순탄치 않았지만 '협력정신'을 바탕으로 현재의 네덜란드를 이루어낸 점은 매우 인상적이다.

자료 : 네덜란드 교육진흥원

1 단체교섭의 특징

(1) 단체교섭의 의의와 주체

1) 단체교섭의 의의

앞서 제3장에서 언급한 바와 같이 단체교섭은 영국의 산업혁명 때부터 시작되었다. 단체교섭이 제도로서 정착하게 된 것은 노동조합의 세력이 강화되고 승인을 받은 후 단체협약이 법률에 의해 합법적인 규칙으로 공인을 받고서야 비로소 가능하게 되었다. 미국의 경우 1935년 「와그너법(Wagner Act)」 제정 이후부터 교섭단위 실정, 단체교섭의 절차 및 부당노동행위 등을 내용으로 하는 단체교섭 관행이 확고히 자리 잡았다. 단체교섭이라는 용어는 1891년 영국의 웹(Beatrice Webb)이 처음 사용하였다고 전해지는데, 그에 따르면 "단체교섭이란 노동자대표로서의 노동조합과 사용자 측 간에 단체협약서 또는 임금협정서를 작성하기 위한 교섭과정"이라고 정의하고 있다.

단체교섭(collective bargaining)이란 노동조합과 사용자 또는 사용자단체가 임금, 근로시간 및 기타 근로조건 등의 결정을 위하여 서로 협상하고 협약하는 과정을 의미한다. '단체'라는 용어는 비록 노동조합의 대표를 통한다 해도 사실은 구성원 모두 의사가 반영되고 그들의 참여를 통해서 협상 · 협약이 이루어진다는 의미이며, '교섭'이란 용어는 협약체결을 위한 방법이 '상호 주고받기식' 거래와 협상에 의존한다는 의미이다. 따라서 개별 노동자와 사용자 간의 계약이나 거래는 단체교섭이 아니며, 반드시 노동조합을 통하여 노동자들의 공통적인 사항에 대하여 교섭하는 것을 말한다.

노동조합은 근로자의 근로조건의 유지 개선과 복지증진, 기타 경제적 · 사회적 지위의 향상 도모가 목적이므로, 단체교섭을 통하여 이러한 목적을 달성할 수 있기 때문에 기본적 활동은 단체교섭이라고 할 수 있다.

2) 단체교섭의 주체

우리나라 「노동조합 및 노동관계조정법」에는 다음과 같이 단체교섭권을 인정하고 있다. 제29조 3항에서는 노조와 사용자 모두 단체교섭 및 단체협약 체결의 권한을 위임할 수 있도록 하고 있다.

> **제29조 【교섭 및 체결권한】**
> ① 노동조합의 대표자는 그 노동조합 또는 조합원을 위하여 사용자나 사용자단체와 교섭하고 단체협약을 체결할 권한을 가진다.
> ② 제29조의2에 따라 결정된 교섭대표노동조합(이하 '교섭대표노동조합'이라 한다)의 대표자는 교섭을 요구한 모든 노동조합 또는 조합원을 위하여 사용자와 교섭하고 단체협약을 체결할 권한을 가진다. 〈신설 2010. 1. 1.〉
> ③ 노동조합과 사용자 또는 사용자단체로부터 교섭 또는 단체협약의 체결에 관한 권한을 위임받은 자는 그 노동조합과 사용자 또는 사용자단체를 위하여 위임받은 범위 안에서 그 권한을 행사할 수 있다. 〈개정 2010. 1. 1.〉
> ④ 노동조합과 사용자 또는 사용자단체는 제3항에 따라 교섭 또는 단체협약의 체결에 관한 권한을 위임한 때에는 그 사실을 상대방에게 통보하여야 한다. 〈개정 2010. 1. 1.〉

단체교섭의 주체란 단체교섭을 자신의 명의로 수행하는 당사자를 말하는 것으로서 위의 법 제29조에서 보듯이 노동조합과 사용자 또는 사용자단체를 일컫는다. 기존의 노동관련법으로는 사용자 또는 사용자단체가 단체교섭의 주체라기보다는 상대방 당사자에 지나지 않는 것으로 보았으나 동법 제30조 2항에 "노동조합과 사용자 또는 사용자단체는 정당한 이유 없이 교섭 또는 단체협약의 체결을 거부하거나 해태하여서는 아니 된다"라고 규정함으로써 단체교섭의 주체적 지위를 인정하고 있다.

그런데 단체교섭의 담당자를 지칭할 때는 단체교섭을 실제로 수행할 수 있는 법적 자격이 있는 자를 말하는 것이다. 단체교섭의 주체가 단체교섭을 스스로의 이름으로 행하는 자를 의미하므로 양자는 구별되는 개념이다. 예컨대, 노동조합의 대표자와 회사의 대표자가 단체교섭을 하는 경우 단체교섭의 담당자는 노사 양측의 대표자이나 단체교섭의 주체는 노동조합과 사용자이다.

단체교섭의 노동자 측 주체인 노동조합에 대해 부연설명하면 다음과 같다.

① 노동조합

노동조합은 당연히 단체교섭의 주체가 된다. 여기에서의 노동조합은 「노동조합 및 노동관계조정법」상의 실질적 요건과 형식적 요건을 모두 갖춘 조합을 의미하며 어느 하나라도 결격이 있는 노동자단체(또는 법외노조)는 헌법상 단체교섭권 보장의 취지에 따라 개별적으로 판단할 수밖에 없다.

- **상급단체** : 상급단체란 단위노조가 가입한 산업별·직종별·지역별 연합체를 말한다. 즉 연합단체인 노동조합은 동종산업(同種産業)의 단위노동조합을 구성원으로 하는 산업별 연합단체 또는 전국 규모의 산업별 단위노동조합을 구성원으로 하는 총연합단체를 의미한다(동법 제10조 2항).
- **하부노조** : 하부노조란 지부, 분회 등과 같이 사업소, 출장소, 공장 및 작업장 등의 기업하부조직에 결성된 단위노조의 하부조직을 의미한다. 이러한 하부노조는 원칙적으로 단체교섭의 주체가 될 수 없으나, 단체교섭의 담당자는 될 수 있다고 해석한다. 즉 단위노조의 지부나 분회는 노동조합으로부터 위임을 받거나 조합규약으로 정하고 있는 경우, 그 범위 안에서 단체교섭을 행할 수 있으나 단체협약의 체결은 단위노조의 명의로 하여야 한다.

다만 근로조건의 결정권이 있는 독립된 사업 또는 사업장에 조직된 분회·지부로서 설립신고가 되어 있는 경우(시행령 제7조)에는 독자적인 주체가 될 수 있다고 해석된다.

② 사용자

사용자에게는 헌법상 단체교섭권이 보장되어 있지 아니하다. 다만 노동조합이 교섭을 요구하는 경우의 상대방으로서 수동적 성격의 주체이다. 사용자는 노동조합과 마찬가지로 단체교섭의 주체로서, 노동조합에 대하여 단체교섭을 요구할 수 있지만 노동조합과 그 보장의 강조에서 차이가 나타날 뿐이다.

그러나 사용자에게는 근로조건을 저하시키거나 노조의 세력을 약화시키기 위한 공격적 단체교섭 요구는 허용되지 않는다고 보아야 한다. 그렇게 해석하는 것이 헌법에 보장된 단체교섭권과 노동조합 및 노동관계조정법 제30조 1항, 2항의 내용을 조화시킬 수 있다. 단체교섭의 주체로서의 기업이 반드시 법인이어야 할 필요는 없고 영리성을 갖는가를 묻지 아니한다. 사용자의 범위는 노동자를 채용한 계약상의 당사자로 한정하려는 견해도 있으나, 근로계약상의 사용자 개념과는 구별되어야 한다.

즉 단체교섭의 당사자로서의 사용자라 함은 외부적인 계약형식에 구애됨이 없이 실질적으로 사용자 권한을 행사하는 자로서 근로조건의 전부 또는 일부에 대하여 구체적 영향력 내지 지배력이 미치는 자라고 해석해야 할 것이다.

- **사용자단체** : 단체교섭의 주체로서의 사용자단체란 노동조합과의 단체교섭을 목적으로 한 사용자들의 자주적 단체이다. 중요한 것은 노동관계에 관하여 그 구성원인 사용자에 대하여 조정 또는 규제할 수 있는 권한을 가진 단체이어야 한다는 점이다(동법 제2조 3호).

따라서 사용자단체가 노동조합과의 단체교섭 등 노사문제에 대응하기 위하여 조직된 경우에는 주체로 인정되지만, 사용자들의 일반적인 경제적 이익의 증진을 위해 결성된 단체는 노사문제에 관하여 조직 내부의 통일적인 의사형성이 불가능하므로 단체교섭의 주체가 되지 않는다.

(2) 단체교섭의 대상과 기능

1) 단체교섭의 대상

한편 단체교섭이 대상으로 하고 있는 '임금, 근로시간 및 기타 근로조건 등'에 대하여 구체적으로 어느 분야, 어느 수준까지를 인정할 것인가에 대해서는 노사간 견해차이가 있다. 「노동조합 및 노동관계조정법」에서도 이에 대해 구체적인 언급은 하고 있지 않기 때문에 경우에 따라 안건 상정 자체가 노사갈등으로 나타나기도 한다. 노동조합은 가능한 한 근로조건의 대상을 광범위하게 적용하려 하고 반대로 사용자는 이를 좁게 한정시키려 한다. 그러다 보니 어떤 사안은 "근로조건이다, 아니다 경영권이다, 인사권이다"라는 식으로 다투기도 한다.

일반적으로 사용자는 그의 재산권의 행사에 있어서 인사에 관해 인사권을, 그리고 기업의 운영에 관해 경영권을 가진다. 그러나 이러한 권한 자체가 성문화된 형태로 존재하는 것이 아니며 구체적으로 영역이 한정되어 있는 것도 아니기 때문에 문제가 된다. 또 동일한 대상이라 하더라도 보는 시각에 따라 근로조건이 될 수도, 인사권 및 경영권영역이 될 수도 있다. 예를 들면, 공기업의 민영화나 금융기관 통폐합을 놓고 볼 때 이는 당연히 기업경영자인 사용자의 책임하에 결정될 사안이지만, 동시에 해당 사업장 노동자들로서도 큰 이해관계가 걸린 문제이며, 더 나아가 그들의 생존과 관련된 근로조건을 다루는 문제이기도 하다. '기타 근로조건'을 근로조건에 영향을 주는 제반 조건이라고 해석한다면, 그것이 인사·경영에 관한 사안이더라도 노동조합은 근로조건의 범주 안에 넣으려 할 것이기 때문이다.

이와 관련하여 진보적 입장은 노조가 인사·경영문제에 대해서도 단체교섭에 의해 결정하자는 것은 노동자의 참여 내지 노동자와의 합의 아래 경영권을 행사하라는 것이지 경영권 자체를 부정하거나 침해하고자 하는 것은 아니라는 입장을 밝히고 있다.[1)]

맛소금 우리는 한 가족이라고 말하려면…

오늘날 미국 경영자들이 직원들에게 '우리는 한가족'이라고 말하려면 매년 3~4백만 달러의 보너스를 받고 호화스러운 리무진이나 회사 제트기를 타고 다니는 행동을 당장 멈추어야 한다. 다른 모든 사람들에게는 한쪽 길을 가도록 요구하면서 자신은 전혀 다른 길을 가는 것은 결코 공평한 일이 아니다.

– 샘 월튼 월마트 설립자 –

자료 : 조영탁의 행복한 경영이야기

1) 임종률, "쟁의행위에 정당성의 한계", 노사관계논총(창간호), 한국노사관계연구소, 1990, pp.38-40.

미국의 경우 법으로 단체교섭사항을 법정교섭사항, 임의교섭사항, 교섭금지사항으로 나누어 명시하고 있으므로 우리와 같은 논란의 여지가 없으며, 현재 우리 노동계에서 쟁점이 되고 있는 인사·경영에 관한 사항들이 대부분 교섭대상에 포함되어 있다. 우리의 경우, 아직까지는 관행과 주변환경 그리고 노사 간 양식에 상당 부분 의존하고 있음을 부인할 수 없다. 그럼에도 불구하고 인사·경영에 관해 노조가 직접 참여하여 해결하기보다는 사용자의 자의적 해석이나 운용에 제한할 수 있는 규정을 마련하는 선에서 노사 간의 타협점을 찾는 것이 좋겠다.

2) 단체교섭의 기능

단체교섭의 결과로 나타나는 것이 '단체협약서'인데 이는 관련사용자와 노동자의 관계를 엄격히 규제하게 된다. 따라서 단체교섭은 산업사회에서 노사관계 질서를 형성하는 핵심적인 제도이며 노사 간 갈등을 해결하는 민주적인 절차로서 산업민주주의를 정착시키는 데 이바지한다. 역사적으로 볼 때 사용자들이 노동조합을 쉽게 인정하려 들지 않았던 것처럼 단체교섭도 쉽게 승인하지 않았으나, 경험을 통해 단체교섭이 노동자들의 권익만을 보호하는 것이 아니라 사용자에게도 경영상의 이점을 제공하는 기능을 하는 것을 인식하면서 노사관계의 기본수단으로 자리하였다.[2)]

이러한 단체교섭의 기능을 요약하면 다음 세 가지로 정리할 수 있다.

- 집단적 노사관계의 핵심과정으로서 단체교섭에 의해 통일적인 근로조건의 결정이 가능하다. 단체교섭을 통해 노동자는 임금 및 근로시간 등의 근로조건 개선과 경제적 지위 향상을 도모하였고 불의의 사고나 산업재해, 실업 등으로부터 보호받고 사회적 지위를 향상시켰다.

  또 사용자는 개별 종업원과 일일이 근로조건에 관해 소모적인 협상을 할 필요가 없어 복잡성을 면하고 비용을 줄일 수 있게 되었다. 뿐만 아니라 노사의 분쟁이 개별적으로 빈발하게 될 때 일일이 이것을 막아내는 데 어려움을 겪지만 이런 문제를 노동조합과 일괄적으로 해결할 수 있게 되었다. 그러나 노동조합

2) M. Salamon, *Industrial Relations : Theory and Practice*, Prentice-Hall, 1987, pp.269-272.

이 집단의 힘을 내세워 무리한 주장을 요구할 경우 현실감이 떨어지는 교섭이 될 가능성을 배제할 수 없다.

- 경영활동에 대한 견제와 자극을 통해 경영효율 증대가 가능하다. 임금 및 근로조건 제분야가 교섭의 대상인 만큼 교섭결과는 경영 전반에 영향을 미칠 수밖에 없다. 예를 들어, 임금상승은 기업 측면에서 보면 비용의 증가요인이지만, 이를 통해 효율성 제고를 통한 혁신방안이 모색되기도 하고 종업원 사기 진작을 통한 생산성 향상에 기여한다. 경제 전체로 볼 때에도 임금인상으로 인한 노동자들의 구매력 증대는 산업구조의 고도화를 유도한다.
- 노사 상호 타협의 장(場)으로서의 의사소통 내지 노사자치 및 산업민주주의의 유지기능을 가진다. 단체교섭이 기업 성과의 배분을 놓고 이해관계를 논하는 과정이기는 해도 의사소통이 원활하고 충분하게 행해질 경우 노사 간 쌍방의 이해를 구하는 유용한 방법이다. 좋든 싫든 공동의 주제에 대한 논의를 거치면서 새로운 시각을 갖거나 상대의 입장을 이해하는 기회가 될 수 있다.

2 단체교섭 유형과 교섭절차

(1) 교섭력

단체교섭에 있어서는 노조 측이나 사용자 측 모두 교섭을 자기 측에 유리한 방향으로 유도하려 하며, 그러기 위해 교섭력을 증대시켜야 한다. 교섭력(bargaining power)은 자기가 주장하는 조건에 상대방을 동의케 하는 능력이다.

1) 사용자의 교섭력

간략히 표현하자면 사용자의 교섭력의 크기는 작업을 계속할 수 있는 능력, 즉 파업에 견딜 수 있는 능력의 크기이다. 구체적으로 예를 들어보면 다음과 같다.

첫째, 타이밍 여부에 달려 있다. 동일한 크기의 파업이라 해도 특정 시간대나 상황에 따라 사용자가 입는 타격의 크기는 달라진다. 예를 들어, 비수기보다는 성수기 때의 파업이 손실이 크며 그만큼 사용자가 느끼는 타격도 크다.

둘째, 다루는 제품의 부패성 정도이다. 방치될 경우 부패하거나 망실(亡失)되는 정도가 크다면 시간상으로 제약을 느낄 수밖에 없다. 농산물이나 수산물, 축산 가공식품과 관련한 제품의 경우 다른 산업에 비해 보다 큰 부담이 있다.

셋째, 기술수준의 정도이다. 기술수준이 고도화된 상태일수록 종업원이 하던 노동력수준을 대체하는 데 어려움을 겪게 된다. 그 밖의 이유로도 대체가 어려워진다면 그만큼 사용자의 교섭력은 약화된다.

넷째, 시설의 통합성의 정도이다. 한 공장의 산출물이 수 개의 타 공장의 생산에 절대적인 영향을 미치게 된다면, 그만큼 노동조합의 교섭력도 크다. 독점 자동차부품 하청업체에서 이런 문제가 발생하는 경우가 해당한다.

2) 노동조합의 교섭력

위에 열거한 내용에 한정시키는 범위 안에서 노동조합의 교섭력은 사용자의 교섭력과 제로섬(zero-sum)관계에 놓여 있다. 따라서 사용자의 교섭력이 늘어날수록 노동자의 교섭력은 약화된다. 그러나 이와 상관없이 노동조합의 교섭능력을 키울 수 있는 것은 조합의 양과 질의 신장이다. 조직률이 높아질수록 또 참가율이나 참여도가 높아져 단결력이 커질수록 노동조합의 교섭력은 향상된다.

(2) 교섭 유형

단체교섭의 유형은 노동법과 제반규정, 노동조합 조직형태, 노사 쌍방의 전략적 선택 및 제반환경에 따라 달라질 수 있으며, 다음의 다섯 가지 유형이 있다.

1) 기업별 교섭

해당 기업 사용자와 그 기업에 종사하는 노동자로 구성된 노동조합이 1대 1로 교섭의 당사자로서 교섭하는 것을 말한다. 우리나라와 일본의 전형적 교섭방식인데 그 이유는 노동조합의 조직형태가 기업별 조합으로 형성되어 있기 때문이다.

기업별 교섭은 회사실정에 맞는 교섭이 가능하다는 점, 경영성과에 대해 해당 기업 노동자들의 관심을 제고한다는 점, 그리고 노동자와 사용자 모두 단체교섭결과에 대해 직접적인 책임감을 느껴 보다 신중한 자세를 갖는다는 점이 장점이다. 반면에 대부분의 노조가 타 기업의 근로조건 또는 협상결과를 비교하여 요구수준을 정함으로써 이른바 비교 인플레이션(comparability inflation)현상이 발생한다는 점, 근로조건의 기업별 격차가 심화될 수 있다는 점, 노사가 기업 내부에서 경제적 몫의 확대에 지나치게 치중하게 되면 단체교섭과정에서 거시적 고려(국가경제적 고려, 사회제도 개선, 노동법 개정 등)가 미흡하게 된다는 점이 단점으로 지적된다. 특히, 고용자와 피고용자라는 고용종속관계에서 오는 수직적 명령체계라는 점에서 실제로는 대등한 관계를 유지하기 어려워 어용화(御用化)할 가능성이 있다는 점도 단점이다.

그림 4-1 기업별 교섭

2) 산업별 교섭

해당 산업의 상부노조와 이에 대응하는 사용자단체가 교섭의 직접 당사자가 되어 교섭하는 형태를 말한다. 따라서 여기에서 정해진 결과는 소속 노조와 사용자에게 일괄 적용하게 된다([사례 4-1] 참조). 이러한 교섭형태는 산업별로 노동조합이 전국에 걸쳐 있으나 시장에서 상호 경쟁이 극심한 중소기업들이 많은 경우 흔히 채택하고 있으며, 미국·영국 등 유럽 각국에서 많이 볼 수 있다. 산업 차원에서 행해지므로 개별 기업 간 교섭에서 오는 비용을 제거할 수 있는 장점이 있는 반면, 동일산업 내에서라도 차별적 조건의 구성원들의 요구에 대해 일일이 충족시키기 어렵다는 단점이 있다. 그 밖에 장·단점은 위 기업별 교섭의 경우와 반대로 해석하면 된다. 산업별 교섭은 노사의 상부조직 간에 이루어진 교섭결과의 강제성에 따라 다시 세 가지로 나누어지는데 이는 산업 전반에 걸친 획일적 적용을 융통성 있게 해결하자는 취지에서 행해지고 있다.

첫째, 최저기준협정(minimum agreement)방식으로 노사의 상부조직 간에 최저기준만을 설정하고 각 기업별로 실정에 맞게 교섭하여 근로조건을 결정한다. 둘째, 표준협상(standard agreement)방식으로 노사의 상부조직이 모든 회원기업과 조합원들에게 실제로 적용될 표준을 정하고 각 기업에 이를 준수토록 한다. 셋째, 부분

사례 4-1 **'10만 산별노조시대 열자'… 사무금융노조 정기대의원대회 개최**

'직장을 넘어 사회연대로! 10만 산별노조시대를 열자!'

전국사무금융서비스노동조합(이하 사무금융노조)이 정기대의원대회를 개최하고 올해 사업목표를 제시했다. 이를 통해 사무금융노조는 정책대안을 중심으로 실력 있는 산별노조로 거듭날 것을 다짐했다. 사무금융노조는 서울 마포구 중부여성발전센터에서 개최한 '2019년 정기대의원대회'에서 올해 총구호로 '직장을 넘어 사회연대로! 10만 산별노조시대를 열자!'를 확정했다.

김현정 사무금융노조 위원장은 대회사에서 "지금까지 노동조합은 자신들만의 이해를 대변하는 조직으로 인식돼 왔다"며 "사무금융노조는 노동조합에 대한 부정적 인식을 혁파하고 불평등 양극화로 고통받는 피해 대중과의 사회적 연대를 우리의 직장에서부터 시작할 것"이라고 말했다.

김 위원장은 "올 한해 노정교섭의 기틀을 완성하겠다"며 "금융산업을 둘러싼 법과 제도를 바꾸는 투쟁이 산별노조 존재의 이유다. 노정교섭이 뒷받침되지 않는 산별중앙교섭은 결국 기업별 교섭의 연장선상에 지나지 않는다"고 강조했다.

그러면서 "정책 전문성을 강화하고 노정교섭에 밀리지 않는 우리 노조의 실력을 키우겠다"며 "정책대안을 중심으로 실력 있는 산별노조로 나아갈 수 있도록 우리의 체질부터 개선하겠다"고 언급했다.

아울러 사무금융노조는 올해 사업목표로 △구조조정 저지 및 고용안정, 산별교섭 쟁취, △불평등 양극화 해소를 위한 사회연대 강화, △노동시간 단축 및 일방적인 임금체계 개악 저지, △신자유주의 금융정책 저지 및 대안금융정책 실현, △노동자 경영참가 및 직장민주화, △노조할 권리 쟁취! 미조직 비정규직 조직화로 산별노조 확대, △성평등 조직문화 및 조합원 참여확대 등 일곱 가지를 제시했다.

자료 : 문화저널21, 2019. 1. 29.

협정(partial agreement)방식으로 노사의 상부 조직 간에 교섭을 통하여 임금 등 일부 중요한 근로조건을 기업단위로 결정하는 데 기초가 되는 가이드라인만을 제공한다.

그림 4-2 산업별 교섭

3) 대각선 교섭

단위노조의 상급 연합단체와 개별 기업의 사용자 간에 이루어지는 교섭을 말한다. 이는 산업별 교섭과 기업별 교섭의 절충방식으로서 우리나라의 경우 동법 제29조 3항에 의해 교섭권한을 위임받은 자가 교섭에 임할 수 있다. 그런데 본래는 상급노조와 개별 사용자와의 교섭형태였지만 사용자 역시 교섭을 위임할 수 있게 됨에 따라 노사 모두 위임하는 경우에는, 단위노조에서 노사로부터 위임받은 사람들, 즉 제3자 간의 교섭이 되기 때문에 이때에는 대각선 교섭이라는 말은 적절치 않게 된다.

상급노조와 개별 사용자의 교섭인 경우, 노조 측은 산업별로 표준화된 일정수준의 요구안을 제시하면서 보다 강력한 인상을 반영시킬 수 있으므로 유리하다.

그림 4-3 대각선 교섭

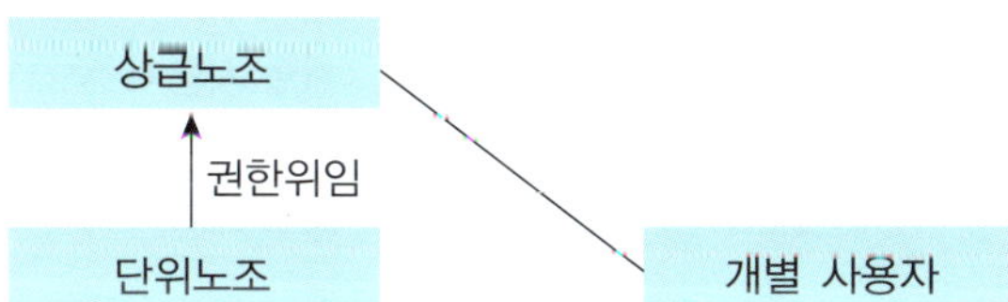

4) 공동교섭

기업별 노조가 상급노조와 공동으로 한 팀을 이루어 사용자와 교섭하는 형태를 말한다. 이는 개별 노조가 상급노조로부터 인적·재정적 지원을 받아 교섭력을 확충하여 전국적 표준에 지나치게 미달되는 것을 막는 데 이용되는 교섭방식이다. 따라서 산업별로 표준화된 요구안에다 개별 기업의 차별적 요구안을 융통성 있게 처리할 수 있다.

그림 4-4 공동교섭

5) 집단교섭

몇 개의 기업별 노동조합이 공동으로 한 팀을, 이에 대응하는 몇 개의 개별 사용자가 공동으로 한 팀을 구성함으로써 상호 집단적으로 교섭하는 방식을 말하며 연합교섭이라고도 한다. 해당 산업 전반에 영향을 미치는 산업별 교섭의 경우와 달리 집단교섭은 교섭참가 기업에게만 적용된다. 마찬가지로 더 필요한 사안이 있을 경우 개별 사업장별로 기업별 교섭에 의해 해결하기도 한다([사례 4-2] 참조).

그림 4-5 집단교섭

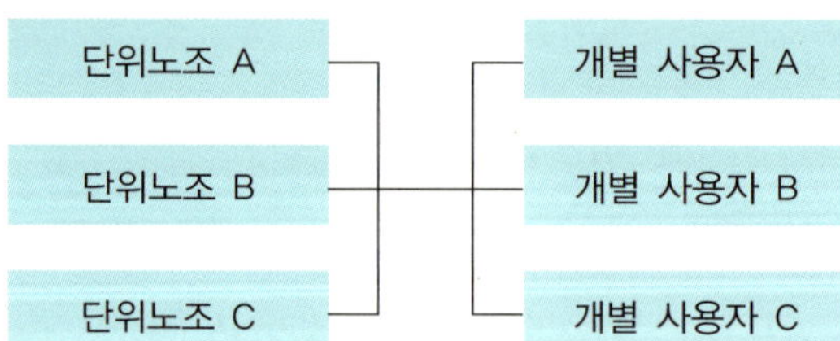

맛소금 **복수노조 사업장의 경우 교섭권은 어떤 노동조합이 갖는가?**

- **미국, 캐나다** : 다수를 대표하는 노조, 즉 가입가능한 근로자의 과반수를 조합원으로 확보하고 있는 노조에게 배타적 교섭권을 인정한다.
- **일본, 벨기에, 네덜란드** : 사업장에 존재하는 모든 노동조합에 교섭권을 인정한다.
- **스페인, 프랑스** : 복수의 노동조합에서 추천된 인사로 사업장 근로자를 대표하는 교섭위원을 선출하여 공동으로 교섭하는 방식을 취한다.
- **영국** : 복수노조와 각각 교섭하는 번거로움을 피하기 위하여 노조의 교섭권 인정을 사용자 재량에 맡긴다.

자료 : 현대의 노동문제(요점), 예하미디어, p.142.

사례 4-2 일본 편의점 가맹점주 노조설립과 단체교섭

편의점이 잘 발달해서일까. 일본의 편의점 가맹점주들은 노동조합까지 결성해 자신들의 권리를 지키고 있다. 더 나아가 가맹본부에 단체교섭을 요구하기도 한다. 단체교섭은 노동자들이 근로조건의 개선을 위해 회사와 협상하는 것을 뜻한다. 가맹점주들이 스스로를 회사의 노동자로 인식하고 있다는 뜻이다(한국이 회사에 소속돼 일하는 사람이란 뜻으로 근로자라 용어를 쓰는 반면 일본은 노동자라는 용어를 쓰고 있다. 일부 전문가는 '부지런할 근(勤)'이라는 한자가 사용자의 입장만 반영한 것이라며 근로자 대신 노동자라는 용어를 써야 한다고 주장한다).

세븐일레븐 가맹점주들이 먼저 움직였다. 가맹점주들은 노동조합을 만들고 2009년 회사에 단체교섭을 신청하며 "점포를 24시간 열어야 하는 계약조건을 바꾸고 가맹본부에 내는 수수료를 내릴 것"을 요청했다. 회사는 듣지 않았다. "프랜차이즈계약은 노사관계가 아니다", "가맹점주는 노동자가 아니다"는 것이 이유였다. 노조와 회사는 지난한 줄다리기를 이어갔고 노조는 2010년 오카야마현 노동위원회에 '부당노동행위 구제신청'을 냈다.

4년 뒤인 2014년 오카야마현 노동위원회는 "단체교섭에 응하지 않은 회사에 잘못이 있다. 회사는 노조의 단체교섭 요구에 응해야 한다"고 결정했다. "편의점 노조에 소속된 가맹점주는 노조법상 노동자에 해당하고 가맹본부의 단체교섭 거부는 부당노동행위"라고 판단한 결과다.

일본의 한 패밀리마트 편의점. 세븐일레븐과 패밀리마트의 가맹점주들은 노동조합을 설립해 가맹본부 측에 단체교섭을 요구했고, 지자체 노동위원회는 단체교섭에 응할 것을 두 가맹본부에 명령했다(사진 : 위키미디어).

이어 패밀리마트 점주들이 나섰다. 패밀리마트 가맹점주들도 노동조합을 만들어 2010년 회사에 단체교섭을 신청했다. "점포 운영에서 재량이 적기 때문에 우리들은 회사의 노동자"라는 것이 이유였다. 회사는 가맹점주들의 목소리를 듣지 않았다. 노조는 단체교섭을 신청했고 회사는 거절하는 상황이 반복됐다. 참다못한 노조는 2012년 패밀리마트 가맹본부가 있는 도쿄도의 노동위원회에 부당노동행위 구제신청을 냈다.

이번엔 좀 더 빨리 결정이 났다. 3년 뒤인 2015년 도쿄도 노동위원회는 "패밀리마트가 가맹점주 노조의 단체교섭에 응하지 않은 것은 부당노동행위"라며 패밀리마트 가맹본부에 "가맹점주들이 만든 노조의 단체교섭에 응하라"고 명령했다. 가맹점주는 회사의 노동력에 포함돼 사업자로서의 성격이 없다고 판단했기 때문이다. 세븐일레븐 사건과 마찬가지로 편의점 가맹점주는 노동자로 인정될 수 있다는 뜻이다.

자료 : *Weekly CNB Journal*, 2017. 8. 21.

(3) 단체교섭의 대상과 절차

단체교섭권에 의해 노동조합이 노동자집단을 대표하여 사용자와 교섭하는 것이 의무화되어 있다. 우리나라 「노동조합 및 노동관계조정법」에서는 다음과 같이 단체교섭에 있어 정당한 이유 없이 단체교섭 및 단체협약 체결을 거부하거나 기피하는 것을 금하고 있을 뿐 그 구체적인 절차와 방법에 대해서는 언급하고 있지 않다.

또 단체교섭은 노사 간 자치적으로 해결하여야 하기 때문에 교섭과정에서 여러 가지 소모적 논쟁과 논란의 여지가 많다. 특히 다른 상품시장과 달리 노동시장의 제반 요소들은 표준화하기가 어려우므로 노사 쌍방 간 이견이 생길 여지가 크다.

제30조【교섭 등의 원칙】
① 노동조합과 사용자 또는 사용자단체는 신의에 따라 성실히 교섭하고 단체협약을 체결하여야 하며 그 권한을 남용하여서는 아니 된다.
② 노동조합과 사용자 또는 사용자단체는 정당한 이유 없이 교섭 또는 단체협약의 체결을 거부하거나 해태하여서는 아니 된다.

우리나라에서 「노동조합 및 노동관계조정법」에서는 단체교섭의 대상을 구체적으로 정리하고 있지 않다. 이는 이익분쟁이나 권리분쟁의 개별 사안에 정부의 획일적 규제를 회피하고 노사 자율에 맡긴다는 취지로 해석할 수 있지만 한편으로는 갈등을 증폭시키는 원인이 될 수 있다. 기존의 관행과 현상을 중심으로 교섭대상을 정리하면 다음과 같다.

구체적인 개별적 노사관계 교섭사안으로는 노동자가 사용자에게 제공하는 근로의 시간·종류·내용, 근로를 제공하는 환경·안전보건·위생·근무 장소, 휴일·휴가 등의 휴식, 기본급·수당·상여금 및 퇴직금 등의 임금, 휴일·휴가 등의 휴식, 기본급·수당·상여금 및 퇴직금 등의 임금, 주택 및 복지시설 등의 복지후생, 전직·징계 및 해고 등의 인사에 관한 기준이나 절차에 관한 사항, 기타 노동자의 고용 및 근로조건에 관계된 모든 사항 등이 있다.

문제는 이익분쟁과 권리분쟁을 두고 다툼이 있을 때인데, 새로운 근로조건을 결정하는 사항(이를 이익분쟁이라 함)만이 의무교섭대상에 포함되고 단체협약 또는 근로계약 등으로 이미 결정되어 있는 근로조건의 이행에 관한 사항(이를 권리분쟁이라 함)은 의무교섭대상이 되지 않는다는 주장이 있다.

집단적 노사관계 교섭사안으로는 노동조합이 본래의 활동을 하기 위하여 필요로 하는 사항, 예컨대 조합활동이나 단체교섭절차에 관한 사항, 노사협의기구 등에 관한 사항, 쟁의행위의 개시방법이나 조정・중재에 관한 사항 등이 포함된다.

한편 본격적인 단체교섭 이전의 준비과정(각종 자료의 수집, 요구안의 작성, 대안의 비교, 상급 및 관련조직과의 유대, 기타 교섭방법의 습득)부터 교섭절차상 중요하다. 그리고 협약체결을 위해 노사 쌍방이 얼굴을 마주하여 교섭하는 단계로서는 예비협상단계, 본 협상단계, 협약서 작성단계를 거친다.

그림 4-6 단체교섭의 단계

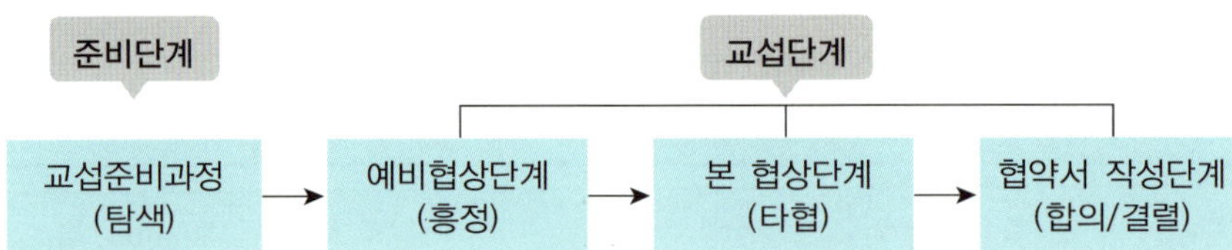

1) 교섭 준비과정

단체교섭을 통해 노동조합은 근로조건의 향상을, 사용자는 협약 유효기간 동안의 산업평화를 보장받으며 노사 공히 협약이 정하는 범위 내에서 일정한 안정성을 확보할 수 있다. 그러나 교섭의 결과인 협약내용에 따라 만족의 정도나 안정성의 크기가 달라지므로 노사 각각은 본격적인 교섭을 앞두고 철저한 준비를 해야 한다.

우선 교섭은 언제 할 것인가, 그리고 교섭 담당자의 수는 몇 명으로 하며, 어디에서 할 것인가 하는 사항에 관해 합의한다. 일견 대수롭게 여겨지지 않는 사안 같지만 교섭의 질을 결정짓는 요인으로 작용하기 때문에 신중할 필요가 있다. 개최시기의 경우 교섭시간을 근무시간 중으로 할 것인가가 문제가 되는데, 근무시간 내외에 구속받지 말고 형편에 따라 개최할 수 있는 융통성이 필요하며 의도적으로 밤샘을 유도하는 교섭은 지양되어야 한다. 여론의 지지가 필요한 사안을 다룰 때는 여론이 노사 어느 쪽에 우호적일지를 고려하기도 한다. 교섭인원 수의 경우, 교섭진행의 신속성과 효율성을 위해 다수보다는 소수로 함이 바람직하다. 교섭 팀의 선택에 있어서는 자신의 감정과 의견을 억제할 수 있는 사람이 좋다. 절제력이 부족한 협상대표는 자기편의 확고한 의사와 전략을 상대에게 노출시킬 가능성이 있기 때문이다.[3] 아울러 진문지식이나 풍부한 경험, 현장 분위기를 잘 아는 사람이 좋다. 개최 장소는 기업 내 사무실 또는 회의실이 적당하며 노사 모두 최선을 다해 진지하게 협상하는 모습을 근무 중인 조합원에게 자연스레 보이게 하는 것도 좋다. 테이블 모양도 사각형 모양보다는 원형 모양을 택하는 등 부드러운 분위기 연출도 필요하다.

이런 식으로 노사 각각 충분한 준비를 통해 본격적인 교섭에 임할 만반의 태세를 갖추어야 하며 논의된 교섭원칙은 노사가 서면으로 작성하여 교환한다.

한편 노동조합과 사용자 측 대표들이 각각 준비하고 확인하여야 할 사항들은 다음과 같다.

① 노동조합 측 준비 및 확인사항

- 설문조사, 직접적인 대화, 근로자들이 표출했던 고충사항의 재검토 등을 통해 노조원들의 의견을 수렴한다.
- 노조 측의 무분별한 약속은 단체협상 이후에 근로자들의 불만요인이 될 수 있으므로 과도한 요구사항이나 임금인상수준 등은 노조 차원에서 조합원을 설득한다.
- 일단 채택된 요구사항들을 논리적인 이론이나 객관적인 자료분석을 토대로 무장시킨다.

이를 위해 노조대표는 신뢰할 수 있는 기업경영 자료가 제공될 수 있도록 제도적 장치를 마련하여야 한다. 또 조사·연구활동을 강화하여 각종 자료와 정보를 수집·정리·분석하고, 아울러 개별 노조에서 다루기 어려운 내용들은 상부단체나

3) W. H. Holley, Jr. & K. M. Jennings, *The Labor Relations Process*, 3rd ed., Chicago : The Dryden Press, 1988, pp.215–216.

연맹노조, 유관기관 등과 연대하여 함께 연구하는 방법을 강구한다.

② 사용자 측 준비 및 확인사항

- 현재의 단체협약안을 면밀히 검토하여 수정·개정이 필요한 부분을 찾아내어 조정한다.
- 노동자들이 이미 표출한 고충사항들을 체계적으로 분석해서 노조 측이 제기하고 나올 만한 문제점들을 미리 파악하여 대안을 마련한다.
- 현장 관리자들과 자주 회의를 열어 단체협약이 현장에서 제대로 지켜지고 제 기능을 다하는지를 파악하며 또한 이를 현장관리능력의 배양을 도모하는 간접적인 기회로 활용한다.
- 동종 산업 내의 타 기업들과 회합을 가져 차기 단체교섭에 대한 의견과 정보 수집을 한다.
- 분회나 지회의 노조대표 또는 대의원들과의 비공식 모임을 통해 경영자가 차기의 단체교섭에서 제시하고 싶은 사항들을 거론해 그들의 반응을 보며, 현 단체협약에 대한 문제점을 파악한다.
- 노사관계 관련잡지나 연구보고서 등을 체계적으로 분석하여 차기 단체교섭에 영향을 줄 수 있는 이슈들을 미리 파악한다.
- 제반 경제지표들을 수집·정리하여 단체교섭에서의 활용을 꾀한다.
- 노조대표들과 예비접촉을 가져 차기 단체교섭에서의 기본적인 교섭방향과 교섭 시 사용될 자료의 타당성을 확보한다.
- 단체교섭 진행에 있어서 비용을 절감할 수 있는 프로그램을 개발한다.
- 파업상황을 대비한 계획을 수립한다.
- 단체교섭전략 수립의 토대로서 기업의 목적과 미래전망 등을 재검토한다.

2) 예비 협상단계

이 단계는 먼저 각자의 요구안을 제시하고 요구이유와 근거를 설명하는 가운데 상대방의 진의를 파악하는 정보입수단계이다. 노사 양측이 상대방에 대한 선전적 내지 교육적 효과를 노리는 단계로서 다음 사항들을 고려하여야 한다.

- 노사 양측의 1인이 단체교섭 진행에 있어 대표권을 갖는다.
- 노사 양측은 교섭 개시일뿐만 아니라 교섭기간에 대해서도 서로 합의가 되도록 노력한다.
- 양측에서 제기된 교섭안건들을 교섭일정에 맞춰 순서를 정하되 노사대립이 첨예한 안건들은 나중으로 미루고 비교적 쉽게 합의를 할 수 있는 것부터 교섭대상으로 삼는다.
- 교섭위원들은 합의된 사항에 대해 최종결정권을 가져야 한다.
- 노사가 공히 인정한 회사경영에 대한 경제적 자료를 이용한다.
- 복잡하거나 덩치가 큰 안건들은 경제적 비용이 수반되는 측면과 비경제적 요구를 나누어서 처리한다.
- 경제적 지출을 수반하는 안건들에 대해서는 개별적으로 처리할 것인지 아니면 묶어서 처리할 것인지를 결정한다.

3) 본 협상단계

이 단계는 조사단계라고 할 수 있는데, 양측은 상대방의 요구내용을 면밀히 검토하고 그 타당성을 확인한다. 그리고 노사 양측이 양보할 수 있는 최고한도와 받아들일 수 있는 최저수준을 설정하여 본격적으로 '주고받기'식의 협상에 돌입하는 단계이다. 이 단계에서는 실무회의, 축소회의, 조정위원회, 소위원회, 정상회담, 분과위원회 등 여러 가지 방법을 활용한다. 이때 교섭기법으로 다음과 같은 방법이 있다.

- 교섭기한(dead line)을 미리 설정한다. 교섭기한이 한정되어 있으면 심리적으로 보다 진지해지며 효율적으로 논의를 전개할 수 있으며 상대에게도 동일한 영향을 미칠 수 있다.
- 상대방이 강할수록 소모법을 사용한다. 교섭력이 강한 일방은 상대방에 대해 고압적인 자세를 취하면서 빨리 교섭을 끝내려 할 것이므로 교섭력이 약한 측은 교섭을 여러 회로 나누어서 상대방을 조급하게 만들고 힘을 소모시키는 전

략을 구사할 필요가 있다.

- 각본에 의한 연계플레이를 한다. 예를 들어, 누구는 강경파, 누구는 온건파, 누구는 심리적으로 중재 및 통제를 담당하는 자 등으로 나누어 각각의 역할을 효과적으로 구사한다.
- 수집된 정보와 자료는 단계적으로 제시한다. 만일 첫 교섭 시에 모든 자료와 정보를 제시하면서 일방의 요구를 관철하려고 노력했음에도 불구하고 교섭이 결렬된다면, 차후 교섭부터는 일방의 의견을 뒷받침할 추가 자료나 정보가 고갈되어 상대방에게 약점을 제공할 우려가 있으므로, 최종 합의단계를 위해 결정적으로 중요한 자료나 정보는 감추어둔다.
- 양보사항과 관철사항을 적절히 혼용한다. 이를 위해 요구안에 대해 우선순위를 가지고 고수할 것과 양보할 것을 적절히 함으로써 융통성 있는 교섭을 한다. 우선순위는 선정된 항목들 간의 지속적인 관계유지, 실행가능성, 미래의 교섭을 위한 전략적 가치 등을 고려하여야 한다.
- 협상타결이 어려우면 의제를 바꾼다. 하나의 교섭사항에 관한 의견접근이 어려워지면 의제를 바꾸어 새로운 교섭분위기를 갖는다. 때로는 다른 의제 논의 시에 의외로 종전의 의제에 대한 협상타결 돌파구가 열리는 수도 있으며 교섭의 주도권을 쥐게 된다.
- '가속력'을 이용한다. 많은 교섭항목 가운데 대부분이 타결되고 소수의 항목만이 남아 있는 경우, 대승적 의미에서 합의를 끌어낼 수 있도록 분위기를 가져간다.
- 언어구사에 신중을 기한다. 교섭의 성패는 교섭자가 사용하는 언어에 결정적으로 좌우되므로, 첫째 언어는 단순해야 하며 짧고 간결한 언어를 사용하고, 둘째 상대방이 이해하기 쉬운 용어를 선택하며 필요시에는 비유나 사례를 이용하고, 셋째 감정이 섞인 발언, 극단적인 표현이나 단언은 삼가하고 항상 선택의 여지를 남긴다. 특히 즉각적인 찬성·거부를 하지 말고 확신이 없을 때에는 단정적인 방법을 피한다.

4) 협약서 작성단계

구체적인 합의의 단계이다. 그동안의 단체교섭 교섭내용이 노사 쌍방 간의 기본 목표에 근접하였다고 판단되면 양측 교섭대표가 합의안을 도출하여 단체협약서를 체결한다. 협약서를 작성할 때는 사후에 해석상의 이견으로 갈등이 발생할 여지가 없도록 사용한 단어가 적합한지 또 중복되는 의미는 없는지 확인하여 최대한 정확한 표현을 하여야 한다.

만일 양 당사자의 주장이 일치하지 못하여 합의도출에 실패할 경우 조합은 쟁의행위를 통해 압력을 가할 준비를 할 가능성이 크다([그림 4-7] 참조).

단체협약은 노사가 자치적으로 정한 각종 규범 중 최상위에서 노사관계를 규율하기 때문에 노사 공히 협약체결에 신중을 기할 수밖에 없으며 이런 이유로 합의가 용이하지만은 않음을 명심하고 인내로 교섭하여야 한다.

그림 4-7 단체교섭 요청부터 단체협약 체결에 이르기까지 과정

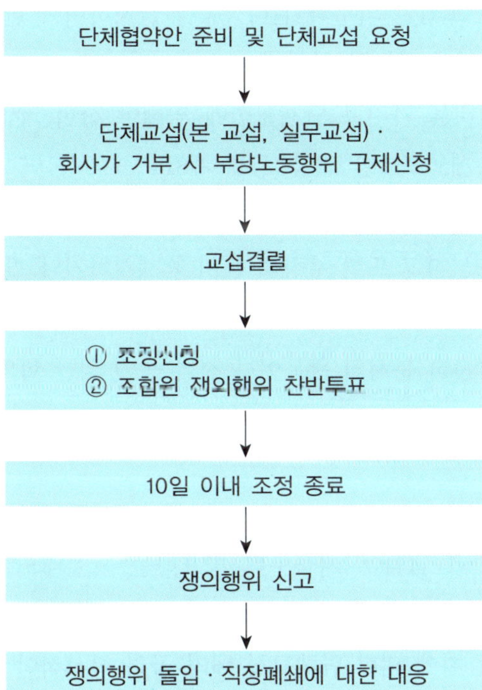

협약에 대한 노사합의가 이루어지면 최종적으로 회사와 노조로부터 각각 비준을 얻어 최종계약에 이른다. 노조의 경우 대표자에게 협약 비준의 권한을 부여하는 경우도 있지만 대부분 조합원 총회에서 의결을 거쳐 비준한다. 여러 가지 이유로 총회에서 조합원들로부터 합의안이 거부되는 경우도 있는데, 원칙적으로 조합원은 집행부에 대한 애정과 신뢰로 합의안을 존중하는 자세가 바람직하다.

(4) 단체교섭 시 유의사항

단체교섭과정에서 폭력은 엄격히 금지된다. 동법 제4조 단서에서는 "어떠한 경우에도 폭력이나 파괴행위는 정당한 행위로 해석되어서는 아니 된다"라고 규정하여 평화적인 교섭에 대해서만 형사면책을 인정하고 있다. 따라서 폭력이나 파괴행위를 수반한 단체교섭요구는 사용자가 거부할 수 있으며, 부당노동행위에 해당하지 않는다.

또 노사는 성실히 교섭할 의무와 권리남용을 금지하여야 한다. 성실교섭의무라 함은 단체교섭에 있어서 가능한 합의에 도달하고자 하는 노동조합과 사용자의 단체교섭 태도로서 성의를 가지고 단체교섭에 임해야 하며, 권리를 남용하지 않을 의무를 말한다(동법 제30조 1항 · 2항, 동법 제81조 3호 등). 그러므로 사용자 또는 노동조합은 상대방의 주장을 들을 뿐만 아니라 상대방의 요구나 주장에 대하여 성실한 회답이나 반론을 하고 또한 주장의 논거를 제시하거나 필요한 자료를 제출하여 설득에 힘쓸 의무가 있다. 성실의무는 상대방과 회견하고 협의하는 과정에서 이행되는 것으로, 단순히 문서의 왕복이나 전화 등에 의한 협의는 성실교섭의무에 위배된다.

① 성실교섭의무에 위반되는 사례

- 합의달성의 의사가 없음을 처음부터 공표하는 교섭태도(예컨대, 회사에서는 단체협약을 체결할 의사가 없다고 처음부터 선언하는 경우)
- 교섭권한이 없는 자에 의한 단체교섭 내지 극히 형식적인 단체교섭(교섭 담당

자에게 실제상 교섭권이 주어지지 않고, 형식적으로 교섭석상에만 참가하는 경우)

- 거부회담이나 일반론에 따라 의제의 내용에 따른 실질적 검토에 들어가지 아니하는 경우
- 합리성을 의심하게 되는 내용에 충분한 설명이 없으며 선택만을 강요하는 경우
- 받아들이기 어려운 전제조건을 붙이고 전제조건이 해결되지 않으면 교섭에 응할 수 없다고 고집하는 경우
- 합의가 이루어진 것을 서면화하는 단체협약의 작성을 합리적 이유 없이 거부하는 경우

② 성실교섭의무에 위반되지 않는 사례

- 교섭이 벽에 부딪혀서 중단되는 경우로서, 노사 쌍방이 교섭의제에 대해 각기 자기의 주장·제안·설명을 다해 그 이상 교섭을 거듭해도 진전될 전망이 없는 단계에 이른 경우이다(이때는 주장의 불일치에 의한 노동쟁의로 발전).
- 상대방이 사전협정을 중대하게 위반하는 경우

그렇다면 성실교섭의무의 기준은 구체적으로 무엇이 되어야 할까? 일반적으로 단체교섭의 구체적인 시기·시간·장소 및 인원 등에 관하여 단체교섭을 개시하지 아니하거나 정당한 이유 없이 이를 중단하는 행위, 자기주장을 일방적으로 고집하거나 부당한 내용을 주장하는 행위 등은 성실교섭의무를 위반한 것이 된다.

1) 기일 및 시간

단체교섭이 성공적으로 진행되기 위해서는 충분한 준비기간이 필요하나, 단체교섭의 개시일을 고의로 지연시키거나 기일이 되어도 정당한 이유 없이 기일연기를 꾀하는 경우는 성실교섭의무 위반이다. 또한 단체교섭의 타결에 충분한 교섭기간이 부여되어야 함에도 지나치게 짧은 시간으로 한정하는 것도 성실교섭의무를 위반한 것으로 해석된다.

2) 장소

장소는 보통 사전협의에서 정해지지만 의견대립이 있는 경우 사용자가 일시적으로 교섭을 거부한다고 하여 바로 성실교섭의무를 위반했다고 단정할 수는 없다. 그러나 사용자가 제시한 장소에서 단체교섭을 수행하는 것이 불가능하거나 현저히 곤란한 경우에는 성실교섭의무 위반이 된다.

3) 교섭인원

일반적으로 노동조합은 단결력을 협상배경으로 하기 위하여 다수의 교섭위원이 참여할 것을 요구하게 되지만 사용자는 되도록 제한하려 한다. 교섭위원 수는 합리적인 인원을 자주적으로 결정해야 하지만 사용자가 노동조합의 교섭인원을 일방적으로 제한하는 것은 성실교섭의무에 위반된다. 그러나 지나치게 많은 인원이 참가하여 단체교섭이 정상적으로 행해지기 어려운 사정이 있다면 사용자가 단체교섭을 거부하여도 성실교섭의무 위반이라 할 수 없다. 적정한 교섭인원은 회사의 규모나 노동조합원 수에 따라 다르나, 보통 5~10인 이내가 합리적인 것이다. 너무 적은 인원, 예컨대 1~2명은 밀실합의라는 비난과 충분한 검토에 부적합하고, 너무 많은 인원은 교섭기간이 길어지며 주제에서 벗어나 회의분위기가 산만해질 우려가 있다.

교섭위원은 가능하면 노사 동수로 구성하는 것이 좋으며 양측의 간사를 참여시켜 기록을 남기고 가능하다면 공정한 제3자(예컨대, 공인노무사 또는 변호사 등)를 참고인 자격으로 동석시키게 되면 후일에 있을 법적 분쟁을 사전에 예방할 수 있을 것이다.

4) 정보제공의 의무

단체교섭은 객관적이고 합리적인 규칙을 만드는 과정이므로 양 당사자는 상대방에게 필요한 자료를 제공해야 한다. 정확한 자료가 제시되지 않은 상태에서는 성실교섭이 이루어지기 어렵고, 감정적이거나 주관적인 논쟁으로 비화할 우려가 있다.

커피 브레이크 | 대화기술

대화의 첫 번째 원칙으로 꼽은 것은 자신의 마음을 조이고 있는 코르셋을 느슨하게 풀고 마음을 편안하게 가지라는 것이다. 자신을 들볶지 말고 스스로를 칭찬하면서 자신감을 갖추라는 것이다. 상대방을 배려하기 전에 '자기자신에게 친절한 나'가 되어 자신의 내면에 귀를 기울이고, 자신이 진실로 원하는 것이 무엇인지를 알아내라. 내가 편안하고 만족스러운 상태여야 타인과 대화를 할 때도 자연스럽고 매끄럽게 자신이 원하는 바를 설명할 수 있다. 원하는 것은 주춤거리지 말고 명확한 언어로 간결하게 말하는 것이 좋다.

두 번째로 서로 원만하게 대화를 하려면 상대방의 반론 혹은 이견에 귀를 기울여야 한다. 무조건 이기려 하거나 부정하지 말고 원인을 탐구하고 그에 적절하게 대처하라는 것이다. 또한 반대로 자신이 상대를 비판할 경우 비난이 아니라 반드시 해결책을 모색하여 제시하라는 충고도 잊지 않는다.

세 번째로 중요한 것은 부드러운 자세이다. 경직된 대화는 상대로 하여금 거부감을 가지게 만든다. 자신을 긍정적으로 표현하고 어조 역시 공격적이거나 애원조, 혹은 떼를 쓰는 듯한 말투를 피하고 간결하게 자기생각을 밝히라는 것이다.

자료 : 바바라 베르크한, 대화기술, 청림출판, 2007.

3 윈-윈(Win-Win) 단체교섭[4)]

(1) 윈-윈 교섭의 의미

윈-윈 단체교섭 개념은 기본적으로 노사 양측을 함께 만족시키는 합의인을 끌어내는 것을 목표로 하는 노사교섭기법으로서, 협상에 임함에 있어서 양측의 실제 관심사항을 고려하고 창조적인 대안을 공동개발하여 노사 양측을 위한 최선의 대안을 선택하는 기법이다.

이는 통합적 교섭(integrative bargaining), 협력적 교섭(collaborative bargaining),

4) http://biznlaw.joins.com에서 요약・재구성

최선의 교섭(best practices bargaining), 상호 이익교섭(mutual gains bargaining) 등 여러 가지 명칭으로 불리고 있다.

윈-윈(win-win) 단체교섭의 이론이 처음 발견된 것은 1965년 미국의 노사관계 학자인 월튼과 맥커시(Walton & Mckersie)에 의해서이다. 그러나 1960년대와 1970년대에는 윈-윈 단체교섭의 이론이 노사교섭에 실제 적용되기보다는 오히려 회사 간의 분쟁, 법률분쟁, 국가 간의 외교분쟁 등에 적용되면서 그 이론의 확장 및 발전이 이루어졌다. 1980년대 초에 들어서 윈-윈 단체교섭의 이론을 쉽게 서술한 책인 피셔와 유리(Fisher & Ury)가 쓴 'Getting to Yes'가 미국을 비롯한 22개국에서 200만 부 이상이 판매되었고 윈-윈 단체교섭의 이론이 일반대중에게도 널리 전파되는 계기가 되었다.

1980년대 중반 이후에는 노사관계부문에서 윈-윈 단체교섭의 이론이 활발히 적용되기 시작하였는데, 그 이유로는 당시 미국의 경영자, 노조지도자들에 의하여 미국기업의 국제경쟁력 강화 및 회사의 생존전략으로서 이 단체교섭기법의 중요성이 인식되었기 때문인 것으로 보인다. 또한 미국의 노동성에서도 기존의 노사협상이 대립적이고 소모적이어서 노사 간의 화합을 도모함에 장애요소가 되고 있다고 보고 기존의 대립적인 교섭방식을 대체하는 수단으로서 윈-윈 단체교섭기법을 적극 장려하게 된다.

1990년대 초에 이르러 윈-윈 단체교섭기법은 미국의 기업과 노조가 함께 도입하고 있는 혁신적 인력관리기법 중 가장 중요한 프로그램 중의 하나로 자리 잡으며, 광범위한 실시 사례가 학계에 보고되고 있다.

최근에는 윈-윈 단체교섭기법이 단체교섭뿐만 아니라 인접 분야, 즉 사업장 내부의 문제해결, 종업원 고충처리제도, 노사분규의 중재조정제도 등으로 확대 적용되는 추세를 보이고 있다. 한국의 경우에도 윈-윈 교섭기법은 1990년 이후 한국노동교육원을 중심으로 하여 일반기업체의 노사협상과정에 전파되는 과정에 있다.

맛소금 **'다르다'와 '틀리다'**

많은 사람들은 '다르다'와 '틀리다'를 혼동하곤 한다. 다시 말해 '다르다'고 표현해야 할 상황을 '틀리다'고 표현하는 데에서 갈등이 싹트게 되는 셈이다. 세상 사람들은 모두 각자의 가치관과 개성에 따라 '다르게' 살아간다.

하지만 다른 사람과 내가 생각이 다르다고 해서 '틀린' 것은 아니다. '다르다'고 하지 않고 '틀리다'고 하면 나는 옳고 남은 틀렸다는 흑백논리를 깔게 돼 조정과 타협은 그만큼 어려워지게 된다. 승패를 가려야 하는 싸움으로 번져갈 뿐이다. 공격은 보복을 낳고, 회피는 더 큰 갈등을 낳는다. 신뢰와 협조를 통해 서로 이득을 얻는 이른바 윈-윈전략이 필요한 현대사회에선 치명적인 결함을 낳게 되는 것이다.

자료 : Economy21, 194호.

(2) 윈-윈 교섭의 특징

1) 이론적 배경

윈-윈 단체교섭의 개념은 본래 집단 내부의 갈등대처방식 유형과 관련한 이론에 기초하고 있다. 즉 자기주장과 상대방의 주장을 양축으로 할 때 [그림 4-8]에서

그림 4-8 갈등대처방식의 다섯 가지 유형[5)]

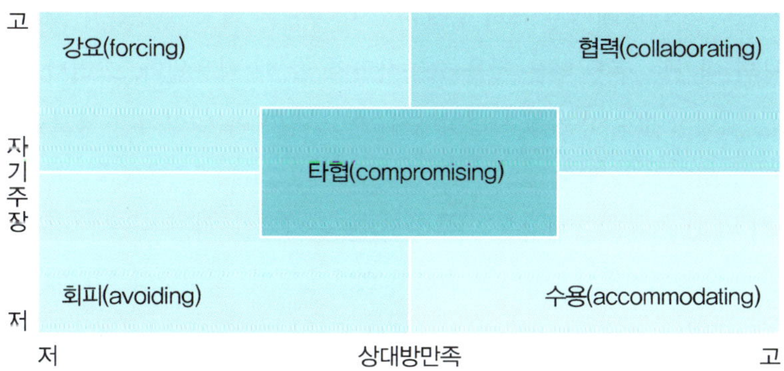

5) M. A. Rahim, "A Strategy for Managing Conflict in Complex Organizations", *Human Relations*, January, 1985, p.84.

보는 바와 같이 총 다섯 개의 갈등구조 유형으로 설명할 수 있다. 이는 어떤 사람이 상대방과 의견의 불일치에 놓이게 되었을 때, 끝까지 자기주장을 관철시켜 자신의 관심사를 충족시키는 방법과 양보를 하여 상대방의 관심사를 충족시켜주는 방법이다. 이 모형은 갈등해소의 여러 유형을 자기주장(자신의 이익을 중시)과 양보(상대방의 만족을 중시)의 정도에 의거하여 강요, 회피, 수용, 타협, 협력의 다섯 가지로 구분하고 있다.

그런데 윈-윈 단체교섭은 이 중 협력을 통한 갈등해소 양식을 채택하고 있는 것으로 볼 수 있다. 다음은 다섯 가지의 갈등해소 양식을 노사협상의 경우에 대비하여 차례로 살펴보기로 한다.

첫째, 강요(forcing)는 자신의 이익만을 극대화하기 위하여 노력하는 유형이다. 즉 상대방을 설득·조작하거나 정보를 은폐 또는 압력을 행사하여 자신에게 유리한 결과를 얻으려고 하는 것인데, 대립적인 협상에서 흔히 사용되는 전술이다.

둘째, 타협(compromising)에서는 배분할 수 있는 자원이 변동 불가능한 것으로 가정하고 주어진 자원을 양측이 나누어 가지게 되는 유형이다. 즉 양측 모두에게 최선의 해결책은 아니며, 차선의 해결책에 만족하는 것이다. 대립적인 협상기법의 결과는 흔히 타협의 형태로 나타나게 된다.

셋째, 수용(accommodating)은 자신의 이익을 포기하고 상대방의 요구에 따르는 경우이다. 교섭에 있어서 양보를 선택하는 경우는 상대방의 힘이 월등히 강하거나, 협상의 사안이 상대방에게는 극히 중요하고 이쪽에는 거의 중요하지 않을 때 혹은 이번 양보의 대가로 추후 다른 것을 요구하고자 할 때 사용된다. 그러나 노사 쌍방의 이해를 대변하여야 하는 노사협상에서, 어느 일방이 일방적인 양보를 하는 경우는 사실상 찾아보기 힘들다.

넷째, 회피(avoiding)는 협상을 거부하고 갈등 자체를 피하는 경우이다. 어느 일방이 갈등에 대하여 아무런 행위도 취하지 않음으로써, 상대방의 행위에 따라 갈등상황이 종결되거나 혹은 장래에 다시 발생하게 되는 경우이다. 이는 갈등상태가 발생하는 것을 꺼리거나 혹은 장래로 미루고자 할 때 사용된다. 그러나 매년 기간을 정해두고 갈등의 해소를 추구하는 노사협상에서 이 방법은 거의 사용되지 않는다.

마지막으로, 협력(collaborating)은 배분할 수 있는 자원이 팽창가능한 것으로 가정하고 양측의 이익을 모두 충족시키는 대안을 추구하는 갈등해소 양식이다. 이 방안은 양측의 이익을 모두 극대화할 수 있는 갈등해소의 가장 바람직한 유형으로서, 윈-윈 단체교섭에서 이 유형을 그 모델로 하고 있다.

사례 4-3 현대자동차 노사갈등의 원인

현대차 노사는 노조의 임금상승 및 신규 채용 중지, 그 외 노조원 혜택 보장 등의 갈등이 생겨 매년 발생하는 대한민국 노사갈등 중 가장 대표적인 사례이다. 현대차 노사갈등의 주원인은 임금상승이다.

① 임금상승

내수시장에서 수입차의 비중이 18%로 계속 상승하고 있는 상황 속에서도 노조 측에서는 '생활임금' 보장을 요구하며, 임금상승과 당기순이익의 30% 성과급 요구를 하였고, 상여금 50% 인상도 요구하였다.

② 퇴직금 누진제, 정년 만 61세 연장

퇴직금 누진제와 정년 연장은 기본적인 노동법에서 벗어나는 부분이 있다.

③ 노조활동 면책특권

노조가 운영하는 '희망버스'와 같이 매년 부상자와 심할 때는 사망자까지 발생시키는 노조 핵심직급에 대한 면책을 요구하고 있다.

④ 신차종 생산, 해외공장 증설 때 노조 합의

회사의 경영방침에도 노조가 참여를 하겠다는 것으로, 정상적인 참여가 아니라 비정상적인 참여로 결국엔 회사의 모든 경영에도 참여하겠다는 의지로 보인다.

자료 : http://ikse.tistory.com/26, 2017. 1. 20.

2) 윈-윈 단체교섭기법과 대립적 교섭기법

윈-윈 단체교섭의 기법을 설명하기에 앞서, 이 기법에 대한 이해를 돕기 위하여 대립적 교섭기법과의 차이점을 먼저 설명하고자 한다. 대립적 교섭기법에서는 노사 양측에 배분가능한 자원이 한정된 것으로 묵시적으로 가정한 상태에서 협상이 시작된다. 대립적인 교섭에서는 노사협상의 쟁점에 대하여 논쟁을 통하여 노사 양측이 각자의 입장을 주장하고 노사 양측이 갖는 힘(교섭력)에 의하여 교섭이 끝나게 된다.

즉 사안에 대하여 미리 정해둔 서로의 입장을 고집하는 경향이 있고 상대방 주장의 틀린 점을 발견하여 이를 비판하며, 상대방을 불신하고 상대방에 대하여 정보를 은폐하게 된다. 또한 교섭 중 상대방에 대한 공격을 하게 되고 그 결과 서로 간의 인간적인 유대가 훼손되는 경우도 있다. 교섭의 결과 협상의 승자와 패자가 뚜렷이 구분되어 나타나는 경우가 많다.

반면, 윈-윈 단체교섭에서는 노사 양측에 배분가능한 자원이 당사자들의 노력 여하에 따라서 팽창가능한 것으로 가정하여 협상이 진행된다. 즉 노사협상의 쟁점에 대하여 양측의 입장을 주장하기보다는 실제 관심사항이 무엇인지를 파악하고, 양측의 관심사항을 함께 충족시킬 수 있는 창조적인 대안들을 함께 개발하며, 객관적인 기준으로 각 대안들을 평가 선택하는 과정을 밟게 된다. 따라서 교섭결과 협상의 승자와 패자가 구분되지 않고 노사 양측이 모두 협상을 통하여 긍정적인 결실을 거둘 수 있게 하는 것이 그 목적이다.

윈-윈 단체교섭에 있어서 특기할 만한 것은 노사 간에 배분할 수 있는 자원이 팽창가능한 것으로 가정한다는 점이다. 윈-윈 단체교섭을 주장하는 학자들에 의하면, 조직의 자원은 다음의 방법으로 팽창가능하다고 한다.

첫째, 노사 양측이 가진 정보를 서로 교환하고 노사 양측이 협조하여 경영성과를 향상시키거나, 둘째 창조적 대안개발기법을 통하여 사측에서 생각하지 못했던 경영성과 향상방안을 작업현장의 상황에 익숙한 노조와 조합원이 제안할 수도 있다. 셋째, 개개 사안에 대하여 노사 양측이 갖는 가치가 서로 다른 점에 착안하여, 노조 측이 가치를 두는 사안에 대하여는 회사 측에서 이를 적극 수용하고, 사측에 중요한 사안은 노조 측에서 이를 제공하는 방법을 사용함으로써 한정된 자원의 효용가치를 증가시킬 수 있다. 또한 윈-윈 단체교섭을 행함에 있어서 쌍방의 협상태도는 대립적인 교섭기법의 경우와는 현저히 다른 양상을 보인다([사례 4-4] 참조).

사례 4-4 LG전자 하청노동자 직접고용 소식에 한국노총 '반색'

LG전자의 서비스센터 노동자 직접고용 발표에 한국노총이 반색했다. LG전자는 지난 22일 전국 130여 개 서비스센터에서 일하는 하청노동자 3,900여 명을 직접고용한다고 발표했다.

한국노총은 26일 "LG전자의 직접고용 결정을 환영한다"며 "서비스센터 노동자 정규직 전환이 서비스 질 향상으로 이어져 노사가 윈-윈하는 결과로 귀결되리라 믿어 의심치 않는다"고 논평했다. 이어 "LG전자의 정규직 전환은 자회사방식이 아닌 직접고용이라는 점에서 큰 의미가 있다"고 평가했다.

한국노총은 "회사가 LG전자노조의 지속적인 요구를 받아들였다"고 주장했다. "내 사업장 비정규직 정규직화라는 한국노총 정기대의원대회 결의에 따라 LG전자노조가 올해 초부터 시작된 단체교섭에서 경영진에 '협력사 소속 서비스 엔지니어들의 직접고용'을 지속적으로 요구했고 이번에 결실을 보게 됐다"고 했다. LG전자 사례와 함께 핸즈식스·강릉아산병원, 금융·공공부문의 비정규직 정규직 전환을 성과로 봤다.

한국노총은 "회사의 통 큰 결정을 환영한다. 서비스 엔지니어들의 근로조건 개선으로 고객서비스 질도 높아질 것"이라는 LG전자노조 위원장 소회도 전했다. 한국노총은 "앞으로 LG전자 서비스센터 정규직 전환과 조직화 사례가 다른 사업장으로 확산돼 200만 조직화 목표를 달성하고 노동존중사회 실현으로 이어지도록 노력하겠다"고 밝혔다.

자료 : 매일노동뉴스, 2018. 11. 27.

노사협상은 노사관계를 증진시키는 데 이바지할 수 있으며, 노사협상에서 윈-윈 단체교섭기법을 사용한다면 노사 양측이 모두 협상의 승자가 될 수 있다. 그렇게 하기 위해서는 노사 양측이 교섭에 임하여 서로 상대방이 승자가 될 수 있도록 도와주어야 한다는 태도를 취하여야 할 것이다.

또한 교섭에 있어서 노사 간에 솔직한 의견교환은 더 많은 공동적 이해관계를 찾는 데에 도움이 되며 창조적인 대안개발에 도움이 된다고 보고 있다. 무엇보다도 윈-윈 단체교섭기법에 있어서는 양측이 객관적이고 공정한 대안선택기준에 의하여 해결책을 선택함으로써 대립적인 교섭에서와는 달리 힘(교섭력)에 의한 협상을 지양한다는 것이다.

3) 윈-윈 교섭, 인간관계 중시형 교섭 및 결과 중시형 교섭

윈-윈 단체교섭기법의 특징을 다른 측면에서 살펴보기 위하여 이 기법을 인간관계 중시형 교섭 및 결과 중시형 교섭스타일과 비교하여 설명하기로 한다.

[표 4-1]에서 보듯이 인간관계 중시형 교섭스타일에서는 교섭상대방을 친구로 여기고, 합의를 이루는 것을 교섭목표로 생각하며, 상대방과의 관계를 향상시키기 위하여 교섭에서는 양보할 수도 있다는 원칙하에 교섭에 임하는 것이다. 보다 구체적으로는 자기의 주장을 쉽게 거두어들이고, 자신이 어느 선까지 양보할 수 있는지를 상대방에게 알려주며, 상대방이 받아들일 수 있는 한 가지 대안을 찾아 그 안을 제시하고, 합의를 위해서는 일방적인 양보를 하기도 한다. 따라서 교섭과정 중에 서로의 의지가 충돌하는 것을 가급적 회피하고, 상대방에게 압력을 행사하지 않는다.

한편 결과 중시형 교섭은 상대방을 적으로 여기고, 교섭에서 승리하는 것을 교섭의 목표로 생각하며, 교섭에서의 승리를 위해서는 상대방과의 관계를 희생할 수도 있다는 원칙하에 교섭에 임하는 것이다. 구체적으로는 자기의 주장을 끝까지 관철하고, 자신이 양보가능한 점에 대하여 연막전술을 펴고, 자신이 받아들일 수 있는 한 가지 대안을 찾아 그 안을 제시하고, 합의를 위해서는 위협과 속임수를 마다하지 않는다. 따라서 교섭과정에서 서로의 의지가 충돌하는 것을 불사하고, 상대방의 양보를 받아내기 위하여 압력을 행사하기도 한다.

인간관계 중시형과 결과 중시형 교섭스타일은 실제 교섭상황에서 흔히 목격되는 스타일이지만, 이 두 가지 교섭형태는 장기적인 관점에서 보아 바람직하지 않은 것으로 보인다. 즉 노사협상처럼 장기적으로 매년 반복되는 교섭의 경우, 인간관계 중시형 스타일에서처럼 양보를 계속하는 것이 사실상 불가능하며, 결과 중시형 스타일에서 사용되는 위협과 속임수도 계속 반복되는 게임의 경우에는 지속적인 효과를 기대할 수 없다.

윈-윈 단체교섭기법은 인간관계 중시형 교섭이나 결과 중시형 교섭기법과 비교할 때, 원칙에 의거한 보다 냉정한 교섭기법이라고 할 수 있다. 윈-윈 단체교섭을 원칙교섭(principled bargaining)이라고도 부르는 것은 이러한 이유를 그 배경으로

▌표 4-1▌ 윈-윈 단체교섭과 인간관계 중시형 및 결과 중시형 교섭스타일 비교

인간관계 중시형	결과 중시형	윈-윈 교섭의 경우
교섭 상대방을 친구로 생각한다.	교섭 상대방은 적이다.	교섭 당사자는 문제를 해결하는 사람이다.
교섭의 목표는 합의다.	교섭의 목표는 승리다.	교섭의 목표는 최선의 대안이다.
상대방과의 관계를 향상시키기 위해 교섭에서는 양보한다.	상대방과의 관계를 미끼로 상대방에게 요구한다.	사람과 교섭사안을 분리하여 생각한다.
상대방과 협상의 사안에 대해 부드럽게 대한다.	상대방과 교섭의 사안에 대하여 모두 엄격히 다룬다.	상대방은 부드럽게 대하고, 사안은 엄격히 다룬다.
상대방을 신뢰한다.	상대방을 불신한다.	신뢰와는 상관없이 집행한다.
나의 주장을 쉽게 포기한다.	나의 주장을 고수한다.	주장보다는 이해에 중점을 둔다.
상대방이 받아들일 수 있는 안을 제시한다.	교섭을 위해서 위협성 발언을 한다.	대안을 찾기 이전에 사안에 대한 서로의 이해관계를 파악한다.
내가 어느 선까지 양보할 수 있는지를 상대에게 알려준다.	내가 어느 선까지 양보할 수 있는지에 대하여 연막전술을 쓴다.	양보가능한 선을 정하지 않는다.
합의를 위해 일방적인 양보를 한다.	합의를 위해서는 일방적인 이득이 있어야 한다.	양측에서 이득을 줄 수 있는 대안을 개발한다.
상대방이 받아들일 수 있는 한 가지 대안을 찾는다.	내가 받아들일 수 있는 한 가지 대안을 찾는다.	양측이 모두 받아들일 수 있는 대안을 가능한 많이 개발한다.
합의할 것을 요구한다.	나의 주장을 받아들일 것을 요구한다.	객관적 기준에 의해 판단한다.
서로의 의지가 충돌하는 것을 회피한다.	나의 의지가 관철되기 위해 충돌도 불사한다.	서로의 의지와는 상관없이 객관적 기준에 의해 결정을 내린다.
압력을 피한다.	압력을 행사한다.	압력과는 상관없이 원칙에 따라 결정한다.

하고 있다. 즉 윈-윈 단체교섭에서는 교섭을 쌍방이 함께 직면한 문제를 해결하는 과정(problem solving process)으로 간주하며, 교섭의 목표는 쌍방을 만족시키는 최선의 대안을 찾는 것이고 상대방과의 인간관계와 교섭을 서로 분리하여 상대방에 대한 신뢰와는 상관없이 교섭을 진행하는 것이다.

따라서 교섭에 임하여 주장을 펴기보다는 사안에 대한 서로의 실제 관심사항을

파악하고, 이 관심사항을 충족시킬 수 있는 대안을 함께 개발하는 과정을 밟게 된다. 윈-윈 단체교섭에서는 양측이 모두 받아들일 수 있는 대안을 가능한 많이 개발하여 객관적인 기준에 의하여 가장 적합한 대안을 선정하게 된다. 이 과정에서 서로의 의지나 압력과는 상관없이 원칙에 의하여 합의를 이루게 된다.

맛소금 **조직의 갈등해결전략**

- 상위목표(super goal)를 설정한다.
- 자원을 확충하여 갈등의 소지를 줄인다.
- 제도화를 통해 게임의 법칙(rule)을 정한다.
- 커뮤니케이션을 활성화한다.
- 다양한 방법으로 조직구조를 혁신한다.

(3) 윈-윈 교섭의 과정

윈-윈 단체교섭은 다음 절차에 따라 실시한다.

1) 사전준비

윈-윈 단체교섭을 실시하기 위한 사전단계로서 노사 양측의 교섭 당사자들이 외부기관에서 주관하는 단체교육에 참가하는 것이 바람직하다. 이 사전교육에는 단체교섭에 임하는 당사자뿐만 아니라 기타 관리자와 노동조합원이 광범위하게 참가하여 노사 양측의 구성원들이 브레인스토밍(brain storming)을 통해 이해를 넓혀 단체교섭 시 불필요한 오해가 없도록 하는 것이 중요하다. 특히 노조의 경우 윈-윈 단체교섭에의 참가가 어용시비를 불러일으키는 경우가 없도록 조합원들에 대하여 이 단체교섭의 실상을 정확히 알리는 것이 필요하다.

2) 사안과 개인의 분리

교섭에 임하여 교섭상대방과의 인간관계보다는 교섭의 사안에 중점을 두고 교섭을 진행한다. 여기서 사안이라 함은 교섭에 있어서 어느 일방 혹은 쌍방이 제기한 문제점 혹은 토의대상을 의미한다. 노사협상에 있어서 협상은 사안을 중심으로 전개된다. 윈-윈 단체교섭에서는 원칙에 의하여 교섭을 진행하고 교섭 당사자의 인간관계에 의하여 교섭이 영향을 받지 않도록 한다. 이 단체교섭에서는 교섭상대방을 공격하지 않고 상대방의 자존심을 존중하며 상대방의 말을 경청하고 긍정적으로 반응하는 것이 중요하다.

3) 입장(position)과 실제 관심사항(interest)의 구분

교섭의 사안에 대하여 양측이 각자의 입장을 주장하고 이를 공격하고 방어하기보다는 이 사안에 대한 양측의 실제 관심사항에 중점을 두고 교섭을 진행한다. 입장과 실제 관심사항을 구별하는 것은 윈-윈 단체교섭을 규정하는 주요한 특징 중의 하나이다. 입장은 사안에 대하여 양측이 각각 주장하는 대안을 의미한다. 흔히 대립적인 교섭에서는 사안에 대하여 양측이 각각 입장을 정해 놓고 논쟁을 통하여 자기 측의 입장을 옹호하고 상대방의 입장을 공격하는 과정을 선택하게 된다.

예를 들면, 임금인상문제에 대하여 사측에서는 인상 불가의 입장을 미리 정해두고 협상을 시작하며, 노조 측에서는 임금 5% 인상의 입장에서부터 협상을 시작하게 된다. 노사 양측의 입장은 대부분의 경우 서로 상충되는 경우가 많으며, 서로 간에 입장만을 고집하는 것은 공통관심사를 발견하고 이를 충족시키는 대안을 개발할 가능성을 근본적으로 봉쇄하는 것이다. 서로 간에 입장을 조장하는 경우에는 결국 타협을 통하여 양측에서 모두 만족스럽지 못한 차선의 결과(suboptimal outcome)를 낳게 되는 경우가 많다.

윈-윈 단체교섭에서는 쌍방이 사안에 대하여 미리 입장을 정하지 않고 쌍방의 입장 뒤에 숨어 있는 실제 관심사항이 무엇인지를 파악하는 작업을 먼저 진행한다. 즉 임금인상문제에 대한 쌍방의 실제 관심사항은 임금동결이나 인상률 그 자체가 아니라, 사용자 측에서는 노동비용절감이며 노조 측에서는 조합원의 노력에 대한 적정한 보상이라고 볼 수 있다. 따라서 임금의 인상 및 동결은 이러한 실제 관심사항을 충족시킬 수 있는 여러 대안들 중의 하나일 것이다. 쌍방의 관심사항은 반드시 서로 대립적이지 않을 수 있으므로, 협상에 있어서 양측의 입장을 주장하지 않는다면 실제 관심사항을 충족시킬 수 있는 여러 가지 방안을 찾을 수 있다. 뿐만 아니라 사용자 측에서는 노동비용절감이며 노조 측에서는 조합원의 노력에 대한 적정한 보상이라고 볼 수 있다.

따라서 임금의 인상 및 동결은 이러한 실제 관심사항이 반드시 서로 대립적이지 않을 수 있으므로 협상에 있어서 양측의 입장을 주장하지 않는다면 실제 관심사항을 충족시킬 수 있는 여러 가지 방안을 찾을 수 있다.

4) 창조적 대안의 개발

교섭에 임하는 양측의 이해관계를 함께 만족시킬 수 있는 창조적인 대안들을 브레인스토밍(brain storming) 등의 기법을 사용하여 노사 양측이 함께 개발한다. 사안에 대하여 양측의 관심사항을 함께 충족시킬 수 있는 여러 가지 방안들을 대안이라고 부른다. 예를 들면, 임금인상률에 얽매인 채 협상을 진행하는 것보다는 성과배분제도 등을 통하여 각 부서의 작업성과에 연동한 임금제도를 채택하는 것도 양측의 실제 관심사항을 함께 충족시키는 대안 중의 하나라고 볼 수 있다.

윈-윈 단체교섭에서 합의에 의한 의사결정방식을 사용하는 이유는 최적의 대안을 선택하는 과정에서 구성원들 간의 갈등을 줄이고 추후 대안을 실시하는 과정에서 구성원들의 협조를 얻어 용이한 실시를 가능하게 하도록 의도한 것이다. 합의에 의한 의사결정방식은 투표를 통해서 결정하는 것보다 시간이 오래 걸리는 단점이 있지만 모든 구성원들이 수용할 수 있는 대안을 도출함으로써 윈-윈(Win-Win)의 정신을 살릴 수 있다는 장점이 있다.

디저트 dessert

- 단체교섭(collective bargaining)이란 노동조합과 사용자 또는 사용자단체가 임금, 근로시간 및 기타 근로조건 등의 결정을 위하여 서로 협상하고 협약하는 과정을 의미한다.
- 단체교섭의 주체란 단체교섭을 자신의 명의로 수행하는 당사자를 말하는 것으로서 우리나라 「노동조합 및 노동관계조정법」 제29조에서 보듯이 노동조합과 사용자 또는 사용자단체를 의미한다.
- 단체교섭의 주체로서 노동조합이라 함은 「노동조합 및 노동관계조정법」상의 실질적 요건과 형식적 요건을 모두 갖춘 조합을 의미하며 조합의 수준에 따라 달리 해석되지는 않는다.
- 사용자는 그의 재산권의 행사에 있어서 인사에 관해 인사권을 그리고 기업의 운영에 관해 경영권을 가진다. 그러나 이러한 권한 자체가 성문화된 형태로 존재하는 것이 아니며 구체적으로 영역이 한정되어 있는 것도 아니라 노사 간 민감한 문제가 될 수 있다.
- 단체교섭 시 요구안 및 제안을 위한 노조와 사용자의 기준자료
  ① 노동조합 요구안기준 : 물가 및 생계비 상승, 상급단체의 임금인상지침, 동종 타 기업의 인상률, 근로자대상의 여론조사 등
  ② 사용자 요구안기준 : 거시적 경제지표, 기업의 성장전망과 지불능력, 노동생산성 향상, 타 기업의 인상률 등
- 단체교섭과정에서 폭력은 엄격히 금지된다. 따라서 폭력이나 파괴행위를 수반한 단체교섭요구는 사용자가 거부할 수 있으며, 부당노동행위에 해당하지 않는다. 아울러 노사는 성실히 교섭할 의무와 권리남용을 금지하여야 한다.
- 윈-윈 단체교섭은 집단 내부 갈등대처 양상 중 하나인 협력(collaborating) 유형을 기초개념으로 하고 있다. 이 교섭방식은 배분자원이 팽창가능한 것으로 가정하고 양측의 이익을 모두 충족시키는 대안을 추구하는 갈등해소 양식이다. 이 방안은 양측의 이익을 모두 극대화할 수 있는 갈등해소의 가장 바람직한 유형으로 받아들여지고 있다. 따라서 교섭결과 협상의 승자와 패자가 구분되지 않고 노사 양측이 모두 협상을 통하여 긍정적인 결실을 거둘 수 있게 하는 것이 그 목적이다.

CHAPTER

5 단체협약 및 부당노동행위

"심각한 노동시장 이중구조 완화 위해 사회적 협약 통해 유연성 불어넣어야"

appetizer 애피타이저

한은, 스웨덴 · 네덜란드 사례 제시

대 · 중소기업 간 임금격차가 1980년 1.1배 이하에서 최근 2배 가까이 벌어지는 등 노동시장의 이중구조가 심화되고 있다. 이 같은 문제점을 완화하려면 스웨덴 네덜란드처럼 노동시장에 유연성을 불어넣기 위한 사회적 협약이 절실하다는 주장이 제기되고 있다. 10일 한국은행의 BOK 경제연구에 실린 '노동시장의 이중구조와 정책대응 : 해외사례 및 시사점' 보고서에 따르면 종업원 300인 이상 대규모 사업체와 중소기업 간 임금격차는 1980년 1.1배 이하로 미미했지만 2014년에는 1.7배까지 커졌다. 대규모 사업체의 '임금 프리미엄' 추정치는 같은 기간 6.3%에서 46.1%로 상승했다.

노동 이동성도 악화됐다. 중소기업 취업 1년 이후 대기업으로 이동하는 비율이 2004~2005년 3.6% 수준에서 2015~2016년 2.0%로 하락했고, 비정규직에서 정규직으로 이동하는 비율도 15.6%에서 4.9%로 떨어졌다. 한국의 상 · 하위 10% 근로소득 배율은 2016년 현재 4.5배로 경제협력개발기구(OECD) 평균인 3.41배를 훌쩍 넘어섰다. 노동시장 이중구조가 미미한 스웨덴과 네덜란드는 각각 2.28배, 3.02배에 불과하다. 임시직의 3년 후 상용직 전환율은 한국이 22%로, 네덜란드(70%) 스페인(46%)보다 턱없이 낮다.

이 보고서는 노동시장 이중구조 개선책으로 스웨덴, 네덜란드 사례를 제시하고 있다.

스웨덴은 1950~1980년대 동일노동 · 동일임금 원칙의 '연대임금정책'을 바탕으로 중앙단체교섭중심의 노사협상을 통해 임금 불균형을 줄였다. 네덜란드는 1982~2000년대 수 차례 사회협약을 거쳐 파견 · 시간제 근로 등을 적극 활용하되 보수 · 복지에서 차별을 금지하는 방향으로 '유연 안정성모델'을 정립했다. 두 나라 모두 정부 대신 노사정 등 이해관계 당사자가 논의를 이끌었으며 장기간에 걸쳐 유연성과 안정성을 높이는 방향으로 제도를 정착시켰다.

아울러 "노동시장 이중구조를 개선하지 않고서는 장기적으로 성장잠재력을 유지하기 어려운 만큼 노사정 등 사회의 모든 당사자들이 참여해 다양한 방안을 놓고 논의에 나설 필요가 있다"고 강조했다. 기업 차원이 아닌 사업이나 업종에 따라 임금이 결정되는 구조를 개선하기 위해 산별교섭, 단체협약 효력확장, 개별 임금방식 등 다양한 방안들이 실험적으로 도입될 필요성도 제기됐다. 대기업 독점규제 등 공정한 시장질서 확립과 2차 노동시장 안전도 함께 보장돼야 한다고 보고서는 강조했다.

자료 : 국민일보, 2018. 12. 10.

1 단체교섭과 단체협약

단체교섭의 결과는 단체협약서이다. 즉 성공적인 단체교섭은 노사 모두가 만족하는 단체협약서로 나타난다. 그러나 이러한 노사관계의 결과물들은 모두 협력적인 노사의 신뢰 분위기가 전제되어야 함은 너무도 당연하다. 반대로 대립적 노사관계하에서 이루어지는 노사 간 제반 교류과정은 거래비용과 생산성 저하만을 초래하게 된다. 그리고 한 번 나쁘게 형성된 대립적 노사관계 관행은 악순환하는 경향이 있다.

따라서 대립적 노사관계의 악순환을 끊어 버리는 일이 무엇보다도 중요하다. 그렇다면 대립적 노사관계의 관행은 어떻게 형성하고 재생산되는 것일까?[1)]

노사관계 관행은 노사단체교섭과정을 통해 형성·재생산된다. 단체교섭의 협상과정에서 노사는 상대방에 대한 경험적 판단 근거를 확보하게 되고, 이를 토대로 다음 협상에서 자신의 태도를 결정하게 된다. 그만큼 노사협상과정은 노사 관행이 형성되고 재생산되는 고리 역할을 하고 있는 것이다. 이런 이유로 노사관계 관행의 성격을 규명하기 위해서는 노사협상과정에 대한 정밀분석부터 출발할 필요가 있다.

단체교섭을 통한 협상과정은 노사 간의 이해가 상충하거나 관계방식의 조정이 필요할 때 당사자의 요구를 가장 효과적으로 반영할 수 있는 접점을 찾아 나가는 과정이다. 이런 노사협상에서는 협상쟁점, 협상조건, 노사 당사자의 행동 등 다양한 변수들이 작용을 하기 때문에 과정 자체에 가변성이 많다. 그만큼 협상과정이 어떻게 이루어지느냐에 따라 생산적 결론을 도출하기도 하고, 협상이 실패로 끝나기도 한다.

그렇다면 성공적 협상과정이란 무엇인가? 성공적 협상과정이란 다음의 세 가지 요소를 갖추어 생명력이 있는 협상내용을 지녀야 한다.

1) 이원덕 외, 노사관계와 국가경쟁, 나남출판, 2003, pp.141-143.

1) 노사 양자에 실질적 이득 존재

협상결과가 노사 양측에게 실질적 이득이 있어야 한다. 노사협상은 서로의 효용을 극대화할 수 있는 접점을 찾아 나가는 과정이다. 노사협상과정에서 서로가 이득을 최대화하고, 손실을 최소화할 수 있는 윈-윈협상의 길은 열려 있다. 예를 들어서 한쪽이 실리를 취하면 다른 한쪽은 명분을 취하는 경우도 있고, 노사 간 서로 다른 실리를 취하는 경우도 있다. 실제로 협상과정이 어떻게 진행되느냐에 따라, 노사 당사자가 어떤 목표를 더 우선시하느냐에 따라 협상결과는 다르게 나타난다. 다시 말해, 성공적 협상은 노사 양측이 각자의 실질적 이득을 최대화하는 것이라 할 수 있다.

2) 협상과정의 거래비용 낮춤

협상과정에서 발생하는 거래비용을 낮추어야 한다. 노사협상은 노사 간의 이해의 불일치를 전제로 하는 경우가 많다. 이러한 이해 불일치는 협상의 절충점을 찾아 나가는 과정에서 생산차질, 파업 등과 같은 거래비용을 지불해야 되는 경우가 많다. 그만큼 빠른 시일 내에 타협점을 찾아내고, 갈등을 최소화하는 방식으로 타협점을 만들어 가는 것이 협상 성공의 기준이 될 수 있다는 것이다.

3) 협상과정에서 신뢰 유발

협상과정에서 노사관계의 신뢰수준을 높여야 한다. 노사협상은 노사관계라는 연속선상에서 이루어지는 것이다. 다시 말해, 협상 당사자가 장기간 다양한 쟁점을 가지고 협상해 나가기 때문에 과거의 협상과정이 현재의 협상에 영향을 미치고 현재의 협상과정이 다음의 협상과정에 영향을 미치는 연쇄 고리와 같은 구조를 지니게 된다.

그만큼 단기적 이해도 중요하지만 장기적 신뢰관계도 중요하다는 것이다. 노사관계에서는 노사 간에 신뢰를 할 경우에는 노사갈등도 낮아지고, 거래비용도 줄어든다. 또 불필요한 갈등도 줄어든다. 이렇게 노사협상과정에서 실질적 이득을 극대화하고 거래비용을 최소화하면서 장기적 신뢰관계를 유지할 수 있느냐 없느냐가 협상의 성공과 실패를 가르는 기준이 될 수 있다는 것이다.

맛소금 **협상의 법칙**

- 공짜는 금물! 모든 양보를 교환에 활용하라.
- 높게 시작하라.
- 첫 번째 양보는 과감하게 하되, 이후에는 현저히 줄여라.
- 초기에 자주 딴청을 부려라.
- 모든 쟁점을 마지막에 하나의 패키지로서만 매듭지어라.
- 덤으로 끝내라.
- 교환을 목적으로 창조적인 양보를 계속해서 발굴하라.

자료 : 짐 토머스, 협상의 기술, 세종서적, 2007.

2 단체협약

(1) 단체협약의 의미

단체협약이란 노동조합과 사용자 간에 근로조건 및 노동자의 경제적 지위 등 개별적·집단적 노사관계에 관하여 문서로 합의하는 것이다. 노동자들은 노동3권이 보장됨에 따라 단결권을 행사하여 노동조합을 설립하고, 노동조합은 사용자와 임금 등 근로조건에 관한 단체교섭을 수행하며 교섭의 결과 합의된 사항에 관하여 단체협약을 체결한다. 한편 교섭이 결렬되면 쟁의행위를 초래함으로써 사용자에게 단체협약의 체결을 강요하거나 노동쟁의 조정절차에서 조정서 또는 중재재정서의 형식으로 단체협약이 탄생한다. 어떤 방식으로든 노사 간에 합의된 사항을 협약이라는 형태로 서면화(書面化)한 것이 단체협약이다.

단체협약에 대한 몇 개의 정의를 살펴보면 다음과 같다.[2)]

2) Mike Leat, *Exploring Employee Relations*, Butterworth-Heinemann, 2001, p.326.

- All negotiations between employers (or employer's organizations) and worker's organizations for the purpose of determining relations between them. – ILO, 1986.
- A process by which trades unions and similar associations representing groups of employees, negotiate with employers or their representatives with the object of reaching collective agreements. – Gospel & Palmer, 1993.
- A method of determining terms and conditions of employment which utilizes the process of negotiation and agreement between representatives of management and employees. – Salamon, 1992.

단체협약은 근로조건에 관한 노사 간의 합의이지만 규범적 효력이 인정된다. 단체협약의 기능을 살펴보면 다음과 같다.

첫째, 근로조건의 향상기능이다. 노사 간 대등한 관계에서 체결된 단체협약은 개별적 근로계약에 비하여 근로조건을 유지·개선하는 기능을 가지고 있으므로 단체협약은 취업규칙이나 근로계약에 우월한 효력을 지니고 있다(「노동조합 및 노동관계조정법」 제33조). 따라서 노동자에게는 양호한 근로조건을 확보할 수 있는 수단이 된다. 단체협약의 내용 가운데 근로조건, 기타 근로자의 대우에 관한 기준에 위반한 취업규칙이나 근로계약은 무효가 된다.

둘째, 노사관계의 안정을 가져오는 데 기여한다. 단체협약은 본질적으로 조합의 단결력과 사용자의 힘에 의한 대립투쟁을 회피하려는 노사 간 타협의 산물(産物)로서, 단체협약의 유효기간 동안 노사는 단체협약의 내용을 서로 존중, 준수하고 이의 변경을 요구하는 쟁의행위를 하지 아니할 평화의무를 진다. 이것을 단체협약의 평화적 기능이라 한다. 이를 위해 단체협약은 반드시 당사자인 노동조합의 대표자와 사용자가 서면으로 작성하고 서명·날인하여야 유효하게 성립한다.

셋째, 노동조합의 조직 확대를 촉진하는 기능을 가지고 있다. 단체협약에 의거 획득한 유리한 근로조건이 미조직 근로자를 조직에 흡수하는 기능을 수행하는 것이다. 다만 비조합원에게는 단체협약의 내용과 동일한 조건이 주어질 때에 단체협약이 가지는 조직 확대의 기능은 감소된다.

맛소금 우리의 단체협약

① 인사권 및 경영권관련 단체협약 유형 비중

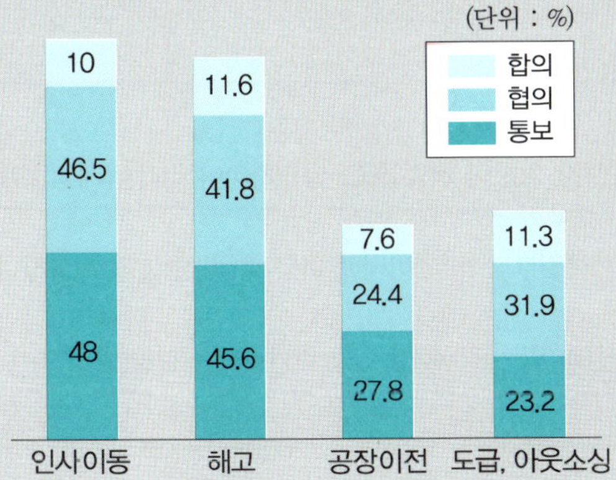

*조사대상 : 종업원 100인 이상, 사업장 200개(2008년)
자료 : 고용노동부

② 인사, 경영권 침해가능성 있는 단체협약 사례

구분	단체협약 유형
현대차	• 노조임원, 대의원은 충분한 노사협의 없이 재임기간 중 처벌 · 징계금지 • 경기변동으로 인한 판매부진, 해외공장 건설 이유로 희망퇴직 실시 못함 • 노사공동위원회 구성해 심의 의결 유형 – 신차종 개발, 작업공정 개선, 인력 전환배치 등 계획은 즉시 노조에 통보 – 사업확장, 공정이전 등은 90일 전 노조에 통보
기아차	• 노사 의견 일치해야 시행할 수 있는 유형 – 합병, 양도, 분할 매각 등 계획 – 신차종, 신기술, 신기계 도입 시 작업환경 개선과 근로조건
GM대우	• 작업 일체 외주 처리할 때는 90일 전에 노조에 통보하고 노사 간 협의
만도	• 생산부분 임시직이나 피견직 사용하지 않음이 원칙 – 부득이하게 필요하면 사전에 노조와 합의 • 조합원 신설공장 이동 시 사전에 노조에 통보 – 조합원 근로조건사항은 3개월 전에 노조와 합의
국민건강보험공단	• 조직개편으로 인력변동 사유 발생 시 조합과 단체교섭
서울매트로	• 대의원, 지부장 등 노조간부 전보 시에는 사전에 노조와 합의 • 지회장(노조전임자 아님)의 정당한 조합활동은 근무보다 우선 • 자회사 설립 시 사전에 노조와 협의

자료 : 각사 2007~2008 단체협약서

마지막으로, 단체협약은 그 내용에 관한 노사 간의 의사와 합치로 노사 간에 살아있는 법으로 노사관계를 규율하는 데 중요한 기능을 갖는다. 실정법의 공백이나 불비(不備)를 보완하고 이에 따른 성문법의 제정을 촉진한다.

제31조【단체협약의 작성】
① 단체협약은 서면으로 작성하여 당사자 쌍방이 서명 또는 날인하여야 한다. <개정 2006. 12. 30.>
② 단체협약의 당사자는 단체협약의 체결일부터 15일 이내에 이를 행정관청에게 신고하여야 한다. <개정 1998. 2. 20.>
③ 행정관청은 단체협약 중 위법한 내용이 있는 경우에는 노동위원회의 의결을 얻어 그 시정을 명할 수 있다. <개정 1998. 2. 20.>

(2) 단체협약의 내용과 효력

본래 단체협약의 임금협정에서부터 시작하였지만 현재는 근로조건을 중심으로 하여 그 밖의 사항에까지 협약에 포함하고 있다. 단체협약의 형태는 해당 산업, 노사관계수준 등에 따라 다양한 모습을 보이나, 그 내용을 법률상의 효력과 연관시켜 볼 때 몇 가지 유형으로 구분할 수 있다.

첫째, 임금, 근로시간 등 근로조건이나 근로자의 대우에 관한 사항처럼 개별적 노사관계에 관련한 내용으로서 규범적(規範的) 부분이라 한다. 임금 외에 제수당 근로시간, 휴일, 재해보상의 종류와 산정방법, 퇴직금, 복무규율, 승진, 상벌 및 해고 등이 이에 해당한다. 규범적 부분은 다음과 같은 효력을 지닌다. 우선 단체협약에 정한 근로조건 기타 근로자의 대우에 관한 기준에 위반하는 취업규칙 또는 근로계약의 부분은 효력이 없게 된다는 의미이다. 또 위와 같은 강행적 효력에 의해 효력이 없게 된 부분 또는 취업규칙, 근로계약으로 정하지 않은 부분은 단체협약에 정한 기준이 그대로 적용된다는 의미이다.

둘째, 노동조합과 사용자 간의 관계를 정한 것으로 집단적 노사관계에 관련된 내용으로서 채무적(債務的) 부분이라 한다. 평화조항, 숍조항, 단체교섭조항, 조합활동조항, 쟁의조항 등이 이에 해당한다. 채무적 부분은 사용자와 노동조합, 즉 협약 당사자가 상대방에 대하여 어떤 의무를 부담하게 하는 채권법적 효력을 바탕으로 하는데, 노동조합이 채무적 부분에 관한 제반 의무를 스스로 준수해야 하는 자기의무와 조합원 등이 단체협약에 규정된 준수사항을 지키도록 노력해야 하는 영향의무가 주요한 것들이다.

셋째, 조합원인 종업원의 해고동의협정이나 고충처리 운영과 같이 개별적 노사관계이면서 동시에 집단적 노사관계인 부분을 다루는 내용들로서 조직적 부분이라 한다. 예를 들어, "…에 관한 기준을 정하기 위한 위원회를 설치한다"나 "분쟁처리기관을 설치한다"는 등의 사항이 이에 속한다. 이의 효력은 규범적 효력인 경우가 일반적이다.

한편 단체협약의 규범적 효력이 미치는 효력은 그 당사자인 사용자와 노동조합의 조합원에 한정되는 것이 원칙이다. 그러나 우리나라 노동조합법에서는 사용자 간의 불공정경쟁을 방지하고 사용자 측이 상대적으로 근로조건이 높은 조합원보다 비조합원을 선호하여 노동조합을 약화시키는 것을 예방하기 위하여 단체협약의 효력이 적용되는 범위가 확장되도록 제도화하고 있다. 이것을 일반적 구속력이라 하며, 이에는 사업장단위의 일반적 구속력과 지역단위의 일반적 구속력이 있다.

사업장단위의 일반적 구속력은 하나의 공장, 사업장 기타 직장에서 상시 사용되는 동종 근로자의 반수 이상의 근로자가 하나의 단체협약의 적용을 받게 된 때에는 다른 동종 근로자에 대하여도 당해 단체협약이 자동적으로 적용되는 것을 말한다(동법 제35조 일반적 구속력).

사업장단위의 일반적 구속력은 주로 단체협약상의 기준으로 해당 기업의 근로조건을 동일함으로써 비조합원을 보호하려는 규정이지만, 부수적으로는 비조합원의 우대를 저지하여 노동조합도 보호할 수 있다는 점도 배려한 규정이라고 보아야 할 것이다. 사업장단위의 일반적 구속력의 규정은 주로 비조합원의 이익을 위하여 설정된 것이므로 노동조합과 사용자 사이에 이 규정의 적용을 배제, 제한하는 특약이 있더라도 그것은 무효가 된다고 보아야 한다.

한편 지역단위의 일반적 구속력은 하나의 지역에서 근로하는 동종 근로자의 2/3

이상이 하나의 단체협약의 적용을 받게 된 때에는 행정관청이 당해 단체협약의 당사자의 신청에 의거하거나 그 직권으로 노조위원회의 의결을 얻어 그 지역 내 다른 동종 근로자와 사용자에 대하여도 당해 단체협약을 적용한다는 결정을 하고 이를 공고함으로써 동일 지역 내의 다른 사용자와 근로자에게도 그 단체협약을 적용하는 것을 말한다(동법 제36조 지역적 구속력).

지역단위 구속력의 입법취지는 일정한 지역에서 지배적인 의의를 가지는 단체협약상의 기준을 그 지역의 동종 근로자를 위한 최저기준으로 함으로써 사용자 상호 간의 근로조건 저하 경쟁 및 이로 인한 불공정 경쟁을 방지하려는 데 있다.

제33조【기준의 효력】
① 단체협약에 정한 근로조건 기타 근로자의 대우에 관한 기준에 위반하는 취업규칙 또는 근로계약의 부분은 무효로 한다.
② 근로계약에 규정되지 아니한 사항 또는 제1항의 규정에 의하여 무효로 된 부분은 단체협약에 정한 기준에 의한다.

제34조【단체협약의 해석】
① 단체협약의 해석 또는 이행방법에 관하여 관계 당사자 간에 의견의 불일치가 있는 때에는 당사자 쌍방 또는 단체협약에 정하는 바에 의하여 어느 일방이 노동위원회에 그 해석 또는 이행방법에 관한 견해의 제시를 요청할 수 있다.
② 노동위원회는 제1항의 규정에 의한 요청을 받은 때에는 그 날부터 30일 이내에 명확한 견해를 제시하여야 한다.
③ 제2항의 규정에 의하여 노동위원회가 제시한 해석 또는 이행방법에 관한 견해는 중재 재정과 동일한 효력을 가진다.

(3) 단체협약의 유효기간

단체협약은 그 유효기간이 지나면 효력이 없어진다. 우리나라의 경우 임금협약은 1년, 단체협약은 2년의 유효기간을 인정하고 있다. 다만 그 유효기간 만료 시를 전후하여 노사 쌍방이 새로운 단체협약을 체결하고자 단체교섭을 계속하였음에도 불구하고 새로운 단체협약이 체결되지 아니한 때에는 노사관계의 안정을 위하여 종전의 단체협약은 그 만료일로부터 3월까지 계속 효력을 갖도록 법적으로 보장하고 있다.

단체협약의 최장유효의 협정에 관하여 문제가 되는 것은 유효기간의 자동갱신 협정과 자동연장협정의 효력에 관한 것이다. 자동갱신협정이란 기간만료의 일정기간 전에 당사자의 일방이 협약의 개폐신청을 하지 않은 경우에 구 협약은 다시 같은 기간의 효력이 자동적으로 연장된다는 것으로서, 학설과 노동부해석도 유효하다고 한다. 자동연장협정은 유효기간 만료 후의 무협약상태를 피하기 위하여 "이 협약은 새 협약이 성립할 때까지 유효하다"는 내용의 협정으로서, 효력 여부에 대해서 학설상 다툼이 있다.

第32조【단체협약의 유효기간】
① 단체협약에는 2년을 초과하는 유효기간을 정할 수 없다.
② 단체협약에 그 유효기간을 정하지 아니한 경우 또는 제1항의 기간을 초과하는 유효기간을 정한 경우에 그 유효기간은 2년으로 한다.
③ 단체협약의 유효기간이 만료되는 때를 전후하여 당사자 쌍방이 새로운 단체협약을 체결하고자 단체교섭을 계속하였음에도 불구하고 새로운 단체협약이 체결되지 아니한 경우에는 별도의 약정이 있는 경우를 제외하고는 종전의 단체협약은 그 효력 만료일부터 3월까지 계속 효력을 갖는다. 다만, 단체협약에 그 유효기간이 경과한 후에도 새로운 단체협약이 체결되지 아니한 때에는 새로운 단체협약이 체결될 때까지 종전 단체협약의 효력을 존속시킨다는 취지의 별도의 약정이 있는 경우에는 그에 따르되, 당사자 일방은 해지하고자 하는 날의 6월 전까지 상대방에게 통고함으로써 종전의 단체협약을 해지할 수 있다.
〈개정 1998. 2. 20.〉

(4) 단체협약의 해석에 대한 분쟁의 해결

노사 공히 단체협약의 필요성을 절감한다고 해도 그 대상과 범위를 둘러싸고 다툼이 있을 수 있으며 또 체결된 협약의 해석을 둘러싸고 이견이 있을 수 있다. 전자가 쌍방 간의 관계에서 자신 측에 유리한 사안을 더 확보하기 위한 과정에서 발생하는 것이라면, 후자는 이미 존재하는 단체협약에 대해 사용자가 확보하고 있다고 믿는 권리와 노동조합이 획득했다고 믿는 권리에 대한 해석 혹은 집행상의 차이에서 기인한다.

1) 이익분쟁

이익분쟁(interest dispute)은 주로 단체교섭, 임금교섭에 관련된 분쟁으로서 노동조합의 단결된 힘을 바탕으로 더 많이 받아내려는 노동조합과 덜 주려는 사용자 사이에 협약체결과정에서 나타나는 의견의 불일치상태이다. 이익분쟁이 발생한 경우에는 노동위원회를 통한 조정절차를 이용하여 분쟁을 해결하는 구조를 갖게 된다. 노동위원회에서 조정과 중재의 단계를 거쳐 사건을 해결하거나, 사적조정중재를 이용하는 것도 가능하다.

2) 권리분쟁

권리분쟁(right dispute)은 이미 규범으로 성립된 법률, 협약, 규칙, 계약 등의 해석, 적용, 이행에 관한 이해 당사자 간의 분쟁으로서 협약체결 후 그 협약내용을 해석하는 과정에서 발생한다. 이에는 임금・해고・산재 등 개별적 근로관계가 대부분을 차지하고 있으나, 부당노동행위, 단체협약의 이행 등 집단적 노사관계에 관계되는 분쟁도 상당수 존재한다. 이러한 권리분쟁은 권리・의무의 존부(存否)에 대한 다툼이므로 법원을 통한 소송구조에 의존하게 된다([사례 5-1] 참조). 그러나 소송절차는 엄격한 구성요건을 요구하고, 비용과 시간이 많이 들어간다는 점 때문에 노동관계의 해결에는 적합하지 않은 경우가 있다.

따라서 노동문제의 원만한 해결을 위하여 별도의 절차를 마련하게 된다. 예컨대, 부당노동행위와 부당해고는 노동위원회를 통해서 신속하게 권리를 구제하고 있으며 산업재해보상에 대한 이의신청도 특수한 행정심판기구인 산재심사위원회를 활용하고 있다.

사례 5-1 성과연봉제 반대 철도파업 합법성 두고 노·정 간 해석 갈려

27일부터 진행될 철도노조 파업의 정당성을 둘러싸고 정부·사측과 노조 간 해석이 엇갈리고 있다. 사측은 "파업 정당성이 없다"는 고용노동부 답변을 근거로 '불법 딱지'를 붙이려 하지만 노조는 "성과연봉제 도입과 같은 임금체계 변경은 정당한 쟁의목적에 해당한다"며 맞서고 있다.

노동부는 지난 22일 "철도공사의 질의내용만으로는 구체적인 사실관계를 확인할 수 없어 명확한 회신이 어려우나, 노조의 실질적 파업목적이 교섭재개를 통한 개정된 보수규정의 철회라면 이는 이사회 의결을 통해 개정된 보수규정의 효력을 부인하자는 것으로 사법적 판단에 관한 것이므로 목적상 정당성이 없다"는 유권해석이 담긴 공문을 철도공사에 보냈다. 앞서 철도공사는 같은 날 "이번 파업이 5월 30일 개정된 성과연봉제관련 보수규정의 효력 유무에 대한 다툼으로서 이는 사법부 판단을 통해 다뤄질 권리분쟁사항으로 쟁의대상으로 정당하지 않다"며 파업의 정당성에 대한 질의를 노동부에 했다. 철도공사는 25일 이 유권해석결과를 공개하면서 "이번 철도노조 파업도 노동부의 행정해석을 참고할 때 또다시 불법파업으로 판결이 날 가능성이 높을 것으로 전망된다"고 밝혔다.

공공운수노조 철도노조는 하지만 "철도공사의 불법파업 주장은 허위"라며 반발했다. 공공운수노조는 이날 "임금에 대한 사항이 노조의 단체교섭과 쟁의대상이 아니라면, 대한민국에 노동자와 노동조합이 교섭·투쟁할 수 있는 쟁점이 하나라도 있기나 한가"라고 되물었다. 노동인권실현을 위한 노무사 모임, 민주사회를 위한 변호사 모임, 민주노총·금속노조·공공운수노조 법률원 등 노동법률단체는 "이번 철도노조 파업은 임금체계 변경 등 근로조건사항에 관한 정당한 합법파업"이라고 밝혔다

자료 : 경향신문, 2016. 9. 25.

맛소금 하청업체 쟁의행위와 내체근로

산업 전반에 도급계약이 활용되고 있는 만큼 법적인 문제도 끊임없이 제기되고 있는 상황이다. 2000년대에 들어서서 시내하도급의 불법파견문제가 대두되었고, 최근에는 협력업체 노동조합의 쟁의행위(파업) 이슈가 제기되고 있다.

- **관련 법령 및 고용노동부 행정해석**

「노동조합 및 노동관계조정법」 제43조 제2항은 "사용자는 쟁의행위기간 중 그 쟁의행위로 중단된 업무를 도급 또는 하도급 줄 수 없다"라고 규정하고 있다. 따라서 하청업체(수

급업체) 노동조합 파업으로 인해 중단된 업무를 노사관계 당사자인 하청업체에서 다른 업체에 도급을 주거나 신규인력을 채용·대체하는 경우 법 위반에 해당한다.

하지만 해당 규정은 '노동관계 당사자'인 사용자에 관한 제한규정으로서 원청회사에 대하여 동 규정에 의한 채용·대체 또는 도급·하도급을 제한하는 것은 아니므로(1997.12.4. 협력 68140-469) 하청업체 파업 시 원청에서 다른 업체에 도급을 주는 것은 위법이 아니다. 달리 말하면 하청업체와 노동조합 사이의 분쟁에서 하청업체는 노사관계 당사자로서 대체근로 제한금지규정을 적용받지만, 원청업체는 노사관계 당사자가 아니라 제3자의 지위에 있기 때문에 동 규정의 제한을 받지 않는다.

따라서 하청업체 파업 시 원청업체는 파업으로 인한 업무공백에 신규인력을 채용하여 투입하거나 다른 업체에 도급을 주는 것이 가능하다.

자료 : https://www.itsgom.com

3) 단체협약의 해석에 대한 분쟁의 해결

단체협약은 노사 간 현안에 대한 하나의 규범으로서 당사자 간에 논의사항에 대하여 상세하고 명백하게 규정해야 한다. 법률이나 권리 및 의무관계에 비전문가인 교섭담당자들이 타결시한이나 내외의 압력에 쫓겨 대강 합의되면 단체협약에 조인하는 것이 지금까지의 현실이었다. 따라서 단체협약을 시행하는 과정에서 애매한 조항의 해석에 대한 다툼이 발생하게 되고 소송이나 법적 구제의 어려움 때문에 곧바로 쟁의행위에 호소하는 사례가 많았다.

1996년 법에서는 단체협약의 해석 또는 이행방법에 관하여 당사자 간에 의견의 불일치가 있는 때에는 당사자 쌍방 또는 단체협약에 정하는 바에 의하여 어느 일방이 노동위원회에 그 해석 또는 이행방법에 관한 견해의 제시를 요청할 수 있는 규정을 신설하고 있다(「노동조합 및 노동관계조정법」 제34조 1항).

노동위원회가 그러한 요청을 받은 때에는 그 날로부터 30일 이내에 명확한 견해를 제시하여야 하며(동법 제34조 2항), 노동위원회가 제시한 해석 또는 이행방법에 관한 견해는 중재재정과 동일한 효력을 가진다(동법 제34조 3항).

단체협약의 해석이나 이행방법에 관한 당사자 간의 분쟁을 줄이기 위해서는 단체협약을 자세히 규정하고, 자치적으로 공정한 제3자에게 단체교섭 시 참여하여

후에 발생할 수 있는 견해의 대립 시 중재자로서의 역할을 요청하는 방법도 있을 수 있다. 최종적으로는 노동위원회에 해석이나 이행방법의 조정을 요청할 수 있으나 단체협약에 어느 일방이 견해제시를 가능하도록 규정하지 않는 한 당사자 쌍방이 함께 요청해야 한다.

현실적으로 보면 노사 일방이 해석이나 이행방법의 조정을 요청하는 것도 고려할 사항이다. 어느 일방이 해석요청을 거부하는 경우 곧바로 단체행동으로 발전하는 사태를 방지하는 방법이기도 하다. 당사자와 지방노동위원회의 단체협약의 해석 또는 이행방법에 관한 견해의 제시에 대하여 불복하는 경우 불복이유를 기재한 서면에 지방노동위원회의 결정서 사본을 첨부하여 초심의 지방노동위원회를 경유하거나 직접 중앙노동위원회에 제출하여야 한다(노동위원회규칙 제40조).

(5) 고충처리제도

고충(grievance)이란 경영활동과정에서 종업원에게 불만을 야기시키는 제반 제도 및 관례, 기타 실무상의 불만을 말한다. 즉 종업원이 근로조건이나 작업환경, 불공평한 대우 그리고 단체협약이나 취업규칙의 해석과 적용상에 불만을 느끼는 심리상태를 말한다.

고충처리제도는 특히 단체협약 유효기간 중 노사 간의 불일치를 평화적으로 해결하기 위한 가장 효과적이며 공식적 제도라고 할 수 있다. 단체협약이 체결되어 있다 하더라도 개개인별 해석·적용에 이견과 불만이 있을 수 있는데 이를 일일이 단체협약에 견주어 판단하기 어려우므로 당사자 간 자주적으로 해결할 목적으로 노사 쌍방의 대표로 고충처리기구를 두어 운영하는 제도이다. 이는 개인의 고충이 집단적 사안으로 발전하여 노사분쟁으로 비화하는 것을 막고 안정된 노사관계를 구축하기 위해서이다.[3] 따라서 해결이 되지 않는 내용이거나 대다수 종업원에게 해당하는 고충내용일 경우 단체협약 갱신 시 노조 측 요구사안으로 등장할 가능성

3) Harold W. Davey, M. F. Bognanno & D. L. Estenson, *Contemporary Collective Bargaining*, 4th ed., Englewood Cliffs, N.J. : Prentice-Hall, Inc., 1982, pp.160-161.

이 크다.

고충처리에 관한 인식은 그 나라의 관행에 따라 차이가 있는데, 영·미 계통의 고충처리제도는 단체협약내용의 해석상에 나타나는 노사 간의 이견을 절충하기 위한 제도적 장치이다.

영국과 미국의 경우, 노사 간 불만의 처리는 대략 3단계에 걸쳐 행해지는데 1단계에서는 노동자와 현장의 반장 사이에서 직접 대화를 이용하고, 이 단계에서 해결되지 못할 때에는 2단계로 해당 안건이 상급관리자와 노조 측 대표자에게로 이송되어 해결방법을 모색하게 되며, 여기서도 해결이 되지 못하면 3단계로 공장장 혹은 사측 간부와 노조위원장이 나서게 된다. 세 차례에 걸친 사측과 노조 측의 해결 노력이 무산된 경우에는 최종적으로 양자가 선임한 제3의 전문가에게 중재를 위임하며 여기에서 나온 중재결과는 강제구속력을 지니게 되는데, 차기 단체교섭 때에 그 내용을 참작해서 새로운 조건을 제시하거나 애매했던 계약문구를 수정할 것을 제의하는 것이 상례이다[4]([그림 5-1] 참조). 이 제도가 성공하기 위해서는 무엇보다도 일선 현장관리자, 즉 작업반장이나 조장 등이 평소 고충을 적절히 처리할 수 있는 능력을 구비하고 있어야 되는데 이를 위해 정기적인 훈련이 요망된다.

그림 5-1 영·미 고충처리제도

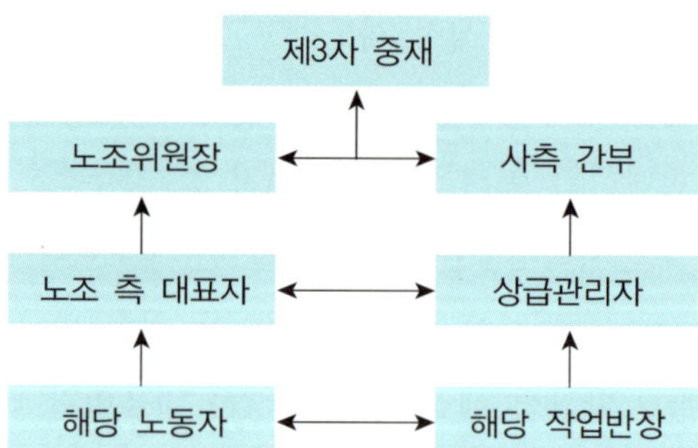

4) Neil W. Chamberlain, *Collective Bargaining*, N.Y. : McGraw-Hill, 1951.

이에 반해 일본의 고충처리는 사용자로부터의 은혜에 의존하는, 이른바 시혜적(施惠的) 성격으로서 그들 고유의 전통주의 속성에 뿌리를 두고 있다. 궁극적으로는 노사가 가족적 분위기를 조성함으로써 불만사항을 굳이 형식적 절차로 딱딱하게 풀어가지 않아도 된다는 의미로 받아들어지며, 당연히 사법적 성격은 띠고 있지 않다.

우리나라는 1997년 제정된 「근로자참여 및 협력증진에 관한 법률」에 근거하여 노조 유무에 상관없이 고충처리위원을 운영하도록 하고 있다(동법 제26조). 고충처리위원은 노사를 대표하는 3인 이내의 위원으로 구성하되, 협의회가 설치되어 있는 사업 또는 사업장의 경우에는 협의회가 그 위원 중에서 선임하고, 협의회가 설치되어 있지 않은 사업 또는 사업장의 경우에는 사용자가 위촉한다(동법 제27조 1항). 고충의 처리절차를 살펴보면, 고충처리위원은 근로자로부터 고충사항을 청취한 때에는 10일 이내에 조치사항 기타 처리결과를 당해 근로자에게 통보하여야 하며(동법 제28조 1항), 고충처리위원이 처리하기 곤란한 사항에 대하여는 협의회에 부의(附議)하여 협의처리한다(동법 제28조 2항).

한국과 일본을 통해 볼 때, 두 나라에서의 고충처리는 보통은 직장에서의 개별적 불평불만을 처리하는 것이 보통이고, 고충처리위원회에서 미해결이거나 사안이 어느 정도 일반적인 문제일 때에는 협의회에서 다루고 있다([사례 5-2] 참조).

사례 5-2 [노사문화 우수기업] 사람과 사람 사이를 잇는 성공적인 노사관계! 맥키스 컴퍼니

충청도 지역의 대표 소주 생산업체로 자리매김한 선양은 지역 주민들에게 꾸준한 사랑을 받아오나가 2013년 사명을 ㈜맥키스 컴퍼니로 바꾸었습니다. 맥키스란 脈+Kiss의 합성어로 잇는다는 뜻의 맥(脈)과 사랑과 즐거움이 있는 kiss를 결합하며 만들었습니다. 즉 ㈜맥키스 컴퍼니는 사람과 사람 사이를 잇는 즐거움이 있는 회사라는 뜻을 가지고 있습니다.

이 회사의 핵심 공유 가치는 '사람과 사람 사이'입니다. 사람 냄새 나는 회사, 상식이 통하는 회사가 될 수 있도록 노사가 모두 협력하고 있는 것이죠. ㈜맥키스 컴퍼니는 이를 실천하기 위해 노사협력 프로그램 시행, 갈등예방시스템 가동, 화합의 장 마

련, 소통 프로그램 개최 등을 통해 다양하게 협력관계를 유지하고 있는데요, CEO 직장 교육과 노사협의회를 통해 회사 비전과 경영활동도 빠짐없이 공유하고 있다고 합니다. 이경태 노조위원장 역시 ㈜맥키스 컴퍼니의 무분규 달성 비결을 '이해하고 배려하는 문화'에서 찾습니다.

㈜맥키스 컴퍼니는 노사 각 5명으로 구성된 노사협의회를 매년 분기별로 개최하고 있는데요, 이를 통해 근로자의 고충과 근로환경 개선에 노력하고 있습니다. 노조위원장은 "노사의 공동이익증진을 목표로 하고 있어요. 예를 들어, 지난 2013년 임금협상을 보면 노조 측에서는 백지위임을 제시했습니다. 이러한 노조의 제안을 사측에서는 근로자의 임금과 복지 향상에 노력할 것을 약속하면서 받아들였죠"라고 말합니다.

최근에는 60세 정년의무화 시행과 관련해 TF를 구성하여 임금체계개편이라는 큰 틀에서 노사가 상생할 수 있는 방안도 모색하고 있다고 합니다. 이러한 상생과 공존의 노사문화를 보여주었기에 2016년 노사문화대상 '장관상'의 영광도 이루어낼 수 있었던 것이 아닐까 싶습니다.

자료 : 고용노동부 공식 블로그, 내일의 온도

커피 브레이크 | 도요타 노사관계시스템

- 합의 형성

1. 도요타는 노사 간 대립이 예상되는 사항에 대해 사전에 확실하게 물밑 작업을 진행한다.
2. 문제가 표면화되었을 때, 이미 서로 납득하는 경우가 많은 이유는 사전에 노사 간 수차례에 걸쳐 협의가 이루어졌기 때문이다.
3. 즉 노사는 문제에 대하여 수많은 논의 및 의견조율을 통해 합의 형성을 이룬다.

- 합의 형성의 장

의견조율조직으로 '노사협의회', '노사간담회' 외에도 공장별·지역별 '지부간담회',

'현장간담회' 등이 있다.

- 노사선언이란?
  1. 자동차산업의 번영을 통해 국민경제발전에 기여한다.
  2. 노사관계는 상호 신뢰를 기반으로 한다.
  3. 생산성 향상을 통해 기업의 번영과 근로조건의 유지 개선을 도모한다.
- '21세기를 향한 노사결의'란?
  1. 글로벌 기업으로서 세계경제발전에 기여하고, 국제사회에 공헌한다.
  2. 노사관계는 상호 신뢰와 상호 책임을 기반으로 한다.
  3. 생동감 있게 일할 수 있는 기업풍토 조성과 보다 높은 부가가치창출을 위하여 노사는 회사발전이라는 공동의 목적을 기반으로 각각의 역할을 완수한다.

자료 : http://cafe.daum.net/cicglobal

3 부당노동행위

(1) 부당노동행위의 의의

노사관계 당사자로서 약자의 위치에 있는 노동조합 및 노동자의 권익보호를 위하여 국가는 단결권에 기초하여 노조의 안정을 법률적으로 확립시켜주고 있다. 사용자의 부당노동행위를 규제하는 것은 이런 맥락에서이다.

부당노동행위(unfair labor practice)란 근로자의 정당한 노동기본권리행위 또는 노동조합활동에 대하여 사용자가 방해행위를 하는 것을 말한다. 물론 반대로 정당한 조직활동에 대한 노조 측의 방해행위를 여기에 포함시키는 나라도 있지만 여러 나라에서 사용자의 방해행위만을 부당노동행위로 규정하고 있다. 미국과 한국의 부당노동행위 관련법을 예로 들어 보자.

미국은 비교적 노사관계에 있어서 노사자치주의가 충실히 지켜지고 있는 나라로서 노동조합의 힘도 상당히 큰 세력을 형성하고 있기 때문에 미국의 부당노동행위제도는 노사 간의 세력균형에 목적을 두고 사용자와 노동조합의 부당노동행위를 모두 인정하여 처벌하고 있다. 반면에 우리나라의 부당노동행위조항은 미국의 제도를 받아들인 것이지만 우리의 경우 노동조합의 힘이 사용자에 비해 상대적으로 열세가 인정되는 실정에서는 노동조합의 부당노동행위란 생각하기 어렵기 때문에 법에서도 사용자의 부당노동행위만을 인정하고 있다([사례 5-3] 참조).

일반적으로 부당노동행위제도는 노동3권의 보장을 철저히 하기 위하여 이에 대한 사용자의 침해행위를 간단하고 신속하게 시정하는 제도이다. 사용자의 권리는 강대한 것이어서 만약 사용자가 단체활동의 중심적인 역할을 하는 근로자에 대한 해고권을 자유로이 행사한다면 노동조합은 해고의 위협 때문에 약체화를 면치 못할 것이기 때문이다.

사용자는 노조원에 대한 차별대우, 황견계약의 체결, 반조합선전, 어용조합의 결성, 단체교섭거부 등의 방법으로 조합활동을 억압·간섭하게 된다. 사용자의 방해행위가 위법이라고 할지라도 근대시민법 아래에서는 불법행위로서 손해배상을 청구하는 방법밖에 없었다는 점이다. 더욱이 이 경우에 단결권 등의 권리는 그 성질

사례 5-3 금융노조·국민은행 노조, 사측 부당노동행위 고소

국민은행 노사갈등 양상이 심화하는 분위기다. 대표단 교섭 결렬에 이어 전국금융산업노동조합과 KB국민은행 지부는 사측과 허인 국민은행장을 부당노동행위로 고용노동부에 고소했다. 16일 금융권에 따르면 전국금융산업노동조합 KB국민은행 지부는 이날 국민은행과 허인 행장을 단체협약 위반과 부당노동행위 혐의로 고용노동부 서울남부지청에 고소했다.

노조는 산별단체협약에서 합의한 △임금 2.6% 인상 △휴게시간 1시간 보장을 위한 PC오프제 실시 △임금피크제 진입시기 1년 연장 등을 국민은행이 어겼다고 주장했다. 노조는 사측이 △임금 2.4% 인상 △휴게시간 분할 사용 △임금피크제 연장 차등 적용 등을 제시하고 있다고 설명했다.

허권 금융노조 위원장은 "KB국민은행 사측의 행태는 산별협약 위반일 뿐 아니라 산별교섭 질서를 뒤흔들고 노조 단결력을 해치는 지배개입 부당노동행위"라며 "산별협약 준수를 대전제로 즉각 노조와 대화에 나서야 한다"고 말했다.

자료 : 서울파이낸스, 2019. 1. 16.

상 경제적으로 평가하기 곤란하며 실제로 손해배상액을 산정한다는 것은 거의 불가능한 일이기 때문에, 결국 손해배상을 인정한다고 하여도 그 구제에 대하여는 유명무실한 것이 되어 버리고 만다.

이러한 사용자의 침해행위에 대처하기 위해서는 특별한 법률제도를 마련하여 침해행위 그 자체를 저지하는 수단을 강구할 필요가 생기게 된다. 이 필요에서 생긴 제도가 부당노동행위제도이다. 근로자의 단결권 등을 침해하는 사용자의 이러한 행위를 봉쇄하려는 데에서 출발하였다. 부당노동행위가 발생한 때에는 노동조합 또는 노동자가 행정기관인 노동위원회에 구제를 신청하고 이에 불복하는 경우에는 최종적으로 행정소송에 의하여 법원의 심사를 받도록 하고 있다.

부당노동행위제도는 미국에서 1935년의 「와그너법(Wagner Act)」이 사용자의 조합활동에 대한 간섭, 조합지배, 차별대우, 산업발전의 위협 등을 부당노동행위로서 금지하는 규정을 둠으로써 확립된 제도이다. 입법적 보호를 받게 된 노동조합이 이상 비대하게 되어 산업발전의 안정이 위협을 받게 되자 1947년에 제정된 「태프트-하틀리법(Taft-Hartley Act)」에서는 노사 간의 세력균형을 위하고자 노동조합측의 부당노동행위를 새로이 첨가하였다. 다음은 두 법에서 나타난 부당노동행위 조항이다.[5)]

① 와그너법의 사용자 부당노동행위금지조항

- 제7조(노동자의 권리)에서 보장하는 권리의 행사에 대하여 피용자에게 간섭·억압·강제를 가하는 것
- 노동단체의 결성 또는 운영을 지배하거나 이에 개입하거나 이에 재정상의 원조를 두는 것
- 채용 또는 고용관계의 계속 혹은 고용조건에 대하여 차별대우를 하여 특정 노동자조직의 구성원이 됨을 장려 또는 방해하는 것
- 피용자가 본 법에 의하여 제소 또는 증인을 하는 것을 이유로 해고·기타의 차별대우를 하는 것

5) 정종진·이덕로, 신노사관계론, 법문사, 1999, pp.373-375.

- 피용자의 대표와 단체교섭하는 것을 거부하는 것

② 태프트-하틀리법의 부당노동행위금지조항 : 노동조합에도 적용

- 종래의 노동조합의 최대의 무기였던 클로즈드숍제도의 금지
- 조합원과 비조합원 간의 차별대우의 금지
- 노동조합에 의한 종업원의 억압·협박의 금지
- 노동조합비의 과다한 징수나 차별적 징수의 금지
- 동일 산업 전체를 상대로 하는 단체교섭의 금지
- 쟁의발생 시 60일간의 냉각기간의 설정, 연방중재위원회의 창설 및 긴급조정 조항의 적용
- 공산당원의 노동조합간부 취임의 금지
- 2차적 보이콧, 관할권 파업 및 쟁의행위의 금지

(2) 부당노동행위의 종류

부당노동행위의 종류는 나라마다 다소 상이하나 일반적으로 볼 때 큰 차이는 없다. 우리나라 「노동조합 및 노동관계조정법」 제81조에서는 다음의 다섯 가지 행위를 사용자의 부당행위로 규정하여 이를 금지하고 있다. 규정마다 현실적인 상황을 고려하여 약간의 예외를 두고 있다. 내용을 살펴보면 다음과 같다.

첫째, 노동자가 어떤 노동조합에 관계한 것을 이유로 그를 다른 노동자에 비하여 차별적으로 해고하거나 불이익을 주어서는 안 된다는 차별대우금지조항이다(동 1항). 이때 유의할 점은 사용자의 불이익 대우와 그 원인이 되는 사건과 상당한 인과관계가 있어야 한다는 점이다. 불이익 대우의 대표적 사례는 해고, 전직, 감봉 등이지만, 사용자의 그럴듯한 구실이 뒤따르기 쉬우므로 불이익 대우임을 입증하기 위한 충분한 증거자료가 필요하다.

둘째, 노동자가 노동조합에 가입하지 않을 것 혹은 가입했다 하더라도 노동조합으로부터 탈퇴할 것을 고용조건으로 하는 행위를 금지하는 이른바 황견계약(黃犬

契約)금지조항이다(동 2항). 불이익 대우가 종업원이 된 사람의 노동3권 보장을 억압하기 위한 것이라면, 황견계약은 종업원이 되기 전 단결권활동을 봉쇄하는 것이며 종업원을 어용화시키려는 의도로 해석할 수 있다. 황견계약이 불이익대우에 이어 부당노동행위로 규제되고 있는 것은 양자가 반조합적 행위의 대표적인 것이기 때문이다.

셋째, 노동조합 측으로부터의 단체협약 제의나 기타 단체교섭 체결을 정당한 이유 없이 거부하거나 해태(懈怠)하는 단체교섭 거부금지조항이다(동 3항). 이른바 사용자의 성실교섭의무 위반에 대한 제재조항이다. 단체교섭은 노사관계에서 본질적이고 핵심적 기능이기 때문에 사용자가 이를 거부하는 행위는 조합의 존재 이유를 무의미하게 하는 것으로 간주하여 사용자로 하여금 조합승인의 법적 의무를 부과하는 것으로 해석할 수 있다. 이런 맥락에서 단체교섭 체결 후 협약서에 서명·날인을 거부하는 경우도 부당노동행위로 보아야 할 것이다.[6)]

넷째, 사용자가 근로자의 조합조직 또는 운영에 지배·개입하는 행위와 노동조합의 운영비를 원조하는 행위인 지배·개입 및 경비원조의 금지조항이다(동 4항). 여기서 지배라 함은 노동조합의 조직·운영 등의 단결권활동에 사용자가 주도적으로 영향을 끼침으로써 노동조합의 의사결정을 좌우하는 것을 말하며, 개입이란 이런 정도에는 미치지 않지만 어느 정도의 영향력을 행사하는 것을 말한다. 이를 금지하는 이유는 노동조합의 자주성과 독립성을 보장하기 위해서이다. 사용자의 경비원조를 금지하는 이유는 대항단체인 노조의 자유성이 상실되거나 어용화할 가능성이 많아지기 때문이다. 다시 말해서 사용자의 간섭행위를 금지함으로써 노동자의 단결권을 보장하고자 하는 것이다. 부당노동행위의 입법취지는 사용자의 입법행위만으로 충분하고 손해 여부는 그 요건이 될 수 없다는 견해이다.

다섯째, 노동자가 정당한 쟁의행위에 참가한 것을 이유로 하거나 또는 노동위원회나 기타 행정관청에 신고·증언 또는 증거제출을 이유로 하는 보복적 불이익 취급금지조항이다(동 5항). 이는 노동자가 정당한 범위 내에서 자유롭게 조합활동을 할 수 있도록 보장함으로써 건강하고 투명한 노사관계를 유지시키려는 의도이다.

---

6) 김형배, 노동법, 박영사, 1988, p.496.

(3) 부당노동행위의 구제

부당노동행위의 구제는 준 사법적 기능을 가진 노동위원회에 의한 행정적 구제와 사법기관인 법원에 의한 사법적 구제로 구분한다. 그러나 법원에 의한 구제절차는 무효처분, 가처분 등에 그쳐 실질적 구제에 미흡하고 시간과 비용부담을 수반하기 때문에 신속하고 강력한 구제를 도모할 수 있는 행정구제, 즉 노동위원회의 행정처분에 따르도록 유도하고 있다.

노동위원회에 의한 구제절차는 사용자의 부당노동행위에 대하여 노동자 또는 노동조합의 구제신청을 받아 심사한 후 구제명령을 발하는 기본적인 구조를 갖고 있다. 만일 노사 양자 중 일방 혹은 쌍방이 구제명령에 불복하는 경우 중앙노동위원회에 재심을 신청할 수 있고 또 행정소송을 제기할 수도 있다. 그러나 해당 사안에 대해 명령이나 판결이 확정된 후에는 이를 위반할 수 없다.

부당노동행위에 대한 대책은 처벌주의와 원상회복주의가 있다. 전자는 부당노동행위로 결정될 경우 이를 범죄로 규정하고 처벌함으로써 재발을 막는다는 입장이고 후자는 처벌보다는 그 행위의 발생 전 상태, 즉 원상으로의 회복에 초점을 맞춘 접근방법이다. 우리나라의 경우 현행법은 구제제도와 처벌주의를 함께 규정하고 있다.

1) 노동위원회의 구제절차

사용자의 부당노동행위로 인하여 그 권리를 침해당한 노동자 또는 노동조합은 부당노동행위가 발생한 사업장의 소재지를 관할하는 지방노동위원회에 구제신청을 하면 된다. 다만 부당노동행위가 있은 날로부터 3개월 이내에 하여야 한다. 노동위원회가 구제신청을 받았을 때에는 지체 없이 조사와 심의를 하여야 하며 판정 및 결정의 의결은 공익위원이 담당한다. 「노동조합 및 노동관계조정법」상 관련 내용은 다음과 같다.

제82조【구제신청】

① 사용자의 부당노동행위로 인하여 그 권리를 침해당한 근로자 또는 노동조합은 노동위원회에 그 구제를 신청할 수 있다.

② 제1항의 규정에 의한 구제의 신청은 부당노동행위가 있은 날(계속하는 행위는 그 종료일)부터 3월 이내에 이를 행하여야 한다.

제83조【조사 등】

① 노동위원회는 제82조의 규정에 의한 구제신청을 받은 때에는 지체 없이 필요한 조사와 관계 당사자의 심문을 하여야 한다.

② 노동위원회는 제1항의 규정에 의한 심문을 할 때에는 관계 당사자의 신청에 의하거나 그 직권으로 증인을 출석하게 하여 필요한 사항을 질문할 수 있다.

③ 노동위원회는 제1항의 규정에 의한 심문을 함에 있어서는 관계 당사자에 대하여 증거의 제출과 증인에 대한 반대심문을 할 수 있는 충분한 기회를 주어야 한다.

④ 제1항의 규정에 의한 노동위원회의 조사와 심문에 관한 절차는 중앙노동위원회가 따로 정하는 바에 의한다.

제84조【구제명령】

① 노동위원회는 제83조의 규정에 의한 심문을 종료하고 부당노동행위가 성립한다고 판정한 때에는 사용자에게 구제명령을 발하여야 하며, 부당노동행위가 성립되지 아니한다고 판정한 때에는 그 구제신청을 기각하는 결정을 하여야 한다.

② 제1항의 규정에 의한 판정 · 명령 및 결정은 서면으로 하되, 이를 당해 사용자와 신청인에게 각각 교부하여야 한다.

③ 관계 당사자는 제1항의 규정에 의한 명령이 있을 때에는 이에 따라야 한다.

제86조【구제명령 등의 효력】

노동위원회의 구제명령 · 기각결정 또는 재심판정은 제85조의 규정에 의한 중앙노동위원회에의 재심신청이나 행정소송의 제기에 의하여 그 효력이 정지되지 아니한다.

맛소금 부당노동행위 구제절차와 구제신청서

■ 노동위원회규칙 [별지 제9호 서식]

[ ]부당해고 등
[ ]부당노동행위 구제신청서

<table>
<tr><td rowspan="2">노동조합</td><td>명 칭</td><td></td><td>대표자</td><td></td></tr>
<tr><td>소 재 지</td><td colspan="3">(☎ :)</td></tr>
<tr><td rowspan="2">근로자</td><td>성 명</td><td colspan="3">(생년월일 : , 성별 :)</td></tr>
<tr><td>주 소</td><td colspan="3">(☎ :)</td></tr>
<tr><td rowspan="3">사용자</td><td>사업체명</td><td></td><td>대표자</td><td></td></tr>
<tr><td>소 재 지</td><td colspan="3">(☎ :)</td></tr>
<tr><td>해고 등 또는 부당노동행위 사업장</td><td colspan="3">– 사업장명 :
– 소 재 지 :
– 대 표 자 : 직위 및 성명
※해고 등 불이익처분 당시의 사업장과 본사가 다른 경우 기재</td></tr>
<tr><td colspan="2">신청 취지</td><td colspan="3">1.
2.</td></tr>
<tr><td colspan="2">신청 이유
(별지 기재가능)</td><td colspan="3">1. 해고 등이나 부당노동행위 경위
2. 부당한 이유</td></tr>
</table>

위 근로자 또는 노동조합은

[ ]「근로기준법」 제28조와 「노동위원회규칙」 제39조
[ ]「노동조합 및 노동관계조정법」 제82조와 「노동위원회규칙」 제39조 에 따라 [ ]부당해고 등 / [ ]부당노동행위

구제를 위와 같이 신청합니다.

년 월 일

신청인 (서명 또는 날인)

○○지방노동위원회 위원장 귀하

구비서류	없음(다만, 대리인이 신청한 경우 대리인 선임 신고서, 위임장, 직무개시 등록증)

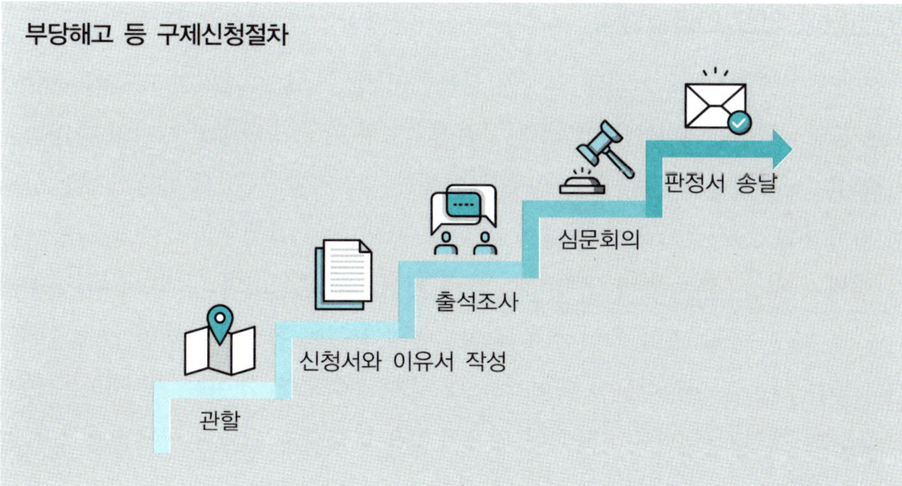

2) 행정소송

중앙노동위원회의 재심판정은 일종의 행정처분이기 때문에 이에 대하여는 행정소송법상의 취소소송을 제기할 수 있다. 아래에서 보는 바와 같이 소 관계 당사자는 그 재심판정서의 송달을 받은 날로부터 15일 이내에 행정소송을 제기할 수 있다.

제85조【구제명령의 확정】

① 지방노동위원회 또는 특별노동위원회의 구제명령 또는 기각결정에 불복이 있는 관계 당사자는 그 명령서 또는 결정서의 송달을 받은 날부터 10일 이내에 중앙노동위원회에 그 재심을 신청할 수 있다.

② 제1항의 규정에 의한 중앙노동위원회의 재심판정에 대하여 관계 당사자는 그 재심판정서의 송달을 받은 날부터 15일 이내에 행정소송법이 정하는 바에 의하여 소를 제기할 수 있다.

③ 제1항 및 제2항에 규정된 기간 내에 재심을 신청하지 아니하거나 행정소송을 제기하지 아니한 때에는 그 구제명령·기각결정 또는 재심판정은 확정된다.

④ 제3항의 규정에 의하여 기각결정 또는 재심판정이 확정된 때에는 관계 당사자는 이에 따라야 한다.

⑤ 사용자가 제2항의 규정에 의하여 행정소송을 제기한 경우에 관할법원은 중앙노동위원회의 신청에 의하여 결정으로써, 판결이 확정될 때까지 중앙노동위원회의 구제명령의 전부 또는 일부를 이행하도록 명할 수 있으며, 당사자의 신청에 의하여 또는 직권으로 그 결정을 취소할 수 있다.

3) 법원에 의한 긴급명령제

사용자가 중앙노동위원회의 결정에 불복하여 행정소송을 제기한 경우에 관할법원은 중앙노동위원회의 신청에 의하여 결정으로써 판결이 확정될 때까지 중앙노동위원회의 구제명령의 전부 또는 일부를 이행하도록 명할 수 있으며 당사자의 신청에 의하여 또는 직권으로 그 결정을 취소할 수 있다. 노동위원회의 결정을 당사자가 지키지 않을 경우 법적 구속력이 없게 되어 노동위원회의 구제명령이 실효를 거둘 수 없게 된다. 따라서 이 경우 관할법원의 판결이 확정될 때까지 구제명령의 전부 또는 일부를 이행하도록 하여 그 실효성을 갖추게 된 것이다. 이 제도는 1997년 노동법 개정에서 새로이 도입된 것으로 1994년 노동위원회의 구제명령이 위헌판결을 받은 이후 그 대책으로 보완된 것이며 노동위원회의 명령이 실질적인 힘을 갖게 되었다.

디저트 dessert

- 단체협약이란 노동조합과 사용자 간에 근로조건 및 노동자의 경제적 지위 등 개별적 · 집단적 노사관계에 관하여 문서로 합의하는 것이다. 노동자들은 노동3권이 보상됨에 따라 단결권을 행사하여 노동조합을 설립하고, 노동조합은 사용자와 임금 등 근로조건에 관한 단체교섭을 수행한다. 교섭의 결과 노사가 합의한 문서가 단체협약서이다.
- 단체협약의 내용은, 첫째 임금, 근로시간 등 근로조건이나 근로자의 대우에 관한 사항처럼 개별적 노사관계에 관련한 내용의 규범적(規範的) 부분, 둘째 노동조합과 사용자 간의 관계를 정한 것으로 집단적 노사관계에 관련된 내용으로서 채무적(債務的) 부분, 셋째 조합원인 종업원의 해고동의 협정이나 고충처리운영과 같이 개별적 노사관계이면서 동시에 집단적 노사관계인 부분을 다루는 내용의 조직직 부분이 있다.
- 단체협약은 그 유효기간이 지나면 효력이 없어진다. 우리나라의 경우 임금협약은 1년, 단체협약은 2년의 유효기간을 인정하고 있다. 일반적으로 볼 때, 단체협약의 최장유효의 협정에 관하여서는 유효기간의 자동갱신협정과 자동연장협정의 효력에 관한 것이 있다.
- 기 체결한 단체협약의 해석을 둘러싼 분쟁은 이익분쟁과 권리분쟁으로 구분할 수 있다. 이익분쟁은 주로 단체교섭, 임금교섭에 관련된 분쟁으로서 노동조합의 단결된 힘을 바탕으로 더 많이 받아내려는 노동조합과 덜 주려는 사용자 사이에 나타나는 의견의 불일치상태이다. 권리분쟁은 이미 규범으로 성립된 법률, 협약, 규칙, 계약 등의 해석, 적용, 이행에 관한 이해당사자 간의 분쟁을 말한다.
- 고충처리제도는 특히 단체협약 유효기간 중 노사 간의 불일치를 평화적으로 해결하기 위한 가장 효과적이며 공식적 제도라고 할 수 있다. 단체협약이 체결되어 있다 하더라도 개개인별 해석 · 적용에 이견과 불만이 있을 수 있는 경우, 이를 자주적으로 해결할 목적으로 노사 쌍방의 대표로 고충처리기구를 두어 운영하는 제도이다.
- 부당노동행위(unfair labor practice)란 근로자의 정당한 노동기본권리행위 또는 노동조합활동에 대하여 사용자가 방해행위를 하는 것을 말한다. 우리나라 노동조합법 및 노동관계조정법 제81조에서는 노동관계행위에 대한 차별대우금지, 황견계약금지, 단체교섭거부금지, 경비원조의 금지, 정당한 노조활동에 대한 보복적 불이익 취급금지조항 등 다섯 가지 행위를 사용자의 부당행위로 규정하여 이를 금지하고 있다.

CHAPTER 6

쟁의행위 및 조정제도

한국 오면 노동 착취하는 프랑스기업, 왜?… 여기선 그래도 되니까

appetizer
애피타이저

〈송곳〉의 대사를 빌려 보자. "여기서는 그래도 되니까."

노동자는 국경 없이 다 노동자라고 말할 수 있다. 그것이 "만국의 노동자들이여 단결하라!"는 인터내셔널의 정신이기도 하고. 하지만 마찬가지로 경영자·관리자도 국경 없이 다 경영자·관리자라고 할 수 있지 않을까. 즉 프랑스의 경영자·관리자들이 자국 내에서 노동친화적인 정책을 펼치는 듯 보이는 것은, 그들이 다른 나라의 경영자·관리자들에 비해 딱히 노동자들에게 더 관대하거나, 자유·평등·박애의 이념이 뼛속 깊이 새겨져 있기 때문이 아니라는 것이다. 다만 "거기서는 그러면 안 되니까"인 거다.

내가 아는 프랑스의 경영자·관리자들은 자신들에게 주어진 직무에 냉철하게 충실한 사람들이다. 주어진 상황, 즉 현지의 법과 경영환경하에서 최대한의 성과를 내기 위해 합리적인 판단을 내리도록 노력하고, 불필요한 마찰을 일으킬 수 있는 행위는 가급적 피할 것이다. 이들을 칭찬하거나 옹호하기 위해 이런 말을 하는 것은 물론 아니다. 다만 우리는 프랑스 경영진으로 하여금 "여기서도 그러면 안 된다"는 걸 깨닫게 해주면 된다는 말을 하고 싶은 것이다.

자료 : 경향비즈, 2018. 1. 5.

1 쟁의행위

(1) 쟁의행위의 의의

단체교섭을 요약하면 가능한 한 높은 가격, 좋은 조건을 요구하는 판매자(노동조합)와 가능한 낮은 가격으로 결정지으려는 구매자(사용자)의 교섭이다. 교섭에는 필연적으로 마찰과 결렬이 있기 마련이다. 이러한 경우 노동조합은 어떤 실력행사를 지시할 수 있으며, 사용자 측이 실력행사를 단행할 수도 있다. 노동조합이 사용하는 쟁의행위수단은 경제적 기능의 수행이다. 단체교섭은 노동조합의 경제적 기능의 평화적 형태이며, 쟁의행위는 그것의 전시적 형태라고 할 수 있다.

그런데 쟁의행위를 규정하기에 앞서 노동쟁의, 단체행동과의 개념상의 차이를 혼동하는 경우가 있다. 노동쟁의, 쟁의행위 및 단체행동 등을 일컬어 통칭 노사분규라 한다. 우리의 「노동조합 및 노동관계조정법」에 나타난 내용을 통해 노사분규의 각 개념을 확인하면 다음과 같다.

노동쟁의라 함은 노동조합과 사용자 또는 사용자단체 간에 임금·근로시간·복지·해고 등 근로조건의 결정에 관한 주장의 불일치로 인하여 발생한 분쟁상태를 말한다(동법 제2조 5호). 그러므로 단체교섭이 결렬된 경우에는 사실상 노동쟁의가 발생하게 된다. 노동쟁의가 발생한 때에는 어느 일방이 이를 상대방에게 서면으로 통보하여야 한다(동법 제45조 1항).

쟁의행위라 함은 "파업·태업·직장폐쇄 기타 노동관계 당사자가 그 주장을 관철할 목적으로 행하는 행위와 이에 대항하는 행위로서 업무의 정상적 운영을 저해하는 행위"를 말한다(동법 제2조 6호) 따라서 쟁의행위는 노동쟁의와 사용자의 쟁의행위를 포함하는 포괄적인 개념이다. 쟁의행위는 업무의 정상적 운영을 저해하는 실력행사라는 점에서 노동쟁의, 단체과시와 구별된다. 그러므로 업무의 정상적 운영을 저해하지 않는 리본 착용, 일과 후의 시위 등은 쟁의행위에 해당하지 않고 쟁의행위의 제한·금지규정의 적용도 받지 않는다. 노동조합이 쟁의행위를 하고자 할 때에는 서면으로 노동부장관과 관할 노동위원회에 쟁의행위의 일시, 장소, 참가 인원 및 그 방법을 신고하여야 한다(시행령 제17조).

한편 단체행동이라 함은 집단적 행위를 말하는 것으로 노동자 측의 경우, 동일한 목적을 추구하는 다수 노동자의 의식적이며 의욕적인 공동행위를 가리킨다. 예를 들면, 쟁의행위인 파업・태업 등은 물론 그 외의 가두시위, 집회, 완장착용, 피케팅 등이 모두 이에 속한다. 사용자 측에 있어서는 다수 근로자들을 상대로 한 직장폐쇄는 그 자체가 집단성을 띠는 것이다. 집단적인 행위인 단체행동은 반드시 업무의 정상적인 운영을 저해하지 않는다는 점에서 쟁의행위보다 그 개념이 넓다. 즉 단체행동＝쟁의행위＋준법투쟁(기타 단체과시행동)이라고 할 수 있다.

노동자의 단결이 일찍이 인정된 나라에서도 단체행동은 시민법상 채무불이행 또는 불법행위로서 위법한 것으로 인정되다가 최근에야 그 정당성이 인정되었고 그 헌법적 표현이 바로 단체행동권인 데 대하여 근로자의 단순한 집단적 행위는 시민적 자유 내지 단결권(집단적 단결권)에 속하는 것으로 이해할 수 있기 때문에 단체행동은 시민법상으로는 위법한 쟁의행위의 의미였었다. 그러나 오늘날 쟁의행위의 개념은 단체행동과 동일한 개념이라고 봐도 무방하다.

그림 6-1 노사분규 사업장 및 근로손실일수

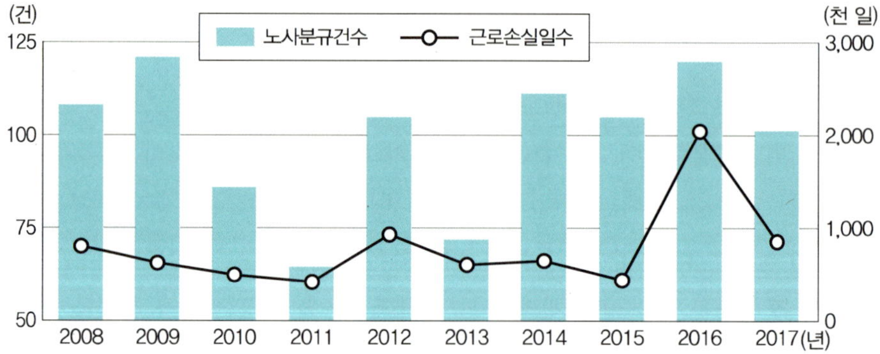

자료 : 고용노동부

표 6-1 노사분규발생건수 및 근로손실일수 (단위 : 건, 천 일)

구분	2009년	2010년	2011년	2012년	2013년	2014년	2015년	2016년	2017년
노사분규건수	121	86	65	105	72	111	105	120	101
근로손실일수	627	511	429	933	638	651	447	2,035	862

자료 : 고용노동부

쟁의행위가 성립하기 위한 최소한의 원칙을 정리하면 다음과 같다.

제37조【쟁의행위의 기본원칙】
① 쟁의행위는 그 목적 · 방법 및 절차에 있어서 법령 기타 사회질서에 위반되어서는 아니 된다.
② 조합원은 노동조합에 의하여 주도되지 아니한 쟁의행위를 하여서는 아니 된다.

제38조【노동조합의 지도와 책임】
① 쟁의행위는 그 쟁의행위와 관계없는 자 또는 근로를 제공하고자 하는 자의 출입 · 조업 기타 정상적인 업무를 방해하는 방법으로 행하여져서는 아니 되며 쟁의행위의 참가를 호소하거나 설득하는 행위로서 폭행 · 협박을 사용하여서는 아니 된다.
② 작업시설의 손상이나 원료 · 제품의 변질 또는 부패를 방지하기 위한 작업은 쟁의행위기간 중에도 정상적으로 수행되어야 한다.
③ 노동조합은 쟁의행위가 적법하게 수행될 수 있도록 지도 · 관리 · 통제할 책임이 있다.

(2) 쟁의행위의 요건

우리나라에서 쟁의행위는 다음과 같은 절차를 거친 후에 할 수 있다.

「노동조합 및 노동관계조정법」 제45조 2항에서는 이른바, '조정전치 강제주의'를 도입하여 기존 냉각기간 준수조항을 삭제하였다. 이는 노사 양측이 수차례의 교섭에도 불구하고 합의점을 찾지 못할 경우 노동위원회의 조정을 거치지 않고는 쟁의행위에 들어가지 못하게 하는 제도를 말한다. 이전에는 냉각기간제도를 두어 이 기간이 경과하지 않으면 쟁의행위를 할 수 없도록 규정하고 있었으나 냉각기간 동안 노사가 별다른 노력 없이 시간만 경과하면 파업에 들어갈 수 있어 쟁의행위에 들어가게 되는 요식절차로 사용되어 왔다고 할 수 있다. 따라서 조정전치기간의 조정을 거치지 않고는 쟁의행위에 들어가지 못하게 함으로써 조정기간이 쟁의행위를 회피하는 하나의 실질적 수단이 될 수 있도록 하였다. 조정신청이 이루어진 경우 일반사업자는 10일간, 공익사업은 15일 동안 조정이 이루어지고 이 기간에는 일체의 쟁의행위가 금지된다.

구체적으로 노동관계 당사자는 노동쟁의가 발생한 때에는 어느 일방이 이를 상대방에게 서면으로 통보하여야 하며(동법 제45조 1항, 조정의 전치), 쟁의행위는 동법 제5장 제2절 내지 제4절의 규정에 의한 조정절차를 거치지 아니하면 이를 행할 수 없다. 규정에 의한 기간 내에 조정이 종료되지 아니하거나 기간 내에 중재재정이 이루어지지 아니한 경우에는 그러하지 아니하다(동법 제2항). 이는 기존에 신고만으로 이루어지던 쟁의발생요건을 강화한 것으로서 노동계 측의 불만요인이기도 하다.

그 밖에 쟁의행위가 성립하기 위한 요건은 다음과 같다. 쟁의행위기간 중 임금지급요구 및 지급의무를 금하도록 한 조항으로 역시 노동계 측의 반발이 있다.

제41조【쟁의행위의 제한과 금지】
① 노동조합의 쟁의행위는 그 조합원의 직접 · 비밀 · 무기명투표에 의한 조합원 과반수의 찬성으로 결정하지 아니하면 이를 행할 수 없다. 제29조의2에 따라 교섭대표노동조합이 결정된 경우에는 그 절차에 참여한 노동조합의 전체 조합원(해당 사업 또는 사업장 소속 조합원으로 한정한다)의 직접 · 비밀 · 무기명투표에 의한 과반수의 찬성으로 결정하지 아니하면 쟁의행위를 할 수 없다. 〈개정 2010. 1. 1.〉
② 「방위사업법」에 의하여 지정된 주요 방위산업체에 종사하는 근로자 중 전력, 용수 및 주로 방산물자를 생산하는 업무에 종사하는 자는 쟁의행위를 할 수 없으며 주로 방산물자를 생산하는 업무에 종사하는 자의 범위는 대통령령으로 정한다. 〈개정 2006. 1. 2.〉

제42조【폭력행위 등의 금지】
① 쟁의행위는 폭력이나 파괴행위 또는 생산 기타 주요 업무에 관련되는 시설과 이에 준하는 시설로서 대통령령이 정하는 시설을 점거하는 형태로 이를 행할 수 없다.
② 사업장의 안전보호시설에 대하여 정상적인 유지 · 운영을 정지 · 폐지 또는 방해하는 행위는 쟁의행위로서 이를 행할 수 없다.

③ 행정관청은 쟁의행위가 제2항의 행위에 해당한다고 인정하는 경우에는 노동위원회의 의결을 얻어 그 행위를 중지할 것을 통보하여야 한다. 다만, 사태가 급박하여 노동위원회의 의결을 얻을 시간적 여유가 없을 때에는 그 의결을 얻지 아니하고 즉시 그 행위를 중지할 것을 통보할 수 있다. 〈개정 1998. 2. 20., 2006. 12. 30.〉
④ 제3항 단서의 경우에 행정관청은 지체 없이 노동위원회의 사후승인을 얻어야 하며 그 승인을 얻지 못한 때에는 그 통보는 그때부터 효력을 상실한다. 〈개정 1998. 2. 20., 2006. 12. 30.〉

제43조【사용자의 채용제한】
① 사용자는 쟁의행위기간 중 그 쟁의행위로 중단된 업무의 수행을 위하여 당해 사업과 관계없는 자를 채용 또는 대체할 수 없다.
② 사용자는 쟁의행위기간 중 그 쟁의행위로 중단된 업무를 도급 또는 하도급 줄 수 없다.
③ 제1항 및 제2항의 규정은 필수공익사업의 사용자가 쟁의행위기간 중에 한하여 당해 사업과 관계없는 자를 채용 또는 대체하거나 그 업무를 도급 또는 하도급 주는 경우에는 적용하지 아니한다. 〈신설 2006. 12. 30.〉
④ 제3항의 경우 사용자는 당해 사업 또는 사업장 파업참가자의 100분의 50을 초과하지 않는 범위 안에서 채용 또는 대체하거나 도급 또는 하도급 줄 수 있다. 이 경우 파업참가자 수의 산정방법 등은 대통령령으로 정한다. 〈신설 2006. 12. 30.〉

제44조【쟁의행위기간 중의 임금지급 요구의 금지】
① 사용자는 쟁의행위에 참가하여 근로를 제공하지 아니한 근로자에 대하여는 그 기간 중의 임금을 지급할 의무가 없다.
② 노동조합은 쟁의행위기간에 대한 임금의 지급을 요구하여 이를 관철할 목적으로 쟁의행위를 하여서는 아니 된다.

그런데 사용자 역시 노동조합의 쟁의행위에 대항하여 자기주장을 관철시킬 목적으로 쟁의행위를 할 수 있는데, 노동자들의 노동력 수령을 거절하는 직장폐쇄(lock out)가 이에 해당된다. 다음 제46조 1항에서 보는 바와 같이 직장폐쇄는 노동조합의 쟁의행위 개시 이후에만 가능하므로 방어적·수동적 운용이라는 특성이 있다.

> **제46조 【직장폐쇄의 요건】**
> ① 사용자는 노동조합이 쟁의행위를 개시한 이후에만 직장폐쇄를 할 수 있다.
> ② 사용자는 제1항의 규정에 의한 직장폐쇄를 할 경우에는 미리 행정관청 및 노동위원회에 각각 신고하여야 한다. 〈개정 1998. 2. 20.〉

(3) 쟁의행위의 수단

노동조합의 쟁의행위수단으로서는 파업(strike), 피케팅(picketing), 태업(sabotage), 불매동맹(boycott) 등이 있고, 사용자가 사용하는 수단으로서는 직장폐쇄(lockout)가 있다.

1) 노조의 쟁의행위

① 파업

파업(strike)은 노동조합의 통일적 의사결정에 따라 근로계약상 사용자에게 제공할 의무가 있는 근로의 제공을 거부하는 쟁의수단을 말한다. 파업은 주체·목적·방법 등에서 다양한 형태로 전개되고 있으나 근로제공 거부라는 단순한 부작위 내지 노동력에 대한 소극적 조정이라는 점에 파업의 특질이 있다.

파업은 일반적으로 사업장에서 퇴거(work out)하는 형태를 취하고 있다. 비조직 파업(미국 : wildcat strike, 영국 : unofficial strike)은 비노조원 또는 개별 노조원이 주도하여 노조와 별개로 행하는 파업으로서, 이는 노동조합의 규약 내지 통제에 위반하는 것으로 부당하다고 평가하고 있다. 「노동조합 및 노동관계조정법」에서는 "조합원은 노동조합에 의하여 주도되지 아니한 쟁의행위를 하여서는 아니 된다"(동법 제37조 2항)라고 하여 명문으로 이를 금지하는 규정을 두고 있다. 이에 위반할 경우 3년 이하의 징역 또는 3,000만 원 이하의 벌금의 처벌을 받는다.

표 6-2 산업현장 불법행동 유형

불법행동	형태	문제점
공장점거 파업	• 정문 봉쇄 • 회사대표 출근 저지 • 주요 시설물 점거(장기 농성)	• 회사 측 시설관리권 침해 • 생산중단 피해 확산 • 비조합원 · 파업 불참 지도, 파업 강요
불법집회	• 회사 앞 천막 · 컨테이너 농성 • 사업장 내 파업출정식 • 회사대표 집 앞에서 시위	• 고성, 욕설, 인신공격 • 불법유인물 배포 • 사생활 침해
사무실 난입	• 기물파손 • 일상업무 방해	• 설비비용 증가 • 회사경영 차질
회사대표의 방만경영	• 노동력 착취 • 이유 없는 잦은 임금체납 • 노조탄압 • 손해배상소송으로 위협 '시늉만'	• 근로자 생계유지 곤란 • 노조 불만 증대 • 파업장기화

다만 근로제공 거부의 효율성을 강화하기 위하여 때로는 피케팅을 동반하거나 직장에 체류하면서 연좌농성(sit in, sit down)하는 직장점거를 동반하기도 하는바, 피케팅과 직장점거가 수반되는 것을 이유로 파업 그 자체가 정당성을 상실하는 것은 아니다. 파업이 일정한 지역 또는 산업의 모든 범위에 걸쳐 대규모적으로 전개되는 총파업(general strike)도 단지 규모가 크다는 이유만으로 정당성을 상실하지는 아니한다.

중요한 업무를 담당하는 특정의 근로자를 지명하여 근로제공을 거부하게 하는 이른바 지명파업 혹은 중점파업이나 근로자의 일부만 근로제공을 거부하도록 하는 부분파업도 조합의 통일적 의사결정에 따라 이루어진 것인 이상 일부 근로자만이 파업하였다고 하여 정당성을 상실하는 것은 아니다.

파업은 상대방뿐만 아니라 노동조합에게도 피해를 주기 때문에 매우 신중하게 생각하고 실행하여야 한다. 구체적으로 말하자면 파업을 앞둔 노조는 다음 사항을 신중히 고려하여야 한다.

- 파업결과로 얻을 수 있는 조합이 손실과 득실을 구체화한다. 가능한 한 명분을 앞세운 파업은 자제한다.
- 파업은 해당 노사에 국한된 문제가 아니라, 주주 · 고객 · 협력회사 등 기업 내

외에 미치는 영향이 큰 만큼 기업경쟁전략과 연계한 후 사용되는 최후의 수단이어야 한다.

• 파업이 결정되었다면 최소한의 손실로 최대한의 효과를 얻을 수 있도록 효율적 전개방안이 마련되어야 한다.

사례 6-1 작년 노사분규 12년 만에 최다, 갈등 커졌다

연도별 노사분규건수

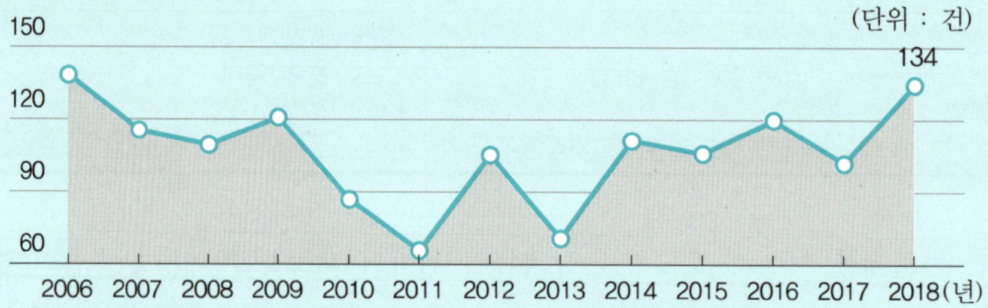

지난해 국내 노사분규건수가 12년 만에 가장 많았던 것으로 나타났다. 노동친화적인 정부가 들어선 이후 노동계의 요구가 분출하면서 사회적 갈등이 커지고 있다는 지적이 나온다. 최저임금 인상, 주52시간 근무제 확대 등 쟁점이 산적해 있어 노사갈등은 올해 심화될 수 있다는 우려가 나온다.

15일 고용노동부에 따르면 지난해 전국의 노사분규건수는 총 134건으로 2006년 138건을 기록한 이후 12년 만에 가장 많았다. 2017년 101건과 비교해서는 32.7% 증가했다.

노사분규는 파업과 직장폐쇄 등 노사 간에 정상적인 업무활동을 중단 또는 저해하는 집단행동을 뜻한다. 사용자가 주도하는 직장폐쇄보다는 근로자가 주도하는 파업이 대부분이다.

작년 들어 11월까지 국내 1,000인 이상 사업장에서 발생한 노사분규는 21건으로 전년 대비 5건 줄어들었다. 반면 100인 이상 299인 이하 사업장에서 발생한 노사분규는 29건으로 전년 대비 10건 증가했다. 50인에서 99인 사이의 사업장에서 발생한 노사분규도 23건으로 전년 동기 대비 15건 늘었다.

이는 현대차와 기아차 등 완성차업체와 같은 대규모 사업장보다는 택배와 택시 등 중소형규모 사업장에서의 파업이 평년보다 늘었기 때문으로 분석된다.

자료 : 아시아경제, 2019. 1. 15.

반대로 사용자 입장에서 불가피하게 노조의 파업을 대비할 수밖에 없다면 구체적인 준비를 통해 피해를 최소화할 수 있도록 노력하여야 한다. 노조의 파업결정 이후에도 최소한 핵심적 경영기능이 가동하도록 준비하고 대화채널을 유지하여야 한다. 다음과 같은 사안을 확인한다.

- 파업 시 사내 유휴인력이나 외부대체인력을 확보하여 최소한 주요 기능을 가동할 수 있도록 한다. 파업사태가 해결되었다 하더라도 파업의 결과 기업경쟁력을 놓쳐 기업생존 자체가 위태로울 수 있기 때문이다.
- 원자재 재고, 재무상태, 고객서비스상황을 예의 면밀하게 파악한다.
- 노조로 하여금 파업결과 수반되는 문제점을 구체적으로 알리고, 사태해결을 위해 노사 간 대화 노력을 계속한다.

② 태업

태업(soldiering)은 노동조합의 통일적 의사결정에 따라 근로계약상 제공할 의무가 있는 근로의 공급은 하되 사용자의 지휘, 명령을 부분적으로 배제하여 능률의 저하를 가져오는 쟁의행위이다. 고의적으로 완만하게 작업함으로써 생산량을 대폭 떨어뜨린다든지, 평소보다 성의 없게 작업함으로써 불량품을 많이 발생시키는 것 등이 그 예가 된다.

업무의 속도를 제한시키는 소위 감속근무에 대하여, 이는 파업과는 달리 노동을 부분적으로 제공하면서도 임금을 수령하는 행위이기 때문에 정당성을 인정할 수 없다고 보는 견해도 있으나, 감속근무는 단순히 작업능률을 저하시키는 데 불과하고, 근로자가 아직 사용자의 지휘, 명령을 받고 있으므로 그 정당성이 인정된다고 보아야 할 것이나.

넓은 의미의 태업에는 원료·기계·제품 등을 손괴 또는 은닉하는 등의 쟁의수단인 소위 '사보타지(sabotage)'도 포함된다. 이는 의식적으로 생산 또는 사무를 방해하고 생산설비를 파괴하거나(적극적 사보타지), 사용자의 사적 비밀 또는 험담따위를 고객에게 알리는 방법(폭로 사보타지) 등으로 업무의 정상적인 운영을 저해하는 행위를 말한다. 사보타지는 일반적인 태업과 달리 적극적으로 사용자의 생산시설 및 경영에 관여하고 있으므로 그 정당성이 부정되거나 제한된 범위 내에서만 인정되는 것이 원칙이다. 우리도 이를 불법으로 간주한다(동법 제42조 1항).

③ 보이콧

보이콧(boycott)은 사용자에게 압력을 가할 목적으로 노동조합이 쟁의행위의 상대방인 사용자의 제품의 불매를 호소하거나 그 제품의 취급을 거부하게 함으로써 그 제품의 거래를 방해하는 쟁의수단이다. 보이콧은 구두로 행할 수도 있지만, 불매대상 품목의 목록이나 불공정한 사용자의 명단을 작성·배포하는 형태도 취할 수 있다. 또한 생산제품에 조합의 표시를 부착하는 경우도 있다.

보이콧은 보통 상대방이 누구냐에 따라서 1차 보이콧(primary boycott)과 2차 보이콧(secondary boycott)으로 분류된다. 전자는 사용자의 상품 및 시설을 사거나 이용하지 말도록 일반인에게 호소하는 운동이며, 후자는 사용자와 거래관계에 있는 다른 사용자를 대상으로 불매를 종용하고 이를 거부할 시에는 해당 거래처 사용자에 대해서도 불매운동을 벌이는 투쟁방법을 말한다. 보이콧은 독자적으로 쓰이기보다는 파업과 함께 전개하는 경우가 대부분이며 노조상급단체나 사회단체가 중심이 되는 경우가 많다.

④ 피케팅

피케팅(picketing) 역시 파업, 태업 및 보이콧 등의 효과를 높이기 위하여 부수적으로 행하는 쟁의수단으로서 노동조합이 필요한 장소에 피케팅 요원을 배치하여 자신들과 동참하지 않는 노동자 내지 일반시민에게 쟁의행위가 벌어지고 있음을 알리고 이에 대한 협력을 호소하는 쟁의수단을 말한다.

피케팅은 하나의 쟁의행위인바, 위협적 폭언이나 폭력의 행사는 쟁의행위의 실질적 성립요건을 충족하고 있지 못하므로 정당한 쟁의행위가 될 수 없다. 따라서 피케팅은 평화적 설득에 머물러야 하는 것이 원칙이다. 다만 피케팅은 쟁의행위의 한 유형이므로 어느 정도의 위협적인 분위기를 조성하는 것은 부득이하다고 할 것이다.

또한 피케팅은 일반적으로 파업, 보이콧 등의 주된 쟁의행위의 보조적 수단으로 사용되는 것이 일반적인바, 주된 쟁의행위가 정당하지 못하다고 하여 정당한 피케팅이 부당한 피케팅으로 되는 것은 아니라고 할 것이다.

⑤ 직장점거

직장점거(work in)란 파업을 할 때에 퇴거하지(work out) 아니하고 사용자의 의사에 반하여 사업장에 체류하면서 연좌 또는 농성하는 쟁의행위를 말한다. 이러한 직장점거는 파업에 참가한 근로자가 단결을 유지하고 파업의 실효성을 확보하기 위하여 수반되는 부수적 쟁의행위이다.

쟁의행위의 본질은 근로자의 근로제공을 소극적으로 거부하는 데 있으므로 사용자의 조업을 저지하기 위하여 사용자가 소유·경영하는 시설을 실력으로 점거하는 직장점거는 원칙적으로 정당하지 못한 쟁의행위가 된다. 그러나 우리나라의 경우 기업별 노조형태를 취하고 있으므로 노동조합활동의 대부분은 직장에서 이루어지고 있다. 따라서 쟁의기간 중에 근로자가 직장점거를 하는 경우에도 이것이 곧 사용자의 점유권 및 소유권 등의 기업시설에 대한 권리를 침해하거나 또는 주거침입죄 등의 범죄를 구성하는 것은 아니다. 사용자의 기업시설에 대한 점유를 배제하지 아니하고 조업을 허용하면서 부분적인 직장점거를 하는 것은 정당한 쟁의행위라고 말할 수 있을 것이다. 단, 직장점거는 사용자의 기업시설을 전면적·배타적으로 점거하는 경우에 한하여 정당하지 아니한 쟁의수단으로 평가되어야 할 것이다.

⑥ 생산관리

생산관리란 노동조합원들이 쟁의의 목적을 달성하기 위하여 사용자의 지휘·명령권을 배제하면서 자신들의 의사에 따라 기업의 경영을 행하는 쟁의수단이다. 이는 다시 적극적 생산관리와 소극적 생산관리로 나누어지는데, 전자는 종래의 회사 경영방침을 무시하고 회사의 자재를 임의로 처분하거나 수익금을 일방적으로 인상한 임금에 충당하는 형태를 말하며, 후자는 노동조합이 회사의 종전 경영방침을 그대로 유지하면서 수익금을 회사를 위해 보관하고 임금도 종래 수준대로 지급하는 형태를 말한다. 생산관리는 사용자의 생산수단에 대한 소유권과 기업경영권을 침해하는 것으로서 원칙적으로 부당한 쟁의행위이나, 다만 노동자들이 사용자의 생산태업에 대항하여 생활의 방위를 위한 수단으로 실시하는 소극적 생산관리는 당연히 위법하다고는 할 수 없다.

⑦ 준법투쟁

준법투쟁이라 함은 노동조합의 통제하에 다수의 근로자들이 「근로기준법」 및 「노동조합법」 등 관련 법령에 규정된 권리를 동시에 행사하거나, 의무를 동시에 이행하여 파업이나 태업과 같은 효과를 발생하는 것을 말한다. 이에는 다음의 사례들이 있다.

- **연장근무 거부** : 법령에서 근로자 개인의 연장근무를 허용하지 아니하거나, 단체협약 등에서 이를 허용하지 아니하고 또한 관행화되어 있지도 아니한 경우, 사용자의 연장근무명령을 집단적으로 거부하는 것은 근로자의 당연한 권리행사로서 당연히 쟁의행위가 아니다.
  이에 반하여 단체협약 등에서 연장근무를 허용하고 있으나 이를 집단적으로 거부하는 경우에는 당연히 쟁의행위에 해당되므로 쟁의행위의 요건을 갖추는 경우에만 그 정당성이 인정된다.
- **일제휴가** : 연차유급휴가 · 월차유급휴가 · 생리휴가 · 점심시간 일제사용 또는 병가를 일제히 사용하는 것은 집단적인 근로제공의 거부로서 이는 쟁의행위로 보아야 할 것이므로 쟁의행위의 요건을 갖추는 경우에만 그 정당성이 인정된다고 할 것이다.[1)]
- **동시이행의 항변권** : 사용자의 계약의무 위반으로 인하여 손해를 입은 근로자들이 이에 대항하여 집단으로 동시이행의 항변권을 행사한 경우 이것이 과연 정당한 쟁의행위에 해당하는지의 문제가 생긴다. 이에 대하여는 근로자들의 당연한 권리행사이므로 쟁의행위에 해당되지 아니한다는 견해가 있으나, 이는

1) 대법원 판결 1991.12.24, 91도2323 참조

이러한 권리행사가 동시에 집단적으로 행사되었다는 점을 간과하고 있어 타당하지 아니하다. 그러나 이와 반대로 동시에 집단적으로 행사되었다는 점에서 언제나 쟁의행위라고 보는 견해는 계약상의 권리라는 점을 간과하고 있으므로 불합리하다. 그러므로 사용자의 계약의무 위반이 단체협약 위반인 경우, 계약의무 위반에 대하여 이미 단체교섭을 실시하였으나 교섭에서 원만한 타협점이 도출되지 않은 경우에는 부당한 쟁의행위로 판단하기 어렵다.

- **집단사표** : 노동자들이 노동조합의 통제하에 집단적으로 사표를 제출하는 경우, 이것이 과연 정당한 쟁의행위에 해당하는지의 문제가 생긴다. 이는 집단사표의 실질적 의미에 따라 구체적으로 판단되어야 할 것이다. 첫째, 근로자들이 실제로 근무의사가 없어서 사식하고자 집단사표를 제출하는 경우에는 자유로운 의사에 의한 것으로 근로계약이 종료되는 것이다.
  이를 노동법상의 쟁의행위로 보아 정당성 여부를 판단하여 형사, 민사상의 제재를 가하는 것은 불합리하다. 둘째, 노동자들이 쟁의행위의 효과를 높이는 하나의 수단으로서 집단사표를 제출하는 경우에는 실제로 사직의사가 없으므로 이는 쟁의행위에 해당된다.
  예컨대, 사용자가 사표를 수리하지 못하도록 압력을 가하거나, 사표를 제출한 근로자 대신 다른 근로자를 채용하지 못하도록 하는 것이 이러한 경우에 해당된다. 따라서 이러한 경우에는 쟁의행위로서의 요건을 갖추는 경우에만 그 정당성이 인정된다.
- **안전투쟁** : 안전・위생에 관한 법령・단체협약・취업규칙 또는 근로계약의 규정을 철저히 준수하거나 위반사항의 시정을 요구하면서, 근로의 제공을 거부하는 경우 이것이 과연 정당한 쟁의행위의 개념에 해당되는지의 문제가 생긴다. 안전투쟁을 ㉠ 일종의 파업 또는 태업으로 보는 견해와 ① 안전에 관한 규정은 근로자가 준수하여야 할 당연한 의무로서 쟁의행위에 포함되지 아니한다는 견해가 있다. 안전・위생에 관한 규정이 무효이거나, 사문화되어 있거나 또는 현실적으로 실효성이 없는 경우에는 안전투쟁을 쟁의행위로 보아야 할 것이다. 반면에 안전・위생에 관한 규정의 준수가 사람의 생명 및 신체보호에 반

드시 필요한 경우에는 이는 당연한 권리의 주장으로서 쟁의행위에 해당되지 아니한다고 할 것이다.

2) 사용자의 직장폐쇄

직장폐쇄(lock out)란 사용자가 노동자 측의 쟁의행위에 대항하는 행위로서 업무의 정상적인 운영을 저해하는 행위, 즉 사용자가 노동자 측의 쟁의행위에 대항하여 근로자에 대하여 노무의 수령을 집단적으로 거부하는 행위를 말한다. 직장폐쇄도 쟁의행위의 일종이므로 노무의 수령을 거부하거나 작업장의 입장을 금지한다는 의사표시만으로는 성립되는 것은 아니고 공장문의 폐쇄나 체류자의 퇴거요구 또는 전원의 단절 등 취로를 곤란하게 하는 사실행위가 있어야 성립한다. 직장폐쇄는 노동자 측에 대항하는 쟁의행위의 일종이므로, 단순히 경제적 또는 기술적 이유에서 조업을 중단하는 폐업이나 휴업과 구별되며 인사관리상 대기명령이나 근무정지 또는 징계처분의 일종인 정직이나 출근정지와도 구별된다.

사용자에게 직장폐쇄를 인정하는 근거는 다음과 같다.[2)]

- 노사의 대등 내지 세력의 균형을 확보하기 위하여 근로자의 쟁의권을 보장하였다. 그런데 노동자 측 쟁의행위의 특정 양상에 따라서는 오히려 노사 간의 세력균형이 파괴되고 사용자 측이 현저히 불리한 압력을 받는 경우가 생긴다. 형평의 원칙에 의하여 노사 간의 균형을 회복하기 위한 대항방어수단으로서의 직장폐쇄를 인정하지 않을 수 없다. 직장폐쇄는 사용자가 특별한 양상의 쟁의행위에 의하여 현저히 불리한 불이익 혹은 압력을 받는 경우에 형평의 원칙에 기하여 그 압력을 완화하여 세력균형을 회복하는 수단으로서 인정되는 방어적 권리에 불과하다.
- 사용자의 직장폐쇄에 대하여 적극적으로 허용 내지 보호하는 실정법상의 규정이 없고, 사실상 쟁의권 행사를 위축시키는 기능을 수행하기도 한다. 노동자의 쟁의행위로 사용자가 현저히 불리한 압력을 받는 경우에 노사형평상 직장폐쇄를 인정하지 않을 수 없기 때문에 직장폐쇄는 집단적 노동관계법 특유의 행위

2) http://www.ajou.ac.kr/~ajlaw/gradu/labor/lecture/nodong1.htm

내지 권리로 이해하여야 한다.

한편 사용자의 직장폐쇄가 정당성을 가지기 위해서는 대항성과 방어성을 가져야 하며 선제적 혹은 공격적으로 행하여져서는 안 된다.

- **대항성** : 직장폐쇄는 파업이나 태업 등 노동자 측의 쟁의행위에 대하여 대항방어수단으로 인정된 것이다. 따라서 노동조합이 쟁의행위를 개시한 이후에 개시하는 직장폐쇄라야 정당성이 인정될 수 있다([사례 6-2] 참조).
- **방어성** : 직장폐쇄는 근로자 측의 특별한 태양의 쟁의행위로 인하여 사용자가 현저하게 불리한 압력을 받는 경우에 이러한 압력을 임금부담의 경감 등에 의하여 완화시키는 방어적 수단으로 인정되는 것이지, 사용자가 노동조합을 굴복시켜 자신의 주장을 관철하기 위하여 인정된 것은 아니다.

사례 6-2 **유성기업 직장폐쇄 '불법' 대법원 7년 만에 판결… 임금지불해야**

유성기업과 노조는 지난 2011년 1월부터 '주간 연속 2교대 도입'에 대한 특별교섭을 진행했으나, 최종결렬되면서 같은 해 5월 18일부터 쟁의행위에 돌입했다. 유성기업은 노조가 파업을 시작한 당일 아산공장 직장폐쇄를 단행했고, 5월 23일부터는 영동공장을 폐쇄하고 그해 8월 21일까지 가동하지 않았다.

노조 측은 "직장폐쇄조치의 정당성이 없다"며 직장폐쇄기간 조합원들이 받지 못한 임금 6억 8,000만 원을 지급하라고 소송을 제기했다. 사측은 "노조의 불법쟁의행위로 회사에 심각한 손해가 발생하는 등 정당한 사유로 직장폐쇄를 한 것"이라며 임금을 지급할 의무가 없다고 맞섰다.

「노동조합 및 노동관계조정법」에 따르면 사용자의 직장폐쇄는 노조의 쟁의행위에 대한 방어수단으로 인정되고 그 기간 임금지불의무를 면할 수 있으나, 노조가 쟁의행위를 중단하고 업무복귀의사를 표시하면 직장폐쇄를 중단해야 한다. 노조가 업무복귀의사를 나타냈음에도 사용자가 직장폐쇄를 유지할 경우 "쟁의행위에 대한 방어적인 목적에서 벗어나 공격적 직장폐쇄로 성격이 변질되었다"고 보며 그 이후의 직장폐쇄는 정당성을 상실해 그 기간 임금을 모두 지불해야 한다.

자료 : 대농뉴스네트워크, 2018. 3. 30.

한편 노조의 파업 등 쟁의행위와 사용자의 직장폐쇄 모두 기업에 비용을 발생시키는 부정적 측면이 있지만, 노사 간의 요구안을 신속히 접근하게 함으로써 양자 간 합의에 쉽게 도달할 수 있게 하는 긍정적 측면도 있다. 양 측면을 정리하면 다음과 같다.[3]

① 부정적 측면

- 생산과 업무진행을 중단시킨다.
- 고객을 잃게 된다.
- 생산적으로 이용할 수 있는 자원과 에너지를 생산과 무관한 갈등해소에 투입한다.
- 노사 간의 장기적 관계가 긴장된다.
- 생산량과 품질을 떨어뜨린다.
- 생산성이 장·단기적으로 낮아진다.
- 조직 내의 긴장을 높인다.
- 갈등이 첨예화되면 조직이 와해될 수 있다.
- 다음 쟁의를 기대하며 작업장 분위기가 적대적으로 될 수 있다.

② 긍정적 측면

- 기본원칙을 명확하게 한다.
- 문제에 대하여 많은 관심을 갖는다.
- 에너지를 방출함으로써 장기적으로 노사관계에 안정을 가져온다.
- 상대방의 의견을 경청하고 입장을 이해하게 된다.
- 갈등해소과정을 통해 자기의견을 수정한다.
- 노동자그룹 내의 진정한 여론주도층을 알아낸다.
- 변화를 가져오는 계기가 될 수 있다.
- 집단적 쟁의를 통해 개인적 불만과 은밀한 형태의 갈등이 감소할 수 있다.

3) 현대의 노동문제(요점), 예하미디어, p.145.

그러나 선진국 여러 나라의 모범적 노사관계는 파이를 나누는 분배 위주의 과거 지향적 노사관계가 아니라 기업 경쟁력 확보를 통한 생산성 위주의 미래지향적 노사관계가 일반화하고 있다.[4] 기업을 둘러싼 환경변화가 심하고 경쟁관계가 치열해질수록 협력적 노사관계를 통한 파이 키우기가 보다 중요하다는 반증이기도 하다. 따라서 쟁의행위는 그 필요성과 당위성에 상관없이 실로 매우 신중한 의사결정이어야 한다는 의미이다.

커피 브레이크 | 적법한 쟁의행위

쟁의행위의 정당성 판례 【대법원 2003.12.26, 2003두 8906】

"노동조합의 쟁의행위가 정당하기 위해서는 그 주체가 단체교섭의 주체로 될 수 있는 자이어야 하고, 노동조합과 사용자의 교섭과정에서 노사대등의 입장에서 근로조건의 향상 등 근로자의 경제적 지위를 향상시키려는 목적에서 나온 것이어야 하며, 사용자가 근로자의 근로조건 개선에 관한 구체적인 요구에 대하여 단체교섭을 거부하거나 단체교섭에서 그와 같은 요구에 반대의 의사표시를 하거나 묵살하고 반대하고 있는 것을 분명하게 하고 있을 경우에 개시할 수 있으며 특별한 사정이 없는 한 법령이 규정한 절차를 밟아야 하고, 그 수단과 방법이 사용자의 재산권과 조화를 이루어야 할 뿐 아니라, 다른 기본적 인권을 침해하지 아니하는 등 그 밖의 헌법상의 요청과 조화되어야 하고, 다만 이 경우에도 당해 쟁의행위 자체의 정당성과 이를 구성하거나 부수되는 개개의 행위의 정당성은 구별되어야 하므로 일부 소수의 근로자가 폭력행위 등의 위법행위를 하였다고 하더라도 전체로서의 쟁의행위가 위법하게 되는 것은 아니다."

해당 판결에 따르면 ① 주체, ② 목적, ③ 절차, ④ 수단과 방법에서의 정당성을 갖추어야 한다고 판시한 바 있다.

자료 : https://gblabor.tistory.com/252(경기비정규직지원센터)

4) 배무기・이원덕, 참여협력적 노사관계와 신노동정책, 박영률출판사, 1996.

2 우리나라의 노동쟁의 조정제도

(1) 조정의 의의

노동자와 사용자가 이해대립사항에 대하여 평화적인 단체교섭으로 해결할 수 없을 때 서로의 주장을 관철하기 위하여 실력행사를 하게 된다. 이러한 실력행사인 쟁의행위는 당사자 자신에게 경제적 손실을 가져올 뿐 아니라 국민경제에 손해를 끼치게 되고 국민의 일상생활에도 영향을 미치게 된다. 그리하여 노동쟁의를 신속・공정하게 해결함은 물론 쟁의행위에까지 확대되는 것을 방지함으로써 당사자들의 손실은 물론 국민경제의 안정과 발전에 기여코자 하는 것이 조정이다. 조정에 대한 취지와 의의에 관해 우리나라 「노동조합 및 노동관계조정법」은 다음과 같이 다루고 있다.

제47조【자주적 조정의 노력】
이 장의 규정은 노동관계 당사자가 직접 노사협의 또는 단체교섭에 의하여 근로조건 기타 노동관계에 관한 사항을 정하거나 노동관계에 관한 주장의 불일치를 조정하고 이에 필요한 노력을 하는 것을 방해하지 아니한다.

제48조【당사자의 책무】
노동관계 당사자는 단체협약에 노동관계의 적정화를 위한 노사협의 기타 단체교섭의 절차와 방식을 규정하고 노동쟁의가 발생한 때에는 이를 자주적으로 해결하도록 노력하여야 한다.

제49조【국가 등의 책무】
국가 및 지방자치단체는 노동관계 당사자 간에 노동관계에 관한 주장이 일치하지 아니할 경우에 노동관계 당사자가 이를 자주적으로 조정할 수 있도록 조력함으로써 쟁의행위를 가능한 한 예방하고 노동쟁의의 신속 · 공정한 해결에 노력하여야 한다.

제50조【신속한 처리】
이 법에 의하여 노동관계의 조정을 할 경우에는 노동관계 당사자와 노동위원회 기타 관계기관은 사건을 신속히 처리하도록 노력하여야 한다.

제51조 【공익사업 등의 우선적 취급】
국가 · 지방자치단체 · 국공영기업체 · 방위산업체 및 공익사업에 있어서의 노동쟁의의 조정은 우선적으로 취급하고 신속히 처리하여야 한다.

(2) 노동쟁의 조정제도

노사자치주의에 입각하여 노사 간 협상에 의한 자율적 해결이 원칙이지만 단체협약과 같은 갈등의 제도적 기제 마련이 용이하지 못한 경우와 이익분쟁의 원만한 해결이 힘든 경우에는 정부의 조정(調整) 역할이 필요하다. 특히 최근 노사갈등의 양상은 해당 기업뿐만 아니라 경제의 다른 영역에 미치는 파급효과가 크기 때문에 정부의 역할은 더욱 커지게 되었다([표 6-3] 참조).

이때 정부의 역할은 조정 및 중재자로서의 역할 이외에 노사 간 협약촉진자로서의 역할을 맡게 된다.[5] 노사관계는 흔히 정치적 과정을 거치는 측면이 강하기 때문에 비효율적이고 비합리적인 극한 대립상태를 만드는 경우가 있다. 이런 경우 정부가 개입하여 신속하고 합리적인 노사관계를 형성토록 하고 양자가 쉽게 수용할 수 있는 안을 제시함으로써 사회적으로 신뢰할 수 있는 기관 역할을 다하여야 한다(조정 및 중재자 역할). 또 정부는 노사관계를 국민경제 전체적 입장에서 바람직한 노사관계의 방향을 지향하도록 조정하는 역할을 한다. 즉 경제주체들이 추구

표 6-3 조정신청건수 및 조정성립률 (단위 : 건, %)

구분	2009년	2010년	2011년	2012년	2013년	2014년	2015년
조정신청건수	726	708	695	752	762	886	877
조정성립률	58.5	64.5	70.2	61.9	65.0	55.1	53.7

자료 : 고용노동부, 조정 · 심판사건 통계

5) 최종태, 전략적 노사관계론, 경문사, 1996, pp.166-167.

하는 부문목적을 전체 경제·사회적 추구목표와 일치시키는 사회적 합의를 통해 노사 간의 협약을 촉진하는 역할을 하여야 한다(협약 촉진자 역할).

한편 정부의 조정제도가 그 효과와 기능을 제대로 발휘하기 위해서는 다음과 같은 요건들이 요구된다.

- **개입시기** : 노사 당사자 간의 갈등이 최고조에 이르러 진정한 난국(dead lock) 상태에 빠졌다고 상호 인식하는 바로 그때에 개입을 시작하되, 역시 최대한 노사 자율적 과정을 보장하면서 문제에 봉착하였을 경우 조정 역할을 하는 것이 바람직하다.
- **조정자로서의 자격** : 정부가 조정자로서 갖추어야 할 자격요건을 갖추었을 때 노사 양측의 신뢰를 얻을 수 있다. 이를 위해 정부는 기본적으로 자율성, 중립성, 독립성 등의 특성을 지녀야 하며 아울러 정직성, 인내, 설득력 등의 특성과 노사관련법, 절차, 주변상황에 대한 지식을 지니고 있어야 한다.
- **조정자의 공정성** : 정부는 노사 양측을 공정하게 다룸으로써 양자 중 어느 한쪽의 불신을 초래하지 말아야 한다. 이는 공정한 법과 규칙 그리고 절차를 확보함으로써 가능하다.
- **조정자로서의 능력** : 노사 양측의 긴장과 갈등상태를 점차적으로 해소할 수 있도록 상호 역지사지의 자세를 취하게 하는 것이 필요하다. 경우에 따라서는 이성이나 도덕 또는 사회적 당위성 등에 호소하는 방법도 이용할 수 있다.
- **노사 당사자의 수용성** : 아무리 정부가 노력한다 하여도 노사 당사자가 이를 거부하면 아무런 소용이 없다. 따라서 노사 당사자가 정부의 조정 노력을 처음부터 긍정적인 자세로 받아들이느냐가 관건이 된다. 정부가 신뢰받는 기관이어야 하는 이유가 여기에 있다.

우리나라의 노동쟁의절차는 [그림 6-2]에서와 같이 조정과 중재 두 단계로 나누어진다.

그림 6-2 노동쟁의 조정절차

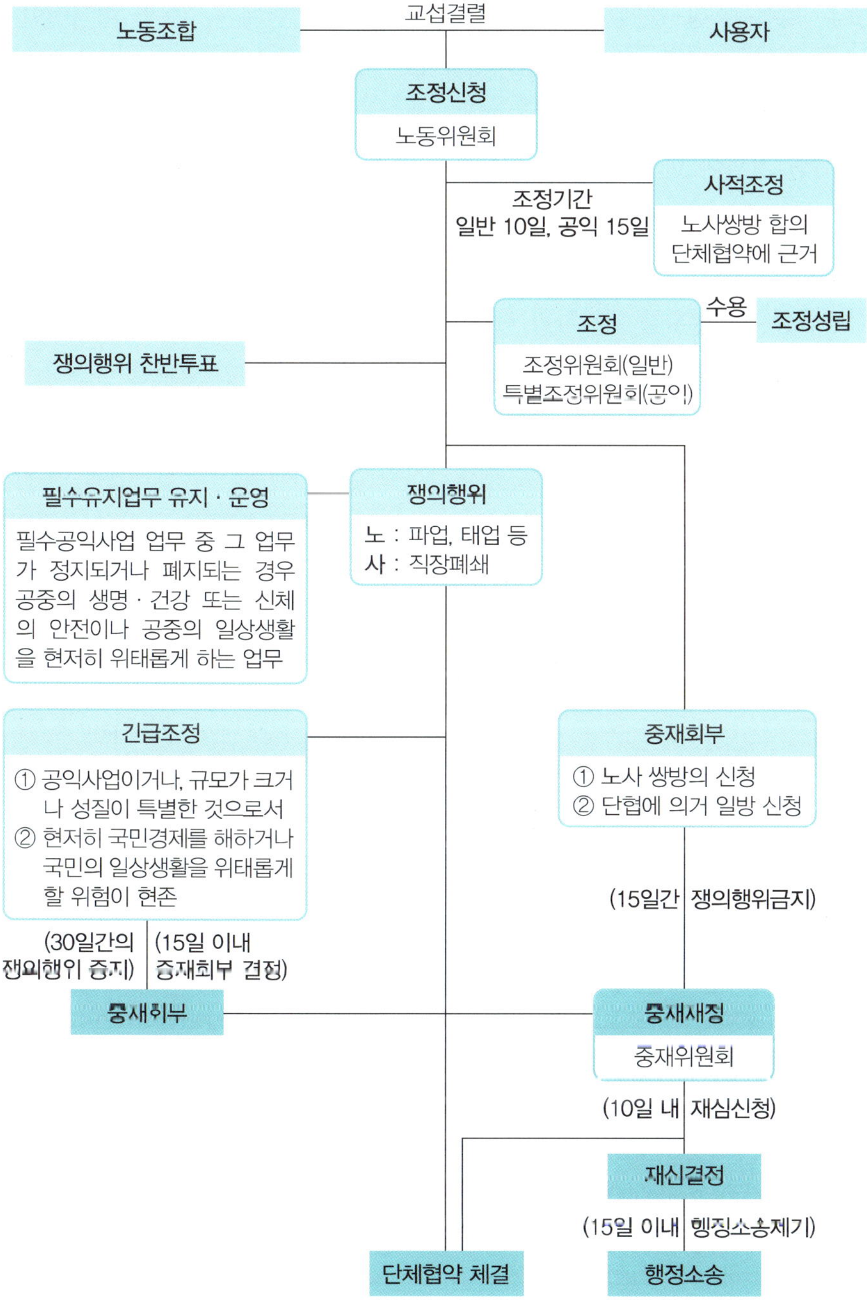

1) 조정

기존 '알선-조정-중재'의 조정단계 중 '알선'의 첫 단계가 그동안 형식적인 절차에 그쳤다는 이유로 생략됨으로써 곧바로 '조정-중재'의 절차로 이어진다.

조정(調停)이란 노사 간에 근로조건 등에 관한 주장의 불일치로 인한 분쟁상태가 야기된 경우에 외부의 제3자가 양자의 주장을 조정하여 노동쟁의를 신속하게 해결하기 위해 노력하는 절차를 말하며 조정안의 수락에 대하여 강제성이 없는 '조정(調停)'과 강제성이 부여되는 '중재(仲裁)'의 방법으로 구분된다.

현행법상 쟁의행위를 개시하기 전에 반드시 이와 같은 조정절차를 거치도록 되어 있으므로, 쟁의행위는 이러한 조정기간(10일 또는 15일)이 경과한 이후에 개시할 수 있다.

이러한 노동쟁의의 조정은 통상 행정기관인 노동위원회의 조정위원회·중재위원회가 수행하게 되는데, 조정위원회는 노·사·공익을 대표하는 3인의 조정위원회로 구성되며 중재위원회는 공익위원 3인으로만 구성된다.

제53조【조정의 개시】
① 노동위원회는 관계 당사자의 일방이 노동쟁의의 조정을 신청한 때에는 지체 없이 조정을 개시하여야 하며 관계 당사자 쌍방은 이에 성실히 임하여야 한다.
② 노동위원회는 제1항의 규정에 따른 조정신청 전이라도 원활한 조정을 위하여 교섭을 주선하는 등 관계 당사자의 자주적인 분쟁해결을 지원할 수 있다. 〈신설 2006. 12. 30.〉

제54조【조정기간】
① 조정은 제53조의 규정에 의한 조정의 신청이 있은 날부터 일반사업에 있어서는 10일, 공익사업에 있어서는 15일 이내에 종료하여야 한다.
② 제1항의 규정에 의한 조정기간은 관계 당사자 간의 합의로 일반사업에 있어서는 10일, 공익사업에 있어서는 15일 이내에서 연장할 수 있다.

제55조【조정위원회의 구성】
① 노동쟁의의 조정을 위하여 노동위원회에 조정위원회를 둔다.
② 제1항의 규정에 의한 조정위원회는 조정위원 3인으로 구성한다.
③ 제2항의 규정에 의한 조정위원은 당해 노동위원회의 위원 중에서 사용자를 대표하는 자, 근로자를 대표하는 자 및 공익을 대표하는 자 각 1인을 그 노동위원회의 위원장이 지명하되,

근로자를 대표하는 조정위원은 사용자가, 사용자를 대표하는 조정위원은 노동조합이 각각 추천하는 노동위원회의 위원 중에서 지명하여야 한다. 다만, 조정위원회의 회의 3일 전까지 관계 당사자가 추천하는 위원의 명단제출이 없을 때에는 당해 위원을 위원장이 따로 지명할 수 있다.

④ 노동위원회의 위원장은 근로자를 대표하는 위원 또는 사용자를 대표하는 위원의 불참 등으로 인하여 제3항의 규정에 따른 조정위원회의 구성이 어려운 경우 노동위원회의 공익을 대표하는 위원 중에서 3인을 조정위원으로 지명할 수 있다. 다만, 관계 당사자 쌍방의 합의로 선정한 노동위원회의 위원이 있는 경우에는 그 위원을 조정위원으로 지명한다. 〈신설 2006. 12. 30.〉

제56조 【조정위원회의 위원장】

① 조정위원회에 위원장을 둔다.

② 위원장은 공익을 대표하는 조정위원이 된다. 다만, 제55조 제4항의 규정에 따른 조정위원회의 위원장은 조정위원 중에서 호선한다. 〈개정 2006. 12. 30.〉

제57조 【단독조정】

① 노동위원회는 관계 당사자 쌍방의 신청이 있거나 관계 당사자 쌍방의 동의를 얻은 경우에는 조정위원회에 갈음하여 단독 조정인에게 조정을 행하게 할 수 있다.

② 제1항의 규정에 의한 단독조정인은 당해 노동위원회의 위원 중에서 관계 당사자의 쌍방의 합의로 선정된 자를 그 노동위원회의 위원장이 지명한다.

제58조 【주장의 확인 등】

조정위원회 또는 단독조정인은 기일을 정하여 관계 당사자 쌍방을 출석하게 하여 주장의 요점을 확인하여야 한다.

제59조 【출석금지】

조정위원회의 위원장 또는 단독조정인은 관계 당사자와 참고인 외의 자의 출석을 금할 수 있다.

제60조 【조정안의 작성】

① 조정위원회 또는 단독조정인은 조정안을 작성하여 이를 관계 당사자에게 제시하고 그 수락을 권고하는 동시에 그 조정안에 이유를 붙여 공표할 수 있으며, 필요한 때에는 신문 또는 방송에 보도 등 협조를 요청할 수 있다.

② 조정위원회 또는 단독조정인은 관계 당사자가 수락을 거부하여 더 이상 조정이 이루어질 여지가 없다고 판단되는 경우에는 조정의 종료를 결정하고 이를 관계 당사자 쌍방에 통보하여야 한다.

③ 제1항의 규정에 의한 조정안이 관계 당사자의 쌍방에 의하여 수락된 후 그 해석 또는 이행방법에 관하여 관계 당사자 간에 의견의 불일치가 있는 때에는 관계 당사자는 당해 조정위원회 또는 단독 조정인에게 그 해석 또는 이행방법에 관한 명확한 견해의 제시를 요청하여야 한다.
④ 조정위원회 또는 단독조정인은 제3항의 규정에 의한 요청을 받은 때에는 그 요청을 받은 날부터 7일 이내에 명확한 견해를 제시하여야 한다.
⑤ 제3항 및 제4항의 해석 또는 이행방법에 관한 견해가 제시될 때까지는 관계 당사자는 당해 조정안의 해석 또는 이행에 관하여 쟁의행위를 할 수 없다.

제61조【조정의 효력】
① 제60조 제1항의 규정에 의한 조정안이 관계 당사자에 의하여 수락된 때에는 조정위원 전원 또는 단독조정인은 조정서를 작성하고 관계 당사자와 함께 서명 또는 날인하여야 한다. 〈개정 2006. 12. 30.〉
② 조정서의 내용은 단체협약과 동일한 효력을 가진다.
③ 제60조 제4항의 규정에 의하여 조정위원회 또는 단독 조정인이 제시한 해석 또는 이행방법에 관한 견해는 중재재정과 동일한 효력을 가진다.

맛소금

노동사건에 있어서 권리구제를 위해 가장 먼저 떠오르는 방법은 소송이다. 하지만 본안소송에 의한 권리구제는 소송의 번잡성, 비신속성, 탄력성의 결여, 과다비용의 필요 등으로 인하여 많은 시간과 비용이 소모된다.

이러한 문제점으로 인하여 최근 노동분쟁에 대한 해결방안으로 민사집행법 제300조 제2항에 규정된 임시의 지위를 정하기 위한 가처분이 많이 활용되고 있다. 임시의 지위를 정하기 위한 가처분이란 당사자 사이에 확정 판결이 있기까지 다툼이 있는 법률관계를 방치한다면 권리자가 현저한 손해를 입거나 또는 소송의 목적을 달성하기 어려운 경우, 이로 인한 위험을 막기 위하여 법률관계에 관하여 잠정적으로 임시의 조치를 행하는 제도이다.

노동가처분을 주체를 기준으로 나누면, 크게 노동자 측 가처분, 사용자 측 가처분으로 나눌 수 있다. 노동자 측 가처분으로는 임금지급가처분, 전직명령효력정지가처분, 취업규칙효력정지가처분, 단체교섭응낙가처분 등이 있다. 특히 노동자 측 입장에서는 임금지급가처분이 자주 활용되는데, 이는 노동자지위보전가처분과 보통 병행하여 진행되는 경우가 많다.

사용자가 노동자를 해고하였으나 그 해고가 무효라고 다투는 경우, 해고무효 확인소송을 진행해야 하는데, 이 소송은 판결이 확정되어야 효력이 발생하므로, 노동자 측에서는 소송이 진행되는 동안 노동자로서의 지위를 보전해야 하는 경우가 발생할 수 있다. 그래서 이와 같은 노동자지위보전가처분과 임금지급가처분이 활용될 필요성이 있는 것이다.

사용자 측 가처분으로는 공장시설 등의 출입금지가처분, 업무방해금지가처분, 쟁의행위 금지가처분 등이 있다. 이 중 쟁의행위금지가처분이 중요한데, 쟁의가 정당한 한계를 넘어 위법한 권리침해가 발생할 경우 그 손해가 매우 크기 때문이다.

다만 쟁의행위는 헌법상 인정되는 노동자의 권리이기 때문에 법원 역시 고도의 신중함을 보이고 있다. 그래서 쟁의행위의 포괄적 금지를 명하는 가처분에 대해서 판례는 부정적으로 보고 있다. 그러나 예를 들어 직장점거나 피케팅과 같이 금지되는 행위를 특정하여 금지를 명하는 가처분은 그 필요성이 인정된다면 법원은 받아들이는 추세이기 때문에 사용자 측에서 충분히 고려할만한 분쟁해결수단이 될 것이다.

이와 같이 노사 간 분쟁을 해결하는 방법은 본안소송만이 있는 것이 아니다. 앞서 살펴본 가처분제도를 적극 활용한다면 시간과 비용을 소요하지 않고도 원만한 분쟁해결을 도모할 수 있을 것이다.

자료 : 스페셜경제(http://www.speconomy.com)

2) 중재

중재(仲裁)는 중재위원회(공익위원 3인)가 노사 모두의 주장을 들은 후 적절하다고 생각되는 중재재정을 내림으로써 노동쟁의를 종국적으로 해결하는 것으로서, 조정(調停)과는 달리 노사 당사자는 중재위원회의 중재안을 거부할 수 없으며 반드시 이에 따라야 한다.

이렇듯 중재는 당사자를 강제로 구속하기 때문에 중재의 신청은 노사 쌍방이 합의로 해야 하며 어느 일방이 신청을 하려면 단체협약에 그러한 내용이 있어야 한다. 또한 중재가 개시되면 조정(調停)과 관련된 쟁의행위금지기간(10일 또는 15일)과는 별도로 그날부터 15일간 쟁의행위가 금지된다.

노사 당사자는 중재안(중재재정)을 거부할 수 없으나, 이러한 중재안이 위법하거나 월권에 의한 것이라고 판단된다면 중앙노동위원회에 재심을 신청하거나 행정법원에 행정소송을 제기할 수 있다. 그러나 재심신청 또는 행정소송을 제기했다고 해서 중재재정의 효력은 정지되지 않으므로 여전히 노사 당사자를 구속하며, 확정된 중재재정은 수락된 조정안과 마찬가지로 단체협약과 동일한 효력을 지닌다.

제62조【중재의 개시】

노동위원회는 다음 각호의 어느 하나에 해당하는 때에는 중재를 행한다. 〈개정 2006. 12. 30.〉

1. 관계 당사자의 쌍방이 함께 중재를 신청한 때
2. 관계 당사자의 일방이 단체협약에 의하여 중재를 신청한 때
3. 삭제 〈개정 2006. 12. 30.〉

제63조【중재 시 쟁의행위의 금지】

노동쟁의가 중재에 회부된 때에는 그날부터 15일간은 쟁의행위를 할 수 없다.

제64조【중재위원회의 구성】

① 노동쟁의의 중재 또는 재심을 위하여 노동위원회에 중재위원회를 둔다.

② 제1항의 규정에 의한 중재위원회는 중재위원 3인으로 구성한다.

③ 제2항의 중재위원은 당해 노동위원회의 공익을 대표하는 위원 중에서 관계 당사자의 합의로 선정한 자에 대하여 그 노동위원회의 위원장이 지명한다. 다만, 관계 당사자 간에 합의가 성립되지 아니한 경우에는 노동위원회의 공익을 대표하는 위원 중에서 지명한다.

제65조【중재위원회의 위원장】

① 중재위원회에 위원장을 둔다.

② 위원장은 중재위원 중에서 호선한다.

제66조【주장의 확인 등】

① 중재위원회는 기일을 정하여 관계 당사자 쌍방 또는 일방을 중재위원회에 출석하게 하여 주장의 요점을 확인하여야 한다.

② 관계 당사자가 지명한 노동위원회의 사용자를 대표하는 위원 또는 근로자를 대표하는 위원은 중재위원회의 동의를 얻어 그 회의에 출석하여 의견을 진술할 수 있다.

제67조【출석금지】

중재위원회의 위원장은 관계 당사자와 참고인 외의 자의 회의출석을 금할 수 있다.

제68조【중재재정】

① 중재재정은 서면으로 작성하여 이를 행하며 그 서면에는 효력발생 기일을 명시하여야 한다.

② 제1항의 규정에 의한 중재재정의 해석 또는 이행방법에 관하여 관계 당사자 간에 의견의 불일치가 있는 때에는 당해 중재위원회의 해석에 따르며 그 해석은 중재재정과 동일한 효력을 가진다.

제69조【중재재정 등의 확정】
① 관계 당사자는 지방노동위원회 또는 특별노동위원회의 중재재정이 위법이거나 월권에 의한 것이라고 인정하는 경우에는 그 중재재정서의 송달을 받은 날부터 10일 이내에 중앙노동위원회에 그 재심을 신청할 수 있다.
② 관계 당사자는 중앙노동위원회의 중재재정이나 제1항의 규정에 의한 재심결정이 위법이거나 월권에 의한 것이라고 인정하는 경우에는 행정소송법 제20조의 규정에 불구하고 그 중재재정서 또는 재심결정서의 송달을 받은 날부터 15일 이내에 행정소송을 제기할 수 있다.
③ 제1항 및 제2항에 규정된 기간 내에 재심을 신청하지 아니하거나 행정소송을 제기하지 아니한 때에는 그 중재재정 또는 재심결정은 확정된다.
④ 제3항의 규정에 의하여 중재재정이나 재심결정이 확정된 때에는 관계 당사자는 이에 따라야 한다.

제70조【중재재정 등의 효력】
① 제68조 제1항의 규정에 따른 중재재정의 내용은 단체협약과 동일한 효력을 가진다.
② 노동위원회의 중재재정 또는 재심결정은 제69조 제1항 및 제2항의 규정에 따른 중앙노동위원회에의 재심신청 또는 행정소송의 제기에 의하여 그 효력이 정지되지 아니한다. 〈전문개정 2006. 12. 30.〉

그림 6-3 연도별 분쟁해결률

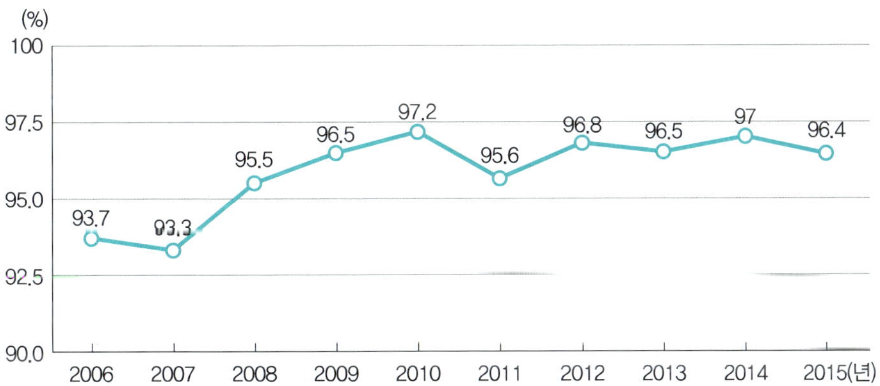

주 : 분쟁해결률이란 근로자가 초심 지노위에 신청한 각종 구제신청사건에 대하여 초심 또는 재심과정에서 당사자가 화해・취하 또는 판정을 수용하여 노동위원회에서 구제신청을 둘러싼 당사자 간의 분쟁이 종국적으로 해결된 것을 말함

분쟁해결률=(초심처리건수−행정소송제기건수)/초심처리건수×100

자료 : 고용노동부, 조정・심판사건 통계

3) 긴급조정(緊急調停) 및 긴급중재(緊急仲裁)

긴급조정은 공익사업은 말할 것도 없고 일반사업의 경우에도 특별한 것일 경우 강제적인 중재가 가능하도록 한 제도이다. 이 긴급조정은, 첫째 앞에서 설명한 중재가 쟁의행위 전에 이루어지는 것임에 비해 긴급조정은 쟁의행위가 행해진 후에 이루어지고, 둘째 쟁의행위금지기간이 공익사업보다 더 긴 30일이고, 셋째, 공익사업만이 아니라 일반사업에도 행해진다는 점에서 중재제도와 다르다.

긴급조정이 이루어지기 위한 요건은 공익사업에 관한 것이거나, 그 규모가 크거나, 그 성질이 특별한 것이어야 하고 혹은 현저히 국민경제를 해하거나 국민의 일상생활을 위태롭게 할 위험이 현존하는 경우로 이를 필수공익사업으로 명시하고 있다([사례 6-3] 참조). 이러한 경우에 노동부장관이 중앙노동위원회의 의견을 들어서 긴급조정의 결정을 하게 되는데 그러나 단순히 의견을 들을 뿐이지 중앙노동위원회의 의견에 구속되는 것은 아니다.

이 긴급조정제도는 국민경제 내지 국민생활에 중대한 위험이 우려되는 경우 일정기간 쟁의행위를 중지시키고 신속한 조정절차를 거쳐 쟁의행위를 해결하기 위한 것이라고 하나 노사자치주의가 중심원리가 되어야 하는 집단적 노사관계에서 노사당사자의 의사를 무시한 채 노동자들의 쟁의행위를 간과하는 결과를 초래한다는 지적도 있다.

사례 6-3 **항공업계 '쟁점'으로 떠오른 필수공익사업장 두고 갑론을박**

항공업계의 '필수공익사업장 폐지'가 쟁점으로 떠올랐다.

18일 항공업계에 따르면 민주노총 소속 대한항공노조와 아시아나항공노조는 오너일가의 갑질과 전횡의 배경에는 필수공익사업장 지정이 있다며 이를 폐지해야 한다고 주장하고 있다. 반면 항공사에서는 이를 폐지할 경우 피해는 고스란히 국민에게 돌아간다며 맞서고 있다.

정부는 지난 2006년 12월 항공운수업을 필수공익사업장으로 지정해 파업 등의 단체행동권에 제한을 뒀다. 정부는 파업 등으로 업무가 정지될 경우 국민생활과 경제에 막대한 영향을 미칠 수 있는 사업에 대해 공익사업으로 지정하고 있다. 철도나 수도, 전기, 가스, 석유정제, 병원, 통신사업, 항공운수업이 여기에 해당된다.

이번에 새롭게 만들어진 민주노총 소속 대한항공직원연대지부는 아예 필수공익사업장 지정 폐지를 공약으로 내걸었다.

이들은 "전 세계에 우리나라에만 있는 제도로 노동자의 방패인 파업권을 제한하고 있다"며 "파업권이 제한적인 상황에서는 회사와 협상 테이블에서 힘의 불균형으로 인해 원하는 바를 얻을 수 없다"고 주장했다. 지난해 전국공공운수노조가 발간한 '항공운송사업 필수공익사업-필수유지업무제도 적용실태와 문제점 및 대안' 보고서 역시 항공사의 과점체제가 무너져 필수공익사업장 유지 필요성이 떨어졌다고 밝혔다.

항공운송업이 필수공익사업장으로 지정된 2006년에는 대한항공과 아시아나항공만 항공시장을 지배했지만 지난해 기준 국내 국적항공사는 9개로 늘었다. 대한항공과 아시아나항공 외에도 저비용항공사(LCC)인 제주항공, 이스타항공, 티웨이항공, 진에어, 에어부산, 에어서울 등이 설립됐다. 국내 취항 외항사도 49개에서 84개로 두 배 가까이 증가했다.

자료 : 뉴시스, 2018. 7. 18.

4) 사적조정

우리나라는 조정-중재-긴급조정과 더불어 사적조정제도에 관해 언급하고 있다. 이 조정절차는 노동위원회에 의한 조정절차이고 노사 당사자가 합의 또는 단체협약의 규정에 의해 제3자에게 조정을 맡길 수도 있다.

제52조【사적조정 · 중재】

① 제2절 및 제3절(조정 및 중재제도)의 규정은 노동관계 당사자가 쌍방의 합의 또는 단체협약이 정하는 바에 따라 각각 다른 조정 또는 중재방법(이하 이 조에서 '사적조정 등'이라 한다)에 의하여 노동쟁의를 해결하는 것을 방해하지 아니한다. 〈개정 2006. 12. 30.〉

② 노동관계 당사자는 제1항의 규정에 의하여 노동쟁의를 해결하기로 한 때에는 이를 노동위원회에 신고하여야 한다.

③ 제1항의 규정에 의하여 노동쟁의를 해결하기로 한 때에는 다음 각호의 규정이 적용된다.

1. 조정에 의하여 해결하기로 한 때에는 제45조 제2항 및 제54조의 규정. 이 경우 조정기간은 조정을 개시한 날부터 기산한다.
2. 중재에 의하여 해결하기로 한 때에는 제63조의 규정. 이 경우 쟁의행위의 금지기간은 중재를 개시한 날부터 기산한다.

④ 제1항의 규정에 의하여 조정 또는 중재가 이루어진 경우에 그 내용은 단체협약과 동일한 효력을 가진다.
⑤ 사적조정 등을 수행하는 자는 「노동위원회법」 제8조 제2항 제2호 각목의 자격을 가진 자로 한다. 이 경우 사적조정 등을 수행하는 자는 노동관계 당사자로부터 수수료, 수당 및 여비 등을 받을 수 있다. 〈신설 2006. 12. 30.〉

이 제도는 1987년 11월 노동법 개정 때 만들어진 임의조정방법으로 노사 자유의사에 의해 분쟁이 해결될 수 있다는 점에서, 즉 그동안 노동자들에게 불신감만을 주었던 정부에 의해서보다는 노사합의에 의해 믿을 수 있는 사람에게 조정 역할을 맡긴다는 점에서 바람직한 조정방법으로 받아들여지고 있다.

사적조정제도는 앞에서 살펴본 조정, 중재가 노동위원회에 의해 이루어지는 데 비하여 노사 쌍방이 합의에 의해 또는 단체협약이 정하는 바에 따라 제3의 인물에게 조정·중재를 맡기는 것을 말한다. 즉 노동조합과 사용자가 합의하기만 하면 노동운동단체나 노동운동 선배 또는 양심적인 변호사, 학자 등 제3의 인물에게 조정·중재를 맡길 수 있는 것이다.

디저트 dessert

- 노동쟁의, 쟁의행위 및 단체행동 등을 일컬어 통칭 노사분규라 한다. 먼저 노동쟁의라 함은 노동조합과 사용자 또는 사용자단체 간에 임금 · 근로시간 · 복지 · 해고 등 근로조건의 결정에 관한 주장의 불일치로 인하여 발생한 분쟁상태를 말한다.
- 또 쟁의행위라 함은 "파업 · 태업 · 직장폐쇄 기타 노동관계 당사자가 그 주장을 관철할 목적으로 행하는 행위와 이에 대항하는 행위로서 업무의 정상적 운영을 저해하는 행위"를 말한다.
- 마지막으로 단체행동이라 함은 집단적 행위를 말하는 것으로 노동자 측의 경우, 동일한 목적을 추구하는 다수 노동자의 의식적이며 의욕적인 공동행위를 가리킨다.
- 사용자 역시 노동조합의 쟁의행위에 대항하여 자기주장을 관철시킬 목적으로 쟁의행위를 할 수 있는데, 노동자들의 노동력 수령을 거절하는 직장폐쇄(lock out)가 이에 해당된다.
- 파업은 노동조합의 통일적 의사결정에 따라 근로계약상 사용자에게 제공할 의무가 있는 근로의 제공을 거부하는 쟁의수단을 말하는 것이다. 그 주체 · 목적 · 방법 등에서 다양한 형태로 전개되고 있으나 근로제공 거부라는 단순한 부작위 내지 노동력에 대한 소극적 조정이라는 점에 파업의 특징이 있다.
- 태업은 노동조합의 통일적 의사결정에 따라 근로계약상 제공할 의무가 있는 근로의 공급은 하되 사용자의 지휘, 명령을 부분적으로 배제하여 능률의 저하를 가져오는 쟁의행위이다.
- 보이콧은 사용자에게 압력을 가할 목적으로 노동조합이 쟁의행위의 상대방인 사용자의 제품의 불매를 호소하거나 그 제품의 취급을 거부하게 함으로써 그 제품의 거래를 방해하는 쟁의수단이다.
- 피케팅은 파업, 태업 및 보이콧 등의 효과를 높이기 위하여 부수적으로 행하는 쟁의수단이다. 이는 노동조합이 자신들의 행동에 동참하지 않는 노동자 내지 일반시민에게 쟁의행위가 벌어지고 있음을 알리고 이에 대한 협력을 호소하는 쟁의수단을 말한다.
- 직장점거란 파업을 할 때에 퇴거하지(work out) 아니하고 사용자의 의사에 반하여 사업장에 체류하면서 연좌 또는 농성하는 쟁의행위를 말한다.
- 생산관리란 노동조합원들이 쟁의의 목적을 달성하기 위하여 사용자의 지휘 · 명령권을 배제하면서 자신들의 의사에 따라 기업의 경영을 행하는 쟁의수단이지만 우리나라를 포함한 대부분의 국가에서 불법이다.
- 준법투쟁이라 함은 노동조합의 통제하에 다수의 근로자들이 근로기준법 및 노동조합법 등 관련 법령에 규정된 권리를 동시에 행사하거나, 의무를 동시에 이행하여 파업이나 태업과 같은 효과를 발생하는 것을 말한다.
- 직장폐쇄란 사용자가 노동자 측의 쟁의행위에 대항하는 행위로서 업무의 정상적인 운영을 저해하는 행위, 즉 사용자가 노동자 측의 쟁의행위에 대항하여 근로자에 대하여 노무의 수령을 집단적으로 거부하는 행위를 말한다. 사용자의 유일한 쟁의행위로서 방어적 성격으로만 사용되어야 한다.

- 노동쟁의를 신속 · 공정하게 해결함은 물론 쟁의행위에까지 확대되는 것을 방지함으로써 당사자들의 손실은 물론 국민경제의 안정과 발전에 기여코자 하는 것이 조정제도이다. 우리나라의 경우, 조정(調停) 및 중재제도가 있으며 사업장의 특수성과 노사분규상황을 고려하여 긴급조정 및 긴급중재제도를 시행할 수 있다.
- 한편 사적조정제도란 기존의 조정 · 중재가 노동위원회에 의해 이루어지는 데 비하여 노사 쌍방이 합의에 의해 또는 단체협약이 정하는 바에 따라 제3의 인물에게 조정 · 중재를 맡기는 것을 말한다.

CHAPTER 7

경영참가제도

무엇이 더 강한가? 인간과 프로세스

appetizer
애피타이저

경영자들은 구성원의 공헌에 대해 많은 신경을 쓴다. 직원들이 스스로 최선을 다하고 더욱 높은 성과를 달성하기 위해 일하기를 기대한다. 그런데 과연 경영자들은 구성원의 잠재력, 그가 탁월한 수준까지 공헌할 것이라는 점에 대해 얼마나 높은 믿음을 갖고 있을까? 인간의 공헌은 매우 복합적인 요인이 영향을 미치지만 높은 비전과 책임감을 갖는 것이 가장 중요하다. 어떻게 이것을 갖도록 영향을 미치는가가 리더가 할 일이다. 피터 드러커는 이것을 경영자가 해야 하는 가장 중요한 책임이라고도 말했다.

자료 : brunch.co.kr/@jakiva/55

1 경영참가제도의 의의와 효과

(1) 경영참가제도의 의의

경영참가제도(worker's participation in management)란 근로자 또는 노동조합이 경영자와 공동으로 조직의 경영관리기능을 담당·수행하는 것을 의미한다. 근로자 자신 또는 노동조합이 조직의 경영권에 참가하여, 경영자와 함께 경영상의 권한과 책임을 분담하는 것이다.

현대산업사회의 발전과 함께 노사관계가 기업발전은 물론이요, 국가경제발전의 중요한 변수로 등장함에 따라 국내외의 치열한 경쟁에 직면한 기업들이 생산성 향상과 종업원의 만족도 제고라는 두 가지 목표를 달성하기 위하여 경영참가가 하나의 중요대안으로 인식되고 확대되는 추세이다([사례 7-1] 참조).

경영참가제도가 발전하게 된 배경은 다음과 같다.

첫째, 근로자 혹은 노동조합의 경영참가 욕구가 커지고 있다는 점이다. 경제발전에 의한 소득증가 그리고 국민들의 의식수준이 고양되면서 경영참가에 대한 자신감과 욕구가 상승되었기 때문이다. 근로자들은 자신들의 일상적 삶을 지배하는 작업현장에서 더 많은 참여와 자율성, 그리고 생산과정에 대한 더 많은 지식과 통제력을 가짐으로써 노동현장에서의 소외를 극복하는 것과 아울러 노동인간화에 기초한 민주적 조직을 갖기를 원한다. 근로자들의 이와 같은 열망을 실현하는 유력한 수단들 중의 하나는 조직의 모든 수준에서 경험과 지식, 그리고 자원의 공유를 실현하는 것, 즉 참여경영의 구현이라 할 수 있다. 최근 젊은 세대의 민주적 가치관이 폭넓게 수용되면서 전통적인 경영관, 즉 경영과 노동의 분리라는 2분법적 사고가 더 이상 자리 잡기 어렵게 된 것도 이유이다.

둘째, 경영민주주의 내지는 산업민주주의의 등장으로 말미암이 노사협조의 필요성이 증대되었기 때문이다. 경영참가는 경영의 효율성과 경쟁력이라는 문제의식을 포함하기는 하지만, 이보다는 보다 근본적이고 장기적인 규범적 목표, 즉 사회민주화의 실천적 측면이다. 구체적으로 노조의 경영참가는 자본주의적 생산양식의 발달에 따른 노동의 인간성 소외를 극복할 수 있을 뿐만 아니라, 생산수단의 운영에 관계되는 기업의 의사결정과정에 노동자가 참가함으로써 생산수단 운영에 있어 민주적 통합을 기할 수 있다.[1] 노조의 경영참가는 협력적 관계의 제도화로 나타나는 것이며, 노사 간의 이해공통성(common interest)이라는 패러다임에 기초한다.

셋째, 세계적 양상의 치열한 경쟁환경 속에서 기업이 생존하기 위해서 경영참가가 생존과 성장의 새로운 경영전략으로 자리매김하게 되었기 때문이다. 이를테면

사례 7-1 **국민연금의 '스텔스 노동이사제'… 눈치만 보는 기업들**

'노동이사제' 들어보셨나요? 말 그대로 노동자, 즉 직원이 이사회의 구성원인 이사가 되는 것입니다. 직원이니까 원래 하던 일을 하면서 비상임으로 이사직을 수행하는 것이지요. 문재인 대통령은 대통령선거 공약에서 "공공부문부터 노동이사제를 도입해 민간기업으로 확산시키겠다"고 약속했습니다. 근로자대표 1~2명의 경영참여를 보장해주겠다는 뜻인데요. 금융위원회의 민간 자문기구인 금융행정혁신위원회도 지난 2017년 12월 금융행정혁신보고서를 통해 관련 제도 도입을 권고했습니다.

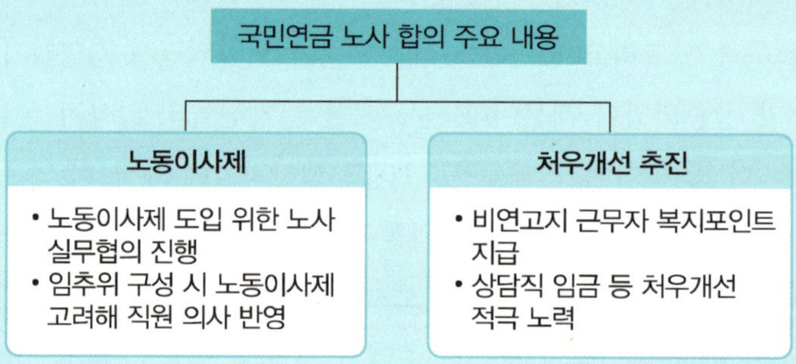

이런 제도를 국민연금도 도입합니다. 주택도시보증공사(HUG)와 한국전력공사 등에 이은 것인데 대형 공공기관인 만큼 파급력이 클 전망입니다. 국민연금 노사는 지난해 12월 19일 노동이사제 도입을 위한 노사 실무협의를 진행한다는 내용의 노사합의서를 체결했습니다.

자료 : 서울경제, 2019. 1. 12.

1) 占部都美, 經營參加と 日本的 勞使關係, 白桃書店, 1977, p.15.

제품, 원가, 시장개척의 측면에서 요구되는 고도의 효율성은 기업구성원의 창의와 자율에서 얻어질 수밖에 없다. 따라서 경영참가제도는 이러한 요구를 해결하는 유용한 수단으로써 생산성 향상에 긍정적 효과를 거두는 대안이 된다.

예컨대, 노조는 혁신과정을 완전히 주도하지는 못한다 하더라도 혁신의 도입과 확산 및 유지하는 데 결정적으로 중요하다. 노조가 혁신의 동반자로서 이 과정에 참여하여 영향을 미치며, 전략적 경영의사결정과 인적자원관리시스템의 변화에 노동자들의 이해를 반영하는 기업에서는 혁신의 도입과 유지가능성이 더 높다는 연구결과는 노조가 차지하는 역할의 중요성을 입증한다.[2] 실제로 기업조직에서 노조가 수행하는 기능은 경영이 판단하는 것보다 훨씬 많고 다양하며, 그 효과 역시 조직의 발전과 노동자들의 삶의 질 향상에 긍정적이라는 것이 기존의 많은 연구들을 통해 실증적으로 입증된 바 있다.[3]

이처럼 경영참가제도는 노사협력의 증진을 꾀하기 위한 방안으로 확대되는 추세이다. 대립적인 영·미식 단체교섭의 노사관계에 있어서도 비록 공동의사결정의 방식은 취하지 않으나 구성원의 경영참가제도를 그들의 보완수단으로 다각적으로 인정하고 있다. 한편 구 서독, 프랑스 등 대부분의 유럽국가에서는 노동자의 경영참가를 입법으로 정하여 종업원의 경영참가가 합법적으로 보장되어 있다.

그러나 여기에는 몇 가지 문제점들이 존재한다. 노동자에게 이와 같이 경영참가를 인정한다면 경영권을 침해하는 것은 아닌가, 또 이것이 인정되었을 경우 노동조합은 책임을 질 만한 능력은 지니고 있는가, 책임의 한계는 어디까지이며, 잘못하면 노동조합의 파탄을 초래하는 것은 아닐까 하는 점 등이다.

일반적으로 어떠한 사항들이 경영참가의 대상(issue)이 되고 있는가를 정리하면 다음과 같다.

- **생산 및 기술적 사항** : 생산계획, 생산방법, 직무 및 작업집단 조직개발계획 및 공정계획 등에 관한 사항

---

2) T. A. Kochan & P. Osterman, *The Mutual Gains Enterprise*, Boston : Harvard Business School Press, 1994, p.108.

3) Richard B. Freeman & James Medoff, *What Do Unions Do?*, New York : Basic Books, 1984.

- **고용 및 인사·노무사항** : 채용, 승진 및 승급, 배치전환, 교육훈련, 작업시간, 작업환경개선, 근로복지, 업적평가, 임금 및 부가급부, 급여지불방법, 해고, 임시해고, 산업재해 방지 등에 관한 사항
- **경제적 사항** : 투자계획, 판매정책, 가격정책, 자금운용계획, 배분정책 등에 관한 사항
- **기타 사항** : 최고경영자의 임명, 공장이전, 공장의 부분폐쇄결정, 합병 등의 회사존립에 관한 사항

(2) 경영참가제도의 효과

노동조합의 경영참가제도는 기본적으로 다음과 같은 효과를 지니고 있다.[4)]

1) 근로자의 이익증진

경영참가가 과연 근로자들의 이익을 증진시키는가 여부에 대해서는 다양한 견해가 존재한다. 구성원의 이익을 보호하고 증진시키기 위해서는 노동조합이 경영에 참여하여 적극적으로 의사결정에 개입하여야 한다는 견해와 더불어, 반대로 노동조합의 경영참여는 오히려 자본가계급의 조직에 흡수되어 자신들의 이익을 요구할 수 있는 세력을 약화시킨다는 견해가 있다. 결국 노조가 주체성을 잃지 않는 범위 내에서의 동반자적 시각의 경영참가는 기업경영에 긍정적 영향을 미친다고 할 수 있다.

2) 소외의식의 해소와 인성개발

이는 노조의 경영참가가 근로자의 직업에 대한 의식과 가치관을 제고시킨다는 뜻이다. 경영참가를 통해 자율성이 신장됨으로 인해 인간소외에서 벗어날 수 있으며 자신의 작업에 보다 깊이 있는 의미를 부여할 수 있다. 피고용자 혹은 명령수행

4) K. F. Walker, "Worker's Participation in Management, Problems, Practice and Prospection", *IILS Bulletin*, No.12, 1974, pp.4-8.

자로서의 수동적 작업이 아니라, 의사결정인 혹은 자율작업자로서의 능동적 작업이 가능해진다.

3) 기업 내 민주화 제고

노조가 경영에 참가함으로써 기업 내의 세력을 더욱더 공평하게 분산시키며, 기업경영상에 나타나는 제 문제의 해결방법을 보다 민주적인 방법으로 처리할 수 있도록 한다. 이는 의사결정상에 있을 수 있는 일방적 견해를 지양하고 균형적인 의사결정이 이루어짐으로써 가능해진다.

밋소금 **죽은 노동의 사회**

노동의 미학화에 있어서 핵심은 '수동적 객체로서의 노동자의 능동적 사용자화(혹은 경영자화)'입니다. 이제 노동은 단순히 노동력을 화폐와 교환하는 과정이 아니라 산업혁명 이전의 장인들처럼 자신의 자아를 실현해 가는 과정으로 인식됩니다. 사용자와 노동자의 가장 큰 차이점은 '자신의 일을 하는 사람'과 '남이 시키는 일을 하는 사람'입니다. 그래서 사람들은 분명히 노동자임에도 불구하고 자신을 노동자로 부르는 것을 거부합니다. 돈 때문에 억지로 남이 시키는 일을 한다고 생각하면 비참하잖아요. 대신 노동자들은 "비록 내가 월급을 받아 생활하는 건 맞지만, 난 이 일을 내가 원해서 하는 거야"라고 최면을 겁니다. 더 나아가서는 "나는 내 인생을 가꾸는 경영자야"라는 마음가짐까지 내면화하죠. 이제 노동자는 사라지고 사용자만이 존재하는 기묘한 사회가 등장하였습니다.

자료 : '피로사회'와 '열정은 어떻게 노동이 되는가?' 엮어 읽기, 강연자

4) 인적자원의 효율적 이용

노조의 경영참여는 노사 간 수평적 관계를 강조하고 협조적 의사소통을 촉진시키기 때문에 근로자의 좋은 아이디어를 효율적으로 끄집어낼 수 있다. 고정화된 명령지휘체계하에서 창의적 사고나 융통성 있는 대응을 기대하기는 어렵다. 긴밀하고 신속한 의사교류는 유능한 종업원의 잠재성을 확인하는 데 도움을 준다. 또 근로자들이 경영참가를 통해 기업경영정책의 의도를 보다 잘 이해하게 됨으로써 질적으로 의미 있고 합리적인 작업수행이 가능해진다.

2 참가목적에 의한 경영참가 유형

노동자의 경영참가방식은 국가의 문화·경제·사회 및 정치적 환경에 따라 다양한 형태로 나타난다. 노조 등 근로자집단의 경영참가는 참가목적에 의해 자본참가·이익참가·(협의의) 경영참가로 나눌 수 있다([표 7-1] 참조). 그런데 여기에서 자본참가와 이익참가는 성과를 놓고 참가하는 결과참가형태인 데 비하여, 협의의 경영참가는 의사결정에 참가하는 과정참가이다. 또 자본참가, 이익참가가 소유참가형태이자 물질적 참가인 데 비하여, 후자는 의사결정참가이자 비물질적 참가라는 특징이 있다.

선진국의 경우 노사대립의 구도를 협력의 구도로 전환시키기 위해 노동자의 경영참가제도를 그 나라 특유의 실정에 맞추어 적극적으로 발전시켜 오고 있다. 생활공동체·운명공동체라는 추상적인 주장이나 가족적 윤리관을 바탕으로 한 가족공동의식이나 주인의식의 강조만으로는 노사관계의 본원적 이해대립을 극복할 수 없기 때문이다. 주인의식이나 공동체의식을 실현시킬 수 있는 구체적인 동반자적 참여시스템의 뒷받침이 없는 추상적인 이데올로기적 주장만으로는 결코 협력적 노사관계를 구축할 수 없다. 1974년 노동자의 경영참가에 관한 ILO의 오슬로(Oslo)의 심포지엄에서 "노동자의 경영참가제도는 이제 실시할 것인가 아닌가의 문제가 아니라 어떻게 실시할 것인가의 문제이다(Worker's participation is no longer a question of 'whether' but of 'how')"라고 표명하면서 경영참가제도는 폭넓게 받아들여지고 있다.

표 7-1 참가목적에 따른 경영참가 분류

직접참가	① 자본(소유)참가 : 종업원지주제도 · 노동주제도
간접참가	② 이익참가(이윤분배제도) : 스캔론 플랜 · 럭커 플랜 ③ 협의의 경영참가 : 노사협의제 · 공동결정제

(1) 자본참가

자본참가는 구성원들로 하여금 자본의 출자자로서 조직경영에 참가시키고자 하는 것으로 종업원지주제도와 노동주(勞動株)제도가 있다.

1) 종업원지주제도

종업원지주제도는 회사가 경영방침으로 종업원이 주식을 취득·소유할 수 있도록 정하여 종업원에게 특별한 편의를 제공하는 것이다. 즉 기업이 증자를 할 경우 종업원을 대상으로 일정한 기준에 따라 신주를 인수하게 함으로써 이들을 주주로 참여시키는 것이다.

이 제도는 19세기 말 영국의 한 광산회사에서 최초로 도입되었다가 구 서독에서의 노동자 재산형성목적과 미국에서의 경영민주화 사상고양과 더불어 발전하였다.[5] 최초에는 노무관리상의 대책 또는 안정주주의 확보라는 목적을 강조하였으나, 근래에는 협조적인 노사관계를 도모하여 노동자 재산형성을 촉진하고 노동자의 소외감을 부분적으로 해소하는 차원을 강조한다.

종업원지주제도의 형태는 그 자금 마련형태에 따라 임의 주식구입제도, 저축 장려 주식구입제도, 이윤분배 주식구입제도 등이 있다. 첫째, 임의 주식구입제도는 종업원이 자기자금으로 자사의 주식을 취득하는 것으로서 회사는 자금의 분할납입이나 저렴한 가격 등의 특혜를 제공한다. 둘째, 저축 장려 주식구입제도는 종업원이 급여액의 일부를 회사에 일정기간 저축하고 그 저축액에 대해서는 회사가 일정액의 회사주식으로 교부하는 형태이다. 임의 주식구입제도보다 노동자 재산형성에 기여도가 크다. 또한 회사와 종업원의 공동투사 형식일 경우 노사협조를 보다 촉진한다. 셋째, 이윤분배 주식구입제도는 회사가 이윤의 일부를 종업원에게 분배하고 이를 공로주[6] 또는 기타 종업원 명의형식으로 적립하여 자사주식을 획득하는

5) 최종대, 현대경영참가론, 경문사, 1988, pp.135-136.

6) 주식회사의 설립 또는 신주(新株)의 발행에 노력을 기울인 발기인이나 이사(理事) 및 기타 공로가 인정되는 자에 대하여, 이익배당의 우선권 또는 신주인수권이 부여되고 무상(無償) 또는 액면금액으로 교부되는 경우에 해당되는 주식

것을 말한다.

또 주식구입 및 참가형태에 따라 공동구입형태와 개별 구입형태로 나눌 수 있는데, 전자의 경우 개별 구입형태와 달리, 종업원의 연대의식이 크면 노동자에게 유리하지만 전직이나 퇴직 등 이동이 빈번하면 계산이 곤란한 단점이 있다. 관리형식에 따라서는 종업원의 주식을 회사가 직접 보관하고 관리하여주는 회사관리형, 종업원들이 회사와 무관하게 독립하여 일종의 '우리사주조합'을 조직하여 운영하는 종업원조직관리형, 그리고 관리업무를 전문금융기관에 포괄, 위임하는 금융기관관리형 등이 있다.

사례 7-2 한국증권금융 조경희 팀장 "우리사주제도, 노사 상생협력 추구"

최근 A기업 직원들은 자사 주식이 코스피시장에 상장한 지 4개월 만에 3배로 오르면서 큰 수익을 냈다. 상장 당시 부정적인 전망이 많았고, 상장 직후 주가도 지지부진했지만 시간이 지날수록 상황이 달라졌다. 오히려 성장세를 타면서 가격이 올랐고 우리사주를 취득한 직원들은 그만큼 수익을 얻게 됐다. 더불어 앞으로의 회사 성장에 대한 직원들의 관심도 커졌다.

조경희 한국증권금융 우리사주부문 팀장은 우리사주제도의 강점에 대해 "회사와 근로자가 윈윈할 수 있다는 점"이라고 말했다.

조 팀장은 "근로자는 '우리사주제도'를 통해 회사의 성장에 따른 과실을 공유할 수 있다"며 "우리사주제도는 근로자와 회사의 목표를 일치시키고, 상생협력을 추구하도록 유도한다"고 설명했다.

우리사주제도는 근로자가 자기회사의 주식을 취득하는 제도다. 한국증권금융은 지난 1977년부터 40여 년간 우리사주 전담수탁기관으로서 우리사주조합의 재산을 관리하고 있다. 또 우리사주조합원의 자금 부담을 완화하기 위해 장기·저리로 우리사주 취득에 필요한 자금을 빌려준다. 그는 "근로자 복지증진과 경영참여, 자기회사에 대한 주인의식과 애사심을 통한 기업발전은 우리사주제도의 목적"이라며 "현장에서는 늘 노사 한마음의 아름다운 모습을 느낀다"고 전했다.

올해 6월 말 기준으로 3,125개사가 우리사주조합을 결성했으며, 1,199개 조합, 36만여 명이 모두 7조 9,600억 원 규모(시가기준)를 예탁하고 있다.

자료 : 파이낸셜뉴스, 2019. 7. 13.

종업원지주제도를 통해 얻을 수 있는 효과로는 기업성과에 대해 종업원의 관심을 높일 수 있기 때문에 애사심과 동기유발효과가 있으며 아울러 종업원은 주주로서 기업경영에 대해 내용을 보다 잘 알게 되고 발언권도 있으므로 노사 상호 이해의 좋은 수단이 될 수 있다.

우리나라에서는 '우리사주제도'가 이에 해당하는데, 「근로자복지기본법」에는 "우리사주제도는 근로자로 하여금 우리사주조합을 통하여 자사주를 취득·보유하게 함으로써 근로자의 경제·사회적 지위 향상과 노사협력 증진을 도모함을 목적으로 한다"(동법 제27조)고 밝히고 있다([사례 7-2] 참조).

2) 노동주제도

노동주제도는 특수한 주식회사에서 일정한 조건하에 근로자가 노동을 제공하는 것을 일종의 노무출자로 보고 그들에게 주식을 내주는 제도를 말한다. 노동주에 분배된 이익은 노조가 그 자체 규정에 의거 조합원인 노동자에게 재분배한다. 일찍이 프랑스(1917년), 뉴질랜드(1924년) 등에서 채용되었다. 이를 통하여 노동자의 협력자적 지위를 높이고, 단순한 노동임금의 관념을 노동 보수의 사상으로 바꾼다는 데 의의가 있다. 그러나 노동주는 실제로는 특별한 효과가 없어 오늘날은 거의 실시되지 않고 있다.

(2) 이익참가(이윤분배제도)

경영의 능률증진에 대해 노동조합이 적극적으로 참가하고 협력한 대가로서 기업이 이윤의 일부를 임금 이외의 형태로 근로자에게 분배하는 방식이다. 집단성과급형태로서 스캔론 플랜·럭커 플랜 등이 있다.

1) 스캔론 플랜

스캔론 플랜(Scanlon plan)이란 미국 철강노동조합의 간부였던 스캔론(Joseph Scanlon)에 의해 1937년 개발된 집단 인센티브제도로서, 오늘날 이익분배제도 중 가장 대표적인 형태이다. 1930년대 당시 미국의 공황기에 철강업계 역시 침체에 빠져 있었다. 이때 그는 대립과 투쟁 위주의 노사관계를 지양하고 대화와 타협의 노사관계를 모색하면서 노사 상생의 방안으로 스캔론 플랜방안을 마련하였고 대성공을 거두었다. 이의 성공으로 후에 그는 MIT대학의 교수가 되었다.

스캔론 플랜은 '노사협력에 의한 생산성 향상'에 그 출발점을 두고 있다. 이 제도는 매출액, 즉 생산물의 판매가치에 대한 노무비(인건비, labor cost saving)의 절약분을 경영의 성과로 간주하여 이를 구성원들에게 상여금으로 나누어주는 방식이다.[7] 이는 종업원의 경험과 지식을 활용한 생산방법의 개선과 노사 간 커뮤니케이션의 향상을 위한 제안제도와, 생산성 향상에 따른 성과배분제도로서 상여금제도를 중심축으로 하고 있다. 여기에서 제안제도는 개인중심적인 것이 아니라 조직중심적인 것이어서 조직 차원의 협력이 강조되고 조직구성원 모두가 발생이익을 공유한다.

스캔론 플랜의 제안제도는 생산성 향상, 품질개선, 낭비요인 제거, 조직의 운영방법 개선 등에 관한 종업원의 아이디어를 자극하는 역할의 부서수준의 공장위원회(shop committee)와 종업원대표, 노조 및 회사대표 등 8~12명 정도의 노사 동수로 구성된 중역수준의 적격심사위원회(screening committee)를 중심으로 운영된다.

상여금의 배분은 다음과 같은 방법으로 이루어진다.

- 먼저 일정기간 동안의 기준노무비율을 산정한다. 기준노무비율은 노무비절약분을 산정하는 기준이 되는데, 일정기간 동안의 생산물의 판매가치에 대한 총노무비의 비율이다.
- 매출액에 재고품이나 반입품(retuned goods)의 가액을 가감하여 매월의 판매가치를 계산하고 이를 노사협조의 결과로 생겨난 경영성과로 간주한다. 그리고 이 같은 성과를 달성하기 위하여 실제로 지급된 매월의 실제 노무비를 계산

7) Brian Moore and Timothy Ross, *The Scanlon Way to Improved Productivity : A Practical Guide*, N.Y. : Wiley, 1978, p.2. in Gary Dessler, *Personnel Management*, 4th ed., Englewood Cliffs, New Jersey : Prentice-Hall, Inc., 1988, pp.404-405.

한다.

- 앞에서 계산된 당해 월의 생산물의 판매가치에 기준노무비율을 곱하여 산출한 기준노무비에서 실제노무비를 차감하여 노무비 절약분, 즉 상여금 재원(bonus pool)을 산정한다.
- 실제 상여금 재원의 배분은 회사의 재정형편에 따라 다르겠지만 일반적으로 노무비가 기준노무비를 초과할 경우를 대비하여 25%는 재정적립금으로 사내에 유보하고 나머지 75%는 종업원과 회사에 각기 75%와 25%, 즉 3 : 1 비율로 배분한다. 그리고 개별 종업원에 대한 배분액은 노무비 총액에 대한 상여금 총액의 비율을 구해서 이를 각 개인의 월급여액에 곱하여 결정한다. 그리고 결손월을 대비해 적립된 유보액은 역시 상여금으로 지급된다.

이상의 상여금 배분방법을 간단한 예를 들어 살펴보자. 만약 기준노무비율 45%, 판매가치 1,200,000달러, 노무비 504,000달러, 사내유보율 33.3%라고 가정했을 때 스캔론 플랜에 따른 상여금 계산은 다음과 같다(단위 : 달러).

- 기준노무비율=노무비/생산물의 판매가치(과거)=450,000/1,000,000=0.45
- 실제노무비율=노무비/생산물의 판매가치(현재)=504,000/1,200,000=0.42
- 기준노무비=기준노무비율×생산물의 현재가치=0.45×1,200,000=540,000
- 노무비절약분=기준노무비−실제노무비=540,000−504,000=36,000
- 월이용가능상여금=노무비절약분−사내유보=36,000−12,000=24,000
- 상여금지급비율=이용가능한 상여금/실제노무비=24,000/504,000=0.0476
- 개인별 상여금=상여금지급비율×개인당 월급=0.0476×2500=119.00

스캔론 플랜은 노사관계의 협력증진과 생산성의 향상 등 긍정적인 효과를 가져올 수 있으나, 경영자의 적극적인 의지와 종업원의 진정한 참여가 없이는 실패하기 쉽다. 특히 이윤의 확인, 배분율의 결정 등에 어려움이 있는 것이 사실이며, 임금을 저수준에 묶어둔 채 노동강화에 의해 개인수입을 높이게 함으로써 악용되어질 가능성이 있다는 비판과 대규모 기업에 적용이 곤란하다는 문제점이 있기도 한

만큼 그 적용에 주의가 필요하다. 또 1930년대 당시는 기업의 파산위기로 노사협조가 절실히 요구되었을 시점이었으며, 위기에 처한 기업은 그만큼 경영이 부실했기 때문에 역으로 그만큼의 생산성 향상 여지가 있었다는 점에서 고려할 만한 여지는 많다.

기본적으로 이 제도는 Y형 인간관을 전제로 산정한다. 인간이란 자기성취동기에서 일하고 자아실현의 단계에 도달하려고 하는 자발적인 인간이라고 가정할 때 그 적용이 가능하다.

2) 럭커 플랜

럭커 플랜(Rucker plan)은 미국의 경영고문이었던 럭커(A. W. Rucker)가 1899년부터 1929년 기간의 미국제조업 현황을 미국제조업 센서스를 통해 상세하게 분석·검토하여 1932년에 '럭커 생산분배의 법칙(The Rucker share of production principle)'을 발표함으로써 알려지게 되었다. 이는 당시 임금문제로 고심하던 많은 노동조합들과 기업경영자들에게 관심을 집중시켰을 뿐만 아니라 독일, 영국, 프랑스, 스페인 등 여러 나라에 소개되었다.

스캔론 플랜이 '시장판매가치'를 성과배분의 기준으로 삼은 데 비해, 럭커 플랜은 '생산부가가치'를 기준으로 삼았다는 점이 다르다. 이 제도는 생산부가가치의 증대를 목표로 한 노사의 협력체제를 만들어 그 생산성 향상의 성과를 '럭커 표준'이라고 하는 일정한 분배율로서 노사 간에 적정하게 분배하는 집단작업 자극계획으로 전개하고 있다. 이와 같은 럭커 플랜은 근대적인 동적 임금방식의 대표적인 것 중 하나로서 다음과 같이 경영성과배분의 커다란 지침을 제시하고 있다.[8)]

- 생산가치, 즉 부가가치를 산출한다. 산출된 생산가치는 노동자, 채권자, 국가기관 및 기업 자체의 생산가치 공헌도에 따라 분배된다. 생산가치의 계산을 공식화하면 다음과 같다.

8) 최종태, 현대경영참가론, 경문사, 1998, pp.495-498.

매출액－(원재료비＋보조재료비＋동력비＋기타비용)＝생산가치

∴ 생산가치＝임금＋봉급＋영업비용＋타인자본이자＋조세＋자기자본이자＋적립금

- 이에 의해서 임금상수를 산출한다. 럭커 플랜에 의하면 임금은 생산가치의 구성성분이나 이 생산가치에 대한 임금분배분을 어떻게 결정지을 것인가 하는 것이 또한 중심적 문제이다. 즉 럭커는 미국 제조업의 1914~1947년에 걸친 과거수치의 분석을 행하고 그것으로부터 분배분의 지표를 도출하였는데, 이것이 임금상수이다.
  그가 분석을 통해 얻은 결론은, 첫째 근로시간 및 근로수당의 실질임금은 근로시간당 및 노동수당의 생산성에 거의 정확한 대응관계에 있고, 둘째 생산가치에 대한 연간 임금분배분은 연간 생산가치의 39.395%를 나타냈다는 것이다. 즉 이러한 결론을 통해 럭커는 임금이 부가가치의 39.395%를 차지하고 있다는 사실을 실증적 방법으로 제시한 것이다.
- 각 개인의 임금을 산출한다. 위에서 언급한 바대로 럭커 플랜은 생산가치에 대한 임금총액의 상수를 결정하며, 그것에 의하여 각 연도의 임금총액은 자동적으로 계산된다. 그러나 이것만으로는 각 개인별 임금결정이 불충분하다. 추가적으로 각 개인에의 임금지급방법과의 관계를 명확히 하지 않으면 안 된다. 그는 다음과 같이 논술하고 있다.
  "각 작업자의 임금은 시간급임금(초과급을 포함), 청부임금, 할증임금으로 성립되나 이에 대해서는 럭커 플랜 채택 후에도 변함이 없다. 따라서 생산성 향상에 의한 성과의 각 개인에의 분배는 통상적인 임금을 기초로 계산된다." 이를 공식으로 표시하면 다음과 같다.

생산가치×임금상수＝임금총액

임금총액－기지급액(선급액)＝추가임금

그런데 이 추가임금을 어떻게 분배하는가에 대해서 럭커는 언급이 없다. 기본임률 그 자체를 기준으로 분배하는 것인지 아니면 실제로 개인이 취득한 임금에 비례해서 분배하는 것인지는 분명히 밝히지 않고 있다.

- 모든 결정은 노사의 협력관계를 유지하기 위하여 위원회를 통해서 이루어진다. 럭커 플랜의 기본목표는 노사협력관계의 확립과 유대 → 생산성 향상 → 공정분배 → 생활수준의 향상에 있다. 그렇게 하기 위해서 전제가 되는 것은 가장 객관적 지표인 '시장생산성'을 표현하는 생산가치의 확정과 임금의 비율을 결정하는 것이나, 이 결정은 단순히 경영자가 단독으로 행해서는 경영성과 분배의 민주적 효과를 상실하는 결과를 가져올 것이다. 따라서 럭커 플랜에서는 그 결정에 노사가 협력하여 결정할 수 있도록 위원회(committee)가 구성된다. 생산가치와 임금분배가 노동자들의 경제적 참가의 의의를 지닌다면, 이 위원회제도는 정신적 참가를 의미함으로써 경영목표달성을 위한 동기유발을 일으킨다.

스캔론 플랜과 럭커 플랜의 공통점은 기업의 성과에 따른 노동자에 대한 분배를 실현하면서 경제적 및 정신적 참가를 실현하려는 데 있다. 즉 생산성 증대가 조직의 목표임과 동시에 개인의 목표임을 현실적인 방법으로 실천하였다는 데 있다. 차이점은 스캔론 플랜이 매출액과 표준노무비를 기준으로 한 데 비하여, 럭커 플랜은 부가가치 생산가치와 임금상수를 기준으로 노동에 대한 분배율을 결정했다는 데 있다.

스캔론 플랜은 럭커 플랜에 비해 다음과 같은 장·단점을 가지고 있다. 장점으로는 첫째, 계산이 간편하고 명확하며 둘째, 전 종업원이 시장 메커니즘의 역할을 통한 기업의 성장에 총력을 기울일 수 있다는 점이다. 단점으로는 첫째, 인플레가 심할 경우 정확한 경영성과를 측정할 수 없다는 점과 둘째, 개별적인 성과공헌도를 명확히 파악할 수 없다는 점이다.

3 참가수준에 의한 경영참가 유형(협의의 경영참가)

근로자가 경영상 의사결정과정에 참여하는 협의의 경영참가는 이미 선진국에서 실시를 통해 노사관계의 선진화에 기여하고 있음이 다양한 연구를 통해 밝혀진 바 있으며 그 내용은 아래와 같다.[9]

- 기업경영의 의사결정에 근로자가 참여함으로써 기업 내 산업민주주의가 확대된다.
- 근로자의 의사결정 참가가 보장됨으로써 테일러리즘이나 포디즘적 생산체계가 가져온 노동의 소외 또는 비인간화 경향을 막아주어 근로자의 삶의 질을 향상시킨다.
- 근로자의 의사결정참여는 노사 쌍방의 커뮤니케이션을 향상시켜 노사 간의 상호 이해 및 노사관계의 안정화에 기여한다.
- 근로자의 경영참가는 노사관계의 안정화를 가져오며 결과적으로 동반자적 노사관계를 통한 기업의 생산성 향상에 도움이 된다.

다시 말하면, 단체교섭에서는 취급되지 않는 사항에 대하여 노사가 협력하기 위해 협의하는 제도를 협의의 경영참가라 하는데 노사협의회가 대표적인 케이스이다([표 7-2] 참조). 국가에 따라 노사협의회의 명칭은 다양하게 표현되지만(예를 들면, 경영협의회 종업원대표위원회, 공장위원회, 기업위원회, 공동생산위원회 등) 주로 단체교섭에서 언급하고 있지 못한 근로조건, 인사, 생산계획, 작업공정, 기업의 경제적 사항, 기타 기업경영 전반에 관한 사항을 대상으로 한다.

노사협의회제도는 일찍이 영국을 중심으로 유럽에서 발달하였는데 이는 노동조합이 기업이나 사업장 밖에서 산업별 혹은 직종별로 횡단적으로 조직되는 특성을 갖고 있어 단체교섭도 산업별 노동조합과 사용자단체 간에 통일적 교섭방식을 채택하기 때문에 기업 또는 사업장단위 내에서 발생하는 각종 문제를 합리적으로 해

9) 이주희 · 이승협, "경영참여의 실태와 과제", 한국노동연구원, 2005. 3.

표 7-2 노사협의와 단체교섭의 비교

구분	노사협의회	단체교섭
목적	노사공동의 이익증진과 산업평화의 도모	근로조건의 유지개선
배경	노동조합의 성립 여부와 관계없이 쟁의행위라는 위협이 배경 없이 진행	노동조합 및 기타 노동단체의 조립을 전제로 하고 자력구제로서의 쟁의를 배경
당사자	근로자의 대표자 및 사용자	노동조합의 대표자의 사용자
대상사항	기업의 경영이나 생산성 향상 등과 같이 노사 간 이해가 공통	임금, 근로시간, 기타 근로조건에 관한 사항처럼 이해가 대립
결과	법적 구속력이 있는 계약체결이 이루어지지 않음	단체교섭이 원만히 이루어진 경우 단체협약체결

결하고 근로자들의 기업에 대한 귀속의식을 제고하고자 도입되었다.

협의의 경영참가제도는 근로자 또는 노동조합의 의사결정 참여수준에 따라 노사협의제도와 공동의사결정제도로 나눌 수 있다. 흔히 산업민주주의의 노사관계 유형을 이야기할 때, 단체교섭제도를 근간으로 하는 영·미식의 경쟁적 노사관계와 공동결정제도를 근간으로 하는 독일식 친권적 노사관계를 꼽는다. 공동결정제도는 노조를 경영과 대립된 개념으로 보지 않고 동반자로 인식하여 기업의 의사결정에 있어서도 노사 공동결정으로 행하는 것이다. 여기에서는 우리나라의 노사협의제도와 독일의 공동의사결정제도를 통해 설명하기로 한다.

(1) 우리나라의 노사협의회

본래 노사협의회제도는 사용자가 경영상 제반 문제에 대해 협의와 공동결정하거나 단체협약상의 이견을 조정하고 또 기타 근로조건에 관한 사항들을 협의하는 제도이다. 노사협의제도는 1920년대 독일 바이마르 노동법체계하에서 노동자의 경영참가제도로서 비롯되었으며 1944년 국제노동기구가 "노동은 상품이 아니다"라고 천명한 필라델피아선언 이후 각국의 필요에 따라서 여러 가지 형태로 발전하게 되었다. 노사협의회제도에 관한 ILO의 정의를 살펴보면, "경영자와 노동자가 대등한 입장에서 단체교섭에서 취급하지 않는 사항으로서, 노사 쌍방이 이해관계를 공통으로 하는 사항에 대하여 협의함으로써 서로 간의 이해를 넓히고 협력하는 기능을 가진 제도"라고 하고 있다.[10)]

그러나 이 같은 ILO의 선언에도 불구하고 우리나라 노사협의회는 1980년 노사협의회법 제정으로 법적 제도화가 이루어졌지만 실제로는 주로 정치적 목적에 의해 근로자의 경영참가를 목적으로 하기보다는 기업 내 노무관리라는 노동조합 대체조직으로서의 역할성격이 강했음을 부인하기 어렵다. 따라서 1987년 이후 급격히 신장된 노조세력의 영향으로 노사협의회의 위치가 불안정한 것이 사실이다.

한편 최근에는 급변하는 기업환경에 적응하기 위한 전략적 차원으로 노사협의회를 적극 활용하려는 시도가 행해지고 있다. 즉 노사 간 의사결정 프로세스의 합리성, 투명성, 객관성을 확보하기 위해 노사협의회의 중요성이 커지고 있다. 물론 노사협의회의 존재 자체만으로 이를 담보할 수는 없고 노사협의회가 회사의 다른 기능으로부터 독립성을 보장받아 자유로운 의사결정의 장이 될 수 있도록 하여야 한다.

일본에 비해 우리의 경우 단체교섭과 노사협의제도가 뚜렷한 기능분담을 이루어내고 있지 못한 이유는 일본은 안정된 노사관계 위에 상호 신뢰가 뿌리 내리고 있지만 우리는 그렇지 못하기 때문이다.

우리나라에서는 1997년 3월 제정된 「근로자참여 및 협력증진에 관한 법률」에서 노사협의회제도를 제한된 범위 내에서 이루어지고 있기는 하지만 우리나라에서의 근로자 경영참가는 주로 노사협의회를 중심으로 이루어지고 있다. 다음에서 보는 바와 같이 1963년 노동조합법 제6조에서 노사협의회 설치규정을 마련한 이후 1997년 노사협의회법이 폐지되고 새로이 「근로자참여 및 협력증진에 관한 법률」이 제정되어 시행됨으로써 노사협의회는 법적으로 단순한 노사 간 교환 통로에서 실질적 내용인 의결권을 행사할 수 있는 근로자 경영참가의 제도적 기반을 마련하게 되었다([표 7-3] 참조). 여기에서는 노사협의회를 노동조합의 유무에 상관없이 상시 30인 이상의 노동자를 사용하는 사업장에 설치하고, 노동조합이 조직되어 있는

10) ILO, "Consultation and Cooperation between Employer at the Level of the Undertaking", *Labor-Management Relations Series*, No.13, 1962, pp.69-70.

사업장의 경우에는 상용노동자 수에 상관없이 의무적으로 설치하게 되어 있다.

우선 동법 제3조에 언급된 '노사협의회'의 정의를 살펴보면 다음과 같다. 우선 이 제도의 목적을 "근로자의 복지증진과 기업의 건전한 발전을 도모함"으로 하여 단체교섭대상이 될 수 있는 노사이해관계의 쟁점이나 무거운 주제들을 피하고 있으며, 특히 '협의기구'임을 명시하여 의사결정의 부담을 완화시키고 있다. 제5조에서 이 제도가 단체교섭으로부터 영향을 받지 않음을 명시한 것도 같은 이유로 해석할 수 있다.

우리는 흔히 노사 이해다툼이나 쟁점사항(임금, 근로조건)은 단체교섭에서 노사 이해공통사항(생산성 향상, 산업안전, 교육훈련, 복지 등)은 노사협의회에서 다루

맛소금 **한국 노사협의제의 발전**

1963년 노동조합법 제6조 : 노사협의회 설치규정
1973년 노동조합법 개정 : 노사협의회 협의사항규정
1975년 노동조합법 시행령 : 노동조합 조직사업체 노사협의회 설치 의무화
1980년 노사협의회법 제정 : 50인 이상 사업장 설치 의무화
1987년 노사협의회 협의 및 보고사항 확대
1997년 근로자참여 및 협력증진에 관한 법률 제정 : 30인 이상 사업장 설치 의무화, 협의사항 확대, 의결사항 신설, 자료제출 요구권 신설

표 7-3 | 노사협의회 설치 현황

구분	2009년	2010년	2011년	2012년	2013년	2014년	2015년	2016년
노사협의회 설치(개소)	46,005	46,702	47,621	47,456	47,302	49,730	51,034	51,047
30~49인 사업장	19,755	19,922	19,579	18,925	18,935	20,342	20,062	20,706
50~99인 사업장	14,538	14,763	15,384	15,676	15,512	16,287	16,884	17,459
100~299인 사업장	7,746	8,027	8,582	8,778	8,856	9,152	9,528	9,218
300~499인 사업장	2,510	2,523	2,490	2,376	2,276	2,212	2,243	1,963
500~999인 사업장	893	885	998	1,034	1,056	1,066	1,091	1,018
1,000인 이상 사업장	563	582	588	667	667	671	686	683

자료 : 고용노동부

면 된다고 이해하고 있다. 그러나 노사관계가 대립과 반목이 상존하는 경우, 경영층은 단체교섭보다는 노사협의회를 강조하는 경향을 보이며 반대로 노동조합은 단체교섭을 통해 현안문제를 부각시키고 다중의 힘을 빌려 그들의 교섭력을 증대시키려 하는 것이 일반적 경향이다.

맛소금 **노사협의회 Q&A**

Q. 노사협의회에 대표이사가 당연직 사용자위원으로 구성되었으나 바쁘다고 1년 동안 한 번도 참석하지 않았다. 이런 경우 제재할 수 있는가?

A. 「근로자참여 및 협력증진에 관한 법률」(이하 '근참법'이라 한다) 제6조 제3항에 따라 노사협의회의 '사용자를 대표하는 위원은 해당 사업이나 사업장의 대표자와 그 대표자가 위촉하는 자'로 하여 구성해야 하므로 당해 사업 또는 사업장의 대표자는 노사협의회의 당연직 사용자위원이다.
같은 법 제2조에서 근로자와 사용자는 서로 신의를 바탕으로 성실하게 협의해 임하여야 한다는 신의성실의 의무를 규정하고 있으므로 사업장의 대표자는 당연직 위원으로 부득이한 경우가 아니라면 노사협의회에 참석해야 하나, 회의참석을 법적으로 강제하는 것은 아니므로 제재가 어려워 보인다.

자료 : 박용호 노무사의 인사노무 이야기

「근로자참여 및 협력증진에 관한 법률」에서 노사협의회의 운영과 관련된 내용은 다음과 같다.

제3조 【정의】
1. '노사협의회'라 함은 근로자와 사용자가 참여와 협력을 통하여 근로자의 복지증진과 기업의 건전한 발전을 도모하기 위하여 구성하는 협의기구를 말한다.

〈전문개정 2007. 12. 27.〉

제5조 【노동조합과의 관계】
노동조합의 단체교섭이나 그 밖의 모든 활동은 이 법에 의하여 영향을 받지 아니한다.
〈전문개정 2007. 12. 27.〉

제6조【협의회의 구성】

① 협의회는 근로자와 사용자를 대표하는 같은 수의 위원으로 구성하되, 각 3명 이상 10명 이하로 한다.

② 근로자를 대표하는 위원(이하 '근로자위원'이라 한다)은 근로자가 선출하되, 근로자의 과반수로 조직된 노동조합이 있는 경우에는 노동조합의 대표자와 그 노동조합이 위촉하는 자로 한다.

③ 사용자를 대표하는 위원(이하 '사용자위원'이라 한다)은 해당 사업이나 사업장의 대표자와 그 대표자가 위촉하는 자로 한다.

④ 근로자위원이나 사용자위원의 선출과 위촉에 필요한 사항은 대통령령으로 정한다.

〈전문개정 2007. 12. 27.〉

제7조【의장과 간사】

① 협의회에 의장을 두며, 의장은 위원 중에서 호선한다. 이 경우 근로자위원과 사용자위원 중 각 1명을 공동의장으로 할 수 있다.

② 의장은 협의회를 대표하며 회의 업무를 총괄한다.

③ 노사 쌍방은 회의결과의 기록 등 사무를 담당하는 간사 1명을 각각 둔다.

〈전문개정 2007. 12. 27.〉

제8조【위원의 임기】

① 위원의 임기는 3년으로 하되 연임할 수 있다.

② 보궐위원의 임기는 전임자 임기의 남은 기간으로 한다.

③ 위원은 임기가 끝난 경우라도 후임자가 선출될 때까지 계속 그 직무를 담당한다.

〈전문개정 2007. 12. 27.〉

제12조【회의】

① 협의회는 3개월마다 정기적으로 회의를 개최하여야 한다.

② 협의회는 필요에 따라 임시회의를 개최할 수 있다.

〈전문개정 2007. 12. 27.〉

제13조【회의 소집】

① 의장은 협의회의 회의를 소집하며 그 의장이 된다.

② 의장은 노사 일방의 대표자가 회의의 목적을 문서로 밝혀 회의의 소집을 요구하면 그 요구에 따라야 한다.

③ 의장은 회의 개최 7일 전에 회의 일시, 장소, 의제 등을 각 위원에게 통보하여야 한다.

〈전문개정 2007. 12. 27.〉

제15조 【정족수】
회의는 근로자위원과 사용자위원 각 과반수의 출석으로 개최하고 출석위원 3분의 2 이상의 찬성으로 의결한다.
〈전문개정 2007. 12. 27.〉

제16조 【회의의 공개】
협의회의 회의는 공개한다. 다만, 협의회의 의결로 공개하지 아니할 수 있다.
〈전문개정 2007. 12. 27.〉

제17조 【비밀유지】
협의회의 위원은 협의회에서 알게 된 비밀을 누설하여서는 아니 된다.
〈전문개정 2007. 12. 27.〉

제18조 【협의회규정】
① 협의회는 그 조직과 운영에 관한 규정(이하 '협의회규정'이라 한다)을 제정하고 협의회를 설치한 날부터 15일 이내에 고용노동부장관에게 제출하여야 한다. 이를 변경한 경우에도 또한 같다. 〈개정 2010. 6. 4.〉
② 협의회규정의 규정 사항과 그 제정 · 변경절차 등에 관하여 필요한 사항은 대통령령으로 정한다.
〈전문개정 2007. 12. 27.〉

마지막으로 노사협의회의 임무와 관련된 내용은 다음과 같은데, 특히 제19조 협의사항대상의 선정을 놓고 노사 간 논란을 빚기도 하였다.

우리나라 노사협의회는 근로자의 경영참여기구로서 아직까지 많은 한계점을 지니고 있는 것이 사실이다. 우리의 노사협의회제도를 활성화하기 위해 어떠한 노력이 필요할까?

첫째, 법과 제도의 문제에 앞서 무엇보다도 노사 간에 신뢰가 형성되도록 정부의 적극적인 지원이 필요하다. 쌍방 간에 신뢰가 형성된다면 현재의 노사협의회만으로도 일정수준의 경영참여, 권리보호, 노동조건의 개선이 가능할 것이며 안정적인 작업장 노사관계가 형성될 수 있다.

둘째, 무엇보다도 노동조합과 노사협의회의 영역구분을 분명하게 할 필요가 있다. 참여주체, 논의대상 등 주요 영역을 분명하게 함으로써 효율성을 제고하고 근로자의 분열을 조장하지 말아야 한다. 따라서 정부는 사측과 노조 측의 의견을 충분히 수렴하여 각각의 영역에 대해 합리적인 제도를 수립하도록 하는 것이 선결되어야 한다.

셋째, 노사협의회의 독자성과 독립성을 보장하는 실질적인 조치가 있어야 한다. 특히 노동조합이 없는 중소기업에서는 노사협의회가 일종의 경영기구화되어 운영되는 사례가 많은데, 주로 경영자 측이 근로자대표를 지명함으로써 이들이 제대로 근로자의 입장을 대변하지 못하고 있기 때문이다.

제20조【협의사항】

① 협의회가 협의하여야 할 사항은 다음 각호와 같다.

1. 생산성 향상과 성과배분
2. 근로자의 채용 · 배치 및 교육훈련
3. 근로자의 고충처리
4. 안전 · 보건, 그 밖의 작업환경 개선과 근로자의 건강증진
5. 인사 · 노무관리의 제도개선
6. 경영상 또는 기술상의 사정으로 인한 인력의 배치전환 · 재훈련 · 해고 등 고용조정의 일반원칙
7. 작업과 휴게시간의 운용
8. 임금의 지불방법 · 체계 · 구조 등의 제도개선
9. 신 기계 · 기술의 도입 또는 작업공정의 개선
10. 작업수칙의 제정 또는 개정
11. 종업원지주제와 그 밖에 근로자의 재산형성에 관한 지원
12. 직무 발명 등과 관련하여 해당 근로자에 대한 보상에 관한 사항
13. 근로자의 복지증진
14. 사업장 내 근로자 감시 설비의 설치
15. 여성근로자의 모성보호 및 일과 가정생활의 양립을 지원하기 위한 사항
16. 그 밖의 노사협조에 관한 사항

② 협의회는 제1항 각호의 사항에 대하여 제15조의 정족수에 따라 의결할 수 있다.

〈전문개정 2007. 12. 27.〉

제21조【의결사항】

사용자는 다음 각호의 1에 해당하는 사항에 대하여는 협의회의 의결을 거쳐야 한다.

1. 근로자의 교육훈련 및 능력개발 기본계획의 수립

2. 복지시설의 설치와 관리
3. 사내근로복지기금의 설치
4. 고충처리위원회에서 의결되지 아니한 사항
5. 각종 노사공동위원회의 설치
〈전문개정 2007. 12. 27.〉

제22조 【보고사항 등】

① 사용자는 정기회의에 다음 각호의 1에 해당하는 사항에 관하여 성실하게 보고하거나 설명하여야 한다.
1. 경영계획 전반 및 실적에 관한 사항
2. 분기별 생산계획과 실적에 관한 사항
3. 인력계획에 관한 사항
4. 기업의 경제적 · 재정적 상황
② 근로자위원은 근로자의 요구사항을 보고하거나 설명할 수 있다.
③ 근로자위원은 사용자가 제1항에 따른 보고와 설명을 이행하지 아니하는 경우에는 제1항 각호에 관한 자료를 제출하도록 요구할 수 있으며 사용자는 그 요구에 성실히 따라야 한다.
〈전문개정 2007. 12. 27.〉

제23조 【의결사항의 공지】

협의회는 의결된 사항을 신속히 근로자에게 널리 알려야 한다.
〈전문개정 2007. 12. 27.〉

제24조 【의결사항의 이행】

근로자와 사용자는 협의회에서 의결된 사항을 성실하게 이행하여야 한다.
〈전문개정 2007. 12. 27.〉

제25조 【임의중재】

① 협의회는 다음 각호의 어느 하나에 해당하는 경우에는 근로자위원과 사용자위원의 합의로 협의회에 중재기구를 두어 해결하거나 노동위원회나 그 밖의 제삼자에 의한 중재를 받을 수 있다.
1. 제21조에 따른 의결사항에 관하여 협의회가 의결하지 못한 경우
2. 협의회에서 의결된 사항의 해석이나 이행방법 등에 관하여 의견이 일치하지 아니하는 경우
② 제1항에 따른 중재결정이 있으면 협의회의 의결을 거친 것으로 보며 근로자와 사용자는 그 결정에 따라야 한다.
〈전문개정 2007. 12. 27.〉

(2) 독일의 공동의사결정

독일의 기업 관행에서 공동의사결정의 이념이 생겨난 이유는 모든 경제문제해결에 있어서 민주주의가 실현되어야 한다는 공감대 때문이다. 독일의 근로자 경영참가형태는 근로자 및 노동조합의 참여를 법적·제도적으로 보장하고 있다는 점에서 생산현장에서 근로자의 개별 혹은 집단적인 자발적 헌신에 기초한 일본식 경영참가형태와 비교된다. 독일의 경우 중앙집중화된 강력한 산별노조가 근로자 이해를 대변함으로써 노사 간의 권력관계가 상대적으로 대등한 상태에 있고 이는 종업원평의회 등을 통해 기업경영에 대해 공동의사결정이 가능하게 하고 있다.

독일의 기업 관행에서 공동의사결정의 이념이 생겨난 이유는 제2차 세계대전 이후 경제복구 및 안정적 성장을 추구하는 과정에서 모든 경제문제해결에 민주적·합리적·평등적 의식이 자리하였고 민주주의가 실현되어야 한다는 공감대가 있었기 때문이었다. 따라서 그것은 기업 내의 의사결정과정에 대해 노동자 측의 영향력을 강화하여 경제적 민주주의 또는 산업민주주의를 실현하자는 데 그 목적을 두고 있다. 이 같은 경제적 민주주의로서의 공동결정제도는 독일에 있어서 오래 전부터 노사 및 정부에 대해 그 필요성이 인정되고 있다.

독일 공동의사결정제도의 기본적인 이념을 정리하면 다음과 같다.

첫째, 국가나 사회의 기본질서의 원리는 무엇보다도 인간의 자율적인 결정권이 보장되어야 한다.

둘째, 노동과 자본이 결합되어 하나의 생산을 영위하게 되는데 이에 있어 노동이 단순히 자본처럼 물적 투입요소로서 취급되어서는 안 될 것이다. 따라서 인간 존엄성의 관점에서 노동자의 경영참가는 당연할 수 있다.

셋째, 일반적으로 생산과정은 노동과 자본의 두 투입요소의 결합 없이 이루어질 수는 없다. 따라서 기업의 의사결정에 노동자 측과 자본가 측이 대등하고 동등한 위치에서 기업경영에 참여하는 것이 가능하며 이것이 곧 산업민주주의의 구현의 요체이다.

맛소금 공공기관 노동이사제, 국정과제로 확정

노동이사제를 도입한 주요 유럽 국가 현황

국가	도입부문	사업장규모	노동이사비율	이사회구조
독일	공공·민간	500명 이상	감독이사회의 1/3~1/2	감독이사회 참여, 경영이사회 불허
오스트리아	공공·민간	300명 이상	감독이사회의 1/3	감독이사회 참여
스웨덴	공공·민간	1,000명 이상	2~3명	감독이사회·경영이사회 구분 없음
덴마크	공공·민간	35명	1/3(최소 2명)	선택가능

자료 : 박태주 고려대 노동문제연구소 연구교수의 "한국에서 근로자이사제의 도입은 어떻게 가능한가" 논문

정부와 여당이 국정운영 5개년 계획의 100대 국정과제 가운데 하나로 '공공기관 노동이사제(근로자이사제)'를 도입하기로 확정함에 따라 공공정책의 일대 전환이 예상된다. 이는 전 정권의 공공부문 혁신과제였던 '성과연봉제'를 지난달 사실상 폐기하며 정책 방향을 수정한 데서 한 걸음 더 나아간 것이다.

대통령직 인수위원회 역할을 하고 있는 국정기획자문위원회와 정부는 노동이사제의 단계적 도입을 결정하기 전에 유럽과 서울시 사례를 참고했다.

유럽에서는 노동이사제가 이미 보편화돼 있다. 1951년 독일에서 가장 먼저 도입되어 덴마크, 스웨덴, 프랑스, 오스트리아 등 19개국에서 시행 중이다. 찬성론자들이 모범 국가로 꼽는 독일은 공공과 민간에 모두 노동이사를 두게 하고, 500명 이상의 종업원이 근무하는 사업장에 적용하고 있다.

다만 독일기업 지배구조가 집행기구 역할인 경영이사회와 견제 역할이 강한 감독이사회로 나뉘어 있다는 점에 주목해야 한다. 노동이사는 감독이사회에만 비상임이사로 참여하면서 경영진을 견제하고 이해관계자의 이익을 대변하는 역할을 한다. 노동이사비율은 감독이사회 전체의 3분의 1 이상, 2분의 1 이하로 정한다. 다만 2,000명 이상의 사업장에서는 감독이사회의 절반을 노동이사로 채운다.

자료 : 씨이오의 숲과 나무의 시선, 2017. 7. 6.

넷째, 사회질서와 경제질서의 안정적인 발전은 노동자와 기업주의 협력적인 의사나 태도만으로는 불충분하다고 본다. 이 같은 쌍방의 협조적인 의사나 태도가 집약화되고 제도화될 때 비로소 미래의 사회 및 경제질서의 안정도 장기적으로 보장될 것이다. 이를 실현시키는 구체적 방법이 공동의사결정이라고 보는 것이며, 노동자와 자본가의 공동참여형태의 노사관계구현이 목표가 된다.

이러한 이념은 역사적으로 많은 변화를 거치면서 이어져 내려오고 있다. 우선 제2차 세계대전 후 기업경영에 있어 공동결정권의 근거가 되는 다양한 견해가 이어지다가 1951년 5월, 몬탄철강기업에만 적용되던 공동의사결정제도가 「석탄 및 철강공업의 재건을 위한 공동결정법」을 통해 「석탄 및 철강공업의 재건을 위한 공동결정법」으로 제정되면서 공동결정제도의 모델이 마련되었다. 즉 석탄 및 철강공업부문에 있어서 기업가와 종업원은 공동으로 동등한 결정권을 지닌 채 생산증가, 생산의 합리화, 종업원관리 등을 다루었다.

이후 1952년, 「종업원평의회법」의 제정을 통해 2,000명 미만의 중소기업에 대해 근로자의 공동의사결정을 보장하였다. 또 1972년 1월 15일, 기존의 법을 전면 수정한 「경영조직법」을 통해 경영협의회의 권한이 대폭 확대되었고, 1976년 「근로자공동결정법」의 제정으로 철강산업 이외의 2,000명 이상의 대기업 사업장에 대해서도 공동의사결정제도가 확대 적용되었다([표 7-4] 참조).

이후 20세기 들어 테일러리즘과 포디즘의 대량생산방식에 의한 인간소외문제가 대두되자 1970년대 들어 노 · 사 · 정 공동으로 이를 해결하려는 시도로서 '노동생활의 인간화' 프로그램이 시도되었다. 이 프로그램은 종업원에게 직무순환, 직무확대와 더불어 자율권을 부여하여 근로의욕을 북돋는 방식이었다. 1980년대 이후에는 일본의 경영방식과 생산방식에 대한 높은 관심의 영향으로 작업현장의 근로자를 작업과정의 의사결정에 참여시키는 조치들이 등장하였다. 이러한 조치로는 개선활동, 제안제도, 품질분임조, 팀워크 및 집단작업 등이 있다.

표 7-4 독일 근로자 경영참가의 발전사

연도	내용
1848	프랑크푸르트 국민의회에서 공장위원회 설치 시도
1916	조국봉사법 제정
1920	바이마르공화국에서 종업원평의회법 제정
1934	국가노동질서에 관한 법률 제정
1947	감독회 근로자참여에 관한 협정(영국점령지역)
1951	몬탄공동결정법 제정
1952	종업원평의회법 제정
1956	몬탄공동결정법에 대한 보충법률 제정
1972	사민/자유당 연정하에서 종업원평의회법 개정
1973	BMW에 학습소(Lernstatt) 도입
1974	'노동생활의 인간화' 프로그램 실시
1976	근로자공동결정법 제정
1980	지멘스에 품질관리조 도입
1988	기민/기사/자유당 연정하에서 종업원평의회법 개정
2001	사민/녹색당 연정하에서 종업원평의회법 개정

한편 대부분의 독일식 공동의사결정기구의 구성에 있어 노사가 동수로 참여하고 있는 점이 주목되지만, 노동조합이 기업의 공동주체로서 그 역할을 제대로 수행하기 위해서는 전문적인 지식과 능력을 구비하여야만 한다. 그렇지 못하고 한계를 드러낼 경우 단순히 노사 동수의 구성만으로 공동의결의 장점을 실현한다고 단정하기는 곤란하다

표 7-5 종업원평의회의 참여권리

공동영향권		공동결정권
정보권	제안, 청문 및 자문권	제안 및 거부권
참여의 강도		
낮음	중간	높음
효력의 범위		
경제관련 사항 신기술 도입	인사사항	사회 및 복지관련사항
주요 내용		
• 공장의 신축, 개축, 확장과 관련된 계획 • 기계 및 공장설비계획 • 작업방식 및 작업흐름에 관한 계획 • 작업장 고용관련 계획	• 인사계획 • 해고 • 직업교육 • 내부채용 • 선발기준 • 작업장 배치, 작업흐름, 작업내용	• 노동시간의 시작, 종료, 분배 및 일시적 변경 • 임금지불방식의 규정, 적용 및 변경 • 사회 및 복지관련 계획 • 개별 근로자에 대한 조치, 채용 및 배치전환

4 경영참가의 문제점

경영자의 배타적 경영권을 극복하여 소유소외로부터 해방되고자 하는 것이 이익참가와 자본참가이며 아울러 노동의 기계소외와 관리소외를 극복하기 위한 방안이 의사결정참가이다. 그러나 경영참가제도의 형태가 무엇이든지 간에, 문제는 경영참가의 의미에 대한 노사합의 없이는 아무런 성과를 기대하기 어렵다는 점이다. 그러나 경영참가를 실현하는 데 있어 실제로 많은 문제점과 시행착오가 존재하는 것이 현실이다.[11)]

• 사용자 측 입장 : '경영권침해'의 문제와 오해

• 노조 측 입장 : '노조의 기능(특히 단체교섭)약화'의 문제와 오해

• 근로자 측 입장 : '사용자 이해조정 작업의 창구 역할'의 문제와 오해

11) 최종태, 현대노사관계론, 경문사, 1996, pp.436-437.

경영참가에 대한 노사 간에 형성되는 사고(thinking) 유형을 검토하면 다음과 같다.

(1) 노무관리적 사고

경영자는 경영참가제도를 통해 노동자의 인간적 욕구를 충족시키고 생산표준관리에 의한 이윤추구를 실현할 수 있다고 보는 사고방식이다. 즉 이 제도를 통해 노무의 효율적 이용이 가능하다고 인식하여 노무관리의 한 수단으로서 긍정적으로 인정하는 사상이다.

(2) 노사동반자 사고

노사는 분배 면에서는 대립적 입장에 있으나 생산 면에 있어서는 공동목적을 지닌 동반자로서 이해가 일치됨을 강조하는 사상이다. 노사의 상호 신뢰, 상호 협조를 촉진하는 수단으로서 경영참가를 인정하는 사고방식이다.

(3) 산업민주주의 사고

민주주의 기본원리인 자기통치, 자기결정, 자기규율을 산업사회에 적용하여 경영민주화를 촉진하고자 하는 사고이다. 초기 자본주의단계에서는 생산의 결정이 배타적으로 경영자에 속하고 고용조건도 노동자의 발언권이 허용되지 못하였다. 그 후 노동자의 단체교섭권이 승인됨에 따라 근로조건에 대해서만큼은 노동자의 자기결정이 허용되면서 산업민주주의제도가 확립되어 갔다. 이러한 사상이 경영참가제도를 정당화하는 이론이 되었다.

(4) 노동자 자주관리 사고

참된 경영참가제도는 사회주의체제하에서만 실현된다고 보고 그 전 단계로서 자본주의체제하에서 노동자 자주관리제도가 가능하다는 사고방식으로서, 노동자 자치를 위한 수단으로 경영참가는 지극히 당연하다는 사고이다. 이런 사상적 기초는 사회주의체제에서의 경영참가제도의 기초로서 영국, 프랑스, 이탈리아, 유고 등의 경영참가제도에 영향을 주었다.

이에 대해 이는 오히려 노동자의 역할을 스스로 회피하는 것이며 그러한 행동에 책임을 다하기 위해 임금저하나 이직 등의 처분도 감수해야 한다는 부정적 견해가 있고 반면에 오히려 경영층이 합리적으로 경영권을 행사함으로써 보다 효율적인 경영권 행사가 가능해진다는 긍정적 견해가 상존하고 있다.

디저트 dessert

- 경영참가제도란 근로자 또는 노동조합이 경영자와 공동으로 조직의 경영관리기능을 담당 · 수행하는 것을 의미한다. 근로자 자신 또는 노동조합이 조직의 경영권에 참가하여, 경영자와 함께 경영상의 권한과 책임을 분담하는 것을 의미한다.
- 경영참가제도를 통해 얻을 수 있는 효과로는 "의사결정에 자신들의 의견을 반영함으로써 근로자 자신들의 이익을 증진할 수 있고" 자율성의 신장으로 소외의식을 해소하고 인성개발에 도움이 되며 "노사 간 세력균형으로 기업 내 민주화를 제고하고" 종업원의 잠재성을 자극하여 아이디어 창출 등 인적자원의 효율적 이용이 가능하다는 점이다.
- 노동자의 경영참가방식은 국가의 문화 · 경제 · 사회 및 정치적 환경에 따라 다양한 형태로 나타난다. 노조 등 근로자집단의 경영참가는 참가목적에 의해 자본참가 · 이익참가 · (협의의) 경영참가로 나눌 수 있다. 자본참가와 이익참가는 성과를 놓고 참가하는 결과참가형태인 데 비하여, 협의의 경영참가는 의사결정에 참가하는 과정참가이다.
- 종업원지주제도는 자본참가의 대표적 사례로서, 회사가 경영방침으로 종업원이 주식을 취득 · 소유할 수 있도록 정하여 종업원에게 특별한 편의를 제공하는 것이다. 즉 기업이 증자를 할 경우 종업원을 대상으로 일정한 기준에 따라 신주를 인수하게 함으로써 이들을 주주로 참여시키는 것이다.
- 스캔론 플랜 · 럭커 플랜은 이익참가의 대표적 사례로서, 스캔론 플랜은 매출액, 즉 생산물의 판매가치에 대한 노무비(인건비, labor cost saving)의 절약분을 경영의 성과로 간주하여 이를 구성원들에게 상여금으로 나누어주는 방식이다. 또 럭커 플랜은 부가가치 생산가치와 임금상수를 기준으로 노동에 대한 분배율을 결정하여 이를 경영성과로 간주한다.
- 노사협의회는 협의의 경영참가형태로서 주로 단체교섭에서 언급하고 있지 못한 근로조건, 인사, 생산계획, 작업공정, 기업의 경제적 사항, 기타 기업경영 전반에 관한 사항을 대상으로 한다.
- 경영참가제도의 형태는 다양하게 나타날 수 있는데 문제는 노사 간 진정한 의미의 사고의 합의 없이는 아무런 의미가 없다는 점을 고려하여야 한다.

3부

노사쟁점과 해결방안

CHAPTER

8 임 금

임금문제, 노사갈등의 주된 원인

appetizer
애피타이저

시간이 흘러도 임금문제는 여전히 노사갈등의 주된 원인이 된다.

임금을 단순한 인건비라는 비용 개념으로만 인식하는 일부 사용자의 시각도 문제이지만, 회사의 현실적 어려움은 생각지 않고 제몫 찾기에만 열중하는 노동조합이 있다면 이 역시 문제가 아닐 수 없다. 조직의 미래가 어떻게 되든 바로 지금의 이익 외에는 눈에 들어오지 않는 모양이다.

어느 쪽이든 단기적 이익에 급급하다는 공통점이 있다. 그렇게 생각해보니, 지금 현재 우리나라의 전반적인 문화 기저에는 근시안적이고 단기 위주의 가치관이 뿌리 깊게 자리하고 있는 것 같다. 미래를 위해 조금씩 양보하게 되면 그런 상대방이 안쓰러워 보다 더 열심히 노력하는 게 우리네 인지상정(人之常情)이었다. 조강지처(糟糠之妻)가 그랬고 백의종군(白衣從軍)이 그랬다. 이는 자신의 이익은 잠시 접어두고 가정과 국가라고 하는 조직의 미래를 최상의 가치로 내세우는 것이다. 자신의 희생을 상대에 각인시키려 애쓰지 않는다. 그러나 상대는 묵묵히 이를 지켜보고 그 역시 희생적으로 일하고, 조직의 성공으로 화답한다. 고전소설이나 삼류영화와 같은 진부한 이야기로 비추어질지 모르지만, 본래 우리들의 모습은 그러했다고 생각한다.

기업이란 자선단체가 아니다. 기업의 최대가치는 끊임없이 이익을 창출해내는 일이다. 이익을 극대화하고 또 그 과실을 구성원 모두가 만끽할 때 이러한 순환과정은 되풀이될 수 있다. 그러나 유감스럽게도 이런 순환과정은 그리 쉽게 얻어지지 않는다. 노(勞)든 사(使)든 조직을 위해 스스로를 기탄없이 내던질 때 최소한의 필요조건이 주어질 뿐이다.

회사야 어찌되든 나만 살면 그뿐이라는 생각만을 고집하며 임금(賃金)을 축내는 구성원이 있다면 노사불문, 그 지위를 막론하고 지탄받고 제거되어야 할 대상일 뿐이다.

1 임금의 의의

(1) 임금의 성격

임금의 본질에 대한 견해는 크게 두 가지가 있다. 우선 신고전학파의 견해는 임금(wage)이란 노동 또는 노동서비스에 대한 대가, 즉 노동의 가격이며 근로자는 임금을 통하여 자신의 생산에 대한 공헌 정도를 모두 지급받게 된다고 주장한다. 그러나 노동가치론적 견해는 임금이란 노동력의 재생산비, 즉 노동력의 가격이라는 것으로 이 경우 임금은 노동결과에 대한 것이 아니라 일할 수 있는 능력과 잠재력의 크기에 해당한다. 후자의 경우 봉급(salary) 개념으로 해석할 수 있다.

이를 토대로 임금과 봉급의 개념을 구분하자면 다음과 같다. 임금은 근로자들이 기업주로부터 받는 일체의 대가를 의미하는 포괄적 개념이며, 봉급은 임금 중에서 근로계약에 기초하여 지급되는 방식의 한정된 개념이다. 의미상 임금은 고용주와 근로자 간의 법률적·신분적 평등관계를 암시하는 데 비해 봉급은 양자 간에 지배복종관계가 존재함을 암시한다. 계산방식에 있어 임금은 노동의 양이나 노동성과에 따라 지불하는 생산성을 기초로 하는 경제학적 개념이며, 봉급은 일정한 기간에 대하여 일정한 금액을 지불하는 경우에 해당한다. 가령 몸이 아파 하루 결근하였다 해도 아파트 현장 일용근로자는 하루 일당을 받지 못하는 데 비해, (주)○○기업의 박 대리는 금전상 손해를 입지는 않는다. 전자가 임금이요 후자가 봉급이다. 실제로 미국의 경우 봉급(salary)과 임금(wage)은 다소 엄격히 구분되고 있다. 전자는 시간외제외근로자(exempt)의 기본급(base pay)을 의미하고, 후자는 시간당 임금을 지급받는 시간외지급근로자(non-exempt)의 기본급을 의미한다.[1)]

어쨌든 노사관계를 교환에 기초한 계약관계라고 할 때, 노동자의 노동력제공에 대한 반대급부가 보상이며 임금은 그 중에서도 노동자들의 최대 관심사이다. 임금

1) G. T. Milkovich and J. M. Newman, *Compensation*, 4th ed., Irwin, Homewood, IL., 1993, pp.4–5.

은 노동을 제공한 노동자의 입장에서는 정당한 노동의 대가, 즉 보수의 개념으로 이해되지만 사용자의 입장에서는 생산요소 구입에 따른 비용으로 이해된다. 따라서 임금은 사용자의 입장에서 보는 측면이 있을 수 있고, 임금을 실제로 수령하는 노동자의 입장에서 보는 측면이 있을 수 있다. 당연히 이들 양자의 시각은 상충한다는 데 문제가 있다.

노동자에게 임금은 어떤 의미인지 다음 세 가지 성격으로 설명할 수 있다.

1) 경제적 성격

임금은 기업주에게 비용요소 중 하나인 데 비해, 근로자에게는 자신과 부양가족의 생계를 유지하는 유일한 원천이다. 기업은 가능하다면 임금비용을 줄여 이윤을 늘리려 하는 반면, 근로자는 근로소득을 증대시켜 인간다운 생활을 보장받을 수 있는 임금을 요구하게 된다. 이런 성격으로 인해 기업의 부가가치가 일정한 단기에는 이윤과 임금의 크기가 서로 반대방향으로 움직인다([그림 8-1] 참조).

그림 8-1 임금의 양면성

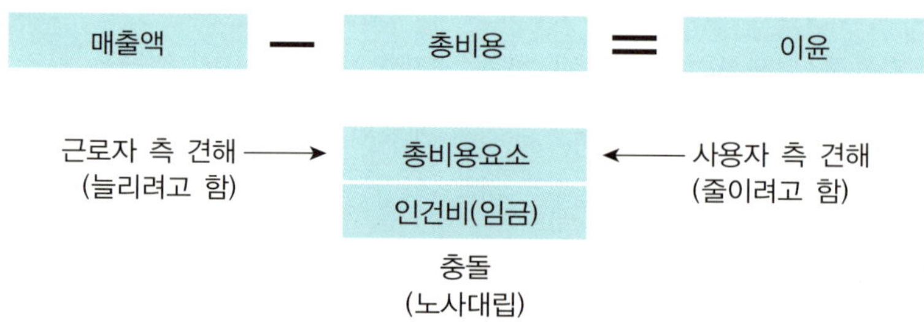

2) 사회적 성격

노동자의 사회적 신분 내지 사회화한 인간을 규정하는 요소이다. 임금은 기업 내부와 외부에서 신분을 결정하는 요소로서 기업 외부, 즉 시민사회의 지위 내지 사회적 위신과 연결된다. 임금의 높고 낮음은 사생활의 경제적·사회적 의의를 가진다. 임금산정에 있어 그 기준과 절차의 공정성이 확보되는 것이 전제되어야 함은 물론이다.

3) 심리적 성격

이는 노동자들의 생리적 안전성, 사회적 욕구는 물론 자기실현의 욕구까지 충족시켜주는 기본적 역할을 의미한다. 근로자는 자신의 임금수준을 통해 회사에 대한 기여도, 성실성 그리고 미래의 비전을 다짐으로써 심리적 만족감을 지닐 수 있다. 욕구이론학자 알더퍼(Alderfer)의 주장대로 임금은 하위욕구인 생리적 욕구에 지나지 않지만 임금만족을 통해 상위욕구로 만족대상을 키워 나가는 최소한의 필요조건을 갖추게 되는 것이다.

(2) 임금의 중요성 및 구성

앞에서 언급한 바와 같이 임금은 근로자에게나 사용자에게 다 같이 중요한 의의를 지니고 있지만 이를 굳이 상호 배타적 제로섬(zero-sum) 개념으로 한정시킬 필요는 없다. 이를테면 리엔지니어링이나 다운사이징 경영기법을 이용한 인건비 축소가 곧 원가절감으로 이어져 이익을 상승시키기도 하지만, 반대로 고임금정책을 적용하면서 종업원들이 훨씬 높은 능률을 발휘함으로써 인건비를 낮추는 방식도 있는 것이다. 임금을 비용으로 볼 것인가 투자로 볼 것인가의 문제는 그 기업의 경영전략에 대한 적합성 여부에 달려 있을 것이다. 이렇듯 임금정책은 기업의 경영성과에 직접적으로 연결되는 요소이므로 신중하게 결정되어야 한다.

임금의 구성형태를 살펴보자([그림 8-2] 참조). 일반적으로 임금은 기업 사원의 총액인건비로서 크게 볼 때 현금급여와 부가급여(복리후생비)형태로 나눈다. 현금급여는 노사가 체결한 근로계약이나 단체협약 등의 규정에 의하여 사전에 정해 놓은 지급조건에 따라 지급되는 기준 내 임금이 있고, 정상시간 근로 외의 근로로 인하여 추가적으로 지급되는 기준 외 임금, 그리고 급여지급기준에 상관없이 정기 또는 부정기적으로 지급되는 특별급여로 구성된다.

또 부가급여란 종업원을 위하여 사용자가 개별적 또는 단체적으로 지급하는 것으로 유급휴가, 급식제공, 의료보험과 교육훈련 등 주로 화폐가 아닌 현물형태로 지급하는 보상을 말한다.

그림 8-2 임금의 구성체계

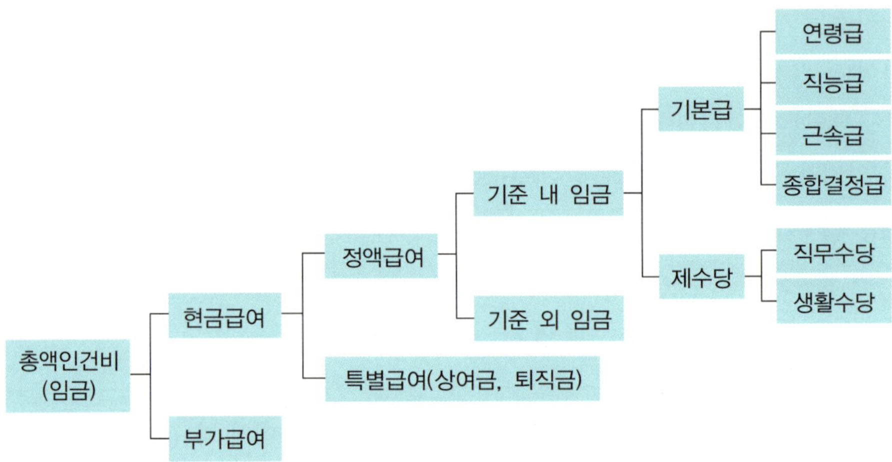

참고로 우리나라의 임금구성을 살펴보면 다음과 같다([그림 8-3] 참조).

그림 8-3 우리나라의 임금항목의 구성

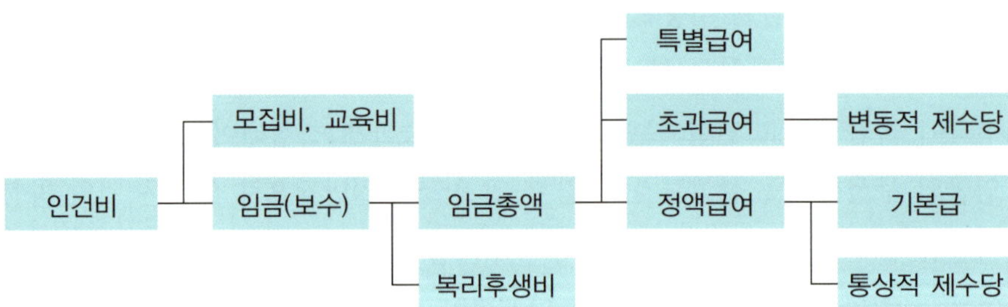

우리나라의 현 노동법상 임금은 「근로기준법」 제18조에서 "이 법에서 임금이라 함은 사용자가 근로의 대상으로 근로자에게 임금, 봉급 기타 여하한 명칭으로든지 지급하는 일체의 금품을 말한다"라고 규정되어 있다. 개별 기업의 경우 일반적으

로 임금은 사용목적에 따라 기본급, 기준임금, 통상임금, 정액급여, 특별급여, 초과급여, 총액임금, 평균임금, 소득과표(월보수액), 보수, 노무비, 인건비 등 다양한 용어로 사용하고 있다. 근로기준법상 기준임금인 통상임금과 평균임금의 범위를 이해하기 위해서는 이들 각 용어가 지칭하는 임금의 범위를 서로 비교해 보는 것이 필요하다.

먼저 정액급여, 초과급여, 특별급여는 매월노동통계조사에서 사용하고 있는 용어이다. 매월 노동통계조사에서는 정액급여를 기본급과 통상적 제수당, 예컨대 직책수당, 가족수당, 근속수당 등으로 구분하고 초과급여는 연장근로수당, 휴일근로수당, 야간근로수당 등과 같은 변동적인 수당으로 구분하고, 특별급여는 상여금, 기말수당, 학자금지원 등으로 구분하여 측정하고 있다. 그리고 이러한 임금항목의 합을 임금총액이라고 하고 있다.

(3) 우리나라 임금구성의 특징

1) 기본급의 구성비가 너무 적다

구성비 자체가 적다는 것이 반드시 문제될 것은 없다. 그러나 그렇게 된 과정이 문제로 지적되지 않을 수 없다. 미국의 임금체계에서 기본급은 성과급(merit pay)이나 임금조정(wage adjustment)의 기본이 되는 임금요소이고, 기타 혜택(benefit) 등을 산정할 때 기준임금으로서의 역할을 한다.

일본의 경우 퇴직금 등을 지급할 때 기본급이 기초적인 산정의 기준이 된다. 그리고 임금교섭을 할 때도 임금인상률은 기본급 기준인상률(이른바 베어, ベア)+승급률로 발표하기 때문에 노동조합은 기본급의 구성비가 커지는 것을 원한다. 그리고 기본급 이외의 임금항목을 만들 필요성이 없다.

반면에 우리나라의 기업에서 기본급은 이러한 기준임금으로서의 역할이 미약할 뿐만 아니라, 가이드라인하의 교섭과정에서 기본급을 포함한 통상임금기준의 인상률은 억제하고 여타 제수당이라든가 상여금 및 복리후생비 등의 증가는 임의적이었기 때문에 결과적으로 기본급의 구성비는 점차 축소되고 있는 실정이다.

2) 교섭형 수당과 교섭상여의 비중이 증대되고 있다

정부의 임금정책은 줄곧 임금인상의 억제에 초점이 맞추어져 왔고, 개별 기업의 경우 이를 교섭에 활용하는 것으로 임금관리를 다한 것으로 치부해 왔다.

그 결과 임금교섭을 에워싼 불만과 갈등은 지속되고 있고, 가이드라인을 피하면서 시행되는 임금조정으로 제수당과 상여금 등의 임금항목이 교섭임금 항목화되어 가는 경향이 심화되고 있다.

임금총액을 구성하는 임금항목의 내역이 1987년 정액급여 71.6%, 초과급여 12.6%, 특별급여 15.8%이던 것이 1995년에는 정액급여 69.4%, 초과급여 9.4%, 특별급여 21.2%로 변한 것에서 볼 수 있듯이 특별급여의 구성비가 급격히 증가하고 있다.

정액급여는 정부의 임금정책으로 억제되었지만 상대적으로 특별급여는 억제정책과 관계없이 증가되고 있음을 볼 수가 있다. 특별급여항목의 구성비가 증가하는 것 자체가 나쁜 것은 아니다. 다만 이러한 항목의 증가가 교섭에 의해 결정되는 경향이 강하다는 것이 문제인 것이다. 임금결정이 지나치게 교섭에 종속되어 있기 때문에 임금의 본래적인 의미라 할 수 있는 동기유발기능이 상실되어 가고 있기 때문이다.

제수당도 마찬가지이다. 교섭결과를 기본급이나 통상임금 내에서 조정하지 않고 그 범위 밖에서 조정하려고 하다 보니 본래 의미의 수당은 위축되고 교섭형 수당만 늘어나게 되는 것이다.

3) 복리후생비가 교섭상의 이유로 계속 증대되고 있다

복리후생비는 임금억제 대신 교섭 시에 사원을 설득하는 용도로 계속 증액되고 있다. 1987년 이후 일련의 급격한 임금인상흐름이 이어지고 정부의 가이드라인을 이용한 임금인상억제가 강력해지자 기업들은 임금인상을 적절히 유지하는 한편, 실제로는 복리후생비 혹은 수당 등의 형태로 한동안 노조의 임금인상 요구에 응할 수밖에 없었다.

맛소금 평균임금과 통상임금

▪ **통상임금**

통상임금이란 급여항목 가운데 기본급, 직책수당, 자격수당 등과 같이 매월 '정기적으로' 모든 근로자에게 '일률적으로' 지급되는 부분을 말한다. 연장근무수당, 실적에 따른 성과급, 근속수당, 상여금, 식대 등은 근무시간 등에 따라 액수가 달라지거나 복리후생적으로 지급되므로 통상임금에서 제외된다. 통상임금은 시급으로 환산해 연장 · 휴일근무수당, 연월차휴가수당, 해고예고수당 등을 산정할 때 기준이 된다. 즉 연장근무수당은 '시급통상임금×1.5×연장근무시간'으로, 연월차휴가수당은 '시급통상임금×8시간×미사용휴가일수'와 같은 방식으로 산정한다.

▪ **평균임금**

평균임금이란 퇴직금이나 산재보상금을 산정하는 기준이 되는 임금이라 매우 중요하다. 보통 산정사유가 발생한 날(퇴직일이나 재해발생일) 이전 3개월간 지급받은 임금 총액을 3개월 기간 가운데 수습기간, 출산휴가, 산재요양기간, 육이휴직, 병역의무기긴, 힙빕직인 파업기간 등이 포함돼 있으면 이를 제외한 나머지 기간만으로 산정한다. 3개월간 지급된 임금총액은 당연히 세전 금액으로 해야 하며 통상임금은 물론 연장근무수당과 같이 통상임금에 해당하지 않는 항목도 포함된다. 또한 격월이나 분기별로 지급되는 정기상여금과 연차휴가수당은 평균임금 산정사유 발생일 이전 1년간에 지급받은 것의 3/12을 3개월간 임금총액에 합산해 계산한다.

통상임금과 평균임금이 적용되는 상황

통상임금	평균임금
• 평균임금 최저한도 • 해고예고수당 • 연장근로수당 • 야간근로수당 • 휴일근로수당 • 연차유급휴가수당 • 출산전후휴가급여	• 퇴직급여 • 휴업수당 • 구직급여 • 산업재해보상 및 보험금 • 감급제재의 제한 • 연차유급휴가수당

4) 통상임금과 평균임금의 범위가 법률상 다툼의 여지가 있다

실제 근로소득에 산입하는 월 급여항목 중에 평균임금에서 제외되는 것도 있고, 매달 정기적으로 고정적으로 급여를 지급하는 통상적 임금항목 중에서도 통상임금에 산입하지 않는 임금항목이 있다. 근로소득에 산입하고 있는 모든 임금항목은 평균임금에 포함될 수밖에 없고, 매월 정기적으로 지급하는 자기개발비, 자기혁신비 등도 통상임금에 포함될 수밖에 없는 임금항목이다. 장차 외부 이해 당사자들이 이런 문제를 이슈로 해서 개입할 여지가 없다고 볼 수 없는 만큼 연차적으로 교섭 시에 반영하여 해결해 나가도록 해야 할 것이다.

2 임금관리

(1) 임금산정의 원칙

최소의 노력으로 최대의 효과를 얻으려는 데 있어서는 노사 양쪽이 마찬가지이다. 일반적으로 노동자는 생계를 유지하기 위한 수단으로 자기가 제공한 노동에 대한 적정한 대가를 요구한다고 주장하는 반면에 사용자는 기업의 매출 또는 수익 상황 등 전반적인 지불능력을 고려하여 보다 미래지향적인 기업의 발전을 염두에 둔 임금지불을 생각하게 된다고 말한다. 노조 측은 연공을 기준으로 보수상의 우선권을 주자는 원칙을 주장하는 반면, 사용자는 능력에 기반을 둔 성과에 의해 보상을 주자고 주장한다([사례 8-1] 참조).

사례 8-1 한국 30년 이상 근속자 임금배율 3.11배… 일본은 2.37배

한국경제연구원, 5년 이상 근속자부터 한국 월 임금 362만 원… 일본 343만 원 추월

지난해 기준 근속별 임금격차는 한국이 일본보다 커 임금 연공성이 높았다. 월 평균임금을 시장환율로 환산할 경우 5년 이상 근속자부터 한국의 임금이 일본을 추월했다. 물가수준을 반영할 경우 모든 근속구간에서 한국의 임금이 일본보다 높았다.

26일 한국경제연구원에 따르면 지난해 우리나라의 30년 이상 근속자 임금은 1년 미만 근속자 임금의 3.11배로 일본 2.37배보다 높아 한국이 일본에 비해 임금 연공성이 높았다.

근로자가 입사 초반 임금의 2배를 받으려면 일본에서는 20년 이상 근속해야 하는 반면 한국에서는 10년 이상만 근속하면 되는 것으로 나타났다. 이는 한국 고용노동부의 '임금구조기본통계' 원시자료와 일본 후생노동성의 '임금구조기본통계'를 바탕으로 상용근로자 10인 이상 사업장의 상용직의 근속연수별 임금격차를 비교한 것이다.

월 평균임금을 시장환율로 환산할 경우 근속연수가 5년 이상인 시점부터 한국이 362만 원으로 일본 343만 원을 추월했다. 30년 이상 근속자의 경우 한국은 684만 원, 일본은 563만 원을 받아 임금격차가 121만 원에 달했다.

각국 물가수준을 감안한 구매력평가지수(PPP) 환율을 적용하면 한국의 월 임금이 모든 근속구간에서 일본보다 높았다. 한·일 임금격차는 1년 미만 근속자는 144달러, 30년 이상 근속자는 2,191달러였다.

2017년 한·일 근속연수 1년 미만 대비 임금배율격차

(단위 : 배)

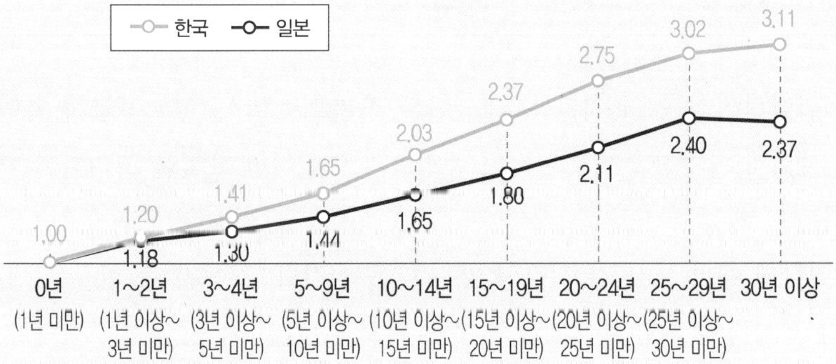

자료 : 한국경제연구원

2000년 이후 일본의 임금은 연공성이 꾸준히 완화되는 추세다. 일본의 근속연수 1년 미만 대비 30년 이상 근로자의 임금배율은 2001년 2.81배, 2007년 2.57배, 2017년

2.37배로 낮아졌다. 일본기업들은 1990년대 이후 경기침체 장기화, 1998년 정년 60세 의무화, 2000년대 글로벌 경쟁 심화 등 기업환경변화에 적응하기 위해 임금의 연공성을 낮춰야 했다. 이에 따라 연령・근속급을 축소 또는 폐지하고 직무・성과형 임금체계로 개편했고 임금인상을 자제했다.

최근 10년간 한국도 임금 연공성이 다소 완화되고 있다. 근속연수 1년 미만 대비 30년 이상 근로자의 임금배율은 2007년 3.48배에서 2017년 3.11배로 하락했다. 한국기업들은 최근 2~3%대 저성장 지속, 정년 60세 의무화 등 경영환경이 급변했기 때문에 연공성이 높은 임금체계를 개선해야 했다. 호봉중심의 임금체계를 능력・성과중심으로 개편했고 임금피크제를 도입했다. 호봉급 도입 사업장비율은 2010년 76.2%에서 2017년 60.3%로 줄었다. 임금피크제 도입 사업장비율은 2009년 9.2%에서 2018년 40.4%로 늘었다.

자료 : Headline News, 2018. 12. 26.

기본적으로 임금은 기업의 가치창출의 목적과 종업원 생활 향상의 목적에 부합되어야 한다. 이는 한편으로는 기업의 경제적 가치창출의 중심대상인 이익도출과 관련하여 기업의 생산성 향상과 경제적 성과도출과 연계된 합리적 보상으로서 그 책무를 다하여야 하며, 동시에 다른 한편으로는 기업의 사회적 가치창출의 중심대상인 종업원의 생활 향상과 관련해서 종업원의 생활수준 향상 및 직장생활의 보람과 연계된 정당한 보상으로서의 책무를 다하도록 전개되어야 한다.

따라서 기업의 임금은 한편으로는 노동의 수요적 측면에서 경영의 경제적 가치창출과 관련하여 기업의 지불능력을, 다른 한편으로는 노동의 공급적 측면에서의 경영의 사회적 가치창출과 관련하여 종업원의 바람직한 생활을 고려하여 산정되어야 한다.

적정임금에 대한 노사 간 시각의 차는 다음과 같다. 노동자 측 입장은 생계비 확보, 임금 교섭력에 의한 비교임금의 우위 확보를, 기업 측 입장은 경쟁력과 기업발전이 가능한 비용(지불능력), 노동자의 생산기여도 유발을 중시하게 된다. 또 이와 더불어 국민경제 측면에서의 입장으로는 인플레 중립성(실질임금인상률 = 실질노동생산성 증가율)을 고려한다. 즉 임금인상이 물가상승을 유발시켜서는 안 된다는 의미이다.

임금인상>물가상승 → 초과수요 유발(인플레이션 조장)
임금인상<물가상승 → 초과공급 초래(경기침체 요인)

또 노동시장의 수급균형가격을 유지하여 지나친 기업 간 격차를 방지하자는 의도를 지니며, 소득분배의 장기적 개선에 기여하도록 유도한다. 어쨌든 이론적으로 모든 사람들이 공감할 수 있는 적정임금의 개념은 존재하지 않으며, 따라서 차선책으로 대부분의 사람들이 공감할 수 있는 개념을 도출하는 방식이 일반적이다.

결론적으로 노사가 공히 공감하는 합리적 임금수준을 찾는 일은 대단히 어려운 일이다. 따라서 임금수준을 결정하는 데 특별히 통일된 기준이 있는 것은 아니다. 다만 거시적으로 정부 차원에서 개략적인 범위를 정해 가이드라인을 책정할 경우 이를 참조할 수 있는데 이는 경제성장률과 물가상승률을 아래와 같이 산정하는 방식이다.

임금상승률=물가상승률+경제성장률

그리고 기업수준에서 구체적인 임금산정을 하는 데 있어서는 다음과 같이 세 가지 원칙을 유념하여야 한다.

1) 생계비유지의 원칙

근로자들의 실질구매력 보전 차원에서 볼 때 생계비와 물가지수가 임금수준의 주요 결정요인이 된다. 즉 사회정의에 입각한 최소한의 생활보장을 할 수 있는 임금수준, 노동력의 재생산비용, 물가상승으로 인한 실질임금의 상대적인 하락을 보전할 수 있는 최저임금수준을 요구하는 것이다. 이때 최저생계비는 임금산정의 하한선을 의미한다([표 8-1] 참조).

생계비를 임금수준의 결정기준으로 사용하는 데에는 생계비 측정방법에 대한 객관성과 근로자의 연령별 생계비규모(생애소득) 등을 고려하여야 한다. 생계비를 측정하는 방법에는 크게 실태생계비와 이론생계비로 나눌 수 있다. 실태생계비란 주로 현실적인 수입에 규제되는데 실생활에서 얼마만한 경비가 음식물비, 피복비, 주거비, 광열비, 잡비 등으로 지출되었는가를 파악한 통계수치이다. 반면 이론생계비는 실제 지출과는 무관한 이론상의 최저생계비를 말한다. 즉 음식물비의 지출을 산정할 때 미리 인체에 필요한 칼로리의 양을 정해두고 거기에 음식물의 가격을 곱하여 총지출을 산출해내는 방법이다.

물론 최저생계비 개념이 있다 해도, 임금은 노동의 재생산적 성격과 그들의 저축 여력이 있는 수준까지 높여 장래의 생활을 보장할 수 있어야 한다. 이를 실현하기 위하여 노동조합은 최저생계비를 참고하여 자신들의 표준생계비를 산정함으로써 임금인상 요구분의 타당성을 확보하는 시도를 한다([표 8-2] 참조).

표 8-1 연도별 최저임금 현황 (단위 : 원, %, 천 명)

구분	2011년	2012년	2013년	2014년	2015년	2016년	2017년
시간급 최저임금	4,320	4,580	4,860	5,210	5,580	6,030	6,470
전년 대비 인상률	5.10	6.00	6.10	7.20	7.10	8.10	7.30
영향률	14.2	13.7	14.7	14.5	14.6	18.2	17.4
적용대상 근로자 수	16,479	17,048	17,510	17,734	18,240	18,776	19,312
수혜 근로자 수	2,336	2,343	2,582	2,565	2,668	3,420	3,366

자료 : 고용노동통계

맛소금 최저임금제도

19세기 말 독점자본주의하에서 영세경영 분야의 임금이 구조적 실업증대와 거대독점자본의 압박으로 급격히 감소하여 국가가 개입하여 최저임금을 결정했다.

찬성논리로는 저임금 노동자를 보호하고, 임금하락을 경제수단으로 삼는 것을 방지하여 효율적 경영 및 공정경쟁을 유도하며, 불황기에 유효수요를 창출하며, 노동쟁의를 방지하고 노동자의 노동의욕을 제고시킨다는 주장이다.

반면, 반대논리로는 임금의 상승은 자본에 의한 노동의 대체를 가져오므로 저능력 노동자의 실업문제를 야기시키며, 임금의 상승으로 인한 물가상승은 결국 소비자가 부담하게 되며, 저임금 노동력에 대한 유인력이 사라짐으로써 공업화를 저해한다는 주장이다.

표 8-2 2017년 사업장규모별 연평균 임금수준

(단위 : 원)

산업 분류별	규모별	전체임금 총액	상용임금 총액	상용정액 급여	상용초과 급여	상용특별 급여	임시일용 임금 총액
전체	전 규모(1인 이상)	3,206,792	3,417,905	2,763,995	189,731	464,179	1,353,466
	5인 이상	3,518,155	3,706,721	2,935,761	226,330	544,630	1,539,374
	10인 이상	3,729,862	3,902,139	3,031,508	259,639	610,992	1,607,436
	30인 이상	4,030,696	4,167,234	3,132,094	308,139	727,001	1,706,376
	1~299인	2,886,258	3,081,736	2,601,706	163,647	316,466	1,350,219
	5~299인	3,175,883	3,350,528	2,771,706	202,206	376,617	1,553,857
	1~4인	1,903,726	2,094,521	1,976,946	22,029	95,546	945,980
	5~9인	2,559,259	2,753,648	2,468,791	63,882	220,974	1,375,262
	10~29인	3,057,244	3,266,791	2,790,433	143,397	332,951	1,504,190
	30~99인	3,398,300	3,519,093	2,839,397	270,512	409,184	1,807,450
	100~299인	3,782,394	3,881,003	2,971,765	343,586	565,652	1,830,595
	300인 이상	4,983,104	5,145,412	3,598,391	323,772	1,223,249	1,400,341

자료 : 고용노동통계

사례 8-2 통상임금엔 '넣고' 최저임금엔 '빼고'… 이중 잣대

현대모비스에 근무하는 한 근로자 연봉은 5천만 원이 넘지만, 경영계는 최저임금에 주휴수당을 포함하게 되면서 법적으로 최저임금을 못 받는 셈이 됐다고 주장합니다.

[대기업 관계자]

"진짜 낮게 받으시는 분들한테 혜택이 가야 되는데, 저희 회사 정도 다니시는 분들이 최저임금 안 된다고 하는 게 조금 웃기기는 하죠."

이런 문제는 기본급은 낮고 각종 수당이 높은 '기형적'인 임금체계에서 비롯됩니다.

월급을 받는 근로자 시급은 기본급을 월 근로시간으로 나눠 계산하는데, 기업들은 야근이나 휴일근무수당기준이 되는 '통상임금'을 계산할 때 주휴시간을 포함해 왔습니다. 분모인 시간이 커지면, 그만큼 수당을 적게 줄 수 있기 때문입니다.

그러나 이번에 최저임금을 계산할 때는 주휴시간을 빼야 한다는 다른 주장을 내놓았습니다. 주휴시간을 빼면, 이번엔 분모가 줄어 임금이 늘어나니, 주는 돈이 똑같아도 최저임금기준을 피할 수 있기 때문입니다. 심지어 임금을 지금보다 덜 줘도 최저임금기준을 맞출 수 있습니다.

결국 주휴수당 논란은 기업들이 수당이나 상여금을 줄이고 기본급을 높이면 해결할 수 있는 문제입니다.

자료 : MBC NEWS, 2019. 1. 1.

2) 임금지불능력의 원칙

주로 사용자에 의해 강조되기는 하지만 투명한 재무회계를 전제로 할 때 이는 임금지불의 상한선이다. 이때 판단기준은 노동생산성과 노동수익성을 들 수 있는데 전자에는 생산량, 매출액, 부가가치를 기준으로 산정하는 방식이 있고 후자로는 자본과 노동의 분배율로 산정하는 방식이 있다([표 8-3] 참조).

표 8-3 노동생산성지수 요소

구분		산출지수	투입지수
생산량	• 생산직기준 • 상용종업원기준	• 산업생산지수 • 산업생산지수	• 생산직 근로자 • 상용근로자
매출액	• 총매출액기준 • 순매출액기준	• 총매출액 • 순매출액	• 상용근로자 • 상용근로자
부가가치	• 불변가치기준 • 가변가치기준	• 불변 GDP • 가변 GDP	• 상용근로자 • 상용근로자

생산성이란 투입과 산출의 비율이다.

생산성 = 산출 / 투입

노동생산성 : 생산량 / 근로자 수×100
매출액 / 근로자 수×100
부가가치 / 근로자 수×100

즉 생산량과 매출액이 증가한다면 이는 비용절감으로 해석할 수 있는데 다시 말하면 부가가치상승을 의미하는 것으로 기업의 지불능력이 늘어나는 결과로 나타난다. 그러므로 임금상승은 생산성범위 내에서 결정되는 것이 합리적이라는 의미이다. 종업원의 노동생산성을 향상시키는 것이 결국은 종업원의 임금상승으로 이어질 수 있다. 단, 노동생산성을 상회하는 임금상승이 발생할 경우 이는 물가상승의 원인으로 작용한다.

한편 부가가치 크기를 기초로 노동수익성을 산정하는 방법으로 다음과 같이 노동분배율을 활용하는데 이는 주로 성과배분의 기준이 된다([표 8-4] 참조). 부가가치란 총매출에서 원자재와 연료비 등 외부에서 구입한 각종 재화의 지급을 공제한 잔여분을 말하며 부가가치는 인건비와 이자, 배당액, 사내유보액, 조세 등으로 구성되며 분배의 대상이 된다. 자본분배율은 부가가치 중에서 이익이 차지하는 비중을 확인하는 방법으로써 기업의 지불능력을 구체적으로 파악할 수는 있지만 노동생산성에 비추어 어느 정도가 적당한 수준인지를 확인하기는 어렵다.

그러나 단순한 임금의 비교보다 인건비를 이용한 노동분배율이 선호되는데 그 이유는 임금수준이 높더라도 노동생산성이 낮으면 임금을 올릴 수 있는 기업의 지불능력이 상대적으로 약해지는 점을 확인할 수 있는 데 있다. 물론 일정수준의 임금이 합리적이라 판단되더라도, 기업의 지급능력 한도 내에서 정해지는 것이 바람직하다.

노동분배율 : 자본분배율＝이익 / 부가가치×100

노동분배율＝인건비 / 부가가치×100

표 8-4 지불능력을 나타내는 지표들(재무비율) (단위 : 천 명, %)

구분	비율	산식	의미	비고
수익성	매출액 이익률	영업이익/매출액×100-100	영업외손익을 제외한 순수한 영업이익만을 매출액과 대비한 이익률 지표	• 노사 양측이 가장 많은 관심을 가지나 다른 지표에 비해 불확실한 정보 • 어떠한 표준치는 있을 수 없고 경쟁관계에 있는 기업이나 같은 업종의 평균치, 기업의 과거실적과 비교
	매출액 경상이익률	경상이익/매출액×100-100	영업의 손익까지를 포함한 경영활동의 성과를 표시하며 경영합리화 가격결정 등의 자료를 활용	
	매출액 순이익률	당기순이익/매출액×100-100	특별손익 법인세까지 고려한 경영활동의 최종적인 성과표시	
	총자본경상 이익률	경상이익/총자본×100=(경상이익/매출액)×(매출액/총자본)×100-100	운용된 총자본의 효율성 측정지표로 수익성변화 요인분석에 이용	
안전성	자기자본 비율	자기자본/총자본×100-100	자본구성의 안전성을 판단하는 지표로 50% 이상이 바람직	• 기업외적 여건에 대한 기업의 대응능력을 표시 • 안전성이 약한 기업은 특히 불경기에 생존능력이 약함
	유동비율	유동자산/유동부채×100-100	지급능력을 판단하는 대표적인 지표로 50% 이상이 바람직	
	고정비율	[(고정자산+투자와 기타자산/자기자본+고정부채)]×100	자본의 고정화 정도를 나타내는 지표로 100% 이하가 이상적	
성장성	매출액 증가율	당기매출액/전기매출액×100-100	영업활동의 신장세를 나타내는 대표적인 판단지표	• 기업의 장래성 표시 • 표준치는 없으며 다른 기업, 동일업종의 평균치나 과거실적과 비교해서 상대적으로 성장성이 높고 낮음을 판단
	총자산 증가율	당기말 총자산/전기말 총자산×100-100	기업전체의 성장규모를 측정하는 지표로 자산·자본·부채의 증감과 연관 지어 분석	

맛소금 **연봉협상법**

보다 자기기대치에 맞는 연봉을 받으려면 체계적인 업무계획에 따라 충분한 실적을 거둬야 할 뿐만 아니라 업무성과를 객관적 자료를 바탕으로 제시할 수 있어야 한다.

■ **이력서를 업데이트하라**

이력서를 어떻게 쓰는지조차 잊고 사는 직장인이 많다. 그러나 이력서는 자신을 점검할 수 있는 기초적인 자료이다. 따라서 정기적으로 자신의 모습을 체크해보고 목표이행상황을 적어가며 그동안 이룬 업적과 앞으로의 목적을 정리한다.

성과를 나타내는 업무 위주의 지식이력서는 직장생활을 평가하는 잣대이며 더 나아가 승패를 좌우하는 열쇠이다.

■ **실적을 수치화하라**

자신이 직장에 기여한 공로 등을 스스로 평가해 객관적 자료를 만들어 놓아야 한다. 특히 자신이 수행해서 성과가 난 업적을 돈으로 환산하는 방법도 효과적이다. 관련 데이터를 이력서와 함께 첨부해 제출하면 기업에 기여도가 높다고 판단할 것이다.

자료 : www.incruit.com 중에서 일부 발췌

3) 사회적 균형의 원칙

흔히 공정한 임금산정이라고 할 때 직무의 난이도와 직무수행능력의 정도에 따라 결정하는 것을 의미하기도 하지만 그 외에 연공서열적 요소를 적절히 보완하는 형태가 현실이다. 모든 경영일반에서 2차원적 분석을 하다 보면 결국은 생산(효율)지향적이냐 아니면 인간(배려)지향적이냐의 문제로 귀착되는데, 직무와 능력은 전자에 해당하며 연공서열적 요소는 후자에 해당한다.

기업이 연공서열적 요소를 감안한다면 이는 종업원 개개인의 차별적 특성(예컨대, 성별, 나이, 학력, 자격, 근속연수, 가족 수 등), 경쟁기업과의 차이 비교, 사회적 지위나 역할에 대하여 배려하고 있다는 뜻이다. 이를 통해 종업원은 소속회사에 안정감을 갖고 근무할 수 있으며 근로의욕을 북돋을 수 있게 된다. 그러나 이는 어디까지나 적절한 범위 내에서 사회적 균형을 유지한다는 최소한의 목적으로 행해져야 한다. 종업원이 원하든 그렇지 않든지 간에, 기업생존 차원에서 인간보다는 생산지향적으로 급속히 전환되는 추세를 거스를 수는 없기 때문이다([사례 8-3] 참조).

사례 8-3 연봉제 확산 추세

호봉제 VS 연봉제

여러분 회사의 선택은 무엇인가요? 연봉제인가요, 호봉제인가요? 아니면 임원급만 연봉제를 하고 계신가요? 우리나라 기업들의 연봉제 현황에 관한 자료를 찾아보니 2013년 기준으로 약 66.2%가 연봉제를 시행하고 있네요. 생각보다 꽤 높은 비율입니다.

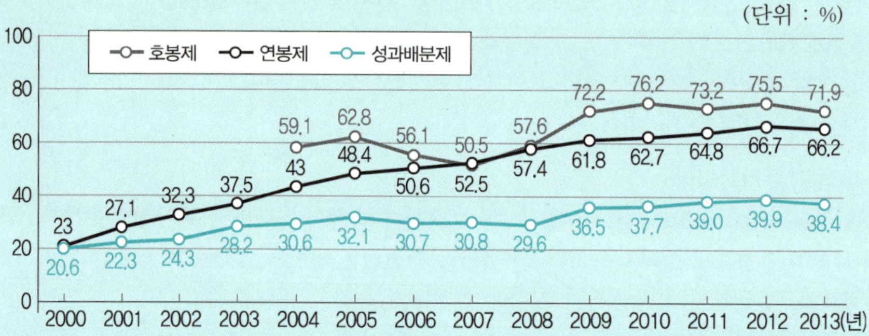

1) 조사대상 : 상용근로자 100인 이상 사업체(2005년까지 전수조사, 2006년부터 표본조사)
2) 호봉제는 2004년부터 조사(기본급 운영형태 중 호봉급, 직능급, 직무급, 기타 중 복수응답가능)
자료 : 고용노동부, 사업체노동력조사 부가조사(2008년까지 임금제도실태조사)

위 자료에 의하면 연봉제는 2000년 23%를 기점으로 꾸준히 늘어 2013년에는 3배에 가까운 66.2%의 기업들이 연봉제를 시행하고 있습니다. 하지만 아직 호봉제비율이 71.9%로 조금 더 높은 편인데요, 이는 아직 대부분의 기업들이 임원급만 연봉제를 시행하고, 일반직원들에게는 여전히 호봉제를 적용하고 있기 때문입니다. 연봉제 추이를 보면 본격적인 금융위기가 몰아닥친 2009년을 기점으로 60%를 넘어섰는데요. 이는 불황으로 회사들의 경영이 어려워진 만큼 연봉제 도입을 통해 확실한 성과를 내는 직원들에게는 연봉을 더 주겠다는 회사의 의지가 반영된 결과라 볼 수 있습니다. 앞에서 살펴본 것처럼 최근 공공기관뿐 아니라 금융기관까지도 연봉제 확대를 추진하고 있는 분위기라면 대한민국의 연봉제 도입률은 조만간 호봉제의 70%대를 넘어 80%대까지 올라설 것으로 보입니다.

자료 : https://brunch.co.kr/@bang1999/86

그런데 기업의 장기경영전략의 일환으로 노사가 일정기관을 통해 협의하여 임금수준인상의 원칙을 정하고 이에 따라 종업원의 임금을 안정적으로 인상해 나가는 제도로서 안정임금제도(stable wage system)가 있다.

이와 같은 안정임금제도는 노사 간의 협정에 의해서 근로자의 복지와 생활수준의 향상을 위하여 임금증가를 전제로 하면서 한 번 만에 행하여지는 것이 아니라 국민경제의 상승과 기업경영의 성장률과의 균형을 감안하면서 점진적으로 임금을 상승시켜 나가는 이상적 임금제도이다.

안정임금제도를 시행하기 위한 조건은 다음과 같다.

- 안정임금제의 구체적 내용, 취지, 효과 등을 노동자에게 충분히 이해시켜야 한다.
- 노사협의기관을 통해서 안정임금제의 유지·운영이 가능해야 한다.
- 장기경영계획에 따라 임금관리체계가 확립되어야 한다.
- 협의기간 중의 교섭 재개조항을 규정해야 한다.
- 안정임금계산체계가 확정되고 그 방법은 과학성이 있어야 한다.

안정임금제도의 계산기준 역시 합리적 기준으로 그 나라 국민경제의 성장률, 동종업계 타사의 평균임금수준, 부가가치생산성(added value productivity)의 향상기준, 물가수준 등에 비례하는 순응임금시스템(sliding scale system)을 적용한다.

커피 브레이크 | 성과연봉제라는 이름의 폭주기관차

2012년 7월 미국 월간지 '베니티 페어'가 "마이크로소프트의 잃어버린 10년"이라는 기사를 실었다. 마이크로소프트의 전현직 임직원들을 인터뷰하고 내부자료를 검토분석한 결과를 바탕으로 다음과 같이 말했다.

"스택랭킹이 회사를 망치고 직원들을 떠나가게 했다. 직원들의 경쟁의식을 높이려고 도입한 제도가 협업 분위기를 망쳐 놨다. 직원들은 구글 등 떠오르는 IT 강자들과 경쟁하는 대신 동료들과 경쟁했다. 한 부서에서 큰 성과를 내더라도 기계적 비율에 따라 평가를 해야 하다 보니 언제나 하위등급 직원이 나왔다. 스타랭킹이 관리자들의 내부권력

투쟁 도구로 활용되는 사례도 발생했다. 평가가 관리자에게 얼마나 잘 보이느냐에 따라 결정되는 폐단이 드러난 것이다."

이제 마이크로소프트는 '하나의 마이크로소프트(One Microsoft)'운동을 실시하고 있다고 한다. 직원 간의 협업을 강화하기 위해서이다. 마이크로소프트의 관리자들은 직원들과 1년에 적어도 두 번 이상 만나는 '커넥트 미팅(connect meeting)'에 참여한다. 이를 통해 업무 우선순위 결정과 성과달성에 필요한 교육과 지원이 적시에 이루어질 수 있도록 한다. 팀워크와 협력의 중요성을 강조하기 위해 다른 사원의 제안을 어떻게 활용했는지, 다른 직원의 성공을 위해 어떤 도움을 주었는지 등도 평가에 반영하기로 했다고 한다.

자료 : https://brunch.co.kr/@bang1999/86

(2) 임금수준관리의 목표

임금관리는 임금수준(level), 임금체계(structure), 임금형태(payment method) 등으로 나눌 수 있다. 임금수준의 관리는 조직구성원에게 지불하는 평균임금 혹은 한 기업체에서 차지하는 전체임금액을 정하는 문제로 적정성이 중심과제이다. 임금체계관리는 전체임금에서 연공급(인간배려지향)과 성과급(생산성지향)이 차지하는 비중을 결정하는 영역으로서 두 측면이 기본급, 제수당, 인센티브의 각 항목에 어떻게 투영되는가를 결정하게 된다. 임금형태관리는 임금을 산정하는 데 있어 시간과 성과의 두 기준 중 무엇을 기준으로 할 것인가를 결정하는 영역이다. 기업이 안정 위주일 때는 시간급의 형태를 띠게 되고, 성장 위주일 때는 성과급의 형태가 늘어나게 된다.

여기에서는 임금관리에서 노사 간 핵심쟁점사안인 임금수준관리에 관해 논해보기로 한다. 임금을 결정함에 있어 물가상승률, 경제성장률, 생계비, 노동생산성 등 국민경제적 차원의 다양한 외부요인들을 고려하여야 한다. 물론 노동소득분배율의 개선이나 소득 및 타 기업과의 임금격차 해소 등도 주요한 요인이다.

그러나 무엇보다도 기업 내부의 요인들도 상대적으로 비중 있게 다루어져야 하는데, 특히 임금을 통해 기업이 무엇을 추구할 것인가 하는 임금관리의 목표설정이 매우 중요하다. 임금관리는 기업과 종업원의 상반된 이해관계를 조정하여 기업의 경영목표달성과 종업원 만족증대라는 두 목표를 동시에 달성할 수 있도록 성과배분에 관한 적합한 의사결정을 하는 데 목표를 두며 보상관리의 중요한 요소 중 하나이다.

따라서 임금관리는 임금의 다양한 기능을 충족시키는 방향으로 운영되어야 한다. 특히 임금산정 시, 단기적 관점에서 벗어나 장기적 관점에서 임금수준의 꾸준한 향상을 통하여 구성원들의 기대를 충족시키는 동태적인 관리의 관점을 중요시하는 자세가 필요하다. 이를 위해 기업은 장기목표 수립에 기초하여 분명한 비전을 제시하고 투명한 경영을 보장하며 종업원은 기업성장과 더불어 합리적인 분배를 요구하는 성숙된 마인드를 지녀야 한다.

우리의 경우 일반적으로 거시적 임금상승률이 지나치게 높아서 경쟁력을 잠식하는 것으로 나타나고 있는 반면, 개별 기업의 경우 이것보다 더 큰 인건비 증가율로 부담을 느끼는 상황 속에서도 임금에 대한 근로자의 만족수준은 정체되어 있다. 이른바 '저임금 고인건비율'의 악순환이 계속되고 있는 것이다.[2)]

그림 8-4 고임금 · 저인건비율정책의 제도화

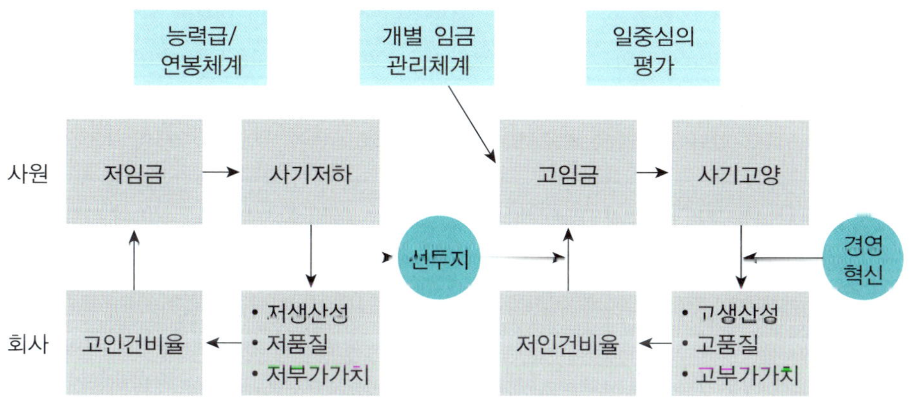

2) http://www.sungshin.ac.kr/~parkcom에서 참고

이러한 악순환의 연결고리를 끊기 위해서는 우선 임금에 대한 발상이 전환되어야 한다. 즉 임금은 억제되어야 할 비용이라는 생각에서 고부가가치·고생산성을 유발하기 위해 투입되는 투자라는 생각으로 전환되어야 한다. 지금까지는 임금을 비용으로 인식하여 수단과 방법을 다하여 이를 절감하도록 노력하는 것이 목표였다. 따라서 임금교섭을 통해 인상률을 억제하는 것이 가장 중요한 일이었다. 이러한 노력으로 인상률이 어느 정도 억제되어 온 것이 사실이다. 그러나 임금교섭으로 인건비 억제에만 매여 온 나머지 투입된 인건비로 얻어낼 수 있는 효율에 대한 관심이 부족하였고 결과적으로 총체적인 경쟁력 저하를 피할 수 없게 되어 버린 것이다. 임금소득정책의 입장에서 원론적으로 보면 실질임금의 상승은 무조건 나쁜 것이 아니다. 그만큼 근로자들의 소득이 증대되고 삶의 질이 개선되기 때문이다. 오히려 목표가 되어야 할 사항이기도 하다([사례 8-4] 참조).

저임금으로 어떻게 선진국이 될 수 있겠는가? 진정한 의미에서 선진국이 되는 길은 효율적인 인력에 대해서는 투자 성격의 고임금정책을 기본으로 하여 구성원

사례 8-4 한국, 임금수준 OECD 하위권… 국가규모 대비 1인 소득 낮고 적게 올라

한국인의 평균임금이 경제협력개발기구(OECD) 중하위권에 그치는 것으로 나타났다. 더불어민주당 박광온 의원이 OECD 회원국의 임금 현황을 분석한 결과 한국 근로소득자의 2016년 평균임금은 2만9,125달러로 OECD 34개국(터키 제외)에서 23위였다.

6년간 임금증가율도 OECD 평균보다 떨어졌다. 2010년에서 2016년 사이 OECD 34개국 평균임금 증가율은 5.39%였다. 하지만 한국은 2010년 2만8,040달러에서 지난해 2만9,125달러로 3.87% 오르는 데 그쳤다.

지난해 한국의 국내총생산(GDP)은 1조4,112억 달러로 OECD 8위를 차지했고 1인당 GDP는 2만7,539달러로 22위였다. 국가규모에 비해 임금수준은 떨어지는 것을 알 수 있다. 총생산 대비 임금수준인 1인당 GDP 대비 평균임금 역시 한국이 105.76%로 GDP규모가 비슷한 호주(114.38%), 캐나다(115.49%), 스페인(114.97%)에 비해 낮았다.

박 의원은 GDP 중 특정 대기업이 차지하는 생산과 소득비중이 크거나 임금격차가 클 때도 1인당 GDP 대비 임금소득수준이 낮게 나타날 수 있다고 지적했다.

자료 : 화이트페이퍼, 2017. 11. 1.

의 동기를 부추기고 그들로 하여금 고부가가치·고생산성을 창출하도록 하여 결과적으로 저인건비율을 실현하는 것이 새로운 정책의 방향이 되어야 할 것이다. 임금을 비용과 소득으로만 생각할 경우 노사 간에는 이른바 제로섬 게임(zero-sum game)의 논리가 적용될 수밖에 없고, 결과적으로 양 당사자 간에 끊임없는 힘겨루기가 계속될 수밖에 없다. 따라서 임금은 다른 자본재와 마찬가지로 투자와 효율이라는 관점에서 재조명되어야 한다. 임금수준을 결정하는 과정에서부터 개별 기업이 임금체계를 관리하는 전 분야에서 투자와 효율의 논리로 우리 기업의 위상과 문제점을 분석하고 평가하여 발전방안을 모색하여야 한다.

이런 맥락에서 생산성임금제는 그 한계점에도 불구하고 기업이윤추구 목표와 종업원 만족증진이라는 임금관리 취지에 충실한 대안으로 확대되고 있음은 분명하다. 앞서 임금산정원칙의 노동생산성 개념에서 언급한 바 있지만, 생산성임금제란 매년 임금을 결정함에 있어 임금상승률을 노동생산성과 일치시키는 임금제도를 말한다. 다시 말해, 실질임금상승률을 노동의 평균 물적 생산성과 일치시키는 임금제도로 적어도 제도를 합의한 이후에는 노사 쌍방의 불필요한 갈등을 최소화하고 원-원할 수 있는 구체적 방안이다.

단, 생산성임금제가 객관성을 확보하기 위해서는 물가상승률, 생계비상승률, 기업의 제품가격상승률이 동일하여야 한다는 전제조건이 필요한 만큼 물가상승을 상정함에 있어 생산물가격 외에 근로자의 생계비 상승률을 충분히 고려하여야 한다.

3 성과급제도의 의의와 방향성

(1) 성과급제의 의의

성과급제도는 노동의 성과를 측정하여 그 결과에 따라 임금을 산정·지급하는 제도로서 연공급은 학력, 경력, 나이 등 연공요소를 중시하는 데 비해 성과급은 생산에 대한 기여도나 역량의 발휘 정도를 중시한다. 즉 작업수행에 소요된 작업시간은 고려하지 않고 작업성과와 수량을 계산한 후 이에 일정한 임금비율을 적용하여 임금계산을 하기 때문에 성과급제도에 있어 임금은 개인의 성과와 비례한다. 기업을 둘러싼 경쟁환경이 치열해짐에 따라 우리나라도 전반적으로 연공급이 줄어들고 성과급의 비중이 커지는 추세에 있다.

성과급제도는 다음과 같은 장점을 갖고 있다.

- 성과급제도는 작업성과와 임금이 정비례하는 방식이므로 근로자에게 합리성과 타당성을 제공한다.
- 근로자로 하여금 동기유발을 일으켜 작업능률을 자극하며 이는 생산성 향상, 원가절감, 우수인재 유인, 근로자 소득증대로 이어진다.
- 직접노무비가 일정하므로 시간급제도보다 노무비 계산이 용이하다.

맛소금 올바른 평가, 올바른 보상

완두콩 캔 제조회사에서 콩에 벌레가 생겨 자꾸 품질이 떨어진다는 것을 알고 벌레 제거작업에 들어갔다. 작업자에게 잡은 벌레 수에 따라 보너스를 주는 제도를 도입했다.

확실히 많은 벌레가 잡혔다. 그런데 문제는 작업자들이 출근하면서 벌레를 가지고 와서 완두콩에 붙이는 사태가 벌어졌다.

자료 : 조영탁의 행복한 경영이야기

또한 성과급제도의 단점은 다음과 같다.

- 표준단가의 결정과 정확한 작업량의 측정이 어렵다([사례 8-5] 참조).
- 임금을 더 받으려는 근로자가 무리한 노동에 임할 가능성이 높으며 이는 심신과로와 상해로 이어질 가능성이 높다.
- 근로자의 임금수준이 불안정하며 특히 미숙련 및 부부근로자에게 불리하다.
- 성과배분의 차등적용에 따라 구성원 간 알력과 갈등을 야기할 수 있다. 이에 대한 방안으로 집단성과급제도가 활용되기도 한다.
- 작업량 증가에만 치중하므로 제품품질을 보장할 수 없다.

사례 8-5 인사평가결과의 정당성

인사평가결과는 보상-승진-육성-이직 등 인사시스템에 다양하게 영향을 미치게 된다. 만약 회사가 개인의 성과 차이를 반영해 보상의 변화 크기를 결정하는 성과주의 평가보상시스템을 운영하고 있다고 가정해 보면 회사는 몇 가지 목적을 가지고 있을 것이다.

첫 번째 목적은 인사시스템(특히 보상시스템을 중심으로 접근함)의 수용성 확보를 통한 동기부여다. 목표를 달성한 직원과 그렇지 못한 직원이 동일한 임금을 받고 동일한 크기의 임금인상이 이루어진다면 어느 누구도 열심히 일할 유인을 갖지 못할 것이기 때문이다. 두 번째는 인사평가결과를 바탕으로 인사조치를 행하기 위해서다. 회사는 인사평가가 이루어진 후 인사평가결과에 따라서 승진-배치전환-임금인상-징계 등 다양한 인사활동을 수행하게 된다. 이러한 인사활동 중에서 인사평가에 따른 징계행위는 향후 법률분쟁을 발생시킬 수 있기 때문에 매우 신중하게 접근해야 한다. 징계 시 평가의 공정성을 판단하게 되는데, 판례는 평가방법 및 평가요소의 합리성, 절대평가 실시 여부, 다면평가 등 평가의 객관성 확보, 평가결과에 대한 이의절차 유무 등을 종합적으로 고려해야 평가결과의 정당성을 판단하게 된다.

자료 : 성과주의 평가보상시스템(연봉제)의 주요 이슈, 김복수 블로그

(2) 성과급제 정착을 위한 방향성

성과주의의 확대 추세에도 불구하고 그 문제점을 정확히 파악하여 대응하지 못하면 본래의 의도를 살리지 못한 채 실패하기 쉽다. 따라서 성과급제 역시 그 흐름을 따라가면서도 자사에 적합한 시스템을 정착시키기 위한 노력이 요구된다. 충분한 시간을 두고 제도를 정착하면서 구성원의 참여와 동의를 구하는 자세가 필요하다. 성과급제가 정착할 수 있도록 하기 위한 방향성을 정리하면 다음과 같다.

첫째, 성과급제의 긍정적 효과를 믿고 반드시 정착시켜야 하는 성과주의와 인한 임을 확신한다. 성과주의 도입에 따른 시행착오는 겪어야만 하는 과정이며 조기에 낮은 비용으로 극복하는 것이 핵심관건이다. 국제경쟁력 강화와 체질개선을 위해서는 성과급제를 통한 경쟁체제가 필수적이다. 성과주의 자체는 분명한 대세이지만 구성원들의 공감을 끌어내고 운영상의 미비점을 여하히 시급하게 보완하느냐가

중요하다.

둘째, 사전에 치밀한 준비와 차분하고 점진적으로 실행하여야 한다. 성과주의 인사가 조직에 뿌리내리기까지는 적어도 3~5년 소요된다고 한다. 새로운 인사제도를 섣불리 도입하여 실패하는 것보다는 차라리 시도하지 않는 편이 낫다. 최고경영자에 대한 신뢰 추락, 노사 간 대립 및 조직 내 갈등, 인사제도 개혁 지연 등의 부작용이 초래될 수 있기 때문이다. 선진기업들은 2~3년간 성과주의 도입을 준비하고, 이후 3~5년에 걸쳐 중장기 마스터플랜 수립과 단계적 접근을 정착시키는 것으로 알려지고 있다. 새로운 인사제도의 내용이 혁신적일수록 단계적으로 시행하는 것이 바람직하므로 성과급제의 정착 역시 점진적으로 행해져야 한다.

셋째, 성과주의가 인사시스템 전반에 걸쳐 더불어 어울려 작용하게 한다. 성과급제도 등 성과주의 인사가 기업문화, 조직구조 등과 정합성이 있을 때 보다 빠르게 정착되고 시너지효과를 발휘할 수 있다. 단위조직의 역할과 책임이 불명확한 상태에서 재무적 결과에 기초하여 집단성과급을 차등 지급하는 것은 구성원의 공감을 얻기가 어렵다. 따라서 전 임직원이 한 방향으로 힘을 결집할 수 있도록 회사가치관(corporate value)을 설정하고 평가함으로써 성과주의 기업문화의 형성을 촉진하는 것이 필요하다. 또 연봉제 등 보상시스템에만 머물지 말고 채용–평가–이동–육성 등 인사의 전 부문을 성과주의 관점에서 일관성 있게 통합시켜야 한다. 아울러 개인과 단위조직의 성과목표를 조직 전체가 실현하고자 하는 비전 및 전략과 합치되는 내용으로 재설정토록 한다.

넷째, CEO가 성과주의 정착을 위해 관심을 기울여야 한다. CEO의 명확한 인사이념 제시와 강력한 실천력이 뒷받침되어야 성과주의 인사가 성공적으로 정착될 수 있다. 따라서 CEO는 전 임직원들에게 성과주의에 대한 의지를 천명하고 지속적으로 관심을 표시하여야 하며 평가, 보상, 육성 등 제도설계의 과정을 지원하고 자의적 운용을 자제하여야 한다. 또 성과달성에 대한 책임을 강조하기 위해서 책임부여에 상응하는 권한위양이 필요하며 노사 간 공감을 바탕으로 인사시스템을 설계하고 원칙대로 제도를 운영함으로써 상호 신뢰를 축적해 나갈 필요가 있다.

맛소금 성과주의의 허상

심리학자 데시(Edward Deci)는 실험실에 한 그룹의 대학생들을 들여보내고 어떤 보상 없이 퍼즐놀이를 하도록 했다. 물론 퍼즐은 대학생수준에서도 충분히 흥미를 느낄 만한 것을 선택했다. 제한시간 13분짜리 퍼즐 4개를 맞추는 것이 한 세션(1시간)으로, 이 세션을 3회 실시하도록 했다. 제2세션과 제3세션 사이의 여유시간 8분이 시작될 즈음, 실험자는 실험 준비를 해야 한다는 핑계를 대고 방을 떠났다. 실험실에는 재떨이, 신간 잡지 등이 마련되어 있었고 학생들에게는 좋아하는 것을 해도 되지만 방을 나가서는 안 된다고 일러두었다. 관심사는 이 8분의 자유시간에 피실험자인 학생들이 무엇을 하는가였다. 실험자는 이를 눈치 채지 못하도록 주의해서 관찰했다.

한편 또 다른 그룹의 학생들에게는 맞춘 퍼즐의 개수에 따라 1개당 1달러의 보수가 지급되었다.

그러자 놀랍게도 무보수상태로 실험을 계속했던 학생들은 세션 사이의 자유시간에 퍼즐 맞추기를 계속 했지만 금전적 보상을 받은 학생그룹은 퍼즐 맞추기를 멈추었다. 즉 보수를 받자 자유시간은 휴식시간이 되었던 것이다. 실험은 이와 다른 패턴으로도 실시되었지만, 결과는 같았다.

이 실험의 결론은 금전적 보수를 받게 되면 원래 재미있어 하던 퍼즐놀이도 더 이상 놀이로 받아들이지 않게 된다는 것, 즉 '성과주의'가 능사가 아니라는 것이다.

자료 : 다카하시 노부오, 성과주의의 허상에서 수정 인용

디저트 dessert

- 임금은 개인과 가계에 대해서는 소득의 원천이 되며, 기업에는 제조원가의 주요 구성요소가 되고, 국민경제 차원에서 보면 가장 중요한 국민소득의 구성부분이면서 대외경쟁력에 영향을 주는 원가의 구성요소가 된다.
- 임금은 근로자들이 기업주로부터 받는 일체의 대가를 의미하는 포괄적 개념이며, 봉급은 임금 중에서 근로계약에 기초하여 지급되는 방식의 한정된 개념이다.
- 임금은 기업 차원의 총액인건비로서 크게 볼 때 현금급여와 부가급여(복리후생비)형태로 나눈다. 현금급여는 기준 내 임금, 기준 외 임금, 특별급여로 구성되며 부가급여란 유급휴가, 급식제공, 의료보험과 교육훈련 등 주로 화폐가 아닌 현물형태로 지불하는 보상이다.
- 우리나라 임금 구성의 특징은 ① 기본급의 구성비가 너무나 적고, ② 교섭형 수당과 교섭상여의 비중이 증대되고 있으며, ③ 복리후생비가 교섭상의 이유로 계속 증대되고 있고, ④ 통상임금과 평균임금의 범위가 법률상 다툼의 여지가 있다는 점 등이다.
- 적정임금에 대한 노사 간 시각의 차로는 노동자 측 입장에서는 생계비 확보, 임금교섭력에 의한 비교임금의 우위 확보를, 기업 측 입장은 경쟁력과 기업발전이 가능한 비용(지불능력), 노동자의 생산기여도 유발을 중시하게 된다.
- 임금산정의 원칙으로는 ① 생계비유지의 원칙, ② 임금지불능력의 원칙, ③ 사회적 균형의 원칙 등이 있다.
- 임금은 억제되어야 할 비용이라는 생각에서 고부가가치 고생산성을 유발하기 위해 투입되는 투자라는 생각으로 전환하여야 한다. 지금까지는 임금을 비용으로 인식하여 수단과 방법을 다하여 이를 절감하도록 노력하는 것이 목표였지만 앞으로는 투자를 통해 효과를 극대화하는 발상의 전환이 필요하다.
- 성과급제도는 노동의 성과를 측정하여 그 결과에 따라 임금을 산정 · 지급하는 제도로서 연공급은 학력, 경력, 나이 등 연공요소를 중시하는 데 비해 성과급은 생산에 대한 기여도나 역량의 발휘 정도를 중시한다. 기업을 둘러싼 경쟁환경이 치열해짐에 따라 우리나라도 전반적으로 연공급이 줄어들고 성과급의 비중이 커지는 추세에 있다.

제3부 노사쟁점과 해결방안

CHAPTER 9

복리후생

구글은 어떻게 일하는가?

appetizer
애피타이저

수평적 조직문화와 최고의 직원복지

구글의 경영철학은 '사악해지지 말자(Don't be evil)'이다.

직원들 스스로 "우리가 더 좋은 세상을 만들고 있다"는 자부심을 느낀다. 계급이 아닌 관계를 형성하며 각자의 업무 실적 외에는 인종, 성별, 직급, 시간 등에 차별을 받지 않는다. 구글에서 팀원 모두가 같은 공간에 모여 회의를 진행하는 일은 1년에 단 두 차례뿐. 그 외 시간에는 팀원 각자가 팀 전체의 목표에 맞게 일하는 시간, 장소에 구애받지 않고 개별 목표를 알아서 설정한다.

업무에 대한 지원은 관대하며 업무에 몰입하는 태도를 끌어낼 수 있는 투자를 과감히 실행한다. 실력주의를 강조하여 반대할 의무가 존재하는 문화로 만든다. 반대는 선택이 아닌 필수이다. 인간은 스스로 생활양식을 선택하기에 그들이 책임과 자유를 알아서 수행한다고 믿는다. 창의력을 지닌 직원에게 '안 된다'는 말은 죽음이나 다름없다. 거창한 여흥보다는 개인의 재미를 중시한다. 공짜 점심과 무료 피트니스 클래스 등 사내 복지를 통해 긍정의 문화를 만든다.

자료 : 김진혁, 브런치

1 복리후생의 의의

임금은 두 가지로 분류할 수 있다. 첫째, 앞 장에서 설명한 임금의 개념과 같이 직접적인 임금으로서 경제적 임금이 있고, 둘째 간접적인 임금으로서 사회적 임금 성격의 복리후생(welfare service, fringe benefit)이 있다. 복리후생이란 노동자와 그 가족의 생활수준을 증진시키기 위해 임금 이외에 마련한 갖가지 급여의 총칭이다. 다시 말하면, 조직이 구성원과 그 가족의 생활수준을 증진시키기 위해 제공하는 임금 이외의 급여를 총칭하는 개념이다.

경제적 임금이 직접적 임금이라 함은 기본급이 성과주의 논리에 입각하여 산정되는 방식이 기본이 되어야 한다는 뜻이다. 종업원의 능력과 업적에 따라 지급되는 것이 타당하다는 말이다. 종업원의 성과에 따라 임금의 수준과 체계가 결정되는 성과주의의 규범이 경영조직 내에 확립되는 것이다. 요컨대, 성과를 중시하는 기업에 성과주의의 규범이 확립되지 않으면 그 조직체는 존립할 수가 없게 된다.

사회적 임금이 간접적이라 함은 복리후생을 공동체주의에 입각하여 산정하여야 한다는 뜻이다. 만약 경영조직 내에서 공동체주의의 규범이 확립되어 있지 않으면 간접적인 임금인 복리후생은 이 목적을 성취할 수 없는 것이다. 다시 말하면, 복리후생제도는 '단결의 원리'를 실현시켜주는 구체적인 경영관리제도로 등장하여야 한다. 직접적인 임금으로서 경제적 임금은 구성원의 개별적인 성과에 따라 책정이 되지만, 간접적인 임금으로서 복리후생은 전체구성원이 모두 혜택을 받을 수 있도록 함으로써 경영을 하나의 협동공동체(Gemeinschaft)로 만드는 것이다([그림 9-1] 참조).

또한 경영의 복리후생정책은 종업원에게 균형적인 혜택을 누리게 함으로써 직장을 삶의 공동체로 그 의식을 불어 넣어주고 있는 것이다. 요컨대, 경영의 '성과의 원리'와 '단결의 원리'는 독립생산경제단위로서의 기업에 필히 확립되어야 할 원리인 것이다.

그림 9-1 **경영사회정책과 임금정책**

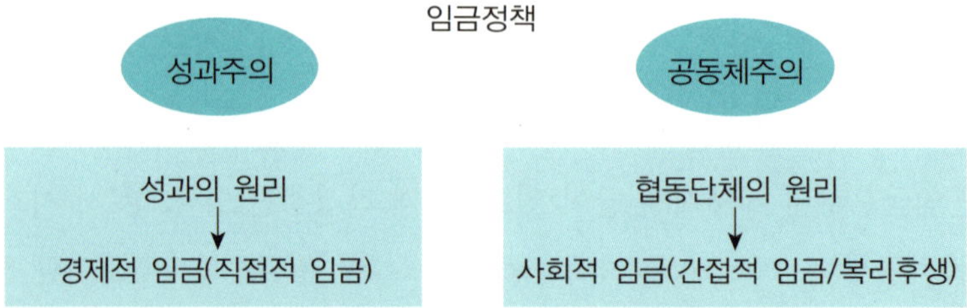

예를 들어, 독일의 기업은 단결의 원리를 실현시켜주는 경영사회복리정책이 성과의 원리를 실현시켜주는 경제적 임금정책과 더불어 경영사회정책에 주요한 과제로 형성되고 있다. 즉 기업을 하나의 성과체인 동시에 공동체로 보고 인간의 협동과 단결을 경영생명체 유지의 주요 강조점으로 삼는 것은 독일기업의 하나의 특징이라고 할 수 있다.

사실 경영자가 경영조직을 지나친 성과 위주의 논리에 입각하여 자극적인 임금체제로 만든다면, 종업원 간에 많은 임금격차가 발생할 것이다. 이로 인해 경영조직 내에 위화감이 조성된다면 이는 사용자와 노동자 간의 계층갈등 이외에 또 하나의 계층 간 갈등을 초래하게 될 것이다. 이러한 갈등은 창조적인 기능보다는 파괴적인 결과를 초래할 위험성이 크다. 이렇게 되면 협동단결을 통한 조직력의 강화는 기대하기 어렵고, 소수의 선택된 계층 이외의 대다수 종업원은 소외감을 면치 못하며, 나아가서는 태업 등 조직에 비협조적인 작용을 하게 되는 것이다. 또 인적자원을 통한 기술축적을 기대하기 어렵게 되고, 작업분위기는 시기와 질투 혹은 적당주의의 도가니 속으로 빠지기 쉽다.

이러한 점에서 사회적 임금정책인 경영사회복리정책은 경영의 협동단결을 실현시키고 사회시스템으로서 기업의 공동체 형성에 중요한 역할을 담당하게 되는 것이다. 그러므로 복리후생정책은 장기적 안목에 기초하여 다각적인 전개가 필요하다. 경영에 있어서 성과주의와 공동체주의는 상반된 작용을 자주 유발시킨다. 지나친 성과체제의 강화는 공동체를 약화시키고, 역으로 지나친 공동체의 강화는 무사안일을 면치 못한다. 우리는 이 양자를 적절히 결합시켜 이원적인 사고를 일원화시켜 견실한 성과적 공동체의 경영체질을 강화토록 노력해야 한다.

복리후생정책은 역사적인 소산으로서 그 의의나 내용도 시대와 더불어 변화되어 왔다. 산업발전의 초기에는 주로 노동력을 확보하고 유지하려는 의도와 종업원의 생활을 향상시킨다는 의도에서 운영되었다. 또 이 시책은 부권적(父權的)으로 은혜를 베푼다는 생각으로 실행되어 왔다. 그러나 점차로 산업능률이 개선되고 그것이 노무관리의 중심으로 인식되자, 복리후생은 생활환경의 개선과 같은 보조적 역할을 벗어나서 복리후생급여는 종업원의 공동체 기반형성의 중요한 역할로 인정받게 되었다.

따라서 지금의 복리후생시책은 온정적 자혜라기보다는 종업원의 복리후생을 적극적으로 추진함으로써 노동력의 재생산은 물론, 한걸음 더 나아가 종업원의 생활안정이나 정신적 충족에 의해 양호한 인간관계를 형성하고, 협력적 노사관계를 만들려는 경영공동체 형성의 방법으로 이해되고 있다. 그러므로 오늘날의 복리후생은 근대적 사회에 있어서의 올바른 노사관계를 인식한 바탕 위에서, 생산성 향상이나 기술혁신이라는 새 시대의 경영공동체 형성에 이바지하여야 할 것이다.

이상에서 볼 때 복리후생의 기본원리와 목표를 다음 두 가지로 구분하여 생각할 수 있다. 첫째, 주요 원리로서 '공동체의 원리'에 입각한 경영공동체의 기반 구축이다. 둘째, 보조원리로서 '지원원리'에 입각한 노동력 재생산을 위한 노동의 확보유지, 배양과 노사관계 개선의 확립이다([그림 9-2] 참조).

그림 9-2 복리후생의 기본원리와 목표

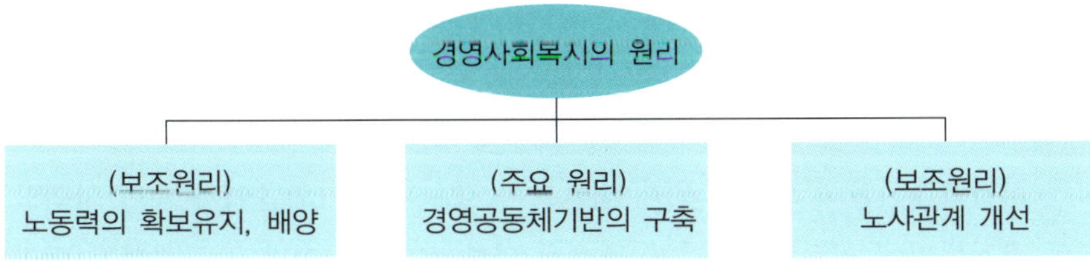

2 복리후생의 구성

복리후생은 법정 복리후생(사회보험)과 법정 외 복리후생으로 구분할 수 있으며, 후자가 기업수준의 교섭이슈이다. 기업이 실시하는 기업 내 복리후생의 범위에는 각각 다양한 내용이 포함되나, 우선 법정 복리후생과 법정 외 복리후생으로 나누어 생각해볼 수 있다. 전자는 법률로서 기업에 의무화한 사회보험의 기업분담분으로서 사회보장제도의 발전에 따라 좌우된다. 후자는 기업이 독자의 재량으로 종업원에 대해서 실시하는 경제적 급여이며 경영사회정책과 단체교섭의 발전에 따라 좌우된다. 이를 요약하면 [그림 9-3]과 같다.

그림 9-3 복리후생의 구성

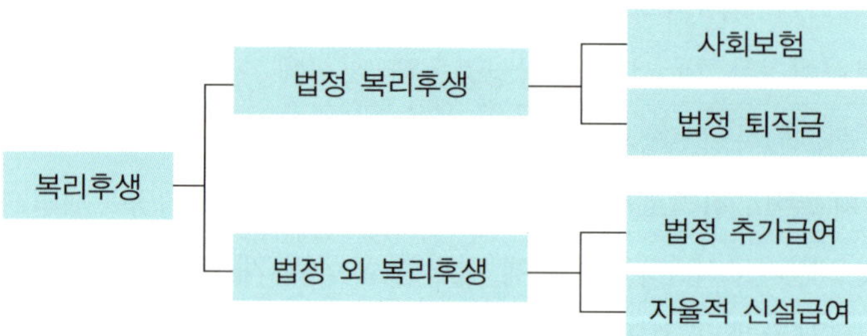

(1) 법정 복리후생제도

기업의 복리후생제도는 국가사회보장제도와 밀접한 관계를 가지고 있다. 처음에는 기업에서 자율적으로 종업원을 위해 시작된 복리후생제도도 나중에는 그의 일반적인 최저한계선을 확보하기 위해 법률로써 강요하는 사회급여가 되어 사회보장제도로 발전되기에 이르렀다. 점차 국가에 의한 사회보장이나 공공시설이 발전되어 기업 내의 자율적인 복리후생의 급여부분이 감소되고 있는 경향이 있다([그림 9-4] 참조).

그림 9-4 기업복리후생제도와 사회보장제도

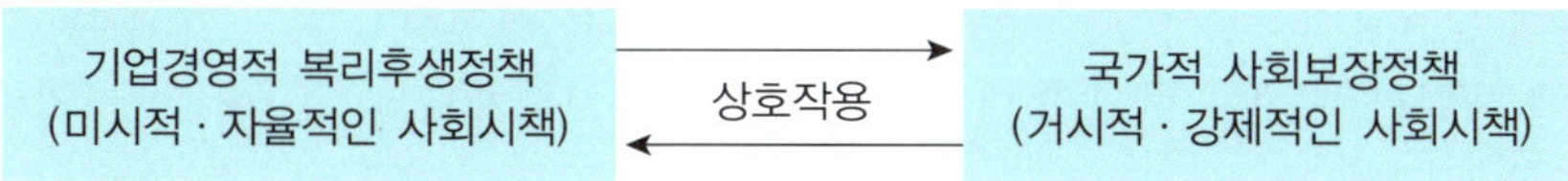

오늘날 선진 산업국에서는 노동자가 질병, 노령, 재해, 실업 등으로 인해 일을 못하게 될 때에는 국가가 그 최저생활을 보장하는 사회보험이 필요하게 되고, 그 결과 국가가 사회보험비용을 기업에 부담시키는 경향이 있다. 그런 경우 기업에 있어서의 복리후생시책은 그 내용이 다른 새로운 분야를 개척함으로써 그의 공동체 형성의 목적을 달성하려고 노력하고 있다. 그러나 우리나라의 경우 아직까지는 국가적 보장시책이 미약하여 당분간 기업 내에서의 복리후생급여에 대하여 경영자나 노동자 쌍방이 다 같이 중시하지 않을 수 없다.

여하튼 현대기업의 경영복지정책은 거시적 차원의 국가사회보장제도와의 유기적인 상호작용 속에서 이를 파악하여야 한다. 오늘날 국가적 차원에서 행하는 종업원을 위한 복리후생의 기본은 사회보험과 법정퇴직금 등으로서 이것들은 국민생활의 안전 및 안정의 욕구충족에 그 초점을 두고 있다.

오늘날 산업국가의 국민들은 식생활을 비롯한 기본적 생리적 욕구는 충족되고 있다고 볼 때, 그들이 바라는 사회보장은 질병, 노령, 재해 및 실업의 위험에 대한 안전한 보호이다. 다시 말하면, 오늘날 산업국가들은 생리적 욕구를 넘어 예고 없이 닥치는 불의의 질병, 재해 및 실업과 누구나 다 겪는 노령에 대한 공포에 대해 걱정하고 있다. 이러한 욕구를 충족시키기 위하여 선진 산업국가에서는 다음 네 가지 기본보험을 공적 보험제도로 법정하고 있다.

■ 노동자의 4대 안전의 욕구

① 질병(의료보험)

② 노령(연금보험)

③ 산재(산재보험)

④ 실업(실업보험)

선진 산업국은 현물급여중심의 질병보험, 현금급여중심의 연금보험, 그리고 현물 내지 현물급여중심의 산재 및 실업보험제도가 잘 확립되어 있어 종업원의 복리후생에 커다란 기여를 하고 있다. 또 이러한 사회보험제도는 [표 9-1]에서처럼 사전적 예방조치의 기능과 사후적 치료조치의 기능으로 각각 구분·강조되고 있다. 한편 우리나라는 주5일제 근무제도의 확대와 더불어 근로생활의 일과 삶에 대한 균형에 대한 요구가 증대됨에 따라 복리후생에 대한 근로자들의 욕구가 커지고 있다. 이런 추세 속에 기업의 법정 및 법정 외 복리후생비용도 증가하고 있다. 그런데 법정 및 법정 외 복리후생제도의 적용에 있어 정규직과 비정규직 간의 격차가 큰 것으로 나타나고 있어 문제가 되고 있다.

우리나라는 아직 선진 산업국에 비해 이상과 같은 공적 사회보험제도가 미약한 실정이므로 기업이 이 기능의 상당한 부문을 대행해야 할 입장에 놓여 있다([사례 9-1] 참조). 기업의 경영복리제도도 이러한 법정 복리후생제도와 상호작용을 해야만 하기 때문에 이에 대한 충분한 이해가 있어야 될 줄 안다.

표 9-1 사회보험의 내용

기능 / 종류	사전조치(예방조치)	사후조치(치료조치)
의료보험	질병의 조기발견과 예방	질병의 치료, 가사원조 및 경영원조
산재보험	산업재해예방	산업재해보상
실업보험	직업훈련, 상담·알선을 통한 실업방지	실업수당지급
연금보험	노령생활설계	피보험자 및 유족에 대한 연금지급

사례 9-1 복지지출, OECD 최하위수준

경제협력개발기구(OECD) 국가 중 한국이 지난해 사회복지지출에서 최하위수준을 기록한 것으로 나타났다.

OECD가 갱신한 2018년 사회지출(social expenditure) 자료를 분석한 결과, 한국의 국내총생산(GDP) 대비 공공사회지출 비중은 11.1%로 OECD 국가 평균인 20%에도 미치지 못했다. 한국은 멕시코(7.5%), 칠레(10.9%)에 이어 세 번째로 낮은 국가에 해당됐다.

OECD의 사회지출(social expenditure) 통계는 고령자와 6세 이하 아동, 실업자, 빈곤층 등에 대한 대상별 지원을 포함하여 보육, 의료, 주거 등 사회복지 분야의 공공 및 민간 분야 지출을 총망라하는 통계다. 그 중 대표적인 것이 연금과 실업급여, 의료보장, 6세 이하 아동에 대한 보육지출이다.

반면 프랑스는 31.2%, 벨기에는 28.9%를 차지해 가장 사회지출 비중이 높은 나라로 나타났다. 일본(21.9%), 미국(18.7%)은 평균수준을 보였다. OECD 회원국들의 사회복지지출 중 가장 큰 비중을 차지한 분야는 연금(8.0%)으로 나타났다. 이어 의료분야(5.7%)가 뒤를 이었다. 장애인과 아동보육, 주거지원 등 사회서비스지원은 2010년 기준으로 3.6%를 차지했으며 실업자 지원은 1%를 기록했다.

자료 : 베이비뉴스, 2019. 1. 24.

맛소금 **한참 기울어진 운동장**

일반인을 대상으로 여론조사를 해보면 우리나라 복지수준이 충분하다고 답변하는 사람은 10명 중 1명도 안 된다. 하지만 복지서비스 강화를 위한 재원조달방안 가운데 본인의 부담으로 돌아오는 세율을 인상하자고 말하는 응답자 역시 10명 중 1명도 안 된다. 대부분 국민이 복지수준 향상을 원하고 다수가 무상복지서비스에 찬성하지만, 정작 복지재원의 조달에서는 "나의 비용부담은 가장 적게 그리고 가장 나중에" 하겠다는 '눔프(NOOMP, Not Out Of My Pocket)'의 모습을 드러낸다. 눔프는 님비의 사촌이다. 내가 사는 지역에 혐오시설의 입주를 반대하는 '님비'현상처럼 다른 사람이 먼저 세금을 부담하고 나는 맨 나중에 세금을 부담하겠다는 '눔프'현상 역시 얌체 같은 행동이다. 이처럼 복지에 대한 재원부담을 회피하려는 '눔프'현상이 발견되는 배경에는 낮은 복지수준과 더불어 정부에 대한 낮은 신뢰도가 자리하고 있다.

자료 : 더굿북, 브런치, 어떤 경제를 만들 것인가?

(2) 법정 외 복리후생제도

법정 외 사회적 임금은 법정 외 복리후생을 말한다. 이미 앞에서 언급한 바 있듯이 법정 복지후생제도는 국가 내지 산업적인 차원에서 강제적으로 실행된다. 법정 외 복리후생제도는 국가에서 법률로 정한 것 이외에 기업이 자율적으로 실행한다.

법정 외 복리후생제도는 다시 두 가지로 분류할 수 있다. 이를테면 법정 사회보험에 추가적으로 혜택을 주는 방향과 그 이외에 기타 복리후생을 신설하는 방향으로 생각할 수 있다.

- 법정 외 복리후생의 설정방향
  - 사회보험의 추가급여
  - 기타 자율적인 신설급여

전자의 경우는 국가 차원에서 설정된 사회보험(의료보험 · 연금보험 · 산재보험 · 실업보험) 이상으로 자율적 수준을 설정하고 그 초과수준에 대해서 기업이 부담하는 방식이다. 예컨대, 질병의 경우 의료보험에 해당되지 않는 특수부문(예 : 고급 약재 및 입원실 이용, 고급 보철 보장구 등)에 대한 보조와 질병수당 내지 회복기 원조 등을 강화하는 내용이 된다. 연금보험의 경우에는 공적보험과 별도로 추가적으로 사적보험을 지급토록 사용주가 별도로 보험료를 부담하는 것이 여기에 해당한다. 그 이외에도 산재보험의 경우 기업 내의 재해조치 병원의 설치 등을, 실업보험의 경우 전환교육훈련의 강화 등을 들 수 있다.

후자의 경우에는 전자와는 별도로 기업이 자율적으로 설정한 복리후생제도로서 그 내용으로는 주택 · 급식을 비롯한 생활시설, 구매 · 금융을 비롯한 경제시설, 진료 · 보양을 비롯한 보건위생시설, 학교 · 도서관 · 체육관 · 오락실을 비롯한 문화교육시설 등을 들 수 있다.

우리나라의 기업복리후생제도를 살펴보면 1987년 노동자 대파업 이후 임금상승과 더불어 지속적으로 확대되는 추세에 있다([사례 9-2] 참조). 명목임금인상의 한계에서 임금인상 자제의 대안으로 받아들여진 측면이 있다. 어쨌든 기업복리후생제도의 확대는 단순히 양적 측면에서만 그치지 않고 내용 역시 급속히 고도화 · 다양화되는 양상을 보이고 있다. 과거 기업복지의 핵심내용을 차지하던 식사, 문화 및 체육오락, 경조사관련 비용 등 주로 '주변적 성격'이 강한 복지항목들의 상대적 비중이 축소되는 반면, 근로자들의 실질적인 삶과 관련된 항목들, 특히 주거관련 복지제도의 상대적 비중이 크게 증가하는 양상을 보이고 있다.

사례 9-2 일하고 싶은 기업의 조건, '연봉보다 복지'

일하고 싶은 기업, '연봉'보다 '복지' 중요!

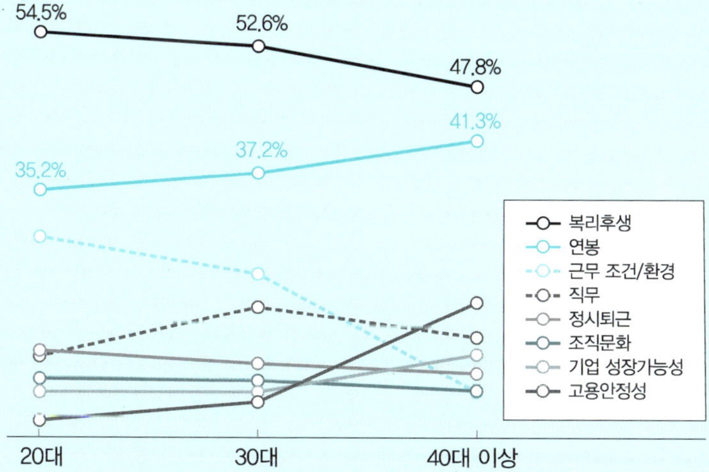

※ 취중생 및 직장인 526명 조사
자료 : 잡코리아, 한국무역협회

취업준비생과 직장인들이 일하고 싶은 기업을 선택할 때 연봉보다 복지제도를 더 우선시하는 것으로 나타났다. 일하고 싶은 기업의 조건은 취준생과 직장인이 다소 달랐다.

취준생 중에는 직장 선택 시 "복리후생이 가장 중요하다"는 답변이 복수선택 응답률 52.5%로 가장 높았다. 이어 연봉수준(35.8%), 근무조건·근무환경(27.3%), 직무특징(16.4%), 정시퇴근(16.1%), 기업의 성장가능성(12.6%) 순이었다.

직장인 중에도 "복리후생이 가장 중요하다"는 응답자가 54.8%로 과반수 이상으로 가장 많았다. 이는 구직자(52.5%)보다 소폭 높은 수준으로 나타났다. 이외에 직장인들은 연봉수준(37.0%), 근무조건·근무환경(26.0%), 직무특징(18.3%) 순으로 중요하다는 답변이 높았다.

자료 : 글로벌 메트로신문, 2018. 11. 28.

이처럼 복지항목들이 크게 증가하면서 기업의 복지관련 비용지출은 크게 증가할 수밖에 없으며 당연히 복지제공능력이 있는 기업들과 그렇지 못한 기업들 간의 격차 역시 크게 확대되고 있다. 특히 주요 재벌계 기업들의 경우 경쟁적인 복지 확충이 이루어지는 반면, 이들에 비해 상대적으로 불리한 위치에 있는 중소기업이나 특히 정규직과 비정규직 간 복지격차는 이미 넘을 수 없을 정도의 큰 격차를 보이고 있다([사례 9-3] 참조). 1980년대 후반 이후 최근까지 기업의 규모에 따른 임금격차가 계속 확대되어 왔다는 점을 감안할 때 기업복지의 확대는 대기업과 중소기업 노동자들 간의 상대적 격차를 가속화시킨 핵심요인의 하나임이 분명하다. 결국 1987년 이후 기업복지는 노사 모두에게 기업수준 노사관계의 가장 중요한 쟁점의 하나가 되고 있다.

한편 복리후생시설을 결정하는 데 있어 다음과 같은 세 가지 점을 고려하는 것이 바람직하다.

첫째, 복리후생시설은 경영자와 종업원 모두에게 장기적인 상호 이익을 도모할 수 있도록 행해져야 한다. 궁극적으로 기업의 전략이행과 종업원의 욕구충족이라는 양 측면에 긍정적으로 작용하여야 한다.

둘째, 복리후생시설은 경영자와 종업원의 수입 또는 경제적인 관점에서 상호 만족할 수 있도록 하여야 한다. 복리후생제도를 통한 경제혜택이 간접적이긴 하지만 오히려 직접적 임금제도보다 더 만족할 만한 경제적 효과가 있어야 한다는 뜻이다.

사례 9-3 같은 일하는 비정규직 임금·복지 차별하면 3배 배상

앞으로 기업이 비정규직의 임금과 복리후생 등을 차별하면 최고 3배를 배상해야 합니다. 가령, 같은 일을 하는데도 정규직에겐 100만 원, 비정규직에겐 50만 원을 지급했다면, 차액의 3배인 150만 원을 근로자에게 추가로 줘야 한다는 겁니다. 이른바 '징벌적 배상'입니다.

한 사업장에서 한 명만 차별로 인정되면 같은 조건의 다른 근로자도 동일한 배상을 받을 수 있습니다. 대상자는 회사가 직접 고용한 계약직 근로자와 업체로부터 파견됐으나 회사의 직접 지시, 감독을 받는 근로자들입니다. 하지만 사내 하도급형태의 근로자나 회사의 지시, 감독을 받지 않는 근로자는 제외돼, 상당수의 자동차회사 협력업체 직원과 백화점 근로자 등은 해당되지 않습니다.

시정명령을 지키지 않을 경우 1억 원 이하의 과태료가 부과됩니다.

자료 : KBS News, 2014. 3. 14.

셋째, 복리후생시설을 계획하고 설치하여 운영할 경우에는 유지비 또는 이용방법 등에 관하여 경영자가 공동으로 의사결정을 하는 것이 바람직하다.

커피 브레이크 | 북유럽 복지의 꿈을 꾼다

복지에 예외가 없다.

북유럽의 높은 복지를 가능하게 한 토대는 다음 몇 가지 이유에서 비롯된다.

첫째, 평균 44.6% 이상의 높은 조세부담률과 25%(한국 10%)의 부가가치세이다.

둘째, 대부분의 국민들이 세금을 납부한다. 20% 이하(한국 48%)의 낮은 면세율이다.

셋째, 19세기 말부터 사회복지정책을 화두로 많은 논쟁을 거쳐 국민적 합의를 이끈 결과이다.

넷째, 국민소득은 높고 인구가 작다. 세금은 개인소득의 30%에서 60%까지 누진방식으로 징수하는 것에 저항이 없다.

자료 : 김진혁, 브런치

3 복리후생 이슈와 과제

기업의 복리후생의 관리를 어떻게 전개시켜야 할 것인가? 이에 대한 방향과 과제는 다음의 [그림 9-5]와 같이 '구조적-기능적-상황적' 차원으로 구분해서 각각 검토할 수 있다. 구조적 차원에서는 복리후생의 효율적 관리를, 기능적 차원에서는 복리후생의 질적 관리를, 상황적 차원에서는 복리후생의 유연성관리를 관리방향으로 삼아 이에 대한 각각의 주요 과제를 살펴보고자 한다.

그림 9-5 복리후생 이슈의 전개방향과 과제

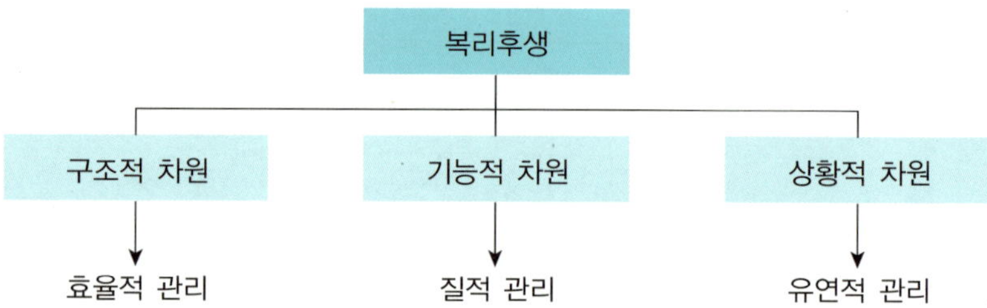

(1) 효율적 운영의 과제

효율적 복리후생운영과 관련하여 첫 번째 과제로서 선호기준의 파악과 분석을 들 수 있다. 사회적 임금관리의 대상으로서 기업의 복리후생은 대체로 [그림 9-6]과 같은 과정을 통해서 결정된다. 이 과정의 중요한 요소는 복리후생의 결정이 어느 일방에 의해서 이루어지는 것이 아니라 경영자와 종업원이 함께 참여하는 공동결정이라는 점이다. 또한 양자의 협상과정에는 복리후생계획에 소요되는 비용에 대한 정보를 제공하거나 또는 대안을 참고로 제안하는 역할을 수행하는 보험대리업자도 참여한다. 그리고 노조원들의 집약된 요구를 관철시키고자 노력하는 노조도 참여하게 된다. 그러나 복리후생계획 결정의 핵심적인 주체는 경영자와 종업원이다.

그림 9-6 복리후생계획의 결정과정

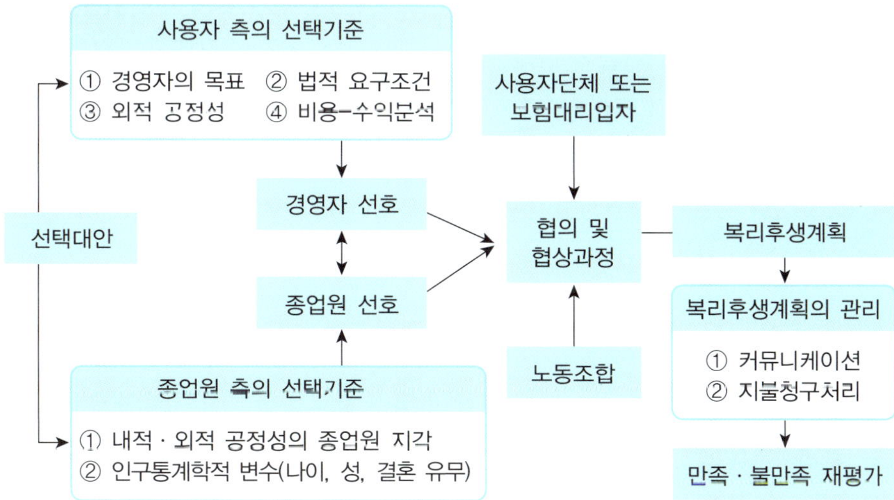

이때 사용자(경영자) 측의 복리후생 결정이 선호되는 요인과 노동자(종업원) 측의 선호되는 요인을 명확히 파악 · 분석하여 관리의 기준을 설정하는 것이 절대적으로 필요하다. 일반적으로 사용자 측의 입장에서 선호되는 요인과 노동자 측 입장에서 선호되는 요인을 살펴보면 다음과 같다.

1) 사용자 선호요인

경영자가 복리후생 결정에 가장 중요시하는 요소는 '비용-수익'분석이다. 그러므로 경영자는 어떤 선택대안을 채택하기 이전에 미래 발생가능한 비용을 산출 · 분석하는 것이 중요하다. 다음은 경영자가 선호하는 요소를 결정하는 데 있어 그 선택기준이 되는 것들을 각각 살펴보기로 한다.

① 경영자의 목표

경영자는 복리후생을 통해서 조직에 적합한 인력을 고용하고 유지하며 또한 동기유발을 목표로 한다. 복리후생은 경영자의 목표에 입각해서 설계하여야 한다. 이때 경영자의 목표는 추상적인 목적이 아니라, 경영자가 복리후생을 통해서 종업원으로부터 얻고자 하는 구체적인 목표에 의하여 결정되어야 한다. 예를 들면, 첫째 조직에 적합한 좋은 종업원들을 고용하는 목표, 둘째 고용된 종업원들을 조직에 몰입하게 만들고 또 이들이 이직하지 않고 끝까지 조직구성원으로 남도록 유지하는 목표, 셋째 조직의 구성원, 즉 종업원들을 일할 수 있게끔 동기유발시켜주는 목표, 이를테면 종업원들에게 내적·외적인 보상을 통해 동기부여시킴으로써 조직유효성 증대의 목표를 설정하고, 이와 관련하여 복리후생정책과 관리가 수행되는 것이다.

② 법적 요구조건

경영자는 복리후생계획의 결정에 있어 법적인 요구들을 주요 요인으로 삼는다. 예를 들면, 의료보험·산업재해보험·연금보험·실업보험 등의 법정 복지후생을 의무적으로 실시하여야만 하고 그 외에도 세금과 관련된 법적인 요구조건 등을 고려하여야 한다.

③ 대외적 공정성

경영자는 경쟁기업의 복리후생수준을 고려하여 종업원들이 공정성을 느끼도록 복리후생계획을 실시하여야 한다. 이와 관련된 경영자의 전략은 시장선도(leading strategy), 경쟁대응(matching strategy), 시장추종(following strategy)전략이 있다. 또한 경영자는 외적 공정성의 확립과 경쟁기업의 복리후생수준을 알아보기 위해 조사연구를 실시하거나 그 결과의 2차 자료를 이용한다.

④ 비용-수익분석

경영자는 복리후생을 효율적으로 관리하기 위해서 비용-수익분석을 꼭 필요로 한다. 또한 새로 도입하려고 계획하고 있는 선택대안의 미래비용을 정확히 추정하는 것도 필요하다. 그런 다음 복리후생수준을 종업원과 경영자가 모두 수긍할 수 있는 수준에서 결정한다. 또한 수익의 분석에 있어서는 경영자의 막연한 추측이 아니라 종업원의 만족도 및 경영자의 목표 합치성의 차원에 근거하여 그 분석이 이루어져야 한다. 이렇게 측정·분석된 비용-수익을 비교하여 그 효율성을 파악하며, 적정한 자원배분행동을 취하게 된다.

맛소금 리더의 동기부여 꼭 필요할까?

동기부여에 대한 답은 '동기강화'라는 단어에 있는 것 같다. 특히 스타트업이라면 동기부여가 필요한 사람을 받을 수는 없고, 동기가 어느 정도 있는 사람들을 받아서 강화를 도와야 한다.

어떻게? 단순히 임금이나 인센티브를 많이 주는 것은 일을 직업(job)으로 보는 사람에게만 통하고, 승진을 미끼로 쓰는 것은 일을 경력(career)으로 보는 사람에게만 통한다. 일을 소명(calling)으로 보는 사람, 그리고 직업과 경력으로 보는 사람 모두에게 통하는 방법의 정체는 '감정의 혁신'이다. 업무와 회사의 시스템·문화 전체를 조직원이 즐겁고 행복하게 일할 수 있도록 혁신해야 한다. 이것은 단순히 운동회니 MT, 사내 복지를 늘리자는 차원의 얘기가 아니라 인간의 감정을 고려한 업무 자체의 혁신을 이야기하는 것이다(그렇다고 조직원이 힘든 일을 하지 않는다거나 아웃소싱한다거나 하는 방식을 혁신이라고 얘기할 수는 없다).

자료 : 휴르, 브런치

2) 노동자 선호요인

① 종업원의 대내적·대외적 공정성 지각

종업원에게 복리후생의 결정과 관련하여 소속조직과 외부조직과의 대외적 공정성, 개인 상호 간의 대내적 공정성의 차원에서 복리후생계획이 객관적으로 공정한가 하는 문제는 대단히 중요하다. 그러나 종업원이 복리후생의 선호를 결정하는 데 있어서 공정성에 대한 객관적인 사실 여부보다는 종업원의 주관적인 지각이 공정성 여부를 판단하게 되며, 또한 그 결과가 이들의 행위로 나타나게 된다. 따라서 이러한 주관적인 지각의 문제에 경영자가 관심을 가지고 커뮤니케이션을 효과적으로 하는 것이 중요하다. 이와 관련하여 경영자는 '밴드왜건(band wagon)', 즉 행렬 선도차효과를 의식하여야 한다. 밴드왜건효과란 경쟁시장상황하에서 경쟁기업이 어떤 복리후생계획을 새로이 시행하게 되면 여타 경쟁기업도 그 계획을 따라서 도입하게 되는 것을 말한다. 이러한 현상이 일어나는 이유는 종업원들의 외적 공정성을 유지하려는 경영자의 의도 때문이다.

② 인구통계학적 변수

종업원의 복리후생의 결정과 관련하여 나이, 성, 결혼유무 등의 인구통계학적 변수가 종업원의 특정 복리후생계획에 대한 선호 여부와 체계적으로 관련되어 있다. 이를테면 나이를 두고 볼 때, 나이 많은 사원은 연금, 퇴직금, 자녀 장학금 등의 복리후생을 선호하는 반면, 나이가 적은 사원은 이상의 사항들보다 자유시간, 레크리에이션센터, 교육 등을 더 선호하는 경향이 있다.

③ 사내근로복지기금의 조성

복리후생의 기금을 마련하여 복리후생의 효율적 운영을 도모하기 위한 제도적 뒷받침으로서 「사내복지기금법」을 두어 일정한 혜택과 복지기금의 안정을 도모하고 있다.

맛소금 **사내근로복지기금이란?**

- **목적** : 기업이 경영이익의 일부를 사내근로복지기금법인에 출연하여 근로자의 생활안정과 재산형성 등 복지증진을 도모하는 기업복지제도(근로복지기본법 제50조)
- **연혁** : 정부에서 1983년부터 '근로의욕 향상을 위한 사내근로복지기금 설치준칙(노동부 지침)'을 제정, 기업에 기금법인의 설치를 권장해 오다가 1991년 「사내근로복지기금법」(법률 제4391호)을 제정하여 1992년 1월 1일부터 시행하고 있음

* 「사내근로복지기금법」과 「근로자복지기본법」이 「근로복지기본법」으로 통합(법률 제10361호, 2010. 12. 9. 시행)

- **수혜대상** : 사내근로복지기금이 설치된 사업 또는 사업장의 근로자(법 제2조 제1호)
- **기금 조성** : 기업의 법인세 세전 순이익의 100분의 5 기준 내외의 출연금, 사업주 또는 사업주 외의 자의 출연금 등(법 제61조)
- **기금용도** : 주택구입자금 보조(대부), 우리사주 구입비지원(대부), 생활안정자금지원(대부), 장학금, 재난구호금, 체육활동지원비, 근로자의 날 행사비지원 등 근로자의 재산형성지원 및 생활원조를 위한 사업(법 제62조)

우리나라의 경우는 1992년 복리후생의 재정적 뒷받침을 위하여 「사내근로복지기금법」을 시행하여 사내 복지기금의 조성을 유도하고 있다. 기금을 통하여 조성된 복리후생사업은 주로 장학금 및 경조금 지급 등이 가장 높은 비중을 차지하고 있으나 앞으로는 보다 많은 복리후생으로 다양화될 전망이다. 법에 정하고 있는 기금의 용도는 사내체육, 문화활동지원, 근로자의 날 행사지원, 기타 근로자의 재산형성지원 및 생활원조를 위한 사업 등이 제시되고 있다.

사내복지기금 내용은 다음과 같다([표 9-2] 참조).

표 9-2 사내복지기금 설치 현황 (단위 : 개소, 억 원)

구분	2009년	2010년	2011년	2012년	2013년	2014년	2015년	2016년
기금 수	1,220	1,235	1,292	1,368	1,434	1,506	1,543	1,586
기금액	62,609	60,759	62,812	67,713	68,361	71,034	74,371	77,619

자료 : 고용노동부

(2) 질적 강화의 과제

경영의 사회적 임금관리의 대상으로서 복리후생의 관리는 앞으로 언급한 구조적 차원에서의 효율적 복리후생관리와 더불어 기능적 차원에서의 질적 복리후생관리가 반드시 강화되어야 한다. 복리후생의 질적 향상을 위한 관리는 급여수령자의 복리후생에 대한 만족성과 공정성의 증진이 구심점이 된다. 실로 복리후생은 혜택을 받는 자들이 고마움과 혜택의 실현을 인식하지 못하면 실패작으로 끝난다.

또한 복리후생(사회적 임금)관리가 잘못되면 곧 이러한 결과를 초래하게 된다. 그러므로 복리후생은 구조적 차원에서 조직의 효율성도 중요하지만, 기능적 차원에서 구성원의 만족성도 대단히 중요하다. 바꿔 말하면 양적 차원의 비용관리도 중요하지만 질적 차원의 만족성관리도 대단히 중요하다.

요컨대, 복리후생을 비롯한 보상은 절대금액과 지각된 금액 사이에 많은 차이가 있음을 자주 볼 수 있다. 대체로 보상에 대한 만족을 좌우하는 것은 보상의 절대액수가 아니라 지각된 액수인 것이다. 즉 보상에 대한 만족을 결정하는 요인은 절대금액보다 지각된 금액이라는 것이다.

복리후생관리는 두 가지 측면으로 구분해서 생각할 수 있다. 한편은 구조적 차원으로서 양(quantity)적 측면이고, 다른 한편은 기능적 차원으로서 질(quality)적 측면이 있다. 전자는 주로 금전적 내지 물질적 급여의 면이고, 후자는 서비스 내지 정신적 면이다([그림 9-7] 참조).

그림 9-7 복리후생의 두 가지 측면

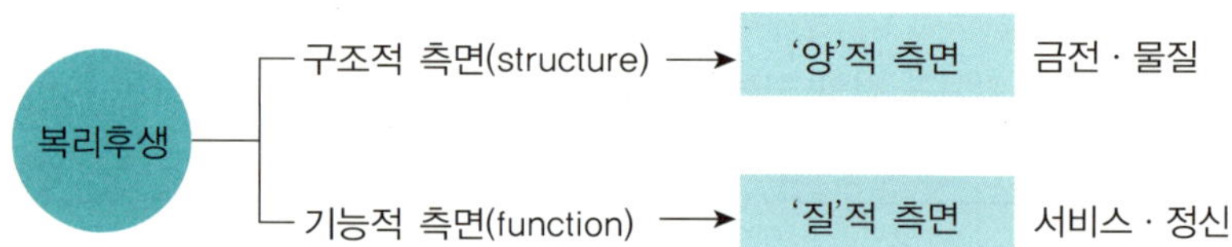

지금까지 대부분의 기업에서는 경영복리관리를 지나치게 금전 내지 물질적인 급여, 즉 복리후생의 양적인 구조적 측면만 강조해 왔다. 이러한 사실은 복리후생관리 지출의 통계자료에서도 쉽게 찾아볼 수 있다.

그러나 효율적인 복리후생관리를 위해서는 복지후생의 질적인 측면이 강조되어야 한다. 다른 것도 마찬가지이겠지만, 복리후생의 정책과 관리에도 기능적인 질적 측면을 무시하면 그 성과를 기대하기 어렵다. 양적인 금전적인 급여는 지난 수년 동안 급속히 상승되어 왔다. 선진국에서는 특히 종업원의 연금, 재산형성 분야에 현저한 상승률을 보였다. 그러나 최근에 와서는 금전적인 급여중심의 복리후생관리에 한계성을 면치 못하게 되어 그 전략을 바꾸게 되었다. 즉 종업원의 적극적인 상호작용을 얻기 위해서는 금전적인 직접적 급여수단으로만은 그 효과를 기대하기 어렵다는 현상이 나타나기 시작했다.

복리후생을 통한 종업원의 적극적인 동기유발과 사기앙양에는 금전적 내지 물질적 직접급여도 필요하겠지만, 이에 못지않게 종업원을 위한 서비스나 종업원의 정신적인 만족감을 충족시킬 수 있는 여러 대책이 필요하게 되었다. 즉 '인간노동의 질적 강화'가 복리후생의 주요한 대상으로 등장하게 되며, 경영복리후생정책도 '양적으로, 질적으로' 그 중요성이 강조되고 있는 것이다.

복리후생의 급여는 두 가지 측면을 생각할 수 있다. 위생적인 측면으로서 금전 내지 물질적인 급여와 동기유발적인 측면으로서 서비스 및 정신적 욕구충족의 급여로 구분된다([그림 9-8] 참조). 복리후생관리도 이러한 요구를 충족시킬 수 있도록 그 서비스가 강화되어야만 한다. 오로지 금전 내지 물질의 양적인 이전적(transfer) 급여에만 그치지 말고, 기업의 공동체생활에 종업원이 일체감을 느낄 수 있도록 뒷바라지해주는 질적인 기능 면에 그 활동이 강화되어야 한다.

그림 9-8 **복리후생관리의 동기 · 위생 측면**

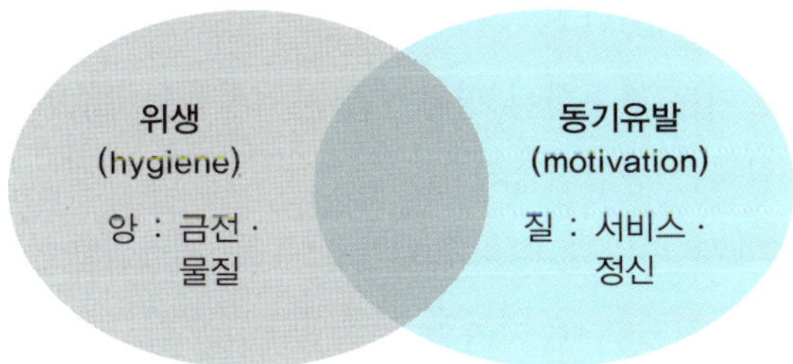

이미 지적한 바와 같이 지금까지 복리후생은 금전적 급여를 중심으로 한 양적인 구조적 측면이 강조되어 왔다. 앞으로의 복리후생은 질적인 기능적 측면이 강화되어야만 한다. 바꿔 말하면, 양적인 경영사회정책에서 질적인 경영사회정책으로 전환되어야 하겠고, 복리후생관리도 여기에 보조를 맞추어야 한다.

그러면 질적 강화의 경영사회정책은 구체적으로 어떻게 진행되고 있는가? 여기에는 다음과 같은 일련의 수단이 이루어지고 있다.

- 해고의 방지
- 직업훈련 및 계속훈련교육의 강화
- 경영 내부의 정보교환의 강화
- 직무상의 자기관리 및 자기책임의 강화
- 직무상의 공동의사결정의 강화
- 유동적 작업시간제 도입
- 경영조직상의 인간성회복의 대책

요컨대, 기업이란 인간의 공동체이므로 인간이 그 속에서 직무를 통하여 자유로이 활동할 수 있고 생활할 수 있는 여건을 조성시켜줄 때 그 기업은 건전하게 성장할 수 있다는 사실이 강조되고 있다. 그러므로 경영사회정책은 종업원의 인간적 가치를 부각시키고 있다.

(3) 유연성관리와 카페테리아 복리후생 프로그램

종업원의 욕구를 반영하지 않은 채 기업이 표준화된 복리후생을 일률적으로 반영하는 표준복리후생(standard benefits package plans)제도로는 종업원의 만족을 극대화하기 어렵다. 이는 표준화된 평균적인 종업원들을 염두에 두고 수립됨으로써 그 평균에서 이탈하는 종업원들의 요구는 불만족인 상태로 방치되기 때문이다.

따라서 종업원들에게 다양한 복리후생의 메뉴를 제공함으로써 그들에게 가장 효용이 큰 복리후생을 선택할 수 있도록 융통성을 부여하는 유연한 형태의 변동복리후생(flexible benefits plans)제도가 필요하다. 즉 복리후생제도는 구조적 측면에서의 금전 및 물질적 급여 등의 양적 관리와 기능적 측면에서의 서비스 및 정신적 급여 등 질적 관리를 종업원의 욕구에 적합하게 묶는 유연성(flexibility)관리가 필요하다. 유연성 복리후생운영의 대표적 제도로 카페테리아 복리후생제도가 있다.

종업원에게 급여되는 복리후생은 종업원의 자기사정에 따라 선택의 순위가 다르다. 같은 기업체의 구성원일지라도 그의 연령·성별·계층·직종 등에 따른 각각 다른 욕구와 선호의 우선순위가 있으므로, 종업원의 욕구(need)에 따라 자기가 선호하는 복리후생을 선택할 수 있도록 하는 복리후생급여의 다양성을 제공함으로써 복리후생의 유연성관리가 요청된다. 복리후생을 우리는 종업원의 선택권 여부에 대한 융통성, 즉 종업원들에게 어느 정도의 선택권을 부여할 수 있을 것인가에 관련하여 그 형태를 다음과 같이 두 가지 기본유형으로 분류해볼 수 있다([그림 9-9] 참조).

그림 9-9 복리후생의 세 가지 측면

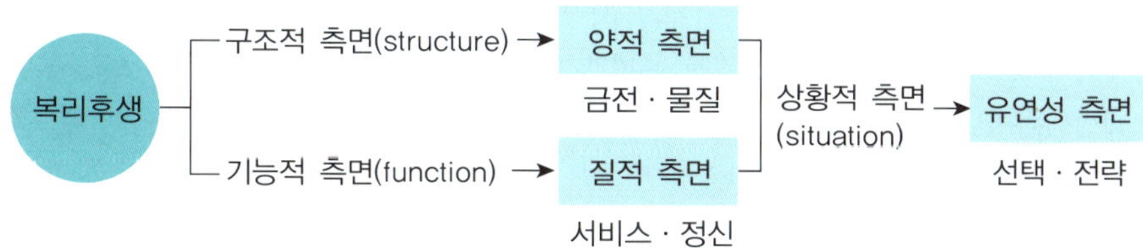

오늘날 기업이 대규모화되고 산업사회가 발전하면서 종업원의 욕구가 다양해짐에 따라 그들에게 자기가 선호하는 복리후생을 택할 수 있도록 하는 유연성 복리후생의 방식이 점차적으로 확대되고 있는 실정이다([사례 9-4] 참조). 다시 말하면, 복리후생의 상황적 내지 전략적 관리의 측면에서 유연성 복리후생관리가 절실히 요구된다고 할 수 있다. 여기에 구체적인 수단으로서 오늘날 소위 카페테리아 복리후생 프로그램을 선진국에서는 이미 많은 기업체에서 선택하고 있고 또 그 유효성을 강조하고 있다.

사례 9-4 '선택적 복리후생' 대행 비즈니스가 뜬다

온라인 최저가 힘입어 1조 원 시장으로 부각

LG전자가 2008년 '선택적 복리후생' 대행업체로 이지웰페어를 선택하면서 김경한 LG전자 과장은 사내 복지 만족도가 크게 높아졌다. 이전까지 설날에는 치약, 샴푸 등이 들어 있는 생활용품 선물세트를 받았지만, 선택적 복리후생제도 도입 이후 복지비 100만 원 중 10만 원을 자동차 실내 클리닝비용으로 사용할 수 있게 됐기 때문이다. 김 과장은 "필요 없는 제품을 받는 것보다 본인이 원하는 제품이나 서비스를 이용할 수 있어 효율적이다"라고 말했다.

기업이 임직원 개별의 복지 금액이나 복지 포인트를 설정하면, 임직원들은 자신이 부여받은 한도 내에서 필요한 복지혜택을 선택할 수 있다. 우리나라에서는 지난 1997년 IBM코리아가 처음 선택적 복리후생제도를 도입했고 2005년 정부가 국가기관 전체에 도입하면서 확산됐다. 위탁복지예산을 기준으로 2008년 8,850억 원 규모였던 선택적 복리후생 대행시장은 올해 17% 성장하며 1조 원 규모를 넘어설 것으로 보인다. 현재 우리나라의 선택적 복리후생 대행 비즈니스업체는 대여섯 곳이 있다. 이 중 이지웰페어(www.ezwel.com)의 규모가 가장 크며, SK마케팅앤컴퍼니(www.benepia.co.kr)

와 업계 최초 선택적 복리후생 대행업체인 e-제너두(www.etbs.co.kr)가 2~3위권을 형성하고 있다. 이들 3개 대형업체가 시장점유율의 95% 이상을 차지하고 있다.

특히 중소기업 위주였던 선택적 복리후생 대행시장에 지난해 대기업 최초로 SK마케팅앤컴퍼니가 참여하며 주목을 받았다. 업계 관계자는 "SK 이외에도 롯데닷컴, 옥션 등 대기업들이 선택적 복리후생 대행시장에 관심을 갖고 있는 것으로 알고 있다"고 말했다.

선택적 복리후생 위탁운영 흐름도

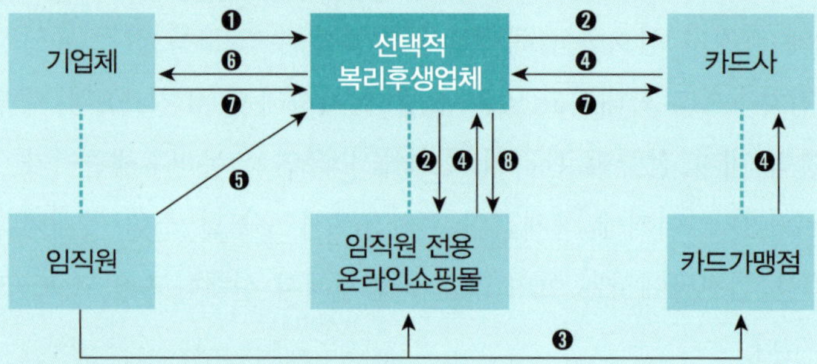

❶ 선택적 복리후생업체 선정
❷ 임직원 전용 온라인쇼핑몰 구축 및 신용카드사 제휴
❸ 임직원이 물품 구매
❹ 임직원의 물품 구매내역 전송
❺ 사용내역 조회, 복지포인트 결제항목 수정, 복리후생비 결제 신청
❻ 복지포인트 사용내역 취합
❼ 복지포인트 결제내역 승인 및 정산
❽ 쇼핑몰 제휴사 · 카드사에 결제내역 정산

자료 : 매경이코노미, 제1554호, 2010. 5. 5.

카페테리아 복리후생 프로그램이란 종업원 각자가 자기의 욕구(need)에 따라서 그들이 선호하는 복리후생 프로그램을 제공하고 관리하는 것을 말한다. 이는 고객이 카페테리아식 식당에서 자기가 원하는 음식의 메뉴를 자유로이 선택할 수 있도록 하는 것과 마찬가지로 종업원에게 여러 복리후생 옵션을 제공하고, 제공된 복리후생비의 범위 내에서 자기에게 가장 적합한 프로그램을 선택할 수 있도록 한다는 점에서 카페테리아란 말이 사용되고 있다.

일반적으로 카페테리아식 유연성 복리후생 프로그램은 다음과 같은 세 가지로 분류해 볼 수 있다.

1) 기본핵심적 접근법

기본핵심적 접근법(core approach)은 종업원들에게 기본적으로 핵심이 되는 복리후생을 먼저 제공하게 된다. 다음에 여분의 자금으로 복리후생의 목록을 만들어 종업원에게 제공한다. 종업원들은 이 표로부터 그들 각자의 사정에 적합한 항목들을 선택하게 된다. 이때 각 복리후생항목의 가격설정이 제대로 이루어져야 예산을 세우고 계획을 집행할 수 있다. 왜냐하면 복리후생의 각 항목의 가격차이 때문에 종업원들은 가격이 높은 항목을 선택하는 소위 현명한 선택현상이 일어나게 되므로 이는 결국 복리후생비용의 증가를 초래한다.

2) 모듈접근법

모듈접근법(modules approach)은 기본핵심적 접근법에서의 비용증가의 역효과를 해결하기 위하여 나타난 제도이다. 이 제도는 동등한 가치를 지닌 복리후생 패키지를 하나의 선택항목으로 종업원들에게 제시하는 것이다. 이를테면 복리후생의 개별 항목을 집단화시켜 하나의 패키지를 만들 때 종업원들은 가격이 높은 항목만 선택하는 소위 현명한 선택(intelligent selection)이 어렵도록 비용증대의 역효과를 상쇄시킬 수 있도록 집단화시키는 방법이다. 따라서 이 접근법에서는 각 개별 복리후생 패키지들의 가치를 동등화시키는 것이다.

3) 변동지출계정법

변동지출계정법(flexible spending approach)은 종업원들에게 각각 여러 가지 계정을 두어 이 계정에서 그들이 필요하여 구입한 서비스나 상품에 는 비용을 상환하여주는 방법이다. 이때 종업원들이 구입할 수 있는 서비스나 상품은 복리후생계획에 의해 미리 결정된다. 이 방법의 장점은 종업원들이 일반적으로 집단적인 복리후생계획에서는 혜택을 받을 수 없는 여러 가지 서비스나 상품에 대해서도 혜택을 받을 수 있다는 것이다. 또한 일반적으로 변동지출계정은 기업과 종업원의 부담에 의해 채워지게 된다.

왜 카페테리아식의 유연성 복리후생 프로그램이 필요한가에 대해서는 이미 앞에서 언급한 바 있지만, 이를 다시 한 번 정리해보면 다음과 같다.

첫째, 다양한 노동력 요구에 부응할 수 있는 다양한 보상제도가 요청되기 때문이다. 현대기업은 다양한 기능과 기술의 노동력을 요구하게 되고 이에 대한 다양한 보상체계가 요청되기 때문에 카페테리아식 유연성 복지후생 프로그램의 확립이 필요하게 되었다. 젊은 근로자 및 여성근로자의 비율의 증가와 더불어 다양한 기능 인력의 요청과 특정 기업 내의 직업범위가 넓어졌고 구성원들의 개인적 가치와 태도도 다양해져 가고 있다. 이에 따라 구성원들의 다양한 노동력을 동기화시키고 보상시키는 다양한 보상 패키지를 마련하는 것이 필연적으로 요청되고 있다. 예컨대, 퇴직금·생명보험 등의 종래의 획일적인 복리후생 프로그램 강화는 많은 기업체에서 젊은 종업원이나 여성 종업원들에게는 불만을 도출시키기도 하였고 독신자와 기혼자, 청년층과 중년층 및 장년층, 주 수입원과 보조 수입원 등에 따라 각각 요구하는 복리후생의 초점이 각각 달리 표출되었다. 예컨대, 미혼자들은 결혼에 대해서, 기혼자들은 가족과 자녀교육에 대해서, 또 장년층은 노후의 생활 등에 대하여 지대한 관심을 가지고 있는바, 이에 적합한 다양한 복리후생 프로그램의 설정이 필요하게 되었다.

둘째, 개인의 욕구와 선호에 적합한 보상이 요청되기 때문이다. 산업사회가 진전됨에 따라 개인주의화가 급속하게 진행되었다. 같은 성별·연령·직무·계층들의 그룹이라 할지라도 개인의 욕구가 다르고 선호하는 보상이 각각 다르게 표출되는바, 가능한 한 개인별 욕구에 부응한 다양한 복리후생의 시책이 필요하게 되었다. 복리후생제도를 통해 개인별 만족감을 최대화하기 위한 적극적 대응이다.

셋째, 보상비용의 효과증대가 요청되기 때문이다. 산업사회가 진전됨에 따라 근로자의 권익이 강화되고, 이에 따라 원가구성상 구성원에 대한 보상비용도 증가되어 가고 있다. 따라서 종업원 보상에 대한 비용-수익분석(cost-benefit analysis)에 대한 관심의 증대와 함께 보상비용의 효과증대에 대한 방안이 강조되어 왔다.

기업의 비용지출이 주어진 상황에서 종업원이 받는 가치를 최대한 증대시킬 수 있는 방향으로 추진되었고, 이를 통해 각자가 보상의 부분들을 자기가 원하는 방향으로 할당될 수 있도록 노력하고 있다. 이러한 보상비용효과를 증대시킬 수 있는 도구로서 카페테리아식 복리후생 프로그램의 도입이 요청되었다.

넷째, 보상에 대한 종업원 인식과 태도의 존중이 요청되기 때문이다. 이미 앞에서도 언급한 바 있듯이 보상에 대한 종업원의 만족결정은 지급되는 보상의 절대금액이 아니라 종업원의 지각된 금액에 의해 좌우된다는 것이다. 복리후생이 동일하게 주어진다는 것은 원하지 않는 것을 받는 사람이 있을 수 있음을 의미한다. 이렇게 되면 급여는 동기부여요인이라기보다는 오히려 불만증대요인으로 작용하기도 하는 것이다.

종업원은 보상에 대해서 자기가 정당히 받고 있다는 지각이 또한 무엇보다도 중요한바, 자기에 적합한 복리후생을 받음으로써 이에 대한 인식도가 높아지게 되는 것이다. 오늘날 많은 기업체에서는 종업원이 자기가 받고 있는 보상에 대해서 정확한 인식이 없을 뿐만 아니라 오히려 항상 상대적으로 박탈감을 가지는 그룹들이 많다. 그러므로 기업의 보상정책은 구조적 차원에서의 공정한 절대금액의 책정도 중요하지만 이에 못지않게 기능적 차원에서 노동대가에 대한 합당한 보상이라는 인식과 태도변화를 갖는 것도 또한 중요하다.

카페테리아 복리후생 프로그램은 종업원 각자에게 적합한 보상을 받고 있다는 지각을 증대시킬 뿐만 아니라, 나아가서는 보상에 대한 인식, 몰입, 책임 등과 같은 동기부여와 태도변화에 기여할 수 있다. 바꿔 말하면, 많은 기업체에서 종업원들은 복지후생비를 과소평가하고 그에 항상가치를 부여하지 않기 때문에, 복리후생비로 지출되는 부분의 효익이 보상에 대한 만족이라는 면에서 미흡한 실정이다.

그러나 카페테리아 복리후생 프로그램은 종업원에게 총복리후생비용이 얼마인가 알려주고 그들이 원하는 대로 사용할 수 있는 기회를 제공한다. 보상의 가치에 대한 종업원의 인식을 제고시키고 보상에 대한 만족을 향상시키므로 심리학적으로 보아 전통적 복리후생 프로그램보다 종업원 인식과 태도변화에 훨씬 적극적으로 작용하는 것이다.

카페테리아방식의 변동복리후생제도의 장점과 단점을 정리하면 다음과 같다.

① 장점

- 종업원들은 그들 각자의 고유의 요구를 가장 잘 충족시켜줄 수 있는 복리후생 패키지를 선택할 수 있다.
- 이 제도는 회사가 노동자집단의 변화하는 욕구의 충족을 가능케 한다.
- 새로운 복리후생방식의 도입에 있어 보다 저렴한 비용이 든다.

② 단점

- 종업원들이 선택을 잘못하는 경우 복리후생의 혜택대상의 범위 밖에 있어 적절한 혜택을 받지 못할 수가 있다.
- 관리상의 애로와 비용이 증가한다.
- 종업원들은 그들이 사용할 복리후생만을 선택하게 되며 결과적으로는 복리후생비용을 증가시키는 결과를 초래하게 된다.

4 바람직한 보상관리와 사례연구

임금, 복리후생 등의 경제적 보상을 포함하여 비경제적 보상은 기업의 뚜렷한 경영목표 수립하에 체계적으로 진행되어야 한다. 비용절감, 생산성 제고라는 기업목표와 종업원의 욕구충족, 만족 극대화라는 두 목표에 대하여서도 역시 효율적·효과적 접근이 필요하다는 뜻이다.

여기에서는 복리후생제도를 포함해 종업원에 대해 전반적으로 행해지는 보상에 관하여 바람직한 시행방안을 살펴보도록 한다.[1)]

1) 신재욱, "바람직한 보상제도", 인사관리실무강의, 2003, Economy21, 166호.

(1) 평가제도와 연계해야 효과 극대화

보상관리는 몇 가지 포인트를 인식하고 효과적으로 지급할 때 빛이 날 수 있다. 먼저 아래의 사례들을 보며 평가제도와 연계하여 적절한 보상방안을 생각해보자.

| 사례 1 | A과장은 요새 심기가 편치 않다. 최근 호봉제에서 연봉제로 바뀌었다. 그런데 들리는 풍문으로 신입사원 동기로 같이 입사했던 B과장의 연봉이 자신보다 많다는 사실을 알게 된 것이다. 그뿐 아니다. B과장 아래에 있는 대리의 연봉도 자신과 필적할 정도라고 하니, 입맛이 매우 썼다. 그 부서가 뭔가 일이 더 많고 중요하다는 건 인정하겠는데 이렇게 차이가 나다니 말이다.

| 사례 2 | 생산직 근로자인 C씨는 아들이 병원에 갑자기 입원해서 간호하느라 경황이 없어 이번 달 급여명세서를 제대로 확인하지 못했다. 나중에 알고 보니 수당항목 중에 하나가 누락돼서 3만 원이 덜 나온 것이 아닌가. 뒤늦게 인사부서에 알려 다음 달에 소급받기로 했다. 하긴 수당항목이 너무 많긴 하다. 월 수령액 중에 포함된 어떤 수당은 왜 받는지도 잘 모르겠지만, 그저 다 합친 것이 내 월급이라고 생각하고 있을 뿐이다.

| 사례 3 | 성실하게 5년간 인사업무를 해오던 D대리는 문득 영업직으로 전환을 고려하게 됐다. 몸은 좀 고되지만 영업직은 인센티브가 많기 때문이다. 하지만 '매출이 인격'이라는 영업업무가 적성에 맞을지 의문이다. 이제 결혼자금 마련에도 박차를 가해야 하는데, 왜 관리직은 인센티브가 없는 걸까.

(2) 보상관리의 세 가지 포인트

첫 번째 사례는 보상수준(pay level)에 대한 문제라고 할 수 있다. 이것은 자신 혹은 자신의 동료가 스스로 한 근로에 대해 어느 정도 수준의 금전적·비금전적 반대급부를 받는가에 대한 것이다. 회사 내부적으로는 공정성을 유지하는 것이 중요하다. 그런데 이는 최근 각광받는 직무급제도 아래에서는 직무의 가치에 따라, 그리고 성과에 따라 그 수준을 차별화하는 것으로 해결이 가능하다.

회사 외부적으로는 시장경쟁력을 지니도록 그 수준을 결정하는 것이 중요하다. 동종 업계 최상위수준으로 할 것인지, 업계 중간수준 유지 정도에 그칠 것인지에 대한 의사결정은 경영환경이나 내부조직 운영, 과거의 성과, 이익의 증감, 시장점유율 등의 추가적인 고려가 수반돼야 한다.

두 번째 사례는 보상구조(pay structure)의 문제이다. 전체 보상이 어떤 요소들로 구성되어 있는가에 대한 것이다. 동기부여에 도움이 되지 않는 항목, 특히 성과와 무관하게 결정되는 제 수당들은 기본급에 포함시켜 단순화하는 것이 바람직하다. ① 개인의 보상수준을 대표하는 보상요소이자 개인의 역할수준, 업적 및 능력 등을 모두 반영한 기본급, ② 개인업적 평가결과와 조직성과에 따라 연동되는 단기 변동성 보상인 단기 인센티브, ③ 주주가치 등 장기적인 회사성과에 따른 보상인 장기 인센티브 정도로 구성하는 것이 최근의 추세이다.

세 번째 사례는 변동급 비중(pay mix)의 문제라고 할 수 있다. 전체 보상 중에서 성과급 등의 변동급이 차지하는 정도를 일컫는 것이다. 회사의 성과창출에 직접적으로 기여하는 영업부문, 그리고 성과 책임이 큰 임원의 경우는 타 부문이나 타 직급보다 성과급의 비중을 크게 하는 것이 바람직하다. 실제 미국 선진기업에서 임원 보상구조의 변화 경향을 보면 스톡옵션형태의 장기 인센티브의 비중을 확대 적용하고 있다. 이런 비중은 1998년에는 총보상액의 49%에 달했다(1999년 미국 500대 기업 임원진 보상 조사).

(3) 보상제도의 방향

세 가지 기본적인 보상관리 포인트를 알게 됐다면 이제 바람직한 운영 방향을 알아보자.

먼저 과거처럼 더 이상 연공서열에 따라서만 보상수준을 결정하는 것은 좋지 않다. 성과급을 배분할 때 근속연수에 따라 비례적으로 한다면 이는 단순히 근속연수가 올라가면 받게 되는 적금이나 다름없다. 물론 연공 자체를 전면적으로 부정하는 것도 문제가 있다. 따라서 한국적 정서에서는 연차수당 및 퇴직금 지급 시 근속연수를 반영하듯이 선택적 복리후생제도를 시행할 때도 근속연수에 따라 비례적으로 사용이 가능한 포인트를 부여하는 방법이 있을 수 있다. 다만 기본급수준은 자신이 수행하는 직무의 가치, 업무의 역할 및 책임의 정도에 따라 결정돼야 한다. 또한 업적평가 및 역량평가에 따라 인상수준이 제시되는 것이 바람직하다.

두 번째는 보상제도를 평가제도와 연계하라는 것이다. 사원들은 내가 무엇을 얼마나 잘해야 좋은 평가를 받고 만족할 만한 보상을 받을 수 있는지에 대해 관심이 많다. 회사가 나아가는 방향에 대해 전략을 수립하고, 이를 구체화할 수 있는 전사, 부서별 평가지표를 도출해서 사원단위의 평가지표로까지 연계해야 한다. 목표가 주어지고 이를 달성하면 그에 상응하는 보상이 뒤따른다는 것을 알게 해야 한다.

세 번째는 신설 및 변경된 보상제도에 대해 널리 홍보하라는 것이다. 포괄적 의미로 보상에 포함되는 복리후생의 예를 살펴보자. 예컨대 생일축하 상품권, 사원 본인의 학자금지원, 사업장 간 통근버스 운행 등이 과거 IMF 외환위기를 계기로 슬그머니 폐지된 항목들이 적지 않다. 최근 그 항목들을 다시 부활시키려는 움직임이 많다. 하지만 홍보가 제대로 안 돼 수혜자와 회사만이 알고 다른 사람들은 모른다면 사원 전체에 대한 동기부여효과는 전혀 기대할 수가 없다. 직무성과주의 보상제도 등 회사 측에서 열과 성을 다해 수립한 보상제도는 그 목적을 효과적으로 달성하기 위해 보다 적극적으로 알려야 한다.

네 번째는 회사가 직면한 외부환경과 내부역량이 반영된 보상제도를 수립해야 한다는 것이다. 아무리 좋은 제도라 하더라도 회사의 재정상황이나 내부여건이 허락하지 않는다면 그림의 떡이 된다. 또한 단순히 주변 회사에서 도입했다고 해서 무조건 따라 한다면 흉내만 낸 보상제도로 제 구실을 할 수 없음은 자명하다. 회사가 처해 있는 상황에 맞게 보상제도를 설계해야 사원들의 공감대를 끌어낼 수 있다.

다섯 번째는 비금전적 보상을 활용하라는 것이다. 애당초 자금난에 허덕이는 회사는 아무리 정확한 평가가 이루어진다 해도 직원들에게 돌아가는 몫이 적기 때문에 모두가 불만을 가질 수밖에 없다. 이럴 경우에는 금전 외적인 보상을 활용하는 것이 좋다. 제안왕이나 모범적인 우수사원을 선정해서 사업장 벽에 사진을 붙여 게시하거나, 최고경영자와 함께 식사하는 기회를 제공하는 것도 당사자에게는 적지 않은 의미가 될 수 있다.

맛소금 **성과주의 평가보상시스템(연봉제)의 주요 이슈**

연봉제를 총보상(total compensation)과 연계해 접근해야 한다는 점이다. 최근 보상시스템은 임금중심에서 총보상 개념으로 급속히 변화하고 있다. 총보상이란 금전적 보상중심에서 벗어나서 임금(pay), 복리후생(benefit), 경력개발(learning & development), 근무환경(working environment) 등을 조화롭게 고려해야 한다는 개념의 새로운 보상시스템이다. 이러한 총보상 관점에서 보면 연봉제란 보상시스템의 일부로서 작용할 뿐이지 보상시스템의 전부라고 볼 수 없을 것이다. 또한 핵심인재의 확보와 육성의 관점에서 보면 이제는 금전적 보상중심의 회사는 더 이상 매력적인 회사가 아니기 때문에 반드시 총보상 개념의 접근을 통해 비금전적 부분에 대한 보상시스템을 강화해 종업원의 동기부여를 극대화해야 할 것이다.

자료 : 김복수 블로그

(4) 보상제도의 도입 이후

돈으로 사원을 움직일 수 있다며 보상제도만 급진적으로 바꾸면 되지 않느냐는 발상은 위험하다. 사원에 대한 보상제도를 운영하는 데 있어서는 얼마나 많이 주느냐보다 한정된 자금을 얼마나 효과적으로 배분하느냐가 더 중요하다. 또한 보상은 단순히 사원들의 과거 성과에 대한 사후적 대가가 아니다. 회사가 나아가려 하는 방향 및 최종목표를 달성하기 위한 수단이 되어야 한다. 회사의 비전에 걸맞도록 성과지향적인 행위들을 끌어내는 것이 보상정책의 목적이기 때문이다. 무엇보다 회사의 상황에 적합한 보상제도를 설계하는 것이 중요하다.

한 번 설계된 보상제도는 성공을 위한 하나의 단계일 뿐이다. 따라서 도입 이후에도 지속적으로 수용 폭의 확대, 부적응자에 대한 관리 등 여러 가지 정비가 이루어져야 할 것이다.

디저트 dessert

- 복리후생이란 노동자와 그 가족의 생활수준을 증진시키기 위해 임금 이외에 마련한 갖가지 급여의 총칭이다. 다시 말하면, 조직이 구성원과 그 가족의 생활수준을 증진시키기 위해 제공하는 임금 이외의 급여를 총칭하는 개념이다.
- 직접적인 임금으로서 경제적 임금은 구성원의 개별적인 성과에 따라 책정되지만, 간접적인 임금으로서 복지후생은 전체구성원이 모두 혜택을 받을 수 있도록 함으로써 경영을 하나의 협동공동체(Gemeinschaft)로 만드는 것이다.
- 복리후생의 기본원리와 목표를 다음 두 가지로 구분하여 생각할 수 있다. 첫째, 주요 원리로서 '공동체의 원리'에 입각한 경영공동체의 기반 구축이다. 둘째, 보조원리로서 '지원원리'에 입각한 노동력 재생산을 위한 노동의 확보유지, 배양과 노사관계 개선의 확립이다.
- 복리후생제도는 법정 복리후생과 법정 외 복리후생으로 나누어진다. 전자는 법률로서 기업에 의무화한 사회보험으로서 사회보장제도의 발전에 따라 결정된다. 후자는 기업이 독자의 재량으로 종업원에 대해서 실시하는 경제적 급여이며 경영사회정책과 단체교섭의 발전에 따라 결정된다.
- 우리나라의 법정 복리후생제도는 노동자의 기본적 4대 안전욕구를 충족시키기 위해 ① 질병(의료보험), ② 노령(연금보험), ③ 산재(산재보험), ④ 실업(실업보험)이 마련되어 있다.
- 기업의 복리후생 이슈로는 '구조적-기능적-상황적' 차원으로 구분이 가능하다. 구조적 차원에서는 복리후생의 효율적 관리를, 기능적 차원에서는 복리후생의 질적 관리를, 상황적 차원에서는 복리후생의 유연성관리를 관리방향으로 삼아 논의하는 방식이다.
- 복리후생제도를 통한 경영자의 목표는 추상적인 것이 아니라 우선 종업원으로부터 얻고자 하는 구체적인 목표에 의하여 결정하여야 한다. 아울러 공정성이 전제된 상태에서 종업원의 차별적 욕구를 효과적으로 만족시킬 수 있어야 한다.
- 카페테리아 복리후생 프로그램이란 종업원 각자가 자기욕구(need)에 따라서 그들이 선호하는 복리후생 프로그램을 제공하고 관리하는 것을 말한다.

제3부 노사쟁점과 해결방안

CHAPTER 10

근로생활의 질(QOWL)

왜 우리 회사에 지원했나요?

appetizer
애피타이저

임원이 될 확률, 22년을 버티고 0.7%

대기업 사무직 신입사원 1,000명이 22년을 근속하면(버티면) 그 중 7명 정도가 임원이 될 수 있다고 한다(한국경영자총협회, 2014년 승진·승급 관리 실태). 22년이면 직장인 평균 근속 기간인 11년의 2배이다. 그 시간을 근무하면 임원이 될 가능성이 생긴다. 많은 직장인들이 중간에 그만두지 않고 "그래도 임원은 달아봐야지" 하면서 0.7%의 확률을 보며 버텨낸다. 임원 생각이 없는 사람들도 직장인들도 가족과 생계를 위해서 인고한다. 그런데 스스로에게 큰 의미가 되지 않는 일을 11년이나 할 수 있을까? 11년을 못하는 생활을 22년 동안이나 참고 견디는 사람이 임원이 될 수 있나? 아니, 그 시간을 단지 행복하게라도 보낼 수 있을까?

11년, 22년 그 절대적인 시간의 양보다 더 중요한 것은 그 시간이 내 인생에서 갖는 의미이다. 의미를 두지 못하는 회사생활이나 열정은 지속하기가 불가능하다. 그 시간을 버티려면 내면의 에너지를 쥐어짜야 한다. 에너지가 고갈되면 번아웃 신드롬이 오게 된다. 이쯤 되면 회사생활에 대한 "이게 맞나?"라는 회의가 든다. 동료나 친구들끼리 모여 "비전이 보이지 않는 회사를 그만둘 계획" 따위를 안주 삼아 술잔을 기울이게 된다. 그리고는 다음 날 다시 출근한다.

자료 : 김수환, 브런치카페

1 QOWL(근로생활의 질)

(1) QOWL의 개념

산업화가 고도로 진전되고 기업 간 경쟁이 치열하게 전개될수록 생산성과 및 효율성에 집착한 나머지 인간의 존엄성을 무시하는 경향이 커진다. 이렇게 되면 종업원의 직무불만족・노동소외・노동환경의 악화 등 생활의 질 저하 문제 및 비인간화 현상이 심각한 문제로 대두될 수밖에 없다. 이때 이러한 문제에 대한 대응책으로 '근로생활의 질(Quality of Working Life : QOWL)' 향상 노력이 하나의 대안이 된다.

인사관리의 전반에 걸쳐 기준이 되는 2차원 척도가 소위 '인간성(배려)-생산성(효율)'인데, 이 두 요인이 항상 이율배반적인 것만은 아니라 공존할 수 있다는 기본가정에서 QOWL이 출발한다. QOWL이라는 말이 쓰이기 시작한 것은 산업민주주의의 발달과 더불어 노동 전반에 인간과 작업환경과의 관계를 포괄적으로 연구하기 시작한 1960년대부터이다.

본격적으로 QOWL이라는 용어가 사용되기 시작한 것은 1972년 미국의 콜롬비아대학에서 개최된 노동의 민주화(democratization of work) 회의에서부터이다.[1)] 이 회의에서는 그 당시 유럽에서 한창 일고 있었던 산업민주주의(industrial democracy)운동과 미국에서 나타나고 있던 '작업현장의 인간화'운동에 대한 토의가 이루어졌는데, 이상의 두 가지 운동을 포괄하는 개념으로 QOWL이라는 용어가 처음 사용되었다.

그럼에도 불구하고 QOWL의 개념과 내용을 정확히 정의내리기는 어렵다. 국제노동기구(ILO)의 연구에 의하면 QOWL은 직무에 관련된 생활의 모든 측면을 다루는데 여기에는 임금과 근로시간, 작업환경, 복지혜택, 경력개발 및 인간관계 등 근로자들의 직무생활상 만족과 동기에 영향을 주는 제반 요인이 포함된다.[2)] 이 중

1) 박우성・유규창, "21세기와 근로생활의 질", 21세기형 인적자원관리, 명경사, 2000, p.290.

2) Y. Delamotte and S. Takezawa, *Quality of Working Life in International Perspective*, Geneva

가장 중요한 세 가지만을 정리하여 살펴보면 다음과 같다.

첫째, QOWL운동은 근로에 영향을 미치는 의사결정에 근로자가 참여할 수 있는 여지를 넓혀 근로조건의 개선을 꾀한다. 둘째, 조직의 효과적 운영과 근로자의 인간적 욕구를 충족시켜주는 기술적·사회적 여건을 고려한다. 셋째, 고용조건뿐 아니라 일의 내용상의 적극적 개선을 추구한다. 여기에는 협력, 학습, 자율과 같은 개념들이 포함된다. 한마디로 QOWL이란 근로자의 직무만족수준 향상, 작업환경의 민주화, 직장생활에서의 종합적인 인간성 회복운동이라고 할 수 있다.

한편 근로자의 작업에 초점을 맞춘 근로생활의 질(QOWL) 운동이 본격화된 것은 1970년대를 중심으로 이른바 생산직 근로자의 비애에 대한 반발과 개선운동으로부터 출발한다. 이른바 대량생산방식의 확산으로 인한 포디즘(Fordism)적 생산방식에 대한 비판과 개선의 노력들인 것이다.

QOWL 개념은 비단 근로조건 개선을 위한 운동뿐만 아니라 경영체제, 조직, 노사관계 등이 포함되는 개념이다. 비록 1980년대 이후부터 QOWL은 직무형태, 작업조직, 직무내용 등을 개선해 근로자들의 직무만족과 헌신을 높여서 궁극적으로 생산성 향상을 꾀하는 좁은 의미의 운동으로 변모하였지만 1970년대 유럽에서 QOWL운동은 산업민주주의(industrial democracy)와 노동의 인간화(humanization of work)라는 보다 근본적인 문제의식을 가지고 있었다. 즉 자동화와 분업의 확산과 팽창하던 시장에 맞춘 양산체제는 노동으로부터의 소외, 탈숙련, 자아상실감, 긴 근로시간에서 오는 피로와 재해가능성 등의 문제를 낳았고 이에 대한 대안으로서 의사결정 참여, 작업자율성 확보, 숙련의 확대 등이 제시되었다.[3]

그렇다면 QOWL은 어떤 방식으로 구체화되어 형성되는 것일까?

월튼(R. Walton)은 QOWL이란 다음 여덟 가지 상호 관련된 차원에 기초하여 형성된다고 주장하였다.[4] 이들 요소의 결합을 통해 하나의 프로그램으로 발전시키는 것이 QOWL이라고 할 수 있다.

: ILO, 1984.

3) 박준식 외, 노동의 인간화, 한국노동사회연구소, 1997.

4) R. E. Walton, "Criteria for QWL", in Davis and Chems(ed.), *QWL*, Vol. 1, pp.93-97 ; J. L. Bowditch and A. F. Buono, *A Primer on Organizational Behavior*, John Wiley & Sons, 1985.

1) 소득이나 임금에 대한 적절하고도 공정한 보상

매슬로우(A. Maslow)의 주장대로 인간의 가장 기초적 욕구는 의식주와 관련한 생리적 욕구로서 이 욕구를 충족시켜주는 것이 경제적인 부분이다. 따라서 임금이나 복리후생제도를 통해 기본직 욕구를 충족시켜줌으로써 종업원들로 하여금 직무만족과 직무몰입을 높일 수 있도록 하는 일이 우선되어야 한다는 의미이다.

2) 안전과 건강상 해를 끼치지 않는 양호한 작업조건

역시 매슬로우의 주장에서 2단계의 욕구는 안전욕구이므로 양호한 작업환경을 갖춤으로써 쾌적하고 안전한 작업이 가능하도록 하는 것이 중요하다. 안정성 측면은 비단 건강이나 생명으로부터의 안전은 말할 것도 없고 직무나 직업의 안정성도 해당된다.

3) 인간능력을 사용하고 개발할 수 있는 기회의 제공

너무 전문화되고 분업화되어 틀에 박힌 일상적(routine) 작업에 종업원을 가두어 두거나, 엄격한 통제와 지시로 자율성을 해치는 경우에는 인간의 잠재능력이 충분히 활용되지 못할 뿐더러 동기유발의 여지가 없다. QOWL수준을 향상시키기 위한 출발점은 인간의 자율성, 기능다양성 등을 통해 자아몰입과 자아존중(self esteem) 및 도전의 기회를 제공할 필요가 있다.

4) 지속적인 성장과 발전을 위한 기회

한 조직 내에서 인간은 다른 구성원으로부터 존경과 인정을 받고자 하는 사회적 욕구와 존경욕구가 있다. 또 아지리스(C. Argiris)의 '성숙-미성숙'이론대로 인간은 스스로 완성된 인간이 되고자 노력한다. 따라서 종업원은 기업조직 내에서 더 많은 책임과 권한을 위해서 승진에 대하여 강한 욕구를 가지게 된다. 뿐만 아니라 지식과 능력의 진부화를 방지하기 위하여 항상 능력개발을 위한 학습과 교육훈련의 기회를 원하고 있다.

5) 작업조직에 있어서의 사회적 통합

기업조직은 기술시스템, 경제시스템, 사회시스템을 하위시스템으로 하는 조직시스템이다. 따라서 사회시스템의 성격을 띠고 있는 조직시스템의 구성원으로 하여금 그 조직 내에서 만족스러운 일체감과 자아존중을 경험하도록 하여 공동체의식을 고취시킬 필요가 있다.

6) 작업조직의 제도화

종업원의 권리는 무엇이고 또 권리를 보호하는 방법은 무엇인가 하는 것들에 대한 작업조직 내의 법률적 옹호를 말한다. 조직구성원은 경영자들의 일방적인 의사결정에 의하여 행동하는 것을 싫어하기 때문에 현대경영에서는 노사합의에 의한 공동결정이 요구된다. 따라서 작업조직 내에서도 규정 · 규칙 · 단체협약 등 공식화된 시스템을 통해 불필요한 비효율성을 극복할 수 있다.

7) 직장생활과 사생활의 균형

직장생활과 사생활이 구분되어야 함에도 불구하고 실제로는 상호 간 밀접한 연관관계가 있음을 부인하기 어렵다. 원인이 어디에 있든지 간에 가정문제, 건강문제, 채무문제 등 일신상 사적문제로 고통받는 종업원이 양질의 노동력을 제공할 수는 없는 노릇이다. 회사는 개인의 프라이버시를 침해하지 않는 범위 내에서 종업원이 심리적 안정감을 갖고 근로작업에 임할 수 있도록 배려하여야 한다.

8) 근로활동이 사회에 미치는 유용성

최근 기업의 사회적 역할이 강조되고 있지만 종업원 개인 차원에서도 그 근로활동결과가 주변환경에 긍정적 역할을 다해야 보람 있는 근로생활이 가능하다. 자신의 작업이 회사에 기여하는 것은 물론, 더 나아가 다른 사람들에게 바람직한 역할을 한다고 인식될 때 심리적 충만감이 훨씬 고양되기 때문이다. 이를 위해 경영자는 경영이념을 통해 사회적 책임이 투영되도록 노력하고 우선적으로 종업원으로부터 신뢰받는 리더가 될 수 있도록 노력하여야 한다.

한편 근로자의 삶의 질(quality of life)이라는 측면에서 볼 때 이는 비단 작업에 한정된 질적 측면만으로 국한시켜 논하는 것은 의미가 없다. 사실상 QOWL과 관련한 기존 연구들은 임금, 근로시간, 생산성, 작업조직 합리화, 기업복지 등 사용자와 근로자 간의 경제원리 충돌과 상호작용으로만 인식되어 왔다. 그러나 직무와 직장에 대한 불만족은 단지 기업 내적 요인에 의해서만 결정되는 것은 아니다.

일찍이 1968년 글로도프(J. Glodthorpe)와 로크우드(D. Lockwood)는 그들의 저서 '숙련근로자(*Affluent Worker*)'에서 근로자들이 직무에 만족하지 못하는 이유가 그들의 관심이 직장 위주가 아닌 가족과 여가 위주로 바뀐 상태에서 직장을 단지 높은 임금을 얻어내는 수단으로 간주하고 있기 때문이라고 밝힌 바 있다. 즉 근로자의 삶의 질은 보다 넓은 삶의 양식, 가치관과 그것들이 고용관계에 미치는 영향을 탐구할 때 정확히 이해될 수 있다는 것이다.[5)]

이런 점에서 근로자들의 일상생활의 중심이 되는 '가족'이라는 외적 요인을 작업의 전반과 포함하여 근로자의 삶의 질을 다루는 것이 당연하며 하나의 추세로 자리하고 있다. 이러한 내용의 프로그램 사례로 최근 개인생활과 직무생활의 균형을 동시에 추구하는 근무·일상생활의 균형(work-life balance) 프로그램이 있는데 이 장 뒷부분에 언급한다.

(2) QOWL의 추진방안

QOWL에 있어 근로생활의 질적 측면이라 함은 근로자의 비주체적·수동적 근로형태를 지양하고 자율적·능동적 측면을 불어넣어 인간성 소외현상을 극복함으로써, 궁극적으로는 기업성과(생산성)와 근로자만족(인간성) 모두를 충족시키자는 내용이다.

5) D. Gallie, "The Quality of Employment : Perspectives and Problems", in A. Offer(ed.), *In Pursuit of Quality of Life*, Oxford : Clarendon Press, 1996, pp.178-179.

특히 현 21세기에서는 '근로생활의 질'이 경영혁신과 작업장혁신과 연계되어 생산성과를 개선할 수 있는 핵심경쟁원천이 될 것이다. 과거의 경쟁환경은 안정적, 대량생산방식의 통제중심의 조직성격을 띠어 경쟁은 주로 관리의 효율성과 가격을 통해서 이루어졌고 이러한 상황에서 개인은 주어진 직무만을 효율적으로 수행하면 되었다.

그렇지만 [그림 10-1]에서 보는 바와 같이 2세기의 경영환경은 크게 글로벌화와 정보화, 지식기반경제, 그리고 유연한 생산방식으로 요약될 수 있다. 세계화는 시장의 진입장벽이 낮아지고 경쟁수준이 지역 국가의 수준에서 전 세계로 확대된다는 것을 의미한다. 정보화는 디지털 혁명으로 발전하고 있으며 새로운 기술을 얼마나 빨리 소화하고 대응하는가가 기업의 생존을 좌우하게 된다. 새로운 세기는 또한 지식기반경제가 될 것이다. 개인 차원뿐 아니라 조직 차원에서 새로운 지식을 얼마나 빨리 흡수하고 축적하며 활용하는가가 중요하게 된다. 생산방식도 기존의 대량생산방식에서 전문화된 유연생산방식이 지배적으로 나타날 것이다.

그림 10-1 21세기 환경과 근로생활의 질

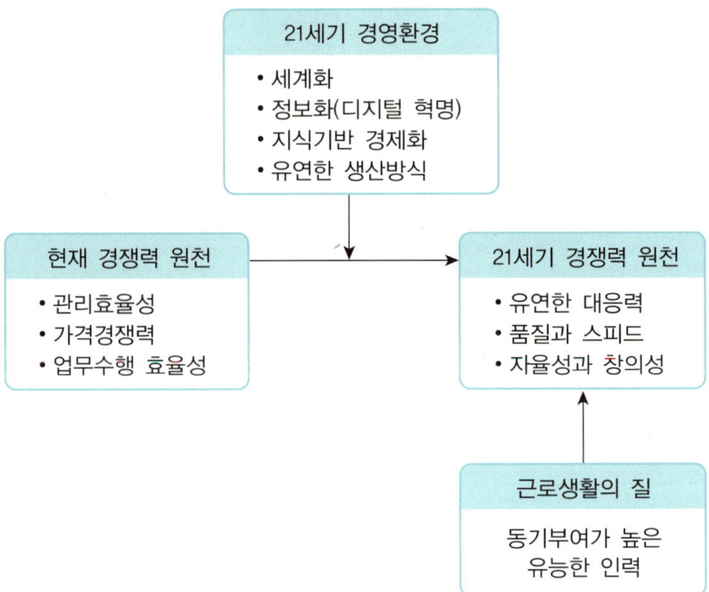

경영환경이 바뀜에 따라 기업이 경쟁력을 확보해야 하는 경쟁의 기초도 바뀌게 된다. 21세기의 환경에서 중시되는 경영능력은 안정적 환경에서 요구되는 관리효율성보다는 변화하는 환경에의 유연한 적응능력이며 가격경쟁력보다는 품질과 스피느가 더 중요하게 된다. 종업원 개인수준에서는 협소하게 주어진 하나의 직무에 대한 효율적 수행능력보다는 자율적이고 창의적으로 다양한 직무를 소화하고 수행할 수 있는 능력이 절실히 필요하게 된다.

결국 21세기 기업경쟁력의 원천은 사람이라고 할 수 있다. 업무수행능력이 뛰어난 사람을 확보하여 이들이 자율적이고 창의적으로 능력을 발휘할 수 있도록 동기부여시키는 것이 결국 경쟁력의 근간을 이루기 때문이다. 바로 이러한 점이 근로생활의 질을 새로운 시각으로 중요하게 다루어야만 하는 이유가 된다.

한편 QOWL 프로그램의 도입은 근로자들로 하여금 생산성을 향상시키는 효과뿐만 아니라 직무만족, 인간성 회복 등 심리적 충만감을 불어 넣을 수 있도록 고려하여 시행하여야 한다. 그 도입절차는 ① 영향요인의 탐색, ② QOWL 프로그램의 설계, ③ 영향요인과의 검토, ④ 실행, ⑤ 평가와 효과 검토, ⑥ 실용화의 단계로 행한다[6]([그림 10-2] 참조).

그림 10-2 QOWL 프로그램의 도입절차

영향요인 탐색 → 프로그램 설계 → 영향요인과의 검토 → 실행 → 평가와 효과 검토 → 실용화

1) 영향요인의 탐색

무엇보다도 도입할 QOWL 프로그램의 도입목적과 내용에 관해 회사 인사관리 담당자와 부서가 정확한 인식을 하고 있어야 한다. 어설픈 준비는 엉뚱한 결과로 엄청난 비용낭비를 초래하기 마련이다.

이를 방지하기 위해 다음으로 회사 내부의 제반 요인들이 이를 받아들이고 확사

6) 김식현 외, 노사관계론, 학현사, 1995, pp.495-496.

할 준비가 갖추어져 있는지 구체적으로 확인한다. 최고경영자의 의지는 분명하게 확립되어 있는지, 이는 경영전략과 분위기에 반영될 수 있는지, 그리고 무엇보다도 노동조합(혹은 근로자대표)과 충분한 사전협의가 이루어져 합의도출은 가능한지를 확인하고 또 종업원들도 사전에 충분히 의견을 도출하고 수렴과정은 거쳤는지를 확인한다. 구성원들의 공감대 형성이 전제되지 않는 한 그 어떤 제도도 성공하지 못하기 때문이다.

2) QOWL 프로그램의 설계

QOWL 프로그램을 본격적으로 도입하기에 앞서 노사대표로 프로그램 위원회를 구성하고 프로그램의 운영 전반에 관해 검토한다. 즉 문헌이나 사례연구는 물론 성공이나 실패한 기업들에 대해서 벤치마킹(bench-marking)을 하여 다각적인 시사점을 구한 후, 그 도입시기, 도입방법, 사전 및 사후평가절차 등을 확정한다. 가능한 한 프로그램의 세부내용까지 상세하게 기술하여 구체성을 갖추도록 한다.

3) 영향요인과의 검토

설계가 끝나 프로그램이 확정되면 이 프로그램의 성과에 영향을 미칠 수 있는 여러 요인들과의 영향에 관해 예측하여야 한다. 흔히 구호성이나 일과성 전시성으로 그치지 않으려면 근로자의 능동적인 참여가 필수적이다. 이는 회사의 일방적 지침이나 강행으로 얻어지는 것이 아닌 만큼, 프로그램 도입 이전에 도입취지를 충분히 알려 근로자들로 하여금 공감대를 충분하게 끌어내야 한다.

4) 실행

프로그램의 본격적 도입에 앞서 1~2년간의 사전실행을 통해 프로그램의 적용방식과 근로자의 반응 등이 예상과 달리 나타나고 있지 않은지 살펴본다. 특히 애초에 기대하였던 대로 생산성과와 종업원 만족치가 긍정적으로 개선되는지 여부를 확인하여 본다. 애초의 계획과 크게 벗어나지 않는다면 사전점검결과를 수정・반영하여 프로그램 도입을 확정하여 실행한다.

5) 평가와 효과 검토

프로그램이 시행된 후 일정기간이 지나면 주기적으로 평가를 실시한다. 생산성과 개선의 효과에 관한 평가는 가능한 한 계량수치를 통해 구체적으로 파악할 수 있도록 하며, 종업원의 만족감에 대한 개선효과는 출근율, 이직률, 산재비율, 고충처리조사 및 설문지를 통한 통계조사 등을 활용한다. 이러한 평가결과를 토대로 하여 차후 프로그램 실행에 반영한다.

6) 실용화의 단계

프로그램이 성공적으로 정착하여 경영의 일환이자 기업문화로 자리 잡은 단계이다. 이 단계는 일반적으로 근로자들의 경영의사결정참여 확대, 하향권한위임의 확대, 커뮤니케이션 활성화, 직무몰입 증대, 팀워크 증진 등 여러 긍정적 효과를 동반한다. QOWL 프로그램의 성공은 이러한 내용들을 수반할 만큼 경영 전반의 개선을 가시적으로 나타내주는 결과물이기 때문이다. 우리나라에서 아직 QOWL 프로그램이 활성화되지 못하였다는 말은 역설적으로 경영수준의 미비점이 많다는 반증이기도 하다.

이상과 같은 단계를 거쳐 이미 정착하여 정형화된 프로그램으로는 직무재설계, 팀제, QC운동, 프로젝트조직, 태스크포스, 상담제도, 탄력적 근무시간제도, 파트타임제도, 동시생산(concurrent engineering), 목표관리제도(MBO), 학습조직, 노동자위원회와 공동결정제도 등 다양하다.

그 밖의 다양한 사례를 알아보기 위해 GM사의 QOWL 세부 프로그램을 살펴본다.

- 노동자들의 가족을 위한 여행이나 주민들을 위한 오픈하우스
- 헌혈운동이나 주민들과의 일체감 캠페인을 통한 주민과의 유대관계 조성
- 담장 페인트칠 같은 공장시설의 개선
- 사외훈련 또는 스태프와의 문제점 토론회
- 사외훈련 또는 시간급 근로자와의 문제점 토론회

- 경영자와 노조간부와의 사외회합
- 알코올이나 마약남용에 관한 프로그램
- 사내 특별작업집단을 포함하는 실험사업
- 티셔츠, 재킷, 펜과 같은 기업선전용 판촉 프로그램
- 미래의 QOWL 전개에 대한 시간급 근로자 또는 노조간부와의 협의회
- 노사합동 QOWL 위원회의 설립
- 외부컨설턴트 또는 내부전문가의 활용
- 표창이나 상금 등을 제공하는 품질개선 특별 프로그램
- 종업원에 대한 동기부여 관련영화나 매체의 제공
- 종업원이나 노조 간부에게 QOWL 연구결과의 피드백
- 신입 종업원에 대한 GM과 자동차 노조의 합동 오리엔테이션
- 종업원 또는 노조간부에게 공장 확장, 혁신 기타 변경계획과 관련된 정보제공
- 질문함, 제안함, 사내사보와 같은 상향적 의사소통 프로그램
- 퇴직자, 크리스마스 등을 위한 특별만찬 또는 오찬
- 특별세미나 등을 통한 일선감독자의 역할 향상 등

맛소금 **좋은 회사의 조건**

좋은 회사라면 내가 마음 편하게 내 능력을 발휘할 수 있는 곳이라야 한다. 그래야 나와 회사가 윈윈이다. 오로지 회사만 이기는 환경에서 나는 존재가치가 낮아지고 내 만족도도 따라서 낮아질 수밖에 없다. 좋은 사람들이 많은 회사는 돈으로 환산할 수 없는 가치를 당신에게 준다. 직장에서 받는 스트레스가 현대인의 가장 큰 질병의 원인인데 우리가 건강하게 직장생활을 할 수 있는 것도 하나의 이점이 아니겠는가?

동료들과 리더들이 괜찮은 회사라면 특별한 이유가 없는 한 계속 다녀도 좋다고 생각한다. 절대 이 시간이 낭비가 아니다. 좋은 리더를 만나면 좋은 리더십을 배우게 되고 좋은 동료를 만나면 인성을 배우게 된다. 모든 것이 이익이다. 영세한 업체에 돈도 못 받고 일은 많은데 사람들은 좋다면? 어지간히 생활이 영위되고 회사의 비전이 있다면 계속 다녀라. 업무량이 건강을 위협하는 정도가 아니고 생활을 못할 정도의 연봉만 아니라면 다닐 가치가 있는 회사이다.

자료 : 키르히아이스, 브런치

2 QOWL의 운용

(1) 근로시간

1) 근로시간 단축과 주5일 근무제

지식 · 정보화사회로 넘어가면서 지금은 기존의 획일화된 전통적 근로시간 개념이 바뀌고 있다. 일의 양보다는 질이 중시되고 일하는 시간과 공간의 개념에도 변화가 초래되면서 근로시간에도 다양한 변화가 있다. 이는 효과적인 노동력을 활용하겠다는 기업의 전략도 있지만 종업원들의 삶의 방식에도 변화가 일어나 일에서의 성취감 못지않게 적정한 휴식과 여가생활에 대한 욕구가 커지고 있기 때문이기도 하다([사례 10-1] 참조).

사례 10-1 노사관계 · 노동시장 2018년 평가와 2019년 전망

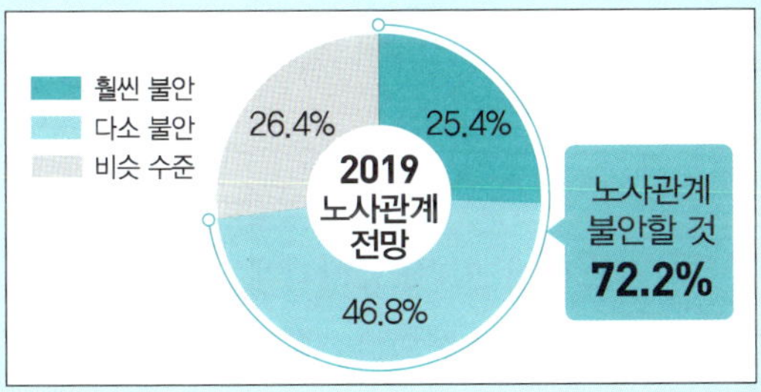

노사관계 불안요인	
기업 경영 악화에 따른 지급 여력 감소	23.5%
유연근무제 도입 등 현안 관련 갈등 증가	21.4%
노동계 우호적 입법 환경	15.2%

2019년 노사관계를 둘러싼 다양한 이슈 가운데 근로시간 단축에 따른 유연근무제 개선과 현장 도입을 둘러싼 문제가 쟁점이 될 것으로 보인다. 작년 7월 1일부터 주52시간제가 시행되었지만 현재까지 유연근로제 개선 등 보완 입법이 이뤄지고 있지 않고 있다. 현행 근로시간관련 법제도는 시대와 맞지 않는 경직적인 근로시간 제약으로 기업들의 국제경쟁력 유지가 어렵고 지금까지 유지해 온 생산량조차 감당할 수 없다. 국민소득 증가와 삶의 질 제고 요구에 따라 근로시간 단축 추세는 당연하다. 그러나 근로시간 단축에 따른 기업의 생산 감소와 경쟁력 하락에 대비할 수 있는 보완책들이 조속히 마련되어야 한다.

다음으로 최저임금 결정구조와 인상률도 쟁점으로 부각될 것으로 보인다. 정부는 고율의 최저임금인상에 따른 부담 완화를 위해 최저임금인상률을 시장수용성과 지불능력 등을 고려해 합리적 수준에서 결정한다는 방침이다. 이를 위해 올해 2월 말까지 최저임금 결정구조 개편안을 마련하고 법 개정을 완료할 계획이나 입법화과정에서 노동계의 반발이 예상된다. 2020년 최저임금 결정을 위한 논의는 6월부터 본격적으로 진행될 예정이다. 노동계가 대통령의 최저임금 1만 원 공약 이행을 주장하며 고율의 최저임금인상을 요구할 것으로 예상돼 최저임금 결정을 둘러싼 진통은 불가피할 것으로 전망된다.

최저임금 산입범위 확대를 둘러싼 갈등도 심화될 것으로 보인다. 최저임금 산입범위를 확대하는 개정법이 올해부터 시행되고 있다. 그러나 임금의 상당부분을 차지하는 상여금을 최저임금에 산입하려면 지급주기를 1개월로 변경해야 한다. 노조가 있는 기업에서 지급주기를 변경하는 것은 현실적으로 쉽지 않아 법개정 효력이 제한적일 수밖에 없다. 이러한 상황에서 최저임금의 안정화 필요성도 어느 해보다 높아졌다 할 것이다.

자료 : 여긴 인노총입니다, 2019. 1. 7.

여기서 근로시간이라 함은 근로자가 사용자의 지휘·감독하에서 일을 하는 시간을 말한다. 따라서 근로자가 사용자의 지휘·감독에서 벗어나 자유롭게 이용할 수 있는 휴게시간은 근로시간에서 제외된다.

근로시간은 법정근로시간과 소정근로시간, 실근로시간으로 구분한다. 법정근로시간은 근로기준법으로 정하는 근로시간으로서 일단 정해지게 되면 이를 초과해서 일할 수 없으며 위반하는 사업주는 처벌을 받게 된다. 우리나라의 법정근로시간은 근로기준법이 제정된 1953년 이후 1주 48시간이었다가 1989년에 1주 44시간으로 변경되었고, 2004년부터는 1주 40시간으로 단축되어 운용되고 있다([표 10-1] 참조).

표 10-1 법정근로시간의 변화(일반사업장 · 근로자)

법제개정일	법정근로시간	적용대상	주요 경과기간	전체 적용시점
1953. 5. 10.	48시간/주			
1989. 3. 29.	44시간/주			1991. 10. 1.
경과규정	46시간/주	300인 이상, 금융보험업	1990. 9. 30.	
	46시간/주	300인 미만	1991. 9. 30.	
2003. 8. 29.	40시간/주			2012. 1. 1.
경과규정	44시간/주	1,000인 이상, 금융보험법, 공기업	2004. 6. 30.	
	44시간/주	300~999인	2005. 6. 30.	
	44시간/주	100~299인	2006. 6. 30.	
	44시간/주	50~99인	2007. 6. 30.	
	44시간/주	20~49인	2008. 6. 30.	
	44시간/주	20인 미만	2011. 12. 31.	

자료 : 고용노동부

소정근로시간은 법정근로시간의 범위 안에서 근로자와 사용자가 일정시간 동안을 일하기로 합의한 근로시간으로서 소정근로시간은 임금을 정하는 기초가 된다. 예를 들어, 주당 40시간(법정근로시간)을 넘지 않는 한도 안에서, A사업장 노사 간의 합의를 통해 주당 근로시간을 36시간으로 정하여 일할 수 있다는 뜻이다.

또 실근로시간은 소정근로시간에 초과근로시간 등을 더한 것으로서 근로자가 실제 일을 한 시간이다. 초과근로시간이란 연장근로시간, 휴일근로시간 등과 같이 소정근로시간을 초과하여 근로를 제공한 시간을 말한다. 예를 들어, 소정근로시간이 주당 42시간인 경우, 어떤 주에 일이 집중되어 그 주에 12시간의 초과근로를 했다면 당해 주간의 실근로시간은 54시간이 된다. 우리나라에서 법정근로시간을 넘은 초과근로에 대해서는 통상임금의 100분의 50 이상을 가산하여 지급해야 한다([그림 10-3] 참조). 그런데 우리나라 근로자들이 1년 동안 실제로 행한 실근로시간을 OECD국가와 비교해볼 때 현격하게 높은 수준을 보이고 있으며 홍콩, 대만 등 아시아 경쟁국에 비해서도 높은 수준이다([사례 10-2] 참조).

그림 10-3 **법정근로시간 및 실근로시간 변화추이**

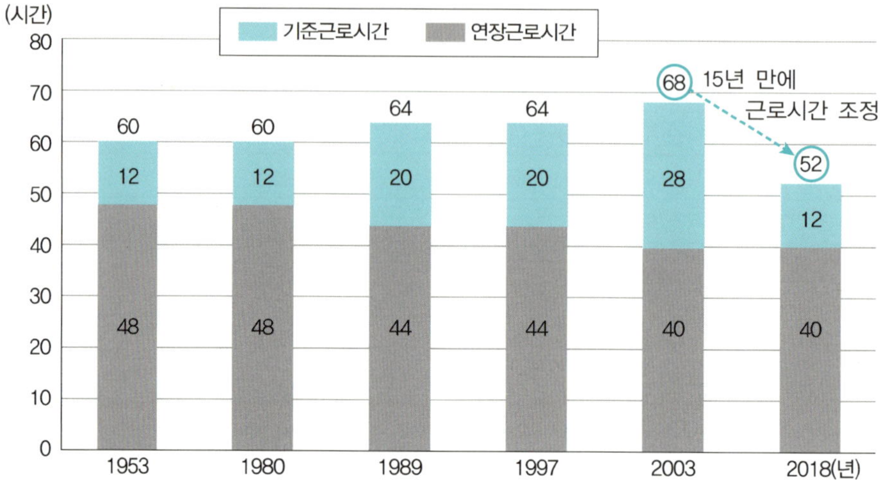

자료 : 한국건설산업연구원, 리딩투자증권리서치

사례 10-2 OECD 국가별 연 평균 근로시간 순위

OECD 국가별 평균 연간 근로시간

우리나라가 근로시간이 가장 많은 줄 알았는데, 그보다 더 많은 형제의 나라들이 있었습니다. 멕시코와 코스타리카!!

통계자료가 공개된 OECD 38개국 중 평균 연간 근로시간이 2,000시간이 넘는 국가는 멕시코, 대한민국, 코스타리카, 그리스 총 4개 국가입니다. 그 외 국가들은 대부분 1,500~2,000시간대를 기록했는데, 1,500시간이 안 되는 헤븐국가는 네덜란드, 노르웨이, 덴마크, 독일 총 4개 국가입니다.

OECD 국가별 평균 연간 근로시간(2017년)

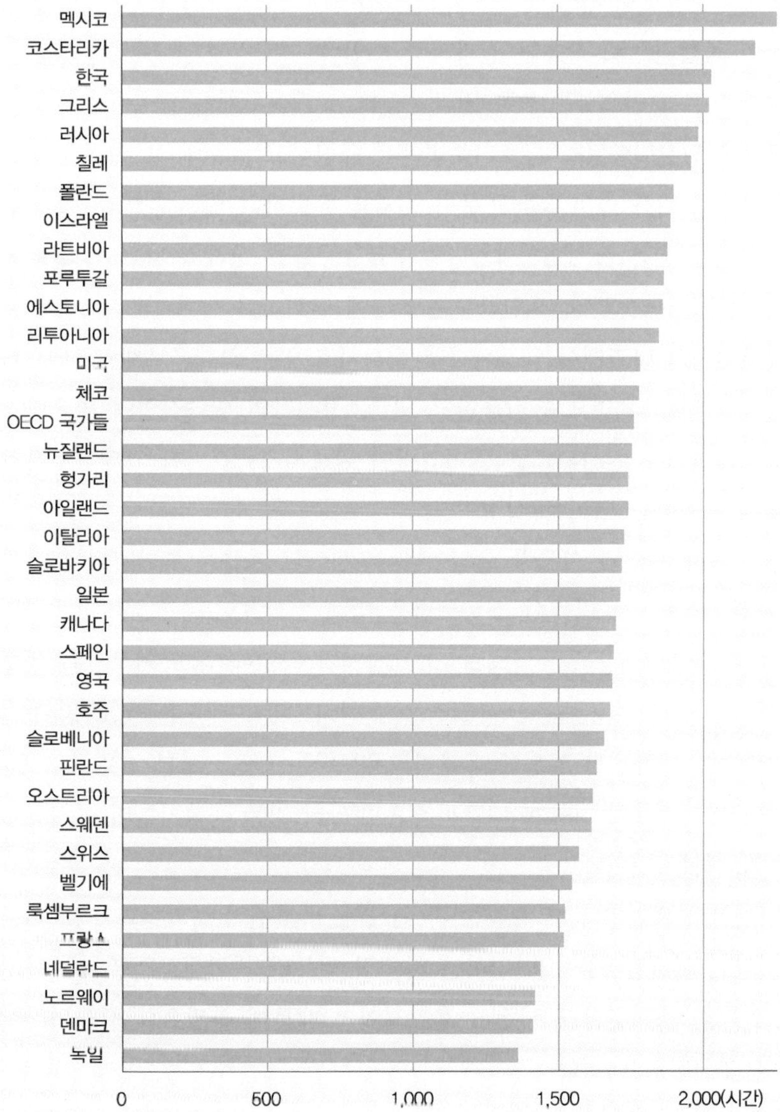

자료 : https://phedi.tistory.com/1, 2018. 8. 3.

우리나라 근로자들이 이처럼 상대적으로 장시간의 근로시간을 갖는 이유는 무엇일까? 그 원인으로 제도, 근로자(노동공급자), 기업(노동수요자), 그리고 문화적 요인 등이 복합적으로 작용한 결과라고 보인다.

첫째, 제도적 요인으로는 높은 임금할증률, 교대근무제를 들 수 있다. 우리의 경우 초과근로 임금할증률을 근로기준법에서 규정하고 있는데 그 수준(현행 50%)이 다른 나라들에 비해 높아 초과근무의 동기를 유발하고 있는 것이 사실이다. 대부분의 유럽 국가들은 노사협상에 의해 임금할증률을 정하고 있으며, 일본의 경우 연장 및 야간근로는 25%, 휴일근무는 35%에 불과하다.

또 제조업 생산라인에서 불가피하게 실시되고 있는 교대근무제도 장시간근로를 초래하는 또 다른 요인으로 작용하고 있다. 장시간의 연속작업이 필요한 업무에 대해 교대근무제가 실시되므로 잉여인력이 확보되지 않는 한 교대근무자가 마음 놓고 휴식을 취하기 어려운 실정이다.

둘째, 근로자 요인과 사용자 요인이다. 우선 근로자들은 휴가보다는 소득을 선호하기 때문이다. 근로자들이 소득보전을 위해 초과근로를 선호하고, 사무・생산 자동화로 인해 노동 강도가 약해진 것도 장시간 근로에 대한 거부감을 완화한 것으로 보인다. 반면 사용자는 비용절감을 우선적으로 고려하는 것도 원인이다. 대다수 기업들이 비용절감 차원에서 추가고용보다는 연장근로를 선호하고 있다. 간접 노동비용이 과다해 신규채용을 꺼리고 차라리 기존 근로자들이 초과근로를 해주기를 기대하는 것이다.

셋째, 문화적 요인이다. 부족한 여가 인프라 및 후진적 조직문화가 또 다른 원인이다. 다양한 여가활동을 뒷받침하는 사회적 인프라가 절대적으로 부족하고 아울러 업무관리와 조직문화가 여전히 후진적이기 때문에 불필요한 특근이나 잔업이 빈발함을 부인하기 어렵다.

한편 우리의 이런 현실과는 달리, 세계 경영환경은 급격히 불확실해지고 차별화를 꾀할 수 있는 창조역량이 기업의 경쟁우위로 부상하면서 양적 성장시대에 적합했던 장시간 근로패러다임은 더 이상 효과를 기대하기 힘든 상황이 되었다. 이렇듯 기업 간 경쟁이 초경쟁(hyper-competition)시대로 진입하면서 경쟁력의 원천이 노동·자본에서 지식·창의성으로 빠르게 이행되고 있어 재화나 서비스를 단순히 생산하는 문제가 아니라 상상력과 창의성을 바탕으로 얼마나 새로운 경험을 제공하느냐가 관건이 되었다. 따라서 단순히 근로시간의 양이 아니라 집중과 몰입의 수준이 중요한 '현명한 근로'가 필요하다. '현명한 근로'란 일에 타성적으로 매몰되지 않고 오히려 일을 즐기면서 주어진 시간 내에 가장 효과적으로 일을 수행하는 것을 의미한다. 그러므로 기업은 근로자들이 정상근무시간 동안 집중력을 높여 효율적으로 업무를 추진하고 창의력을 발휘하여 기업의 부가가치창출에 적극 기여할 수 있도록 근로시간을 단축하고 근무시스템을 재구축하는 데 주력할 필요가 있다.

근로시간 단축을 위해서는 무엇보다도 기업과 근로자 모두 장시간 근로에 대한 인식의 전환이 필요하다. 단기적인 경제적 이득에 집착해 장시간 근로를 지속할 경우, 창조력을 필요로 하는 미래에는 생존 자체가 불가능할 수도 있다는 점을 유념하여야 한다. 장시간 근로에서 벗어나 시간적 여유를 갖는 것은 기업에게는 미래를 위한 투자이며 근로자에게는 장기근속을 대비한 보험으로 인식할 필요가 있다. 특히 초과근로 근절을 향한 CEO의 강력한 의지가 중요하다. 근로자 스스로가 앞장서 업무량을 감축한다는 것은 쉬운 일이 아니므로 경영진의 솔선수범 및 지속

맛소금 **[기로에 선 사회적 대타협] 이슈마다 갈등… 경사노委 제자리걸음**

경사노위는 지난해 11월 22일 공식 출범한 후 첫 본 위원회 회의에서 노동시간단축을 보완할 수 있는 화급한 현안인 탄력근로제 확대 적용문제를 논의하는 의제별 위원회를 설치하고 논의를 시작했다. 노동계는 탄력근로제 단위기간 확대가 노동자 임금감소와 건강악화를 초래할 수 있다는 이유로 받아들일 수 없다는 입장인 반면, 경영계는 노동시간 단축에 따른 어려움을 해결하려면 단위기간 확대로 탄력근로제의 실효성을 높여야 한다고 주장한다. 고용부는 현재 탄력근로제 개정법 시행 때까지 '주52시간 근무제 위반 처벌 유예기간'을 연장해 놓은 상태다.

주요 국가의 탄력적 근로시간제

국가	탄력적 근로시간제
한국	2주(취업규칙), 3개월(서면합의)
일본	1개월(취업규칙), 1년(서면합의)
독일	24주, 6개월(근로시간법 제3조)
프랑스	4주(노사합의), 1년(단체협약)
미국	1년

자료 : 고용노동부

자료 : 헤럴드경제, 2019. 1. 15.

적인 관심이 요구된다.

지속적인 근로시간 단축을 통해 국민생활에 어떠한 영향이 있을까 생각해보자. 근로시간 단축이 국민의 삶에 미치는 영향으로는 ① 자유시간의 확대에 따른 자기계발의 기회를 높이고 가족생활에 충실할 수 있는 계기를 조성하며(국민생활 면), ② 기업의 능률성을 높이고 근로자의 근로의욕을 향상시키며, 창조성·유연성의 증대로 보다 활력 있는 직장분위기를 이룰 수 있고(기업경영 면), ③ 여가·레저 관련 산업의 육성과 이 분야의 고용창출은 물론, 여성 및 고령층 인력을 효율적으로 활용하는 기회가 될 수 있다(국가경제 면)는 점을 들 수 있다.

다만 주5일제 시행 이후보다 더 근로시간 단축이 실행될 경우 예상되는 문제점도 살펴볼 필요가 있다. 우선 영세·중소기업이 다수 있으므로 업종 및 규모에 따라 초과근로에 따른 인건비 부담이 커질 수 있다는 점을 들 수 있다. 또 근로자로서는 생산성 향상 요청에 따라 업무강도가 높아져 정신 또는 육체 건강을 해칠 수 있고, 여가시간이 늘어남에 따라 소비의 기회도 많아지겠지만, 임금 면에서는 오히려 삭감될 가능성이 있다. 아울러 적은 돈으로도 쉽게 이용할 수 있는 각종 여가시설에 대한 요청이 늘어날 것이고 올바른 여가문화의 형성 또한 숙제가 될 것이다.

이 같은 문제점에 대처하기 위해서 근로시간 단축이 생산성, 임금 및 고용 등에 미칠 수 있는 영향을 충분히 검토할 필요가 있으며, 기업규모 및 업종별 실근로시간에 대한 분석을 통해 업종별·규모별 적용시기와 중소 영세기업에 대한 지원방안 등을 신중히 검토하고, 늘어나는 여가시간에 대비하여 여가시설을 미리 확충하는 작업도 함께 추진해 나가야 할 것이다.

2) 근로시간 운영제도

앞에서 살펴본 바와 같이, 효율성과 창의성을 제고하기 위한 현명한 근로의 일환으로 근로시간의 운영에 있어 '유연한 근로'가 이루어질 필요가 있다. 유연한 근로란 획일적인 근무시간에서 벗어나 직무특성이나 개인의 생활리듬 등을 감안해 근로시간을 선택적으로 운영하는 것이다. 그러나 우리의 경우 반대로 노동경직성이 세계 최고수준에 머물러 있어 이에 대한 개선이 시급한 실정이다([사례 10-3] 참조).

사례 10-3 제일기획 주 52시간 근무제 살펴보니

제일기획은 지난 8월 테스트를 거쳐 9월부터 새로운 근무제를 본격 도입했다. 회사 관계자는 "이번 시범 운영을 통해 근로시간의 자율성을 확대하고 효율적인 근무문화가 조성될 수 있도록 지속적으로 수정·보완해 나갈 계획"이라고 설명했다.

이번 근무제도는 크게 두 가지로 나뉜다.

직무에 따라 주 40시간 내에서 출·퇴근시간과 근로시간을 자유롭게 조절할 수 있는 '선택적 근로시간제'와 근무방식과 시간관리에 대해 알아서 판단하는 '재량근로제'이다. 재량근로제는 광고 제작 및 방송 분야 일부 인원에게만 적용된다. 이에 따라 다수의 직원들은 오전 10시에서 오후 4시까지 의무근무시간을 제외하고는 출퇴근시

간을 자율적으로 운영할 수 있다.

연차시스템도 일부 달라졌다. 연차를 활용해 정해진 시간을 초과하지 않도록 조절, 기존보다 연차휴가를 잘게 쪼개 쓸 수 있다. 임금체계에도 변화가 있다. 연장근무나 야간근무 등 초과근무수당을 미리 산정해 일괄 지급하는 '포괄임금제'에서 월 20시간 넘는 초과근무에 대해 별도수당을 지급하는 쪽으로 전환했다. 또 월 연장근무시간이 일정수준을 넘어서는 경우 상급자에게 승인을 받도록 함으로써 모든 업무를 가급적 근무시간 안에서 소화하도록 했다. 아울러 직원들이 자신의 월 근무시간을 자체적으로 관리할 수 있도록 근무시간관리시스템을 추가했다.

제일기획의 이런 변화를 두고 반응이 갈리고 있다. 1인당 업무량이 줄어들지 않는 한 근무시간이 줄어들면 근무강도가 세지는 게 당연하기 때문이다.

자료 : The PR(http://www.the-pr.co.kr), 2018. 9. 10.

선진국이나 글로벌기업들은 탄력적 근무시간제, 재량근무제, 압축근무제 등 임직원들의 다양한 니즈(needs)에 적합한 '유연한 근로방식'을 적극 도입하는 추세이다. 독일의 경우 1980년대 중반부터 '근로시간 저축제도'를 도입하여 근무시간의 유연성을 제고하였고, 1988년 근로시간 저축제도를 도입한 BMW는 초과근무수당 없이 시장상황에 따라 생산라인을 주당 78~110시간체제로 탄력적으로 가동하고 있는 것 등이 좋은 사례이다.

이런 유연한 근로가 성공적으로 이루어지기 위해서는 무엇보다도 조직 내 '신뢰관계(trust)' 구축이 선결조건이 된다. 상사는 인내심을 갖고 부하직원을 믿으며 성과가 나오기를 기다리는 자세를 가져야 부하들의 창의적 활동이 고양될 수 있다. 특히 근무문화와 관련된 제도개선은 노사 간 신뢰와 협력이 매우 중요하다. 장시간 근로 해소는 근로자대표 혹은 노조에 의한 생산성 향상 운동과 노사 공동의 근로시간 절감 노력이 균형 있게 추진될 때 가능하다는 사실을 명심해야 한다. 그렇다면 유연한 근로제도에는 어떤 것이 있을까?

'아침 9시 출근에 오후 6시 퇴근'이라는 전통적 근로시간제에서 벗어나 탄력적으로 근로시간을 운영하는 방법은 탄력적(변형) 근로시간제와 선택적(재량) 근로시간제의 두 가지가 있다.

탄력적 근로시간제는 기업에는 업무의 과다에 따른 근로시간의 효율적 운영을, 그리고 근로자에게는 근로시간과 여가시간의 조화로운 운용을 동시에 가능케 하기 위해 소정근로시간을 융통성 있게 배분하는 방식이다. 목적에 따라 1일별·주간별·월별·계절(분기)별 등 다양한 형태로 운용이 가능한데, 1일별 기준의 경우 하루 근무시간 8시간을 지키기만 한다면 출퇴근시간의 선택을 자유롭게 하는 것이다. 계절별 기준으로 운용되는 경우는, 예컨대 계절별로 수요 차이가 나는 에어컨·빙과류 등 생산시설의 가동 시 여름 두 달은 10시간 근로를, 겨울 두 달은 6시간 근로를 하여 전체 근로시간에는 차이가 없도록 하는 방식이다.

선진국들에서 일반적인 경험에 따르면, 1년단위 이내의 탄력적 근로시간제는 주 40시간제 시행과 병행하여 도입되는 것으로 나타나고 있다. 그러나 이것이 자칫 회사 측의 연장수당 절감목적으로 행해질 경우 노조의 반발을 살 가능성이 높다.

선택적 근로시간제란 근로시간에 관해 회사가 전 종업원에게 획일적으로 적용하는 것이 아니라 필요한 경우 종업원이 근로시간의 배분·운용에 융통성과 자율성을 부여하는 것이다. 즉 일의 성질상 연구·개발 등 시간에 구애받지 않고 집중적으로 몰입해야 하는 업무를 맡고 있는 근로자에 대해서는 업무수행방법과 시간배분문제를 본인의 재량에 맡기겠다는 것이며, 이 경우에는 실제 몇 시간을 일했는지를 따지지 않고 당사자 간에 미리 정한 시간을 근무한 것으로 보는 제도이다. 근무시간을 압축하여 근무하는 압축시간근무제, 재택 및 무출사(無出社)근무제 등이 이에 해당한다.

압축시간근무제란, 예컨대 일주일 40시간 근무를 기준으로 할 때 이를 압축하여 주 4일 근무, 하루 10시간 근무를 실시하는 방법이다. 이는 출퇴근시간의 복잡한 교통난을 피하고 종업원의 열의와 사기를 진작시켜 직무몰입과 생산성 증대, 비용절감의 효과를 기대하는 것이다. 또 재택근무제와 무출사근무제는 각각 집에 머문 상태에서 혹은 작업 및 영업현장으로 직접 출근하여 근무하는 것으로, 역시 출퇴근시간의 절약, 시간의 효율적 활용, 기자재비용의 절감 등의 효과를 기대한다. 탄력적 근로시간제와 선택적 근로시간제의 차이점은 [표 10-2]와 같다. 한편 이외에 특이한 케이스로 회사와 종업원이 합의하여 일정기간 동안 소정근로시간 자체를

표 10-2 우리나라 탄력적 근로시간제와 선택적 근로시간제

구분	탄력적 근로시간제	선택적 근로시간제
내용	근로일과 근로시간대가 정해지면 모든 근로자들이 일률적으로 근로	의무시간대에만 일률적으로 근로하며, 나머지 조업시간은 개개의 근로자가 자율적으로 근로
목적	사용자의 경영편의	전문직 근로자, 연구직 근로자, 주부근로자 등 근로자 측의 편의나 능률 향상을 고려하여 도입
방법	• 2주단위 : 취업규칙 • 1월단위 : 근로자대표와의 서면합의	취업규칙으로 정한 근로자에 대하여 근로자대표와의 서면합의로 1개월 이내의 단위로 실시
신고	서면합의사항을 노동부장관에게 신고	신고할 필요 없음
최장근로	• 2주단위 : 취업규칙 • 1월단위 : 근로자대표와의 서면합의	최장근로시간에 대한 제한 없음
적용 제외	• 15세 이상 18세 미만의 근로자 • 임신 중의 여자근로자	15세 이상 18세 미만의 근로자
공통점	• 단위기간(정산기간) 평균기준근로시간 내 특정일 또는 특정주에 기준근로시간을 초과하여 근로 • 사용자의 가산임금을 지급할 의무 없음	

줄여 근무하는 '파트타임 정규직제도'도 있다.

(2) 산업재해

산업안전관리(industrial safety management)란 산업체 현장에서 발생하는 각종 재해로부터 인명과 사고를 보호하고 재산상의 안전을 확보하기 위하여, 산업재해의 원인을 분석하고 제거·해결함으로써 각종 사고를 미연에 방지하려는 체계적인 관리활동이다.

산업재해가 발생하면 이는 단순히 근로자 개인의 육체적·정신적 고통과 손실뿐만 아니라 생산성 상실·보험료 등 비용증가·법적 문제 대두·사기저하 등 기업 전반에 부정적 영향을 미친다. 특히 근로생활의 질적 측면에서 볼 때, 산업재해는 산업현장에서의 안전성에 기본적으로 문제가 있음을 반증하는 것이므로 질적 측면의 필요조건을 충족시키지 못하였다는 뜻이므로 심각하게 받아들여야 한다.

이러한 이유로 산업재해는 그 예방활동이 중요한데 이에 대한 사고의 전환, 즉 산업재해란 단순히 "사람이 다치는 것"이 아니라 "사람이 다치든 다치지 아니하든 안전행위를 위반한 것"이라는 적극적인 의식이 필요하다. 산업재해 예방과 관련피해를 엄격하게 관리하기 위해 안전의식 못지않게 현실상황에 맞는 적절한 법규가 필요하지만 우리의 현실은 [그림 10-4]에서 보듯 만족스럽지 못하다. 지금의 「산업안전보건법」은 1981년 전통 제조업을 근간으로 만들어진 것으로 현상황을 반영하지 못하는 한계점이 드러나고 있다. 애초 "산업재해를 예방하고 쾌적한 작업환경을 조성해 근로자 안전과 보건을 증진한다"는 법의 목적이 무색하다. 즉 디지털 산업구조로의 변화와 수반된 여러 상황을 반영하지 못하고 일일이 회사와 근로자를 간섭하다 보니 쓸모없거나 현실과 맞지 않는 법조항이 많이 남아 있어 손질이 시급하다.

그림 10-4 우리나라 산업안전보건법의 문제점

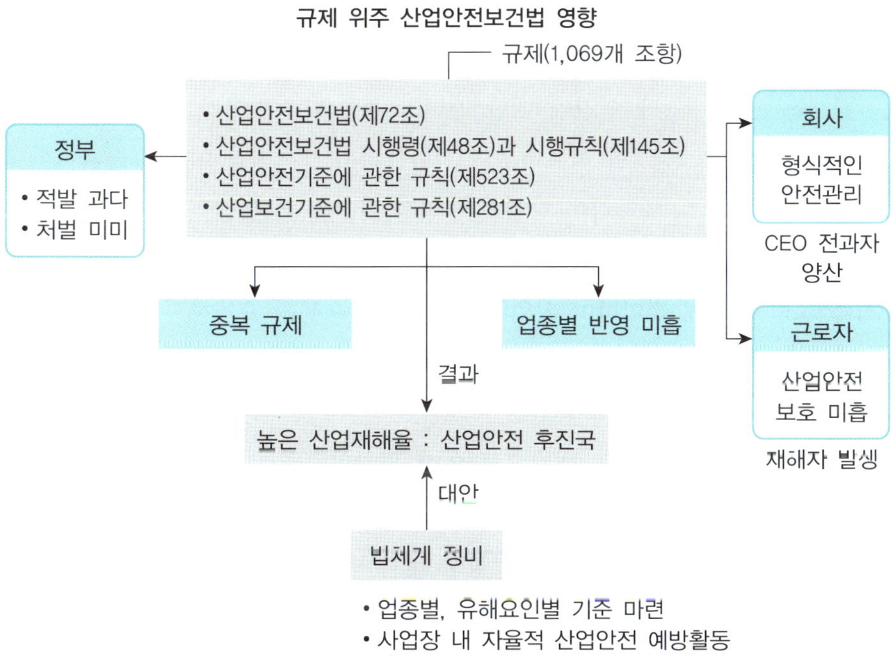

반면에 산업안전 선진국들의 경우 산업안전관련 예방활동의 자율성을 강조하고 있다는 특징과 더불어 효과적으로 대처하고 있다. 가령 독일은 2004년 작업장안전보건법을 개정하면서 관료주의적 규율 관행에서 벗어났다는 평가를 받고 있으며 영국은 산업안전법도 명령중심의 규제에서 노·사·정 3자에 의한 사업장 안전보건 관리시스템을 구축하는 데 주안점을 두고 있다. 또 미국은 각 주가 자체적인 산업안전보건 프로그램을 운영하고 연방정부가 이를 모니터링해 규제 여부를 결정하는 시스템으로 각 주정부의 자율적 노력을 강조함으로써 효과적으로 대처하고 있다.

하인리히(H. W. Heinrich)는 산업재해로부터 발생하는 손실을 직접손실과 간접손실로 구분한다.[7] 직접손실은 사고로 인해 발생한 직접적 피해결과로서 재산상의 피해, 환자에 대한 치료비·보상비 등을 말하는 것이며, 간접손실은 사고를 해결하기 위해 관계자들이 소비한 물적·경제적 손실 일체와 작업기계의 정지, 가공원자재의 손실 등 보상에 관계없이 산업체에서 입은 손실을 말하는 것으로서, 간접손실로 인한 피해는 직접손실에 비해 훨씬 크고 심각함을 지적하고 있다([표 10-3] 참조).

그러나 산업재해에 대해 적극적 예방이 필요한 이유는 앞서 언급하였다시피 물적·경제적 손실 이전에 인간에 대한 배려와 존중의 실현이기 때문이다. 회사는 근로자를 가족이요, 진정한 파트너로 인식함으로써 생산결과 이전에 불완전한 작업환경을 원천적으로 배제하여 작업의 안전성 확보는 물론 심리적인 안정감을 제공하여야 한다.

이들 요인을 함께 정리하여 산업안전관리의 중요성을 요약하면 다음과 같다.

- 인간의 생명과 기업의 재산보호
- 근로자와 기업의 계속적인 발전 도모
- 기업의 불필요한 경비의 절감으로 인한 원가인하
- 근로자의 사기와 생산의욕 향상
- 근로자 간의 바람직한 인간관계 형성 및 준법정신 함양
- 기업의 신뢰도 향상

7) H. W. Heinrich, *Industrial Accident Prevention*, New York : McGraw-Hill, 1931.

표 10-3 산업재해 현황 (단위 : 명, %)

구분	2010년	2011년	2012년	2013년	2014년	2015년	2016년	2017년
전체 재해율	0.69	0.65	0.59	0.59	0.53	0.50	0.49	0.48
전년 대비 재해율 증감률	−1.4	−5.8	−9.2	0.0	−10.2	−5.7	−2.0	−2.0
300인 미만 사업장 재해율	0.83	0.78	0.70	0.69	0.61	0.58	0.57	0.55
전년 대비 300인 미만 사업장 재해율 증감률	−1.2	−6.0	−10.3	−1.4	−11.6	−4.9	−1.7	−3.5
사고성 사망만인율	0.78	0.79	0.73	0.71	0.58	0.53	0.53	0.52
전년 대비 사고사망만인율 증감률	−4.9	1.3	−7.6	−2.7	−18.3	−8.6	0.0	−1.9
사망자 수	1,931	1,860	1,864	1,929	1,850	1,810	1,777	1,957
전년 대비 사망자 수 증감률	0.8	−3.7	0.2	3.5	−4.1	−2.2	−1.8	10.1
업무상 질병자 수	7,803	7,247	7,472	7,627	7,678	7,919	7,876	9,183
전년 대비 질병자 수 증감률	−10.5	−7.1	3.1	2.1	0.7	3.1	−0.5	16.6

자료 : 고용노동부, 산업재해 현황분석

산업안전관리는 이론이나 방침뿐만 아니라 실제 관리가 중요한데 산업안전관리 활동에 있어 실천적 유의사항은 다음과 같다.

1) 최고경영자의 안전의식과 안전관리 전담부서의 설치

다른 경영활동과 마찬가지로 작업장의 안전의식을 제고하기 위해서는 최고경영층의 관심이 있어야 한다. 최고경영층의 안전의식은 사고에 따른 조직의 경제적 손실이나 노동조합의 반발에 대비할 뿐만 아니라 조직구성원에 대한 사회적 책임과 인간존중의식의 실현이라는 점에서 중요하다. 산업안전 확보는 근로자의 작업환경의 질적 측면에 있어 최소한의 필요조건임을 인식하는 데서 출발한다.

따라서 조직은 안전관리 전담부서를 설치하고 기계·설비·도구 등의 안전설계, 안전한 작업환경설계, 작업안전절차 그리고 안전관리규율 입안 및 집행, 안전점검·안전교육·사고분석과 안전통계자료수집 및 분석, 안전에 대한 사내홍보활동을 수행하도록 한다.

2) 안전관리시스템 정착

산업안전관리는 인사관리 전반과 노사관계관리 전반에 관련되어 있으므로 시스템으로서 정착시키는 일이 필요하다. 인사관리 측면에서 볼 때 종업원을 선발할 때부터 사고성향이 있는 사람은 최대한 가려내고, 교육훈련을 통해 안전의식을 높이며, 올바른 작업태도를 갖게 하고, 인사이동 및 배치에도 안전 측면을 고려하면서, 인사고과에 안전관리 목표를 포함시켜 시스템으로 정착토록 한다. 노사관계관리 측면에서는 작업과 관련한 근로자의 고충처리를 체계적으로 수집·활용하고, 노사협의회를 통해 산업안전에 공동으로 노력하며, 단체협약을 통해 전반적인 근로조건에 관해 합리적인 대안을 마련하여야 한다.

3) 현장중심의 안전관리와 안전사고에 대한 대책

산업안전사고의 원인은 시설 및 기구 자체의 결함 등 물질요인, 부주의나 피로 등 인적요인, 조명·환기·소음 등 환경적 요인과 같은 여러 요인이 복합되어 발생한다. 사고발생을 방지하기 위해서는 그 발생원인을 미리 제거해야 한다([사례 10-4] 참조).

산업안전관리활동은 현장에서 실행되므로 현장관리자의 안전관리 역할이 중요하다. 안전관리 스태프는 현장에서 안전관리가 이루어지도록 라인관리자와 협조하여 물적·인적·환경적 요인별로 그 대책을 강구해야 한다.

사례 10-4 안전사고, 체험설비·가상현실로 경험

철강·조선업계는 지난해 말 안전관련 책임자를 정하고 안전교육센터도 열었다. 포스코는 제철소 강건화와 현장중시 경영 강화를 위해 안전·환경·에너지를 담당하는 부소장직을 포항·광양제철소에 신설했다. 설비관리조직도 확대 개편했다.

현대중공업은 지난달 초 연간 2만여 명의 교육이 가능한 국내 최대규모 통합안전교육센터를 개소했다. 연 면적 3591㎡(1,086평)로 11개(이론, 실습, 체험) 교육장으로 구성됐다. 실습교육장은 생산현장과 동일한 형태의 장비와 구조물을 축소해 구현했다. 체험교육장에서는 떨어짐, 사다리 넘어짐, 부딪힘 등 현장에서 발생하는 다양한 안전사고를 체험설비와 가상현실(VR)을 활용, 생생하게 경험할 수 있다.

삼성중공업은 지난해 11월 노르웨이 도료 제조사인 요턴(Jotun)과 공동으로 무(無)용제 도료를 상선 분야 최초로 적용했다고 밝혔다. 용제란 도료의 점도(물질의 끈끈한 정도)를 낮춰 시공을 돕는 화학물질이다. 무용제 도료는 휘발성 유기화합물의 일종인 용제 성분이 '0'에 가까워 화재·폭발사고 위험이 없다. 인체에 무해해 안전한 작업이 가능하다. 삼성중공업 관계자는 "도장작업은 용제형 도료의 폭발 위험성으로 자동화기술이 낙후된 분야"라며 "자동화장비 개발이 탄력을 받아 도장 생산성이 높아질 것"이라고 했다.

자료 : 조선비즈, 2019. 1. 4.

맛소금 **28년간 잠자던 「산업안전보건법」을 깨우다**

산업안전보건법은 '김용균법'이라는 이름으로 깨어나 지난해 12월 27일 다시 한 번 전면 개정됐다. 우선 산업안전보건법의 적용대상을 '근로자'에서 '노무를 제공하는 자'로 확대시켜 산업안전의 사각지대를 줄였다는 점에서 평가받는다. 기존 법은 보호대상을 근로기준법상 노동자로 한정해 택배기사나 배달원 같은 특수고용노동자는 산업안전체계 밖에 머물러야 했다.

외주화금지	• 도금, 수은 · 납 · 카드뮴작업 등 외주화금지 • 일시 · 간헐적 작업이나 하청업체의 기술이 꼭 필요할 때는 예외 • 위반 시 최대 10억 원의 과징금 부과
작업중지명령 도입	중대 재해 발생 시 고용노동부장관의 작업중지명령 허용
원청의 책임범위	도급인이 직접 지배하고 관리하는 장소로 한정
산재 발생 시 원청 처벌	• 3년 이하의 징역 또는 3,000만 원 이하의 벌금 • 사망사고는 7년 이하의 징역 또는 1억 원 이하의 벌금(현행 유지) ※ 5년 이내에 재범 시 50%의 형을 가중하는 조항 신설
기업의 영업비밀	• 고용부장관의 승인이 있어야 영업비밀로 인정 • 외부공개는 불허

자료 : 국회 환경노동위원회

사업주에 대한 책임 강화도 눈에 띄는 대목이다. 이전에는 원청 사업주(도급인)가 화재·폭발 등의 가능성이 있는 사업장 내 22개 위험장소만 안전보건의 책임을 지도록 했다. 개정안은 원청 사업주가 지정·제공하고 지배·관리하는 장소라면 하청 노동자라도 원청 업체가 원칙적으로 안전보건조치의무를 지도록 했다.

> 아울러 지금까지 허가를 받으면 가능했던 유해 · 위험작업의 도급을 금지하는 내용이 담긴 것도 '일보 전진'으로 인정받는다. '김용균법'은 도금, 수은 · 납 · 카드뮴 등을 사용하는 작업의 사내 도급을 원천금지하고 위반 시 10억 원 이하의 벌금을 부과하도록 했다. 위험작업의 도급을 금지하는 조항이 산업안전보건법에 포함된 것은 이번이 처음이다.
>
> 언론에서 많이 다루진 않았지만 화학물질 제조 · 수입과 관련한 물질안전보건자료(MSDS) 공개가 강화된 점도 김용균법의 큰 성과다. 앞으로 화학물질을 제조 · 수입하는 사업주는 MSDS를 작성해 고용부장관에게 의무적으로 제출해야 한다. 화학물질이 영업비밀에 해당하는지 여부는 사업주가 아닌 고용부 산하기관인 안전보건공단에서 심사하게 된다.
>
> 자료 : 시사저널, 2019. 1. 4.

(3) 자율적 작업조직

작업이 이행되기 위해서는 어떤 방식으로든 직무(job)와 사람(man)이 결합하여야 하는데 이러한 결합방식을 총칭 작업조직(work organization)이라 한다.[8)]

전통적 작업조직은 테일러주의(Taylorism)나 포드주의(Fordism)에서 나타나는 바와 같이, 표준화된 직무의 반복적 수행, 극도의 분업화결과로 나타나는 파편화된 직무, 작업지시와 규정에 의한 일방적 작업흐름, 기계 및 위계적 감독에 의해 나타나는 작업통제 등이 주요 구성요소였다. 이러한 조건 아래서는 작업자들이 일상적으로 단순작업을 반복수행하여야 하기 때문에 직무수행 경력이 높아질수록 미래에 대한 비전과 자아실현의 가능성을 감지하기보다는 오히려 노동소외와 직무불만족을 느끼게 된다. 그 결과 필연적으로 노동생산성이 저하될 수밖에 없으므로 조직유효성에도 부정적인 영향을 끼치게 되는 것이다.

물론 테일러주의나 포드주의적 작업방식은 단일 또는 소수품종에 대하여 단위시간당 높은 생산성을 달성한다는 강점을 지니고 있기 때문에, 고생산성을 물질적 기초로 하여 전략제품을 값싸게 판매하여 높은 수익을 거두어들이는 방식으로 경쟁력을 확보할 수 있었다. 그리고 이 작업조직은 고수익을 다시금 작업자에게 높

8) 강수돌, 노사관계와 삶의 질, 한돌 아카데미, 2002, pp.179-182.

은 임금과 복리후생으로 환원하고 소비자에게는 값싸게 상품을 공급한다는 애초의 취지를 어느 정도 살릴 수 있었다.

그러나 이러한 소수 품종의 대량생산·대량소비를 기본원리로 하여 돌아가는 생산구조는 크게 두 가지 측면에서 한계를 노출하게 되었다. 하나는 직접적 생산자인 작업자들이 높은 직무불만족을 토로하기 시작했다는 점이고, 또 하나는 소비자들의 욕구가 다양화·고급화되었다는 점이다. 이러한 한계에 봉착하여 이제 기업들은 기존의 기술체계는 물론 작업통제와 숙련형성을 기본으로 하는 전통적 작업조직에 새로운 전환점을 모색할 수밖에 없었다.

그리하여 일방적·단순반복적·통제적 작업과정으로 나타나는 직무불만족, 인간소외, 노동환경 악화 등 작업의 질적 저하문제를 해결하기 위하여 직무과정상에 직무를 담당하는 근로자에게 자율성을 부여하는 방식의 새로운 작업조직 개념이 등장하였는데 이것이 자율적 작업조직이다. 자율적 작업조직이란 일과 사람의 결합이 비교적 자율적인 방식으로 이루어지는 것을 의미한다.

자율적 작업조직의 역사적 배경은 1960년대 초 북유럽 노르웨이로부터 시작되었다. 당시 노르웨이는 국제경쟁력 약화 속에 단순화·파편화된 작업방식에 불만이 누적된 근로자들이 결근율 및 이직률이 갈수록 높아지게 되었다. 이를 타개하기 위한 시도로 직무만족도와 노동생산성 향상이라는 두 가지 목표를 위한 시범 프로젝트가 바로 자율적 작업조직이며, 남부 노르웨이 베네슬라의 훈스포스(Hunsfos) 제지공장과 오슬로의 노르스크 하이드로(Norsk Hydro) 화학회사에서 실험적으로 시행되었다.

자율적 작업조직이 현장수준에서 성공하기 위해서는, 첫째 창의적인 숙련형성, 둘째 인간적인 기술체계, 셋째 자율적인 작업통제의 구성요소가 필요하다.

맛소금 **자율은 공짜가 아니다**

책임성은 직원들이 공감할 수 있는 가이드라인(프레임워크)으로 직원들이 올바른 의사결정에 기준을 제공하는 방식으로 강화할 수 있다. 하버드 경영대학원 란제이 굴라티 교수는 "'프레임워크 내의 자율' 조직원을 살아 숨 쉬게 한다"에서 직원들의 책임감을 높일 수 있는 핵심요인으로 목적, 행동규정(우선순위), 원칙을 소개했다. 프레임워크라고 불리는 이 요인들은 자율경영을 표방하는 수많은 회사들이라면 모두 갖고 있다. 자유로운 조직문화로 유명한 배달의 민족은 '송파구에서 일 잘하는 11가지 방법'으로 행동규정과 원칙을 정리했고, 국내 대기업 중 수평적이고 자유로운 조직문화로 평가받는 다음카카오는 핵심가치인 공유와 조직문화 원칙 신충헌(신뢰, 충돌, 헌신)으로 직원들을 이끌어 가고 있다. 이미 글로벌회사들인 구글, 페이스북도 각각 10개 정도 핵심가치를 기반으로 회사를 운영하고 있다.

그렇다면 목적, 행동규범, 원칙 이 세 가지 개념은 무엇이며 과연 어떻게 조직원들을 이끌어 갈 수 있는 걸까?

먼저 이 세 가지 개념을 통칭하는 프레임워크에 대하여 설명하겠다. '소셜 임팩트 프레임워크 2015'에 따르면 영어 단어 Framework(프레임워크)에서 프레임(Frame)은 세상을 바라보는 틀, 즉 관점이다. 이론이며 원리이다. 워크(Work)는 실행이다. 즉 실천론과 방법론이다. 프레임워크(Framework)란 하늘 위에 있는 추상적인 관점과 땅 위에 있는 실행을 연결시켜주는 중간적 개념으로, 관점이 담긴 실행의 방식을 뜻한다. 관점이 담긴 실행방식이라 함은 직원들이 프레임워크를 통해서 원리를 이해하고 자신의 팀 · 부서별 상황에 맞게 창의적으로 변형하여 적용하는 가이드라인을 말한다.

자료 : gilofgil, 브런치

1) 창의적인 숙련형성

이는 현장작업자들이 직무수행 경력과 더불어 수평적으로나 수직적으로 그 자질을 확대하고 충실화해 나갈 수 있도록 제반 조직의 인프라를 구축하는 것을 말한다. 이러한 조직적 인프라 구축에는 직무재설계(job redesign)와 경력개발제(career development system)가 대표적이다. 직무재설계의 방식으로는 직무성격을 바꾸어 작업을 맡기는 직무순환(job rotation), 중심과업에 관련과업을 더해 전체과업의 수를 늘려주는 직무확대(job enlargement), 직무담당자에게 직무의 계획 · 통제 · 의사결정 참여 등을 보장하여 완전직무를 수행할 수 있도록 하는 직무충실화

(job enrichment), 직무충실화를 더욱 정교화하여 그 실천전략을 제시한 직무특성 이론(job characteristics theory) 등이 있다.

2) 인간적인 기술체계

현장작업자들이 기계나 설비 등 기술적 측면으로부터 노동소외를 느끼지 않음과 동시에, 주어진 작업을 보다 편안하고 쉽게 수행할 수 있도록 작업도구, 설비배치, 작업위치, 공정흐름 등을 재편하는 것이다. 이러한 입장에서는 보다 안락한 작업과 정을 위한 인체공학적 기술의 적용은 물론, 인간-기계 사이의 상호작용을 원활히 하기 위한 세반 장칙과 같은 기술적 인프라가 강구된다.

3) 자율적인 직업통제

이는 주어진 목표치를 달성하는 과정에서 작업의 속도나 흐름, 인원 할당과 휴식시간, 직무교대나 현장직무훈련, 품질관리나 생산성 향상 운동 등을 작업팀이 비교적 스스로 규정하고 관리·통제해 나가는 것을 말한다. 집단 차원을 대상으로 하는 직무설계방식이라고 할 수 있다. 통합적 작업팀, 자율적 작업팀, 품질관리 분임조, 압축근무시간제, 탄력근로시간제, 재택근무제와 무출사근무제, 팀조직과 동시 생산방식(Concurrent Engineering : CE) 등이 그 예이다.

이러한 자율적 작업통제가 성공적으로 수행되기 위해서는 크게 두 가지의 사회적 인프라가 구축되어야 한다. 그 하나는 의사결정의 탈중심화, 즉 분권화를 통해 현장의 작업팀에 일정한 권한과 책임을 부여하는 것(empowerment)이고, 다른 하나는 현장 작업팀 구성원 사이에서는 물론 서로 다른 작업팀 사이에 쌍방향으로 원활한 의사소통이 이루어져야 한다는 것(communication)이다.

요컨대 자율적 작업조직 개념이란 창의적인 숙련형성, 인간적인 기술체계, 자율적인 작업통제 등을 기초로 하여 작업과정을 보다 흥미롭고 의미 있게 만듦으로써 마침내 직무만족도와 노동생산성을 동시에 높이고자 하는 조직혁신전략의 하나라고 정리할 수 있다([그림 10-5] 참조).

그림 10-5 자율적 작업조직의 개념적 기초

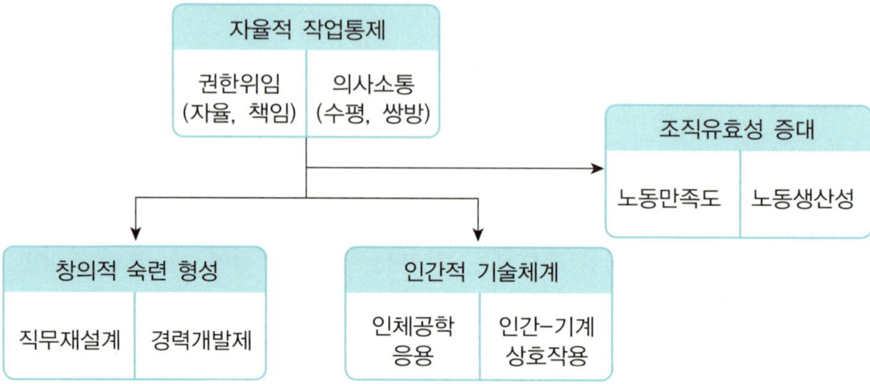

자료 : 강수돌, 전게서, p.181.

자율적 작업조직을 통해 얻을 수 있는 가능성을 정리하면 다음과 같다.

첫째, 자율적 작업조직은 기업조직의 가장 중요한 자산인 인간 노동력이 가진 잠재력과 창의성, 그리고 자율성을 발전시키고 현재화하기 위한 기본적이고 혁신적인 과제이다. 더욱 다양화하는 소비자의 욕구를 충족시키기 위하여서라도 생산현장의 작업자들에게 자율성과 창의성을 최대로 발휘할 수 있는 여건을 조성하여야 한다.

둘째, 자율적 작업조직은 인간이 작업의 수동적 작업수행자에서 벗어나 작업과정 자체를 사전에 혁신함으로써 일하는 과정 속에서 자아실현감이나 성취욕을 실현시키는 적합한 대안이라는 점이다.

셋째, 시간이 흐름에 따라 자동화가 고도화되고 유연화 · 네트워크화된 생산기술체계방식이 굳어지면서 불가피하게 사소한 결함에도 생산시스템 전반이 마비될 개연성도 높아진다. 따라서 여기에 능동적이고 자율적인 인간요소가 기술시스템과 상호작용함으로써 긍정적 역할을 담당하게 된다.

그러나 몇 가지 한계상황도 지적할 수 있다.

첫째, 조직의 상부로부터 하부로의 권한위임이 현장작업자나 현장감독자수준으로까지 이루어지지 못하고 중간수준 정도에서 그치는 경우가 있다. 이는 지나치게 하부로 권한이 위임될 경우 상급경영자 입장에서 통합이나 조정에 어려움을 겪기 때문이기도 하고 아울러 위임되는 권한의 성격상 최하수준까지 내려갈 수 없는 성질이 있기 때문이기도 하다.

둘째, 그동안 테일러주의, 포드주의에 익숙해진 작업자들 스스로가 자율적 작업방식을 원하지 않는 경우가 있다. 왜냐하면 이들은 기존의 일상화된 작업과정에 충분히 익숙해져 있기에 복잡한 직무통합이나 직무순환, 융통성 있는 작업방식에 관심이 없기 때문이다.

셋째, 경영관리자들이 자율적 작업조직의 현실화를 위한 필요조건인 충분한 교육과 훈련에 대한 인식이 부족하여 작업자들을 동기부여를 시키는 데 실패하는 경우가 많다. 아직도 많은 경영자들이 기존의 경직된 작업조직 속에서도 높은 생산성과 효율성이 달성되고 있다고 보고 변화에 대한 필요성을 충분히 인식하지 못하고 있다.

넷째, 자율적인 팀들이 형성되어 각 팀들은 내부적으로 잘 운영되는데도, 오히려 팀 사이에는 원활한 의사소통이 제대로 이루어지지 못하여 전체적인 조직의 효율을 저해하는 경우도 생긴다. 이것은 팀단위로 인센티브를 부여하는 새 관리방침의 결과로 뜻하지 않게 새로이 등장하는 팀 이기주의 성향 때문이라는 견해가 지배적이다.

앞서 밝힌 바와 같이 QOWL, 즉 근로생활의 질이라는 말이 사용되기 시작한 것은 1960년대 후반, 작업 담당자를 고려하지 않은 이른바 3S, 즉 표준화·전문화·단순화에 의한 인간소외와 직무불만족에 대한 대응에서 비롯되었다.

3 QOWL의 방향 : 근무 · 일상생활의 균형 프로그램

이렇듯 QOWL운동 초기에는 다분히 작업장환경 속에서의 근로조건 개선에 한정되어 있었지만 오늘날은 작업장을 넘어 점차 일상생활까지 포함하는 전체 생활의 질 개선 차원으로 이어졌다. 일본의 경우에도 1980년대까지의 QOWL운동은 노사관계의 안정과 기업경쟁력 강화를 이룩하는 데 성공적이었으나 1990년대 들어서면서 근로생활의 질(quality of working life)을 넘어 삶의 질(quality of life)을 제고하는 방향으로 전환하였다. 이렇듯 근로자 생활 전반의 질적 측면을 고려하지 않고서는 기업들이 주축이 되어 제공했던 임금이나 복지를 아무리 확대해도 근로자들이 풍요로움을 느끼지 못하고 기업의 국제경쟁에서도 한계가 있을 수밖에 없음을 인식하였기 때문이다.[9]

일본에서 근로자들이 높은 임금수준에도 불구하고 자신의 삶이 풍요롭다고 느끼지 못하는 이유는, 첫째 이른바 회사 인간형의 문제로서 시간이나 열정 면에서 직장생활이 과도하게 비대해져 있기 때문에 그 외의 생활영역, 특히 가정생활영역에서 균형이 붕괴되어 생활에 여유나 만족감이 들지 않아서인 것으로 알려졌었다.[10] 이는 한국의 경우도 유사하다.

둘째, 일본에서 1990년대에 총체적인 삶에 관한 활발한 논의가 시작된 이유는, 일본기업의 경쟁력이 1990년대에 일정한 한계에 도달한 이유가 엄청난 노동비용임을 자각하였기 때문이다. 세계에서 제일 높은 명목임금을 보이고 있고 각종 기업 복지비용이 많이 들고 있는 일본의 현실에서 치열한 국제경쟁을 감당하려면 노동비용을 줄이는 일이 시급하였다. 즉 높은 임금만 준다고 근로자들이 만족하는 것이 아니라 무엇보다도 물가수준을 낮추어서 기본적인 생활여건의 향유에 지출되는 비용부담이 줄어들도록 하는 정책이 필요함을 느낀 것이다.

우리나라에서도 1980년대 초반에 사용자단체를 중심으로 하여 QOWL의 일종인

9) Japan Federation of Employer's Association, 1997.
10) Japan Federation of Employer's Association, 1997.

'보람의 일터운동'이 실시된 바 있으나 기대했던 것과는 달리 별 성과를 내지 못하였다. 여기에는 노사관계의 미성숙, 프로그램의 모호성 등 여러 이유가 있으나 무엇보다도 근로자의 적극적 참여를 유도하지 못한 채 회사의 일방적 주도로 행해진 점, 그리고 참여근로자에 대한 적절한 피드백과 보상이 결여됨으로써 운동의 구체성을 떨어뜨린 점이 원인이라고 할 수 있다.

이런 인간소외, 직무불만족의 문제점을 개선하기 위한 노력에서 보듯 21세기 지식정보사회는 지식근로자 개개인의 창의성과 능동적 자세가 기업경쟁의 핵심원천이 되는 만큼 근로자의 직무만족감을 끌어낼 수 있는 QOWL 개선이 노사관계의 핵심이 될 것이다. 이러한 노력의 구체적 대안으로서 최근 널리 보급되고 있는 '근무·일상생활 균형 프로그램'에 관하여 살펴보자.

근무·일상생활 균형 프로그램(work-life balance program)[11]이란 용어는 1970년대 후반 영국 근로자들의 일과 생활 간의 균형을 설명하기 위한 것에서 처음 시작되었다. 이후 1986년 미국에서 이 용어를 활용한 활발한 논의가 시작되어 주로 여성 인력을 확보하기 위한 수단, 즉 탁아소 설치, 휴직제도, 경제적 지원 등 개선에 주력하였고, EU에서는 주로 근로자의 일과 가족부양의 균형을 위한 사회정책 개선 쪽에 초점을 두었다. 특히 영국은 가족친화적(family friendly) 정책과 사회보장정책을 보완한 법률과 규정을 개선해 나가고 있다.

근무·일상생활 균형은 개별 종업원이 직무수행과 개인생활 모두에 대한 요구에 대해 균형을 유지할 수 있도록 도움을 제공함으로써 기업의 제반 프로그램들이 지니는 기본적 취지가 효과를 발휘할 수 있도록 의도된 프로그램이다. 여기에서 근무와 일상의 균형이란 근로자가 직장에서의 일과 개인적인 일상생활에서의 삶에 스스로 모두 만족감을 느끼는 상태를 의미한다. 개인적 일상을 강조하는 측면에서 가족친화적 제도라고도 부르는데, 선진 외국기업들이 활용하고 있는 근무·일상생활 균형 프로그램은 매우 다양하며 주로 근무형태 다양화, 가족대상 프로그램, 개인 신상지원 등 세 가지 분야로 나타난다.

11) 최근 우리가 '워라밸'이라 부르는 말은 work life balance를 줄여서 사용하는 말로 정식명칭은 아니다.

세계적 컨설팅기업 맥킨지는 이미 1998년 보고서를 통해 근무·일상생활 균형 프로그램(WLB)이 인재 확보의 주요 축이라고 단언했다. 유럽 선진 국가들은 1970년대부터 주로 정부 주도로 가족친화적 요소 강화, 근무형태 다양화, 직원 자기계발지원 등의 형태로 WLB 프로그램을 도입했다. 가정을 사회제도의 하나로 보는 인식이 강했기 때문인데 주로 보육서비스, 휴가제도, 탄력근무제부터 시작했다. 근로자들의 삶의 질을 높여주겠다는 의미이다.

미국의 경우 기업이 이를 주도했다. 대체로 우수한 여성인력이 생산성 향상으로 이어진다는 전제에서 1980년대 초부터 적극 도입했다. 이어 점차 남녀를 가리지 않고 교육, 문화생활, 경력계발까지 지원하고 탄력근무제가 늘어나는 식으로 확산됐다. 기업이 직장인의 삶의 질을 높여주는 만큼 업무효율성도 제고돼 결과적으로 기업경쟁력을 끌어올린다는 윈-윈체제 구축에 초점을 맞췄다. 일부 첨단 IT업체들은 출퇴근시간, 근무시간 같은 개념이 아예 없다. 'WLB 우수 100대 기업'에 속하는 기업들 중에는 출장 때 탁아비용을 지급하는 곳이 53군데나 된다는 조사도 있었다.

일본은 2000년대에 들어서 정부 차원의 구체적인 가이드라인을 마련 중이다. 저출산·고령화라는 난제에 빠져있는 데다 일과 생활의 균형을 원하는 신세대 성향을 감안해 출산율과 경제활동참가율을 높이는 게 목표이다. 정부는 근로시간, 근무지, 소득, 처우균형, 여성의 계속근무라는 5대 영역을 정해 준비작업에 착수했다. 이런 선진국 기업들과 달리 우리 기업들의 WLB수준은 이제 걸음마단계에 불과하다([사례 10-5] 참조). 어떤 회사들은 비용부담에 지레 겁을 먹는다든가 혹은 특정 종업원만 참여하거나 우선순위를 가리는 일이 부담스러워서 이 프로그램을 꺼리기도 하지만 실제로는 그리 많은 비용을 소모하지도 않으며 또 성과가 높은 종업원이 이를 과소평가하지도 않는다.

외국의 경우 다양한 관점에서 일과 생활에 대한 논의가 이루어진 반면, 우리나라는 주로 일과 가정중심으로 진행되고 있다. 근로기준법, 남녀고용평등과 일-가정 양립지원법, 고용보험법을 근거로 하여 정부주도의 모성보호정책과 일-가정 양립지원정책이 시작되었다. 이후 2004년 시작된 주5일제 근무의 영향으로 개인생활에 대한 관심이 커지면서 일과 생활의 균형이 제도적으로 마련되고 있다.

최근 평생직장이라는 고용계약이 단기적 거래관계로 변화함에 따라 약해진 종업원과 회사 간의 신뢰관계를 회복시키고 즐겁게 일할 수 있는 분위기 조성을 위한 효과적인 대안으로도 WLB 프로그램의 효과는 크다.

구체적으로 탄력근로시간제 · 재택근무 · 자녀양육보조 · 노인부양 프로그램 · 가정생활지원 프로그램 등 다양하게 전개될 수 있는데, 이를 통해 단순히 복리후생을 제공하는 차원이 아니라 우수인재의 확보와 유지 차원에서 운영되고 있다.[12)]이는 개인의 시장가치 향상을 위한 자기계발 프로그램 강화와 함께 종업원들의 성공적인 업무수행을 칭찬하고 인정하는 프로그램 성격이다. 하고 싶은 일을 즐겁게 할 수 있는 분위기를 조성하는 것이야말로 성과와 업적 향상에 도움이 된다고 생각하기 때문이다.

최근 많은 유수의 선진회사에서 우수인재 유지 및 확보의 중요 대안으로 이 근무 · 일상생활 균형 프로그램이 확대되는 추세이다.

사례 10-5 일 · 생활 균형을 위한 근무혁신 10대 제안

▪ **장시간 근무 관행 바꾸기**

① 정시퇴근

정시퇴근은 내일을 위한 재충전입니다. 정시퇴근을 하는 직원은 조직에 대한 충성도가 낮고 불성실하다고 여기는 '퇴근'에 대한 인식개선이 필요합니다.

② 퇴근 후 업무연락 자제하기

근로자의 근무시간 외 사생활과 휴식권을 지켜주세요.

③ 업무 집중도 향상

직장에서 보내는 하루 평균 11시간 중 생산적으로 활용하는 시간은 절반을 약간 넘는 수준에 그치고 있습니다. 업무시간을 생산적으로 활용해야 야근이나 주말근무로 이어지지 않습니다.

12) World at Work, *Survey Report*, 1999.

■ **일하는 방식**

④ 똑똑한 회의

똑똑한 회의는 업무의 효율성을 높여주고 시간을 효율적으로 활용할 수 있게 해줍니다. 꼭 필요한 회의, 똑똑하게 하는 것이 중요합니다.

⑤ 명확한 업무지시

지시가 불분명하면 직원이 고생합니다. 업무지시를 할 때는 구체적인 방향을 제시하고, 명확하게 지시해야 합니다.

⑥ 유연한 근무

모두 같은 시간 출근해 같이 사무실에 앉아있어야만 열심히 한다는 인식, 길 위에 버려지는 시간들은 일과 생활의 균형을 저해하는 요소입니다.

⑦ 똑똑한 보고

장시간 근로문화에 영향을 미치는 요인 중 하나가 과도한 보고문화입니다.

■ **일하는 문화 바꾸기**

⑧ 건전한 회식문화

회식은 함께 행복감을 느끼며, 상호 간 친밀감을 높이는 소통의 자리입니다.

⑨ 연가 사용 활성화

휴식이 부족해 발생하는 스트레스로 인한 경제손실 추정치는 11조, 직장인 번아웃은 이제 그만!!

⑩ 관리자부터 실천하기

조직의 변화를 위해서는 리더로부터의 롤모델링과 지속적인 의지가 필수입니다.

자료 : 일·생활 균형을 위한 근무혁신 10대 제안실천방안, 고용노동부

맛소금 **당신의 워라밸(work life balance)은 무엇입니까?**

워라밸 열풍으로 기업이 원하는 인재는 단축된 근로시간 내에 성과를 낼 수 있는 직업인이 됐다. 이는 이제 막 일을 배우고 있는 20대에게 그만큼 기회가 줄어든다는 의미이다.

배달 앱 '배달의민족'을 운영하는 우아한 형제들은 앞서 주 35시간 근무제를 도입한 바 있다. 이 회사는 지난해 이렇게 말했다.

"우리는 워라밸을 추구하는 회사가 아니라 대한민국에서 가장 성과를 중시하는 회사다."

야근이나 주말 출근을 하라는 말이 아니다. 워라밸은 근무시간에 커피 마시면서 수다 떨거나 온라인 쇼핑몰 또는 주식창을 들여다볼 시간이 없다는 것을 뜻하기도 한다. 단축된 근무시간 안에 배우고 경험하고 성과를 쌓아나가기 위해 20대는 고강도 업무를 소화해야 한다.

이제 일에 대한 관점을 달리해야 한다. 회사에서 일을 하는 목적은 회사를 위해서가 아니다. 앞으로 30~40년은 이어질 20대의 경제생활이 순탄할 수 있도록 스스로의 커리어를 위해 일해야 한다.

자료 : 찌르찌르, 브런치

한편 일과 생활의 균형에 있어 생활의 영역을 어디로 할 것이냐에 대해서는 아직 명확히 정의되지 못하지만 일·가족 균형, 일·여가 균형, 일·성장 균형 등 세 가지로 구분한 주장이 있다.[13)]

1) 일·가족 균형

일과 생활의 균형은 여성의 문제에서 출발하여 가족문제로 확대되어 가는 것이 일반적인 양상이다. 노동시장 내에서 여성의 사회참여율이 높아지면서 맞벌이 부부가 증가하고 여성의 출산과 육아문제가 개인의 문제가 아닌 가족, 사회의 문제로 대두되면서 일과 생활의 균형이라는 명목하에 출산휴가, 육아휴직, 탄력근무제 등 가족관련지원이 활발하게 이루어졌다. 근로자의 삶에 가족이 미치는 영향이 상대적으로 큰 만큼 근로자로 하여금 직장과 가정생활에서 안정감을 갖도록 하는 노

13) 이지혜, "교대근로자의 일과 생활의 균형 및 삶의 질에 관한 연구", 연세대학교 석사학위논문, 2016. 12.

력은 매우 중요하다.

2) 일 · 여가 균형

현대사회에서 여가란 주도적 생활양식이자 문화의 영역으로서 사회구성원들은 여가를 통해 자기계발과 성장, 자아실현의 기회를 활용하고 삶의 의미를 모색한다. 이런 활동은 근로자 내면으로 동기화된 활동이기 때문에 이른바 삶의 질 개선이라는 차원에서 자유인지, 활동장악, 능력발현 등을 충족시킬 수 있는 기회가 직장에서 일을 하는 것에 비해 상대적으로 크다. 다수의 연구에 의하면 여가를 통한 일상생활에서의 삶의 질 개선이 직무활동에도 긍정적 영향을 미친다고 알려져 있으므로 근로자의 여가영역에도 관심을 기울일 필요가 있다.

3) 일 · 성장영역

매슬로우 등 욕구이론학자들의 주장에서 보듯 인간의 욕구 중 가장 상위의 욕구는 자아실현, 자기계발, 성장욕구와 관련되어 있다. 경제적 · 사회적 평가보다 자신을 있는 그대로 인정받고 가치관에 의해 성장하려는 욕구가 크다. 직무특성이론에서 보듯, 개인의 성장욕구는 조직의 성과창출에도 중요한 영향을 미친다.[14] 개인의 성장욕구는 직무특성과 개인 · 직무 적합성 그리고 개인의 경력과 조직성과를 창출하는 데 있어서도 영향을 준다. 근로자의 성장영역은 사업주가 근로자를 종속관계가 아닌 파트너로 인식전환을 하여야 발전이 가능하다.

14) J. R. Hackman & G. R. Oldham, "Development of the Job Diagnostic Survey", *Journal of Applied Psychology*, Vol. 60, No. 2, 1975.

디저트 dessert

- 산업화가 가속화되면서 자동화와 분업이 확산됨으로써 시장에 맞춘 양산체제는 노동으로부터의 소외, 탈숙련, 자아상실감, 긴 근로시간에서 오는 피로와 재해가능성 등의 문제를 낳았다. 이에 대한 대안으로서 의사결정 참여, 작업자율성 확보, 숙련의 확대 등을 통해 근로생활 전반에 인간성을 불어 넣은 것이 근로생활의 질(Quality of Working Life : QOWL)이다.
- 월튼(R. Walton)은 QOWL이란 다음 여덟 가지, 즉 소득이나 임금에 대한 적절하고도 공정한 보상, 안전하고 건전한 작업조건, 인간능력의 활용과 개발, 지속적 성장과 안전을 위한 기회, 작업조직에서의 사회적 통합, 작업조직에서의 규범화, 직장생활과 사생활의 균형, 해당 직무와 직장의 사회적 적합성 등이 적절하게 연계하여 구성된다고 하였다.
- QOWL에 있어 근로생활의 질적 측면이라 함은 근로자의 비주체적 · 수동적 근로형태를 지양하고 자율적 · 능동적 측면을 불어 넣어 인간성 소외현상을 극복함으로써, 궁극적으로는 기업성과(생산성)와 근로자만족(인간성) 모두를 충족시키자는 내용이다.
- 근로시간은 법정근로시간과 소정근로시간, 실근로시간으로 구분한다. 법정근로시간은 근로기준법으로 정하는 근로시간으로서 일단 정해지게 되면 이를 초과해서 일할 수 없으며 위반하는 사업주는 처벌을 받는다.
- 소정근로시간은 법정근로시간의 범위 안에서 근로자와 사용자가 일정시간 동안을 일하기로 합의한 근로시간으로서 소정근로시간은 임금을 정하는 기초가 된다. 실근로시간은 소정근로시간에 초과근로시간 등을 더한 것으로서 근로자가 실제 일을 한 시간이다.
- 탄력적 근로시간제는 기업에는 업무의 과다에 따른 근로시간의 효율적 운영을, 그리고 근로자에게는 근로시간과 여가시간의 조화로운 운용을 동시에 가능케 하기 위해 소정근로시간을 융통성 있게 배분하는 방식이다.
- 선택적 근로시간제란 근로시간에 관해 회사가 전 종업원에게 획일적으로 적용하는 것이 아니라 필요한 경우 종업원이 근로시간의 배분 · 운용에 융통성과 자율성을 부여하는 것이다.
- 근로생활의 질적 측면에서 볼 때, 산업재해는 산업현장에서의 안전성에 기본적으로 문제가 있음을 반증하는 것이므로 질적 측면의 필요조건을 충족시키지 못하였다는 뜻이므로 심각하게 받아들여야 한다.
- 기존의 전통적인 작업방식, 즉 일방적, 단순반복적, 통제적 작업과정으로 나타나는 직무불만족, 인간소외, 노동환경 악화 등 작업의 질적 저하문제를 해결하기 위하여 직무과정상에 직무를 담당하는 근로자에게 자율성을 부여하는 방식의 새로운 작업조직 개념이 등장하였는데 이것이 자율적 작업조직이다.
- 근무 · 일상생활 균형 프로그램(work-life balance program)이란 개별 종업원이 직무수행과 개인생활 모두의 요구에 대해 균형을 유지할 수 있도록 도움을 제공함으로써 기업의 제반 프로그램들이 지니는 기본적 취지가 효과를 발휘할 수 있도록 의도된 프로그램이다.

제3부 노사쟁점과 해결방안

CHAPTER 11

비정규직과 여성인력

그래서 정규직이야?

appetizer

애피타이저

사실 정규직이건 비정규직이건, 사회와 회사가 만들어 놓은 프레임 안에 고립된 '을'일 뿐이다. 누군가는 가진 것이 '인적자원'밖에 없는 나라이니 어쩔 수 없다고 한다. 더불어 차별과 경쟁으로 인한 공포가 인적자원을 발전시킨다고 믿는다. 그런데 결과는 어떻게 되었나. 일하는 이들의 행복은 점점 사라지고, 뛰어난 인력들은 해외로 눈을 돌리고, 많은 사람이 결혼과 출산을 거부하게 됐다.

"기업이 살아야 나라가 산다"는 말에 동의하는 편이다. 그러나 직원의 희생을 담보로 살아남으려는 기업과, 직원이 의욕적으로 일할 수 있는 환경을 만들어 살아남으려는 기업 중, 어떤 기업이 더욱 오래 살아남을 수 있을까? 이제 단순히 '경제논리'만 놓고 판단할 수 없는 문제란 생각이 든다. 애초에 사람 없이는 나라도 기업도 없는 거니까.

자료 : 이하루, 브런치

1 비정규직

(1) 비정규직 근로자의 개념

비정규직은 풀타임 상시고용계약에 대한 상대적 개념으로서 임시계약직, 단시간 근로, 재택근로, 파견근로 등의 다양한 형태를 모두 포괄하는 것으로서, 비정규직 근로자란 상시고용의 계약기간을 정한 바 없이 앞의 근로형태로 근로하는 자를 말한다.

선진국에서는 이미 1980년대 이후부터 비정규직 근로자가 급속히 증가해 왔으며 우리나라도 1997년 경제위기 이후부터 그 비중이 급속히 늘고 있다. 일반적으로 볼 때, 비정규직이 확산되는 이유는 한편으로는 대내외적 경쟁의 심화로 인해 기업들이 인건비를 절감해야 할 필요성이 절실해졌다는 점과, 다른 한편으로는 적정인력을 유지하는 데 있어서 고용유연성을 증가시켜야 할 필요성이 크게 증가하였다는 점을 꼽을 수 있다.

우리나라 초기연구에서는 유럽의 임시적 근로자(temporary worker) 혹은 미국의 한시적 근로자(contingent worker)나 비정형근로자(non-standard worker), 특수고용형태 근로자, 근로조건이 열악한 시간제 근로자, 임시직 및 일용직을 모두 비정규직 근로자로 혼용해서 사용하여 왔는데, 사실상 비정규직 근로자에 대한 개념은 다양하게 정의되고 있는 실정이다. 그러나 크게 보아 임시직과 계약직으로 나누어볼 수 있는데, 실제로 파트타임근로자의 대부분이 임시직이며 재택근로자나 파견근로자 대부분이 계약직이다.

비정규직에 대한 개념이 다양하지만, 전통적인 정규직과 달리 이들이 기업과 맺게 되는 심리적 혹은 제도적 연결이나 귀속관계가 느슨하게 되거나 기업 내의 경계를 넘어서 외부화가 된다는 공통점을 가지고 있다. 이때 인력이 비정규직화하는 방향은 근로장소, 고용기간 및 근로시간, 관리적 통제라는 세 가지 차원으로 나뉜다([그림 11-1] 참조).[1)]

그림 11-1 비정규직 근로자 유형

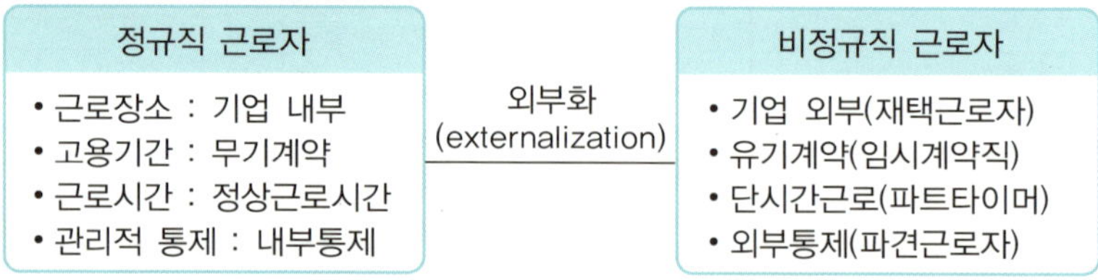

자료 : 박우성, "비정규직 인력의 관리", 21세기형 인적자원관리, 명경사, 2000, p.365.

첫째, 근로장소의 외부화는 재택근로자나 협력업체, 제3의 작업현장 근로자에게 해당하는 것이다. 이는 근로장소를 한 곳에 집중시켜 관리적 통제를 행사하던 전통적 방식과는 큰 차이가 있다.

둘째, 고용기간이나 근로시간도 비정규직을 판단하는 중요한 기준이 되는데 임시직, 계약직 모두가 여기에 해당한다. 이들은 정규직에 비해 짧은 기간 동안만 한정적으로 사용자와 근로계약을 맺거나 소정근로시간보다 적은 근로를 수행하게 된다.

셋째, 관리적 통제 여부가 또 다른 기준이 되는데 파견근로자나 외주인력이 여기에 해당한다. 파견근로자의 경우 업무수행을 위한 지시는 이들을 활용하는 업체로부터 받으나 이들은 기본적으로 파견사업체에 소속된 인원이며 이들에 대한 보상 등의 관리적 통제는 파견사업체에 의해 이루어진다. 외주인력의 경우도 마찬가지로 작업은 생산이나 서비스 제공의 효율성을 위해 사용업체에서 이루어지나 이들은 외부에 있는 별도 회사의 관리적 통제하에 있다.

한편 우리나라에서 통계목적으로 비정규직을 분류하는 기준으로는 통계청과 노동부의 기준이 있다. 통계청은 고용계약기간에 따라 분류하는 방식을 취하는데, 전체 근로자를 상용, 임시, 일용근로자로 구분하여 그 중 임시직과 일용직 근로자를 비정규직으로 간주한다([표 11-1] 참조).

1) J. Pfeffer & J. N. Baron, "Taking the Workers Back out : Recent Trends in the Structuring of Employment", *Research in Organizational Behavior*, Vol. 10, 1988.

그림 11-2 우리나라 비정규직 규모 추이

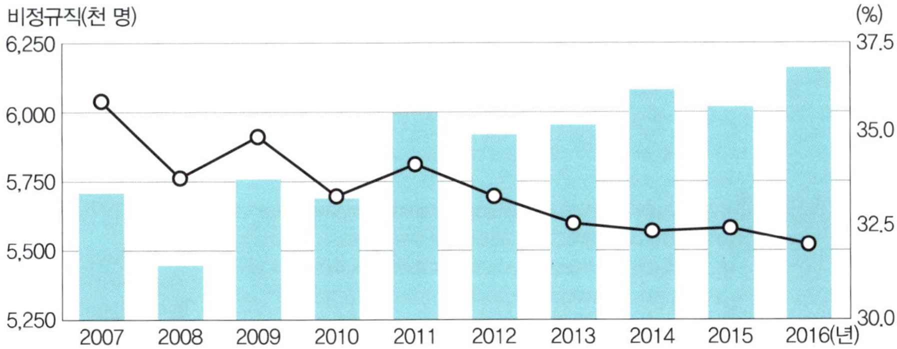

자료 : 고용노동통계

표 11-1 우리나라 비정규직 고용동향

(단위 : 천 명)

구분		2013년 상반기	2013년 하반기	2014년 상반기	2014년 하반기	2015년 상반기	2015년 하반기	2016년 상반기	2016년 하반기	2017년 상반기	2017년 하반기
근로자 수	임금근로자	17,743	18,240	18,397	18,776	18,799	19,312	19,233	19,627	19,627	20,006
	정규직	12,012	12,295	12,486	12,699	12,787	13,041	13,077	13,183	13,183	13,428
	비정규직	5,732	5,946	5,911	6,077	6,012	6,271	6,156	6,444	6,444	6,578
	한시적 근로자	3,331	3,431	3,041	3,508	3,417	3,638	3,577	3,657	3,657	3,725
	기간제	2,594	2,761	2,588	2,749	2,625	2,860	2,810	2,930	2,930	2,930
	시간제근로	1,757	1,883	1,917	2,032	2,091	2,236	2,222	2,483	2,483	2,663
	비전형근로	2,208	2,215	2,151	2,112	2,148	2,206	2,138	2,222	2,222	2,112
비율	임금근로자	100.0	100.0	100.0	100.0	100.0	100.0	100.0	100.0	100.0	100.0
	정규직	67.7	67.4	67.9	67.6	68.0	67.5	68.0	67.2	67.2	67.1
	비정규직	32.3	32.8	32.1	32.4	32.0	32.5	32.0	32.8	32.8	32.9
	한시적 근로자	18.8	18.8	18.5	18.7	18.2	18.8	18.6	18.6	18.6	18.6
	기간제	14.6	15.1	14.1	14.6	14.0	14.8	14.6	14.9	14.9	14.6
	시간제근로	9.9	10.3	10.4	10.8	11.1	11.6	11.6	12.6	12.6	13.3
	비전형근로	12.4	12.1	11.7	11.2	11.4	11.4	11.1	11.3	11.3	10.5

자료 : 고용노동통계

- **상용근로자** : 고용계약기간이 1년 이상 또는 특별히 계약기간이 명시되지 않은 경우
- **비정규직 근로자** : ① 임시근로자 : 고용계약기간이 1개월 이상 1년 미만인 자
  ② 일용근로자 : 고용계약기간이 1개월 미만인 자

반면 노동부는 비정규직 근로자를 보다 세분할 필요성을 느껴 근로기간, 근로시간 및 근로제공방식 등을 기준으로 고용형태의 다양화를 반영하여 분류하고 있다.

- **근로기간이 짧은 자** : 단기간근로자
- **근로시간이 짧은 자** : 단시간근로자
- **근로제공방식 상이** : 파견, 도급, 용역, 호출근로자
- **근로제공장소 상이** : 재택근로자, 가내근로자

비정규직 근로자의 개념에 대해서는 아직 통일된 정의가 없는 상황이다. 다만 정규직 근로자가 사용자와 기간을 정하지 않은 근로계약을 맺고 그 사용자의 감독이 미치는 장소에서 사업장의 전형적인 근로시간에 일하는 근로자를 정의하는 것이 일반적인 데 비해 비정규직 근로자는 취업구조의 변화와 더불어 기간, 시간, 장소 등의 근로조건이 일정하지 않은 근로자로 정의하는 것이 일반적 추세라 하겠다.

학계, 언론 등에서는 정규근로자가 아닌 근로자를 통칭하여 비정규근로자라는 개념을 사용하고 있는 가운데 노동부는 최근의 고용양태를 망라할 수 있는 '비정형근로자'라는 가치중립적인 용어를 사용하고 있다.

그렇다면 우리나라에서 비정규직에는 어떠한 유형이 있는지 살펴보자. 비정규직 유형은 일단 독립성이 강한 경우, 종속성이 강한 경우, 고용관계가 특수한 경우 등 세 가지로 나누어 살펴볼 수 있다.

1) 독립성이 강한 경우 : 자발적인 비정규직

① 특수고용직

학습지교사, 보험모집인, 골프경기 보조원(골프장 캐디), 퀵서비스 배달원 등 도

급 또는 위임의 형태로 노무를 제공하며 독립된 사업자처럼 철저히 자신의 성과에 따라 수입을 얻게 되는데 통상 이들을 특수고용관계 종사자라고 지칭한다([사례 11-1] 참조).

② 재택근로자

산업화와 정보화가 결합하여 만들어낸 새로운 고용형태로 재택근로(통신근로, telework)가 있으며, 이들은 근로의 장소가 사용자와 공간적으로 분리되어 있고, 성과급 또는 고정급을 지급받는데 업무의 성취도에 따른 차등지급이 이루어지고 있으며 프리랜서로 고소득을 올리는 경우도 있어 자발적인 비정규직으로 구분된다.

사례 11-1 갈길 먼 특수고용직 노조… "노조다" vs "아니다" 논란

2017년 11월 노동부 서울지방노동청 서부지청이 택배노조에 노조설립신고필증을 교부하면서 사업자와 노동자의 애매한 중간지대에 있던 택배기사들도 노동조합을 설립, 회사 측을 상대로 단결권, 단체교섭권, 단체행동권 등 노동3권을 행사하기 시작했다.

그러나 노조가 설립된 지 1년이 지난 지금까지 단 한 차례도 대한통운과 택배노조는 협상테이블에 마주 앉지 못했다. 노조 측이 사측을 향해 "노조와의 교섭에 나서라"고 지속적으로 촉구하고 있지만 사측은 "노조를 노조로 인정할 수 없다"는 기존 입장을 고수하고 있는 까닭이다.

노조가 교섭을 요구하지만 상대인 사측이 반응하지 않으니 자연히 불협화음이 날 수밖에 없고 노조는 파업으로 응수했다.

택배노조는 2018년 6월 30일, 7월 18일~19일, 11월 21일~28일까지 노조설립 첫해인 지난해에만 세 차례나 파업투쟁을 전개했다. 사측에 대한 가장 큰 요구조건 역시 '노동조합 인정'과 '분류작업 개선'이었다.

정부의 택배노조 인정은 골프장 캐디와 학습지교사, 보험설계사 등 특수고용직 종사자들에게 한줄기 빛과도 같은 기대를 안겼지만 노조인정을 두고 지루한 노사 공방전을 거듭한 지난 1년은 특수고용직 종사자들의 갈 길이 여전히 멀다는 사실을 보여줬다.

자료 : 노컷뉴스, 2019. 1. 14.

2) 종속성이 강한 경우 : 비자발적인 비정규직

① 근로계약기간이 정해져 있는 경우

임시직, 일용직, 계약직 등 일정한 기간에 고용이 되어 근로를 제공하는 경우로 보통 일일단위로 계약을 체결하는 일용직과 보통 3개월 이내의 한시적 기간에만 고용이 되는 임시직과 1년단위나 일정기간으로 계약기간이 정해지는 계약직으로 구분한다.

② 근로시간이 짧은 경우

단시간근로자(파트타임, 아르바이트)로서 근로시간이 통상의 근로자보다 짧은 경우로 파트타임, 아르바이트 등으로 불리는데 「근로기준법」 제21조에 의한 '단시간근로자'가 정식명칭이다. 「근로기준법」 제21조(단시간근로자의 정의)에 의하면, '단시간근로자'라 함은 1주간의 소정근로시간이 당해 사업장의 동종업무에 종사하는 통상근로자의 1주간의 소정근로시간에 비하여 짧은 근로자를 말한다.

3) 고용관계가 특수한 경우

① 파견근로

임금을 지급하고 고용관계가 유지되는 고용주와 업무지시를 하는 사용자가 일치하지 않는 경우가 해당되며 파견사업주가 근로자를 고용한 후 그 고용관계를 유지하면서 근로자 파견계약의 내용에 따라 사용사업주의 사업장에서 지휘·명령을 받아 사용사업주를 위하여 근로를 제공하는 경우에 해당한다.

② 용역근로

용역업체에 고용되어 이 업체의 지휘하에 이 업체와 고용계약을 맺은 다른 업체에서 근로를 제공하는 경우가 이에 해당한다.

맛소금 **비정규직을 뽑는 회사는 그만한 이유가 있다**

회사는 왜 비정규직을 뽑을까요? 회사 입장에서도 일이 손에 익고 능숙해진 사람이 짧게는 1년, 길게는 2년마다 한 번씩 바뀐다고 하면 업무적인 공백이 생기거나 어려움이 생길 수 있는데, 왜 굳이 그런 리스크를 감수하면서까지 정규직이 아닌 비정규직을 뽑는 걸까요?

그 이유는 간단합니다. 바로, 사람을 '인재'가 아닌 '비용'으로 생각하기 때문입니다.

사람을 인재, 즉 '재산'으로 생각하는 회사는 사람에게 투자합니다. 사람을 함부로 판단하거나 함부로 포기하지 않습니다. 지금 좀 능력이 모자라고 지금 당장 성과를 내주지 않아도 기다려주고 성장시키려고 노력합니다. 왜냐하면 사람은 나의 '재산'이거든요. 재산은 투자한 만큼 불어날 것이고, 나에게 지금 당장의 이득보다 더 큰 이득을 가져다줄 것이니까요.

반대로 사람을 '비용'으로 생각하는 회사는 사람에게 투자하지 않습니다. 이 사람의 3년 후, 5년 후까지 기다려주기엔 한 사람에게 들어가는 지금 당장의 돈이 너무 아깝거든요. 이런 회사는 한 사람의 미래가치가 아닌 현재가치에 대해서만 판단합니다. 왜냐하면 나중이 아니라 지금 당장 써먹을 수 있는 사람이 필요하기 때문이지요. 이 사람의 미래까지 책임져주기엔 비용적인 부담이 너무 크거든요. 최소 1년, 최대 2년 정도가 적당한 거예요. 그 이후엔 또 다른 사람을 뽑으면 되죠.

자료 : https://brunch.co.kr/@koboung/15

(2) 비정규직 근로자 활용의 기대효과와 비용[2)]

오늘날 일반적 형태로 정착한 정규직 근로자는 산업혁명 초기단계부터 도입된 인력관리체제가 아니라, 기업이 발전하는 과정에서 기업의 필요에 따라 시장을 통해 메게되던 인력을 내부화시키는 과정의 산물이었다.

애초 산업혁명 초기에는 상당부분의 제조활동이 기업가가 고용한 인력에 의해서가 아니라 도급형태의 외부인력에 의해 이루어졌다. 그러던 것이 인력을 기업 내부관리에 둠으로써 얻을 수 있는 여러 가지 장점으로 인해 점차 장기고용에 기

2) 박우성, "비정규직 인력의 관리", 21세기형 인적자원관리, 명경사, 2000, pp.364-375에서 요약·재구성

초한 정규직 인력이 확산되어 온 것이다.

기업이 그러한 장기고용을 통해 기대했던 것은 무엇보다도 노동에 대한 통제가 가능하다는 점과 종업원들의 기업에 대한 몰입과 충성을 크게 증가시킬 수 있다는 점을 들 수 있다. 또한 내부노동시장의 형성을 통해 기업 특유의 기능과 기술이 개발될 수 있다는 점도 장기고용에 기초한 정규직 인력이 확산된 중요한 원인이라고 할 수 있다. 즉 기업들은 노동자들에게 단순히 장기고용만을 제공한 것이 아니라 내부승진경로를 설정·개발함으로써 이러한 내부노동시장의 형성을 점차 확산시켜 왔던 것이다.

그러나 최근 들어 기업들은 지금까지 장기고용과 강한 조직몰입으로 특징지어졌던 내부인력들을 점차 외부화시키는 경향을 보이고 있다. 세계화와 이에 따른 경쟁의 심화, 디지털 혁명으로 대표되는 기술의 변화, 고객욕구의 다양화 등과 같은 중요한 환경변화는 기업으로 하여금 인건비를 절감할 수 있고 상황변화에 따라 해고가 용이한 비정규직 인력을 선호하도록 만들고 있다. 한편 여성 및 노령인력의 증가와 같은 노동력 구성의 변화나 청년층의 노동가치 변화, 실업증가, 인력중개업체의 발달 등과 같은 노동시장의 변화는 비정규직 인력에 대한 기업수요를 더욱 촉진시키는 역할을 하고 있다.

그러나 기업의 비정규직 인력 활용이 항상 이익을 제공하는 것만은 아니다. 이들이 효율적으로 관리되지 못하는 경우 적지 않은 부작용을 일으키게 되며 자칫

그림 11-3 비정규직 인력활용의 기대효과와 비용

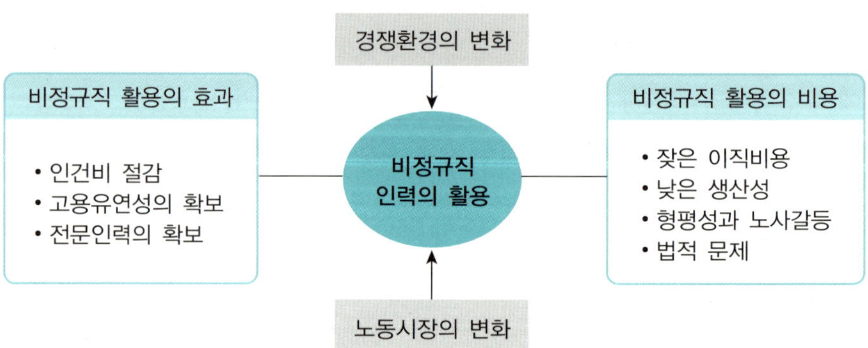

잘못하는 경우 그로 인한 비용이 기대효과를 초과하는 일도 얼마든지 가능하다. 비정규직 인력의 효율적 관리에 대해 기업이 적극적 관심을 기울여야 할 필요가 여기에 있다([그림 11-3] 참조).

1) 비정규직 인력활용의 기대효과

기업에서 비정규직 인력을 선호하게 된 데에는 환경변화로 인해 저렴하고 유연한 노동인력에 대한 필요성이 증가하게 된 것이 중요한 요인으로 작용하였다. 즉 인건비 절감과 고용유연성의 확보는 기업이 비정규직 인력을 사용하는 가장 중요한 목적이라 할 수 있다. 그러나 경우에 따라서는 정원통제의 회피수단이나 노조세력의 약화수단으로 비정규직 인력을 확보하기도 하고, 또 핵심인력을 보호하거나 노동시장에서 공급이 부족한 전문인력의 확보를 위해 비정규직 인력이 활용되는 경우도 있다.

① 인건비 절감

정규직 근로자를 활용하면 기업에 대한 충성도나 조직몰입도를 증가시킬 수 있다는 장점이 있으나 체증되는 임금 외에도 복리후생비, 모집·채용·교육훈련 및 조직사회화·퇴직금 등 해고비용 부담을 줄일 목적으로 비정규직 활용을 선호한다. 호봉 등 자동승급 부담이 없다는 점도 한 요인이 된다.

② 고용유연성

세계화, 기술발전 및 고객욕구의 다변화 등으로 인해 빠르게 변화하는 경영환경을 맞추기 위해서 기업은 고용의 유연성을 필요로 하며 현실적 내안으로 비정규직을 선호하게 된다. 또 비정규직 근로자 활용을 통해 노조원 수 통제, 파업 시 대체근로 등 노조의 힘을 약화시키는 방편으로 이용되기도 한다. 이러한 경우 기업 측에서는 현실적으로 경영관리 및 인력관리의 유연성을 확보하는 방편이 된다.

③ 전문인력의 확보

새로운 기술이 필요할 때 기업은 흔히 노동시장에서 쉽게 필요 전문인력을 구하려 한다. 이는 전문기술의 특성상 교육훈련을 통한 새로운 기술습득으로는 변화하는 시장과 기술을 따라가는 데 한계가 있기 때문이다. 이때 전문인력을 확보하기 위한 수단으로 프로젝트 수행을 위한 목적으로 비정규직을 활용한다. 이는 특정 전문인력에 대한 기업의 필요가 쉽게 변할 수 있음을 내포한다는 의미이다.

2) 비정규직 인력활용의 비용

비정규직을 활용하는 데에는 잦은 이직으로 인한 교육훈련비용이나 기업 특유의 기술축적의 장애, 낮은 생산성, 정규직과 비교한 불공정성의 문제와 이로 인한 노사갈등, 법적 비용 등의 비용이 발생한다. 기업으로서는 비정규직의 이점과 더불어 비용발생에 대한 대비 역시 매우 중요한 고려요소이다.

① 잦은 이직관련비용

비정규직의 경우 그 특성상 근무자가 자주 바뀌게 되고 이로 인해 교육훈련이 자주 필요하게 되므로 교육훈련비용이 증가한다. 특히 기업의 작업체계나 기술이 매우 특수한 경우 더 크게 증가할 수 있다. 아울러 비정규직 인력비중이 커지면 기업 특유의 지식을 개발하는 활동을 방해할 수 있다. 비정규직 근로자 특성상 장기고용을 전제로 하지 않을 뿐 아니라 기업에 대한 몰입도 제한적이므로 기업 특유의 지식을 개발하거나 축적된 지식을 전달하는 데 별다른 관심을 보이지 않으며 적극적인 역할도 하지 않기 때문이다.

② 낮은 생산성

비정규직 활용목적 중 하나가 비용절감이므로 그 비용절감효과는 생산성과 연계하여 비교하여야 한다. 일반적으로 볼 때 정규직 인력의 생산성은 비정규직 인력에 비해 높은 것으로 나타나는데 그 이유는 정규직 인력이 교육훈련의 양이나 숙련 정도, 충성심 및 몰입도가 높은 것으로 나타나기 때문이다. 그러나 비정규직의 생산성이 항상 낮은 것은 아니다. 정규직 전환을 의식한 근무자세하에서 혹은 매우 구조화된 단순반복작업의 경우 생산성이 오히려 높은 것으로 나타난다. 따라서 팀워크나 집단생산성이 연계된 작업에서는 비정규직의 속성상 장기적인 상호작용을 기대하기 어렵고 상호 이해를 위한 투자 역시 기대하기 어려우므로 양질의 집단성과를 얻기 힘들다.

③ 형평성과 노사갈등

비정규직 근로자는 자발적이든 비자발적이든 일단 비정규직을 선택하였으므로 정규직과의 근로조건상의 일정한 차이를 감수하는 경향이 있다. 그럼에도 불구하고 그러한 차이가 지나친 경우 자신들에 대한 처우가 불공정하다고 느끼게 되고 이로 인해 사기 저하나 생산성 저하가 발생할 위험이 있다. 대개의 경우 비정규직의 불만은 공식적으로 표출되지 않은 채 감추어진 경우가 많으나 이들이 노조형태로 조직화될 때 상당히 심각한 노동쟁의로 발전할 가능성이 있다([사례 11-2] 참조).

④ 법적 문제

비정규직 인력의 활용은 종종 법적 문제를 불러일으킬 소지가 있다. 관련 법규의 변동이 잦고 그 적용이 복잡할 뿐더러 현실적으로 법적 한계기간을 넘어 고용을 연장하는 경우 노동법상 위법사유가 되기 때문이다. 이때 이러한 문제를 해결하는 데 드는 소송비용이나 관리자의 업무손실 등 직접비용 외에 기업 이미지 악화라는 눈에 보이지 않는 간섭손실까지 감수해야 한다.

사례 11-2 비정규직 '위험도 두 배, 비용도 두 배'

간접고용은 기업이 필요한 인력을 직접 채용하지 않고 다른 이에게 고용된 노동자를 이용하는 경우를 말한다. 일은 사용사업주 요구에 맞춰 하지만, 고용계약은 파견이나 용역업체와 맺는다. 용역, 파견은 물론 민간위탁, 사내하청, 하도급 등을 모두 아우르는 뜻으로 쓰인다. 이들은 비정규직이기도 하다. 조사결과를 보면 2017년 기준으로 국내 간접고용규모는 총 345만5,239명으로 집작된다.

- 300인 미만 사업체 : ① 파견, 용역 : 848,846명
  ② 파견, 용역이 아닌 건설업 : 704,247명
  ③ 파견, 용역, 건설업이 아닌 호출근로 : 263,292명
- 300인 이상 사업체 : ④ 고용형태 공시제(민간부문) : 1,473,267명
  ⑤ 공공부문 간접비용 : 175,587명
- 전체 간접고용 추정치 : 3,465,239명(①~⑤)

간접고용 노동자의 노동환경은 역시 열악했다. 2017년 기준 1년간 업무 중 다친 경험은 간접고용 노동자(38%)가 정규직 노동자(21%)에 비해 두 배 정도 많았다. 하지만 산재보험으로 치료한 비중은 정규직은 66%나 되는 반면, 간접고용 노동자는 절반 수준인 34.4%에 그쳤다. 산재보험 대신 제 돈으로 치료비를 낸 경우는 거꾸로 간접고용 노동자(38%)가 정규직(18.3%)의 두 배였다.

한마디로 간접고용 노동자들은 정규직 노동자들이 하지 않은 위험한 일을 두 배 더 떠맡으면서도 정작 다쳤을 땐 회사로부터 외면당한다는 의미다. '위험도 두 배, 비용도 두 배'라는 이중부담을 진 셈이다. 현재의 기간제법과 파견법 등에서 규정하고 있는 차별처우금지제도가 실효성이 떨어진다는 점에서 실질적인 동등처우를 보장하는 법제도 정비가 요구된다.

자료 : 한국일보, 2019. 1. 16.

(3) 우리나라 비정규직의 법적 문제와 해결방향

우리나라는 비정규직을 일단 근로자인 경우와 근로자가 아닌 경우로 나누어 다루고 있다. 다양한 비정규직 중에서 특수고용직은 사용종속관계가 없는 것으로 보아 근로자가 아닌 것으로 법원은 판단을 내리고 있으며 민법에 근거를 두고 있는 도급과 용역을 제외한 다른 비정규직, 즉 계약직 · 임시직 · 단시간근로자 · 파견근로자 등은 근로기준법상의 근로자로 인정되고 있다.

현재 비정규직 근로자에 대한 노동법의 적용을 살펴보면, 근로기준법상 근로자인 비정규직 근로자는 당연히 근로기준법과 최저임금법, 남녀고용평등법, 산업재해보상보험법, 고용보험법, 산업안전보건법, 노동조합 및 노동관계조정법, 근로자

참여 및 협력증진에 관한 법률 등의 적용을 받게 된다. 그런데 만일 비정규직 근로자를 채용하면서 임금·상여금·휴일·휴가 등의 근로조건을 근로계약으로만 체결하고 비정규직 근로자에게 적용되는 별도의 취업규칙을 두지 않았다면, 정규근로자에게 적용되는 취업규칙이 그대로 적용된다. 또 단시간근로사의 경우는 통상의 근로자에 대한 비례보호의 원칙을 근로기준법에서 규정하고 있으며, 근로시간(주당 15시간 미만 근로) 등에 따라 법의 적용이 일부 배제(주휴일, 연차휴가, 월차휴가, 퇴직금)되기도 한다.

비정규직이 법적 보호에서 배제되는 부분을 구체적으로 살펴보자. 첫째로, '해고예고에서 제외'되는 부분이다. 이는 사용자가 근로자를 해고(경영상 이유에 의한 해고 포함)하고자 할 때에는 30일 전에 그 예고를 하거나 예고 없이 해고를 하고자 할 때는 30일분 이상의 통상임금(해고예고수당)을 지급하여야 하지만 비정규직 근로자에 대해서는 해고예고(해고예고수당) 없이 즉시 해고가 가능한 것이 현실이다.

둘째로, '경영상 해고 시 우선대상자'가 된다. 현재 경영상 해고(정리해고) 시 해고의 대상자를 비정규직을 우선 선정하는 것을 일반적으로 객관성과 합리성이 있다고 인정하고 있다. 이는 비정규직 근로자들의 고용의 안정성 측면에 근본적인 문제를 던지는 부분이라고 하겠다.

셋째로, '법적 보호에서 제외'하는 부분으로서 근로기준법 적용에서 제외되는 부분이 있다. 이를테면 1주간의 소정근로시간이 15시간 미만인 단시간근로자에 대해서는 근로기준법상의 퇴직금, 주휴일, 연·월차 휴가규정이 적용되지 않는다(「근로기준법」 제25조 3항, 시행령 제9조 2항 및 3항). 아울러 고용보험·직장의료보험·국민연금 적용대상에서 제외된다. 정규직수준에 못 미치는 임금수준 외에 이렇듯 법적 보호에서 제외됨으로써 비정규직의 정규직화가 노동계 최대현안으로 대두하였다.

추가적으로 계약직 근로자와 파견직 근로자의 법적 문제에 관해 좀 더 알아보자. 계약직의 경우 계약기간의 설정과 계약의 갱신·반복 문제의 소지가 있는데 「근로기준법」 제23조에서 근로계약기간은 기간이 없거나 사업에 필요한 경우를 제외하고는 원칙적으로 1년으로 한다고 규정하고 있다. 이와 같은 이유로 그동안 대부분의 사업장에서는 비정규인력을 채용하는 경우 1년의 범위 내에서 계약을 체결할 수밖에 없었고, 1년이 만료되는 시점에서 계약갱신을 반복하는 것으로 운용하고 있다.

또 파견근로자의 경우, 파견사업주와 파견근로자 간에만 고용관계가 있고, 사용사업주와 파견근로자 간에는 고용관계가 없고 사용관계만 있다는 점에서 여타의 고용형태와 다르다. 근로자파견법에서는 파견근로자의 파견기간을 원칙적으로 1년 이내로 규정하고 있으며, 파견사업주, 사용사업주, 파견근로자의 합의가 있을 경우 1회에 한하여 최장 1년간(최장 2년) 더 연장이 가능하도록 하고 있다. 따라서 사용사업주가 2년을 초과하여 계속적으로 파견근로자를 사용하는 경우에는 2년 기간이 만료된 다음날부터 파견근로자를 직접 고용한 것으로 간주한다.

맛소금 **간접고용노동자 350만 시대… '정규직 임금 50% 수준'**

업무상 재해 경험 및 산재보험 처리비율

구분	업무상 재해 경험	산재보험 처리비율	본인부담 처리비율
원청 정규직	20.6%	66.1%	18.3%
간접고용노동자	37.8%	34.4%	38.2%

자료 : 국가인권위원회

국내 임금노동자 100명 중 17명이 간접고용노동형태로 일을 하고 있는 것으로 조사됐다. 특히 이들은 정규직에 비해 업무상 재해비율이 높음에도 불구, 본인 부담으로 치료하는 경우도 많은 것으로 조사돼 열악한 노동현실이 적나라하게 드러났다. 간접고용이란 기업이 필요한 노동력을 직접 고용하지 않고 다른 기업의 노동자를 사용하는 형태다. 흔히 용역이나 파견, 민간위탁, 사내 하청 등이 간접고용에 속하는 비정규직이다.

자료 : 파이낸셜뉴스, 2019. 1. 16.

최근 우리나라 비정규직 비율이 급격하게 증가하고 있는 이유는 무엇일까? 첫째, 기업이 경영개선 노력을 일차적으로 인건비 감소에서 찾고 있는 점, 둘째 경제구조의 변화로 인한 비정규직 확대, 셋째 일부 직종과 직무에서 자발적인 비정규직 수요 확대 등을 꼽을 수 있다.

1) 노동비용의 감소

지난 IMF 위기 극복과정에서의 우리나라에서 비정규직 근로자의 확산은 기업의 혁신적인 경영전략이라고 보기보다는 실질적으로 기업의 구조조정과 비용절감을 위한 정규직의 비정규직으로의 대체와 외주화(outsourcing)를 통한 고용승계의무 등을 우회하려는 노무관리정책에 기인한 바 큰 것으로 분석된다.

2) 경제구조의 변화

서비스산업화, 정보사회화 및 세계화 등으로 인하여 장기적·항상적 일자리보다는 일시적·임시적 노동수요가 증대하는 현상이 확산되고 있다. 성과주의의 확사에 따라 개인의 능력과 업적에 의해 노동시장도 점차 시장경쟁논리에 접어들면서, 이른바 노동시장의 유연화 추세와 더불어 고급·전문직의 비정규직화가 늘고 있다. 이 경우 보통 성과와 연계한 연봉제가 수반된다.

3) 자발적인 비정규직 확대

여성의 사회진출이 활발해지고 경제활동인구의 고령화로 인하여 노동의 공급측면 구성이 다양화, 변화됨과 동시에 근로자 편에서도 자유시간 선호경향의 증대와 함께 일정한 수준에서 자발적인 비정규직 선호현상 역시 증대하고 있다.

한편 비정규직의 확대와 이에 따른 부작용에 대해 노·사·정 공히 문제점을 인식하고 있으나 문제의 심각성에 대한 인식과 그 해결방안에 대해서는 이견을 보이고 있다. 노동계는 비정규직에 대한 차별이 심하기 때문에 그 처우를 정규직의 85% 수준까지 개선할 것과 비정규직 허용직종의 제한, 그리고 예를 들면 2년 정도의 일정기간 경과 후 정규직화 자동 전환을 주장하고 있다.[3] 그러나 비정규직의 정규직화가 이루어질 경우 기업의 부담은 막대할 수밖에 없기 때문에[4] 사용자단

3) 삼성경제연구소, "노사상생을 위한 과제", CEO Information(제449호), 2004, pp.8-9.
4) 한국경제연구원은 20조 원, 한국금융연구원은 26조 원으로 추정(2004년 기준)

체는 급격한 움직임을 경계하고 있으며, 정부 역시 노동시장의 유연화를 추진하는 입장에서 이러한 요구가 받아들여질 경우 기업들이 신규인력 채용을 꺼림으로써 고용시장을 경색시킬 것을 우려하고 있다.

이런 논란의 와중에도 비정규직의 문제를 그대로 방치할 수는 없는 상황에 이르고 있으므로 이에 대한 대응방안 모색이 시급하다. 다음은 비정규직문제에 대한 대응방안을 정리하여 본 것이다.

① 전략적인 인적관리 차원에서의 비정규직 활용

지식경영 위주의 빠른 변화의 시대에서는 효율적인 인력관리를 하는 기업만이 높은 경쟁력을 갖게 된다고도 할 수 있으므로 기업의 전략에 따른 인력관리가 이루어져야 하며, 비정규직 고용도 기업의 전략 차원에서 이루어져야 한다. 주변 업무는 비정규직으로 활용하고 고급 전문인력 중 비정규직이 가능한 분야에 대한 장기적인 인력운영 계획도 세울 필요가 있다. 이 같은 기업의 노력에 의해 비정규직의 비중이 현실화되고 차별 정도 역시 일정부분 개선될 수 있다.

② 노사상생을 통한 기업 활력화로 일자리창출

무엇보다도 단기적인 해결방안으로는 일자리가 창출이 되어야 한다는 점이다. 일자리가 만들어져야 임금인상, 주 40시간제 확대, 비정규직 차별문제 등의 본격적 논의가 가능하며 그렇게 될 때 노사시스템 전반에 걸쳐 장기적 합의가 만들어질 수 있다. 일자리창출은 무엇으로부터 시작되는가?

결국은 기업의 경영활동이 활성화하여야 한다는 뜻이기 때문에 노동계의 주장이 설득력을 갖추고 있어도 이를 급격히 수용할 경우 기업경쟁력을 떨어뜨릴 가능성이 존재한다. 단, 과거의 노사관계에서 보듯 노사 신뢰 형성이 선결과제이며, 이는 정부와 사용자들의 분명한 의지와 실천으로 가시화되어야 될 때 장기적 합의도출이 가능하다는 의미이다.

③ 점진적인 정규직화로 동기유발 유도

비정규직을 활용하는 기업 측면에서도 가장 문제가 되는 것은 이들이 조직에 대해 충성도가 낮고, 노동생산성이 떨어지는 부분이라는 점이 사실이다. 따라서 생산성을 향상시킬 수 있는 방안의 강구가 필요한데, 일정기간이 지난 후 정규직으로의 진입을 개방화하는 노력은 비정규직 근로자와 기업 모두를 만족시킬 수 있다.

기업으로서는 인건비에 관한 한, 결국 개별 근로자의 생산성 정도가 중요하므로 일정기간이 지나 높은 숙련도를 지니고 기업분위기 동화에 아무런 문제가 없는 비정규직 근로자의 정규직화에 전향적인 자세를 취하여야 한다.

④ 각종 노사현안에 대한 합의 도출

비정규직문제의 현안들을 놓고 소모적인 갈등을 반복하는 것은 더 이상 바람직하지 않다. 우선은 기업경영에 활력을 불어넣는 노력을 함께 하면서 시급한 과제부터 해결해 나가는 노력이 필요하다. 그리고 이들 문제를 모두 포함하는 장기적 기본과제들을 해결하기 위한 로드맵 구축이 반드시 필요하다. 이제는 우리도 성숙한 노사문화를 구축할 시점에 이른 만큼, 노사 신질서 구축 차원에서 글로벌 스탠더드에 기초해 사회적 합의를 끌어내도록 하여야 한다. 그리고 이러한 합의도출과정은 대화와 타협을 기초로 하여 상호 인내로써 행해져야 한다.

커피 브레이크 | 정규직과 무기계약직의 차이

Q. 기간제 근로자로 2년 이상 근무하여 무기계약직으로 전환되었습니다. 무기계약직 근로자와 정규직 근로자 사이에 어떤 차이가 있는지 궁금합니다.

A. 우리 노동법에서는 정규직, 비정규직의 개념을 직접 규정하고 있지 않습니다. 통상적으로 기간제 근로자, 단시간근로자, 파견근로자 등을 비정규직 근로자로 보고 있습니다. 비정규직이 아닌 근로자, 즉 직접 고용되어 정년이 보장된 근로자를 정규직으로 보고 있으나 이는 상대적인 개념입니다.

정규직과 무기계약직은 근로계약기간의 정함이 없다는 점에서는 동일합니다. 그 밖에 노동법 적용에 있어서도 차이가 있지는 않습니다. 다만 정규직과 무기계약직을 구분하여 운영하는 회사의 경우 임금 및 복리후생, 승진에 있어서 차등을 두는 경우가 많습니다.

자료 : 경기비정규직지원센터

2 여성인력

(1) 여성인력의 현실

과거에는 성(性) 차이에 의한 직종 및 직무분리 혹은 일정직위 제한 등 차별이 있었다. 설령 여성이 취업하는 경우에도 허드렛일이나 보조업무 혹은 단순반복작업에 종사하는 경우가 대부분으로 의사결정권한은 크게 미약하였다. 이는 전통적으로 여성은 남성에 비해 개별성(individuality)과 자아실현(self actualization) 측면에서 부족할 것이라는 사회적 편견이 문화와 제도에 투영되어 고정관념으로 자리하였기 때문이다. 특히, 우리와 같은 동양의 유교적 문화하에서 이러한 여성차별은 두드러지게 나타날 수밖에 없었다. 그러나 남녀평등과 기회균등의 가치관이 자리하면서 여성근로의 양상에 변화가 두드러지고 있다.

1) 여성근로의 변화

① 여성인력공급이 급격하게 확대되고 있는 추세이다

급격한 기술 및 정보수준 발달, 교통과 정보수단의 혁신, 가치관의 동질화 등 세계적 추세변화에 편승해 여성인력의 확대는 추세이지만 우리나라의 경우는 아직 절대수준에 미치지 못하고 있다([표 11-2] 참조). 지식창출을 통한 고부가가치의 실현이 경쟁의 원천이 되고 있는 21세기에는 감수성과 창의성, 전문성과 치밀한

표 11-2 성별 경제활동인구 추이

(단위 : 천 명, %)

성별	2017년 12월		2018년 12월	
	경제활동인구	경제활동참가율	경제활동인구	경제활동참가율
남자	15,886	73.4	15,898	73
여자	11,631	51.9	11,648	51.8
합	27,516	62.5	27,582	62.2

자료 : 통계청, KOSIS

업무자세에서 여성이 보다 우위에 있다는 것이 일반적 견해이다. 이러한 이유로 특히 정보산업, 연구개발 등 전문직, 탄력적 근무가 가능한 직무 등 소프트한 산업분야에서 공급이 확대될 것으로 보인다.

② 여성인력의 수요와 공급구조가 변화하고 있다

기술혁신, 직종구조의 고도화, 소수정예화, 전문화, 정보통신혁명 등으로 관련분야에 여성인력에 대한 수요가 증가하고 있다. 이에 대한 대응으로 단순히 여성의 경제활동참가율이 증가하고 있는 것뿐 아니라 질적으로 고학력화·전문화하고 있나. 자연히 기업으로서도 여성인력의 적극적인 개발과 활용, 여성관리자의 육성과 개발을 위한 제도개선과 노력이 필요하게 되었다.

2) 여성근로의 장애

한편 이러한 추세 속에서도 아직은 여성인력의 사회진출을 가로막는 장애가 여전히 상당한 정도로 존재하고 있는 것이 사실이다.

① 여성에 대한 편견 혹은 고정관념이 여전히 존재하고 있다

독일의 여성학자 벡 게른스하임(Beck Gernsheim)은 성역할이란 애초에 남녀의 생물학적 차이에 근거한 것이지만, 실제로는 사회적인 사실에 기반을 두고 있다고 주장한다. 이런 의미에서 더 이상 '남성의 직업', '여성의 직업'이라는 이분법적 사고가 무의미하다. 우리나라와 같은 유교적 가치문화하에서 여성에 대한 편견을 극복하는 일은 보다 중요한 선결과제이다. 남녀를 불문하고 능력과 역할의 적합성으로 평가받는 시스템 정착이 필요하다.

② 여성인력에 대한 고용단계에서부터의 차별이다

여성의 취업은 주로 조직의 정책입안이나 실행을 하는 데 의사결정을 내리는 요직에 열려 있기보다는, 업무보조자로서 사무식이나 행정보조 역할은 주로 담당하는 경우 혹은 사고를 덜 필요로 하는 단순반복적인 업무를 담당하는 경우에 편중

맛소금 **WEF 보고서 '한국 성평등 149개국 중 115위'… 젠더격차 악화**

WEF가 18일(현지시간) 공개한 세계젠더격차보고서(Global Gender Gap Report 2018)에 따르면 한국의 성평등수준은 전체 149개국 중 115위에 그쳤다. 젠더격차지수는 1에 가까울수록 성평등이 이뤄졌다고 본다. 하지만 한국은 젠더격차지수가 0.657이었다. 103위 중국(0.673), 110위 일본(0.662)보다도 낮은 수준이다. 한국은 지난해 보고서에서도 젠더격차지수가 0.650으로, 당시 조사대상 144개국 중 118위에 불과했다.

WEF는 2006년부터 △경제 참여 · 기회 △교육성과 △보건 △정치 권한 등 4개 부문에서 국가별 · 성별 격차를 수치화해 매년 순위를 발표하고 있다. 특히 한국은 경제 참여 · 기회부문에서 남녀 임금 평등지수가 0.532로 조사됐다. 세계평균(0.632)을 한참 밑돌고 있다. 이는 우리나라의 성별에 따른 임금격차를 여실히 보여준다.

국내 통계에서도 이런 사실은 잘 드러난다. 여성가족부와 통계청이 지난해 공동발표한 '2017 통계로 보는 여성의 삶'(2016년 기준)에 따르면 남성 임금노동자 중 비정규직이 차지하는 비율은 26.4%이지만 여성 임금노동자 중 비정규직비율은 41.0%다. 또 남성 고용률은 71.1%인 반면 여성 고용률은 50.2%에 그쳐 있다. 여성 월평균 임금도 186만9,000원으로 남성 임금의 64.1% 수준에 불과하다.

WEF는 보고서에서 성평등을 이루는 데 108년이 더 걸릴 것으로 전망하면서 성별에 따른 경제적 격차를 줄이는 데에만 202년이 걸릴 것으로 예상했다. WEF 보고서에서 젠더격차가 가장 작은 나라는 지난해에 이어 올해도 아이슬란드(0.858)가 1위를 차지했고 노르웨이(0.835), 스웨덴(0.822) 등이 뒤를 이었다.

자료 : 서울신문, 2018. 12. 18.

된 것이 현실이다.

특히, 노동시장의 유연화 추세 속에서 특별히 여성인력을 비정규직으로 채용하는 비중이 상대적으로 높은 것도 큰 해결과제이다. 극단적으로는 특정 산업, 특정 직무영역에 대해 고용단계에서부터 묵시적으로 여성을 배제하는 경우가 남아있는 것도 사실이다. 이는 여성은 장기적으로 근무할 자세가 없을 것이라거나 혹은 여성은 남성에 비해 상대적으로 업무에 최선을 다하지 못할 것이라는 여성에 대한 편견 때문이기도 하지만 무엇보다도 여성의 잠재력과 실무능력을 객관적으로 평가하려는 사회적 공감대가 형성되어 있지 못하기 때문이다.

③ 취업 후 직무생활 속의 차별이다

여성근로자가 고용상의 차별을 받는 이유 중의 하나는 바로 여성근로자의 생활이 가정과 직장이라는 양자를 병렬적으로 놓고 진행되고 있다는 점이다. 따라서 고용의 안정성이 크게 위협받고 있다. 근로조건이 좋은 경우는 별 문제가 없지만 우리나라의 현실은 결혼이나 육아 등의 사건에 정면으로 접하게 될 때 가정과 직장을 병행하기 어려워 퇴사할 수밖에 없는 처지에 내몰린다는 것이다.[5)]

아울러 같은 처지의 비정규직 남성에 비해서도 비정규직 여성은 또 다른 차별을 받고 있다. 임금 불평등 혹은 보다 열악한 작업에의 배치, 성희롱 등 다양한 형태로 차별을 받고 있다. 그리고 우리의 경우 이러한 남녀 간의 임금격차가 큰 문제점

표 11-3 연령대별 남녀 임금수준 비교(2017년) (단위 : 천 원)

고용형태	성별	시간당 임금총액	시간당 정액급여	월 임금총액	월 급여액	정액급여	초과급여
전체 근로자	계	17,381	15,391	2,896	2,578	2,419	158
	남	20,183	17,533	3,433	3,010	2,800	210
	여	13,392	12,237	2,112	1,946	1,863	84
전체 근로자 (특수형태)	계	–	–	2,882	2,578	2,427	151
	남	–	–	3,420	3,009	2,806	204
	여	–	–	2,130	1,975	1,897	78
정규직 근로자	계	18,835	16,275	3,363	2,949	2,761	188
	남	21,488	18,269	3,855	3,332	3,094	238
	여	14,372	12,920	2,535	2,304	2,199	105
비정규직 근로자	계	13,053	12,760	1,506	1,473	1,403	70
	남	15,240	14,837	1,834	1,790	1,687	103
	여	10,930	10,744	1,187	1,164	1,127	37
비정규직 근로자 (특수형태)	계	–	–	1,680	1,651	1,593	58
	남	–	–	1,977	1,938	1,848	90
	여	–	–	1,414	1,395	1,365	30

자료 : 고용노동통계

5) 이장원, 근로자 삶의 질 연구 — 직무만족과 생활만족과의 관계를 중심으로 —, 한국노동연구원, 1998, pp.83-84.

이 개선되지 못한 채 지속되고 있어 문제가 된다([표 11-3] 참조). 이러한 문제를 해결하기 위해서는 기업은 물론 사회적 인식과 제도의 개선이 시급하지만, 한편으로 차별극복을 위한 여성 스스로의 노력이 동반하여야 함은 물론이다.

여성근로자 스스로도 주인의식과 책임감을 가지고 정보사회에서 적응력을 기르고 경쟁력 있는 개체로서 전문능력 개발과 지속적인 향상교육을 통하여 자아실현을 하여 조직발전에 기여하는 모습을 보여야 한다. 특히, 여성 특유의 상호작용적 리더십을 발휘하여 조직목표를 달성하는 데 앞장설 수 있어야 하겠다.

④ 여성인력에 대한 제도적 보완이 미비하다

앞서 언급한 대로 여성인력의 확충과 활용은 시대적 명제이지만, 여성인력에 대한 처우나 대우는 여전히 미진한 것이 사실이다. 고용단계에서 교육훈련, 경력개발, 퇴직관리와 같은 인적자원관리의 일반적 측면은 물론이고 여성의 특수성을 고려한 보육, 건강, 위생, 가사, 취미에 대한 배려가 뒤따라야 된다. 특히 우리나라의 경우 출산을 경험하는 시기에 대다수 여성들이 보이지 않는 장벽에 의해 부득불 직장을 그만둘 수밖에 없는 점은 숙련된 여성인력 활용이라는 차원에서 바람직하지 못하다([표 11-4] 참조).

표 11-4 출산 및 육아휴직 현황 (단위 : 명, 백만 원)

구분		2010년	2011년	2012년	2013년	2014년	2015년	2016년	2017년
출산 전후 휴가자 수		75,742	90,290	93,394	90,507	88,756	94,590	89,834	81,093
출산 전후 휴가지원금액		192,564	232,915	241,900	235,105	236,845	258,139	247,331	242,598
육아휴직자 수	계	41,733	58,137	64,069	69,616	76,833	87,339	89,795	90,123
	여성근로자	40,914	56,735	62,279	67,323	73,412	82,467	82,179	78,080
	남성근로자	819	1,402	1,790	2,293	3,412	4,872	7,616	12,043
육아휴직 지원금액	계	178,121	276,261	357,797	420,248	500,663	619,663	625,243	680,430
	여성근로자	175,582	270,500	348,644	408,557	482,743	592,238	585,186	625,270
	남성근로자	2,539	5,761	9,153	11,691	17,920	27,425	40,057	55,160

* 출산전후휴가자 수는 출산전후휴가급여 수급자 수로 2001년 11월부터 지급되기 시작
* 육아휴직자 수는 육아휴직급여 수급자 수를 의미
자료 : 고용노동통계

기업이 이러한 점을 고려한다는 말은 곧 비용요인 증가로 이해하기 쉬우므로 단기적으로 해결하는 데에는 무리가 따르는 것도 사실이다. 따라서 기업과 정부의 노력이 동시에 필요하다. 제반 인사처우에 차별을 없애려는 기업의 노력과 더불어 「남녀고용평등법」, 「모성보호법」 등의 사례에서 보듯 정부의 진보직인 입법추진이 필요하다.

(2) 여성관리자 경력개발

여성이 기업조직 내부로 진입하였다 하더라도 여러 가지 이유로 인해 보이지 않는 차별에 의해 인사관리의 불이익을 경험하고 있다. 미국 같은 선진국에서도 직장 내 여성관리자들이 여러 측면에서 성차별적 편견의 피해자가 되고 있다는 연구가 있다. 이른바 '유리천장(glass ceiling)'이라는 경력상의 투명한 장벽이 고위경영층으로의 진출을 꾀하는 여성관리자들에게 눈에 보이지 않는 장애요인이 되고 있다고 한다([사례 11-3] 참조).

사례 11-3 **유리천장지수**

2015년 3월 8일 세계 여성의 날을 앞두고 영국 주간지 '이코노미스트'가 조사해 발표한 한국의 '유리천장지수'는 25.6으로 OECD 국가 가운데 꼴찌였다. 1위는 핀란드(80)였다. 한국은 '노동시장 참여율격차'가 22퍼센트로 터키(42.6퍼센트) 빼고는 가장 컸고, 기업이사회 여성비율은 2.1퍼센트로 가장 낮았다. 남녀 임금격차도 36.6퍼센트로 평균(15.5퍼센트)의 2배, 노르웨이(7퍼센트)의 5배를 넘었다.

같은 조사에서 한국은 2013년과 2014년에도 꼴찌를 기록했다.

자료 : Daum백과 유리천장지수

'유리천장'이라는 표현은 1986년 '*The Wall Street Journal*'에서 처음 사용한 개념으로서, 이는 여성들이 기업에서 보다 높은 지위로 진급하는 데 장애로 등장하는 보이지 않는 장애를 총칭하는 표현이다. 여성의 승진에 장애요인인 '유리천장'이 존재하는 근거로 여성들은 교육이나 자질 등이 부족하다는 편견이 존재하거나 혹은 조직과 사회의 편견, 그에 따른 정책과 관행의 왜곡 등을 꼽는다. 그러나 무엇보다도 남성들 위주의 기득권에 안주하는 사고와 여성 진입확대에 대한 방어심리가 가장 큰 이유로 보인다.

한 연구에 의하면 여성에 있어서 경력의 지체가 발생하는 원인으로 다음을 지적하고 있다.

- 남녀의 성과는 동일하게 평가하지만, 여성의 경우 승진에 대한 잠재력은 낮게 평가하는 경향이 존재한다.
- 승진 의사결정 시 편견으로 작용하는 불명확하고 모호한 승진기준이 있다. 예를 들어, 여성보다는 남성을 맹목적으로 선호하는 경향이 그렇다.
- 경영자의 역할은 남자의 역할이라는 인식이 존재한다.
- 기타 잘못된 문화적 관행에서 오는 시스템이나 개인 가치관의 왜곡이 있다.

그러나 위와 같은 이유 외에 아래와 같이 여성 스스로의 문제로 인하여 조직 내 차별을 초래하는 것도 주요한 요인이 된다. '유리천장'이라 불리는 여성차별에 대해 여성관리자가 극복하지 못하고 실패하는 원인으로는 다음과 같은 내용이 있다.

- 조직에 적응하는 데 실패하는 경우가 있다. 조직이 요구하는 방향대로 변화를 시도하고 자신을 적응시키는 적응력이 미흡한 여성은 실패하게 된다.
- 자신의 이해관계에 대한 지나친 요구가 실패의 원인이 된다. 실패한 여성은 직장에서 팀워크를 해치는 독단적·이기적 구성원으로 분류되는 경우가 많다. 회사의 이익보다는 언제나 자신의 이해관계에 민감한 여성이라는 인식을 심게 되는 경우가 있다.
- 업무성과에 문제가 있을 경우 그렇다. 실패한 여성관리자는 업무성과 측면에서 우수하지 못한 경우가 많다.
- 부하직원들을 잘 다루지 못할 때이다. 부하직원을 잘 다루지 못하면 결코 성공적인 관리자가 될 수 없다.
- 이미지가 좋지 않으며 사업상 인간관계도 원만하지 못한 경우가 그렇다. 여성관리자는 서로 상반되는 요구조건이 갈등을 빚을 때 해결능력이 남성에 비해

상대적으로 떨어질 수 있다. 이러한 갈등상황이란 가령 ① 위험을 무릅쓰면서도 좋은 성과를 내야 하는 상황, ② 단호하면서도 난폭해지지 않아야 하는 상황, ③ 야심을 품으면서도 남자와 동일한 대우를 기대하지 않는 상황, ④ 책임을 지면서도 타인의 충고를 받아들여야 하는 상황 등이다.

아무튼 여성의 재능과 건전한 야망이 실현되지 못한 채, 여러 장벽에 의해 그대로 사장된다면 해당 기업조직은 물론 사회의 발전도 기대하기 어렵다. 이는 여성이라는 이유로 특별한 대우를 요구하는 것이 아니라 능력에 비추어 있는 그대로의 인력에 초점을 맞추어달라는 의미이다.

이러한 맥락에서 여성에게도 경력선택에 있어 유용한 정보제공과 공정한 처우가 보장된다면 여성은 그들이 지닌 잠재적 능력과 발휘된 업적에 따라 보상도 받고 승진도 함으로써 성공적인 경력관리가 가능할 것이다.

이를 위해서 경력개발제도의 재정립이 요구된다. 능력과 의욕이 있는 여직원에 대해서 승진경로를 개방하고 성별에 의한 관리에서 업무별 관리로 관리방침을 전환하여 승진자격 요건과 기준의 명시화, 경력개발의 차원에서 배치전환이 이루어질 필요가 있다. 아울러 전문직이나 여성의 특성이 발휘될 수 있는 분야를 선별적으로 확대하는 방안도 고려될 수 있다.

(3) 직장 내 성희롱문제

자본주의 초기에 여성근로에 대한 노동착취가 남성근로에 비해 상대적으로 심하였을 뿐 아니라, 사회적인 힘의 관계에 있어서 여성이 남성에 비하여 열세한 위치에 있으므로 여성근로에 부당한 차별이 이루어져 온 것이 사실이다. 그 중에서도 특히 여성에 대한 성희롱문제는 더 이상 당사자의 사적 영역에 국한된 문제가 될 수 없다. 인권문제, 직접적으로는 조직 분위기 와해로 인한 갈등조상 등 심각한 해결과제로 대두되었다. 특히 최근 전 세계적인 이른바 '미투(me too)'운동의 확산으로 직장에서의 성희롱, 성추행 행위와 그 처벌에 대한 정확한 인식이 정립될 필요가 있다.

성희롱(sexual harassment)이란 당사자가 기꺼이 수락하지 않은 성적 유혹, 성적 호의 또는 성(性)과 관련된 언어나 신체적 행위라고 정의할 수 있다.[6] 그러나 이러한 성희롱의 정의가 적용되기 위해서는 ① 성적 행위에 대한 복종이 여성 개인의 고용조건으로 작용할 때, ② 성적 행위에 대한 복종 혹은 거절이 여성에 대한 승진, 승진보류 등과 같은 의사결정 근거로 작용할 때, ③ 성적 행위가 직무수행을 간섭하거나 위협적 · 적대적 혹은 공격적인 직무환경을 만들어내는 효과를 지닐 때 등의 구체성 요건을 지녀야 한다.[7]

오늘날 여성근로의 보호규정이 직장 내 성희롱과 관련을 갖는 것은 업무 및 고용과 관련한 장소에서 주로 남성들이 근로조건을 결정하거나 결정에 영향을 미치는 지위를 이용하거나 수적으로 우세한 것을 배경으로 여성인 구직자나 근로자에게 행해지는 것이 일반적이기 때문이다. 따라서 직장 내 성희롱은 일차적으로 인간의 존엄성을 침해하는 측면에서 그 피해자는 남녀 모두가 될 수 있지만 현실적으로 대개 그 대상은 여성이 상당수를 차지하기 때문에 여성근로의 보호가 핵심적 부분이 되고 있다.

직장 내 성희롱은 주로 여성근로자에게 고용관계에서 피해근로자의 인격을 훼손시키며 안전하고 평등한 환경에서 일할 권리를 침해하는 것은 물론, 심한 스트레스와 근로의욕 저하를 발생시키고, 기업의 측면에서는 퇴사로 인한 인원충원을 위해서는 추가경비가 소요되며, 여성근로자의 고용불안을 가중시키는 등 평등하고 협력적인 직장문화를 이루지 못하게 하여 기업 측의 손해도 상당하다는 점에서 문제의 심각성이 있다.

더 나아가 직장 내 성희롱은 노사 간뿐만 아니라 크게는 국민경제 차원에서도 부정적인 결과를 야기할 수도 있다. 결국 직장 내 성희롱은 단순히 여성 · 남성이라는 인간적 측면 외에 노동법 내의 성차별의 문제와 직접 연관되는 부분으로 파

6) B. A. Gutek, *Sex and the Workplace : Impact of Sexual Behavior and Harassment on Women, Men and Organizations*, San Francisco : Jossey-Bass, 1985.

7) E. B. Flippo, *Personnel Management*, 6th ed., Singapore : McGraw-Hill, 1984, pp.75-76.

맛소금 **기관별 성희롱사건 진정접수 현황(2017년)**

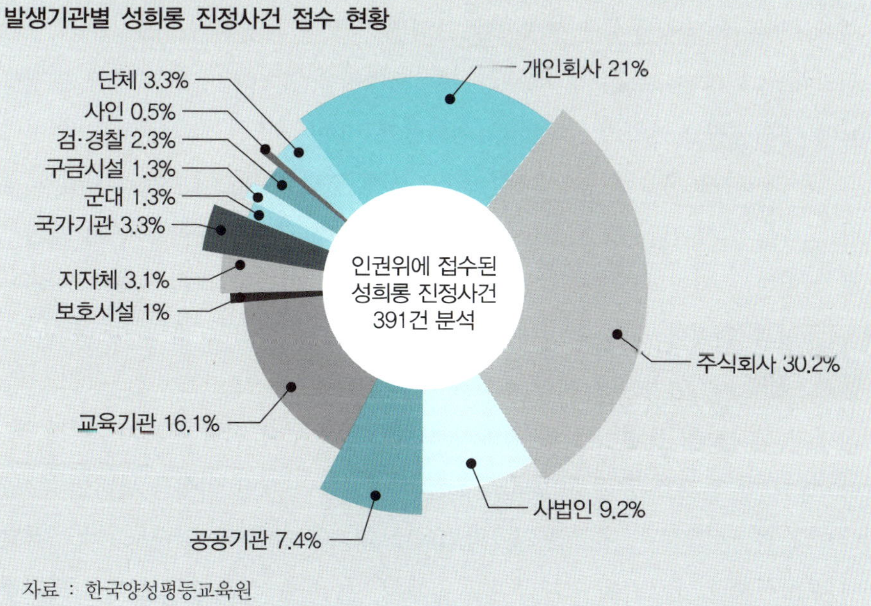

자료 : 인권위원회

악되어야 하며 고용관계와도 밀접한 상호관계를 전제해야 그 본질을 정확하게 인식할 수 있다.

직장 내 성희롱이 문제시된 것은 여성의 노동시장 진출이 활발해지며 발생한 것으로 국제사회에서 이 문제가 성차별에 관한 법률문제로 부각된 것은 1976년 미국 법원의 판결에서 비롯하여 불과 20여 년의 역사밖에 가지지 못한다.

우리나라에서 직장 내 성희롱이 문제시된 것은 오래 되지 않았지만 최근 이와 관련한 사건이 증가하고 있어, 여성단체와 노동단체 위주로 직장 내 성희롱에 대한 대책을 마련해 왔다. 아울러 직장 내 성희롱문제의 심각성에 대한 일반인의 인식이 확대되는 추세에서 성희롱 예방과 처벌을 다룬 법이 제정 및 개정됨으로써 성희롱 개념이나 판단기준, 예방장치 및 이에 대한 처벌규정 등이 마련되고 있다.

그렇다면 직장 내 성희롱문제를 예방하는 방안으로 노동조합이 취할 수 있는 내용으로는 어떠한 부분이 있을까?

첫째, 모든 노조원들에게 성희롱에 관련된 정보를 제공한다.

정보제공의 방법으로는 성희롱에 관한 소책자의 발간이나 노조에서 발행하는 자료에 성희롱관련 정보를 싣는 것, 성희롱에 대한 노조원 교육(강연이나 비디오 관람, 학습이나 토론을 위한 소모임 조직) 등이 있다. 이와 더불어 성차별과 성에 대한 교육을 실시한다. 특히 성희롱은 예방이 중요하므로 교육을 노조의 중심사업으로 실행하는 것이 필요하다. 물론 기업 차원에서 이러한 성희롱 예방교육을 실시하는 면과 연계를 하는 측면에서도 생각해볼 수 있다.

둘째, 직장 내 성희롱에 대한 실태를 조사한다.

사내의 성희롱의 관련 정보와 전반적 사항을 알아보기 위한 설문지 조사를 실시한다. 또한 이 결과를 통해 기업의 노조원의 성희롱에 대한 의식을 판단할 수 있고 회사보다 적극적으로 자체적인 교육방법이나 대책을 세울 수 있다. 그리고 결과를 회사의 소식지나 게시판에 공개하여 사내에서 일어나는 성희롱의 실태나 효과적인 대처방안 등을 널리 알리는 것이 중요하다. 하지만 이러한 성희롱의 실태를 공개하는 측면에 있어서는 피해 당사자의 보호에 각별한 신경을 써야 할 것이다.

셋째, 직장 내 성희롱에 대한 회사 측의 구체적 방침 채택을 건의한다.

성희롱 근절의 의지를 보여주는 방침 채택 자체가 상당한 예방효과를 갖는다. 따라서 노조는 성희롱을 근절시키는 데 기여할 성희롱 방침을 회사가 채택할 것을 촉구한다. 이 정책에는 '고충처리 통로'와 '성희롱 가해자에 대한 처벌기준'이 포함되어야 한다.

그럼에도 불구하고 성희롱 사건이 발생하였을 경우 노동조합의 역할은 무엇인가?

첫째, 노동조합 자체 내에 상담창구 및 전담기구를 설치한다.

노조나 근로자단체 내에 전담기구가 있어야 한다. 노동자들의 견해를 사용자에게 효과적으로 전달하기 위해서 자체 내에 기구는 필수적이다. 노조나 여타의 근로자단체는 상시적인 기구설치를 운영하여 정기적인 실태의 조사와 홍보·교육·

대안의 제시를 하고 이를 종합하여 단체협약 체결 등에서 적극 반영하여야 한다. 그리고 가능하면 노조가 남성중심조직으로 운영될 경우, 여성의 이해나 성차별 등의 문제를 간과할 가능성이 크므로 여성조합원의 활동범위를 확대하는 방안도 함께 전담하는 것이 필요하다. 그러나 아직까지 이러한 필요성을 절감하고 있는 노조가 그리 많지 않다는 점을 볼 때도 기존의 남성중심의 노조조직 내부에서 이러한 변화가 우선적으로 이루어져야 할 것은 자명한 일인 것이다.

둘째, 노조 및 근로자단체의 적극적 중재가 필요하다.

성희롱문제가 발생했을 때 노조는 가능한 한 빨리 성희롱을 중단시키기 위해서 양편을 중재하는 역할을 해야 한다. 원칙적으로 노조는 피해자와 가해자 양측 모두를 별도로 지원하고 대변하는 것이 바람직하다. 그러나 어떤 경우에도 동일한 노조 간부가 동시에 양편을 대변해서는 안 된다.

셋째, 성희롱 피해자를 보호한다.

노조는 피해자가 공식적 해결을 원할 경우, 그렇게 할 수 있는 권리를 보장해야 하며, 사용자에게 즉각적이고 적절한 대처를 취할 것을 요구한다. 사용자가 적절히 대응하지 않을 경우 노조는 다른 공식적 해결방식을 통하여 지원해야 한다. 아울러 노조는 사건처리의 결과뿐만 아니라 피해자가 동료나 사용자에게 불이익을 당하지 않도록 보호해야 한다. 이러한 성희롱 피해자에 대한 보호는 피해자가 하나의 조직에 소속되어 있다는 측면에서 앞으로의 원활한 조직생활을 하기 위하여 무엇보다도 중요시되어야 할 부분이 될 것이다.

넷째, 성희롱 피해자의 진술서를 보존한다.

피해자의 진술을 확보하여 차후에 있을 가해자에 대한 인사상의 조치에 있어서 문제의 소지를 없애야 한다. 그리고 같은 유형의 성희롱을 예방한다는 차원에서 피해자의 진술서는 보존되어야 할 것이지만 이 진술서로 인하여 피해자에게 불이익이 가해지지 않도록 주의하여야 한다.

dessert 디저트

- 비정규직은 풀타임 상시고용계약에 대한 상대적 개념으로서 임시계약직, 단시간근로, 재택근로, 파견근로 등의 다양한 형태를 모두 포괄하는 것으로서, 비정규직 근로자란 상시고용의 계약기간을 정한 바 없이 앞의 근로형태로 근로하는 자를 말한다.
- 최근 들어 비정규직이 확산되는 이유는 세계적 차원의 경쟁 심화, 디지털 혁명으로 대표되는 기술의 변화, 고객욕구의 다양화 등과 같은 중요한 환경변화에 기업이 적응하는 과정에서 노동시장의 유연성에 편승하여 인건비 절감, 해고의 용이 등 이점을 선호하는 것이 주요 이유이다.
- 비정규직을 활용한 이점도 있지만, 비정규직의 잦은 이직관련을 처리하는 비용, 낮은 생산성, 정규직과의 형평성을 유지하지 못할 경우 파생되는 조직분위기 저해와 노사갈등, 비정규직을 둘러싼 법적 문제 대두와 그 해결 등 비용 측면도 존재하므로 신중한 자세가 필요하다.
- 여성인력이 기업조직 내부로 진입하였다 하더라도 여전히 여러 가지 보이지 않는 차별, 이른바 '유리천장'에 의한 인사관리의 불이익을 경험하고 있는 것이 사실이다.
- 지식창출을 통한 고부가가치의 실현이 경쟁의 원천이 되고 있는 21세기에는 감수성과 창의성, 전문성과 치밀한 업무자세에서 여성이 보다 우위에 있다는 것이 일반적 견해이며 이러한 이유로 정보산업, 연구개발 등 전문직, 탄력적 근무가 가능한 직무 등 소프트한 산업 분야에서 공급이 확대될 것으로 보인다.
- 여성인력의 효과적 활용을 위해 경력개발제도의 재정립이 필요하다. 능력 있는 여직원에 대해서 승진경로를 개방하고, 성별에 의한 관리에서 업무별 관리로 관리방침을 전환하여, 승진자격 요건과 기준의 명시화, 경력개발의 차원에서 배치전환이 이루어질 필요가 있다. 아울러 전문직이나 여성의 특성이 발휘될 수 있는 분야를 선별적으로 확대하는 방안도 강구하여야 한다.
- 직장 내 성희롱은 주로 여성근로자에게 가해지는데, 피해근로자의 인격을 훼손시키고 평등한 환경에서 일할 권리를 침해하는 것은 물론, 심한 스트레스와 근로의욕 저하를 발생시킨다. 아울러 기업의 측면에서는 퇴사로 인한 인원충원으로 추가경비가 소요되며, 여성근로자의 고용불안을 가중시키는 등 기업 측 손해도 상당하다.

CHAPTER 12

외국인기업의 노사관계

상생의 노사문화 구축전략

appetizer
애피타이저

해외의 노사관계를 보면 중기 혹은 장기에 걸친 타협안이 오히려 일반적이다. 미국 자동차 산업의 빅3(지엠, 포드, 크라이슬러)와 UAW 사이의 단체교섭은 보통 3년마다 이루어져 오다가 최근에는 4년마다 하는 경우도 왕왕 있었다. 3년 협약에서 매년의 임금인상률은 물가상승률에 연동하고, 또 생산성 증가에 연동하는 임금인상부분을 3%로 매년 적용하기도 한 바 있다. 이탈리아와 영국에서도 2~4년 협약이 더 일반적이다. 우리나라처럼 매년 교섭을 하는 나라로는 일본을 들 수 있다. 그렇지만 주지하다시피 일본의 춘투는 이미 상당히 안정화되고 이른바 경제정합성론이 지배하기 때문에 한 해의 임금인상률에 연연하지 않는다. 그들에게 중요한 것은 장기 고용안정과 그것을 뒷받침하는 기업의 생산성 및 경쟁력이다. 더욱 흥미로운 것은 독일 사례로서 다른 나라처럼 수년 협약을 맺기도 하지만, 협약기간 자체가 교섭대상이 되어 13개월 협약, 17개월 협약 등도 어렵지 않게 발견할 수 있다. 우리나라도 이제 1년단위로 모든 것을 다 승부 내고 결판내야 한다는 관행으로부터 벗어나야 하는데, 금번 통상임금 교섭은 이러한 단기주의로부터 결별하는 출발점이 될 수 있다.

단기적 시야를 버리고 장기 시야를 갖는다는 것은 노사관계에서 생각보다 중요하다. 노와 사 모두 단기 시야에 갇히게 되면 기회주의적으로 행동할 유인이 생긴다. 조합원들에게 금년에 내가 뭔가 꼭 보여주어야 한다는 노조위원장의 강박관념은 기업의 장기 고용가능성을 훼손할 수 있다. 단기적인 인건비 절감을 통하여 주가를 올리자는 목표에만 매몰되면 종업원들의 장기 충성도를 간과하게 된다. 따라서 독일과 일본 등 노사관계가 안정적인 국가들의 특징은 노와 사 모두 장기적인 시야를 확보하고 있다는 점이다.

자료 : 조성재 한국노동연구원 선임연구원, 월간 인재경영

1 외국인기업과 노사관계

(1) 외국인기업과 노사관계의 특징

외국인 투자기업의 노사관계는 최근 세계화과정을 둘러싸고 가장 첨예한 대립을 보이고 있는 다국적기업과 노동조합이라는 두 극단적 집단이 만나서 형성한 장이다. 다국적기업이란 2개국 또는 그 이상의 국가에서 경영활동을 수행하는 기업을 말하는데 단순히 자본투자뿐만 아니라 기업 내부에 보유하고 있는 여러 가지 경영자원(원재료・부품・기술・노하우・경영기법 등)을 국제적으로 이동한다는 점에서 국내기업이나 무역기업의 경영행태와는 전반적으로 다르다.

자유롭게 국가영역을 넘나들면서 특정한 법적・정치적 규제에 얽매이지 않는 다국적기업의 경영방식과 반대로 일정한 기준과 시스템으로 기존의 질서를 유지하고자 하는 노동조합이 맞부딪치는 양상이다. 그러나 세계화 추세 속에 다국적기업의 영역은 더욱 커지고 그 경쟁양상 역시 치열해질 수밖에 없으므로 어느 나라든지 외국인 투자기업에 대한 의존성이 커지고 있다. 의존성이 커진다는 것은 외국인 투자기업이 한 나라에 미치는 영향력도 커진다는 것을 의미한다. 결국 중요한 것은 외국인 투자기업과 현지국가가 얼마나 갈등을 최소화하여 상호 간의 이익을 증진시킬 수 있는가 하는 점이다. 세계화의 진전에 따른 외국인 투자기업의 활발한 진출 그 자체가 문제는 아니라는 말이다.

그런데 타국에 대한 외국기업의 진출은 불가피하게 정치, 경제, 사회, 문화, 법률적 환경의 이질성을 동반하며 이러한 상호 간 모순이 심각한 부작용으로 표출될 수 있다. 국제경영에서 이질적 요소 간의 충돌은 흔히 노사갈등으로 나타난다.

다국적기업에 의하여 발생하는 노사갈등의 내용은 크게 보아 고용문제, 노동조건과 생활조건의 문제, 노자(勞資)관계의 세 가지 측면에서 접근할 수 있다. 고용의 측면에서는 모국의 경우에는 자체 내의 고용감소문제와 고용구조의 변화에 따른 수급문제로 현지국가에 진출하는 경우가 많으며 이로 인해 현지국가가 진출 시

단기적으로 노동비용 측면만을 강조하는 경우가 있다. 노동조건이나 생활조건의 측면에서는 다국적기업이 자국의 노동조건, 고용 관행을 악용하거나 혹은 진출국의 노동조건, 고용 관행을 악용함으로써 발생하는 문제가 있다. 노사관계에 있어서는 노조에 대한 각종의 탄압, 특히 노조 불인정과 노조탄압의 일환으로써 자본철수의 문제가 심각하게 대두될 수 있다.[1)]

이러한 여러 노사갈등요소에도 불구하고 최근 다국적기업의 노사관계에 대한 노사 쌍방의 일반적 관점은 다음과 같다.

먼저 다국적기업의 입장에서 노사관계는 해외직접투자 결정 시 중요한 요소로 고려되고 있다. 다국적기업들이 노사관계를 중요한 투자결정요소로 보고 있는 것은 비단 우리나라만이 아니고 다른 나라에서도 확인되고 있다.[2)] 가령 미국의 다국적기업 경영자들은 노동 관행과 숙련노동의 확보가능성을 해외직접투자 결정 시 고려하는 가장 중요한 두 가지 요인으로 꼽고 있으며, 영국에 진출해 있는 다국적기업의 2/3 이상이 노사관계를 가장 중요한 투자결정요소로 들고 있다.

반면에 노동계 측은 최근 노사관계의 분권화 및 약화의 주범으로 다국적기업을 들고 있다. 가령, 서유럽의 민족적 노사관계시스템 약화의 주요 원인으로 미국과 일본의 다국적기업이 지목되고 있다. 외국인 자본의 투자유치가 절박했던 영국의 경우 주로 일본의 다국적기업에 의해 민족적 노사관계시스템의 토대가 약화되고 있다는 널리 알려진 사실 이외에 독일의 노사관계에서도 새로운 생산기술의 채용, 작업방식의 변경, 보상시스템의 변화, 작업조직의 참여 등 최근 발생하고 있는 변화의 핵심적 동인이 다국적기업들이라는 주장이 제기되고 있다.

다국적기업의 노사관계가 지니는 이와 같은 양측 주장과 마찬가지로, 최근 이에 대한 연구 역시 두 가지로 나눌 수 있다. 우선 외국인 투자기업들이 노동조합의 힘을 약화시키면서 집단적 노사관계의 기반을 붕괴시킬 우려가 있는 것은 아닌지에 초점을 맞춘 연구흐름이 하나이고, 또 다른 하나는 주로 외국인 투자기업이 현지

1) 이상영, "한국에서의 다국적기업의 노동문제 유형과 특성", 다국적기업과 한국노동운동, 전국외국기업노동조합협의회

2) 노용진 · 김동우, 외국인 투자기업의 노사관계에 관한 연구, 한국노동연구원, 2003, pp.6-7.

의 노사관계제도와 관행을 존중하는 현지화전략과 다국적기업 내의 다른 지사들과의 일관성전략을 어떻게 적절하게 배합하여 노사관계의 안정성을 기할 것인지에 관한 연구흐름이다.

어떤 시각이든 간에 다국적기업이란 세계 도처의 재정자원을 결집하고 가장 이윤이 극대화할 수 있는 곳에 투자함으로써 주로 이윤의 극대화와 확장의 동기에 의해서만 움직인다는 다국적기업의 속성을 지니고 있다는 점을 인식할 필요가 있다[3]([사례 12-1] 참조). 실제로 외국기업이 해외직접투자를 하는 데 있어 노동조합 조직률이나 노사관계 등 노동조합관련 요인과 관련된 유의성은 미미하다는 다수의 연구가 있으며 설득력을 지닌다. 특히 미국 국적을 지닌 다국적기업의 경우 해외진출을 하는 데 있어서 현지의 노사관계요인은 별 영향이 없었으며 이보다는 무역장벽과 관세, 시장 근접성 등이 관련이 크다는 연구는 이 같은 사실을 뒷받침한다.

사례 12-1 **한국 떠나는 외국계 제약사 "고임금 · 노사갈등 힘들어"**

국내에 진출해 있던 다국적 제약사의 의약품 공장이 잇달아 한국을 떠나고 있다. 최근 바이엘코리아에 이어 한국얀센도 공장 철수를 결정하였다. 한때 20개에 육박했던 다국적 제약사 의약품 공장은 이제 2곳으로 줄어들었다.

한국얀센은 오는 2021년 화성 향남공장의 생산업무를 중단하기로 결정하였다. 1983년 설립된 향남공장은 생산혁신을 통해 2008년 존슨앤존슨 제약부문 아시아태평양지역 거점공장으로 승격하였다. 이후 대만, 홍콩, 베트남 등 아시아 8개국에 완제의약품을 공급해왔다. 최근 얀센 제조 네트워크에 대한 진단평가결과 과잉설비상태라는 판단에 따라 결국 철수를 결정하였다.

바이엘코리아는 2018년 12월 안성공장에서 조영제 생산을 중단한다는 계획 아래 직원들과 퇴직소선에 관한 합의를 마쳤다고 한다. 회사 측은 조영제 공장의 생산 종료일 뿐 철수가 아니라는 입장이지만 안성공장 핵심업무가 조영제 생산인 만큼 생산중단은 국내시장 철수 수순으로 이어질 전망이다.

이제 한국 내 다국적 제약사의 의약품 공장은 한국 오츠카제약의 향남공장과 한국얀센의 송도바이오단지 백신공장 등 2곳만 남아있다.

3) 국제자유노련(ICFTU) 제1차 세계총회, 다국적기업현장 서론 : 멕시코, 1975.

다국적 제약사들이 국내 공장 철수에 나서는 것은 고임금과 노사갈등 등으로 인해 한국이 더 이상 생산기지로서의 이점이 없다고 판단했기 때문이라는 분석이다. 최저임금 인상과 주 52시간 근무제 도입 등 최근 점점 빡빡해지고 있는 고용조건도 영향을 미쳤다. 수입의약품에 대한 규제 완화로 인해 국내 생산제품에 대한 이점이 줄어든 것도 한국 이탈의 원인으로 작용한다.

국내 공장을 철수하면서 다국적 제약사 한국법인의 주요 업무는 완제의약품 수입과 판매로 역할이 축소되는 중이다. 이에 고용창출과 현지화전략을 앞세워 한국에 진출했던 다국적 제약사가 완제의약품 수입의존도를 높이면서 거대 수입상으로 전락하는 것 아니냐는 비판이 제기되고 있다. 제약업계 관계자는 "다국적 제약사의 공장이 국내 제약산업의 생산품질발전에 기여해온 측면이 적지 않다. 외국기업이 한국 공장을 잇달아 철수하는 것에 대해 정부도 고민할 필요가 있다"고 지적했다.

자료 : 매경이코노미, 제1971호, 2018. 8.

(2) 외국인기업과 노사관계시스템

여기서는 외국인 투자기업의 노사관계를 이해하기 위하여 다국적기업과 노사관계시스템을 개괄적으로 살펴보도록 한다. 외국인 투자기업의 노사관계는 현지 국가의 안정적 노사관계시스템 구축과 외국자본의 원활한 유치를 통한 국민경제의 안정화라는 측면에서 중요한 의미를 지니므로 이에 대한 사전인식이 필요하다.

다국적기업은 다양한 경영전략의 이행 차원에서 외국으로 진출하는데, 이때 현지의 관점에서는 매우 이질적인 존재로 받아들여진다. 다국적기업은 어떤 형태로든 현지국가의 범위를 넘어 자유로운 존재이기 때문에 경영행태의 양상 역시 매우 신축적으로 나타난다. 이를테면 다국적기업은 범지구적(global)인 차원에서 경영자원을 배분·적용하므로 한 나라에서 구조조정을 통해 사업을 축소하거나 사업체를 폐쇄하면서 다른 나라에서는 새로운 지사의 설립이나 인수합병을 추진할 수 있다는 말이다.

다국적기업은 이와 같은 생산의 국제적 조직을 통해 노동조합이 수용할 수 없는 조건을 단체교섭에서 요구하는 경우 생산단위를 다른 지역으로 이전하거나 필요한 투자를 취소하겠다고 위협하거나 실행할 수 있다. 다국적기업은 파업행위 시 다른 나라로 생산설비를 일시적으로 이동할 수 있는 옵션을 가지고 있기 때문에 노조의 교섭력을 심각하게 훼손시킬 수 있다. 이런 점에서 다국적기업은 해외직접투자의 대상국가뿐 아니라 모국에서도 정부나 노동조합의 규제를 약화시킬 수 있는 힘을 가진다.

그러나 모국과 달리 다국적기업의 해외직접투자 대상국가에서는 다국적기업의 의사결정 정점이 국경 밖에 존재한다는 특징이 덧붙여진다.[4] 다국적기업이 지사 수준의 의사결정의 모든 측면에서 개입하는 것은 아니지만, 의사결정권이 궁극적으로 본사에 있음을 부인하기는 어렵다. 형식적으로는 다국적기업의 지사가 자율적일 수 있지만 내용적으로는 다국적기업의 정책결정센터가 이들 지사들의 의사결정을 어떤 형태로든 통제한다. 이런 점에서 외국인 투자기업의 노사관계에 대해서는 일국단위로 구성되어 있는 던롭의 이른바 노・사・정 3자 간의 노사관계시스템을 그대로 적용하기가 어렵다.

이 점을 반영하여 니스(W. De Nijs)는 던롭의 노사관계시스템을 발전시켜 외국인 투자기업의 노사관계에 적용가능한 노사관계시스템을 제시하고 있다([그림 12-1] 참조). 그는 전략결정에서 다국적기업 본부의 경영자들은 현지국가시스템의 국경을 넘어서서 이동하고 민족적 집단의 통제 밖에 위치하여서 다국적기업의 현지지사가 민족적 노사관계시스템에서 자율적 행위자로 등장하지 못한다는 점을 주목하고 있다.

다국적기업이 [그림 12-1]에서와 같이 일국의 노사관계시스템에서 벗어나 있음으로 인해 다국적기업은 기존 일국의 노사관계에서 적용받는 환경, 가령 노동법, 노동시장, 자본의 흐름에서 상대적으로 자유롭다. 특히 다국적기업은 국경을 자유롭게 넘나들 수 있기 때문에 우선 성지석 규제가 용이하지 않다. 치열한 국세경쟁의 심화와 함께 다국적기업이 자본철수 위협을 통해 자칫 국민경제의 위기를 담보로 할 때, 현지국가도 다국적기업들을 국민경제 내에 안정시키기 위한 유인책으로

4) E. Piehl, *Multinational Konzerne und Internationale Gewerkschaftsbewegung*, Frankfurt am Main : Europäische Verlagsanstalt, 1974.

그림 12-1 다국적기업과 현지국가와의 노사관계시스템

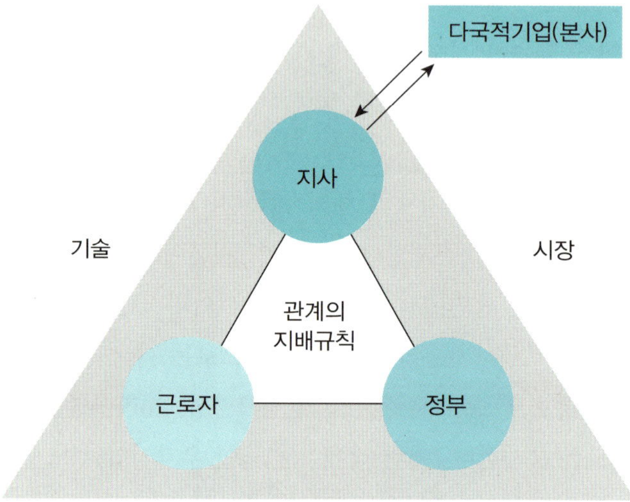

서 규제철폐 또는 규제의 제한적 적용을 허용함으로써 현지국가 및 노동조합의 영향력이 현저하게 약화되는 결과를 낳기도 한다.

니스는 다국적기업의 최종 의사결정권자가 현지국가 밖에 존재할 때 다음과 같은 문제가 있다고 지적한다.5)

- 노동조합이나 현지국가 정부가 다국적기업의 의사결정 메커니즘을 이해하기 힘들다. 가령 다국적기업의 전략, 경영진의 성격, 모국의 경영 관행, 생산품목, 의사결정대상항목 등에 다양한 편차가 존재하므로 의사결정과정을 파악하기 힘들다.
- 현지의 경영자나 노동조합 또는 정부가 다국적기업 전체의 국제경영전략과 다른 나라들에서 수행하고 있는 활동의 전망을 이해하기 힘들기 때문에 미래에 대한 불확실성이 증가한다.

5) W. De Nijs, "International Human Resource Management and Industrial Relations : A Framework for Analysis", in A. Harzing & J. V. Ruysseveldt(eds.), *International Human Resource Management*, London, SAGE Pub., 1995.

• 현지의 노동조합이나 정부가 다국적기업의 국제적 생산조직능력을 통제하기가 매우 어렵다.

한 다국적기업의 모든 지사 또는 몇 개 지사에 있어 진정한 의미에서 국경을 뛰어넘는 초국가적(국제적) 교섭을 성취한다는 것은 그리 쉬운 일이 아니다. 그러나 같은 다국적기업 산하 각국의 자회사 노조들은 상호 이해와 유대를 도모하며, 정보와 지식의 교환, 보다 나은 협력방안 논의, 노조의 교섭력에 대한 회사 측의 위협에 보다 효과적인 대처방안을 모색하기 위해 정기적인 회의를 갖는 사례들이 늘고 있다.

국제산별노련을 통한 방법도 상당부분 발전이 있긴 하지만, 실제 그 진전 속도는 매우 느리다. 그 이유로는 ① 다국적기업의 노동조건과 그에 대한 노동자들의 인식 차이, ② 노동운동 내의 갈등, ③ 다국적기업의 강력한 저항, ④ 각국 간 법과 관습의 차이 등이 있다.[6)]

(3) 문화적 차이와 현지화

잠시라도 미지의 문화와 접촉할 때는 누구나 생경한 느낌과 부적응에 의한 욕구불만, 긴장이 유발된다. 이를 문화충격(cultural shock)이라고 하는데, 인류학자 오버그(K. Oberg)는 이를 한마디로 "갑자기 해외로, 타 문화로 보내지는 사람이 걸리는 직업병"으로 정의하면서, 우울함, 초조함, 혼란, 목표상실, 소극적인 태도, 적개심, 편집증 등을 동반한다고 하였다.[7)]

문화충격은 개인 차원의 문제를 넘어 기업경영과 관련하여 심각한 문제를 야기한다. 노사관계의 이질성 등 외국인기업이 현지국가에 진출하면서 겪는 제반 문제들의 원인도 사실 생소한 문화적 차이에서 오는 경우가 대부분이다. 모국기업의

6) 심상완, "다국적기업과 국제노동조합운동", 다국적기업과 한국노동운동, 전국외국기업노동조합협의회
7) 김주수 역(P. B. Harris & R. T. Moran 저), 국제경영과 이문화관리(*Managing Cultural Differences*), 녹원출판사, 1991, p.129.

고유문화가 존재하지만 현지국가에 전반적으로 존재하는 일국의 고유문화도 당연히 존재하기 때문이다([표 12-1] 참조). 문화는 제도와 시스템 그리고 구성원의 가치관에 영향을 미치므로 이러한 양 문화의 접점에서 충돌이 발생하기 쉽다.

| 표 12-1 | 주요 기업의 기업문화

회사	전통가치
AT&T	보편적 서비스
Continental Bank	우리는 방법을 찾아낸다.
P&G	소비자 우선주의, 고객요망에의 대응
Price Waterhouse	기술적 완성의 극치를 지향(회계기술)
IBM	고객서비스
Hewlett-Packard	신뢰와 자율

외국기업이라는 이유로 지닐 수밖에 없는 이러한 요소들은 해당 다국적기업으로서는 특유의 비용요소로 작용한다. 국가 간 존재하는 이질적 요소를 극복하는데 지출되는 비용을 외국인비용(liability of foreignness)이라고 하는데, 문화적·언어적 장벽에서 오는 문제, 현지국가의 정치적·경제적 규제에서 오는 문제, 지역적·시간적 거리감에서 파생되는 문제들이 이에 해당한다. 그런데 다국적기업의 외국인비용이 현지국가 노동조합 측으로서는 노동조합의 힘을 강화시켜주는 한 요인으로 작용한다. 외국인비용을 최소화하기 위해 다국적기업은 합작이나 인수, 합병 등 이른바 내부화(internalization)를 통한 비용지출을 감수하면서 이를 극복하려 시도한다.

다국적기업의 경영진 입장에서는 결국 지사들의 효율적 관리를 위해 모국과 진출국의 제도적·문화적 차이에 어떻게 대처해야 하는지가 가장 중요한 관심사일 수밖에 없다. 한편으로 표준적인 제품생산, 세계적 차원의 생산과 운영의 효율적 통제를 위하여 현지제도와 문화에 적응할 필요성이 생긴다([사례 12-2] 참조).

사례 12-2 티센크루프 엘리베이터 코리아, 노사문화

직원과 회사 상호 만족도 향상

2012년 이전까지 티센은 잇단 구조조정과 노조의 파업, 낮은 임금수준 때문에 노사간 불신과 대립구도가 심각했다. 그러나 박 대표가 취임하고 처우개선과 일하기 좋은 기업 만들기, 노조와의 상생경영 등을 펼친 덕분에 회사에 대한 직원들의 만족도가 눈에 띄게 좋아졌다. 실제 국내의 대표적인 기업평판 사이트 '잡플래닛'을 검색하면 티센의 전체 만족도는 3.6점(5점 만점)으로 중상위권이지만 기업추천율(83%), 성장가능성(54%), CEO 지지율(75%)은 국내 최고수준을 보이고 있다.

짧은 시간에 성과를 거둔 박 대표의 경영철학과 노하우는 무엇일까? 그는 한마디로 '한국형 경영'의 성과라고 말했다. "저는 한국회사는 물론 외국회사에도 근무했고, 중국에서 CEO도 맡는 등 다양한 경험을 갖고 있습니다. 때문에 한국이라는 특수환경에 다국적기업들이 내세우는 글로벌 스탠더드를 적절하게 섞은 '한국형 경영'으로 성공할 수 있었습니다. 직원들 생각에 한국에서는 고용이 가장 중요한데 다국적기업들은 이익을 내기 위한 경영이 최우선입니다. 고용과 이익창출의 조화를 잘 맞추는 한국형 경영 덕분에 지금까지 성과를 낼 수 있었습니다." 그는 다른 회사나 CEO에 비해 특출한 경영전략과 전술을 내세우기보다 뭔가 다르고 차별화된 제품과 서비스, 스토리와 함께 가치를 제공해야 한다는 생각을 늘 가지고 있다.

자료 : 월간 엘세이프, 2018년 12월호

한편 다국적기업의 현지 적응력은 이들 기업이 노사관계를 포함한 모기업의 경영 관행을 현지에서도 얼마나 고수하려는가에 따라 달라질 수 있다. 이런 관점에서 다국적기업의 현지 적응 노사관계전략은 펄뮤터(H. V. Perlmutter)의 EPRG식 접근으로 설명될 수 있다. 즉 자문화중심주의(ethnocentric), 현지국중심주의(polycentric), 지역중심주의(regiocentric), 세계문화중심주의(geocentric) 등 네 가지로 구분하여 설명한다.

첫째, 자문화중심주의는 모기업의 자본 및 경영능력수준이 미약하여 모국 본사의 시스템을 그대로 유지하는 상태에서 취하는 경영사고방식이다. 즉 기업문화를 현지에 그대로 이식·반영하려는 태도로서 모국기업의 경영시스템을 그대로 이전한다. 인사에 있어서도 지사를 경영하는 핵심적 지위에 주로 모국 국적인들을 파견하는 경향이 있으며 일본의 다국적기업에서 흔하게 나타난다.

둘째, 다문화중심주의는 현지의 문화를 존중하는 태도로서 현지시장에 적합한 경영을 지향한다. 경영효율성에 적합하다면 필요한 요소에 현지환경을 부분적으로 반영하는 방식이다. 인사에 있어서도 현지 국적의 관리자들에 의해 가장 잘 이루어진다는 시각에 근거하고 있다. 그 결과 현지의 지사들은 경영성과를 통한 통제를 받기는 하지만 상대적으로 높은 수준의 자율성이 주어진다. 현지 국적인들은 현지지사의 최고경영자가 그들 경력의 마지막 단계이다. 이러한 다문화중심주의는 주로 유럽계 다국적기업에서 가장 자주 나타나는 경향이 있다.

셋째, 지역중심주의는 다수의 국가가 위치한 특정 지역이 상호 간 의존관계가 높은 반면, 본사와 의사소통의 여지가 적을 경우 해당 지역을 하나의 단위로 하여 경영활동을 수행하는 방식이다. 본래는 각국의 규제를 회피하고자 각국에 거점을 마련하여 생산, 마케팅 등 경영활동을 수행할 때의 상태를 말한다. 인사관리에 있어서도 지역별로 독자적인 기준을 적용하며 특정 지역 내 능력 있는 인재를 선발하여 지역 내 최적지역에 배치한다.

넷째, 세계문화중심주의는 국적을 초월하는 글로벌 관점을 갖는 것으로서 국가, 국적에 상관없이 세계적 차원을 하나의 시스템으로 간주하는 사고방식이다. 범세계적 효율성을 달성하자는 것으로 이러한 상태의 기업을 세계화된 기업이라 한다. 이러한 기업은 인사관리에서도 최상의 관리자를 세계적 수준에서 활용한다. 본사와 지사들 간에 정보, 아이디어, 최상의 작업방식, 인적자원들이 공유되고 교환되는 특징을 지닌다. 즉 세계문화중심주의는 다국적기업의 현지 적응성과 일관성을 글로벌 차원의 관리로 지향하고 있다.

다국적기업이 위와 같은 네 가지 단계 중 어느 단계에 위치하든 간에 경영전략에 따라 세계화와 현지화요소를 적정하게 배분할 필요가 있다. 일반적으로 다국적기업은 투자, 기획, R&D 등의 전략적 의사결정에는 모국의 중앙집권 정도가 높은 경우가 많고, 판매, 구매, 인사정책에 관해서는 현지지사들에게 상대적으로 높은 자율권을 부여하는 경향이 있다. 따라서 노사관계의 경우에는 비교적 현지지사의 자율성이 높은 것으로 알려지고 있다.

아울러 이질문화에 대한 대응으로 서로 상이한 이질문화 간에 '문화적 상승효과'와 '이질문화 간 교류'가 유발될 수 있도록 한다. 문화적 상승효과란 서로 다른 두 개 이상의 문화적 배경을 지닌 개인이나 단체가 함께 무엇을 행사할 때 문화적 다양성의 장점을 증대시킴과 동시에 난점이 가져오는 부정적인 영향을 최소화하는 것을 의미한다.[8)] 이질문화 간 교류란 문화적으로 다양한 인간들이 제각기 본국중심주의에서 벗어남으로써 자기자신과 타인의 문화적 배경 양쪽에 유연하게 대처하고 더 나아가 새로운 제3의 배경을 형성하기 위한 상호작용이다.

이상에서 살펴본 바와 같이 다국적기업이 현지의 노사문제를 관리하고 해결하기 위해서는 세계화와 현지화요소의 적정한 배분, 그리고 이질문화의 적절한 융합이 필수적이다. 따라서 현지국가에 진출할 때는 현지국가에 대한 사전조사, 현지기업의 경영스타일 등 전반에 대한 대응책을 충분히 고려하여야 한다.

다음은 다국적기업들이 범세계적 관점과 논리에서 노사문제에 대한 대책을 수립하고자 할 때 필요한 구체적인 요소들이다.[9)]

- 현지의 노동조합의 성격, 노동운동의 전개 및 방향 숙지
- 현지의 노사문제에 정통한 전문가의 양성 및 보유
- 현지노조의 전술과 요구사항을 정확히 예측
- 문제해결을 위해 인내심과 노사 간의 공존공생의 신념 확립
- 다국적기업의 최고경영진이 현지의 노사문제에 대한 적극적 관심, 객관적으로 노사문제를 파악할 수 있는 시스템 구축

이렇듯 노사관계에 대한 고려요소를 바탕으로 하여 외국인 투자기업들은 현지국가마다 적합한 노사관계를 형성하여야 하며 현지국가 노동자들과의 마찰을 최소화하는 방향으로 노사정책이 수립되어야 한다. 만일 현지국가 노동자들과 노사관계에 있어 마찰이 발생하면 현지국은 일단 외국기업에 대해 제재를 가하는 것이

8) 강태구 · 박송춘 공역(江夏健一 외 저), 다국적기업론, 전남대학교 출판부, 1995, p.93.
9) 김철, 다국적기업론, 법문사, 1996, pp.360-361.

일반적이므로 현지국가에서 경영활동을 원활히 수행하기 위해서는 이에 대한 대비가 필요하다. 또한 현지국가 노동자들과의 원만한 노사관계는 현지국민들이 해당 외국기업에 대한 이미지를 제고할 수 있는 기회가 되기도 하기 때문에 아주 중요한 사항이라 할 수 있다.

커피 브레이크 | 누가 가짜 경제화를 말하는가?

스웨덴과 독일, 오스트리아와 네덜란드, 프랑스 같은 유럽에서는 대기업, 중소기업 상생정책과 불공정 하도급규제 같은 국가정책이 별로 눈에 띄지 않는다. 이들 나라의 대기업이 착하고 자비로운 천사들이기 때문일까? 아니다. 유럽에서는 강력한 산별 · 지역별 노동조합과 산업별 단체협상, 그리고 국가적 복지 확대를 통해 동일한 산업 · 업종 내의 대기업 · 중소기업 간 임금격차와 사내 복지격차, 즉 노동시장의 이중구조화문제를 원천 봉쇄하였다.

우리 사회는 근로소득격차가 큰 상태에서 재산소득의 쏠림현상까지 가중되어 소득불평등이 극에 달한 상태다. 소수에게 몰려 있는 자본소득에 대한 과세를 강화해야 한다. 앞으로 진행될 세계사적 대전환의 주역, 혁명적 변화의 주역은 바로 삼포, 오포, 청년들이다. 이것이 피케티가 말하는 21세기 자본주의의 의미이다.

민주노총과 한국노총이 이끄는 우리나라 노동운동은 전체 노동자들의 80%를 차지하는 중소 · 영세 노동자들을 포함하는 노동운동을 일구는 데 실패했다.

따라서 노동운동이 청년 알바와 식당 아줌마들, 그리고 대기업 · 중소기업 사내 하청과 비정규직, 그리고 중소 영세기업에 근무하는 정규직들까지 포함하여 이들을 형제애의 정신, 즉 사회 연대의 정신으로 조직하지 않는 이상, 그들을 지역별 · 산업별로 조직하여 업종별 · 지역별 최저임금인상과 국가 복지 확대를 위해 노력하지 않는 이상, 대기업 · 중소기업 간 임금격차는 앞으로도 계속 벌어질 것이다.

자료 : 황치규, 브런치

2 외국인기업의 노사관계전략

(1) 각국의 경영 관행

외국인 투자기업은 전 세계를 대상으로 경영활동을 수행하는 다국적기업의 속성으로 현지마다 각양각색의 노사문제를 경험하게 된다. 일반적으로 노사문제를 관리하고 해결하기 위해 모국의 정책과 현지의 환경을 적정하게 섞어 수행하고 있다고 본다. 이때 우선 문제가 되는 것은 모국의 정책과 모기업의 경영 관행을 고수하는 경우가 해당되는데, 모국과 모기업의 경영 관행이 현지국가 기업에 미치는 영향을 통상 모국효과(country of origin effect)라 한다.

다음은 주요 국가들의 일반적 경영 관행을 정리한 것이다.

1) 미국

미국은 개인주의와 합리주의의 경영 관행을 지닌다. 미국의 기업 내에서 근로자들은 서로 승진과 성공을 둘러싼 경쟁자로 간주하고 그들 간의 경쟁을 비정상적으로 보지 않는 경향이 있다. 고용관계는 단기적이고 보상은 심리적이라기보다는 금전적이며 기업에 대한 몰입도가 낮은 편이다. 미국의 많은 기업들은 주주들을 위해 단기적 이익의 극대화를 추구한다([사례 12-3] 참조).

미국기업들이 합리주의적 전통은 높은 수준의 공식화와 장기계획에서 발견할 수 있다. 테일러리즘의 전통 속에 작업장이 높은 수준의 전문화와 공식화가 이루어져 있고, 체계적 재무계획과 재무적 통제, 공식화와 선발과정, 체계적 시장분석 등에서도 높은 공식화가 발견된다. 한편 미국기업은 기업 성장에 따라 사업부서 구조를 가지는 경향이 있는데, 사업부제에 대한 자율권 부여와 성과통제를 특징으로 한다. 특히 최근에 위계구조의 단축을 통해 조직구조가 납작해지는 경향을 가지고 있다.

사례 12-3 디트로이트가 재채기하면 한국 부평은 독감을 앓는다

글로벌GM의 최근 행보도 심상치 않다. 2014년 GM의 첫 여성 최고경영자(CEO)에 오른 메리 바라 회장은 철저하게 수익성을 따지는 선택과 집중으로 글로벌사업을 재편 중이다. 호주·러시아·유럽·남아공·인도 등 성장성이 낮다고 판단되는 시장에서 생산공장을 폐쇄하거나 내수 판매를 포기하고 중국·미국 등 주요 시장과 전기차·자율주행차·카셰어링 등 신사업 투자를 확대하고 있다. 한국GM은 철수설을 부인한다. 문제는 한국GM이 글로벌 본사의 투자 축소대상인 '선택적 세계시장(Selected GM International Market)'에 포함돼 있다는 점이다.

한국에서 GM 노사갈등의 해법을 찾기는 쉽지 않다. 최근의 경영악화를 바라보는 노사 간의 시각차가 워낙 크기 때문이다. 회사 측은 고임금과 노사관계를 문제로 본다. 박해호 한국GM 미디어 커뮤니케이션 담당은 "임금상승으로 인한 비용구조 리스크와 노사관계 리스크는 글로벌GM의 단골 지적사항이었다"고 말했다. 노조 측은 GM 본사가 한국GM의 적자를 의도적으로 악화시킨 측면이 있다고 주장한다. 지역구 국회의원도 △GM의 유럽 철수 △환차손을 비롯한 경영실패 △본사와의 불투명한 이전가격 책정 등을 경영악화의 원인으로 봤다. 그는 "디트로이트의 재채기가 바다를 건너면 한국의 독감이 된다"며 "한국GM의 실적과 재무상황은 GM의 경영전략에 의해 크게 좌우된다"고 말했다.

자료 : 중앙일보, 2017. 9. 21.

2) 독일

독일기업들의 경영 관행을 특징짓는 것들은 인적자원과 기술자원의 투자에 대한 장기적 관점, 가격보다 품질과 혁신을 통해 경쟁우위 확보, 기술에 대한 강조, 안정성에 대한 강조와 불확실성 회피 경향 등이다. 장기적 관점은 세전 이익의 상당부분의 사내유보와 높은 비율의 R&D 투자에서 볼 수 있다.

은행과 기업이 상호 결합되어 있고, 은행이 기업의 장기투자 결정에 지원을 한다. 독일의 교육·훈련제도가 기술숙련 형성에 대한 강조와 산업의 요구에 대한 민감한 반응을 낳고 있다. 독일의 관리자들은 요청되는 역량에 대한 높은 수준의 훈련을 받고 동시에 제품과 생산공정에 관한 지식과 결합을 요구받는다. 그 결과 스태프관리자들도 라인관리자들과 높은 통합력을 보여 독일의 조직구조가 수평적 구조를 유지할 수 있도록 한다. 독일의 문화는 불확실성에 대한 회피성향을 가지고 있어서 안정성을 추구하고 그 결과 규칙과 통제에 대해 강조하는 경향이 있다. 동일한 이유에서 직무기술서, 생산계획, 통제 등 형식적 요건을 추구하여 분명한 절차를 요구한다. 독일기업에서는 노동자평의회제도가 있어서 정보공유와 참여의 근거를 제공해주고 있으며, 경영자들의 경영권에 대해 견제와 균형을 취한다.

사례 12-4 **폭스바겐 노사 '고용 유지–임금 감소' 빅딜로 위기 넘어**

독일은 위기 때마다 노사가 협력을 통해 문제를 해결하는 오랜 전통을 갖고 있다. 1980년대 중반 '노동시간 단축' 합의가 대표적이다. 독일은 노사 자율협약을 통해 주당 근로시간을 40시간에서 35시간으로 단계적으로 줄이는 동시에 '노동시간저축제'를 도입했다. 이는 연장근로를 했을 때 임금(수당)을 받는 대신 사후적으로 휴가를 사용하는 제도다. 회사는 연장근로수당을 주지 않아 비용을 절감하는 대신 고용을 유지하고, 노동자는 고용안정을 얻는 대가로 근로시간 단축과 임금 감소를 양보한 것이라고 분석된다.

독일의 이런 전통은 폭스바겐 노사의 1993년 '생산 입지와 고용안정 대타협', 2001년 '아우토 5000' 프로젝트 합의를 거쳐 '미래 협약'으로 이어졌다. 1993년 대타협은 공장의 해외이전 및 3만 명 해고 계획과 노동시간 20% 단축 및 임금 10% 이상 축소를 노사가 교환했다. '아우토 5000'에서는 지역경제 활성화를 위해 본사 임금의 80% 수준으로 5천 명의 실업자를 고용할 자회사를 신설하는 데 합의했다. 이런 노사협력은 상생으로 이어졌다. 폭스바겐은 2000년대 자동차 업황이 회복되자 기존 숙련 인력을 이용해 즉각 생산물량을 확대함으로써 큰 이익을 얻었다. 노동자들은 근로시간이 다시 늘어나고 임금이 증가했다. '아우토 5000' 공장도 미니밴 투란과 스포츠실용차(SUV)인 티구안의 잇단 성공으로 임금이 본사수준으로 오른 데 이어 2009년에는 아예 본사와 합병했다.

독일 노사협력의 핵심은 '임금보선 없는 노동시간 단축'이라는 유연성 확보를 통해 경쟁력 제고와 고용안정을 동시에 이룬 것이다. 독일이 라인강의 기적을 통해 제조업 강국의 자리를 지키는 주된 요인이라는 분석이 나온다. 박태주 경제사회노동위원회 상임위원은 "독일의 노사 대타협처럼 우리나라도 고용안정과 경쟁력 제고를 위해 노사가 협력하는 전통을 만들어야 한다"고 말했다.

자료 : 한겨레, 2019. 1. 15.

3) 프랑스

프랑스의 경영 관행은 그 구성요소들이 서로 모순적이어서 범주화하기 쉽지 않다. 혹자는 봉건적 가부장주의의 관행 결합, 합리주의·법치주의·관료주의적 관행요소들이 결합하였다고 한다.

프랑스의 기업들은 두 가지 종류의 대립적 속성, 즉 인적자원에 대한 통제전략과 관료제적 통제를 결합하고 있다. 명료한 통제라인을 선호하고 상하 간 권력격차가 크다. 의사결정행위는 상대적으로 개인적 수준에서 많이 이루어지지만, 최종 의사결정은 위계의 최상층부에 집중되는 집권적 성격이 강하다.

인수합병은 단기적·재무적 이해보다는 전략적 고려에서 이루어지는데, 장기적 계획보다 개인적 리더십의 전략에 기초하는 경향이 있다. 조직구조는 독일보다 더 많은 위계를 가지고 있고 조직을 부서, 작업조직, 직무단위로 나누는 수평적 분화의 수준이 높다. 때문에 비교적 많은 관리자와 감독자를 두게 된다. 이러한 분단적인 조직구조를 효율적으로 운영하기 위하여 프랑스기업은 문서화된 규칙, 지침, 관료주의적 행태의 의사소통을 광범위하게 사용하는 경향이 있다. 이처럼 문서화된 규칙을 지니고 있지만 규칙(rule) 적용에 있어서는 독일기업 관리자만큼 엄격하지는 않다.

4) 일본

일본의 기업 간 거래방식은 장기적이고 오랜 거래관계를 중시하여 한 번 신뢰한 기업만으로 거래하려는 경향이 강하다.[10] 이를 계열거래라 하는데 이는 금융기관을 중심으로 하는 수평적 기업 계열과 하청관계를 중심으로 하는 수직적 기업 계열을 통해 계열기업 간의 거래에 우선권을 줌으로써 외부기업의 참여를 배제하는 방식이다.

기업 내에서 일본식 경영은, 종신고용제도와 연공서열제도 등과 같은 노무 관행 그리고 기업별 노동조합 및 집단의사결정 등과 같은 독특한 제도를 통해, 집단주

10) 강태구·박송춘, 전게서, pp.280-286.

의적 성향이 높은 것을 알 수 있다. 특히 집단적 의사결정방법은 권한 및 정보의 공동소유를 의미하는 것으로 기업의 가치관 및 이념의 공동소유를 촉진하는 효과가 있다. 단 다수가 참여하는 결정방식이기 때문에 신속한 의사결정과 의사결정에 대한 책임소재가 명확하지 않아서 기발한 의견보다는 평범한 결정에 귀착되는 경향을 보인다.

이처럼 일본식 경영은 신뢰와 집단주의로 대별되는데, 이는 기업의 국제화에 있어 현지화를 가로막는 한 원인이 되고 있다. 생산의 현지화에는 비교적 높은 점수를 받지만 일반적으로 목표의 불확실성, 책임과 권한의 불명료성, 평가기준의 모호성 등이 비판을 받고 있다.

사례 12-5 **도요타 '노사선언'**

BMW·도요타는 현대차 그룹보다 매출액 대비 영업이익이 10배나 높다. 예를 들어 3,000만 원짜리 승용차 1대를 팔았을 때 현대차가 36만 원을 벌었다면 도요타는 279만 원을 벌었다.

고임금 저효율의 고질적인 문제를 해결하지 않으면 시장에서 살아남기 힘들다는 것이다. 노조 개혁을 통한 가격경쟁력 확보, 연구·개발 투자로 브랜드 신뢰도를 높이고 미래 자동차산업전략 수립 등 근본적 개혁을 서둘러야 한다.

무엇보다 세계 최악의 강성노조는 현대차의 저효율·고비용구조를 완전히 고착시켰다. 현대차 울산공장 근로자의 평균임금은 세계 1위 메이커인 폭스바겐(8,040만 원)보다 1,000만 원 이상 높다. 생산성은 경쟁사에 뒤지면서 급여는 훨씬 더 많다. 현대차는 올해도 두 차례나 부분 파업을 벌였다.

일본 대표기업이자 협력적 노사관계로 유명한 도요타자동차도 한때 전투적 노조로 골머리를 앓았다. 1950년 도요타는 종업원 약 20%를 해고하는 구조조정을 발표했고 한때 직장폐쇄에 이르렀다.

그 후 약 10년간 도요타 노조는 크고 작은 쟁의에 휩싸였다. 하지만 쟁의를 할수록 오히려 노조원들의 삶이 팍팍해졌다. 결국 도요타 노사는 1962년 '노사선언'에 합의했다. 합의서 말미에 "일본의 도요타에서 세계의 도요타로 도약하는 눈부신 영광을 획득하기 위해 회사, 노동조합 모두가 혼신의 힘을 다해 노력할 것"을 맹세했다. 50년이 훨씬 넘도록 지키고 있는 도요타 '노사선언'이다.

자료 : 울산매일, 2018. 10. 30.

(2) 외국인기업의 노사관계전략

본사가 국경 밖에 존재하는 까닭에 외국인 투자기업은 현지 경영진에 대한 노사관계관리의 자율성을 얼마나 부여할 것인지의 문제에 봉착한다. 이런 점에서 외국인 투자기업의 노사관계에서는 현지지사에 대한 권한부여문제, 즉 자율성수준 혹은 현지화의 수준 정도에 따라 여러 가지 유형의 노사관계관리 유형이 나올 수 있다.[11] 이는 외국인 투자기업의 자율성·현지화수준에 따라 외국인 투자기업의 노사관계전략이 다양하게 존재할 수 있음을 말한다.

경영 전반에 걸쳐 모기업의 중앙집권적 성격이 높을수록 현지의 전통, 가치관, 관행 및 제도 등과 충돌하고 현지기업 노사관계에서도 갈등을 빚을 가능성이 높다.

먼저 노사관계전략 결정에 영향을 미치는 자율성수준과 관련한 내용을 살펴보자. 한 연구에 따르면 생산활동의 통합 정도가 높을수록 노사관계의 중앙집권적 성향이 높은 것으로 나타난다.[12] 즉 자율성 부여수준은 떨어진다는 말이다. 또 기존 사업의 인수합병 시에는 기존의 관행을 존중하여 지사의 경영진에게 상당한 정도의 자율성을 보장하는 경향이 있지만, 현지지사가 모기업에 의해 직접 설립된 경우에는 노사관계 및 인사정책 전반에 보다 적극적으로 개입하여 현지지사의 자율성을 해친다. 한편 현지지사가 모기업에 대한 투자와 기업금융의 의존성이 높을수록 모기업의 개입이 커져 지사의 자율성을 해치며, 현지기업의 성과가 낮을수록 본부로부터의 개입이 커지므로 낮은 자율성을 부여한다.

다음은 현지화수준과 관련된 내용이다. 일반적으로 지역 국가 간 생산활동의 의존성이 클수록, 즉 밀접하게 연관되어 있을 때 한 국가에서의 노사분규는 즉각 다른 지역 국가의 생산활동에 영향을 주게 된다. 따라서 이렇듯 국가 간 의존성이 큰 경우 모국기업은 현지국가 기업의 노사관계에 보다 적극적으로 개입하려 하며 이

11) 노용진·김동우, 전게서, pp.16-20.

12) U. Veersma, "Multinational Corporations and Industrial Relations : Policy and Practice", in A. Harzing & J. V. Ruysseveldt(eds.), *International Human Resource Management*, London, SAGE Pub., 1995.

는 현지화를 저해한다. 아울러 현지의 경영환경이 모기업의 경영환경과 유사할수록 현지 경영인의 영향력은 줄어들게 되므로 현지화수준을 낮추게 된다.

그러나 비어스마(U. Veersma, 1995)에 의하면, 1980년대 이후 전반적으로 해외지사의 분권화가 가속화되면서 모기업의 해외지사에 대한 자율성 부여도 커지고 있다. 노사관계에 있어서도 각국의 제도적·문화적 차이를 인정할 때 모기업의 일방적인 관행을 주장하기 힘들어졌고, 현지의 노사관계 변화와 노동시장의 변화에 탄력적으로 적응할 필요성을 느끼게 되었다. 그렇다면 외국인 투자기업들이 개별기업 차원에서 노사관계를 개선시키기 위해 어떤 전략들을 구사할까?

이 점은 외국인 투자기업이나 국내의 토착기업에게 모두 해당되는 노사관계관리방안이지만, 외국인 투자기업이 처하고 있는 특성으로 인해 국내기업과 다른 전략을 구사할 수 있다. 우선 외국인 투자기업은 국내기업과 다른 본국의 노무관리 경험을 가지고 있고, 또한 노무관리를 위한 자원을 보다 풍부하게 가지고 있다는 점이 특징적이다. 그러나 그들은 현지의 문화와 제도에 익숙지 않고 그들의 경영관행이 국내의 근로자들에게는 이질적이라는 단점이 있다.

외국인 투자기업의 노사관계전략에는 근로자 억압모형, 근로자 포섭모형, 노사간 상호 이해추구모형 등 세 가지가 있다.

1) 근로자 억압모형

프렌켈과 로얄(S. Frenkel & C. Royal)이 마르크스주의적 시각에 기초하여 설정한 개념으로서, 다국적기업들이 자본의 유동성 증가로 인해 높은 수준의 실업률과 약화된 노동조합주의를 통해 단체교섭을 자신들에게 유리하게 끌고 가는 유형을 말한다.[13)]

노동의 강화와 고용불안은 자본의 유동에 따른 자본의 패권을 반영한 것으로서, 그에 따라 근로자들은 업무, 혁신의 결과 경영진에 대한 불만이 누적되고 노동소

---

13) S. Frenkel & C. Royal, "Workers, Unions and Change in the Global Corporation : Contemporary Experience and Future Possibilities", in J. Waddington(ed.), *Globalization and Patterns of Labor Resistance*, N.Y. : Mansell Pub., 1999.

합은 근로자들을 보호하지 못함으로써 인기가 떨어지게 되며 불신이 팽배하는 등 갈등적 행위가 주로 내재되어 있다.

2) 근로자 포섭모형

다국적기업들은 자신의 이미지관리에 민감하여 정교한 인적자원관리정책을 펼침으로써 보다 전문적이고 세심한 방식으로 변화를 관리하는 유형이다. 종업원들의 근로자 의식은 기업에 의해 형성되고 근로자들의 이해는 기업에 의해 준비되고 형성된다. 임금은 기업의 온정을 나타내는 징표로서 상대적으로 높고, 근로자들의 태도는 이상적인 관리자들처럼 자기계발의 강조, 개인의 성취, 경력지향성 등을 보인다. 노조는 불필요하게 보이지만 하위 파트너로서 허용된다.

근로자들은 직무수행, 혁신의 결과 지사 관리자들에 대해 긍정적 태도를 보이지만 노조에 대해서는 무관심 혹은 적대감을 보인다. 근로자들은 경력개발과 자기계발 등 개인적 차원의 만족증진에 우선적 가치를 둔다. 이러한 전략은 전통적으로 미국의 많은 기업들이 자국 내에서 실시한 경험이 있으며, 1970년대 이후 미국 노사관계의 한 전략으로 자리하고 있다.

3) 상호 이해추구모형

상호 이해추구모형은 창의적 단체교섭의 이점을 강조하는 유형이다. 다국적기업들은 재무적으로 이득이 되고 선망의 대상이 되는 기업으로서 국제적 명성을 유지하려 하고 경영자들은 교섭 상대인 노조나 노동자평의회를 격려하며, 공동으로 혁신을 제안·개발·실행한다. 혁신에 대한 근로자와 노조의 참여효과는 긍정적인 결과를 낳을 것으로 가정하고, 근로자들의 입장에서는 이것들이 직무수행, 혁신의 결과로 파악되어 상대적으로 높은 직무만족감을 느끼며 아울러 노조 및 경영진에 대해 공히 높은 신뢰를 갖는다.

근로자들은 미래에 대해 높은 투자를 하고 특히 경쟁우위를 유지하는 데 유익한 신기술에 대해 기꺼이 투자를 한다. 임금인상을 주장하는 것과 별개로 지속적 학습과 높은 의사결정참여로 내재적 만족감이 크다. 그런데 이러한 상호 이해추구모형도 노동조합의 힘이 약해지는 경우에는 앞서 언급한 근로자 포섭모형으로 바뀔 가능성이 높다.

(3) 우리나라 외국인기업들의 노사문제

우리나라 정부는 1996년 12월 OECD에 가입하면서 44개 제한업종에 대한 추가 개방계획을 제출하고, 매년 「외국인투자에 관한 규정」을 발표하였으며, 1997년 외환위기 이후 국내기업에 대한 외국인의 적대적 M&A가 허용되고, 토지취득에 대한 제한을 완화하면서 외국인 투자기업이 큰 폭으로 늘고 있다([표 12-2] 참조). 그러나 이러한 양적 증가에 상관없이 최근 노사분규 발생건수와 분규일수는 2001년 이

표 12-2 세계 1000대 기업 국내진출 현황(2014년 기준)

Forbes 1000기업 분석

구분	국내진출기업	법인수	서울	경기	인천	대전, 충청	부산, 울산, 경남	대구, 경북	전북	전남
			72%	14%	1%	4%	5%	3%	1%	0%
total	258	485	349	70	5	18	24	13	4	2
Consumer Discretionary (자동차/임의소비재)	55	98	68	11	2	5	8	2	2	0
Industrials(건설/제조)	45	102	65	21		4	5	4	1	2
IT	37	67	54	11	1	0	0	1	0	0
Material(원재료)	28	63	33	12	2	5	6	5	0	0
Finance(금융/보험)	25	58	57	1						
Healthcare(의료/제약)	30	44	37	7						
Consumer Staples(소비재)	10	28	17	5		2	3		1	
Energy(에너지)	8	9	8				1			
Telecommunication Services(통신서비스)	8	9	8	1						
Utility(공공설비)	3	8	3	1		2	1	1		

자료 : 브랜든, 브런치

후 해마다 늘고 있다.

이와 같은 수치는 우리나라 스스로 노사문제 해결시스템을 덜 갖춘 측면도 있지만, 그보다는 외국인 투자기업들이 아직도 우리 노사문제에 대한 인식과 그 해결 노력이 부족한 것도 주요 원인이다. 이는 앞서 언급한 대로 전 세계를 대상으로 이익을 추구하는 다국적기업의 속성에서 크게 벗어나지 못하였음을 의미하는 것이다.

한편 외국인 투자기업의 설립 유형에 따라 노사관계형태도 다르게 나타나는데 우리나라는 1997년 이후 외국인기업의 국내기업에 대한 지분인수나 M&A가 활성화되면서 특히 M&A 대상기업의 노사관계가 악화될 가능성이 높아지고 있다([그림 12-2] 참조).

그림 12-2 외국인기업의 설립 유형과 노사관계

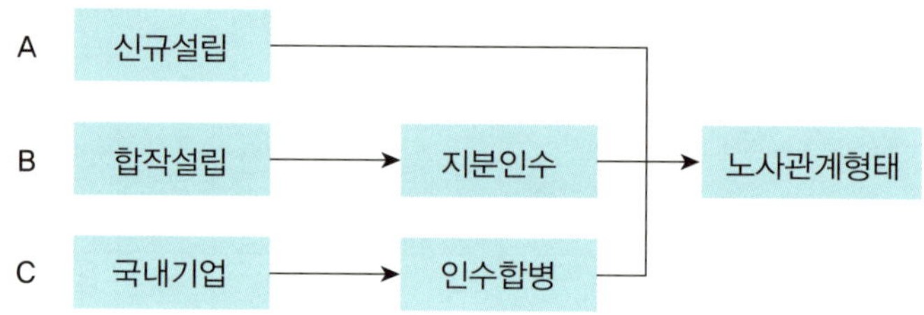

우선 신규설립방식은 모기업의 경영 관행을 비교적 쉽게 이전할 수 있고 그에 따르는 갈등이 적은 편이지만 문화적·제도적 차이를 경시하게 되는 문제를 낳을 수 있다. 인수·합병방식은 이러한 외국인비용을 최소화하는 데 유익한 방식이다. 그러나 인수·합병된 회사의 경우 이전의 조직문화나 관행이 모기업의 문화나 관행과는 상이하기 때문에 모기업의 관행을 이식할 때 처음부터 외국계자본이 설립한 회사(greenfield subsidiary)에 비하여 마찰이 일어날 가능성이 높다.

이처럼 외국자본이 우리나라에 어떠한 형태로 진출하였는지, 즉 신규설립방식인지 인수합병방식인지에 따라 어떤 형태로든 노사관계형태에 영향을 미칠 가능성이 다르다.

설립 유형에 상관없이 일반적으로 국내에 진출해 있는 외국인 투자기업들이 공

통적으로 지닌 인사 및 노사관리상의 문제점을 정리하면 다음과 같다.[14)]

- 외국인 임원진의 단기적 전략 수립 자세이다. 외국인 경영자들 대부분은 장기적인 구상이나 목표를 가지고 한국 실정에 맞는 마케팅을 구사하는 것이 아니라, 짧은 근무기간 내에서의 가시적인 성과를 추구하게 되므로 장기적 관점의 안정적 성장을 지향하는 현지 종업원과 갈등을 빚기 쉽다. 임원진의 경우, 대개 수년 정도의 근무기간을 마치고 또 다른 국가로 이동할 때가 많아 그들 스스로 단기적 성과에 집착할 수밖에 없다.
- 외국인 경영자와 한국인 직원 사이의 문화적 차이에서 오는 가치관의 상이, 경영에 대한 시각차이의 문제점을 들 수 있다. 기업의 질적 측면에 상관없이, 외국기업이라는 이유만으로 현지 종업원들은 일종의 비윤리적 갈등 혹은 이질문화 혼재에서 오는 가치관의 충돌을 경험한다. 모기업의 경영시스템뿐 아니라 세계적으로 다양한 문화요소들을 동반하므로 이때 동질적으로 구체성을 지닌 현지국가 문화의 종업원들이 심리적 불안정을 지닌다. 모국과 현지국가와의 관계가 좋지 않을 경우 이러한 기업 외적 요인에도 해당 기업 종업원들은 국민들의 눈길을 의식하지 않을 수 없다.
- 고용의 안정성이 불안하다는 점이다. 외국기업들 중에서도 특히 제조업에서 비용절감 및 인력활용의 편리성을 고려해 처음부터 비정규직을 활용하는 사례나 비중이 높다. 이는 정규직과 비정규직의 갈등이라는 점을 넘어 현지국가 국민들 간의 갈등이라는 점에서 또 다른 문제의 소지가 될 수 있다. 또 노동조합의 세력이 과다하다고 판단할 경우 폐업이나 철수의 위협이 상존한다는 것도 문제점이다.
- 경우에 따라 노동조합에 대한 불인정이나 노골적인 무시행태를 보이기도 한다. 모기업이 선진국의 기업이든 아니든 간에, 현지국가 법질서를 존중하지 않으므로 현지종업원에 대해 인간적인 배려가 부족하고 이로 인해 노동조합에 대해 근본적인 불신감을 지니는 경우가 있다. 이는 세계적 차원에서 의사결정이 이루어지는 다국적기업의 속성상 문제의 대체 안(案)이 대두될 때 언제라도

14) 김동조, "국내진출 다국적기업의 기업문화에 관한 연구", 성균관대학교 대학원 학위논문, 1992.

물량감소나 인원증원 중단, 더 나아가 철수를 고려할 수 있는 의사를 상시로 지니고 있기 때문이다([사례 12-6] 참조).

사례 12-6 기업은 '직원'을 어려워해야 한다

최근 한국MSD에서 법인 설립 24년 만에 처음으로 노동조합이 만들어졌다. 그런데 이러한 소식은 그리 놀라운 일이 아니다. 이미 2012년 출범한 제약사 연합노조인 민주제약노조에는 △사노피 파스퇴르 △얀센 △다케다 △머크 △BMS △프레지니우스 카비 △애브비 △아스텔라스 △쥴릭파마 △아스트라제네카 △박스터 △노바티스 △페링 △앨러간 △노보 노디스크 △코오롱제약 △MSD 등 17개 지부가 존재하기 때문이다.

이처럼 국내에 존재하는 다국적 제약사 내에서는 최근 몇 년 사이 노동조합 설립에 적극적인 모습을 보여왔다. 본사가 해외인 다국적 제약사에서 노동조합이 만들어지자, 일단 일반적인 외부 시선은 의아하다는 눈치였다.

다국적기업이라고 하면 흔히 높은 연봉과 함께, 복리후생이나 열린 시스템 등을 강조하고 있기 때문일지도 모른다. 실제로 연말 즈음이 되면 다국적 제약사로부터 '일하기 좋은 기업'에 뽑혔다는 보도자료가 들어오곤 한다. 직원들의 소통과 참여를 기반으로 건강한 근무환경을 조성하고, 구성원들의 역량개발과 성과보상을 통한 지속적인 성장을 지원한다는 점이 높이 평가받았다는 첨언과 함께 말이다.

그런데 모순적이게도 다국적 제약사의 노조원들은 자주 있지는 않지만 피켓을 들고 회사 앞에서 시위를 한다. 겉으로는 일하기 좋은 기업일지라도, 내부적으로는 임금인상, 정규직 전환, 휴일 근로수당 등의 곪은 부분이 있는 것이다.

게다가 일단 갈등이 생기면 신속한 합의를 위해 노사가 협력을 해야 하지만, 실질적으로 노조가 의견을 제시했을 때 원만히 해결되는 케이스는 쉽게 찾아보기 힘들다. 이때 사측은 '해외에 있는 본사와 연락 중'이라거나, 한국법인 외국인대표의 휴가 혹은 출장 등을 이유로 협상 테이블에 앉기가 쉽지 않다고 말한다. 분명한 것은 노조는 기업을 방해하거나 내리막길로 끌어내기 위해 만들어지지 않는다는 점이다.

자료 : 메디파나뉴스, 2018. 11. 29.

한편 우리나라에 진출한 다국적기업들의 노사분규 양상에도 변화가 있어 주목할 필요가 있다. 경제성장기인 1970년대의 다국적기업은 주로 저임금을 목적으로 비용절감의 효과를 기대하며 진출하였으나 1997년 외환위기 이후 경제성숙기에 진출한 다국적기업은 한국시장과 동남아시장을 위한 전략적인 생산기지로서 진출하는 경우가 늘었다.

이렇듯 진출목적의 차이는 곧 노사관계의 성격에도 차이를 보이게 되었다. 가령 외환위기 이전의 노사분규는 주로 노조가 강력하게 임금인상을 요구하는 데 대해 비용관련 투자동기를 상실한 다국적기업이 자본철수로 응수하면서 분규가 잦고 고용불안이 상존했었다. 그러나 경제위기 이후 경제구조가 과거 노동집약적 산업구조에서 자본 및 기술집약적 산업구조로 변화하면서 노동생산성의 증가가 개선되자 시장진출이나 기술노동력 활용 등을 목적으로 하는 다국적기업의 진출이 증가하게 되었다. 따라서 이들의 장기적 투자와 현지 적응 노력이 확대되었고 노조는 이들 다국적기업과 안정적 관계를 유지할 필요성을 느끼게 되었다. 과거에 비해 쟁의율이 낮아지고 있으며 국내기업에 비해 높은 자본력과 더불어 합리적 경영, 고용안정 노력이 늘어나고 있다.

디저트 dessert

- 타국에 대한 외국기업의 진출은 불가피하게 정치, 경제, 사회, 문화, 법률적 환경의 이질성을 동반하며 이러한 상호 간 모순이 심각한 부작용으로 표출될 수 있으며, 국제경영에서 이러한 이질적 요소 간의 충돌은 흔히 노사갈등으로 나타난다.
- 다국적기업의 노사관계에 대한 연구는 두 가지로 나눌 수 있다. 우선 외국인 투자기업들이 노동조합의 힘을 약화시키면서 집단적 노사관계의 기반을 붕괴시킬 우려가 있는 것은 아닌지에 초점을 맞춘 연구흐름이 하나이고, 또 하나는 주로 외국인 투자기업이 현지의 노사관계제도와 관행을 존중하는 현지화전략과 다국적기업 내의 다른 지사들과의 일관성전략을 어떻게 적절하게 배합하여 노사관계의 안정성을 기할 것인지에 관한 연구흐름이다.
- 니스(W. De Nijs)는 던롭의 노사관계시스템을 발전시켜 외국인 투자기업의 노사관계에 적용가능한 노사관계시스템을 제시하고 있다. 그는 전략결정에서 다국적기업 본부의 경영자들이 현지국가 시스템의 국경을 넘어서서 이동하고 민족적 집단의 통제 밖에 위치하기 때문에 현지지사가 노사관계시스템에서 자율적 행위자로 등장하지 못한다는 점을 주목하고 있다.
- 국제산별노련을 통한 각국 지사들의 연대방법이 부분적 발전이 있긴 하지만, 실제 그 진전 속도는 매우 느리다. 그 이유로는 ① 다국적기업의 노동조건과 그에 대한 노동자들의 인식 차이, ② 노동운동 내의 갈등, ③ 다국적기업의 강력한 저항, ④ 각국 간 법과 관습의 차이 등이 있다.
- 국제화수준에 따른 인사조직전략 발전단계는 펄뮤터(H. V. Perlmutter)의 이른바 EPRG식 접근으로 설명이 가능하다. 자문화중심주의(ethnocentric), 현지국중심주의(polycentric), 지역중심주의(regiocentric), 세계문화중심주의(geocentric) 등이 그것이다.
- 다국적기업이 국경을 넘어 경영활동을 하는 과정에서 문제가 되는 것은 모국의 정책과 모기업의 경영 관행을 고수하려는 자세에서 비롯되는 경우가 많다. 이때 모국과 모기업의 경영 관행이 현지국가 기업에 미치는 영향을 통상 모국효과(country of origin effect)라 한다.
- 다국적기업의 노사관계전략에는 근로자 억압모형, 근로자 포섭모형, 노사 간 상호 이해추구모형 등 세 가지가 있다.

4부

발전적 노사관계

CHAPTER

13 21세기 발전적 노사관계

노동과 인격의 분리

appetizer
애피타이저

“노동의 거래를 뛰어넘어 그 사람의 인격까지 통제할 수 있다”는 생각은 전근대사회의 모습입니다. 자본주의는 ‘노동의 상품화’를 동반하는데, 이는 노동과 인격을 분리하여 거래하는 것을 의미해요. 자본주의 이전의 봉건사회에서는 노동자가 아닌 노예에게 노동력을 의존했기 때문에 노동과 인격은 분리될 수가 없었습니다. 노예는 곧 재산이었어요. 그렇기 때문에 노동력의 수요자인 주인에게는 노예를 먹이고 입히고 재우고 못 도망가게 감시하는 관리비용이 들어갔어요. 그런데 본격적으로 자본주의가 발전함에 따라 노동자계급이 등장하는데, 주인 입장에서는 굳이 관리비용이 비싼 노예노동에 의존할 게 아니라 값싼 노동자계급을 이용하는 게 더 경제적이었어요. 노동자는 도망갈 걸 걱정하지 않아도 되고, 노예처럼 병들어서 죽을 것을 걱정할 필요도 없다는 이점이 있죠. 그냥 다른 노동자로 대체하면 되거든요. 노동자 입장에서는 노예 시절과는 비교할 수 없을 만큼 신체적 자유를 보장받을뿐더러 고용자가 마음에 안 들면 다른 고용자와 계약을 맺으면 그만이기 때문에 자본주의사회를 더 반겼었죠. 이처럼 주인과 노예의 관계가 노사 간의 관계로 대체되며, 이제 노동은 인격과는 분리되어 거래되기 시작합니다. 사용자는 노동과 관련 없는 부분에 대해서 노동자를 강제할 수는 없게 된 거죠. 노예가 아니고 노동자니까요.

자료 : 강연자, 브런치

1 협력적 노사관계

(1) 협력적 노사관계모델과 의의

환경의 변화는 기업으로 하여금 전략 수립의 중요성을 실감케 한다. 안정된 환경에서는 별다른 전략 없이도 기존의 관행으로 버틸 수 있을지 모른다. 그러나 급속히 변화하는 환경하에서는 어떠한 기업도 정확한 전략 없이 생존할 수 없다. 더 나아가 환경을 극복하여 이용할 수 있다면 그야말로 위기가 아니라 기회인 셈이다.

21세기 들어 기업환경변화에는 여러 가지가 있겠지만 세계화, 정보화, 디지털화 등이 대표적인 것들이다. 세계화는 세계적 차원에서 무한경쟁의 시대가 이미 도래하였음을 의미하는 것이며, 정보화는 경쟁력과 부(富)의 원천이 전통적인 생산요소에서가 아니라 지식에 있음을 의미한다. 아울러 디지털 디바이스환경은 이러한 정보화를 더욱 가속화시켜 나가는 역할을 하고 있다.

이런 새로운 환경의 도래는 무엇보다도 기업경영에 있어 사람이 중요함을 인식하게 한다. 경쟁의 원천이 단순히 기존 노동력의 활용결과인 '노동'이 아니라, 부가가치창출의 자율적 존재인 '지식인'에 있음을 알아야 한다. 따라서 기업경쟁력의 관건은 종업원을 어떻게 동기유발하고, 어떻게 아이디어 지식을 끄집어내어 활용하느냐에 달려 있다.

따라서 21세기 새로운 시대에 국가와 기업발전의 핵심전략은 지식·정보·기술의 생산 주체인 창조적·진취적 인적자원을 개발하고, 이들이 보람과 열정을 가지고 일할 수 있는 조직과 제도를 구비하여야 한다. 이는 기업조직 내 사람을 다루는 인적자원관리의 중요성으로 연결되며, 그 한 영역인 노사관계의 안정과 발전을 통한 협력적 노사관계 구축이 필수적임을 의미한다([그림 13-1] 참조).

결과적으로 협력적 노사관계가 전제되지 않고는 세계적 기업들과의 경쟁에서 이길 수 없으며, 일류국가로 나아갈 수 없다는 데 그 중요성이 있다.

그림 13-1 노사경쟁력을 통한 일류국가 개념도

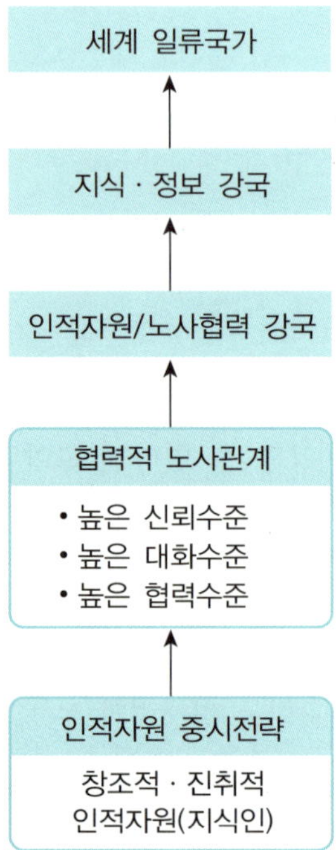

그렇다면 협력적 노사관계는 어떻게 조성되는 것일까? 이와 관련하여 다음과 같은 네 가지 유형의 협력적 노사관계모델을 제시할 수 있다.[1)]

1) 하비슨과 콜만(Harbison & Coleman)의 노사협력모델

하비슨과 콜만은 노사협력단계를 기업 내 노사관계의 최극단(대립단계)에서 무장휴전단계와 노사협력조성단계를 거쳐 도달하는 마지막 단계로 보았는데, 이 단계는 노사협력기반 조성단계와 노사협력단계로 구분하여 설명이 가능하다.

우선 협력적 노사관계가 조성되기 위해서는 다음과 같은 노사협력기반 요건이 필요하다고 하였다.[2)]

1) SBC 노무관리연구회, "뉴 밀레니엄을 위한 전략적 노사관계", 전략기업컨설팅, 2001, pp.211-217.
2) F. H. Harbison & J. R. Coleman, *Goals and Strategy in Collective Bargaining*, N.Y. : Harper and Brothers, 1951.

- 경영층에서는 노동조합이란 기업경영에 있어서 자산이면서 동시에 부채도 된다고 믿는다.
- 노동조합 측은 그들의 목적을 달성하려면 그들의 교섭상대인 회사가 지속적으로 번영해야 한다고 믿는다.
- 노사 양측 모두 비록 자신들의 이해는 대립되는 분야가 많으나 각기 이해를 관철하기 위해서는 타협해야 한다고 믿는다.
- 경영층은 기업경영 고유영역에 대하여 책임을 지며 노동조합은 그 밖의 경영정책과 효율적인 생산의 장애요인 제거에 전념한다.
- 노사 상호 토론과 협상에 의하여 해결될 수 있는 현안문제의 범위를 꾸준히 넓힌다.
- 노사 쌍방 공히 상대방의 내부문제들에 대해 기꺼이 협력하여 해결되도록 도움을 주겠다는 마음을 갖는다.

이어 노사협력단계에 이르면 노사 당사자는 다음과 같은 마음가짐과 태도를 지녀야 한다고 하였다.

- 경영층은 노조야말로 저비용-고생산성을 달성하기 위해 제반 협력적인 활동을 기꺼이 할 수 있는 조직이다.
- 회사 측은 노조대표와 기꺼이 과거 경영전권이었던 영역을 같이 수행한다.
- 노동조합 측은 회사로부터 유형·무형의 혜택을 받은 대가로 생산성 향상을 위한 기구가 되고자 한다.
- 그러한 결과로 노사 쌍방은 생산관련 문제해결에 걸림돌이 되는 장애요인들의 제거에 효율적으로 대처하는 데 공동책임을 진다.
- 노사 상호 신뢰와 존중을 대외적으로 표방하며 노사공동체 관계가 상호 모두에게 이득이 된다는 것을 확신한다([사례 13-1] 참조).

사례 13-1 SK 노사, 올해 상생기금 150억 돌파

SK그룹 주력 계열사 노사(勞使)가 함께 조성한 상생기금규모가 올해 150억 원을 넘어섰다. 노사 상생기금은 임직원이 자발적으로 급여의 일정비율을 협력사지원과 사회적 가치창출 등을 위해 출연하면 회사도 동일한 금액을 매칭방식으로 출연해 조성하는 기금이다.

20일 SK그룹에 따르면 상생기금을 조성한 계열사는 SK이노베이션과 SK에너지 등 SK이노베이션의 5개 사업 자회사, SK하이닉스, SK텔레콤 등이다. SK이노베이션은 지난해부터 임직원의 기본급 1%를 기부받아 '행복나눔 1% 상생기부금'을 조성했다. 원천징수가 아닌 월급을 받은 후 자발적으로 반납하는 방식임에도 불구하고 노조원 90%가 동참했다.

SK하이닉스는 2015년부터 기본급 인상분의 20%를 출연해 협력사 직원의 처우 개선을 지원하는 '상생협력 임금공유 프로그램'을 운영하고 있다. SK텔레콤 노사도 올해 임금 및 단체협약(임·단협)에서 기본급 인상분의 30%에 해당하는 금액을 임직원과 회사가 각각 출연하기로 합의했다.

이처럼 노사가 마련한 기금은 협력사 직원 임금지원을 비롯한 다양한 사회공헌활동에 쓰인다. 현재 상생기금지원을 받는 협력사는 총 77곳, 임직원 수로는 1만 명에 이른다. SK이노베이션 상생기금을 통해 조혈모세포 이식비용을 도움받은 소아암 환자의 어머니가 회사 측에 감사편지를 보내오기도 했다. 환자의 어머니는 편지에 "아이가 좀 더 크면 도움을 받은 사실을 꼭 전하고, 다른 누군가를 도울 수 있는 삶을 살도록 하겠다"고 썼다.

자료 : 동아일보, 2018. 12. 21.

2) 카츠(C. Katz)의 노사협력모델

카츠에 의하면 미국에서 가장 모범적인 노사협력 유형은 강한 노동조합이 있는 기업 내에서의 고수준전략이다. 다시 말하면, 회사가 노조의 실체와 합법성을 인정하고 강한 노동조합이 존재한 가운데 노사 간 신뢰관계가 탄탄히 형성되어 있고 상호 정보공유와 다양한 대화의 장을 만들어 가며 장기비전을 가지고 구체적인 노사협력 프로그램을 일구어 가는 경우이다.

이 모델에서 중요한 것은 기업 내 최고경영자의 의지와 주도이다. 최고경영자의 주도로 고수준전략을 쓸 경우 노동조합이 수동적으로 따라가기만 할 수도 있고 강한 노동조합이 경영층과 더불어 공동으로 노사협력을 통한 생산성 향상과 종업원 자기계발을 펼칠 수 있다.

이와 같은 노사공동의 고수준전략을 피하고 최고경영자가 저수준전략을 펴 수시로 인원감축을 통해 비용을 절감시켜 나간다면 만일 노동조합이 없거나 약한 노동조합인 경우, 수동적으로 따라가기는 할 것이나 결국은 종업원들의 조직몰입을 약화시켜 생산성이 떨어지는 결과를 초래할 것이다.

3) 쿡(W. C. Cooke)의 노사협력모델

쿡의 모델은 '노사협력 손익모델'이라고도 하는데, 이는 노사가 소위 파이(pie)의 배분에 있어서 상대적인 힘을 사용하는 경우, 사용자가 조성한 협력주의 때문에 그와 같은 힘의 행사가 노사 양측에 불리하게 작용하는 것이 아니라 오히려 유리하게 작용하도록 유도해주는 메커니즘 역할이 발생한다는 주장이다.

즉 사용자의 노사협력주의란 사용자가 종업원의 협력을 구하기 위하여 과거 노무관리방식을 과감히 개혁하여 성실경영・인간중심경영・경영정보 공유・의사소통 원활화・교육훈련 확장 등의 노력을 하는 것을 의미한다.

쿡은 노사협력주의에 기초한 노사협력 프로그램이 성공하려면, 노사 양측 공히 다음의 사실을 인식하고 있어야 한다고 주장하였다.

- 노사협력으로 얻는 이득이 높아지고 비용은 낮아진다.
- 상대방 힘의 행사로 생기는 비용은 높아지고 얻는 이익은 낮아진다.

노사대립 구도하에서는 노사 각각 자신의 절대효용을 극대화하려고 자신이 유리한 위치에 있을 때 상대적 힘을 더 구사하려는 속성을 지닌다. 즉 상대적 힘의 행사로 상당한 순이익을 취한 후 더 이상 순이익을 취하기가 어렵다고 판단하기 전까지는 노사협력 프로그램의 설계와 실행은 유보된다. 그런데 최고경영자가 조성한 노사협력주의는 이와 같은 노사 양측의 극대화행위를 유도하는 손익비교행위를 종식시켜 협력구도하에서 생산의 결과인 부가가치 내지는 파이의 값 자체를 크게 함으로써 노사 쌍방의 이익을 크게 한다. 이때 최고경영자의 주도적인 노사협력주의와 노동조합의 협조가 노사협력 프로그램을 성공하게 하는 요인임은 말할 나위 없다.

4) 베어드(Baird)의 노사협력모델

베어드의 모델은 노동조합의 역할이 날로 쇠퇴되어 가고 있는 가운데 경영층의 각종 이니셔티브에 의해서 아래와 같이 종업원들의 기업헌신이 날로 증대되고 있는 요인을 보고 만들어졌다.

- 기업의 목표에 대한 강한 믿음과 수용
- 기업을 위해 기꺼이 모든 노력을 다하겠다는 의지
- 기업의 일원으로서 관계를 지속하겠다는 강한 욕구

선진국의 기업들 중 상당수는 신설 공장지역(greenfield site)으로 공장을 이전하거나 신설하면서 이 지역에서 특별히 '고몰입(high committment) 작업시스템'으로 통칭되는 생산과 인적자원 경영전략을 구사하게 되는데, 베어드는 이를 통해 회사가 노조에 상응하는 여러 대안기구와 전략 중에서 한 가지를 선택할 수 있음을 확인하였다.

고몰입 작업시스템이란 위에 언급한 종업원의 헌신내용들을 바탕으로 회사의 비전공유가 가능한 상태에서 통합작업설계 · 수평구조 · 팀제 · 성과주의 · 집단성과급 · 다기능 고숙련이 실행가능한 시스템이다.

따라서 복수노동조합체제에서는 이와 같은 경영전략에 협조하는 노동조합을 선택하거나 그렇지 않을 경우 노사관계의 기업 내 문제해결 역할을 최소화하고 노동조합의 기능을 대체하려는 전략을 의미한다.

이상과 같이 협력적 노사관계의 제 유형에 관해 살펴보았다.

그러나 협력적 노사관계는 당사자의 마음가짐과 자세만으로 이루어지는 것은 아니며 최고경영자의 의지, 회사방침, 기업문화, 근로자들의 정서, 제도 등에 따라 큰 차이를 보인다. 따라서 노사협력을 통한 구체적 성과물을 경험하고 학습하여 그 효과를 노사 공히 자산으로 삼는 것이 중요하다.

다시 말하면, 노사협력이 생명력을 지니고 꾸준히 전개되려면 노사협력의 주체인 경영층, 종업원 그리고 노동조합이 각각에게 이득이 있어야만 한다는 뜻이다. 노사협력으로 생기는 비용보다는 이득이 더 많아야만 협력적 관계가 오래 지속될 수 있다. 노사협력 분위기가 조성되었다면 비보소 성상과 분배라는 경세학원론의 두 목적을 실현할 수 있는 필요조건이 구비된다는 점에 협력적 노사관계의 의의가 있다.

(2) 협력적 노사관계를 위한 선행조건

협력적 노사관계로 나아가기 위해서는 한마디로 노사관계를 근본적으로 개혁하여야 한다. 낡은 대립・갈등의 패러다임을 참여・협력의 패러다임으로 바꾸는 작업이 필요하다. 패러다임의 변화는 당사자의 의식과 관행의 변화만으로는 불가능하다. 이에 노사 당사자의 파트너십뿐만 아니라 이들을 둘러싼 사회적 합의를 통한 공감대 형성이 필요하고, 이를 구체화할 수 있는 적합한 룰, 제도와 법이 필요하다([그림 13-2] 참조).

그림 13-2 협력적 노사관계 구축

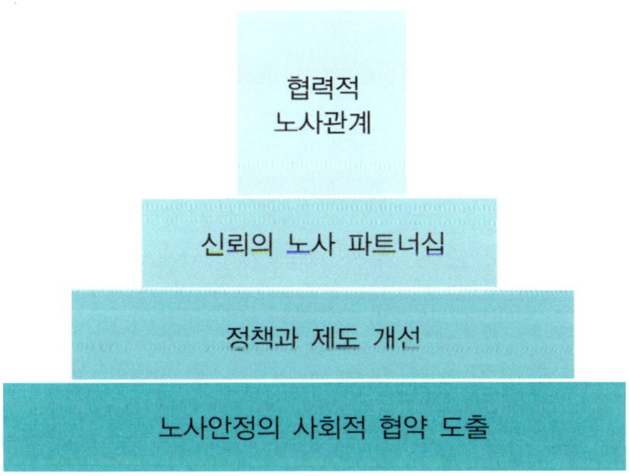

1) 사회적 협약 도출

미국, 영국, 독일, 스웨덴, 일본 등의 선진국에서는 노사갈등이 충분히 발생할 수 있고 그것이 어떤 질서 있는 제도의 틀 내에서 타협될 수 있다는 상당한 수준의 사회적 협약이 이루어져 있다. 즉 노사 간의 불평등은 너무나 심각한 상황이라 자본주의가 사회주의체제로 전환되지 않으면 해결될 수 없다는 마르크스적 시각과 달리 체제 내에서 상당한 타협과 조정이 가능하다고 파악한 것이다.

그러나 우리나라의 경우는 노사갈등 해결과 노사안정과 발전을 위한 사회적 합의가 미진한 실정이다. 역사적으로 보면 국내의 노사관계제도는 앞에 언급한 전제조건들에서 모두 문제점을 드러내고 있다. 과거 개발독재 시절에는 노동세력에 대한 탄압으로 노사갈등의 해결방안의 모색 자체가 힘든 상황이었으며, 이후 노동법 개정과 노·사·정 합의 도출 노력이 있었지만 모두 한국적 특수성이나 기초 토양을 무시한 채 행해져 노사갈등 해소를 위한 다각적이고 장기적 해결 노력이 시급하다.

이러한 노력의 첫 걸음은 사회적 협의 도출로부터 시작하여야 한다. 국가경제동력의 당사자로서 노사관계의 안정이 국가경쟁력과 직결된다는 노·사·정의 인식공유가 매우 중요함을 의미한다. 그럼에도 불구하고 현재 우리나라의 노·사·정 당사자들은 이러한 공감대가 충분히 형성되어 있지 않은 것이 문제이다.

사회적 협의는 국가경쟁력 강화와 관련하여 두 가지 중요한 긍정적 역할을 한다.[3] 우선 소극적 측면에서 볼 때, 사회적 협의는 국가경쟁력을 둘러싼 불확실성을 감소시키는 역할을 한다. 즉 노·사·정 등 주요 관계 주체가 자신을 둘러싼 환경의 불확실성 자체를 제거하지는 못한다 할지라도 협의를 통해 서로가 취할 수 있는 선택을 조정하여 그 결과에 대한 예측가능성을 높일 수 있는 것이다.

두 번째로 적극적 측면에서 볼 때, 사회적 협의는 노·사·정으로 하여금 국가경쟁력의 향상을 위한 현실적 차선책을 마련하도록 한다. 노·사·정 주체는 자신의 이해를 관철하는 데 가장 유리한 국가경쟁력 방안을 마련하기 위해 경쟁하게 되지만 한 주체에게 최선인 방안은 다른 경쟁자에게 최선이 되기 어렵다. 따라서

3) 이원덕 외, 노사관계와 국가경쟁력, 나남출판, 2003, p.200.

사회적 협의의 과정은 노·사·정이 자신의 이해를 사회적 이해에서 재평가하면서 각 주체에게는 차선이지만 상호 공감하는 방안을 모색하고 변화하는 환경 속에서 유연하게 실행할 수 있도록 한다([사례 13-2] 참조).

사례 13-2 경노사위 출범에 거는 기대

22일 경사노위, 경제사회노동위원회가 출범합니다.

문재인 정부 1년 6개월 만에 출범하는 경사노위는 한국노총은 참여하지만 안타깝게도 민주노총은 참여를 유보한 상태입니다.

문재인 대통령의 초청형식으로 청와대에 경사노위원들이 함께 모이는데요. 경사노위는 기존 공익위원 외에도 청년, 여성, 비정규직, 중소중견기업, 소상공인 대표들도 공익위원으로 추가되었습니다. 우리 사회 갈등과 대립의 이해충돌을 조정해보겠다는 큰 취지로 보입니다. 노사정이 모여 사회적 대타협을 끌어내 보겠다는 것으로 보입니다.

첫 번째 주요 의제는 탄력근로제 기간 연장입니다. 하지만 상황은 녹록지 않습니다. 경사노위 출범 전날인 내일 민노총은 총파업을 예고하고 있습니다. 현재 우리 사회는 고용률 저하와 생산 투자 부진, 그리고 저성장의 시대까지 예고되고 있어 무엇보다도 사회적 대타협이 절실한 상황입니다.

행복지수 세계 1위의 복지국가 핀란드는 국가의 위기를 노사정 사회적 대타협으로 극복한 모범적인 사례를 보여줍니다. 1968년 맺은 소득정책협약은 핀란드사회에서 만성적으로 겪고 있었던 임금, 물가, 연금, 실업수당 등을 사회적 대타협으로 합의보았었죠. 우리도 1998년 IMF 위기를 노사정 대타협으로 극복한 사례가 있습니다. 우여곡절 끝에 출범하는 경사노위. 우리 사회의 미래가 달려있다는 인식하에 양보와 합의점들을 만들어내길 바랍니다.

자료 : KTV 국민방송 케이블방송, 2018. 11. 21.

2) 정책과 제도의 개선

한 사회의 유지와 발전에는 크게 보아 국가, 시장, 시민사회의 세 가지 영역이 중심축을 이루는데 노사관계는 이 세 영역 모두에 걸쳐 있는 복합적 성격을 띤다. 노사관계는 계급·계층적 기반에 있는 노동자들의 집단적·사회적 문제라는 차원에서 시민사회(civil society)의 문제이다. 특히 노동자들의 의식과 관행은 빈번히 사회적으로 형성된다고 한다. 아울러 노사관계는 시장영역에 속하기도 한다. 노동시장에서 사용자와 근로자의 관계로 맺어지는 행위가 노사관계의 기반이 된다. 그러나 무엇보다도 노사관계는 궁극적으로 국가적 차원에서 진행된다. 갈등과 비효율의 노사관계로 인한 국가경쟁력 저하는 한 국가의 발전을 가로막는 주요 원인이 되기 때문이다.

그러나 노사 간의 갈등을 해소하는 데 있어 국가의 역할의 지나친 확대나 개입이 증가하는 것은 바람직하지 않다. 우리도 국가정부의 지나친 개입과 과도한 공권력 행사의 폐해로 인해 1987년 민주화 투쟁이 분출된 경험을 갖고 있다. 하지만 우리와 같이 시민사회가 충분히 성숙되어 있지 못한 상황에서는 여전히 시장 주체인 노사 양 당사자에게만 맡겨 놓을 수 없는 것이 사실이기도 하다.

즉 국가정부는 적절한 정책과 합리적 제도개선을 통해 노와 사가 힘을 합치면 불확실한 환경하에서도 상생할 수 있고, 나아가 국가경쟁력 제고에 이바지할 수 있는 인프라를 만들어 나가는 것이 중요하다.

이 과정에서 정부는 노사관계의 문제를 노사 당사자의 갈등을 봉합하는 데에만 치중하는 임기응변식 단기처방보다는 노사 당사자들이 자기책임하에 타협하고 협력할 수 있는 기반을 조성함과 동시에 노사갈등의 비용이 외부관계자나 일반국민들에게 부정적 영향으로 미치지 않도록 하면서 장기적 노사관계를 안정화하는 방향으로 추진되어야 한다.

3) 신뢰를 기초로 한 노사 파트너십 구축

노사 간 상호 신뢰는 앞서 언급한 여러 요건들이 충족되었을 때 협력적 파트너십으로 구체화할 수 있다. 따라서 노사가 상대방으로 하여금 무조건적인 신뢰를 강요한다고 해서 가능한 것은 아니다. 즉 사회적 협의를 통한 공감대, 합리적 제도 이외에도 노사가 하나 되어 협력할 때 궁극적으로 각자에게 이득이 된다는 경험을 반복하여 확신으로 다가올 때 비로소 신뢰가 형성된다고 할 수 있다. 따라서 이는 오랜 시간을 수반할 수밖에 없다.

생태적(ecological) 관점에서 볼 때 공생관계가 가장 바람직한 방안이다. 노사관계 역시 제로섬(zero-sum)이 아니고 공생의 포지티브섬(positive-sum) 관계임을 인식할 때 신뢰가 형성된다. 분배적 측면을 지나치게 강조하면 이는 제로섬 차원을 벗어나기 힘들다. 생산적 측면에 노사가 협력할 때 이는 포지티브섬 차원으로 넘어가는 것이다. 물론 여기에서 전제조건이 되는 것은 노사협력의 산물인 생산성, 즉 파이에 대한 경영진의 투명한 공개이다.

맛소금 **국민소득 3만 달러, 불편한 진실 그리고 희망**

OECD 주요 회원국 갈등수준(2009년)

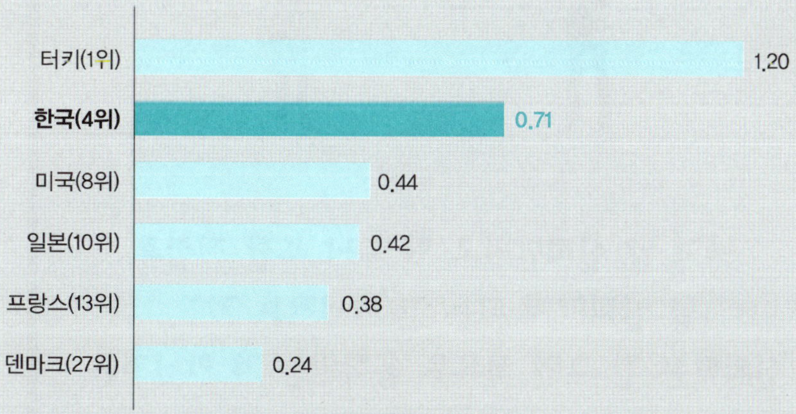

삼성경제연구소가 2009년에 발표한 보고서에서 나라별 사회갈등을 지수화해 분석한 결과 한국은 사회갈등지수가 0.71로 OECD 회원국 중 네 번째로 높았다. 특히 갈등의 경제적 비용이 GDP의 27%에 달하는 것으로 분석됐다. 매출액기준으로 삼성이 GDP의 11%, 현대차가 8%를 포함해 4대 그룹 전체가 25% 수준임을 감안할 때 엄청난 규모다. 5년이 지난 지금 갈등의 골은 더욱 깊어진 것으로 보인다. 달리 말하면 갈등비용을 대폭 줄이는 건 4대 그룹을 하나씩 더 만드는 것과 다름없는 효과가 있는 셈이다. 이렇게 되면 성장의 '질'도 좋아져 분배도 개선될 뿐 아니라 당장 국민소득 4만 달러 실현도 어렵지 않을 것이다. 올해 노동시장을 포함한 구조개혁이 최대의 화두로 떠오른 상황에서 정부는 어떻게 사회적 자본을 쌓아나갈 것인지 고민해야 한다. 신뢰를 바탕으로 하지 않으면 구조개혁을 통한 경쟁력 강화도, 분배문제 개선에 대한 사회적 실마리 발견도 쉽지 않다. 어쩌면 한국사회의 돌파구 내지는 새로운 희망은 사회적 자본의 축적에서 찾아야 한다.

자료 : 스토리가 있는 자유광장, 2015. 1. 19.

노사협력을 통해 생산성을 신장시키고, 투명한 회계로 공정한 분배의 기본요건을 구비할 때 신뢰를 기초로 한 노사 파트너십은 점점 강화된다.

커피 브레이크 | 신뢰

우리는 종종 널 신뢰한다, 널 믿는다, 널 사랑한다고 말할 때 "서로 그렇다", "그래야 한다"라고 당연히 생각하곤 한다. 엄청난 착각이다.

자료 : 강선생, 브런치

2 21세기 발전적 노사관계

(1) 21세기 노사관계 글로벌 트렌드4)

1776년 증기기관 발명과 더불어 도래한 산업혁명 이래 20세기까지는 이른바 전통적 '대량생산방식'이 중요한 경쟁우위요소였다. 그러나 21세기 들어 더욱 가속화하고 있는 디지털 전반의 발달은 기존의 경쟁우위요소와 전혀 다른 고능률 생산체제(high performance work system)를 요구하고 있다([그림 13-3] 참조).

이것을 가능하게 하는 것은 끊임없는 혁신(innovation)이며, 혁신만이 기업의 경쟁우위를 가능케 한다는 것을 의미한다. 그리고 이러한 혁신적 경영이 가능하기 위해서는 기존의 노사관계와는 사뭇 다른 새로운 노사관계의 정립이 필요하게 되었다. 주로 1980년대 이후 미국의 선진기업을 대상으로 할 때, 이들이 현재 새로운 노사관계를 어떻게 만들어 나아가고 있는지 확인하여보자.

그림 13-3 디지털환경으로 인한 21세기 뉴 경영전략 패러다임

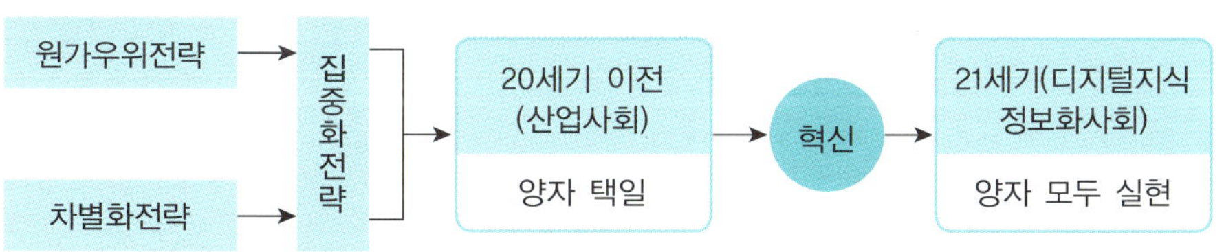

1) 노사협력을 통한 경쟁력지향

21세기 노사관계의 글로벌 트렌드의 첫 번째 특성은 역시 노사협력이다. 노사협력을 기초로 하지 않은 채 무한경쟁의 환경에서 경쟁우위를 갖추기는 불가능하다.

4) 이원덕, 전게서, pp.66-76.

밀즈(D. Q. Mills)와 맥코믹(J. McCormick)도 노사관계는 주종관계단계, 사용자 지배단계, 노사대등단계, 경쟁력지향단계의 네 단계로 발전한다고 하면서 20세기 후반부터 선진국 노사관계는 경쟁력지향단계로 발전할 것이라 말한 바 있다.5)

[표 13-1]은 이러한 노사관계의 단계 중 특별히 노사대등단계와 경쟁력지향단계를 비교할 수 있도록 정리한 것이다. 그 분명한 차이점은 노사대등단계의 노사관계는 강력한 노동조합조직과 교섭력의 노사 대등을 바탕으로 임금인상(분배)이 주 논의대상이 되는 것이고, 반면 경쟁력지향단계는 기업의 경쟁력을 강화시켜 파이(생산)를 키우기 위해 노사 공히 협력하는 미래지향적·생산주의적 가치관이 주 논의대상이 되는 것을 말한다.

경쟁력지향단계가 정착되면 노사는 하나로 뭉쳐 기업경영 전반에 걸쳐 과감한 혁신이 가능하다. 강한 노동조합이라 하더라도 훌륭한 전략적 파트너로서의 역할이기 때문에 오히려 근로자의 참여는 확대된다. 노동조합이 기업의 자산이 된다([사례 13-3] 참조).

표 13-1 노사관계행위의 세 수준

내용 \ 노사관계	주종관계	사용자지배	노사대등	경쟁력지향
단체교섭의 역할	없음	없음	• 규칙설정 • 임금인상 • 근로자 권익보호	• 기업경쟁력 유지 • 직장보호 • 개선 본보기 설정
노동조합조직	약함	초기성장	강함	영향력 있는 소수
노동법의 역할	약함	사용자 권익보호	노조조직 직원	작업현장기준설정

자료 : D. Q. Mills & J. McCormick, *Industrial Relations in Tradition : Cases and Text*, 1985, p.11.

5) D. Q. Mills & J. McCormick, *Industrial Relations in Tradition : Cases and Text*, John Wiley & Sons, 1985, Ch.1.

사례 13-3 **노사가 소통과 신뢰를 바탕으로 상생협력의 행복한 일터를 가꿉니다!**

유한킴벌리는 열린 경영 실천을 위한 노사공동기구를 운영하여 노사 간 소통을 강화하고 경영 현황 등 정보를 공유하여 신뢰를 구축하고 있다. 2014년에는 노사합의로 '성장을 통한 성과공유제'를 도입하여 일에 대한 동기를 부여하고 소모적인 논쟁에서 협의로 변화하는 등 미래지향적 노사문화를 정착시키고 있다. 일터혁신의 일환으로 근무시간을 유연화하고, 스마트오피스 및 스마트워크센터를 운영하여 일과 삶의 조화를 추구하고 있으며, 성과중심의 평가보상제도를 운영하여 자기성취감과 능력개발의 중요성을 공유하고 있다. 시니어 사업과 소기업 육성활동을 통하여 55세 이상의 시니어 일자리를 창출하여 2013년부터 2015년까지 3년간 442명을 고용하였다. 협력회사와의 상생협력 및 동반성장을 위하여 공정거래문화 확산, 결제대금 100% 현금지급, 상생아카데미를 통한 업체별 특성에 맞는 방문교육, 금융지원 등을 실시하여 원·하청 동반성장에 앞장서고 있다.

자료 : 고용노동부, 2016. 7. 6.

2) 노사관계의 축 이동 : 단체교섭으로부터 작업현장 및 전략적 수준으로

21세기 신노사관계의 두 번째 특징은 노사관계의 중심축이 단체교섭으로부터 전략적 수준 및 작업현장수준으로 이동한 것이다. 코칸(Kochan), 카츠(Katz), 맥커시(McKersie)의 이름을 딴 'KKM모형'에 의하면, 노사관계는 [표 13-2]와 같이 장기전략 및 정책결정수준, 단체교섭 및 인사정책수준, 그리고 작업현장 및 개인·조직관계수준의 세 수준으로 이루어져 있다고 보고 있다.[6)]

[표 13-2]에서와 같이 노·사·정의 관심은 세 수준에서 상이하게 나타나고 있다. 산업화시대의 노사관계는 단체교섭이 노사관계의 핵심축이었다. 강력한 노동조합조직을 배경으로 노사가 교섭력에서 대등한 힘을 확보하고 사용자는 경영의사결정을 내리고 경영을 하며, 노동조합은 경영성과의 배분을 위해 조직력을 바탕으로 단체교섭을 행하는 것이다. 그러나 인적자원을 중시하고 근로자의 참여와 창의를 기업발전의 원동력으로 삼는 21세기 고능률 생산체제에서는 작업현장조직 및 근로자의 역할변화와 전략적 차원에서의 노사협력을 최우선 과제로 하게 되었다.

6) T. Kochan, H. Katz & R. McKersie, *The Transformation of American Industrial Relations*, Ithaca : ILR Press, 1993.

표 13-2 노사관계의 모형 (단위 : 천 명, %)

수준	사용자	노동조합	정부
장기전략 및 정책결정	• 사업전략 • 투자전략 • 인적자원전략	• 정치적 전략 • 대표권 전략 • 조직전략	• 거시경제정책 • 사회정책
단체교섭 및 인사정책	• 인사정책 • 교섭전략	• 단체교섭전략	• 노동법 • 노동행정
작업현장 · 개인 · 조직관계	• 감독 유형 • 근로자 참여 • 직무설계 • 작업조직	• 협약이행 • 근로자 참여 • 직무설계 • 작업조직	• 근로자군 • 근로자 참여 • 개인적 권리

그리고 전통적으로 가장 중요한 노사협상 의제인 임금인상의 중요성은 상대적으로 약화되고, 노사 파트너십을 통한 인적자원 개발, 산업안전, 작업조직 혁신, 품질 및 생산성 향상과 공정배분 등이 중요성을 더하게 되었다. 결국 노사가 힘을 합치면 윈-윈이 가능하다는 사실을 구체적으로 실현하는 것이다.

3) 종업원참여를 통한 노사협력 및 합작

21세기 노사관계 신조류의 세 번째 특징은 종업원의 참여와 이를 통한 노사협력, 종업원의 애사심, 창의력, 일에 대한 열정의 극대화이다.

즉 노와 사가 각자의 주장이나 요구를 관철하기 위한 힘의 대결양상을 굽히지 않는 것이 아니라, 공통의 사명(mission)과 목표를 개발하고 그 실현을 위하여 협력하고 합작한다. 노와 사는 기업의 건강한 발전이 전체 기업구성원에게 무엇보다 중요하다고 인식하고, 모든 수준에서 함께 계획하고 문제해결을 추구해 나간다.

무한경쟁의 가속화는 기업으로 하여금 고생산성-고임금이 가능한 경영을 요구하며 이는 앞서 언급한 바와 같이 혁신경영이 반드시 필요하도록 한다. 이는 전통적 작업조직을 혁신하고 노동력의 기술과 지식을 개발·활용하며 그 성과를 공유하는 방향으로 나아가지 않으면 안 된다는 인식과 상호작용하여 종업원 참여 폭을 늘리고 있다.

종업원 참여는 고능률 생산체제로의 혁신에 참여하는 방식으로 행해지는데, 그 구체적 형태로는 QC, 종업원 참여팀, 안전 및 건강위원회, 성과배분, 노사공동 훈련 프로그램, 정보공유 포럼, 노사공동 태스크포스, 이사회에 근로자 참가 등으로 나타나고 있다. 일부 경영자들은 이러한 종업원 참여에 우려를 표명하기도 하지만 궁극적으로 종업원의 적극적 참여를 통한 노사 파트너십은 기업경쟁의 원천임을 부인할 수 없게 되었다.

4) 단체교섭의 분권화

노사관계의 네 번째 트렌드는 단체교섭의 분권화이다. 전통적으로 중앙교섭 또는 산별교섭을 위주로 했던 유럽에서도 기업단위에서의 노사협의의 역할을 강화시키고 있다. 중앙 및 산별단위에서의 조율기능을 유지하면서도 기업단위에서는 노사협의와 협력을 강화하는 방향으로 나아가고 있다. 이런 점은 미국도 마찬가지이다.

유럽과 미국에서 오히려 기업수준 단체교섭으로 분권화가 진행되는 이유는 다음과 같다.

첫째, 1970년대 이후 국제경쟁의 첨예화와 노동조합 조직률 저하가 사용자의 교섭력 강화로 이어졌으며, 이는 사용자로 하여금 상급 노조연맹의 강한 교섭력을 피해 기업단위 교섭을 선호하게 하였다는 설명이 있다.

둘째, 기업조직의 변화, 즉 사업장단위의 독립, 수직구조에서 수평조직으로의 변화, 권한의 하부 이양 등과 같은 기업조직의 분권화가 교섭구조의 분권화를 가져왔다는 설명이다. 이러한 기업조직의 분권화는 표준제품의 대량생산시대가 지나고 개성화된 다품종 소량생산의 시대가 도래하면서 기업조직의 유연성이 경쟁우위의 핵심요소로 등장한 결과로 본다.

셋째, 생산방식의 변화에서 그 원인을 찾을 수 있다. 즉 대량생산체제로부터 고능률 생산체제로의 이행과 함께 작업조직과 작업현장수준의 쟁점들이 보다 중요성을 더해 가면서 교섭구조의 분권화가 일어났다는 설명이다. 새로운 혁신적 생산방식을 개발하고 이를 실행해 나가기 위해서는 근로자와 사업장 노동조합의 참여가 필요하고, 이러한 기업단위의 새로운 노사관계가 교섭구조의 분권화를 촉진시켰다는 설명이다. 예를 들어, 노동조합의 전국 중앙조직은 특정 기업에 적합한 팀작업방식을 찾아내기 어렵기 때문에 자연히 작업현장수준의 변화를 위해서는 기업단위 노사의 긴밀한 협의와 협력이 요구되는 것이다.

5) 임금결정의 유연화

임금을 둘러싼 노동조합의 기존 인식이 아래와 같이 바뀌고 있다는 점이다.

첫째, 임금결정과 관련하여 큰 변화는 근로자의 임금수준이 기업의 성과와 연계하여 가변적으로 이루어진다는 점이다. 즉 단체협약에 이윤배분제 등 성과배분관련 항목을 명문화함으로써 임금산정을 둘러싼 갈등의 여지를 줄이면서 동시에 동기유발을 자극하는 방향으로 나아가고 있다.

둘째, 성과 보너스의 지급방식에서도 개인별 보너스 지급방식을 이용하지만 팀별 보너스 지급이 확산되고 있다는 점이다. 생산조직이 팀을 중심으로 이루어지고, 이에 따라 개인별 생산성보다 팀 전체의 생산성이 중요해짐에 따라 앞으로 팀별 성과 보너스의 지급방식은 확산될 것으로 보인다.

셋째, 임금체계가 바뀌고 있다. 전통적으로 블루칼라와 하급 사무직은 시급이 일반적이었으나 전 직원에 대해 월급제를 시행하는 기업이 늘고 있다. 전 직원에 대한 월급제 실시는 종업원 사이의 간극을 줄여주고 정보와 지식의 소통을 도와주는 것으로 평가되고 있다. 아울러 지식급과 숙련급의 도입이 확대되고 있는 점도 주목할 만하다.

(2) 디지털시대 노사관계의 구축방향

21세기 신노사관계의 구현을 위해서는 다음과 같이 디지털 및 지식경영요소를 적극 활용하는 자세가 필요하다. 최근 사물인터넷, 빅데이터, 인공지능, 사이버-물리시스템 핵심기술을 기반으로 한 4차 산업혁명이라는 환경이 언급되면서 노사관계에도 혁신적 변화를 예고하는 견해들도 있다. 향후 궁극적인 디지털기술의 혁신하에서는 고용안정을 전통적인 노동시장 개념이 사라지고 공유시장 개념으로 고용이 아닌 독립적 노동제공자로서 수평적인 노동시장으로 변함으로써 전통적인 노사문제는 발생하지 않을 것으로 예측하기도 한다. 그러나 이 역시 디지털 혁신환경이라는 점을 고려할 때 단시간 내에 구체적으로 급격한 변화를 예상하는 것은 쉽지 않은 일이다. 따라서 여기에서는 일반적인 디지털 노사관계는 큰 틀에서 노사관계의 이상적인 구축방향을 설명하고자 한다.

첫째, 열린 경영 확대를 통해 상호 신뢰 및 근로의욕을 증진시키기 위한 노력이다. 새로운 노사관계는 이제 분배를 둘러싼 대립적 현상이 아니라 근로자의 고용가치 향상을 적극 유도하여 절대적인 노사일체를 기하여야 하는데 그 전제사항이 바로 열린 경영을 통한 상호 신뢰 구축이기 때문이다. 따라서 인트라넷 등 웹을 이용한 대화방을 이용하는 등 대화의 장을 운영함에 있어 일상적 활동이 중요하다. 이를 통해 상급자 등 경영진, 최고경영자까지 자유로이 의사소통을 활성화함으로써 거리감을 좁혀 나가도록 한다. 개별 노동자의 일상적 고충이나 불만을 해소하거나 인간소외문제를 해결하는 것은 물론 노사 모두 한 방향으로 의식을 공유할 수 있다. 더 나아가 회사의 현안과제 해결을 위한 방향에 대해 협의를 하거나 미래의 노사관계 발전방향 등에 대해서도 의견을 교환할 필요가 있다.

둘째, 조합원 이전에 지식근로자로서 적극 육성하여 디지털시대에 걸맞은 개인노동가치를 발휘할 수 있도록 한다. 노동시장의 유연화, 비정규직 인력 확대로 자칫 근로자세가 경직되기 쉬운 데다 기술진보와 지식집약화 속도에 뒤처지지나 않을까 하는 우려를 회사에서 해결해주도록 한다. 교육・훈련과 경력 프로그램을 적극 제공한다. 업무능력이 뒤처지는 노동력이 커지면 커질수록 노사문제화할 가능성이 있기 때문이다.

셋째, 전략적 경영파트너로서 노사협의회를 운영한다. 회사는 회사발전을 위한 건전한 경영동반자로서 노사협의회를 적극적으로 활용한다. 기업은 투명한 경영과 효율적인 인적관리에 주력해야 하고, 노동자는 현재의 이익보다 장래의 이익을 중시하는 방향으로 기업에 협력하면서 지속적인 자기계발과 효과적인 자기관리를 통해 노동가치의 혁신, 고용가능성의 확대를 위한 방향을 모색하여야 한다. 급변하는 상황에 노사가 적절히 대응하기 위해서는 노사 간의 대화와 타협, 제도의 유연성을 강화하기 위한 방안들이 포함되어야 할 것이다. 다양한 인사노무 관행의 개선이 요구되고, 이러한 개선의 효율적 추진을 위해서는 노사 간의 동반자적, 자율적인 협력이 필요하다. 이러한 협력의 구체적 대안이 바로 새로운 노사협의회의 위상정립과 활용으로서 이를 통해 정기 혹은 수시로 경영정보를 공유하며 노사협의회가 경영에 참여하는 것을 확대하는 것이 필요하다. 이를 위해 회사는 노사위원의 능력개발을 적극 유도하고 그들의 활동을 적극 지원하여야 한다.

마지막으로, 회사는 노동자 생활의 질적인 면에서도 선진화가 이루어질 수 있도록 세심한 배려가 있어야 한다. 직접적으로 얼굴을 맞대는 시간이 적어짐에 따라 생길 수 있는 개인화, 소외문제 등을 해소하기 위해 정기적인 모임활동, 현장직원 중시지원활동, 가정과 직장의 조화 프로그램 등을 지원한다.

디지털 혁명으로 인한 노사관계의 변화방향을 전반적으로 정리하면 다음과 같다[7]([그림 13-4] 참조).

그림 13-4 디지털시대 노사관계의 방향

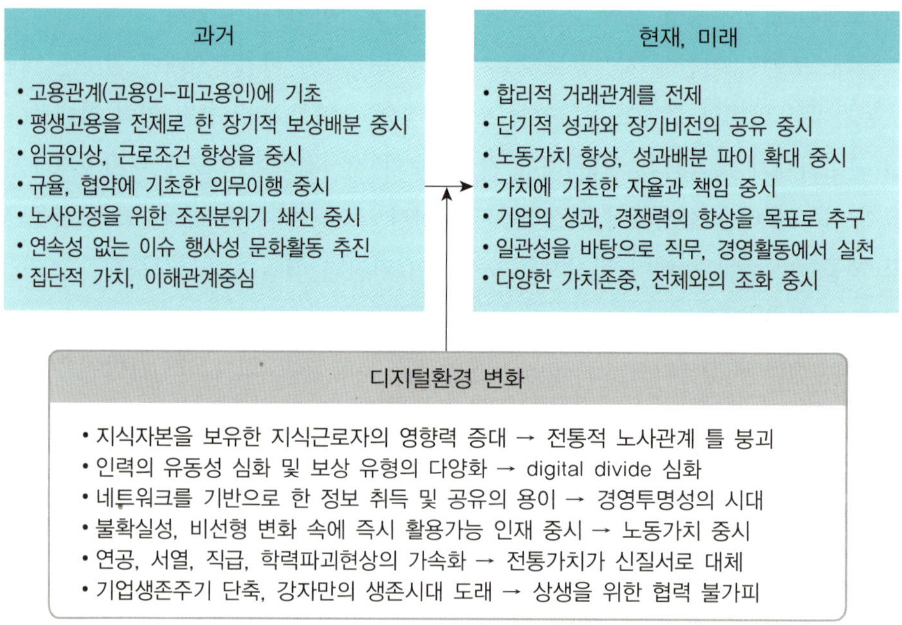

7) 21세기 신노사문화 정착세미나, "신노사문화 추진방향 및 실천사례", 2000. 4. 11.

디저트 dessert

- 21세기 새로운 시대에 국가와 기업발전의 핵심전략은 지식 · 정보 · 기술의 생산주체인 창조적 · 진취적 인적자원을 개발하고, 이들이 보람과 열정을 가지고 일할 수 있는 조직과 제도를 구비하여야 한다.
- 카츠의 노사협력모델은 강한 노동조합이 있는 기업 내에서의 고수준전략이다. 즉 회사가 노조의 실체와 합법성을 인정하고 강한 노동조합이 존재한 가운데 노사 간 신뢰관계가 탄탄히 형성되어 있고 상호 정보공유와 다양한 대화의 장을 만들어 가며 장기비전을 가지고 구체적인 노사협력 프로그램을 일구어 가는 경우를 말한다.
- 쿡의 '노사협력 손익모델'은 노사 간 힘의 대결로 인한 손익비교행위를 종식시키고 협력구도를 조성함으로써 생산의 결과인 부가가치 내지는 파이의 값 자체를 크게 하는 것이 노사 쌍방의 이익임을 알게 하는 것이다.
- 베어드의 노사협력모델은 최근 근로자의 헌신자세에 착안하여, 특별히 '고몰입(high committment) 작업시스템'으로 통칭되는 생산과 인적자원 경영전략을 구사하면서 다양한 경영전략의 선택을 활용하는 것을 의미한다.
- 협력적 노사관계로 나아가기 위해서는, 노사 당사자의 파트너십뿐만 아니라 이들을 둘러싼 사회적 합의를 통한 공감대 형성이 필요하고, 이를 구체화할 수 있는 적합한 룰, 제도와 법이 필요하다.
- 21세기 들어 더욱 가속화하고 있는 디지털 전반의 발달은 기존의 경쟁우위요소와 전혀 다른 고능률 생산체제(high performance work system)를 요구하고 있다. 선진기업들의 노사관계 트렌드는 경영혁신(innovation)을 실현시키는 것이며, 이를 위해 종업원 참여, 고능률 작업시스템 정비와 이를 위한 노사협력 등 새로운 노사관계 정립 경향이 두드러진다.

Appendix

부록

- 근로기준법
- 근로자 참여 및 협력증진에 관한 법률
- 노동위원회법
- 노동조합 및 노동관계조정법

근로기준법

[시행 2019. 1. 15.] [법률 제16270호, 2019. 1. 15., 일부개정]

제1장 총칙

제1조【목적】 이 법은 헌법에 따라 근로조건의 기준을 정함으로써 근로자의 기본적 생활을 보장, 향상시키며 균형 있는 국민경제의 발전을 꾀하는 것을 목적으로 한다.

제2조【정의】 ① 이 법에서 사용하는 용어의 뜻은 다음과 같다. 〈개정 2018. 3. 20.〉

1. "근로자"란 직업의 종류와 관계없이 임금을 목적으로 사업이나 사업장에 근로를 제공하는 자를 말한다.
2. "사용자"란 사업주 또는 사업 경영 담당자, 그 밖에 근로자에 관한 사항에 대하여 사업주를 위하여 행위하는 자를 말한다.
3. "근로"란 정신노동과 육체노동을 말한다.
4. "근로계약"이란 근로자가 사용자에게 근로를 제공하고 사용자는 이에 대하여 임금을 지급하는 것을 목적으로 체결된 계약을 말한다.
5. "임금"이란 사용자가 근로의 대가로 근로자에게 임금, 봉급, 그 밖에 어떠한 명칭으로든지 지급하는 일체의 금품을 말한다.
6. "평균임금"이란 이를 산정하여야 할 사유가 발생한 날 이전 3개월 동안에 그 근로자에게 지급된 임금의 총액을 그 기간의 총일수로 나눈 금액을 말한다. 근로자가 취업한 후 3개월 미만인 경우도 이에 준한다.
7. "1주"란 휴일을 포함한 7일을 말한다.
8. "소정(所定)근로시간"이란 제50조, 제69조 본문 또는 「산업안전보건법」 제46조에 따른 근로시간의 범위에서 근로자와 사용자 사이에 정한 근로시간을 말한다.
9. "단시간근로자"란 1주 동안의 소정근로시간이 그 사업장에서 같은 종류의 업무에 종사하는 통상 근로자의 1주 동안의 소정근로시간에 비하여 짧은 근로자를 말한다.

② 제1항 제6호에 따라 산출된 금액이 그 근로자의 통상임금보다 적으면 그 통상임금액을 평균임금으로 한다.

[시행일] 제2조 제1항의 개정규정은 다음 각호의 구분에 따른 날부터 시행한다.

1. 상시 300명 이상의 근로자를 사용하는 사업 또는 사업장, 「공공기관의 운영에 관

한 법률」 제4조에 따른 공공기관, 「지방공기업법」 제49조 및 같은 법 제76조에 따른 지방공사 및 지방공단, 국가·지방자치단체 또는 정부투자기관이 자본금의 2분의 1 이상을 출자하거나 기본재산의 2분의 1 이상을 출연한 기관·단체와 그 기관·단체가 자본금의 2분의 1 이상을 출자하거나 기본재산의 2분의 1 이상을 출연한 기관·단체, 국가 및 지방자치단체의 기관: 2018년 7월 1일(제59조의 개정규정에 따라 근로시간 및 휴게시간의 특례를 적용받지 아니하게 되는 업종의 경우 2019년 7월 1일)

2. 상시 50명 이상 300명 미만의 근로자를 사용하는 사업 또는 사업장: 2020년 1월 1일
3. 상시 5명 이상 50명 미만의 근로자를 사용하는 사업 또는 사업장: 2021년 7월 1일

제3조【근로조건의 기준】 이 법에서 정하는 근로조건은 최저기준이므로 근로관계 당사자는 이 기준을 이유로 근로조건을 낮출 수 없다.

제4조【근로조건의 결정】 근로조건은 근로자와 사용자가 동등한 지위에서 자유의사에 따라 결정하여야 한다.

제5조【근로조건의 준수】 근로자와 사용자는 각자가 단체협약, 취업규칙과 근로계약을 지키고 성실하게 이행할 의무가 있다.

제6조【균등한 처우】 사용자는 근로자에 대하여 남녀의 성(性)을 이유로 차별적 대우를 하지 못하고, 국적·신앙 또는 사회적 신분을 이유로 근로조건에 대한 차별적 처우를 하지 못한다.

제7조【강제 근로의 금지】 사용자는 폭행, 협박, 감금, 그 밖에 정신상 또는 신체상의 자유를 부당하게 구속하는 수단으로써 근로자의 자유의사에 어긋나는 근로를 강요하지 못한다.

제8조【폭행의 금지】 사용자는 사고의 발생이나 그 밖의 어떠한 이유로도 근로자에게 폭행을 하지 못한다.

제9조【중간착취의 배제】 누구든지 법률에 따르지 아니하고는 영리로 다른 사람의 취업에 개입하거나 중간인으로서 이익을 취득하지 못한다.

제10조【공민권 행사의 보장】 사용자는 근로자가 근로시간 중에 선거권, 그 밖의 공민권(公民權) 행사 또는 공(公)의 직무를 집행하기 위하여 필요한 시간을 청구하면 거부하지 못한다. 다만, 그 권리 행사나 공(公)의 직무를 수행하는 데에 지장이 없으면 청구한 시간을 변경할 수 있다.

제11조【적용 범위】 ① 이 법은 상시 5명 이상의 근로자를 사용하는 모든 사업 또는 사업장에 적용한다. 다만, 동거하는 친족만을 사용하는 사업 또는 사업장과 가사(家事) 사용인에 대하여는 적용하지 아니한다.

② 상시 4명 이하의 근로자를 사용하는 사업 또는 사업장에 대하여는 대통령령으로 정하는 바에 따라 이 법의 일부 규정을 적용할 수 있다.

③ 이 법을 적용하는 경우에 상시 사용하는 근로자 수를 산정하는 방법은 대통령령으로 정한다. 〈신설 2008. 3. 21.〉

제12조【적용 범위】 이 법과 이 법에 따른 대통령령은 국가, 특별시·광역시·도, 시·군·구, 읍·면·동, 그 밖에 이에 준하는 것에 대하여도 적용된다.

제13조【보고, 출석의 의무】 사용자 또는 근로자는 이 법의 시행에 관하여 고용노동부장관·「노동위원회법」에 따른 노동위원회(이하 "노동위원회"라 한다) 또는 근로감독관의 요구가 있으면 지체 없이 필요한 사항에 대하여 보고하거나 출석하여야 한다. 〈개정 2010. 6. 4.〉

제14조【법령 요지 등의 게시】 ① 사용자는 이 법과 이 법에 따른 대통령령의 요지(要旨)와 취업규칙을 근로자가 자유롭게 열람할 수 있는 장소에 항상 게시하거나 갖추어 두어 근로자에게 널리 알려야 한다.

② 사용자는 제1항에 따른 대통령령 중 기숙사에 관한 규정과 제99조 제1항에 따른 기숙사규칙을 기숙사에 게시하거나 갖추어 두어 기숙(寄宿)하는 근로자에게 널리 알려야 한다.

제2장 근로계약

제15조【이 법을 위반한 근로계약】 ① 이 법에서 정하는 기준에 미치지 못하는 근로조건을 정한 근로계약은 그 부분에 한하여 무효로 한다.

② 제1항에 따라 무효로 된 부분은 이 법에서 정한 기준에 따른다.

제16조【계약기간】 근로계약은 기간을 정하지 아니한 것과 일정한 사업의 완료에 필요한 기간을 정한 것 외에는 그 기간은 1년을 초과하지 못한다.

[법률 제8372호(2007. 4. 11.) 부칙 제3조의 규정에 의하여 이 조는 2007년 6월 30일까지 유효함]

제17조【근로조건의 명시】 ① 사용자는 근로계약을 체결할 때에 근로자에게 다음 각

호의 사항을 명시하여야 한다. 근로계약 체결 후 다음 각호의 사항을 변경하는 경우에도 또한 같다. 〈개정 2010. 5. 25.〉

1. 임금
2. 소정근로시간
3. 제55조에 따른 휴일
4. 제60조에 따른 연차 유급휴가
5. 그 밖에 대통령령으로 정하는 근로조건

② 사용자는 제1항 제1호와 관련한 임금의 구성항목 · 계산방법 · 지급방법 및 제2호부터 제4호까지의 사항이 명시된 서면을 근로자에게 교부하여야 한다. 다만, 본문에 따른 사항이 단체협약 또는 취업규칙의 변경 등 대통령령으로 정하는 사유로 인하여 변경되는 경우에는 근로자의 요구가 있으면 그 근로자에게 교부하여야 한다. 〈신설 2010. 5. 25.〉

제18조 【단시간근로자의 근로조건】 ① 단시간근로자의 근로조건은 그 사업장의 같은 종류의 업무에 종사하는 통상 근로자의 근로시간을 기준으로 산정한 비율에 따라 결정되어야 한다.

② 제1항에 따라 근로조건을 결정할 때에 기준이 되는 사항이나 그 밖에 필요한 사항은 대통령령으로 정한다.

③ 4주 동안(4주 미만으로 근로하는 경우에는 그 기간)을 평균하여 1주 동안의 소정근로시간이 15시간 미만인 근로자에 대하여는 제55조와 제60조를 적용하지 아니한다. 〈개정 2008. 3. 21.〉

제19조 【근로조건의 위반】 ① 제17조에 따라 명시된 근로조건이 사실과 다를 경우에 근로자는 근로조건 위반을 이유로 손해의 배상을 청구할 수 있으며 즉시 근로계약을 해제할 수 있다.

② 제1항에 따라 근로자가 손해배상을 청구할 경우에는 노동위원회에 신청할 수 있으며, 근로계약이 해제되었을 경우에는 사용자는 취업을 목적으로 거주를 변경하는 근로자에게 귀향 여비를 지급하여야 한다.

제20조 【위약 예정의 금지】 사용자는 근로계약 불이행에 대한 위약금 또는 손해배상액을 예정하는 계약을 체결하지 못한다.

제21조 【전차금 상계의 금지】 사용자는 전차금(前借金)이나 그 밖에 근로할 것을 조건으로 하는 전대(前貸)채권과 임금을 상계하지 못한다.

제22조 【강제 저금의 금지】 ① 사용자는 근로계약에 덧붙여 강제 저축 또는 저축금의

관리를 규정하는 계약을 체결하지 못한다.

② 사용자가 근로자의 위탁으로 저축을 관리하는 경우에는 다음 각호의 사항을 지켜야 한다.

1. 저축의 종류·기간 및 금융기관을 근로자가 결정하고, 근로자 본인의 이름으로 저축할 것
2. 근로자가 저축증서 등 관련 자료의 열람 또는 반환을 요구할 때에는 즉시 이에 따를 것

제23조【해고 등의 제한】 ① 사용자는 근로자에게 정당한 이유 없이 해고, 휴직, 정직, 전직, 감봉, 그 밖의 징벌(懲罰)(이하 "부당해고등"이라 한다)을 하지 못한다.

② 사용자는 근로자가 업무상 부상 또는 질병의 요양을 위하여 휴업한 기간과 그 후 30일 동안 또는 산전(産前)·산후(産後)의 여성이 이 법에 따라 휴업한 기간과 그 후 30일 동안은 해고하지 못한다. 다만, 사용자가 제84조에 따라 일시보상을 하였을 경우 또는 사업을 계속할 수 없게 된 경우에는 그러하지 아니하다.

제24조【경영상 이유에 의한 해고의 제한】 ① 사용자가 경영상 이유에 의하여 근로자를 해고하려면 긴박한 경영상의 필요가 있어야 한다. 이 경우 경영 악화를 방지하기 위한 사업의 양도·인수·합병은 긴박한 경영상의 필요가 있는 것으로 본다.

② 제1항의 경우에 사용자는 해고를 피하기 위한 노력을 다하여야 하며, 합리적이고 공정한 해고의 기준을 정하고 이에 따라 그 대상자를 선정하여야 한다. 이 경우 남녀의 성을 이유로 차별하여서는 아니 된다.

③ 사용자는 제2항에 따른 해고를 피하기 위한 방법과 해고의 기준 등에 관하여 그 사업 또는 사업장에 근로자의 과반수로 조직된 노동조합이 있는 경우에는 그 노동조합(근로자의 과반수로 조직된 노동조합이 없는 경우에는 근로자의 과반수를 대표하는 자를 말한다. 이하 "근로자대표"라 한다)에 해고를 하려는 날의 50일 전까지 통보하고 성실하게 협의하여야 한다.

④ 사용자는 제1항에 따라 대통령령으로 정하는 일정한 규모 이상의 인원을 해고하려면 대통령령으로 정하는 바에 따라 고용노동부장관에게 신고하여야 한다. 〈개정 2010. 6. 4.〉

⑤ 사용자가 제1항부터 제3항까지의 규정에 따른 요건을 갖추어 근로자를 해고한 경우에는 제23조 제1항에 따른 정당한 이유가 있는 해고를 한 것으로 본다.

제25조【우선 재고용 등】 ① 제24조에 따라 근로자를 해고한 사용자는 근로자를 해고한 날부터 3년 이내에 해고된 근로자가 해고 당시 담당하였던 업무와 같은 업무를

할 근로자를 채용하려고 할 경우 제24조에 따라 해고된 근로자가 원하면 그 근로자를 우선적으로 고용하여야 한다.

② 정부는 제24조에 따라 해고된 근로자에 대하여 생계안정, 재취업, 직업훈련 등 필요한 조치를 우선적으로 취하여야 한다.

제26조【해고의 예고】 사용자는 근로자를 해고(경영상 이유에 의한 해고를 포함한다)하려면 적어도 30일 전에 예고를 하여야 하고, 30일 전에 예고를 하지 아니하였을 때에는 30일분 이상의 통상임금을 지급하여야 한다. 다만, 다음 각호의 어느 하나에 해당하는 경우에는 그러하지 아니하다. 〈개정 2010. 6. 4., 2019. 1. 15.〉

1. 근로자가 계속 근로한 기간이 3개월 미만인 경우
2. 천재·사변, 그 밖의 부득이한 사유로 사업을 계속하는 것이 불가능한 경우
3. 근로자가 고의로 사업에 막대한 지장을 초래하거나 재산상 손해를 끼친 경우로서 고용노동부령으로 정하는 사유에 해당하는 경우

제27조【해고사유 등의 서면통지】 ① 사용자는 근로자를 해고하려면 해고사유와 해고시기를 서면으로 통지하여야 한다.

② 근로자에 대한 해고는 제1항에 따라 서면으로 통지하여야 효력이 있다.

③ 사용자가 제26조에 따른 해고의 예고를 해고사유와 해고시기를 명시하여 서면으로 한 경우에는 제1항에 따른 통지를 한 것으로 본다. 〈신설 2014. 3. 24.〉

제28조【부당해고등의 구제신청】 ① 사용자가 근로자에게 부당해고등을 하면 근로자는 노동위원회에 구제를 신청할 수 있다.

② 제1항에 따른 구제신청은 부당해고등이 있었던 날부터 3개월 이내에 하여야 한다.

제29조【조사 등】 ① 노동위원회는 제28조에 따른 구제신청을 받으면 지체 없이 필요한 조사를 하여야 하며 관계 당사자를 심문하여야 한다.

② 노동위원회는 제1항에 따라 심문을 할 때에는 관계 당사자의 신청이나 직권으로 증인을 출석하게 하여 필요한 사항을 질문할 수 있다.

③ 노동위원회는 제1항에 따라 심문을 할 때에는 관계 당사자에게 증거 제출과 증인에 대한 반대심문을 할 수 있는 충분한 기회를 주어야 한다.

④ 제1항에 따른 노동위원회의 조사와 심문에 관한 세부절차는 「노동위원회법」에 따른 중앙노동위원회(이하 "중앙노동위원회"라 한다)가 정하는 바에 따른다.

제30조【구제명령 등】 ① 노동위원회는 제29조에 따른 심문을 끝내고 부당해고등이 성립한다고 판정하면 사용자에게 구제명령을 하여야 하며, 부당해고등이 성립하지

아니한다고 판정하면 구제신청을 기각하는 결정을 하여야 한다.

② 제1항에 따른 판정, 구제명령 및 기각결정은 사용자와 근로자에게 각각 서면으로 통지하여야 한다.

③ 노동위원회는 제1항에 따른 구제명령(해고에 대한 구제명령만을 말한다)을 할 때에 근로자가 원직복직(原職復職)을 원하지 아니하면 원직복직을 명하는 대신 근로자가 해고기간 동안 근로를 제공하였더라면 받을 수 있었던 임금 상당액 이상의 금품을 근로자에게 지급하도록 명할 수 있다.

제31조【구제명령 등의 확정】 ① 「노동위원회법」에 따른 지방노동위원회의 구제명령이나 기각결정에 불복하는 사용자나 근로자는 구제명령서나 기각결정서를 통지받은 날부터 10일 이내에 중앙노동위원회에 재심을 신청할 수 있다.

② 제1항에 따른 중앙노동위원회의 재심판정에 대하여 사용자나 근로자는 재심판정서를 송달받은 날부터 15일 이내에 「행정소송법」의 규정에 따라 소(訴)를 제기할 수 있다.

③ 제1항과 제2항에 따른 기간 이내에 재심을 신청하지 아니하거나 행정소송을 제기하지 아니하면 그 구제명령, 기각결정 또는 재심판정은 확정된다.

제32조【구제명령 등의 효력】 노동위원회의 구제명령, 기각결정 또는 재심판정은 제31조에 따른 중앙노동위원회에 대한 재심 신청이나 행정소송 제기에 의하여 그 효력이 정지되지 아니한다.

제33조【이행강제금】 ① 노동위원회는 구제명령(구제명령을 내용으로 하는 재심판정을 포함한다. 이하 이 조에서 같다)을 받은 후 이행기한까지 구제명령을 이행하지 아니한 사용자에게 2천만원 이하의 이행강제금을 부과한다.

② 노동위원회는 제1항에 따른 이행강제금을 부과하기 30일 전까지 이행강제금을 부과·징수한다는 뜻을 사용자에게 미리 문서로써 알려 주어야 한다.

③ 제1항에 따른 이행강제금을 부과할 때에는 이행강제금의 액수, 부과 사유, 납부기한, 수납기관, 이의제기방법 및 이의제기기관 등을 명시한 문서로써 하여야 한다.

④ 제1항에 따라 이행강제금을 부과하는 위반행위의 종류와 위반 정도에 따른 금액, 부과·징수된 이행강제금의 반환절차, 그 밖에 필요한 사항은 대통령령으로 정한다.

⑤ 노동위원회는 최초의 구제명령을 한 날을 기준으로 매년 2회의 범위에서 구제명령이 이행될 때까지 반복하여 제1항에 따른 이행강제금을 부과·징수할 수 있다. 이 경우 이행강제금은 2년을 초과하여 부과·징수하지 못한다.

⑥ 노동위원회는 구제명령을 받은 자가 구제명령을 이행하면 새로운 이행강제금을 부과하지 아니하되, 구제명령을 이행하기 전에 이미 부과된 이행강제금은 징수하여야 한다.

⑦ 노동위원회는 이행강제금 납부의무자가 납부기한까지 이행강제금을 내지 아니하면 기간을 정하여 독촉을 하고 지정된 기간에 제1항에 따른 이행강제금을 내지 아니하면 국세 체납처분의 예에 따라 징수할 수 있다.

⑧ 근로자는 구제명령을 받은 사용자가 이행기한까지 구제명령을 이행하지 아니하면 이행기한이 지난 때부터 15일 이내에 그 사실을 노동위원회에 알려줄 수 있다.

제34조【퇴직급여제도】 사용자가 퇴직하는 근로자에게 지급하는 퇴직급여제도에 관하여는 「근로자퇴직급여 보장법」이 정하는 대로 따른다.

제35조 삭제 〈2019. 1. 15.〉[2019. 1. 15. 법률 제16270호에 의하여 2015. 12. 23. 헌법재판소에서 위헌 결정된 이 조를 삭제함.]

제36조【금품 청산】 사용자는 근로자가 사망 또는 퇴직한 경우에는 그 지급 사유가 발생한 때부터 14일 이내에 임금, 보상금, 그 밖에 일체의 금품을 지급하여야 한다. 다만, 특별한 사정이 있을 경우에는 당사자 사이의 합의에 의하여 기일을 연장할 수 있다.

제37조【미지급 임금에 대한 지연이자】 ① 사용자는 제36조에 따라 지급하여야 하는 임금 및 「근로자퇴직급여 보장법」 제2조 제5호에 따른 급여(일시금만 해당된다)의 전부 또는 일부를 그 지급 사유가 발생한 날부터 14일 이내에 지급하지 아니한 경우 그 다음 날부터 지급하는 날까지의 지연 일수에 대하여 연 100분의 40 이내의 범위에서 「은행법」에 따른 은행이 적용하는 연체금리 등 경제 여건을 고려하여 대통령령으로 정하는 이율에 따른 지연이자를 지급하여야 한다. 〈개정 2010. 5. 17.〉

② 제1항은 사용자가 천재・사변, 그 밖에 대통령령으로 정하는 사유에 따라 임금 지급을 지연하는 경우 그 사유가 존속하는 기간에 대하여는 적용하지 아니한다.

제38조【임금채권의 우선변제】 ① 임금, 재해보상금, 그 밖에 근로관계로 인한 채권은 사용자의 총재산에 대하여 질권(質權)・저당권 또는 「동산・채권 등의 담보에 관한 법률」에 따른 담보권에 따라 담보된 채권 외에는 조세・공과금 및 다른 채권에 우선하여 변제되어야 한다. 다만, 질권・저당권 또는 「동산・채권 등의 담보에 관한 법률」에 따른 담보권에 우선하는 조세・공과금에 대하여는 그러하지 아니하다. 〈개정 2010. 6. 10.〉

② 제1항에도 불구하고 다음 각호의 어느 하나에 해당하는 채권은 사용자의 총재산

에 대하여 질권·저당권 또는 「동산·채권 등의 담보에 관한 법률」에 따른 담보권에 따라 담보된 채권, 조세·공과금 및 다른 채권에 우선하여 변제되어야 한다. 〈개정 2010. 6. 10.〉

1. 최종 3개월분의 임금
2. 재해보상금

제39조【사용증명서】 ① 사용자는 근로자가 퇴직한 후라도 사용 기간, 업무 종류, 지위와 임금, 그 밖에 필요한 사항에 관한 증명서를 청구하면 사실대로 적은 증명서를 즉시 내주어야 한다.

② 제1항의 증명서에는 근로자가 요구한 사항만을 적어야 한다.

제40조【취업 방해의 금지】 누구든지 근로자의 취업을 방해할 목적으로 비밀 기호 또는 명부를 작성·사용하거나 통신을 하여서는 아니 된다.

제41조【근로자의 명부】 ① 사용자는 각 사업장별로 근로자 명부를 작성하고 근로자의 성명, 생년월일, 이력, 그 밖에 대통령령으로 정하는 사항을 적어야 한다.

② 제1항에 따라 근로자 명부에 적을 사항이 변경된 경우에는 지체 없이 정정하여야 한다.

제42조【계약 서류의 보존】 사용자는 근로자 명부와 대통령령으로 정하는 근로계약에 관한 중요한 서류를 3년간 보존하여야 한다.

제3장 임금

제43조【임금 지급】 ① 임금은 통화(通貨)로 직접 근로자에게 그 전액을 지급하여야 한다. 다만, 법령 또는 단체협약에 특별한 규정이 있는 경우에는 임금의 일부를 공제하거나 통화 이외의 것으로 지급할 수 있다.

② 임금은 매월 1회 이상 일정한 날짜를 정하여 지급하여야 한다. 다만, 임시로 지급하는 임금, 수당, 그 밖에 이에 준하는 것 또는 대통령령으로 정하는 임금에 대하여는 그러하지 아니하다.

제43조의2【체불사업주 명단 공개】 ① 고용노동부장관은 제36조, 제43조, 제56조에 따른 임금, 보상금, 수당, 그 밖에 일체의 금품(이하 "임금등"이라 한다)을 지급하지 아니한 사업주(법인인 경우에는 그 대표자를 포함한다. 이하 "체불사업주"라 한다)가 명단 공개 기준일 이전 3년 이내 임금등을 체불하여 2회 이상 유죄가 확정된 자

로서 명단 공개 기준일 이전 1년 이내 임금등의 체불총액이 3천만원 이상인 경우에는 그 인적사항 등을 공개할 수 있다. 다만, 체불사업주의 사망·폐업으로 명단 공개의 실효성이 없는 경우 등 대통령령으로 정하는 사유가 있는 경우에는 그러하지 아니하다.
② 고용노동부장관은 제1항에 따라 명단 공개를 할 경우에 체불사업주에게 3개월 이상의 기간을 정하여 소명 기회를 주어야 한다.
③ 제1항에 따른 체불사업주의 인적사항 등에 대한 공개 여부를 심의하기 위하여 고용노동부에 임금체불정보심의위원회(이하 이 조에서 "위원회"라 한다)를 둔다. 이 경우 위원회의 구성·운영 등 필요한 사항은 고용노동부령으로 정한다.
④ 제1항에 따른 명단 공개의 구체적인 내용, 기간 및 방법 등 명단 공개에 필요한 사항은 대통령령으로 정한다.
[본조신설 2012. 2. 1.]

제43조의3 【임금등 체불자료의 제공】 ① 고용노동부장관은 「신용정보의 이용 및 보호에 관한 법률」 제25조 제2항 제1호에 따른 종합신용정보집중기관이 임금등 체불자료 제공일 이전 3년 이내 임금등을 체불하여 2회 이상 유죄가 확정된 자로서 임금등 체불자료 제공일 이전 1년 이내 임금등의 체불총액이 2천만원 이상인 체불사업주의 인적사항과 체불액 등에 관한 자료(이하 "임금등 체불자료"라 한다)를 요구할 때에는 임금등의 체불을 예방하기 위하여 필요하다고 인정하는 경우에 그 자료를 제공할 수 있다. 다만, 체불사업주의 사망·폐업으로 임금등 체불자료 제공의 실효성이 없는 경우 등 대통령령으로 정하는 사유가 있는 경우에는 그러하지 아니하다.
② 제1항에 따라 임금등 체불자료를 받은 자는 이를 체불사업주의 신용도·신용거래능력 판단과 관련한 업무 외의 목적으로 이용하거나 누설하여서는 아니 된다.
③ 제1항에 따른 임금등 체불자료의 제공 절차 및 방법 등 임금등 체불자료의 제공에 필요한 사항은 대통령령으로 정한다.
[본조신설 2012. 2. 1.]

제44조 【도급 사업에 대한 임금 지급】 ① 사업이 여러 차례의 도급에 따라 행하여지는 경우에 하수급인(下受給人)이 직상(直上) 수급인의 귀책사유로 근로자에게 임금을 지급하지 못한 경우에는 그 직상 수급인은 그 하수급인과 연대하여 책임을 진다. 다만, 직상 수급인의 귀책사유가 그 상위 수급인의 귀책사유에 의하여 발생한 경우에는 그 상위 수급인도 연대하여 책임을 진다. 〈개정 2012. 2. 1.〉
② 제1항의 귀책사유 범위는 대통령령으로 정한다. 〈개정 2012. 2. 1.〉

제44조의2【건설업에서의 임금 지급 연대책임】 ① 건설업에서 사업이 2차례 이상 「건설산업기본법」 제2조 제11호에 따른 도급(이하 "공사도급"이라 한다)이 이루어진 경우에 같은 법 제2조 제7호에 따른 건설업자가 아닌 하수급인이 그가 사용한 근로자에게 임금(해당 건설공사에서 발생한 임금으로 한정한다)을 지급하지 못한 경우에는 그 직상 수급인은 하수급인과 연대하여 하수급인이 사용한 근로자의 임금을 지급할 책임을 진다. 〈개정 2011. 5. 24.〉

② 제1항의 직상 수급인이 「건설산업기본법」 제2조 제7호에 따른 건설업자가 아닌 때에는 그 상위 수급인 중에서 최하위의 같은 호에 따른 건설업자를 직상 수급인으로 본다. 〈개정 2011. 5. 24.〉

[본조신설 2007. 7. 27.]

제44조의3【건설업의 공사도급에 있어서의 임금에 관한 특례】 ① 공사도급이 이루어진 경우로서 다음 각호의 어느 하나에 해당하는 때에는 직상 수급인은 하수급인에게 지급하여야 하는 하도급 대금 채무의 부담 범위에서 그 하수급인이 사용한 근로자가 청구하면 하수급인이 지급하여야 하는 임금(해당 건설공사에서 발생한 임금으로 한정한다)에 해당하는 금액을 근로자에게 직접 지급하여야 한다.

1. 직상 수급인이 하수급인을 대신하여 하수급인이 사용한 근로자에게 지급하여야 하는 임금을 직접 지급할 수 있다는 뜻과 그 지급방법 및 절차에 관하여 직상 수급인과 하수급인이 합의한 경우
2. 「민사집행법」 제56조 제3호에 따른 확정된 지급명령, 하수급인의 근로자에게 하수급인에 대하여 임금채권이 있음을 증명하는 같은 법 제56조 제4호에 따른 집행증서, 「소액사건심판법」 제5조의7에 따라 확정된 이행권고결정, 그 밖에 이에 준하는 집행권원이 있는 경우
3. 하수급인이 그가 사용한 근로자에 대하여 지급하여야 할 임금채무가 있음을 직상 수급인에게 알려주고, 직상 수급인이 파산 등의 사유로 하수급인이 임금을 지급할 수 없는 명백한 사유가 있다고 인정하는 경우

② 「건설산업기본법」 제2조 제10호에 따른 발주자의 수급인(이하 "원수급인"이라 한다)으로부터 공사도급이 2차례 이상 이루어진 경우로서 하수급인(도급받은 하수급인으로부터 재하도급 받은 하수급인을 포함한다. 이하 이 항에서 같다)이 사용한 근로자에게 그 하수급인에 대한 제1항 제2호에 따른 집행권원이 있는 경우에는 근로자는 하수급인이 지급하여야 하는 임금(해당 건설공사에서 발생한 임금으로 한정한다)에 해당하는 금액을 원수급인에게 직접 지급할 것을 요구할 수 있다. 원수급

인은 근로자가 자신에 대하여 「민법」 제404조에 따른 채권자대위권을 행사할 수 있는 금액의 범위에서 이에 따라야 한다. 〈개정 2011. 5. 24.〉

③ 직상 수급인 또는 원수급인이 제1항 및 제2항에 따라 하수급인이 사용한 근로자에게 임금에 해당하는 금액을 지급한 경우에는 하수급인에 대한 하도급 대금 채무는 그 범위에서 소멸한 것으로 본다.

[본조신설 2007. 7. 27.]

제45조 【비상시 지급】 사용자는 근로자가 출산, 질병, 재해, 그 밖에 대통령령으로 정하는 비상(非常)한 경우의 비용에 충당하기 위하여 임금 지급을 청구하면 지급기일 전이라도 이미 제공한 근로에 대한 임금을 지급하여야 한다.

제46조 【휴업수당】 ① 사용자의 귀책사유로 휴업하는 경우에 사용자는 휴업기간 동안 그 근로자에게 평균임금의 100분의 70 이상의 수당을 지급하여야 한다. 다만, 평균임금의 100분의 70에 해당하는 금액이 통상임금을 초과하는 경우에는 통상임금을 휴업수당으로 지급할 수 있다.

② 제1항에도 불구하고 부득이한 사유로 사업을 계속하는 것이 불가능하여 노동위원회의 승인을 받은 경우에는 제1항의 기준에 못 미치는 휴업수당을 지급할 수 있다.

제47조 【도급 근로자】 사용자는 도급이나 그 밖에 이에 준하는 제도로 사용하는 근로자에게 근로시간에 따라 일정액의 임금을 보장하여야 한다.

제48조 【임금대장】 사용자는 각 사업장별로 임금대장을 작성하고 임금과 가족수당 계산의 기초가 되는 사항, 임금액, 그 밖에 대통령령으로 정하는 사항을 임금을 지급할 때마다 적어야 한다.

제49조 【임금의 시효】 이 법에 따른 임금채권은 3년간 행사하지 아니하면 시효로 소멸한다.

제4장 근로시간과 휴식

제50조 【근로시간】 ① 1주 간의 근로시간은 휴게시간을 제외하고 40시간을 초과할 수 없다.

② 1일의 근로시간은 휴게시간을 제외하고 8시간을 초과할 수 없다.

③ 제1항 및 제2항에 따른 근로시간을 산정함에 있어 작업을 위하여 근로자가 사용

자의 지휘·감독 아래에 있는 대기시간 등은 근로시간으로 본다. 〈신설 2012. 2. 1.〉

제51조【탄력적 근로시간제】 ① 사용자는 취업규칙(취업규칙에 준하는 것을 포함한다)에서 정하는 바에 따라 2주 이내의 일정한 단위기간을 평균하여 1주 간의 근로시간이 제50조 제1항의 근로시간을 초과하지 아니하는 범위에서 특정한 주에 제50조 제1항의 근로시간을, 특정한 날에 제50조 제2항의 근로시간을 초과하여 근로하게 할 수 있다. 다만, 특정한 주의 근로시간은 48시간을 초과할 수 없다.

② 사용자는 근로자대표와의 서면 합의에 따라 다음 각호의 사항을 정하면 3개월 이내의 단위기간을 평균하여 1주 간의 근로시간이 제50조 제1항의 근로시간을 초과하지 아니하는 범위에서 특정한 주에 제50조 제1항의 근로시간을, 특정한 날에 제50조 제2항의 근로시간을 초과하여 근로하게 할 수 있다. 다만, 특정한 주의 근로시간은 52시간을, 특정한 날의 근로시간은 12시간을 초과할 수 없다.

1. 대상 근로자의 범위
2. 단위기간(3개월 이내의 일정한 기간으로 정하여야 한다)
3. 단위기간의 근로일과 그 근로일별 근로시간
4. 그 밖에 대통령령으로 정하는 사항

③ 제1항과 제2항은 15세 이상 18세 미만의 근로자와 임신 중인 여성 근로자에 대하여는 적용하지 아니한다.

④ 사용자는 제1항 및 제2항에 따라 근로자를 근로시킬 경우에는 기존의 임금 수준이 낮아지지 아니하도록 임금보전방안(賃金補塡方案)을 강구하여야 한다.

제52조【선택적 근로시간제】 사용자는 취업규칙(취업규칙에 준하는 것을 포함한다)에 따라 업무의 시작 및 종료 시각을 근로자의 결정에 맡기기로 한 근로자에 대하여 근로자대표와의 서면 합의에 따라 다음 각호의 사항을 정하면 1개월 이내의 정산기간을 평균하여 1주간의 근로시간이 제50조 제1항의 근로시간을 초과하지 아니하는 범위에서 1주 간에 제50조 제1항의 근로시간을, 1일에 제50조 제2항의 근로시간을 초과하여 근로하게 할 수 있다.

1. 대상 근로자의 범위(15세 이상 18세 미만의 근로자는 제외한다)
2. 정산기간(1개월 이내의 일정한 기간으로 정하여야 한다)
3. 정산기간의 총 근로시간
4. 반드시 근로하여야 할 시간대를 정하는 경우에는 그 시작 및 종료 시각
5. 근로자가 그의 결정에 따라 근로할 수 있는 시간대를 정하는 경우에는 그 시작

및 종료 시각

6. 그 밖에 대통령령으로 정하는 사항

제53조 【연장근로의 제한】 ① 당사자 간에 합의하면 1주 간에 12시간을 한도로 제50조의 근로시간을 연장할 수 있다.

② 당사자 간에 합의하면 1주 간에 12시간을 한도로 제51조의 근로시간을 연장할 수 있고, 제52조 제2호의 정산기간을 평균하여 1주 간에 12시간을 초과하지 아니하는 범위에서 제52조의 근로시간을 연장할 수 있다.

③ 상시 30명 미만의 근로자를 사용하는 사용자는 다음 각호에 대하여 근로자대표와 서면으로 합의한 경우 제1항 또는 제2항에 따라 연장된 근로시간에 더하여 1주 간에 8시간을 초과하지 아니하는 범위에서 근로시간을 연장할 수 있다. 〈신설 2018. 3. 20.〉

1. 제1항 또는 제2항에 따라 연장된 근로시간을 초과할 필요가 있는 사유 및 그 기간
2. 대상 근로자의 범위

④ 사용자는 특별한 사정이 있으면 고용노동부장관의 인가와 근로자의 동의를 받아 제1항과 제2항의 근로시간을 연장할 수 있다. 다만, 사태가 급박하여 고용노동부장관의 인가를 받을 시간이 없는 경우에는 사후에 지체 없이 승인을 받아야 한다. 〈개정 2010. 6. 4., 2018. 3. 20.〉

⑤ 고용노동부장관은 제4항에 따른 근로시간의 연장이 부적당하다고 인정하면 그 후 연장시간에 상당하는 휴게시간이나 휴일을 줄 것을 명할 수 있다. 〈개정 2010. 6. 4., 2018. 3. 20.〉

⑥ 제3항은 15세 이상 18세 미만의 근로자에 대하여는 적용하지 아니한다. 〈신설 2018. 3. 20.〉

[법률 제15513호(2018. 3. 20.) 부칙 제2조의 규정에 의하여 이 조 제3항 및 제6항은 2022년 12월 31일까지 유효함.]

[시행일 : 2021. 7. 1.] 제53조 제3항, 제53조 제6항

제54조 【휴게】 ① 사용자는 근로시간이 4시간인 경우에는 30분 이상, 8시간인 경우에는 1시간 이상의 휴게시간을 근로시간 도중에 주어야 한다.

② 휴게시간은 근로자가 자유롭게 이용할 수 있다.

제55조 【휴일】 ① 사용자는 근로자에게 1주에 평균 1회 이상의 유급휴일을 보장하여야 한다. 〈개정 2018. 3. 20.〉

② 사용자는 근로자에게 대통령령으로 정하는 휴일을 유급으로 보장하여야 한다. 다만, 근로자대표와 서면으로 합의한 경우 특정한 근로일로 대체할 수 있다. 〈신설 2018. 3. 20.〉

[시행일] 제55조 제2항의 개정규정은 다음 각호의 구분에 따른 날부터 시행한다.

1. 상시 300명 이상의 근로자를 사용하는 사업 또는 사업장, 「공공기관의 운영에 관한 법률」 제4조에 따른 공공기관, 「지방공기업법」 제49조 및 같은 법 제76조에 따른 지방공사 및 지방공단, 국가·지방자치단체 또는 정부투자기관이 자본금의 2분의 1 이상을 출자하거나 기본재산의 2분의 1 이상을 출연한 기관·단체와 그 기관·단체가 자본금의 2분의 1 이상을 출자하거나 기본재산의 2분의 1 이상을 출연한 기관·단체, 국가 및 지방자치단체의 기관: 2020년 1월 1일
2. 상시 30명 이상 300명 미만의 근로자를 사용하는 사업 또는 사업장: 2021년 1월 1일
3. 상시 5인 이상 30명 미만의 근로자를 사용하는 사업 또는 사업장: 2022년 1월 1일

제56조【연장·야간 및 휴일근로】 ① 사용자는 연장근로(제53조·제59조 및 제69조 단서에 따라 연장된 시간의 근로를 말한다)에 대하여는 통상임금의 100분의 50 이상을 가산하여 근로자에게 지급하여야 한다. 〈개정 2018. 3. 20.〉

② 제1항에도 불구하고 사용자는 휴일근로에 대하여는 다음 각호의 기준에 따른 금액 이상을 가산하여 근로자에게 지급하여야 한다. 〈신설 2018. 3. 20.〉

1. 8시간 이내의 휴일근로: 통상임금의 100분의 50
2. 8시간을 초과한 휴일근로: 통상임금의 100분의 100

③ 사용자는 야간근로(오후 10시부터 다음 날 오전 6시 사이의 근로를 말한다)에 대하여는 통상임금의 100분의 50 이상을 가산하여 근로자에게 지급하여야 한다. 〈신설 2018. 3. 20.〉

제57조【보상 휴가제】 사용자는 근로자대표와의 서면 합의에 따라 제56조에 따른 연장근로·야간근로 및 휴일근로에 대하여 임금을 지급하는 것을 갈음하여 휴가를 줄 수 있다.

제58조【근로시간 계산의 특례】 ① 근로자가 출장이나 그 밖의 사유로 근로시간의 전부 또는 일부를 사업장 밖에서 근로하여 근로시간을 산정하기 어려운 경우에는 소정근로시간을 근로한 것으로 본다. 다만, 그 업무를 수행하기 위하여 통상적으로 소정근로시간을 초과하여 근로할 필요가 있는 경우에는 그 업무의 수행에 통상 필

요한 시간을 근로한 것으로 본다.

② 제1항 단서에도 불구하고 그 업무에 관하여 근로자대표와의 서면 합의를 한 경우에는 그 합의에서 정하는 시간을 그 업무의 수행에 통상 필요한 시간으로 본다.

③ 업무의 성질에 비추어 업무 수행 방법을 근로자의 재량에 위임할 필요가 있는 업무로서 대통령령으로 정하는 업무는 사용자가 근로자대표와 서면 합의로 정한 시간을 근로한 것으로 본다. 이 경우 그 서면 합의에는 다음 각호의 사항을 명시하여야 한다.

1. 대상 업무
2. 사용자가 업무의 수행 수단 및 시간 배분 등에 관하여 근로자에게 구체적인 지시를 하지 아니한다는 내용
3. 근로시간의 산정은 그 서면 합의로 정하는 바에 따른다는 내용

④ 제1항과 제3항의 시행에 필요한 사항은 대통령령으로 정한다.

제59조 【근로시간 및 휴게시간의 특례】 ① 「통계법」 제22조 제1항에 따라 통계청장이 고시하는 산업에 관한 표준의 중분류 또는 소분류 중 다음 각호의 어느 하나에 해당하는 사업에 대하여 사용자가 근로자대표와 서면으로 합의한 경우에는 제53조 제1항에 따른 주(週) 12시간을 초과하여 연장근로를 하게 하거나 제54조에 따른 휴게시간을 변경할 수 있다.

1. 육상운송 및 파이프라인 운송업. 다만, 「여객자동차 운수사업법」 제3조 제1항 제1호에 따른 노선(路線) 여객자동차운송사업은 제외한다.
2. 수상운송업
3. 항공운송업
4. 기타 운송관련 서비스업
5. 보건업

② 제1항의 경우 사용자는 근로일 종료 후 다음 근로일 개시 전까지 근로자에게 연속하여 11시간 이상의 휴식시간을 주어야 한다.

[전문개정 2018. 3. 20.]

[시행일 : 2018. 7. 1.] 제59조

[시행일 : 2018. 9. 1.] 제59조 제2항

제60조 【연차 유급휴가】 ① 사용자는 1년간 80퍼센트 이상 출근한 근로자에게 15일의 유급휴가를 주어야 한다. 〈개정 2012. 2. 1.〉

② 사용자는 계속하여 근로한 기간이 1년 미만인 근로자 또는 1년간 80퍼센트 미만

출근한 근로자에게 1개월 개근 시 1일의 유급휴가를 주어야 한다. 〈개정 2012. 2. 1.〉

③ 삭제 〈2017. 11. 28.〉

④ 사용자는 3년 이상 계속하여 근로한 근로자에게는 제1항에 따른 휴가에 최초 1년을 초과하는 계속 근로 연수 매 2년에 대하여 1일을 가산한 유급휴가를 주어야 한다. 이 경우 가산휴가를 포함한 총 휴가 일수는 25일을 한도로 한다.

⑤ 사용자는 제1항부터 제4항까지의 규정에 따른 휴가를 근로자가 청구한 시기에 주어야 하고, 그 기간에 대하여는 취업규칙 등에서 정하는 통상임금 또는 평균임금을 지급하여야 한다. 다만, 근로자가 청구한 시기에 휴가를 주는 것이 사업 운영에 막대한 지장이 있는 경우에는 그 시기를 변경할 수 있다.

⑥ 제1항 및 제2항을 적용하는 경우 다음 각호의 어느 하나에 해당하는 기간은 출근한 것으로 본다. 〈개정 2012. 2. 1., 2017. 11. 28.〉

1. 근로자가 업무상의 부상 또는 질병으로 휴업한 기간
2. 임신 중의 여성이 제74조 제1항부터 제3항까지의 규정에 따른 휴가로 휴업한 기간
3. 「남녀고용평등과 일·가정 양립 지원에 관한 법률」 제19조 제1항에 따른 육아휴직으로 휴업한 기간

⑦ 제1항부터 제4항까지의 규정에 따른 휴가는 1년간 행사하지 아니하면 소멸된다. 다만, 사용자의 귀책사유로 사용하지 못한 경우에는 그러하지 아니하다.

제61조 【연차 유급휴가의 사용 촉진】 사용자가 제60조 제1항 및 제4항에 따른 유급휴가의 사용을 촉진하기 위하여 다음 각호의 조치를 하였음에도 불구하고 근로자가 휴가를 사용하지 아니하여 제60조 제7항 본문에 따라 소멸된 경우에는 사용자는 그 사용하지 아니한 휴가에 대하여 보상할 의무가 없고, 제60조 제7항 단서에 따른 사용자의 귀책사유에 해당하지 아니하는 것으로 본다. 〈개정 2012. 2. 1., 2017. 11. 28.〉

1. 제60조 제7항 본문에 따른 기간이 끝나기 6개월 전을 기준으로 10일 이내에 사용자가 근로자별로 사용하지 아니한 휴가 일수를 알려주고, 근로자가 그 사용 시기를 정하여 사용자에게 통보하도록 서면으로 촉구할 것
2. 제1호에 따른 촉구에도 불구하고 근로자가 촉구를 받은 때부터 10일 이내에 사용하지 아니한 휴가의 전부 또는 일부의 사용 시기를 정하여 사용자에게 통보하지 아니하면 제60조 제7항 본문에 따른 기간이 끝나기 2개월 전까지 사용자가

사용하지 아니한 휴가의 사용 시기를 정하여 근로자에게 서면으로 통보할 것

제62조【유급휴가의 대체】 사용자는 근로자대표와의 서면 합의에 따라 제60조에 따른 연차 유급휴가일을 갈음하여 특정한 근로일에 근로자를 휴무시킬 수 있다.

제63조【적용의 제외】 이 장과 제5장에서 정한 근로시간, 휴게와 휴일에 관한 규정은 다음 각호의 어느 하나에 해당하는 근로자에 대하여는 적용하지 아니한다. 〈개정 2010. 6. 4.〉

1. 토지의 경작·개간, 식물의 재식(栽植)·재배·채취 사업, 그 밖의 농림 사업
2. 동물의 사육, 수산 동식물의 채포(採捕)·양식 사업, 그 밖의 축산, 양잠, 수산 사업
3. 감시(監視) 또는 단속적(斷續的)으로 근로에 종사하는 자로서 사용자가 고용노동부장관의 승인을 받은 자
4. 대통령령으로 정하는 업무에 종사하는 근로자

제5장 여성과 소년

제64조【최저 연령과 취직인허증】 ① 15세 미만인 자(「초·중등교육법」에 따른 중학교에 재학 중인 18세 미만인 자를 포함한다)는 근로자로 사용하지 못한다. 다만, 대통령령으로 정하는 기준에 따라 고용노동부장관이 발급한 취직인허증(就職認許證)을 지닌 자는 근로자로 사용할 수 있다. 〈개정 2010. 6. 4.〉

② 제1항의 취직인허증은 본인의 신청에 따라 의무교육에 지장이 없는 경우에는 직종(職種)을 지정하여서만 발행할 수 있다.

③ 고용노동부장관은 거짓이나 그 밖의 부정한 방법으로 제1항 단서의 취직인허증을 발급받은 자에게는 그 인허를 취소하여야 한다. 〈개정 2010. 6. 4.〉

제65조【사용 금지】 ① 사용자는 임신 중이거나 산후 1년이 지나지 아니한 여성(이하 "임산부"라 한다)과 18세 미만자를 도덕상 또는 보건상 유해·위험한 사업에 사용하지 못한다.

② 사용자는 임산부가 아닌 18세 이상의 여성을 제1항에 따른 보건상 유해·위험한 사업 중 임신 또는 출산에 관한 기능에 유해·위험한 사업에 사용하지 못한다.

③ 제1항 및 제2항에 따른 금지 직종은 대통령령으로 정한다.

제66조【연소자 증명서】 사용자는 18세 미만인 자에 대하여는 그 연령을 증명하는 가

족관계기록사항에 관한 증명서와 친권자 또는 후견인의 동의서를 사업장에 갖추어 두어야 한다. 〈개정 2007. 5. 17.〉

제67조【근로계약】 ① 친권자나 후견인은 미성년자의 근로계약을 대리할 수 없다.

② 친권자, 후견인 또는 고용노동부장관은 근로계약이 미성년자에게 불리하다고 인정하는 경우에는 이를 해지할 수 있다. 〈개정 2010. 6. 4.〉

③ 사용자는 18세 미만인 자와 근로계약을 체결하는 경우에는 제17조에 따른 근로조건을 서면으로 명시하여 교부하여야 한다. 〈신설 2007. 7. 27.〉

제68조【임금의 청구】 미성년자는 독자적으로 임금을 청구할 수 있다.

제69조【근로시간】 15세 이상 18세 미만인 자의 근로시간은 1일에 7시간, 1주에 35시간을 초과하지 못한다. 다만, 당사자 사이의 합의에 따라 1일에 1시간, 1주에 5시간을 한도로 연장할 수 있다. 〈개정 2018. 3. 20.〉

제70조【야간근로와 휴일근로의 제한】 ① 사용자는 18세 이상의 여성을 오후 10시부터 오전 6시까지의 시간 및 휴일에 근로시키려면 그 근로자의 동의를 받아야 한다.

② 사용자는 임산부와 18세 미만자를 오후 10시부터 오전 6시까지의 시간 및 휴일에 근로시키지 못한다. 다만, 다음 각호의 어느 하나에 해당하는 경우로서 고용노동부장관의 인가를 받으면 그러하지 아니하다. 〈개정 2010. 6. 4.〉

1. 18세 미만자의 동의가 있는 경우
2. 산후 1년이 지나지 아니한 여성의 동의가 있는 경우
3. 임신 중의 여성이 명시적으로 청구하는 경우

③ 사용자는 제2항의 경우 고용노동부장관의 인가를 받기 전에 근로자의 건강 및 모성 보호를 위하여 그 시행 여부와 방법 등에 관하여 그 사업 또는 사업장의 근로자대표와 성실하게 협의하여야 한다. 〈개정 2010. 6. 4.〉

제71조【시간외근로】 사용자는 산후 1년이 지나지 아니한 여성에 대하여는 단체협약이 있는 경우라도 1일에 2시간, 1주에 6시간, 1년에 150시간을 초과하는 시간외근로를 시키지 못한다. 〈개정 2018. 3. 20.〉

제72조【갱내근로의 금지】 사용자는 여성과 18세 미만인 자를 갱내(坑內)에서 근로시키지 못한다. 다만, 보건·의료, 보도·취재 등 대통령령으로 정하는 업무를 수행하기 위하여 일시적으로 필요한 경우에는 그러하지 아니하다.

제73조【생리휴가】 사용자는 여성 근로자가 청구하면 월 1일의 생리휴가를 주어야 한다.

제74조【임산부의 보호】 ① 사용자는 임신 중의 여성에게 출산 전과 출산 후를 통하여

90일(한 번에 둘 이상 자녀를 임신한 경우에는 120일)의 출산전후휴가를 주어야 한다. 이 경우 휴가 기간의 배정은 출산 후에 45일(한 번에 둘 이상 자녀를 임신한 경우에는 60일) 이상이 되어야 한다. 〈개정 2012. 2. 1., 2014. 1. 21.〉

② 사용자는 임신 중인 여성 근로자가 유산의 경험 등 대통령령으로 정하는 사유로 제1항의 휴가를 청구하는 경우 출산 전 어느 때 라도 휴가를 나누어 사용할 수 있도록 하여야 한다. 이 경우 출산 후의 휴가 기간은 연속하여 45일(한 번에 둘 이상 자녀를 임신한 경우에는 60일) 이상이 되어야 한다. 〈신설 2012. 2. 1., 2014. 1. 21.〉

③ 사용자는 임신 중인 여성이 유산 또는 사산한 경우로서 그 근로자가 청구하면 대통령령으로 정하는 바에 따라 유산·사산 휴가를 주어야 한다. 다만, 인공 임신중절 수술(「모자보건법」 제14조 제1항에 따른 경우는 제외한다)에 따른 유산의 경우는 그러하지 아니하다. 〈개정 2012. 2. 1.〉

④ 제1항부터 제3항까지의 규정에 따른 휴가 중 최초 60일(한 번에 둘 이상 자녀를 임신한 경우에는 75일)은 유급으로 한다. 다만, 「남녀고용평등과 일·가정 양립 지원에 관한 법률」 제18조에 따라 출산전후휴가급여 등이 지급된 경우에는 그 금액의 한도에서 지급의 책임을 면한다. 〈개정 2007. 12. 21., 2012. 2. 1., 2014. 1. 21.〉

⑤ 사용자는 임신 중의 여성 근로자에게 시간외근로를 하게 하여서는 아니 되며, 그 근로자의 요구가 있는 경우에는 쉬운 종류의 근로로 전환하여야 한다. 〈개정 2012. 2. 1.〉

⑥ 사업주는 제1항에 따른 출산전후휴가 종료 후에는 휴가 전과 동일한 업무 또는 동등한 수준의 임금을 지급하는 직무에 복귀시켜야 한다. 〈신설 2008. 3. 28., 2012. 2. 1.〉

⑦ 사용자는 임신 후 12주 이내 또는 36주 이후에 있는 여성 근로자가 1일 2시간의 근로시간 단축을 신청하는 경우 이를 허용하여야 한다. 다만, 1일 근로시간이 8시간 미만인 근로자에 대하여는 1일 근로시간이 6시간이 되도록 근로시간 단축을 허용할 수 있다. 〈신설 2014. 3. 24.〉

⑧ 사용자는 제7항에 따른 근로시간 단축을 이유로 해당 근로자의 임금을 삭감하여서는 아니 된다. 〈신설 2014. 3. 24.〉

⑨ 제7항에 따른 근로시간 단축의 신청방법 및 절차 등에 필요한 사항은 대통령령으로 정한다. 〈신설 2014. 3. 24.〉

[시행일] 제74조 제7항, 제74조 제8항, 제74조 제9항의 개정규정은 다음 각호의 구

분에 따른 날
1. 상시 300명 이상의 근로자를 사용하는 사업 또는 사업장: 공포 후 6개월이 경과한 날
2. 상시 300명 미만의 근로자를 사용하는 사업 또는 사업장: 공포 후 2년이 경과한 날

제74조의2【태아검진 시간의 허용 등】 ① 사용자는 임신한 여성근로자가 「모자보건법」 제10조에 따른 임산부 정기건강진단을 받는데 필요한 시간을 청구하는 경우 이를 허용하여 주어야 한다.
② 사용자는 제1항에 따른 건강진단 시간을 이유로 그 근로자의 임금을 삭감하여서는 아니 된다.
[본조신설 2008. 3. 21.]

제75조【육아 시간】 생후 1년 미만의 유아(乳兒)를 가진 여성 근로자가 청구하면 1일 2회 각각 30분 이상의 유급 수유 시간을 주어야 한다.

제6장 안전과 보건

제76조【안전과 보건】 근로자의 안전과 보건에 관하여는 「산업안전보건법」에서 정하는 바에 따른다.

제7장 기능 습득

제77조【기능 습득자의 보호】 사용자는 양성공, 수습, 그 밖의 명칭을 불문하고 기능의 습득을 목적으로 하는 근로자를 혹사하거나 가사, 그 밖의 기능 습득에 관계없는 업무에 종사시키지 못한다.

제8장 재해보상

제78조【요양보상】 ① 근로자가 업무상 부상 또는 질병에 걸리면 사용자는 그 비용으로 필요한 요양을 행하거나 필요한 요양비를 부담하여야 한다.

② 제1항에 따른 업무상 질병과 요양의 범위 및 요양보상의 시기는 대통령령으로 정한다. 〈개정 2008. 3. 21.〉

第79条【휴업보상】 ① 사용자는 제78조에 따라 요양 중에 있는 근로자에게 그 근로자의 요양 중 평균임금의 100분의 60의 휴업보상을 하여야 한다. 〈개정 2008. 3. 21.〉

② 제1항에 따른 휴업보상을 받을 기간에 그 보상을 받을 자가 임금의 일부를 지급받은 경우에는 사용자는 평균임금에서 그 지급받은 금액을 뺀 금액의 100분의 60의 휴업보상을 하여야 한다. 〈신설 2008. 3. 21.〉

③ 휴업보상의 시기는 대통령령으로 정한다. 〈신설 2008. 3. 21.〉

第80条【장해보상】 ① 근로자가 업무상 부상 또는 질병에 걸리고, 완치된 후 신체에 장해가 있으면 사용자는 그 장해 정도에 따라 평균임금에 별표에서 정한 일수를 곱한 금액의 장해보상을 하여야 한다. 〈개정 2008. 3. 21.〉

② 이미 신체에 장해가 있는 자가 부상 또는 질병으로 인하여 같은 부위에 장해가 더 심해진 경우에 그 장해에 대한 장해보상 금액은 장해 정도가 더 심해진 장해등급에 해당하는 장해보상의 일수에서 기존의 장해등급에 해당하는 장해보상의 일수를 뺀 일수에 보상청구사유 발생 당시의 평균임금을 곱하여 산정한 금액으로 한다. 〈신설 2008. 3. 21.〉

③ 장해보상을 하여야 하는 신체장해 등급의 결정 기준과 장해보상의 시기는 대통령령으로 정한다. 〈신설 2008. 3. 21.〉

第81条【휴업보상과 장해보상의 예외】 근로자가 중대한 과실로 업무상 부상 또는 질병에 걸리고 또한 사용자가 그 과실에 대하여 노동위원회의 인정을 받으면 휴업보상이나 장해보상을 하지 아니하여도 된다.

第82条【유족보상】 ① 근로자가 업무상 사망한 경우에는 사용자는 근로자가 사망한 후 지체 없이 그 유족에게 평균임금 1,000일분의 유족보상을 하여야 한다. 〈개정 2008. 3. 21.〉

② 제1항에서의 유족의 범위, 유족보상의 순위 및 보상을 받기로 확정된 자가 사망한 경우의 유족보상의 순위는 대통령령으로 정한다. 〈신설 2008. 3. 21.〉

第83条【장의비】 근로자가 업무상 사망한 경우에는 사용자는 근로자가 사망한 후 지체 없이 평균임금 90일분의 장의비를 지급하여야 한다. 〈개정 2008. 3. 21.〉

第84条【일시보상】 제78조에 따라 보상을 받는 근로자가 요양을 시작한 지 2년이 지나도 부상 또는 질병이 완치되지 아니하는 경우에는 사용자는 그 근로자에게 평균임금 1,340일분의 일시보상을 하여 그 후의 이 법에 따른 모든 보상책임을 면할 수

있다.

제85조【분할보상】 사용자는 지급 능력이 있는 것을 증명하고 보상을 받는 자의 동의를 받으면 제80조, 제82조 또는 제84조에 따른 보상금을 1년에 걸쳐 분할보상을 할 수 있다.

제86조【보상 청구권】 보상을 받을 권리는 퇴직으로 인하여 변경되지 아니하고, 양도나 압류하지 못한다.

제87조【다른 손해배상과의 관계】 보상을 받게 될 자가 동일한 사유에 대하여 「민법」이나 그 밖의 법령에 따라 이 법의 재해보상에 상당한 금품을 받으면 그 가액(價額)의 한도에서 사용자는 보상의 책임을 면한다.

제88조【고용노동부장관의 심사와 중재】 ① 업무상의 부상, 질병 또는 사망의 인정, 요양의 방법, 보상금액의 결정, 그 밖에 보상의 실시에 관하여 이의가 있는 자는 고용노동부장관에게 심사나 사건의 중재를 청구할 수 있다. 〈개정 2010. 6. 4.〉

② 제1항의 청구가 있으면 고용노동부장관은 1개월 이내에 심사나 중재를 하여야 한다. 〈개정 2010. 6. 4.〉

③ 고용노동부장관은 필요에 따라 직권으로 심사나 사건의 중재를 할 수 있다. 〈개정 2010. 6. 4.〉

④ 고용노동부장관은 심사나 중재를 위하여 필요하다고 인정하면 의사에게 진단이나 검안을 시킬 수 있다. 〈개정 2010. 6. 4.〉

⑤ 제1항에 따른 심사나 중재의 청구와 제2항에 따른 심사나 중재의 시작은 시효의 중단에 관하여는 재판상의 청구로 본다.

[제목개정 2010. 6. 4.]

제89조【노동위원회의 심사와 중재】 ① 고용노동부장관이 제88조 제2항의 기간에 심사 또는 중재를 하지 아니하거나 심사와 중재의 결과에 불복하는 자는 노동위원회에 심사나 중재를 청구할 수 있다. 〈개정 2010. 6. 4.〉

② 제1항의 청구가 있으면 노동위원회는 1개월 이내에 심사나 중재를 하여야 한다.

제90조【도급 사업에 대한 예외】 ① 사업이 여러 차례의 도급에 따라 행하여지는 경우의 재해보상에 대하여는 원수급인(元受給人)을 사용자로 본다.

② 제1항의 경우에 원수급인이 서면상 계약으로 하수급인에게 보상을 담당하게 하는 경우에는 그 수급인도 사용자로 본다. 다만, 2명 이상의 하수급인에게 똑같은 사업에 대하여 중복하여 보상을 담당하게 하지 못한다.

③ 제2항의 경우에 원수급인이 보상의 청구를 받으면 보상을 담당한 하수급인에게

우선 최고(催告)할 것을 청구할 수 있다. 다만, 그 하수급인이 파산의 선고를 받거나 행방이 알려지지 아니하는 경우에는 그러하지 아니하다.

제91조【서류의 보존】 사용자는 재해보상에 관한 중요한 서류를 재해보상이 끝나지 아니하거나 제92조에 따라 재해보상 청구권이 시효로 소멸되기 전에 폐기하여서는 아니 된다. 〈개정 2008. 3. 21.〉

제92조【시효】 이 법의 규정에 따른 재해보상 청구권은 3년간 행사하지 아니하면 시효로 소멸한다.

제9장 취업규칙

제93조【취업규칙의 작성 · 신고】 상시 10명 이상의 근로자를 사용하는 사용자는 다음 각호의 사항에 관한 취업규칙을 작성하여 고용노동부장관에게 신고하여야 한다. 이를 변경하는 경우에도 또한 같다. 〈개정 2008. 3. 28., 2010. 6. 4., 2012. 2. 1.〉

1. 업무의 시작과 종료 시각, 휴게시간, 휴일, 휴가 및 교대 근로에 관한 사항
2. 임금의 결정 · 계산 · 지급 방법, 임금의 산정기간 · 지급시기 및 승급(昇給)에 관한 사항
3. 가족수당의 계산 · 지급 방법에 관한 사항
4. 퇴직에 관한 사항
5. 「근로자퇴직급여 보장법」 제4조에 따라 설정된 퇴직급여, 상여 및 최저임금에 관한 사항
6. 근로자의 식비, 작업 용품 등의 부담에 관한 사항
7. 근로자를 위한 교육시설에 관한 사항
8. 출산전후휴가 · 육아휴직 등 근로자의 모성 보호 및 일 · 가정 양립 지원에 관한 사항
9. 안전과 보건에 관한 사항

9의2. 근로자의 성별 · 연령 또는 신체적 조건 등의 특성에 따른 사업장 환경의 개선에 관한 사항

10. 업무상과 업무 외의 재해부조(災害扶助)에 관한 사항
11. 표창과 제재에 관한 사항
12. 그 밖에 해당 사업 또는 사업장의 근로자 전체에 적용될 사항

제94조【규칙의 작성, 변경 절차】 ① 사용자는 취업규칙의 작성 또는 변경에 관하여 해당 사업 또는 사업장에 근로자의 과반수로 조직된 노동조합이 있는 경우에는 그 노동조합, 근로자의 과반수로 조직된 노동조합이 없는 경우에는 근로자의 과반수의 의견을 들어야 한다. 다만, 취업규칙을 근로자에게 불리하게 변경하는 경우에는 그 동의를 받아야 한다.

② 사용자는 제93조에 따라 취업규칙을 신고할 때에는 제1항의 의견을 적은 서면을 첨부하여야 한다.

제95조【제재 규정의 제한】 취업규칙에서 근로자에 대하여 감급(減給)의 제재를 정할 경우에 그 감액은 1회의 금액이 평균임금의 1일분의 2분의 1을, 총액이 1임금지급기의 임금 총액의 10분의 1을 초과하지 못한다.

제96조【단체협약의 준수】 ① 취업규칙은 법령이나 해당 사업 또는 사업장에 대하여 적용되는 단체협약과 어긋나서는 아니 된다.

② 고용노동부장관은 법령이나 단체협약에 어긋나는 취업규칙의 변경을 명할 수 있다. 〈개정 2010. 6. 4.〉

제97조【위반의 효력】 취업규칙에서 정한 기준에 미달하는 근로조건을 정한 근로계약은 그 부분에 관하여는 무효로 한다. 이 경우 무효로 된 부분은 취업규칙에 정한 기준에 따른다.

제10장 기숙사

제98조【기숙사 생활의 보장】 ① 사용자는 사업 또는 사업장의 부속 기숙사에 기숙하는 근로자의 사생활의 자유를 침해하지 못한다.

② 사용자는 기숙사 생활의 자치에 필요한 임원 선거에 간섭하지 못한다.

제99조【규칙의 작성과 변경】 ① 부속 기숙사에 근로자를 기숙시키는 사용자는 다음 각호의 사항에 관하여 기숙사규칙을 작성하여야 한다.

1. 기상(起床), 취침, 외출과 외박에 관한 사항
2. 행사에 관한 사항
3. 식사에 관한 사항
4. 안전과 보건에 관한 사항
5. 건설물과 설비의 관리에 관한 사항

6. 그 밖에 기숙사에 기숙하는 근로자 전체에 적용될 사항

② 사용자는 제1항에 따른 규칙의 작성 또는 변경에 관하여 기숙사에 기숙하는 근로자의 과반수를 대표하는 자의 동의를 받아야 한다.

③ 사용자와 기숙사에 기숙하는 근로자는 기숙사규칙을 지켜야 한다.

제100조【설비와 안전 위생】 ① 사용자는 부속 기숙사에 대하여 근로자의 건강, 풍기(風紀)와 생명의 유지에 필요한 조치를 강구하여야 한다.

② 제1항에 따라 강구하여야 할 조치의 기준은 대통령령으로 정한다.

제11장 근로감독관 등

제101조【감독기관】 ① 근로조건의 기준을 확보하기 위하여 고용노동부와 그 소속 기관에 근로감독관을 둔다. 〈개정 2010. 6. 4.〉

② 근로감독관의 자격, 임면(任免), 직무 배치에 관한 사항은 대통령령으로 정한다.

제102조【근로감독관의 권한】 ① 근로감독관은 사업장, 기숙사, 그 밖의 부속 건물을 현장조사하고 장부와 서류의 제출을 요구할 수 있으며 사용자와 근로자에 대하여 심문(尋問)할 수 있다. 〈개정 2017. 11. 28.〉

② 의사인 근로감독관이나 근로감독관의 위촉을 받은 의사는 취업을 금지하여야 할 질병에 걸릴 의심이 있는 근로자에 대하여 검진할 수 있다.

③ 제1항 및 제2항의 경우에 근로감독관이나 그 위촉을 받은 의사는 그 신분증명서와 고용노동부장관의 현장조사 또는 검진지령서(檢診指令書)를 제시하여야 한다. 〈개정 2010. 6. 4., 2017. 11. 28.〉

④ 제3항의 현장조사 또는 검진지령서에는 그 일시, 장소 및 범위를 분명하게 적어야 한다. 〈개정 2017. 11. 28.〉

⑤ 근로감독관은 이 법이나 그 밖의 노동 관계 법령 위반의 죄에 관하여 「사법경찰관리의 직무를 행할 자와 그 직무범위에 관한 법률」에서 정하는 바에 따라 사법경찰관의 직무를 수행한다.

제103조【근로감독관의 의무】 근로감독관은 직무상 알게 된 비밀을 엄수하여야 한다. 근로감독관을 그만 둔 경우에도 또한 같다.

제104조【감독기관에 대한 신고】 ① 사업 또는 사업장에서 이 법 또는 이 법에 따른 대통령령을 위반한 사실이 있으면 근로자는 그 사실을 고용노동부장관이나 근로감

독관에게 통보할 수 있다. 〈개정 2010. 6. 4.〉

② 사용자는 제1항의 통보를 이유로 근로자에게 해고나 그 밖에 불리한 처우를 하지 못한다.

제105조【사법경찰권 행사자의 제한】 이 법이나 그 밖의 노동 관계 법령에 따른 현장조사, 서류의 제출, 심문 등의 수사는 검사와 근로감독관이 전담하여 수행한다. 다만, 근로감독관의 직무에 관한 범죄의 수사는 그러하지 아니하다. 〈개정 2017. 11. 28.〉

제106조【권한의 위임】 이 법에 따른 고용노동부장관의 권한은 대통령령으로 정하는 바에 따라 그 일부를 지방고용노동관서의 장에게 위임할 수 있다. 〈개정 2010. 6. 4.〉

제12장 벌칙

제107조【벌칙】 제7조, 제8조, 제9조, 제23조 제2항 또는 제40조를 위반한 자는 5년 이하의 징역 또는 5천만원 이하의 벌금에 처한다. 〈개정 2017. 11. 28.〉

제108조【벌칙】 근로감독관이 이 법을 위반한 사실을 고의로 묵과하면 3년 이하의 징역 또는 5년 이하의 자격정지에 처한다.

제109조【벌칙】 ① 제36조, 제43조, 제44조, 제44조의2, 제46조, 제56조, 제65조 또는 제72조를 위반한 자는 3년 이하의 징역 또는 3천만원 이하의 벌금에 처한다. 〈개정 2007. 7. 27., 2017. 11. 28.〉

② 제36조, 제43조, 제44조, 제44조의2, 제46조 또는 제56조를 위반한 자에 대하여는 피해자의 명시적인 의사와 다르게 공소를 제기할 수 없다. 〈개정 2007. 7. 27.〉

제110조【벌칙】 다음 각호의 어느 하나에 해당하는 자는 2년 이하의 징역 또는 2천만원 이하의 벌금에 처한다. 〈개정 2009. 5. 21., 2012. 2. 1., 2017. 11. 28., 2018. 3. 20.〉

1. 제10조, 제22조 제1항, 제26조, 제50조, 제53조 제1항·제2항·제3항 본문, 제54조, 제55조, 제59조 제2항, 제60조 제1항·제2항·제4항 및 제5항, 제64조 제1항, 제69조, 제70조 제1항·제2항, 제71조, 제74조 제1항부터 제5항까지, 제75조, 제78조부터 제80조까지, 제82조, 제83조 및 제104조 제2항을 위반한 자
2. 제53조 제4항에 따른 명령을 위반한 자

제111조【벌칙】 제31조 제3항에 따라 확정되거나 행정소송을 제기하여 확정된 구제명령 또는 구제명령을 내용으로 하는 재심판정을 이행하지 아니한 자는 1년 이하의 징역 또는 1천만원 이하의 벌금에 처한다.

제112조【고발】 ① 제111조의 죄는 노동위원회의 고발이 있어야 공소를 제기할 수 있다.

② 검사는 제1항에 따른 죄에 해당하는 위반행위가 있음을 노동위원회에 통보하여 고발을 요청할 수 있다.

제113조【벌칙】 제45조를 위반한 자는 1천만원 이하의 벌금에 처한다.

제114조【벌칙】 다음 각호의 어느 하나에 해당하는 자는 500만원 이하의 벌금에 처한다. 〈개정 2007. 7. 27., 2008. 3. 28., 2009. 5. 21., 2012. 2. 1.〉

1. 제6조, 제16조, 제17조, 제20조, 제21조, 제22조 제2항, 제47조, 제53조 제3항 단서, 제67조 제1항·제3항, 제70조 제3항, 제73조, 제74조 제6항, 제77조, 제94조, 제95조, 제100조 및 제103조를 위반한 자
2. 제96조 제2항에 따른 명령을 위반한 자

제115조【양벌규정】 사업주의 대리인, 사용인, 그 밖의 종업원이 해당 사업의 근로자에 관한 사항에 대하여 제107조, 제109조부터 제111조까지, 제113조 또는 제114조의 위반행위를 하면 그 행위자를 벌하는 외에 그 사업주에게도 해당 조문의 벌금형을 과(科)한다. 다만, 사업주가 그 위반행위를 방지하기 위하여 해당 업무에 관하여 상당한 주의와 감독을 게을리하지 아니한 경우에는 그러하지 아니하다.

[전문개정 2009. 5. 21.]

제116조【과태료】 ① 다음 각호의 어느 하나에 해당하는 자에게는 500만원 이하의 과태료를 부과한다. 〈개정 2009. 5. 21., 2010. 6. 4., 2014. 3. 24., 2017. 11. 28.〉

1. 제13조에 따른 고용노동부장관, 노동위원회 또는 근로감독관의 요구가 있는 경우에 보고 또는 출석을 하지 아니하거나 거짓된 보고를 한 자
2. 제14조, 제39조, 제41조, 제42조, 제48조, 제66조, 제74조 제7항, 제91조, 제93조, 제98조 제2항 및 제99조를 위반한 자
3. 제102조에 따른 근로감독관 또는 그 위촉을 받은 의사의 현장조사나 검진을 거절, 방해 또는 기피하고 그 심문에 대하여 진술을 하지 아니하거나 거짓된 진술을 하며 장부·서류를 제출하지 아니하거나 거짓 장부·서류를 제출한 자

② 제1항에 따른 과태료는 대통령령으로 정하는 바에 따라 고용노동부장관이 부과·징수한다. 〈개정 2010. 6. 4.〉

③ 삭제 〈2009. 5. 21.〉
④ 삭제 〈2009. 5. 21.〉
⑤ 삭제 〈2009. 5. 21.〉

부칙〈제16270호, 2019. 1. 15.〉

제1조 【시행일】 이 법은 공포 후 6개월이 경과한 날부터 시행한다. 다만, 제26조 및 제35조의 개정규정은 공포한 날부터 시행한다.

제2조 【예고해고의 적용 예외에 관한 적용례】 제26조 제1호의 개정규정은 같은 개정규정 시행 후 근로계약을 체결한 근로자부터 적용한다.

제3조 【직장 내 괴롭힘 발생 시 조치에 관한 적용례】 제76조의3의 개정규정은 이 법 시행 후 발생한 직장 내 괴롭힘의 경우부터 적용한다.

근로자참여 및 협력증진에 관한 법률 【약칭: 근로자참여법】

[시행 2016. 1. 27.] [법률 제13903호, 2016. 1. 27., 일부개정]

제1장 총칙〈개정 2007. 12. 27.〉

제1조【목적】 이 법은 근로자와 사용자 쌍방이 참여와 협력을 통하여 노사 공동의 이익을 증진함으로써 산업 평화를 도모하고 국민경제 발전에 이바지함을 목적으로 한다.

[전문개정 2007. 12. 27.]

제2조【신의성실의 의무】 근로자와 사용자는 서로 신의를 바탕으로 성실하게 협의에 임하여야 한다.

[전문개정 2007. 12. 27.]

제3조【정의】 이 법에서 사용하는 용어의 뜻은 다음과 같다.

1. "노사협의회"란 근로자와 사용자가 참여와 협력을 통하여 근로자의 복지증진과 기업의 건전한 발전을 도모하기 위하여 구성하는 협의기구를 말한다.
2. "근로자"란 「근로기준법」 제2조에 따른 근로자를 말한다.
3. "사용자"란 「근로기준법」 제2조에 따른 사용자를 말한다.

[전문개정 2007. 12. 27.]

제4조【노사협의회의 설치】 ① 노사협의회(이하 "협의회"라 한다)는 근로조건에 대한 결정권이 있는 사업이나 사업장 단위로 설치하여야 한다. 다만, 상시(常時) 30명 미만의 근로자를 사용하는 사업이나 사업장은 그러하지 아니하다.

② 하나의 사업에 지역을 달리하는 사업장이 있을 경우에는 그 사업장에도 설치할 수 있다.

[전문개정 2007. 12. 27.]

제5조【노동조합과의 관계】 노동조합의 단체교섭이나 그 밖의 모든 활동은 이 법에 의하여 영향을 받지 아니한다.

[전문개정 2007. 12. 27.]

제2장 협의회의 구성〈개정 2007. 12. 27.〉

제6조【협의회의 구성】 ① 협의회는 근로자와 사용자를 대표하는 같은 수의 위원으로 구성하되, 각 3명 이상 10명 이하로 한다.

② 근로자를 대표하는 위원(이하 "근로자위원"이라 한다)은 근로자가 선출하되, 근로자의 과반수로 조직된 노동조합이 있는 경우에는 노동조합의 대표자와 그 노동조합이 위촉하는 자로 한다.

③ 사용자를 대표하는 위원(이하 "사용자위원"이라 한다)은 해당 사업이나 사업장의 대표자와 그 대표자가 위촉하는 자로 한다.

④ 근로자위원이나 사용자위원의 선출과 위촉에 필요한 사항은 대통령령으로 정한다.

[전문개정 2007. 12. 27.]

제7조【의장과 간사】 ① 협의회에 의장을 두며, 의장은 위원 중에서 호선(互選)한다. 이 경우 근로자위원과 사용자위원 중 각 1명을 공동의장으로 할 수 있다.

② 의장은 협의회를 대표하며 회의 업무를 총괄한다.

③ 노사 쌍방은 회의 결과의 기록 등 사무를 담당하는 간사 1명을 각각 둔다.

[전문개정 2007. 12. 27.]

제8조【위원의 임기】 ① 위원의 임기는 3년으로 하되, 연임할 수 있다.

② 보궐위원의 임기는 전임자 임기의 남은 기간으로 한다.

③ 위원은 임기가 끝난 경우라도 후임자가 선출될 때까지 계속 그 직무를 담당한다.

[전문개정 2007. 12. 27.]

제9조【위원의 신분】 ① 위원은 비상임·무보수로 한다.

② 사용자는 협의회 위원으로서의 직무 수행과 관련하여 근로자위원에게 불이익을 주는 처분을 하여서는 아니 된다.

③ 위원의 협의회 출석 시간과 이와 직접 관련된 시간으로서 제18조에 따른 협의회 규정으로 정한 시간은 근로한 시간으로 본다.

[전문개정 2007. 12. 27.]

제10조【사용자의 의무】 ① 사용자는 근로자위원의 선출에 개입하거나 방해하여서는 아니 된다.

② 사용자는 근로자위원의 업무를 위하여 장소의 사용 등 기본적인 편의를 제공하

여야 한다.

[전문개정 2007. 12. 27.]

제11조【시정명령】 고용노동부장관은 사용자가 제9조 제2항을 위반하여 근로자위원에게 불이익을 주는 처분을 하거나 제10조 제1항을 위반하여 근로자위원의 선출에 개입하거나 방해하는 경우에는 그 시정(是正)을 명할 수 있다. 〈개정 2010. 6. 4.〉

[전문개정 2007. 12. 27.]

제3장 협의회의 운영〈개정 2007. 12. 27.〉

제12조【회의】 ① 협의회는 3개월마다 정기적으로 회의를 개최하여야 한다.

② 협의회는 필요에 따라 임시회의를 개최할 수 있다.

[전문개정 2007. 12. 27.]

제13조【회의 소집】 ① 의장은 협의회의 회의를 소집하며 그 의장이 된다.

② 의장은 노사 일방의 대표자가 회의의 목적을 문서로 밝혀 회의의 소집을 요구하면 그 요구에 따라야 한다.

③ 의장은 회의 개최 7일 전에 회의 일시, 장소, 의제 등을 각 위원에게 통보하여야 한다.

[전문개정 2007. 12. 27.]

제14조【자료의 사전 제공】 근로자위원은 제13조 제3항에 따라 통보된 의제 중 제20조 제1항의 협의사항 및 제21조의 의결사항과 관련된 자료를 협의회 회의 개최 전에 사용자에게 요구할 수 있으며 사용자는 이에 성실히 따라야 한다. 다만, 그 요구 자료가 기업의 경영·영업상의 비밀이나 개인정보에 해당하는 경우에는 그러하지 아니하다.

[전문개정 2007. 12. 27.]

[제13조의2에서 이동, 종전 제14조는 제15조로 이동 〈2007. 12. 27.〉]

제15조【정족수】 회의는 근로자위원과 사용자위원 각 과반수의 출석으로 개최하고 출석위원 3분의 2 이상의 찬성으로 의결한다.

[전문개정 2007. 12. 27.]

[제14조에서 이동, 종전 제15조는 제16조로 이동 〈2007. 12. 27.〉]

제16조【회의의 공개】 협의회의 회의는 공개한다. 다만, 협의회의 의결로 공개하지 아

니할 수 있다.

[전문개정 2007. 12. 27.]

[제15조에서 이동, 종전 제16조는 제17조로 이동 〈2007. 12. 27.〉]

제17조【비밀유지】 협의회의 위원은 협의회에서 알게 된 비밀을 누설하여서는 아니 된다.

[전문개정 2007. 12. 27.]

[제16조에서 이동, 종전 제17조는 제18조로 이동 〈2007. 12. 27.〉]

제18조【협의회규정】 ① 협의회는 그 조직과 운영에 관한 규정(이하 "협의회규정"이라 한다)을 제정하고 협의회를 설치한 날부터 15일 이내에 고용노동부장관에게 제출하여야 한다. 이를 변경한 경우에도 또한 같다. 〈개정 2010. 6. 4.〉

② 협의회규정의 규정사항과 그 제정·변경 절차 등에 관하여 필요한 사항은 대통령령으로 정한다.

[전문개정 2007. 12. 27.]

[제17조에서 이동, 종전 제18조는 제19조로 이동 〈2007. 12. 27.〉]

제19조【회의록 비치】 ① 협의회는 다음 각호의 사항을 기록한 회의록을 작성하여 갖추어 두어야 한다.

1. 개최 일시 및 장소
2. 출석 위원
3. 협의 내용 및 의결된 사항
4. 그 밖의 토의사항

② 제1항에 따른 회의록은 작성한 날부터 3년간 보존하여야 한다.

[전문개정 2007. 12. 27.]

[제18조에서 이동, 종전 제19조는 제20조로 이동 〈2007. 12. 21.〉]

제4장 협의회의 임무〈개정 2007. 12. 27.〉

제20조【협의사항】 ① 협의회가 협의하여야 할 사항은 다음 각호와 같다.

1. 생산성 향상과 성과 배분
2. 근로자의 채용·배치 및 교육훈련
3. 근로자의 고충처리

4. 안전, 보건, 그 밖의 작업환경 개선과 근로자의 건강증진
5. 인사·노무관리의 제도 개선
6. 경영상 또는 기술상의 사정으로 인한 인력의 배치전환·재훈련·해고 등 고용조정의 일반원칙
7. 작업과 휴게시간의 운용
8. 임금의 지불방법·체계·구조 등의 제도 개선
9. 신기계·기술의 도입 또는 작업 공정의 개선
10. 작업 수칙의 제정 또는 개정
11. 종업원지주제(從業員持株制)와 그 밖에 근로자의 재산형성에 관한 지원
12. 직무 발명 등과 관련하여 해당 근로자에 대한 보상에 관한 사항
13. 근로자의 복지증진
14. 사업장 내 근로자 감시 설비의 설치
15. 여성근로자의 모성보호 및 일과 가정생활의 양립을 지원하기 위한 사항
16. 그 밖의 노사협조에 관한 사항

② 협의회는 제1항 각호의 사항에 대하여 제15조의 정족수에 따라 의결할 수 있다.

[전문개정 2007. 12. 27.]

[제19조에서 이동, 종전 제20조는 제21조로 이동 〈2007. 12. 27.〉]

제21조【의결사항】 사용자는 다음 각호의 어느 하나에 해당하는 사항에 대하여는 협의회의 의결을 거쳐야 한다.

1. 근로자의 교육훈련 및 능력개발 기본계획의 수립
2. 복지시설의 설치와 관리
3. 사내근로복지기금의 설치
4. 고충처리위원회에서 의결되지 아니한 사항
5. 각종 노사공동위원회의 설치

[전문개정 2007. 12. 27.]

[제20조에서 이동, 종전 제21조는 제22조로 이동 〈2007. 12. 27.〉]

제22조【보고사항 등】 ① 사용자는 정기회의에 다음 각호의 어느 하나에 해당하는 사항에 관하여 성실하게 보고하거나 설명하여야 한다.

1. 경영계획 전반 및 실적에 관한 사항
2. 분기별 생산계획과 실적에 관한 사항
3. 인력계획에 관한 사항

4. 기업의 경제적·재정적 상황

② 근로자위원은 근로자의 요구사항을 보고하거나 설명할 수 있다.

③ 근로자위원은 사용자가 제1항에 따른 보고와 설명을 이행하지 아니하는 경우에는 제1항 각호에 관한 자료를 제출하도록 요구할 수 있으며 사용자는 그 요구에 성실히 따라야 한다.

[전문개정 2007. 12. 27.]

[제21조에서 이동, 종전 제22조는 제23조로 이동 〈2007. 12. 27.〉]

제23조【의결사항의 공지】 협의회는 의결된 사항을 신속히 근로자에게 널리 알려야 한다.

[전문개정 2007. 12. 27.]

[제22조에서 이동, 종전 제23조는 제24조로 이동 〈2007. 12. 27.〉]

제24조【의결사항의 이행】 근로자와 사용자는 협의회에서 의결된 사항을 성실하게 이행하여야 한다.

[전문개정 2007. 12. 27.]

[제23조에서 이동, 종전 제24조는 제25조로 이동 〈2007. 12. 27.〉]

제25조【임의중재】 ① 협의회는 다음 각호의 어느 하나에 해당하는 경우에는 근로자위원과 사용자위원의 합의로 협의회에 중재기구(仲裁機構)를 두어 해결하거나 노동위원회나 그 밖의 제삼자에 의한 중재를 받을 수 있다.

1. 제21조에 따른 의결사항에 관하여 협의회가 의결하지 못한 경우
2. 협의회에서 의결된 사항의 해석이나 이행방법 등에 관하여 의견이 일치하지 아니하는 경우

② 제1항에 따른 중재 결정이 있으면 협의회의 의결을 거친 것으로 보며 근로자와 사용자는 그 결정에 따라야 한다.

[전문개정 2007. 12. 27.]

[제24조에서 이동, 종전 제25조는 제26조로 이동 〈2007. 12. 27.〉]

제5장 고충처리〈개정 2007. 12. 27.〉

제26조【고충처리위원】 모든 사업 또는 사업장에는 근로자의 고충을 청취하고 이를 처리하기 위하여 고충처리위원을 두어야 한다. 다만, 상시 30명 미만의 근로자를

사용하는 사업이나 사업장은 그러하지 아니하다.

[전문개정 2007. 12. 27.]

[제25조에서 이동, 종전 제26조는 제27조로 이동 〈2007. 12. 27.〉]

제27조 【고충처리위원의 구성 및 임기】 ① 고충처리위원은 노사를 대표하는 3명 이내의 위원으로 구성하되, 협의회가 설치되어 있는 사업이나 사업장의 경우에는 협의회가 그 위원 중에서 선임하고, 협의회가 설치되어 있지 아니한 사업이나 사업장의 경우에는 사용자가 위촉한다.

② 위원의 임기에 관하여는 협의회 위원의 임기에 관한 제8조를 준용한다.

[전문개정 2007. 12. 27.]

[제26조에서 이동, 종전 제27조는 제28조로 이동 〈2007. 12. 27.〉]

제28조 【고충의 처리】 ① 고충처리위원은 근로자로부터 고충사항을 청취한 경우에는 10일 이내에 조치사항과 그 밖의 처리결과를 해당 근로자에게 통보하여야 한다.

② 고충처리위원이 처리하기 곤란한 사항은 협의회의 회의에 부쳐 협의 처리한다.

[전문개정 2007. 12. 27.]

제6장 보칙〈개정 2007. 12. 21.〉

제29조 【권한의 위임】 이 법에 따른 고용노동부장관의 권한은 대통령령으로 정하는 바에 따라 그 일부를 지방고용노동관서의 장에게 위임할 수 있다. 〈개정 2010. 6. 4.〉

[전문개정 2007. 12. 27.]

제7장 벌칙〈개정 2007. 12. 21.〉

제30조 【벌칙】 다음 각호의 어느 하나에 해당하는 자는 1천만원 이하의 벌금에 처한다.

1. 제4조 제1항에 따른 협의회의 설치를 정당한 사유 없이 거부하거나 방해한 자
2. 제24조를 위반하여 협의회에서 의결된 사항을 정당한 사유 없이 이행하지 아니한 자
3. 제25조 제2항을 위반하여 중재 결정의 내용을 정당한 사유 없이 이행하지 아니한 자

[전문개정 2007. 12. 27.]

제31조【벌칙】 사용자가 정당한 사유 없이 제11조에 따른 시정명령을 이행하지 아니하거나 제22조 제3항에 따른 자료제출 의무를 이행하지 아니하면 500만원 이하의 벌금에 처한다.

[전문개정 2007. 12. 27.]

제32조【벌칙】 사용자가 제12조 제1항을 위반하여 협의회를 정기적으로 개최하지 아니하거나 제26조에 따른 고충처리위원을 두지 아니한 경우에는 200만원 이하의 벌금에 처한다.

[전문개정 2007. 12. 27.]

제33조【과태료】 ① 사용자가 제18조를 위반하여 협의회규정을 제출하지 아니한 때에는 200만원 이하의 과태료를 부과한다.

② 제1항에 따른 과태료는 대통령령으로 정하는 바에 따라 고용노동부장관이 부과·징수한다. 〈개정 2010. 6. 4.〉

③ 삭제 〈2016. 1. 27.〉

④ 삭제 〈2016. 1. 27.〉

⑤ 삭제 〈2016. 1. 27.〉

[전문개정 2007. 12. 27.]

부칙〈제13903호, 2016. 1. 27.〉

이 법은 공포한 날부터 시행한다.

노동위원회법

[시행 2016. 1. 27.] [법률 제13904호, 2016. 1. 27., 일부개정]

제1장 총칙〈개정 2015. 1. 20.〉

제1조【목적】 이 법은 노동관계에 관한 판정 및 조정(調整) 업무를 신속·공정하게 수행하기 위하여 노동위원회를 설치하고 그 운영에 관한 사항을 규정함으로써 노동관계의 안정과 발전에 이바지함을 목적으로 한다.

[전문개정 2015. 1. 20.]

제2조【노동위원회의 구분·소속 등】 ① 노동위원회는 중앙노동위원회, 지방노동위원회 및 특별노동위원회로 구분한다.

② 중앙노동위원회와 지방노동위원회는 고용노동부장관 소속으로 두며, 지방노동위원회의 명칭·위치 및 관할구역은 대통령령으로 정한다.

③ 특별노동위원회는 관계 법률에서 정하는 사항을 관장하기 위하여 필요한 경우에 해당 사항을 관장하는 중앙행정기관의 장 소속으로 둔다.

[전문개정 2015. 1. 20.]

제2조의2【노동위원회의 소관 사무】 노동위원회의 소관 사무는 다음 각호와 같다.

1. 「노동조합 및 노동관계조정법」, 「근로기준법」, 「근로자참여 및 협력증진에 관한 법률」, 「교원의 노동조합 설립 및 운영 등에 관한 법률」, 「공무원의 노동조합 설립 및 운영 등에 관한 법률」, 「기간제 및 단시간근로자 보호 등에 관한 법률」 및 「파견근로자보호 등에 관한 법률」에 따른 판정·결정·의결·승인·인정 또는 차별적 처우 시정 등에 관한 업무
2. 「노동조합 및 노동관계조정법」, 「교원의 노동조합 설립 및 운영 등에 관한 법률」 및 「공무원의 노동조합 설립 및 운영 등에 관한 법률」에 따른 노동쟁의 조정(調停)·중재 또는 관계 당사자의 자주적인 노동쟁의 해결 지원에 관한 업무
3. 제1호 및 제2호의 업무수행과 관련된 조사·연구·교육 및 홍보 등에 관한 업무
4. 그 밖에 다른 법률에서 노동위원회의 소관으로 규정된 업무

[전문개정 2015. 1. 20.]

제3조【노동위원회의 관장】 ① 중앙노동위원회는 다음 각호의 사건을 관장한다.

1. 지방노동위원회 및 특별노동위원회의 처분에 대한 재심사건

2. 둘 이상의 지방노동위원회의 관할구역에 걸친 노동쟁의의 조정(調整)사건
3. 다른 법률에서 그 권한에 속하는 것으로 규정된 사건

② 지방노동위원회는 해당 관할구역에서 발생하는 사건을 관장하되, 둘 이상의 관할구역에 걸친 사건(제1항 제2호의 조정사건은 제외한다)은 주된 사업장의 소재지를 관할하는 지방노동위원회에서 관장한다.

③ 특별노동위원회는 관계 법률에서 정하는 바에 따라 그 설치목적으로 규정된 특정사항에 관한 사건을 관장한다.

④ 중앙노동위원회 위원장은 제1항 제2호에도 불구하고 효율적인 노동쟁의의 조정을 위하여 필요하다고 인정하는 경우에는 지방노동위원회를 지정하여 해당 사건을 처리하게 할 수 있다.

⑤ 중앙노동위원회 위원장은 제2항에 따른 주된 사업장을 정하기 어렵거나 주된 사업장의 소재지를 관할하는 지방노동위원회에서 처리하기 곤란한 사정이 있는 경우에는 직권으로 또는 관계 당사자나 지방노동위원회 위원장의 신청에 따라 지방노동위원회를 지정하여 해당 사건을 처리하게 할 수 있다.

[전문개정 2015. 1. 20.]

제3조의2【사건의 이송】 ① 노동위원회는 접수된 사건이 다른 노동위원회의 관할인 경우에는 지체 없이 해당 사건을 관할 노동위원회로 이송하여야 한다. 제23조에 따른 조사를 시작한 후 다른 노동위원회의 관할인 것으로 확인된 경우에도 또한 같다.

② 제1항에 따라 이송된 사건은 관할 노동위원회에 처음부터 접수된 것으로 본다.

③ 노동위원회는 제1항에 따라 사건을 이송한 경우에는 그 사실을 지체 없이 관계 당사자에게 통지하여야 한다.

[본조신설 2015. 1. 20.]

제4조【노동위원회의 지위 등】 ① 노동위원회는 그 권한에 속하는 업무를 독립적으로 수행한다.

② 중앙노동위원회 위원장은 중앙노동위원회 및 지방노동위원회의 예산·인사·교육훈련, 그 밖의 행정사무를 총괄하며, 소속 공무원을 지휘·감독한다.

③ 중앙노동위원회 위원장은 제2항에 따른 행정사무의 지휘·감독권 일부를 대통령령으로 정하는 바에 따라 지방노동위원회 위원장에게 위임할 수 있다.

[전문개정 2015. 1. 20.]

제5조【특별노동위원회의 조직 등】 ① 특별노동위원회에 대해서는 제6조 제3항부터 제

7항까지, 제9조 제2항 및 제4항을 적용하지 아니한다.

② 다음 각호의 어느 하나에 해당하는 사항에 대해서는 해당 특별노동위원회의 설치 근거가 되는 법률에서 다르게 정할 수 있다.

1. 제6조 제2항에 따른 근로자위원, 사용자위원 및 공익위원의 수
2. 제11조에 따른 상임위원

③ 특별노동위원회에 대하여 제15조 제3항부터 제5항까지의 규정을 적용하는 경우에 제6조 제6항에 따른 심판담당 공익위원, 차별시정담당 공익위원 및 조정담당 공익위원은 특별노동위원회의 공익위원으로 본다.

[전문개정 2015. 1. 20.]

제2장 조직〈개정 2015. 1. 20.〉

제6조 【노동위원회의 구성 등】 ① 노동위원회는 근로자를 대표하는 위원(이하 "근로자위원"이라 한다)과 사용자를 대표하는 위원(이하 "사용자위원"이라 한다) 및 공익을 대표하는 위원(이하 "공익위원"이라 한다)으로 구성한다.

② 노동위원회 위원의 수는 다음 각호의 구분에 따른 범위에서 노동위원회의 업무량을 고려하여 대통령령으로 정한다. 이 경우 근로자위원과 사용자위원은 같은 수로 한다.

1. 근로자위원 및 사용자위원: 각 10명 이상 50명 이하
2. 공익위원: 10명 이상 70명 이하

③ 근로자위원은 노동조합이 추천한 사람 중에서, 사용자위원은 사용자단체가 추천한 사람 중에서 다음 각호의 구분에 따라 위촉한다.

1. 중앙노동위원회: 고용노동부장관의 제청으로 대통령이 위촉
2. 지방노동위원회: 지방노동위원회 위원장의 제청으로 중앙노동위원회 위원장이 위촉

④ 공익위원은 해당 노동위원회 위원장, 노동조합 및 사용자단체가 각각 추천한 사람 중에서 노동조합과 사용자단체가 순차적으로 배제하고 남은 사람을 위촉대상 공익위원으로 하고, 그 위촉대상 공익위원 중에서 다음 각호의 구분에 따라 위촉한다.

1. 중앙노동위원회 공익위원: 고용노동부장관의 제청으로 대통령이 위촉
2. 지방노동위원회 공익위원: 지방노동위원회 위원장의 제청으로 중앙노동위원회

위원장이 위촉

⑤ 제4항에도 불구하고 노동조합 또는 사용자단체가 공익위원을 추천하는 절차나 추천된 공익위원을 순차적으로 배제하는 절차를 거부하는 경우에는 해당 노동위원회 위원장이 위촉대상 공익위원을 선정할 수 있다.

⑥ 공익위원은 다음 각호와 같이 구분하여 위촉한다.

1. 심판사건을 담당하는 심판담당 공익위원
2. 차별적 처우 시정사건을 담당하는 차별시정담당 공익위원
3. 조정사건을 담당하는 조정담당 공익위원

⑦ 노동위원회 위원의 추천절차, 공익위원의 순차배제의 방법, 그 밖에 위원의 위촉에 필요한 사항은 대통령령으로 정한다.

[전문개정 2015. 1. 20.]

제6조의2【사회취약계층에 대한 권리구제 대리】 ① 노동위원회는 제2조의2 제1호 중 판정·결정·승인·인정 및 차별적 처우 시정 등에 관한 사건에서 사회취약계층을 위하여 변호사나 공인노무사로 하여금 권리구제업무를 대리하게 할 수 있다.

② 제1항에 따라 변호사나 공인노무사로 하여금 사회취약계층을 위한 권리구제업무를 대리하게 하려는 경우의 요건, 대상, 변호사·공인노무사의 보수 등에 관하여 필요한 사항은 고용노동부령으로 정한다.

[전문개정 2015. 1. 20.]

제7조【위원의 임기 등】 ① 노동위원회 위원의 임기는 3년으로 하되, 연임할 수 있다.

② 노동위원회 위원이 궐위(闕位)된 경우 보궐위원의 임기는 전임자 임기의 남은 기간으로 한다. 다만, 노동위원회 위원장 또는 상임위원이 궐위되어 후임자를 임명한 경우 후임자의 임기는 새로 시작된다.

③ 임기가 끝난 노동위원회 위원은 후임자가 위촉될 때까지 계속 그 직무를 집행한다.

④ 노동위원회 위원의 처우에 관하여는 대통령령으로 정한다.

[전문개정 2015. 1. 20.]

제8조【공익위원의 자격기준 등】 ① 중앙노동위원회의 공익위원은 다음 각호의 구분에 따라 노동문제에 관한 지식과 경험이 있는 사람을 위촉하되, 여성의 위촉이 늘어날 수 있도록 노력하여야 한다.

1. 심판담당 공익위원 및 차별시정담당 공익위원

가. 노동문제와 관련된 학문을 전공한 사람으로서 「고등교육법」 제2조 제1호부

터 제6호까지의 학교에서 부교수 이상으로 재직하고 있거나 재직하였던 사람

나. 판사·검사·군법무관·변호사 또는 공인노무사로 7년 이상 재직하고 있거나 재직하였던 사람

다. 노동관계 업무에 7년 이상 종사한 사람으로서 2급 또는 2급 상당 이상의 공무원이나 고위공무원단에 속하는 공무원으로 재직하고 있거나 재직하였던 사람

라. 그 밖에 노동관계 업무에 15년 이상 종사한 사람으로서 심판담당 공익위원 또는 차별시정담당 공익위원으로 적합하다고 인정되는 사람

2. 조정담당 공익위원

가. 「고등교육법」 제2조 제1호부터 제6호까지의 학교에서 부교수 이상으로 재직하고 있거나 재직하였던 사람

나. 판사·검사·군법무관·변호사 또는 공인노무사로 7년 이상 재직하고 있거나 재직하였던 사람

다. 노동관계 업무에 7년 이상 종사한 사람으로서 2급 또는 2급 상당 이상의 공무원이나 고위공무원단에 속하는 공무원으로 재직하고 있거나 재직하였던 사람

라. 그 밖에 노동관계 업무에 15년 이상 종사한 사람 또는 사회적 덕망이 있는 사람으로서 조정담당 공익위원으로 적합하다고 인정되는 사람

② 지방노동위원회의 공익위원은 다음 각호의 구분에 따라 노동문제에 관한 지식과 경험이 있는 사람을 위촉하되, 여성의 위촉이 늘어날 수 있도록 노력하여야 한다.

1. 심판담당 공익위원 및 차별시정담당 공익위원

가. 노동문제와 관련된 학문을 전공한 사람으로서 「고등교육법」 제2조 제1호부터 제6호까지의 학교에서 조교수 이상으로 재직하고 있거나 재직하였던 사람

나. 판사·검사·군법무관·변호사 또는 공인노무사로 3년 이상 재직하고 있거나 재직하였던 사람

다. 노동관계 업무에 3년 이상 종사한 사람으로서 3급 또는 3급 상당 이상의 공무원이나 고위공무원단에 속하는 공무원으로 재직하고 있거나 재직하였던 사람

라. 노동관계 업무에 10년 이상 종사한 사람으로서 4급 또는 4급 상당 이상의 공

무원으로 재직하고 있거나 재직하였던 사람
마. 그 밖에 노동관계 업무에 10년 이상 종사한 사람으로서 심판담당 공익위원 또는 차별시정담당 공익위원으로 적합하다고 인정되는 사람
2. 조정담당 공익위원
가. 「고등교육법」 제2조 제1호부터 제6호까지의 학교에서 조교수 이상으로 재직하고 있거나 재직하였던 사람
나. 판사·검사·군법무관·변호사 또는 공인노무사로 3년 이상 재직하고 있거나 재직하였던 사람
다. 노동관계 업무에 3년 이상 종사한 사람으로서 3급 또는 3급 상당 이상의 공무원이나 고위공무원단에 속하는 공무원으로 재직하고 있거나 재직하였던 사람
라. 노동관계 업무에 10년 이상 종사한 사람으로서 4급 또는 4급 상당 이상의 공무원으로 재직하고 있거나 재직하였던 사람
마. 그 밖에 노동관계 업무에 10년 이상 종사한 사람 또는 사회적 덕망이 있는 사람으로서 조정담당 공익위원으로 적합하다고 인정되는 사람
[전문개정 2015. 1. 20.]

제9조 【위원장】 ① 노동위원회에 위원장 1명을 둔다.
② 중앙노동위원회 위원장은 제8조 제1항에 따라 중앙노동위원회의 공익위원이 될 수 있는 자격을 갖춘 사람 중에서 고용노동부장관의 제청으로 대통령이 임명하고, 지방노동위원회 위원장은 제8조 제2항에 따라 지방노동위원회의 공익위원이 될 수 있는 자격을 갖춘 사람 중에서 중앙노동위원회 위원장의 추천과 고용노동부장관의 제청으로 대통령이 임명한다.
③ 중앙노동위원회 위원장은 정무직으로 한다.
④ 노동위원회 위원장(이하 "위원장"이라 한다)은 해당 노동위원회의 공익위원이 되며, 심판사건, 차별적 처우 시정사건, 조정사건을 담당할 수 있다.
[전문개정 2015. 1. 20.]

제10조 【위원장의 직무】 ① 위원장은 해당 노동위원회를 대표하며, 노동위원회의 사무를 총괄한다.
② 위원장이 부득이한 사유로 직무를 수행할 수 없을 때에는 대통령령으로 정하는 공익위원이 그 직무를 대행한다.
[전문개정 2015. 1. 20.]

제11조【상임위원】 ① 노동위원회에 상임위원을 두며, 상임위원은 해당 노동위원회의 공익위원이 될 수 있는 자격을 갖춘 사람 중에서 중앙노동위원회 위원장의 추천과 고용노동부장관의 제청으로 대통령이 임명한다.

② 상임위원은 해당 노동위원회의 공익위원이 되며, 심판사건, 차별적 처우 시정사건, 조정사건을 담당할 수 있다.

③ 노동위원회에 두는 상임위원의 수와 직급 등은 대통령령령으로 정한다.

[전문개정 2015. 1. 20.]

제11조의2【위원의 행위규범】 ① 노동위원회의 위원은 법과 양심에 따라 공정하고 성실하게 업무를 수행하여야 한다.

② 중앙노동위원회는 노동위원회 위원이 제1항에 따라 업무를 수행하기 위하여 준수하여야 할 행위규범과 그 운영에 관한 사항을 제15조에 따른 전원회의의 의결을 거쳐 정할 수 있다.

③ 제2항에 따른 노동위원회 위원의 행위규범에는 다음 각호의 사항이 포함되어야 한다.

1. 업무수행과 관련하여 향응·금품 등을 받는 행위의 금지에 관한 사항
2. 관계 당사자 중 어느 한쪽에 편파적이거나 사건 처리를 방해하는 등 공정성과 중립성을 훼손하는 행위의 금지·제한에 관한 사항
3. 직무수행과 관련하여 알게 된 사항을 자기나 다른 사람의 이익을 위하여 이용하거나 다른 사람에게 제공하는 행위의 금지에 관한 사항
4. 제15조에 따른 부문별 위원회의 출석 등 노동위원회 위원으로서의 성실한 업무수행에 관한 사항
5. 그 밖에 품위유지 등을 위하여 필요한 사항

[전문개정 2015. 1. 20.]

제12조【결격사유】 「국가공무원법」 제33조 각호의 어느 하나에 해당하는 사람은 노동위원회 위원이 될 수 없다.

[전문개정 2015. 1. 20.]

제13조【위원의 신분보장】 ① 노동위원회 위원은 다음 각호의 어느 하나에 해당하는 경우를 제외하고는 그 의사에 반하여 면직되거나 위촉이 해제되지 아니한다.

1. 「국가공무원법」 제33조 각호의 어느 하나에 해당하는 경우
2. 장기간의 심신쇠약으로 직무를 수행할 수 없는 경우
3. 직무와 관련된 비위사실이 있거나 노동위원회 위원직을 유지하기에 적합하지 아

니하다고 인정되는 비위사실이 있는 경우

4. 제11조의2에 따른 행위규범을 위반하여 노동위원회 위원으로서 직무를 수행하기 곤란한 경우

5. 공익위원으로 위촉된 후 제8조에 따른 공익위원의 자격기준에 미달하게 된 것으로 밝혀진 경우

② 노동위원회 위원은 제1항 제1호에 해당하는 경우에 당연히 면직되거나 위촉이 해제된다.

[전문개정 2015. 1. 20.]

제14조 【사무처와 사무국】 ① 중앙노동위원회에는 사무처를 두고, 지방노동위원회에는 사무국을 둔다.

② 사무처와 사무국의 조직·운영 등에 필요한 사항은 대통령령으로 정한다.

③ 고용노동부장관은 노동위원회 사무처 또는 사무국 소속 직원을 고용노동부와 노동위원회 간에 전보할 경우 중앙노동위원회 위원장의 의견을 들어야 한다.

[전문개정 2015. 1. 20.]

제14조의2 【중앙노동위원회 사무처장】 ① 중앙노동위원회에는 사무처장 1명을 둔다.

② 사무처장은 중앙노동위원회 상임위원 중 1명이 겸직한다.

③ 사무처장은 중앙노동위원회 위원장의 명을 받아 사무처의 사무를 처리하며 소속 직원을 지휘·감독한다.

[전문개정 2015. 1. 20.]

제14조의3 【조사관】 ① 노동위원회 사무처 및 사무국에 조사관을 둔다.

② 중앙노동위원회 위원장은 노동위원회 사무처 또는 사무국 소속 공무원 중에서 조사관을 임명한다.

③ 조사관은 위원장, 제15조에 따른 부문별 위원회의 위원장 또는 제16조의2에 따른 주심위원의 지휘를 받아 노동위원회의 소관 사무에 필요한 조사를 하고, 제15조에 따른 부문별 위원회에 출석하여 의견을 진술할 수 있다.

④ 조사관의 임명·자격 등에 관하여 필요한 사항은 대통령령으로 정한다.

[전문개정 2015. 1. 20.]

제3장 회의〈개정 2015. 1. 20.〉

제15조【회의의 구성 등】 ① 노동위원회에는 전원회의와 위원회의 권한에 속하는 업무를 부문별로 처리하기 위한 위원회로서 다음 각호의 부문별 위원회를 둔다. 다만, 다른 법률에 특별한 규정이 있는 경우에는 그러하지 아니하다.

1. 심판위원회
2. 차별시정위원회
3. 조정(調停)위원회
4. 특별조정위원회
5. 중재위원회
6. 「교원의 노동조합 설립 및 운영 등에 관한 법률」 제11조 제1항에 따른 교원 노동관계 조정위원회
7. 「공무원의 노동조합 설립 및 운영 등에 관한 법률」 제14조 제1항에 따른 공무원 노동관계 조정위원회

② 전원회의는 해당 노동위원회 소속 위원 전원으로 구성하며, 다음 각호의 사항을 처리한다.

1. 노동위원회의 운영 등 일반적인 사항의 결정
2. 제22조 제2항에 따른 근로조건의 개선에 관한 권고
3. 제24조 및 제25조에 따른 지시 및 규칙의 제정(중앙노동위원회만 해당한다)

③ 제1항 제1호에 따른 심판위원회는 심판담당 공익위원 중 위원장이 지명하는 3명으로 구성하며, 「노동조합 및 노동관계조정법」, 「근로기준법」, 「근로자참여 및 협력증진에 관한 법률」, 그 밖의 법률에 따른 노동위원회의 판정·의결·승인 및 인정 등과 관련된 사항을 처리한다.

④ 제1항 제2호에 따른 차별시정위원회는 차별시정담당 공익위원 중 위원장이 지명하는 3명으로 구성하며, 「기간제 및 단시간근로자 보호 등에 관한 법률」 또는 「파견근로자보호 등에 관한 법률」에 따른 차별적 처우의 시정과 관련된 사항을 처리한다.

⑤ 제1항 제3호부터 제5호까지의 규정에 따른 조정위원회·특별조정위원회 및 중재위원회는 「노동조합 및 노동관계조정법」에서 정하는 바에 따라 구성하며, 같은 법에 따른 조정·중재, 그 밖에 이와 관련된 사항을 각각 처리한다. 이 경우 공익위원은 조정담당 공익위원 중에서 지명한다.

⑥ 위원장은 제3항 및 제4항에 따라 부문별 위원회를 구성할 때 위원장 또는 상임위원의 업무가 과도하여 정상적인 업무수행이 곤란하게 되는 등 제25조에 따라 중앙노동위원회가 제정하는 규칙으로 정하는 부득이한 사유가 있는 경우 외에는 위원장 또는 상임위원 1명이 포함되도록 위원을 지명하여야 한다.

⑦ 위원장은 제3항부터 제5항까지의 규정에도 불구하고 부문별 위원회를 구성할 때 특정 부문별 위원회에 사건이 집중되거나 다른 분야의 전문지식이 필요하다고 인정하는 경우에는 심판담당 공익위원, 차별시정담당 공익위원 또는 조정담당 공익위원을 담당 분야와 관계없이 다른 부문별 위원회의 위원으로 지명할 수 있다.

⑧ 제1항 제6호에 따른 교원 노동관계 조정위원회는 「교원의 노동조합 설립 및 운영 등에 관한 법률」에서 정하는 바에 따라 설치·구성하며, 같은 법에 따른 조정·중재, 그 밖에 이와 관련된 사항을 처리한다.

⑨ 제1항 제7호에 따른 공무원 노동관계 조정위원회는 「공무원의 노동조합 설립 및 운영 등에 관한 법률」에서 정하는 바에 따라 설치·구성하며, 같은 법에 따른 조정·중재, 그 밖에 이와 관련된 사항을 처리한다.

[전문개정 2015. 1. 20.]

제15조의2 【단독심판 등】 위원장은 다음 각호의 어느 하나에 해당하는 경우에 심판담당 공익위원 또는 차별시정담당 공익위원 중 1명을 지명하여 사건을 처리하게 할 수 있다.

1. 신청기간을 넘기는 등 신청 요건을 명백하게 갖추지 못한 경우
2. 관계 당사자 양쪽이 모두 단독심판을 신청하거나 단독심판으로 처리하는 것에 동의한 경우

[전문개정 2015. 1. 20.]

제15조의3 【「행정심판법」 등의 준용】 사건 처리와 관련하여 선정대표자, 당사자의 지위 승계, 대리인의 선임에 관하여는 「행정심판법」 제15조, 제16조 및 제18조를 준용하고, 대리의 흠과 추인, 대리의 범위에 관하여는 「민사소송법」 제60조 및 제90조를 준용한다.

[본조신설 2015. 1. 20.]

제16조 【회의의 소집】 ① 부문별 위원회 위원장은 다른 법률에 특별한 규정이 있는 경우를 제외하고는 부문별 위원회의 위원 중에서 호선(互選)한다.

② 위원장 또는 부문별 위원회 위원장은 전원회의 또는 부문별 위원회를 각각 소집하고 회의를 주재한다. 다만, 위원장은 필요하다고 인정하는 경우에 부문별 위원회

를 소집할 수 있다.

③ 위원장 또는 부문별 위원회 위원장은 전원회의 또는 부문별 위원회를 구성하는 위원의 과반수가 회의 소집을 요구하는 경우에 이에 따라야 한다.

④ 위원장 또는 부문별 위원회 위원장은 업무수행과 관련된 조사 등 노동위원회의 원활한 운영을 위하여 필요한 경우 노동위원회가 설치된 위치 외의 장소에서 부문별 위원회를 소집하게 하거나 제15조의2에 따른 단독심판을 하게 할 수 있다.

[전문개정 2015. 1. 20.]

제16조의2【주심위원】 부문별 위원회 위원장은 부문별 위원회의 원활한 운영을 위하여 필요하다고 인정하는 경우에 주심위원을 지명하여 사건의 처리를 주관하게 할 수 있다.

[전문개정 2015. 1. 20.]

제16조의3【화해의 권고 등】 ① 노동위원회는 「노동조합 및 노동관계조정법」 제29조의4 및 제84조, 「근로기준법」 제30조에 따른 판정·명령 또는 결정이 있기 전까지 관계 당사자의 신청을 받아 또는 직권으로 화해를 권고하거나 화해안을 제시할 수 있다.

② 노동위원회는 화해안을 작성할 때 관계 당사자의 의견을 충분히 들어야 한다.

③ 노동위원회는 관계 당사자가 화해안을 수락하였을 때에는 화해조서를 작성하여야 한다.

④ 화해조서에는 다음 각호의 사람이 모두 서명하거나 날인하여야 한다.

1. 관계 당사자
2. 화해에 관여한 부문별 위원회(제15조의2에 따른 단독심판을 포함한다)의 위원 전원

⑤ 제3항 및 제4항에 따라 작성된 화해조서는 「민사소송법」에 따른 재판상 화해의 효력을 갖는다.

⑥ 제1항부터 제4항까지의 규정에 따른 화해의 방법, 화해조서의 작성 등에 필요한 사항은 제25조에 따라 중앙노동위원회가 제정하는 규칙으로 정한다.

[전문개정 2015. 1. 20.]

제17조【의결】 ① 노동위원회의 전원회의는 재적위원 과반수의 출석으로 개의하고, 출석위원 과반수의 찬성으로 의결한다.

② 부문별 위원회의 회의는 구성위원 전원의 출석으로 개의하고, 출석위원 과반수의 찬성으로 의결한다.

③ 제2항에도 불구하고 제15조 제1항 제7호의 공무원 노동관계 조정위원회의 회의(「공무원의 노동조합 설립 및 운영 등에 관한 법률」 제15조에 따른 전원회의를 말한다)는 재적위원 과반수의 출석으로 개의하고, 출석위원 과반수의 찬성으로 의결한다.

④ 전원회의 또는 부문별 위원회의 회의에 참여한 위원은 그 의결사항에 대하여 서명하거나 날인하여야 한다.

[전문개정 2015. 1. 20.]

제17조의2【의결 결과의 송달 등】 ① 노동위원회는 부문별 위원회의 의결 결과를 지체 없이 당사자에게 서면으로 송달하여야 한다.

② 노동위원회는 처분 결과를 당사자에게 서면으로 송달하여야 하며, 처분의 효력은 판정서·명령서·결정서 또는 재심판정서를 송달받은 날부터 발생한다.

③ 제1항 및 제2항에 따른 송달의 방법과 절차에 필요한 사항은 대통령령으로 정한다.

[전문개정 2015. 1. 20.]

제17조의3【공시송달】 ① 노동위원회는 서류의 송달을 받아야 할 자가 다음 각호의 어느 하나에 해당하는 경우에는 공시송달을 할 수 있다.

1. 주소가 분명하지 아니한 경우
2. 주소가 국외에 있거나 통상적인 방법으로 확인할 수 없어 서류의 송달이 곤란한 경우
3. 등기우편 등으로 송달하였으나 송달을 받아야 할 자가 없는 것으로 확인되어 반송되는 경우

② 제1항에 따른 공시송달은 노동위원회의 게시판이나 인터넷 홈페이지에 게시하는 방법으로 한다.

③ 공시송달은 제2항에 따라 게시한 날부터 14일이 지난 때에 효력이 발생한다.

④ 제1항에 따른 공시송달의 요건과 제2항에 따른 공시송달의 방법 및 절차에 필요한 사항은 대통령령으로 정한다.

[본조신설 2015. 1. 20.]

제18조【보고 및 의견 청취】 ① 위원장 또는 부문별 위원회의 위원장은 소관 회의에 부쳐진 사항에 관하여 구성위원 또는 조사관으로 하여금 회의에 보고하게 할 수 있다.

② 제15조 제1항 제1호 및 제2호의 심판위원회 및 차별시정위원회는 의결하기 전에

해당 노동위원회의 근로자위원 및 사용자위원 각 1명 이상의 의견을 들어야 한다. 다만, 근로자위원 또는 사용자위원이 출석요구를 받고 정당한 이유 없이 출석하지 아니하는 경우에는 그러하지 아니하다.

[전문개정 2015. 1. 20.]

제19조【회의의 공개】 노동위원회의 회의는 공개한다. 다만, 해당 회의에서 공개하지 아니하기로 의결하면 공개하지 아니할 수 있다.

[전문개정 2015. 1. 20.]

제20조【회의의 질서유지】 위원장 또는 부문별 위원회의 위원장은 소관 회의의 공정한 진행을 방해하거나 질서를 문란하게 하는 사람에 대하여 퇴장명령, 그 밖에 질서유지에 필요한 조치를 할 수 있다.

[전문개정 2015. 1. 20.]

제21조【위원의 제척 · 기피 · 회피 등】 ① 위원은 다음 각호의 어느 하나에 해당하는 경우에 해당 사건에 관한 직무집행에서 제척(除斥)된다. 〈개정 2016. 1. 27.〉

1. 위원 또는 위원의 배우자이거나 배우자였던 사람이 해당 사건의 당사자가 되거나 해당 사건의 당사자와 공동권리자 또는 공동의무자의 관계에 있는 경우
2. 위원이 해당 사건의 당사자와 친족이거나 친족이었던 경우
3. 위원이 해당 사건에 관하여 진술이나 감정을 한 경우
4. 위원이 당사자의 대리인으로서 업무에 관여하거나 관여하였던 경우

4의2. 위원이 속한 법인, 단체 또는 법률사무소가 해당 사건에 관하여 당사자의 대리인으로서 관여하거나 관여하였던 경우

5. 위원 또는 위원이 속한 법인, 단체 또는 법률사무소가 해당 사건의 원인이 된 처분 또는 부작위에 관여한 경우

② 위원장은 제1항에 따른 사유가 있는 경우에 관계 당사자의 신청을 받아 또는 직권으로 제척의 결정을 하여야 한다.

③ 당사자는 공정한 심의·의결 또는 조정 등을 기대하기 어려운 위원이 있는 경우에 그 사유를 적어 위원장에게 기피신청을 할 수 있다.

④ 위원장은 제3항에 따른 기피신청이 이유 있다고 인정되는 경우에 기피의 결정을 하여야 한다.

⑤ 위원장은 사건이 접수되는 즉시 제2항에 따른 제척신청과 제3항에 따른 기피신청을 할 수 있음을 사건 당사자에게 알려야 한다.

⑥ 위원에게 제1항 또는 제3항에 따른 사유가 있는 경우에는 스스로 그 사건에 관

한 직무집행에서 회피할 수 있다. 이 경우 해당 위원은 위원장에게 그 사유를 소명하여야 한다.

[전문개정 2015. 1. 20.]

제4장 권한〈개정 2015. 1. 20.〉

제22조【협조 요청 등】 ① 노동위원회는 그 사무집행을 위하여 필요하다고 인정하는 경우에 관계 행정기관에 협조를 요청할 수 있으며, 협조를 요청받은 관계 행정기관은 특별한 사유가 없으면 이에 따라야 한다.

② 노동위원회는 관계 행정기관으로 하여금 근로조건의 개선에 필요한 조치를 하도록 권고할 수 있다.

[전문개정 2015. 1. 20.]

제23조【위원회의 조사권 등】 ① 노동위원회는 제2조의2에 따른 소관 사무(제3호의 업무는 제외한다)와 관련하여 사실관계를 확인하는 등 그 사무집행을 위하여 필요하다고 인정할 때에는 근로자, 노동조합, 사용자, 사용자단체, 그 밖의 관계인에 대하여 출석·보고·진술 또는 필요한 서류의 제출을 요구하거나 위원장 또는 부문별 위원회의 위원장이 지명한 위원 또는 조사관으로 하여금 사업 또는 사업장의 업무상황, 서류, 그 밖의 물건을 조사하게 할 수 있다. 〈개정 2016. 1. 27.〉

② 제1항에 따라 조사하는 위원 또는 조사관은 그 권한을 표시하는 증표를 관계인에게 보여 주어야 한다.

③ 노동위원회는 제1항에 따라 관계 당사자 외에 필요하다고 인정되어 출석한 사람에게 대통령령으로 정하는 바에 따라 비용을 변상한다.

④ 노동위원회는 심판사건과 차별적 처우 시정사건의 신청인이 제출한 신청서 부본을 다른 당사자에게 송달하고 이에 대한 답변서를 제출하도록 하여야 한다.

⑤ 노동위원회는 제4항에 따라 다른 당사자가 제출한 답변서의 부본을 지체 없이 신청인에게 송달하여야 한다.

[전문개정 2015. 1. 20.]

제24조【중앙노동위원회의 지시권 등】 중앙노동위원회는 지방노동위원회 또는 특별노동위원회에 대하여 노동위원회의 사무 처리에 관한 기본방침 및 법령의 해석에 관하여 필요한 지시를 할 수 있다.

[전문개정 2015. 1. 20.]

제25조【중앙노동위원회의 규칙제정권】 중앙노동위원회는 중앙노동위원회, 지방노동위원회 또는 특별노동위원회의 운영, 부문별 위원회가 처리하는 사건의 지정방법 및 조사관이 처리하는 사건의 지정방법, 그 밖에 위원회 운영에 필요한 사항에 관한 규칙을 제정할 수 있다.

[전문개정 2015. 1. 20.]

제26조【중앙노동위원회의 재심권】 ① 중앙노동위원회는 당사자의 신청이 있는 경우 지방노동위원회 또는 특별노동위원회의 처분을 재심하여 이를 인정·취소 또는 변경할 수 있다.

② 제1항에 따른 신청은 관계 법령에 특별한 규정이 있는 경우를 제외하고는 지방노동위원회 또는 특별노동위원회가 한 처분을 송달받은 날부터 10일 이내에 하여야 한다.

③ 제2항의 기간은 불변기간으로 한다.

[전문개정 2015. 1. 20.]

제27조【중앙노동위원회의 처분에 대한 소송】 ① 중앙노동위원회의 처분에 대한 소송은 중앙노동위원회 위원장을 피고(被告)로 하여 처분의 송달을 받은 날부터 15일 이내에 제기하여야 한다.

② 이 법에 따른 소송의 제기로 처분의 효력은 정지하지 아니한다.

③ 제1항의 기간은 불변기간으로 한다.

[전문개정 2015. 1. 20.]

제5장 보칙〈개정 2015. 1. 20.〉

제28조【비밀엄수 의무 등】 ① 노동위원회의 위원이나 직원 또는 그 위원이었거나 직원이었던 사람은 직무에 관하여 알게 된 비밀을 누설하면 아니 된다.

② 노동위원회의 사건 처리에 관여한 위원이나 직원 또는 그 위원이었거나 직원이었던 변호사·공인노무사 등은 영리를 목적으로 그 사건에 관한 직무를 하면 아니 된다.

[전문개정 2015. 1. 20.]

제29조【벌칙 적용에서 공무원 의제】 노동위원회의 위원 중 공무원이 아닌 위원은 「형

법」이나 그 밖의 법률에 따른 벌칙을 적용할 때에는 공무원으로 본다.
[전문개정 2015. 1. 20.]

제6장 벌칙〈개정 2015. 1. 20.〉

제30조【벌칙】 제28조를 위반한 사람은 1년 이하의 징역 또는 1천만원 이하의 벌금에 처한다.
[전문개정 2015. 1. 20.]

제31조【벌칙】 제23조 제1항에 따른 노동위원회의 조사권 등과 관련하여 다음 각호에 해당하는 자는 500만원 이하의 벌금에 처한다.
1. 노동위원회의 보고 또는 서류제출 요구에 응하지 아니하거나 거짓으로 보고하거나 거짓의 서류를 제출한 자
2. 관계 위원 또는 조사관의 조사를 거부·방해 또는 기피한 자

[전문개정 2015. 1. 20.]

제32조【양벌규정】 법인 또는 단체의 대표자, 법인·단체 또는 개인의 대리인·사용인, 그 밖의 종업원이 그 법인·단체 또는 개인의 업무에 관하여 제31조의 위반행위를 하면 그 행위자를 벌하는 외에 그 법인·단체 또는 개인에게도 같은 조의 벌금형을 과(科)한다.
[전문개정 2015. 1. 20.]

제33조【과태료】 ① 제20조에 따른 퇴장명령에 따르지 아니한 사람에게는 100만원 이하의 과태료를 부과한다.
② 제1항에 따른 과태료는 대통령령이 정하는 바에 따라 노동위원회가 부과·징수한다.
[전문개정 2015. 1. 20.]

부칙〈제13904호, 2016. 1. 27.〉

제1조【시행일】 이 법은 공포한 날부터 시행한다.

제2조【위원의 제척·기피 등에 관한 적용례】 제21조의 개정규정은 이 법 시행 후 최초로 위원회에 부의되는 사건부터 적용한다.

노동조합 및 노동관계조정법 【약칭: 노동조합법】

[시행 2018. 10. 16.] [법률 제15849호, 2018. 10. 16., 일부개정]

제1장 총칙

제1조 【목적】 이 법은 헌법에 의한 근로자의 단결권·단체교섭권 및 단체행동권을 보장하여 근로조건의 유지·개선과 근로자의 경제적·사회적 지위의 향상을 도모하고, 노동관계를 공정하게 조정하여 노동쟁의를 예방·해결함으로써 산업평화의 유지와 국민경제의 발전에 이바지함을 목적으로 한다.

제2조 【정의】 이 법에서 사용하는 용어의 정의는 다음과 같다.

1. "근로자"라 함은 직업의 종류를 불문하고 임금·급료 기타 이에 준하는 수입에 의하여 생활하는 자를 말한다.
2. "사용자"라 함은 사업주, 사업의 경영담당자 또는 그 사업의 근로자에 관한 사항에 대하여 사업주를 위하여 행동하는 자를 말한다.
3. "사용자단체"라 함은 노동관계에 관하여 그 구성원인 사용자에 대하여 조정 또는 규제할 수 있는 권한을 가진 사용자의 단체를 말한다.
4. "노동조합"이라 함은 근로자가 주체가 되어 자주적으로 단결하여 근로조건의 유지·개선 기타 근로자의 경제적·사회적 지위의 향상을 도모함을 목적으로 조직하는 단체 또는 그 연합단체를 말한다. 다만, 다음 각목의 1에 해당하는 경우에는 노동조합으로 보지 아니한다.
   가. 사용자 또는 항상 그의 이익을 대표하여 행동하는 자의 참가를 허용하는 경우
   나. 경비의 주된 부분을 사용자로부터 원조받는 경우
   다. 공제·수양 기타 복리사업만을 목적으로 하는 경우
   라. 근로자가 아닌 자의 가입을 허용하는 경우. 다만, 해고된 자가 노동위원회에 부당노동행위의 구제신청을 한 경우에는 중앙노동위원회의 재심판정이 있을 때까지는 근로자가 아닌 자로 해석하여서는 아니 된다.
   마. 주로 정치운동을 목적으로 하는 경우
5. "노동쟁의"라 함은 노동조합과 사용자 또는 사용자단체(이하 "勞動關係 當事者"라 한다) 간에 임금·근로시간·복지·해고 기타 대우등 근로조건의 결정에 관

한 주장의 불일치로 인하여 발생한 분쟁상태를 말한다. 이 경우 주장의 불일치라 함은 당사자 간에 합의를 위한 노력을 계속하여도 더 이상 자주적 교섭에 의한 합의의 여지가 없는 경우를 말한다.

6. "쟁의행위"라 함은 파업·태업·직장폐쇄 기타 노동관계 당사자가 그 주장을 관철할 목적으로 행하는 행위와 이에 대항하는 행위로서 업무의 정상적인 운영을 저해하는 행위를 말한다.

제3조【손해배상 청구의 제한】 사용자는 이 법에 의한 단체교섭 또는 쟁의행위로 인하여 손해를 입은 경우에 노동조합 또는 근로자에 대하여 그 배상을 청구할 수 없다.

제4조【정당행위】 형법 제20조의 규정은 노동조합이 단체교섭·쟁의행위 기타의 행위로서 제1조의 목적을 달성하기 위하여 한 정당한 행위에 대하여 적용된다. 다만, 어떠한 경우에도 폭력이나 파괴행위는 정당한 행위로 해석되어서는 아니 된다.

제2장 노동조합

제1절 통칙

제5조【노동조합의 조직·가입】 근로자는 자유로이 노동조합을 조직하거나 이에 가입할 수 있다. 다만, 공무원과 교원에 대하여는 따로 법률로 정한다.

제6조【법인격의 취득】 ① 노동조합은 그 규약이 정하는 바에 의하여 법인으로 할 수 있다.

② 노동조합은 당해 노동조합을 법인으로 하고자 할 경우에는 대통령령이 정하는 바에 의하여 등기를 하여야 한다.

③ 법인인 노동조합에 대하여는 이 법에 규정된 것을 제외하고는 민법 중 사단법인에 관한 규정을 적용한다.

제7조【노동조합의 보호요건】 ① 이 법에 의하여 설립된 노동조합이 아니면 노동위원회에 노동쟁의의 조정 및 부당노동행위의 구제를 신청할 수 없다.

② 제1항의 규정은 제81조 제1호·제2호 및 제5호의 규정에 의한 근로자의 보호를 부인하는 취지로 해석되어서는 아니 된다.

③ 이 법에 의하여 설립된 노동조합이 아니면 노동조합이라는 명칭을 사용할 수 없다.

제8조【조세의 면제】 노동조합에 대하여는 그 사업체를 제외하고는 세법이 정하는 바에 따라 조세를 부과하지 아니한다.

제9조 【차별대우의 금지】 노동조합의 조합원은 어떠한 경우에도 인종, 종교, 성별, 연령, 신체적 조건, 고용형태, 정당 또는 신분에 의하여 차별대우를 받지 아니한다. 〈개정 2008. 3. 28.〉

[제목개정 2008. 3. 28.]

제2절 노동조합의 설립

제10조 【설립의 신고】 ①노동조합을 설립하고자 하는 자는 다음 각호의 사항을 기재한 신고서에 제11조의 규정에 의한 규약을 첨부하여 연합단체인 노동조합과 2 이상의 특별시·광역시·특별자치시·도·특별자치도에 걸치는 단위노동조합은 고용노동부장관에게, 2 이상의 시·군·구(자치구를 말한다)에 걸치는 단위노동조합은 특별시장·광역시장·도지사에게, 그 외의 노동조합은 특별자치시장·특별자치도지사·시장·군수·구청장(자치구의 구청장을 말한다. 이하 제12조 제1항에서 같다)에게 제출하여야 한다. 〈개정 1998. 2. 20., 2006. 12. 30., 2010. 6. 4., 2014. 5. 20.〉

1. 명칭
2. 주된 사무소의 소재지
3. 조합원수
4. 임원의 성명과 주소
5. 소속된 연합단체가 있는 경우에는 그 명칭
6. 연합단체인 노동조합에 있어서는 그 구성노동단체의 명칭, 조합원수, 주된 사무소의 소재지 및 임원의 성명·주소

② 제1항의 규정에 의한 연합단체인 노동조합은 동종산업의 단위노동조합을 구성원으로 하는 산업별 연합단체와 산업별 연합단체 또는 전국규모의 산업별 단위노동조합을 구성원으로 하는 총연합단체를 말한다.

제11조 【규약】 노동조합은 그 조직의 자주적·민주적 운영을 보장하기 위하여 당해 노동조합의 규약에 다음 각호의 사항을 기재하여야 한다. 〈개정 2006. 12. 30.〉

1. 명칭
2. 목적과 사업
3. 주된 사무소의 소재지
4. 조합원에 관한 사항(聯合團體인 勞動組合에 있어서는 그 構成團體에 관한 사항)
5. 소속된 연합단체가 있는 경우에는 그 명칭

6. 대의원회를 두는 경우에는 대의원회에 관한 사항
7. 회의에 관한 사항
8. 대표자와 임원에 관한 사항
9. 조합비 기타 회계에 관한 사항
10. 규약변경에 관한 사항
11. 해산에 관한 사항
12. 쟁의행위와 관련된 찬반투표 결과의 공개, 투표자 명부 및 투표용지 등의 보존·열람에 관한 사항
13. 대표자와 임원의 규약위반에 대한 탄핵에 관한 사항
14. 임원 및 대의원의 선거절차에 관한 사항
15. 규율과 통제에 관한 사항

제12조【신고증의 교부】 ① 고용노동부장관, 특별시장·광역시장·특별자치시장·도지사·특별자치도지사 또는 시장·군수·구청장(이하 "행정관청"이라 한다)은 제10조 제1항의 규정에 의한 설립신고서를 접수한 때에는 제2항 전단 및 제3항의 경우를 제외하고는 3일 이내에 신고증을 교부하여야 한다. 〈개정 1998. 2. 20., 2006. 12. 30., 2010. 6. 4., 2014. 5. 20.〉

② 행정관청은 설립신고서 또는 규약이 기재사항의 누락등으로 보완이 필요한 경우에는 대통령령이 정하는 바에 따라 20일 이내의 기간을 정하여 보완을 요구하여야 한다. 이 경우 보완된 설립신고서 또는 규약을 접수한 때에는 3일 이내에 신고증을 교부하여야 한다. 〈개정 1998. 2. 20.〉

③ 행정관청은 설립하고자 하는 노동조합이 다음 각호의 1에 해당하는 경우에는 설립신고서를 반려하여야 한다. 〈개정 1998. 2. 20.〉

1. 제2조 제4호 각목의 1에 해당하는 경우
2. 제2항의 규정에 의하여 보완을 요구하였음에도 불구하고 그 기간 내에 보완을 하지 아니하는 경우

④ 노동조합이 신고증을 교부받은 경우에는 설립신고서가 접수된 때에 설립된 것으로 본다.

제13조【변경사항의 신고등】 ① 노동조합은 제10조 제1항의 규정에 의하여 설립신고된 사항 중 다음 각호의 1에 해당하는 사항에 변경이 있는 때에는 그 날부터 30일 이내에 행정관청에게 변경신고를 하여야 한다. 〈개정 1998. 2. 20., 2001. 3. 28.〉

1. 명칭

2. 주된 사무소의 소재지
3. 대표자의 성명
4. 소속된 연합단체의 명칭

② 노동조합은 매년 1월 31일까지 다음 각호의 사항을 행정관청에게 통보하여야 한다. 다만, 제1항의 규정에 의하여 전년도에 변경신고된 사항은 그러하지 아니하다. 〈개정 1998. 2. 20., 2001. 3. 28.〉

1. 전년도에 규약의 변경이 있는 경우에는 변경된 규약내용
2. 전년도에 임원의 변경이 있는 경우에는 변경된 임원의 성명
3. 전년도 12월 31일 현재의 조합원수(聯合團體인 勞動組合에 있어서는 構成團體別 組合員數)

제3절 노동조합의 관리

제14조【서류비치등】 ① 노동조합은 조합설립일부터 30일 이내에 다음 각호의 서류를 작성하여 그 주된 사무소에 비치하여야 한다.

1. 조합원 명부(聯合團體인 勞動組合에 있어서는 그 構成團體의 명칭)
2. 규약
3. 임원의 성명·주소록
4. 회의록
5. 재정에 관한 장부와 서류

② 제1항 제4호 및 제5호의 서류는 3년간 보존하여야 한다.

제15조【총회의 개최】 ① 노동조합은 매년 1회 이상 총회를 개최하여야 한다.

② 노동조합의 대표자는 총회의 의장이 된다.

제16조【총회의 의결사항】 ① 다음 각호의 사항은 총회의 의결을 거쳐야 한다.

1. 규약의 제정과 변경에 관한 사항
2. 임원의 선거와 해임에 관한 사항
3. 단체협약에 관한 사항
4. 예산·결산에 관한 사항
5. 기금의 설치·관리 또는 처분에 관한 사항
6. 연합단체의 설립·가입 또는 탈퇴에 관한 사항
7. 합병·분할 또는 해산에 관한 사항
8. 조직형태의 변경에 관한 사항

9. 기타 중요한 사항

② 총회는 재적조합원 과반수의 출석과 출석조합원 과반수의 찬성으로 의결한다. 다만, 규약의 제정·변경, 임원의 해임, 합병·분할·해산 및 조직형태의 변경에 관한 사항은 재적조합원 과반수의 출석과 출석조합원 3분의 2 이상의 찬성이 있어야 한다.

③ 임원의 선거에 있어서 출석조합원 과반수의 찬성을 얻은 자가 없는 경우에는 제2항 본문의 규정에 불구하고 규약이 정하는 바에 따라 결선투표를 실시하여 다수의 찬성을 얻은 자를 임원으로 선출할 수 있다.

④ 규약의 제정·변경과 임원의 선거·해임에 관한 사항은 조합원의 직접·비밀·무기명투표에 의하여야 한다.

제17조【대의원회】 ① 노동조합은 규약으로 총회에 갈음할 대의원회를 둘 수 있다.

② 대의원은 조합원의 직접·비밀·무기명투표에 의하여 선출되어야 한다.

③ 대의원의 임기는 규약으로 정하되 3년을 초과할 수 없다.

④ 대의원회를 둔 때에는 총회에 관한 규정은 대의원회에 이를 준용한다.

제18조【임시총회등의 소집】 ① 노동조합의 대표자는 필요하다고 인정할 때에는 임시총회 또는 임시대의원회를 소집할 수 있다.

② 노동조합의 대표자는 조합원 또는 대의원의 3분의 1 이상(聯合團體인 勞動組合에 있어서는 그 構成團體의 3分의 1 이상)이 회의에 부의할 사항을 제시하고 회의의 소집을 요구한 때에는 지체 없이 임시총회 또는 임시대의원회를 소집하여야 한다.

③ 행정관청은 노동조합의 대표자가 제2항의 규정에 의한 회의의 소집을 고의로 기피하거나 이를 해태하여 조합원 또는 대의원의 3분의 1 이상이 소집권자의 지명을 요구한 때에는 15일 이내에 노동위원회의 의결을 요청하고 노동위원회의 의결이 있는 때에는 지체 없이 회의의 소집권자를 지명하여야 한다. 〈개정 1998. 2. 20.〉

④ 행정관청은 노동조합에 총회 또는 대의원회의 소집권자가 없는 경우에 조합원 또는 대의원의 3분의 1 이상이 회의에 부의할 사항을 제시하고 소집권자의 지명을 요구한 때에는 15일 이내에 회의의 소집권자를 지명하여야 한다. 〈개정 1998. 2. 20.〉

제19조【소집의 절차】 총회 또는 대의원회는 회의개최일 7일 전까지 그 회의에 부의할 사항을 공고하고 규약에 정한 방법에 의하여 소집하여야 한다. 다만, 노동조합이 동일한 사업장 내의 근로자로 구성된 경우에는 그 규약으로 공고기간을 단축할 수 있다.

제20조【표결권의 특례】 노동조합이 특정 조합원에 관한 사항을 의결할 경우에는 그 조합원은 표결권이 없다.

제21조【규약 및 결의처분의 시정】 ① 행정관청은 노동조합의 규약이 노동관계법령에 위반한 경우에는 노동위원회의 의결을 얻어 그 시정을 명할 수 있다. 〈개정 1998. 2. 20.〉

② 행정관청은 노동조합의 결의 또는 처분이 노동관계법령 또는 규약에 위반된다고 인정할 경우에는 노동위원회의 의결을 얻어 그 시정을 명할 수 있다. 다만, 규약위반시의 시정명령은 이해관계인의 신청이 있는 경우에 한한다. 〈개정 1998. 2. 20.〉

③ 제1항 또는 제2항의 규정에 의하여 시정명령을 받은 노동조합은 30일 이내에 이를 이행하여야 한다. 다만, 정당한 사유가 있는 경우에는 그 기간을 연장할 수 있다.

제22조【조합원의 권리와 의무】 노동조합의 조합원은 균등하게 그 노동조합의 모든 문제에 참여할 권리와 의무를 가진다. 다만, 노동조합은 그 규약으로 조합비를 납부하지 아니하는 조합원의 권리를 제한할 수 있다.

제23조【임원의 선거등】 ① 노동조합의 임원은 그 조합원 중에서 선출되어야 한다.

② 임원의 임기는 규약으로 정하되 3년을 초과할 수 없다.

제24조【노동조합의 전임자】 ① 근로자는 단체협약으로 정하거나 사용자의 동의가 있는 경우에는 근로계약 소정의 근로를 제공하지 아니하고 노동조합의 업무에만 종사할 수 있다.

② 제1항의 규정에 의하여 노동조합의 업무에만 종사하는 자(이하 "專任者"라 한다)는 그 전임기간 동안 사용자로부터 어떠한 급여도 지급받아서는 아니 된다.

③ 사용자는 전임자의 정당한 노동조합 활동을 제한하여서는 아니 된다. 〈신설 2010. 1. 1.〉

④ 제2항에도 불구하고 단체협약으로 정하거나 사용자가 동의하는 경우에는 사업 또는 사업장별로 조합원 수 등을 고려하여 제24조의2에 따라 결정된 근로시간 면제 한도(이하 "근로시간 면제 한도"라 한다)를 초과하지 아니하는 범위에서 근로자는 임금의 손실 없이 사용자와의 협의·교섭, 고충처리, 산업안전 활동 등 이 법 또는 다른 법률에서 정하는 업무와 건전한 노사관계 발전을 위한 노동조합의 유지·관리업무를 할 수 있다. 〈신설 2010. 1. 1.〉

⑤ 노동조합은 제2항과 제4항을 위반하는 급여 지급을 요구하고 이를 관철할 목적으로 쟁의행위를 하여서는 아니 된다. 〈신설 2010. 1. 1.〉

제24조의2 【근로시간면제심의위원회】 ① 근로시간 면제 한도를 정하기 위하여 근로시간면제심의위원회(이하 이 조에서 "위원회"라 한다)를 고용노동부에 둔다. 〈개정 2010. 6. 4.〉

② 근로시간 면제 한도는 위원회가 심의・의결한 바에 따라 고용노동부장관이 고시하되, 3년마다 그 적정성 여부를 재심의하여 결정할 수 있다. 〈개정 2010. 6. 4.〉

③ 위원회는 노동계와 경영계가 추천하는 위원 각 5명, 정부가 추천하는 공익위원 5명으로 구성된다.

④ 위원장은 공익위원 중에서 위원회가 선출한다.

⑤ 위원회는 재적위원 과반수의 출석과 출석위원 과반수의 찬성으로 의결한다.

⑥ 위원의 자격, 위촉과 위원회의 운영 등에 필요한 사항은 대통령령으로 정한다.

[본조신설 2010. 1. 1.]

제25조 【회계감사】 ① 노동조합의 대표자는 그 회계감사원으로 하여금 6월에 1회 이상 당해 노동조합의 모든 재원 및 용도, 주요한 기부자의 성명, 현재의 경리 상황등에 대한 회계감사를 실시하게 하고 그 내용과 감사결과를 전체 조합원에게 공개하여야 한다.

② 노동조합의 회계감사원은 필요하다고 인정할 경우에는 당해 노동조합의 회계감사를 실시하고 그 결과를 공개할 수 있다.

제26조 【운영상황의 공개】 노동조합의 대표자는 회계연도마다 결산결과와 운영상황을 공표하여야 하며 조합원의 요구가 있을 때에는 이를 열람하게 하여야 한다.

제27조 【자료의 제출】 노동조합은 행정관청이 요구하는 경우에는 결산결과와 운영상황을 보고하여야 한다. 〈개정 1998. 2. 20.〉

제4절 노동조합의 해산

제28조 【해산사유】 ① 노동조합은 다음 각호의 1에 해당하는 경우에는 해산한다. 〈개정 1998. 2. 20.〉

1. 규약에서 정한 해산사유가 발생한 경우
2. 합병 또는 분할로 소멸한 경우
3. 총회 또는 대의원회의 해산결의가 있는 경우
4. 노동조합의 임원이 없고 노동조합으로서의 활동을 1년 이상 하지 아니한 것으로 인정되는 경우로서 행정관청이 노동위원회의 의결을 얻은 경우

② 제1항 제1호 내지 제3호의 사유로 노동조합이 해산한 때에는 그 대표자는 해산

한 날부터 15일 이내에 행정관청에게 이를 신고하여야 한다. 〈개정 1998. 2. 20.〉

제3장 단체교섭 및 단체협약

제29조【교섭 및 체결권한】 ① 노동조합의 대표자는 그 노동조합 또는 조합원을 위하여 사용자나 사용자단체와 교섭하고 단체협약을 체결할 권한을 가진다.

② 제29조의2에 따라 결정된 교섭대표노동조합(이하 "교섭대표노동조합"이라 한다)의 대표자는 교섭을 요구한 모든 노동조합 또는 조합원을 위하여 사용자와 교섭하고 단체협약을 체결할 권한을 가진다. 〈신설 2010. 1. 1.〉

③ 노동조합과 사용자 또는 사용자단체로부터 교섭 또는 단체협약의 체결에 관한 권한을 위임받은 자는 그 노동조합과 사용자 또는 사용자단체를 위하여 위임받은 범위안에서 그 권한을 행사할 수 있다. 〈개정 2010. 1. 1.〉

④ 노동조합과 사용자 또는 사용자단체는 제3항에 따라 교섭 또는 단체협약의 체결에 관한 권한을 위임한 때에는 그 사실을 상대방에게 통보하여야 한다. 〈개정 2010. 1. 1.〉

제29조의2【교섭창구 단일화 절차】 ① 하나의 사업 또는 사업장에서 조직형태에 관계없이 근로자가 설립하거나 가입한 노동조합이 2개 이상인 경우 노동조합은 교섭대표노동조합(2개 이상의 노동조합 조합원을 구성원으로 하는 교섭대표기구를 포함한다. 이하 같다)을 정하여 교섭을 요구하여야 한다. 다만, 제2항에 따라 교섭대표노동조합을 자율적으로 결정하는 기한 내에 사용자가 이 조에서 정하는 교섭창구 단일화 절차를 거치지 아니하기로 동의한 경우에는 그러하지 아니하다.

② 교섭대표노동조합 결정 절차(이하 "교섭창구 단일화 절차"라 한다)에 참여한 모든 노동조합은 대통령령으로 정하는 기한 내에 자율적으로 교섭대표노동조합을 정한다.

③ 제2항에 따른 기한 내에 교섭대표노동조합을 정하지 못하고 제1항 단서에 따른 사용자의 동의를 얻지 못한 경우에는 교섭창구 단일화 절차에 참여한 노동조합의 전체 조합원 과반수로 조직된 노동조합(2개 이상의 노동조합이 위임 또는 연합 등의 방법으로 교섭창구 단일화 절차에 참여한 노동조합 전체 조합원의 과반수가 되는 경우를 포함한다)이 교섭대표노동조합이 된다.

④ 제2항과 제3항에 따라 교섭대표노동조합을 결정하지 못한 경우에는 교섭창구 단

일화 절차에 참여한 모든 노동조합은 공동으로 교섭대표단(이하 이 조에서 "공동교섭대표단"이라 한다)을 구성하여 사용자와 교섭하여야 한다. 이때 공동교섭대표단에 참여할 수 있는 노동조합은 그 조합원 수가 교섭창구 단일화 절차에 참여한 노동조합의 전체 조합원 100분의 10 이상인 노동조합으로 한다.

⑤ 제4항에 따른 공동교섭대표단의 구성에 합의하지 못할 경우에 노동위원회는 해당 노동조합의 신청에 따라 조합원 비율을 고려하여 이를 결정할 수 있다.

⑥ 제1항부터 제4항까지의 규정에 따른 교섭대표노동조합을 결정함에 있어 교섭요구 사실, 조합원 수 등에 대한 이의가 있는 때에는 노동위원회는 대통령령으로 정하는 바에 따라 노동조합의 신청을 받아 그 이의에 대한 결정을 할 수 있다.

⑦ 제5항 및 제6항에 따른 노동위원회의 결정에 대한 불복절차 및 효력은 제69조와 제70조 제2항을 준용한다.

⑧ 노동조합의 교섭요구·참여방법, 교섭대표노동조합 결정을 위한 조합원 수 산정기준 등 교섭창구 단일화 절차와 교섭비용 증가 방지 등에 관하여 필요한 사항은 대통령령으로 정한다.

[본조신설 2010. 1. 1.]

제29조의3【교섭단위 결정】 ① 제29조의2에 따라 교섭대표노동조합을 결정하여야 하는 단위(이하 "교섭단위"라 한다)는 하나의 사업 또는 사업장으로 한다.

② 제1항에도 불구하고 하나의 사업 또는 사업장에서 현격한 근로조건의 차이, 고용형태, 교섭 관행 등을 고려하여 교섭단위를 분리할 필요가 있다고 인정되는 경우에 노동위원회는 노동관계 당사자의 양쪽 또는 어느 한 쪽의 신청을 받아 교섭단위를 분리하는 결정을 할 수 있다.

③ 제2항에 따른 노동위원회의 결정에 대한 불복절차 및 효력은 제69조와 제70조 제2항을 준용한다.

④ 교섭단위 분리 신청 및 노동위원회의 결정 기준·절차 등에 관하여 필요한 사항은 대통령령으로 정한다.

[본조신설 2010. 1. 1.]

제29조의4【공정대표의무 등】 ① 교섭대표노동조합과 사용자는 교섭창구 단일화 절차에 참여한 노동조합 또는 그 조합원 간에 합리적 이유 없이 차별을 하여서는 아니 된다.

② 노동조합은 교섭대표노동조합과 사용자가 제1항을 위반하여 차별한 경우에는 그 행위가 있은 날(단체협약의 내용의 일부 또는 전부가 제1항에 위반되는 경우에

는 단체협약 체결일을 말한다)부터 3개월 이내에 대통령령으로 정하는 방법과 절차에 따라 노동위원회에 그 시정을 요청할 수 있다.

③ 노동위원회는 제2항에 따른 신청에 대하여 합리적 이유 없이 차별하였다고 인정한 때에는 그 시정에 필요한 명령을 하여야 한다.

④ 제3항에 따른 노동위원회의 명령 또는 결정에 대한 불복절차 등에 관하여는 제85조 및 제86조를 준용한다.

[본조신설 2010. 1. 1.]

제29조의5【그 밖의 교섭창구 단일화 관련 사항】 교섭대표노동조합이 있는 경우에 제2조 제5호, 제29조 제3항·제4항, 제30조, 제37조 제2항, 제38조 제3항, 제42조의6 제1항, 제44조 제2항, 제46조 제1항, 제55조 제3항, 제72조 제3항 및 제81조 제3호 중 "노동조합"은 "교섭대표노동조합"으로 본다.

[본조신설 2010. 1. 1.]

제30조【교섭등의 원칙】 ① 노동조합과 사용자 또는 사용자단체는 신의에 따라 성실히 교섭하고 단체협약을 체결하여야 하며 그 권한을 남용하여서는 아니 된다.

② 노동조합과 사용자 또는 사용자단체는 정당한 이유없이 교섭 또는 단체협약의 체결을 거부하거나 해태하여서는 아니 된다.

제31조【단체협약의 작성】 ① 단체협약은 서면으로 작성하여 당사자 쌍방이 서명 또는 날인하여야 한다. 〈개정 2006. 12. 30.〉

② 단체협약의 당사자는 단체협약의 체결일부터 15일 이내에 이를 행정관청에게 신고하여야 한다. 〈개정 1998. 2. 20.〉

③ 행정관청은 단체협약 중 위법한 내용이 있는 경우에는 노동위원회의 의결을 얻어 그 시정을 명할 수 있다. 〈개정 1998. 2. 20.〉

제32조【단체협약의 유효기간】 ① 단체협약에는 2년을 초과하는 유효기간을 정할 수 없다.

② 단체협약에 그 유효기간을 정하지 아니한 경우 또는 제1항의 기간을 초과하는 유효기간을 정한 경우에 그 유효기간은 2년으로 한다.

③ 단체협약의 유효기간이 만료되는 때를 전후하여 당사자 쌍방이 새로운 단체협약을 체결하고자 단체교섭을 계속하였음에도 불구하고 새로운 단체협약이 체결되지 아니한 경우에는 별도의 약정이 있는 경우를 제외하고는 종전의 단체협약은 그 효력만료일부터 3월까지 계속 효력을 갖는다. 다만, 단체협약에 그 유효기간이 경과한 후에도 새로운 단체협약이 체결되지 아니한 때에는 새로운 단체협약이 체결될

때까지 종전 단체협약의 효력을 존속시킨다는 취지의 별도의 약정이 있는 경우에는 그에 따르되, 당사자 일방은 해지하고자 하는 날의 6월전까지 상대방에게 통고함으로써 종전의 단체협약을 해지할 수 있다. 〈개정 1998. 2. 20.〉

제33조【기준의 효력】 ① 단체협약에 정한 근로조건 기타 근로자의 대우에 관한 기준에 위반하는 취업규칙 또는 근로계약의 부분은 무효로 한다.

② 근로계약에 규정되지 아니한 사항 또는 제1항의 규정에 의하여 무효로 된 부분은 단체협약에 정한 기준에 의한다.

제34조【단체협약의 해석】 ① 단체협약의 해석 또는 이행방법에 관하여 관계 당사자간에 의견의 불일치가 있는 때에는 당사자 쌍방 또는 단체협약에 정하는 바에 의하여 어느 일방이 노동위원회에 그 해석 또는 이행방법에 관한 견해의 제시를 요청할 수 있다.

② 노동위원회는 제1항의 규정에 의한 요청을 받은 때에는 그 날부터 30일 이내에 명확한 견해를 제시하여야 한다.

③ 제2항의 규정에 의하여 노동위원회가 제시한 해석 또는 이행방법에 관한 견해는 중재재정과 동일한 효력을 가진다.

제35조【일반적 구속력】 하나의 사업 또는 사업장에 상시 사용되는 동종의 근로자 반수 이상이 하나의 단체협약의 적용을 받게 된 때에는 당해 사업 또는 사업장에 사용되는 다른 동종의 근로자에 대하여도 당해 단체협약이 적용된다.

제36조【지역적 구속력】 ① 하나의 지역에 있어서 종업하는 동종의 근로자 3분의 2 이상이 하나의 단체협약의 적용을 받게 된 때에는 행정관청은 당해 단체협약의 당사자의 쌍방 또는 일방의 신청에 의하거나 그 직권으로 노동위원회의 의결을 얻어 당해 지역에서 종업하는 다른 동종의 근로자와 그 사용자에 대하여도 당해 단체협약을 적용한다는 결정을 할 수 있다. 〈개정 1998. 2. 20.〉

② 행정관청이 제1항의 규정에 의한 결정을 한 때에는 지체 없이 이를 공고하여야 한다. 〈개정 1998. 2. 20.〉

제4장 쟁의행위

제37조【쟁의행위의 기본원칙】 ① 쟁의행위는 그 목적·방법 및 절차에 있어서 법령 기타 사회질서에 위반되어서는 아니 된다.

② 조합원은 노동조합에 의하여 주도되지 아니한 쟁의행위를 하여서는 아니 된다.

제38조【노동조합의 지도와 책임】 ① 쟁의행위는 그 쟁의행위와 관계없는 자 또는 근로를 제공하고자 하는 자의 출입·조업 기타 정상적인 업무를 방해하는 방법으로 행하여져서는 아니되며 쟁의행위의 참가를 호소하거나 설득하는 행위로서 폭행·협박을 사용하여서는 아니 된다.

② 작업시설의 손상이나 원료·제품의 변질 또는 부패를 방지하기 위한 작업은 쟁의행위 기간 중에도 정상적으로 수행되어야 한다.

③ 노동조합은 쟁의행위가 적법하게 수행될 수 있도록 지도·관리·통제할 책임이 있다.

제39조【근로자의 구속제한】 근로자는 쟁의행위 기간 중에는 현행범 외에는 이 법 위반을 이유로 구속되지 아니한다.

제40조 삭제 〈2006. 12. 30.〉

제41조【쟁의행위의 제한과 금지】 ① 노동조합의 쟁의행위는 그 조합원의 직접·비밀·무기명투표에 의한 조합원 과반수의 찬성으로 결정하지 아니하면 이를 행할 수 없다. 제29조의2에 따라 교섭대표노동조합이 결정된 경우에는 그 절차에 참여한 노동조합의 전체 조합원(해당 사업 또는 사업장 소속 조합원으로 한정한다)의 직접·비밀·무기명투표에 의한 과반수의 찬성으로 결정하지 아니하면 쟁의행위를 할 수 없다. 〈개정 2010. 1. 1.〉

② 「방위사업법」에 의하여 지정된 주요방위산업체에 종사하는 근로자 중 전력, 용수 및 주로 방산물자를 생산하는 업무에 종사하는 자는 쟁의행위를 할 수 없으며 주로 방산물자를 생산하는 업무에 종사하는 자의 범위는 대통령령으로 정한다. 〈개정 2006. 1. 2.〉

제42조【폭력행위등의 금지】 ① 쟁의행위는 폭력이나 파괴행위 또는 생산 기타 주요업무에 관련되는 시설과 이에 준하는 시설로서 대통령령이 정하는 시설을 점거하는 형태로 이를 행할 수 없다.

② 사업장의 안전보호시설에 대하여 정상적인 유지·운영을 정지·폐지 또는 방해하는 행위는 쟁의행위로서 이를 행할 수 없다.

③ 행정관청은 쟁의행위가 제2항의 행위에 해당한다고 인정하는 경우에는 노동위원회의 의결을 얻어 그 행위를 중지할 것을 통보하여야 한다. 다만, 사태가 급박하여 노동위원회의 의결을 얻을 시간적 여유가 없을 때에는 그 의결을 얻지 아니하고 즉시 그 행위를 중지할 것을 통보할 수 있다. 〈개정 1998. 2. 20., 2006. 12. 30.〉

④ 제3항 단서의 경우에 행정관청은 지체 없이 노동위원회의 사후승인을 얻어야 하며 그 승인을 얻지 못한 때에는 그 통보는 그때부터 효력을 상실한다. 〈개정 1998. 2. 20., 2006. 12. 30.〉

제42조의2【필수유지업무에 대한 쟁의행위의 제한】 ① 이 법에서 "필수유지업무"라 함은 제71조 제2항의 규정에 따른 필수공익사업의 업무 중 그 업무가 정지되거나 폐지되는 경우 공중의 생명·건강 또는 신체의 안전이나 공중의 일상생활을 현저히 위태롭게 하는 업무로서 대통령령이 정하는 업무를 말한다.

② 필수유지업무의 정당한 유지·운영을 정지·폐지 또는 방해하는 행위는 쟁의행위로서 이를 행할 수 없다.

[본조신설 2006. 12. 30.]

제42조의3【필수유지업무협정】 노동관계 당사자는 쟁의행위기간 동안 필수유지업무의 정당한 유지·운영을 위하여 필수유지업무의 필요 최소한의 유지·운영 수준, 대상직무 및 필요인원 등을 정한 협정(이하 "필수유지업무협정"이라 한다)을 서면으로 체결하여야 한다. 이 경우 필수유지업무협정에는 노동관계 당사자 쌍방이 서명 또는 날인하여야 한다.

[본조신설 2006. 12. 30.]

제42조의4【필수유지업무 유지·운영 수준 등의 결정】 ① 노동관계 당사자 쌍방 또는 일방은 필수유지업무협정이 체결되지 아니하는 때에는 노동위원회에 필수유지업무의 필요 최소한의 유지·운영 수준, 대상직무 및 필요인원 등의 결정을 신청하여야 한다.

② 제1항의 규정에 따른 신청을 받은 노동위원회는 사업 또는 사업장별 필수유지업무의 특성 및 내용 등을 고려하여 필수유지업무의 필요 최소한의 유지·운영 수준, 대상직무 및 필요인원 등을 결정할 수 있다.

③ 제2항의 규정에 따른 노동위원회의 결정은 제72조의 규정에 따른 특별조정위원회가 담당한다.

④ 제2항의 규정에 따른 노동위원회의 결정에 대한 해석 또는 이행방법에 관하여 관계당사자 간에 의견이 일치하지 아니하는 경우에는 특별조정위원회의 해석에 따

른다. 이 경우 특별조정위원회의 해석은 제2항의 규정에 따른 노동위원회의 결정과 동일한 효력이 있다.

⑤ 제2항의 규정에 따른 노동위원회의 결정에 대한 불복절차 및 효력에 관하여는 제69조와 제70조 제2항의 규정을 준용한다.

[본조신설 2006. 12. 30.]

제42조의5【노동위원회의 결정에 따른 쟁의행위】 제42조의4 제2항의 규정에 따라 노동위원회의 결정이 있는 경우 그 결정에 따라 쟁의행위를 한 때에는 필수유지업무를 정당하게 유지·운영하면서 쟁의행위를 한 것으로 본다.

[본조신설 2006. 12. 30.]

제42조의6【필수유지업무 근무 근로자의 지명】 ① 노동조합은 필수유지업무협정이 체결되거나 제42조의4 제2항의 규정에 따른 노동위원회의 결정이 있는 경우 사용자에게 필수유지업무에 근무하는 조합원 중 쟁의행위기간 동안 근무하여야 할 조합원을 통보하여야 하며, 사용자는 이에 따라 근로자를 지명하고 이를 노동조합과 그 근로자에게 통보하여야 한다. 다만, 노동조합이 쟁의행위 개시 전까지 이를 통보하지 아니한 경우에는 사용자가 필수유지업무에 근무하여야 할 근로자를 지명하고 이를 노동조합과 그 근로자에게 통보하여야 한다. 〈개정 2010. 1. 1.〉

② 제1항에 따른 통보·지명 시 노동조합과 사용자는 필수유지업무에 종사하는 근로자가 소속된 노동조합이 2개 이상인 경우에는 각 노동조합의 해당 필수유지업무에 종사하는 조합원 비율을 고려하여야 한다. 〈신설 2010. 1. 1.〉

[본조신설 2006. 12. 30.]

제43조【사용자의 채용제한】 ① 사용자는 쟁의행위 기간 중 그 쟁의행위로 중단된 업무의 수행을 위하여 당해 사업과 관계없는 자를 채용 또는 대체할 수 없다.

② 사용자는 쟁의행위기간 중 그 쟁의행위로 중단된 업무를 도급 또는 하도급 줄 수 없다.

③ 제1항 및 제2항의 규정은 필수공익사업의 사용자가 쟁의행위 기간 중에 한하여 당해 사업과 관계없는 자를 채용 또는 대체하거나 그 업무를 도급 또는 하도급 주는 경우에는 적용하지 아니한다. 〈신설 2006. 12. 30.〉

④ 제3항의 경우 사용자는 당해 사업 또는 사업장 파업참가자의 100분의 50을 초과하지 않는 범위 안에서 채용 또는 대체하거나 도급 또는 하도급 줄 수 있다. 이 경우 파업참가자 수의 산정방법 등은 대통령령으로 정한다. 〈신설 2006. 12. 30.〉

제44조【쟁의행위 기간 중의 임금지급 요구의 금지】 ① 사용자는 쟁의행위에 참가하여

근로를 제공하지 아니한 근로자에 대하여는 그 기간 중의 임금을 지급할 의무가 없다.

② 노동조합은 쟁의행위 기간에 대한 임금의 지급을 요구하여 이를 관철할 목적으로 쟁의행위를 하여서는 아니 된다.

제45조【조정의 전치】 ① 노동관계 당사자는 노동쟁의가 발생한 때에는 어느 일방이 이를 상대방에게 서면으로 통보하여야 한다.

② 쟁의행위는 제5장 제2절 내지 제4절의 규정에 의한 조정절차(제61조의2의 규정에 따른 조정종료 결정 후의 조정절차를 제외한다)를 거치지 아니하면 이를 행할 수 없다. 다만, 제54조의 규정에 의한 기간 내에 조정이 종료되지 아니하거나 제63조의 규정에 의한 기간 내에 중재재정이 이루어지지 아니한 경우에는 그러하지 아니하다. 〈개정 2006. 12. 30.〉

제46조【직장폐쇄의 요건】 ① 사용자는 노동조합이 쟁의행위를 개시한 이후에만 직장폐쇄를 할 수 있다.

② 사용자는 제1항의 규정에 의한 직장폐쇄를 할 경우에는 미리 행정관청 및 노동위원회에 각각 신고하여야 한다. 〈개정 1998. 2. 20.〉

제5장 노동쟁의의 조정

제1절 통칙

제47조【자주적 조정의 노력】 이 장의 규정은 노동관계 당사자가 직접 노사협의 또는 단체교섭에 의하여 근로조건 기타 노동관계에 관한 사항을 정하거나 노동관계에 관한 주장의 불일치를 조정하고 이에 필요한 노력을 하는 것을 방해하지 아니한다.

제48조【당사자의 책무】 노동관계 당사자는 단체협약에 노동관계의 적정화를 위한 노사협의 기타 단체교섭의 절차와 방식을 규정하고 노동쟁의가 발생한 때에는 이를 자주적으로 해결하도록 노력하여야 한다.

제49조【국가등의 책무】 국가 및 지방자치단체는 노동관계 당사자 간에 노동관계에 관한 주장이 일치하지 아니할 경우에 노동관계 당사자가 이를 자주적으로 조정할 수 있도록 조력함으로써 쟁의행위를 가능한 한 예방하고 노동쟁의의 신속·공정한 해결에 노력하여야 한다.

제50조【신속한 처리】 이 법에 의하여 노동관계의 조정을 할 경우에는 노동관계 당사

자와 노동위원회 기타 관계기관은 사건을 신속히 처리하도록 노력하여야 한다.

제51조【공익사업등의 우선적 취급】 국가 · 지방자치단체 · 국공영기업체 · 방위산업체 및 공익사업에 있어서의 노동쟁의의 조정은 우선적으로 취급하고 신속히 처리하여야 한다.

제52조【사적 조정 · 중재】 ① 제2절 및 제3절의 규정은 노동관계 당사자가 쌍방의 합의 또는 단체협약이 정하는 바에 따라 각각 다른 조정 또는 중재방법(이하 이 조에서 "사적조정등"이라 한다)에 의하여 노동쟁의를 해결하는 것을 방해하지 아니한다. 〈개정 2006. 12. 30.〉

② 노동관계 당사자는 제1항의 규정에 의하여 노동쟁의를 해결하기로 한 때에는 이를 노동위원회에 신고하여야 한다.

③ 제1항의 규정에 의하여 노동쟁의를 해결하기로 한 때에는 다음 각호의 규정이 적용된다.

1. 조정에 의하여 해결하기로 한 때에는 제45조 제2항 및 제54조의 규정. 이 경우 조정기간은 조정을 개시한 날부터 기산한다.
2. 중재에 의하여 해결하기로 한 때에는 제63조의 규정. 이 경우 쟁의행위의 금지기간은 중재를 개시한 날부터 기산한다.

④ 제1항의 규정에 의하여 조정 또는 중재가 이루어진 경우에 그 내용은 단체협약과 동일한 효력을 가진다.

⑤ 사적조정등을 수행하는 자는 「노동위원회법」 제8조 제2항 제2호 각목의 자격을 가진 자로 한다. 이 경우 사적조정 등을 수행하는 자는 노동관계 당사자로부터 수수료, 수당 및 여비 등을 받을 수 있다. 〈신설 2006. 12. 30.〉

제2절 조정

제53조【조정의 개시】 ① 노동위원회는 관계 당사자의 일방이 노동쟁의의 조정을 신청한 때에는 지체 없이 조정을 개시하여야 하며 관계 당사자 쌍방은 이에 성실히 임하여야 한다.

② 노동위원회는 제1항의 규정에 따른 조정신청 전이라도 원활한 조정을 위하여 교섭을 주선하는 등 관계 당사자의 자주적인 분쟁 해결을 지원할 수 있다. 〈신설 2006. 12. 30.〉

제54조【조정기간】 ① 조정은 제53조의 규정에 의한 조정의 신청이 있은 날부터 일반사업에 있어서는 10일, 공익사업에 있어서는 15일 이내에 종료하여야 한다.

② 제1항의 규정에 의한 조정기간은 관계 당사자 간의 합의로 일반사업에 있어서는 10일, 공익사업에 있어서는 15일 이내에서 연장할 수 있다.

제55조【조정위원회의 구성】 ① 노동쟁의의 조정을 위하여 노동위원회에 조정위원회를 둔다.

② 제1항의 규정에 의한 조정위원회는 조정위원 3인으로 구성한다.

③ 제2항의 규정에 의한 조정위원은 당해 노동위원회의 위원 중에서 사용자를 대표하는 자, 근로자를 대표하는 자 및 공익을 대표하는 자 각 1인을 그 노동위원회의 위원장이 지명하되, 근로자를 대표하는 조정위원은 사용자가, 사용자를 대표하는 조정위원은 노동조합이 각각 추천하는 노동위원회의 위원 중에서 지명하여야 한다. 다만, 조정위원회의 회의 3일 전까지 관계 당사자가 추천하는 위원의 명단제출이 없을 때에는 당해 위원을 위원장이 따로 지명할 수 있다.

④ 노동위원회의 위원장은 근로자를 대표하는 위원 또는 사용자를 대표하는 위원의 불참 등으로 인하여 제3항의 규정에 따른 조정위원회의 구성이 어려운 경우 노동위원회의 공익을 대표하는 위원 중에서 3인을 조정위원으로 지명할 수 있다. 다만, 관계 당사자 쌍방의 합의로 선정한 노동위원회의 위원이 있는 경우에는 그 위원을 조정위원으로 지명한다. 〈신설 2006. 12. 30.〉

제56조【조정위원회의 위원장】 ① 조정위원회에 위원장을 둔다.

② 위원장은 공익을 대표하는 조정위원이 된다. 다만, 제55조 제4항의 규정에 따른 조정위원회의 위원장은 조정위원 중에서 호선한다. 〈개정 2006. 12. 30.〉

제57조【단독조정】 ① 노동위원회는 관계 당사자 쌍방의 신청이 있거나 관계 당사자 쌍방의 동의를 얻은 경우에는 조정위원회에 갈음하여 단독조정인에게 조정을 행하게 할 수 있다.

② 제1항의 규정에 의한 단독조정인은 당해 노동위원회의 위원 중에서 관계 당사자의 쌍방의 합의로 선정된 자를 그 노동위원회의 위원장이 지명한다.

제58조【주장의 확인등】 조정위원회 또는 단독조정인은 기일을 정하여 관계 당사자 쌍방을 출석하게 하여 주장의 요점을 확인하여야 한다.

제59조【출석금지】 조정위원회의 위원장 또는 단독조정인은 관계 당사자와 참고인 외의 자의 출석을 금할 수 있다.

제60조【조정안의 작성】 ① 조정위원회 또는 단독조정인은 조정안을 작성하여 이를 관계 당사자에게 제시하고 그 수락을 권고하는 동시에 그 조정안에 이유를 붙여 공표할 수 있으며, 필요한 때에는 신문 또는 방송에 보도등 협조를 요청할 수 있다.

② 조정위원회 또는 단독조정인은 관계 당사자가 수락을 거부하여 더 이상 조정이 이루어질 여지가 없다고 판단되는 경우에는 조정의 종료를 결정하고 이를 관계 당사자 쌍방에 통보하여야 한다.

③ 제1항의 규정에 의한 조정안이 관계 당사자의 쌍방에 의하여 수락된 후 그 해석 또는 이행방법에 관하여 관계 당사자 간에 의견의 불일치가 있는 때에는 관계 당사자는 당해 조정위원회 또는 단독조정인에게 그 해석 또는 이행방법에 관한 명확한 견해의 제시를 요청하여야 한다.

④ 조정위원회 또는 단독조정인은 제3항의 규정에 의한 요청을 받은 때에는 그 요청을 받은 날부터 7일 이내에 명확한 견해를 제시하여야 한다.

⑤ 제3항 및 제4항의 해석 또는 이행방법에 관한 견해가 제시될 때까지는 관계 당사자는 당해 조정안의 해석 또는 이행에 관하여 쟁의행위를 할 수 없다.

제61조【조정의 효력】 ① 제60조 제1항의 규정에 의한 조정안이 관계 당사자에 의하여 수락된 때에는 조정위원 전원 또는 단독조정인은 조정서를 작성하고 관계 당사자와 함께 서명 또는 날인하여야 한다. 〈개정 2006. 12. 30.〉

② 조정서의 내용은 단체협약과 동일한 효력을 가진다.

③ 제60조 제4항의 규정에 의하여 조정위원회 또는 단독조정인이 제시한 해석 또는 이행방법에 관한 견해는 중재재정과 동일한 효력을 가진다.

제61조의2【조정종료 결정 후의 조정】 ① 노동위원회는 제60조 제2항의 규정에 따른 조정의 종료가 결정된 후에도 노동쟁의의 해결을 위하여 조정을 할 수 있다.

② 제1항의 규정에 따른 조정에 관하여는 제55조 내지 제61조의 규정을 준용한다.

[본조신설 2006. 12. 30.]

제3절 중재

제62조【중재의 개시】 노동위원회는 다음 각호의 어느 하나에 해당하는 때에는 중재를 행한다. 〈개정 2006. 12. 30.〉

1. 관계 당사자의 쌍방이 함께 중재를 신청한 때
2. 관계 당사자의 일방이 단체협약에 의하여 중재를 신청한 때
3. 삭제 〈2006. 12. 30.〉

제63조【중재시의 쟁의행위의 금지】 노동쟁의가 중재에 회부된 때에는 그 날부터 15일간은 쟁의행위를 할 수 없다.

제64조【중재위원회의 구성】 ① 노동쟁의의 중재 또는 재심을 위하여 노동위원회에

중재위원회를 둔다.

② 제1항의 규정에 의한 중재위원회는 중재위원 3인으로 구성한다.

③ 제2항의 중재위원은 당해 노동위원회의 공익을 대표하는 위원 중에서 관계 당사자의 합의로 선정한 자에 대하여 그 노동위원회의 위원장이 지명한다. 다만, 관계 당사자 간에 합의가 성립되지 아니한 경우에는 노동위원회의 공익을 대표하는 위원 중에서 지명한다.

제65조【중재위원회의 위원장】 ① 중재위원회에 위원장을 둔다.

② 위원장은 중재위원 중에서 호선한다.

제66조【주장의 확인등】 ① 중재위원회는 기일을 정하여 관계 당사자 쌍방 또는 일방을 중재위원회에 출석하게 하여 주장의 요점을 확인하여야 한다.

② 관계 당사자가 지명한 노동위원회의 사용자를 대표하는 위원 또는 근로자를 대표하는 위원은 중재위원회의 동의를 얻어 그 회의에 출석하여 의견을 진술할 수 있다.

제67조【출석금지】 중재위원회의 위원장은 관계 당사자와 참고인 외의 자의 회의출석을 금할 수 있다.

제68조【중재재정】 ① 중재재정은 서면으로 작성하여 이를 행하며 그 서면에는 효력발생 기일을 명시하여야 한다.

② 제1항의 규정에 의한 중재재정의 해석 또는 이행방법에 관하여 관계 당사자 간에 의견의 불일치가 있는 때에는 당해 중재위원회의 해석에 따르며 그 해석은 중재재정과 동일한 효력을 가진다.

제69조【중재재정등의 확정】 ① 관계 당사자는 지방노동위원회 또는 특별노동위원회의 중재재정이 위법이거나 월권에 의한 것이라고 인정하는 경우에는 그 중재재정서의 송달을 받은 날부터 10일 이내에 중앙노동위원회에 그 재심을 신청할 수 있다.

② 관계 당사자는 중앙노동위원회의 중재재정이나 제1항의 규정에 의한 재심결정이 위법이거나 월권에 의한 것이라고 인정하는 경우에는 행정소송법 제20조의 규정에 불구하고 그 중재재정서 또는 재심결정서의 송달을 받은 날부터 15일 이내에 행정소송을 제기할 수 있다.

③ 제1항 및 제2항에 규정된 기간 내에 재심을 신청하지 아니하거나 행정소송을 제기하지 아니한 때에는 그 중재재정 또는 재심결정은 확정된다.

④ 제3항의 규정에 의하여 중재재정이나 재심결정이 확정된 때에는 관계 당사자는 이에 따라야 한다.

제70조【중재재정 등의 효력】 ① 제68조 제1항의 규정에 따른 중재재정의 내용은 단체협약과 동일한 효력을 가진다.

② 노동위원회의 중재재정 또는 재심결정은 제69조 제1항 및 제2항의 규정에 따른 중앙노동위원회에의 재심신청 또는 행정소송의 제기에 의하여 그 효력이 정지되지 아니한다.

[전문개정 2006. 12. 30.]

제4절 공익사업등의 조정에 관한 특칙

제71조【공익사업의 범위등】 ① 이 법에서 "공익사업"이라 함은 공중의 일상생활과 밀접한 관련이 있거나 국민경제에 미치는 영향이 큰 사업으로서 다음 각호의 사업을 말한다. 〈개정 2006. 12. 30.〉

1. 정기노선 여객운수사업 및 항공운수사업
2. 수도사업, 전기사업, 가스사업, 석유정제사업 및 석유공급사업
3. 공중위생사업, 의료사업 및 혈액공급사업
4. 은행 및 조폐사업
5. 방송 및 통신사업

② 이 법에서 "필수공익사업"이라 함은 제1항의 공익사업으로서 그 업무의 정지 또는 폐지가 공중의 일상생활을 현저히 위태롭게 하거나 국민경제를 현저히 저해하고 그 업무의 대체가 용이하지 아니한 다음 각호의 사업을 말한다. 〈개정 2006. 12. 30.〉

1. 철도사업, 도시철도사업 및 항공운수사업
2. 수도사업, 전기사업, 가스사업, 석유정제사업 및 석유공급사업
3. 병원사업 및 혈액공급사업
4. 한국은행사업
5. 통신사업

제72조【특별조정위원회의 구성】 ① 공익사업의 노동쟁의의 조정을 위하여 노동위원회에 특별조정위원회를 둔다.

② 제1항의 규정에 의한 특별조정위원회는 특별조정위원 3인으로 구성한다.

③ 제2항의 규정에 의한 특별조정위원은 그 노동위원회의 공익을 대표하는 위원 중에서 노동조합과 사용자가 순차적으로 배제하고 남은 4인 내지 6인 중에서 노동위원회의 위원장이 지명한다. 다만, 관계 당사자가 합의로 당해 노동위원회의 위원이

아닌 자를 추천하는 경우에는 그 추천된 자를 지명한다. 〈개정 2006. 12. 30.〉

제73조 【특별조정위원회의 위원장】 ① 특별조정위원회에 위원장을 둔다.

② 위원장은 공익을 대표하는 노동위원회의 위원인 특별조정위원 중에서 호선하고, 당해 노동위원회의 위원이 아닌 자만으로 구성된 경우에는 그 중에서 호선한다. 다만, 공익을 대표하는 위원인 특별조정위원이 1인인 경우에는 당해 위원이 위원장이 된다.

제74조 삭제 〈2006. 12. 30.〉

제75조 삭제 〈2006. 12. 30.〉

제5절 긴급조정

제76조 【긴급조정의 결정】 ① 고용노동부장관은 쟁의행위가 공익사업에 관한 것이거나 그 규모가 크거나 그 성질이 특별한 것으로서 현저히 국민경제를 해하거나 국민의 일상생활을 위태롭게 할 위험이 현존하는 때에는 긴급조정의 결정을 할 수 있다. 〈개정 2010. 6. 4.〉

② 고용노동부장관은 긴급조정의 결정을 하고자 할 때에는 미리 중앙노동위원회 위원장의 의견을 들어야 한다. 〈개정 2010. 6. 4.〉

③ 고용노동부장관은 제1항 및 제2항의 규정에 의하여 긴급조정을 결정한 때에는 지체 없이 그 이유를 붙여 이를 공표함과 동시에 중앙노동위원회와 관계 당사자에게 각각 통고하여야 한다. 〈개정 2010. 6. 4.〉

제77조 【긴급조정 시의 쟁의행위 중지】 관계 당사자는 제76조 제3항의 규정에 의한 긴급조정의 결정이 공표된 때에는 즉시 쟁의행위를 중지하여야 하며, 공표일부터 30일이 경과하지 아니하면 쟁의행위를 재개할 수 없다.

제78조 【중앙노동위원회의 조정】 중앙노동위원회는 제76조 제3항의 규정에 의한 통고를 받은 때에는 지체 없이 조정을 개시하여야 한다.

제79조 【중앙노동위원회의 중재회부 결정권】 ① 중앙노동위원회의 위원장은 제78조의 규정에 의한 조정이 성립될 가망이 없다고 인정한 경우에는 공익위원의 의견을 들어 그 사건을 중재에 회부할 것인가의 여부를 결정하여야 한다.

② 제1항의 규정에 의한 결정은 제76조 제3항의 규정에 의한 통고를 받은 날부터 15일 이내에 하여야 한다.

제80조 【중앙노동위원회의 중재】 중앙노동위원회는 당해 관계 당사자의 일방 또는 쌍방으로부터 중재신청이 있거나 제79조의 규정에 의한 중재회부의 결정을 한 때에는

지체 없이 중재를 행하여야 한다.

제6장 부당노동행위

제81조 【부당노동행위】 사용자는 다음 각호의 어느 하나에 해당하는 행위(이하 "不當勞動行爲"라 한다)를 할 수 없다. 〈개정 2006. 12. 30., 2010. 1. 1.〉

1. 근로자가 노동조합에 가입 또는 가입하려고 하였거나 노동조합을 조직하려고 하였거나 기타 노동조합의 업무를 위한 정당한 행위를 한 것을 이유로 그 근로자를 해고하거나 그 근로자에게 불이익을 주는 행위
2. 근로자가 어느 노동조합에 가입하지 아니할 것 또는 탈퇴할 것을 고용조건으로 하거나 특정한 노동조합의 조합원이 될 것을 고용조건으로 하는 행위. 다만, 노동조합이 당해 사업장에 종사하는 근로자의 3분의 2 이상을 대표하고 있을 때에는 근로자가 그 노동조합의 조합원이 될 것을 고용조건으로 하는 단체협약의 체결은 예외로 하며, 이 경우 사용자는 근로자가 그 노동조합에서 제명된 것 또는 그 노동조합을 탈퇴하여 새로 노동조합을 조직하거나 다른 노동조합에 가입한 것을 이유로 근로자에게 신분상 불이익한 행위를 할 수 없다.
3. 노동조합의 대표자 또는 노동조합으로부터 위임을 받은 자와의 단체협약체결 기타의 단체교섭을 정당한 이유없이 거부하거나 해태하는 행위
4. 근로자가 노동조합을 조직 또는 운영하는 것을 지배하거나 이에 개입하는 행위와 노동조합의 전임자에게 급여를 지원하거나 노동조합의 운영비를 원조하는 행위. 다만, 근로자가 근로시간 중에 제24조 제4항에 따른 활동을 하는 것을 사용자가 허용함은 무방하며, 또한 근로자의 후생자금 또는 경제상의 불행 기타 재액의 방지와 구제등을 위한 기금의 기부와 최소한의 규모의 노동조합사무소의 제공은 예외로 한다.
5. 근로자가 정당한 단체행위에 참가한 것을 이유로 하거나 또는 노동위원회에 대하여 사용자가 이 조의 규정에 위반한 것을 신고하거나 그에 관한 증언을 하거나 기타 행정관청에 증거를 제출한 것을 이유로 그 근로자를 해고하거나 그 근로자에게 불이익을 주는 행위

[헌법불합치, 2012헌바90, 2018. 5. 31. 노동조합 및 노동관계조정법(2010. 1. 1. 법률 제9930호로 개정된 것) 제81조 제4호 중 '노동조합의 운영비를 원조하는 행위'에

관한 부분은 헌법에 합치되지 아니한다. 위 법률조항은 2019. 12. 31.을 시한으로 개정될 때까지 계속 적용된다.]

제82조【구제신청】 ① 사용자의 부당노동행위로 인하여 그 권리를 침해당한 근로자 또는 노동조합은 노동위원회에 그 구제를 신청할 수 있다.

② 제1항의 규정에 의한 구제의 신청은 부당노동행위가 있은 날(계속하는 행위는 그 終了日)부터 3월 이내에 이를 행하여야 한다.

제83조【조사등】 ① 노동위원회는 제82조의 규정에 의한 구제신청을 받은 때에는 지체 없이 필요한 조사와 관계 당사자의 심문을 하여야 한다.

② 노동위원회는 제1항의 규정에 의한 심문을 할 때에는 관계 당사자의 신청에 의하거나 그 직권으로 증인을 출석하게 하여 필요한 사항을 질문할 수 있다.

③ 노동위원회는 제1항의 규정에 의한 심문을 함에 있어서는 관계 당사자에 대하여 증거의 제출과 증인에 대한 반대심문을 할 수 있는 충분한 기회를 주어야 한다.

④ 제1항의 규정에 의한 노동위원회의 조사와 심문에 관한 절차는 중앙노동위원회가 따로 정하는 바에 의한다.

제84조【구제명령】 ① 노동위원회는 제83조의 규정에 의한 심문을 종료하고 부당노동행위가 성립한다고 판정한 때에는 사용자에게 구제명령을 발하여야 하며, 부당노동행위가 성립되지 아니한다고 판정한 때에는 그 구제신청을 기각하는 결정을 하여야 한다.

② 제1항의 규정에 의한 판정·명령 및 결정은 서면으로 하되, 이를 당해 사용자와 신청인에게 각각 교부하여야 한다.

③ 관계 당사자는 제1항의 규정에 의한 명령이 있을 때에는 이에 따라야 한다.

제85조【구제명령의 확정】 ① 지방노동위원회 또는 특별노동위원회의 구제명령 또는 기각결정에 불복이 있는 관계 당사자는 그 명령서 또는 결정서의 송달을 받은 날부터 10일 이내에 중앙노동위원회에 그 재심을 신청할 수 있다.

② 제1항의 규정에 의한 중앙노동위원회의 재심판정에 대하여 관계 당사자는 그 재심판정서의 송달을 받은 날부터 15일 이내에 행정소송법이 정하는 바에 의하여 소를 제기할 수 있다.

③ 제1항 및 제2항에 규정된 기간 내에 재심을 신청하지 아니하거나 행정소송을 제기하지 아니한 때에는 그 구제명령·기각결정 또는 재심판정은 확정된다.

④ 제3항의 규정에 의하여 기각결정 또는 재심판정이 확정된 때에는 관계 당사자는 이에 따라야 한다.

⑤ 사용자가 제2항의 규정에 의하여 행정소송을 제기한 경우에 관할법원은 중앙노동위원회의 신청에 의하여 결정으로써, 판결이 확정될 때까지 중앙노동위원회의 구제명령의 전부 또는 일부를 이행하도록 명할 수 있으며, 당사자의 신청에 의하여 또는 직권으로 그 결정을 취소할 수 있다.

第86조【구제명령등의 효력】 노동위원회의 구제명령·기각결정 또는 재심판정은 제85조의 규정에 의한 중앙노동위원회에의 재심신청이나 행정소송의 제기에 의하여 그 효력이 정지되지 아니한다.

제7장 보칙

第87조【권한의 위임】 이 법에 의한 고용노동부장관의 권한은 대통령령이 정하는 바에 따라 그 일부를 지방고용노동관서의 장에게 위임할 수 있다. 〈개정 2010. 6. 4.〉

제8장 벌칙

第88조【벌칙】 제41조 제2항의 규정에 위반한 자는 5년 이하의 징역 또는 5천만원 이하의 벌금에 처한다.

第89조【벌칙】 다음 각호의 어느 하나에 해당하는 자는 3년 이하의 징역 또는 3천만원 이하의 벌금에 처한다. 〈개정 2006. 12. 30., 2010. 1. 1.〉

1. 제37조 제2항, 제38조 제1항, 제42조 제1항 또는 제42조의2 제2항의 규정에 위반한 자
2. 제85조 제3항(제29조의4 제4항에서 준용하는 경우를 포함한다)에 따라 확정되거나 행정소송을 제기하여 확정된 구제명령에 위반한 자

第90조【벌칙】 제44조 제2항, 제69조 제4항, 제77조 또는 제81조의 규정에 위반한 자는 2년 이하의 징역 또는 2천만원 이하의 벌금에 처한다.

第91조【벌칙】 제38조 제2항, 제41조 제1항, 제42조 제2항, 제43조 제1항·제2항·제4항, 제45조 제2항 본문, 제46조 제1항 또는 제63조의 규정을 위반한 자는 1년 이하의 징역 또는 1천만원 이하의 벌금에 처한다.

[전문개정 2006. 12. 30.]

第92조【벌칙】 다음 각호의 1에 해당하는 자는 1천만원 이하의 벌금에 처한다. 〈개정

2001. 3. 28., 2010. 1. 1.〉

1. 제24조 제5항을 위반한 자
2. 제31조 제1항의 규정에 의하여 체결된 단체협약의 내용 중 다음 각목의 1에 해당하는 사항을 위반한 자
   가. 임금・복리후생비, 퇴직금에 관한 사항
   나. 근로 및 휴게시간, 휴일, 휴가에 관한 사항
   다. 징계 및 해고의 사유와 중요한 절차에 관한 사항
   라. 안전보건 및 재해부조에 관한 사항
   마. 시설・편의제공 및 근무시간 중 회의참석에 관한 사항
   바. 쟁의행위에 관한 사항
3. 제61조 제1항의 규정에 의한 조정서의 내용 또는 제68조 제1항의 규정에 의한 중재재정서의 내용을 준수하지 아니한 자

제93조【벌칙】 다음 각호의 1에 해당하는 자는 500만원 이하의 벌금에 처한다.

1. 제7조 제3항의 규정에 위반한 자
2. 제21조 제1항・제2항 또는 제31조 제3항의 규정에 의한 명령에 위반한 자

제94조【양벌규정】 법인 또는 단체의 대표자, 법인・단체 또는 개인의 대리인・사용인 기타의 종업원이 그 법인・단체 또는 개인의 업무에 관하여 제88조 내지 제93조의 위반행위를 한 때에는 행위자를 벌하는 외에 그 법인・단체 또는 개인에 대하여도 각 해당 조의 벌금형을 과한다.

[단순위헌, 2017헌가30, 2019. 4. 11. 노동조합 및 노동관계조정법(1997. 3. 13. 법률 제5310호로 제정된 것) 제94조 중 '법인의 대리인・사용인 기타의 종업원이 그 법인의 업무에 관하여 제90조의 위반행위를 한 때에는 그 법인에 대하여도 해당 조의 벌금형을 과한다.' 부분 가운데 제81조 제4호 본문 전단에 관한 부분은 헌법에 위반된다.]

제95조【과태료】 제85조 제5항의 규정에 의한 법원의 명령에 위반한 자는 500만원 이하의 금액(당해 命令이 作爲를 명하는 것일 때에는 그 命令의 불이행 日數 1日에 50萬원 이하의 比率로 算定한 금액)의 과태료에 처한다.

제96조【과태료】 ① 다음 각호의 1에 해당하는 자는 500만원 이하의 과태료에 처한다.

1. 제14조의 규정에 의한 서류를 비치 또는 보존하지 아니한 자
2. 제27조의 규정에 의한 보고를 하지 아니하거나 허위의 보고를 한 자
3. 제46조 제2항의 규정에 의한 신고를 하지 아니한 자

② 제13조, 제28조 제2항 또는 제31조 제2항의 규정에 의한 신고 또는 통보를 하지 아니한 자는 300만원 이하의 과태료에 처한다.
③ 제1항 및 제2항의 규정에 의한 과태료는 대통령령이 정하는 바에 의하여 행정관청이 부과·징수한다. 〈개정 1998. 2. 20.〉
④ 삭제 〈2018. 10. 16.〉
⑤ 삭제 〈2018. 10. 16.〉
⑥ 삭제 〈2018. 10. 16.〉

부칙〈제15849호, 2018. 10. 16.〉

이 법은 공포한 날부터 시행한다.

찾아보기 Index

| 저자약력 |

■ **강영순**

제주대학교 경상대학 경영학과 졸업
단국대학교 대학원 경영학 석사
제주대학교 대학원 경영학 박사
미 퓨짓사운드대 교환교수
제주특별자치도 노사민정협의회 위원 역임
제주특별자치도 지방노동위원회 조정위원 역임
제주특별자치도 사회협약위원회 위원 역임
대한리더십학회 회장 역임
제주대학교 경상대학장 역임
제주대학교 경영대학원장 역임
현, 제주대학교 경상대학 경영학과 교수
　제주대학교 교무처장
　대한리더십학회 명예회장
　한국윤리경영학회 부회장
　한국인적자원개발학회 부회장

[주요 저서 및 논문]

리더십과 리더십유효성(무역경영사)
경영자의 뉴리더십탐구(무역경영사)

■ **김동조**

충남대학교 영어영문학과 졸업
성균관대학교 대학원 경영학 석사
호서대학교 대학원 경영학 박사
American Express Int'l. 노조위원장 및
외국기업 노동자협의회 운영위원 역임
현, 오산대학교 호텔관광과 교수
　한국협동조합학회 이사
　한국관광레저학회 이사

[주요 저서 및 논문]

지식경영시대의 인적자원관리(공저/문영사)
조직행동(공저/문영사)
A Conparative Study of Spin-offs in Korean and Japanese Firms(Pan-Pacific Conference XV)
외 다수

4차 산업시대의
신노사관계론

2019년 7월 20일 1판 1쇄 인쇄
2019년 7월 25일 1판 1쇄 발행

저　자 | 강영순 · 김동조
발행인 | 이수영
발행처 | 도서출판 청람
　서울시 마포구 녹막로 288(대흥동, 세양상가 109호)
전　화 | 02)3272-2601~2
팩　스 | 02)3272-2603
이메일 | crbooks@daum.net
홈페이지 | http://www.crbooks.co.kr
등　록 | 2000년 8월 26일 제6-0509호

ISBN 978-89-5972-702-5　93320　[정가 29,000원]